U0928876

2017 北京都市型现代农业产业发展报告

北京市农业农村局 编著

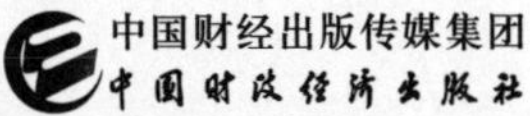
中国财经出版传媒集团
中国财政经济出版社

图书在版编目（CIP）数据

北京都市型现代农业产业发展报告．2017/北京市农业农村局编著．—北京：中国财政经济出版社，2019．1

ISBN 978－7－5095－8754－6

Ⅰ．①北…　Ⅱ．①北…　Ⅲ．①现代农业－农业产业－产业发展－研究报告－北京－2017　Ⅳ．①F327．1

中国版本图书馆 CIP 数据核字（2018）第 295966 号

责任编辑：张怡然　　　　责任校对：胡永立
封面设计：兰卡绘世　　　　责任印制：张　健

中国财政经济出版社 出版

URL：http：//www．cfeph．cn

E－mail：cfeph＠cfeph．cn

社址：北京市海淀区阜成路甲 28 号　邮政编码：100142

营销中心电话：010－88191537

北京中兴印刷有限公司印刷　各地新华书店经销

787×1092 毫米　16 开　30 印张　621 000 字

2019 年 1 月第 1 版　2019 年 1 月北京第 1 次印刷

定价：98．00 元

ISBN 978－7－5095－8754－6

（图书出现印装问题，本社负责调换）

本社质量投诉电话：010－88190744

打击盗版举报热线：010－88191661　QQ：2242791300

编委会名单

编写人员名单

主　　编: 程晓仙　何忠伟

副 主 编: 肖长坤　尹光红

编写组成员: 穆月英　张领先　赵安平　刘瑞涵　胡宝贵　乔　娟
刘　雪　刘　芳　胡金有　唐　衡　初蔚琳　张　猛
杨　鑫　李　博　王洁琼　丁俊琦　王大山　王晓东
田　东　周继华　李仁崑　宗　静　曾剑波　赵雪阳
张海洋　刘　超　张　森　田　野　王嘉雨　王　瑜
韩　青　王　欢　文洪星　王　梁　杜　娟　李佳利
吕学泽　刘锦涛　张　萍　王　娜　史东杰　郭祥云
申　强　杨华莲　徐　睿　彭朝晖　赵明阳　张　龙
张华颖　徐伟楠

序　言

2017年是北京市"十三五"时期都市型现代农业发展的关键之年、攻坚之年、创新之年。北京市贯彻落实习近平总书记阐述的"三农"思想和建设"国际一流的和谐宜居之都"的指示精神，牢牢把握"农业供给侧结构性改革"这一主线，推动各项工作有序开展。坚持"疏解整治促提升"、"调结构转方式促发展"两项重大任务，扎实推动城乡一体化发展，持续加大城乡统筹与农村改革力度。都市型现代农业紧紧围绕绿色、优质、安全、高效发展目标，在生态文明建设、绿色农产品供应、重大活动保障等方面不断加强工作力度，推动"三农"各项工作持续向好发展。围绕打好北京都市型现代农业发展的"四张牌"，推进农业产业融合、结构优化、生态安全、科技进步、改革创新工作不断迈上新台阶，开创了北京农业发展的新局面。

2017年北京市整体创建国家现代农业示范区、国家农业可持续发展试验示范区、国家农产品质量安全示范市和国家现代种业创新试验示范区，这"四张牌"是农业的"金字招牌"，是北京都市型现代农业发展的方向和重点。在市委市政府的领导下，不断加大农业科技支撑力度，推进农业"调转节"和农产品供应保障等重点工作。一是高度重视农业节水。聚焦"两田一园"，启动实施高效节水灌溉行动，用3年时间基本实现高效节水灌溉设施全覆盖；严格落实用水限额管理制度，加快推动节水栽培技术广泛应用；强化机制节水，落实区政府主体责任，全面推动农业水价综合改革，加快建立合理水价形成机制和节水激励机制。二是大力推进农业清洁生产。实施化肥、农药使用减量行动计划，全面推广测土配方施肥、水肥一体化、农业有害生物绿色防控、统防统治等技术，开展设施农业土壤改良。加快推进农业、废弃物资源化利用，继续做好畜禽养殖场污染治理，推进设施农业生产"无煤化"。三是做精做优城市"菜篮子"供应保障。重点围绕优质农产品品种更新换代、产品品牌创优，加强现代农业产业园建设，促进大桃、苹果、草莓、西瓜、葡萄、板栗和北京鸭、北京油鸡规模养殖等产业提质增效。强化“菜篮子”区长负责制，在天津、河北等地布局建设一批外埠基地，提高优质鲜活农产品供应保障能力。四是健全农产品质量安全监管体制。落实农产品质量和食品安全属地管理责任，加强农业生产过程管控，严格流通和加工环节监管，加大抽检力度。强化品牌保护，进一步提升“三品一标”认证率。五是推动“互联网+”现代农业发展。提升农业生产智能化、精细化水平，建设一批智慧农园、智慧果园等农业物联网示范工程。加强乡村物流体系建设，鼓励邮政、快递企业参与鲜活农产品物流配送，在郊区建设一批“农邮通”服务站。利用互联网整合农业、旅游、文化等特色资源，推进“一村一品+电商”体系建设，不断促进乡村与城市的融合。六是深入推进科研成果权益改革试点。鼓励种业科技人员创新创业，以种业科技和人才体制改革为突破口，加快构建以科研院所、高校为主的基础公益性研究和以企业为主的商业化育种“双轮驱动”的种业创新发展体系，抓好南繁基地建设，推动种业更快更好地发展。七是推动乡村休闲旅游提档升级。以市民需求为导向，创新农旅结合、农科结合、农文结合等发展模式，启动100个旅游休闲村镇创建工作，打造精品旅游线路，不断丰富乡村旅游业态和产品。八是大力推进生态环境建设。在中心城区的腾退空间和郊区推动建设一批有一定规模的郊野公园、森林公园或湿地公园，加快构建大尺度绿色生态空间。严格落实“河长制”，制订永定河综合治理与生态修复行动计划，实施农业面源污染治理行动。

总之，2017年北京市坚持农业农村优先发展，按照产业兴旺、生态宜居、乡风文明、治理有效、生活富裕的总要求，更加重视农业生态建设，大力扶持节水农业、生态农业、循环农业发展；更加突出了农产品质量建设，推进农业优质化、特色化、品牌化发展，全面提升北京农业发展的质量效益；更加突出了新型生产经营主体培育，让农业成为有奔头的产业，让农民成为有吸引力的职业，让农村成为安居乐业的美丽家园，为决胜全面建成小康社会和建设国际一流的和谐宜居之都提供坚实保障。

目 录

第一篇　总论

第一章　北京都市型现代农业发展概况

北京都市型现代农业的发展已经逐步成熟，紧紧围绕调结构、转方式、重节水、促种业的重点农业工作，使北京农业生产更加绿色、农村环境更加美丽、农民生活更加美好。本章主要从北京“三农”发展情况、农业生产结构、农产品市场和农业发展保障体系四个角度深入剖析北京都市型现代农业的发展规律和变化特点。

第一节　北京农业农民基本情况

一、农业基本情况

北京郊区土地总面积 1.53 万平方公里，占北京市总面积的 93%。其中，山区面积 1.04 万平方公里，占总面积的 62%。2017 年北京市现有农业户籍人口 230.9 万人，其中农村劳动力 156.1 万人，涉及 13 个农区、182 个乡镇（144 个镇、38 个乡）、3930 个行政村。

截至 2017 年年底，北京市已划定了 151.6 万亩（1 亩≈666.67 平方米）基本农田，83 万亩粮田、70 万亩菜田、100 万亩果园，5190.3 平方公里禁养区。北京市近年来实施农业“调转节”，即调整农业结构，转变农作物种植方式，促进并实施农艺节水方案，节水 1 亿三次方米左右。从 2016 年到 2017 年，粮田面积由 110 万亩调减到 83 万亩；规模养殖场从 2069 家调减到 890 家，中小养殖场特别是经营性散户有序退出。农业用水量 5 亿三次方米左右，农田灌溉水有效利用系数提高到 0.723 以上。“三品”认证覆盖率从 42% 提高到 60%，农产品检测合格率保持在 97% 以上（畜禽类达到 100%），长期处于全国领先水平。北京都市型现代农业生态服务价值年值为 3635.46 亿元，比上年增长 3%；贴现值为 10769.36 亿元，比上年增长 1.9%（资料来源：北京市农业农村局、北京市统计局）。

（一）北京第一产业增加值稳中微降

北京市三次产业结构不断发生变化。横向来看，从2013年到2017年，第一产业和第二产业的占比稳中有降，其中第一产业的内部结构有较大改善，传统农业所占比重不断下降，都市型现代农业强势发展；第三产业的比重明显上升，产业结构得以不断优化。纵向来看，2017年北京市实现地区生产总值28000.4亿元，按可比价格计算，比上年增长6.7%，增速略低于上年0.1个百分点。从产业看，第三产业实现增加值22569.3亿元，增长7.3%，第三产业保持发展活力，占地区生产总产值的80.6%，经济增长贡献最高；第二产业实现增加值5310.6亿元，增长7.4%，第二产业发展有所下降，占地区生产总值的18.97%；第一产业稳中微降，实现增加值120.5亿元，下降6.2%，占地区生产总值的0.4%（见表1－1、图1－1）。由于北京市推进农村三次产业融合，因此第三产业发展较快，将带动第一产业和第二产业，促进多类型农村产业融合。

表1－1　2013～2017年北京地区生产总值构成

年份	第一产业		第二产业		第三产业	
	地区生产总值（亿元）	比重（%）	地区生产总值（亿元）	比重（%）	地区生产总值（亿元）	比重（%）
2013	159.8	0.79	4392.8	21.61	15777.5	77.61
2014	159.2	0.73	4663.4	21.25	17121.5	78.02
2015	140.4	0.59	4660.6	19.68	18884.7	79.73
2016	129.9	0.51	4944.4	19.26	20594.9	80.23
2017	120.5	0.43	5310.6	18.97	22569.3	80.60

资料来源：北京市统计局。

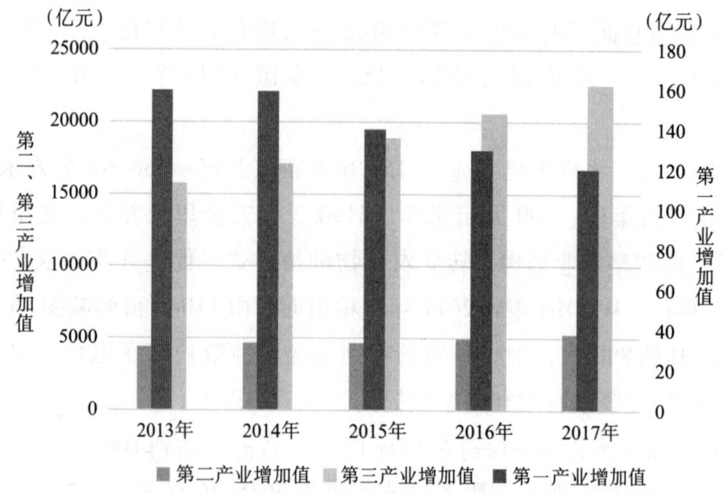

图1－1　2013～2017年北京地区生产总值构成

资料来源：《北京统计年鉴》。

（二）北京农业产值呈现“两增两减”

2017 年北京农林牧渔总产值为 308.3 亿元，林业产值和渔业产值都有不同程度的提升，农业产值和牧业产值均有所下降，总体呈现“两增两降”的态势。其中农业产值 129.9 亿元，比上年下降 10.5%；林业产值 58.8 亿元，比上年增长 12.7%；牧业产值 101.4 亿元，比上年下降 17.4%；渔业产值 9.6 亿元，比上年增长 4.1%；服务业总产值为 8.7 亿元，比上年下降 0.14%（见表 1－2、图 1－2）。

表 1－2　　2017 年北京农林牧渔业总产值

项目	按现价计算			按可比价计算	
	本期（亿元）	上年同期（亿元）	增减（%）	本期（亿元）	增减（%）
农林牧渔业总产值	308.3	338.1	－8.8	313.3	－7.2
农业产值	129.8	145.2	－10.6	127.7	－12.3
林业产值	58.8	52.2	12.7	58.8	14.0
牧业产值	101.4	122.7	－17.4	109.6	－10.1
渔业产值	9.6	9.2	4.1	9.2	1.5
农林牧渔服务业产值	8.7	8.7	－0.6	8.5	－2.6

资料来源：国家统计局。

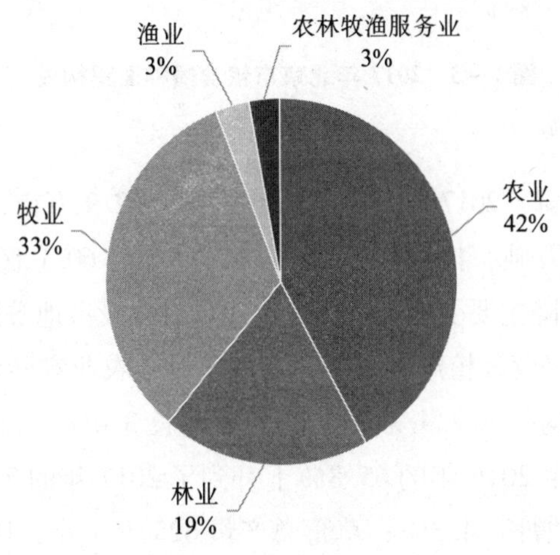

图 1－2　2017 年北京市农业产值构成

资料来源：国家统计局。

（三）北京农业产值内部结构变化

1. 种植业调减做精，产值略微下降。

（1）粮食种植进一步缩减。2017 年，粮食播种面积 100.3 万亩，比上年下降 23.5%；粮食总产量 41.1 万吨，比上年下降 23.4%。其中，夏粮播种面积为 17.2 万亩，比上年下降 28.3%，总产量 6.2 万吨，比上年下降 27.1%；秋粮播种面积 83.1 万亩，比上年下降

22.4%，总产量34.9万吨，比上年下降22.7%（见表1-3、图1-3）。

表1-3　　2017年北京市夏、秋粮食播种面积与产量比较

种类	播种面积		总产量	
	绝对数（万亩）	同比增减（%）	绝对数（万吨）	同比增减（%）
夏粮	17.2	-28.3	6.2	-27.1
秋粮	83.1	-22.4	34.9	-22.7

资料来源：北京市农业农村局。

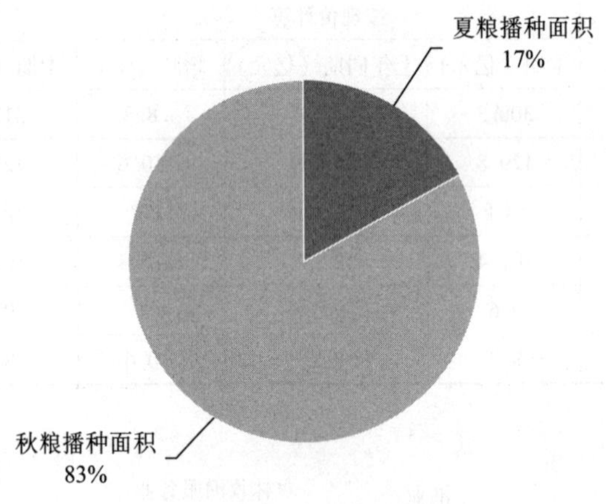

图1-3　2017年北京市粮食播种面积构成

资料来源：北京市农业农村局。

（2）蔬菜生产明显下降。2017年，蔬菜播种面积为62.9万亩，比上年下降20.2%。蔬菜及食用菌产量为156.8万吨，比上年下降14.6%；产值60.1亿元，比上年下降14.1%（见表1-4）。蔬菜面积下降主要受效益不高、重点项目建设占地等影响，同时非首都功能疏解也对部分外来人员在京经营种植产生影响。北京市设施农业实际利用占地面积为22.4万亩，比上年下降3%；亩均收入2.4万元，比上年增长3.4%。设施蔬菜播种面积同比下降6.5%，但设施使用率由2016年的65.8%上升到了2017年的70.4%。昌平区花卉总产值超过1.8亿元，比上年增长14.3%；草莓总产量625万千克，比上年增长8.5%。

表1-4　　北京市2017年农产品生产情况

农产品种类	产量		产值	
	本年	增减（%）	本年（亿元）	增减（现价%）
蔬菜及食用菌	156.6万吨	-14.6	313.3	-14.1
鲜切花	3809.5枝	3.3	0.7	-1.1
园林水果	57.2万吨	-8	34.7	-5.8
瓜果类	17.2万吨	2.2	9.1	9.6

资料来源：北京市统计局。

2. 畜牧业有序疏解，效率稳步提高。2017 年北京受禁养区划定和各区关停禁养政策影响，畜牧养殖存出栏量均呈下降趋势。北京市养殖生猪存栏 112.18 万头，比上年减少 32.14%，出栏 242.07 万头，比上年减少 12.08%；家禽出栏 3115.20 万只，比上年减少 19.77%；奶牛存栏 8.42 万头，比上年减少 25.55%（见表 1－5）；肉蛋奶产量分别为 26.39 万吨、15.68 万吨和 37.42 万吨，比上年减少 13.10%、14.45% 和 18.11%（见表 1－6）。

表 1－5　　2017 年北京市畜牧业养殖情况

种类	项目	本期（万头）	增减情况（%）
生猪	出栏	242.07	－12.08
	存栏	112.18	－32.14
家禽	出栏	3115.20	－19.77
奶牛	存栏	8.42	－25.55

资料来源：北京市统计局。

表 1－6　　2017 年北京农副产品生产情况

种类	产量（万吨）	增减情况（%）
肉	26.39	－13.10
蛋	15.68	－14.45
奶	37.42	－18.11

资料来源：北京市统计局。

生猪养殖规模大幅下降。根据《养殖业退出工作实施方案》，清理北京市重要水源地、重点建设工程和人口密集区的生猪养殖场，划定 5202.3 平方公里为禁养区，区内养殖场全部关闭和搬迁，全面清退低端养殖小区和散养户；限养区内加快实施结构调整和低端产业退出政策，严禁新建和扩建生猪养殖产业，关闭因粪污处理不达标、对环境造成污染的部分大型养猪场，有序疏解存量，严格限制增量。顺义、大兴、怀柔、密云区 2017 年年底生猪存栏比上年分别下降 22.6%、67.4%、59.9% 和 45.4%，存栏量共减少近 34 万头，四个区减量占到全部的 64.0%。北京市 2016 年年底规模以上生猪养殖企业共 788 家，2017 年年底仅剩 467 家，一年时间关停退出 321 家。

3. 林业工程持续推进，产值大幅上升。2017 年是北京园林绿化发展的重要时期，在北京生态文明建设、京津冀协调发展战略部署、国际一流和谐宜居之都等背景下，北京各大造林工程持续推进，林业产值也大幅提升，2017 年北京林业产值 58.8 亿元，同比上升 12.7%。其中，在生态涵养区的生态景观造林和京津风沙源治理等工程的拉动作用最大。

京津风沙源治理工程共实施荒山造林 5.5 万亩、低效林改造 26.5 万亩、封山育林 19 万亩。主要是对宜林荒山荒地进行植树造林和生态修复，增强生态功能，提升生态景观；

对低质低效林分调整树种组成，优化林分结构；对不适于开展造林的地区采取封山育林措施，利用人工手段促进天然更新，提升质量效益。

推进平原地区重点区域绿化工程，新增造林6万亩，改造提升6.4万亩。主要是在城市副中心周边、冬奥会交通沿线、首都新机场周边、城乡接合部和京津保地区等重点区域、重点廊道进行绿化建设，着力增加绿化面积，扩大环境容量生态空间。同时，启动通州潞城健康森林公园、大兴古桑森林公园、顺义五彩浅山、门头沟戒台寺森林公园4处城郊森林公园建设和绿隔地区昌平东小口森林公园、朝阳常营五里店郊野公园、朝阳将府郊野公园、大兴孙村公园4处郊野公园建设，不断提升平原地区森林品质和功能效益。

4. 渔业结构不断调整，产值明显上升。2017年北京渔业积极推进调结构转方式，强化政策引导、法治保障、科技支撑，着力发展精品鱼、休闲鱼、籽种鱼，积极推动减量增收、提质增效，继续实施以鱼养水、保护生态，转型升级取得新进展，实现渔业总产值9.6亿元，比上年增长4.1%。淡水养殖面积调减到4.4万亩，水生生物养护面积保持在34万亩，渔业总产量为4.51万吨、总产值是27.79亿元，休闲渔业不断提升，籽种渔业保持稳定。休闲渔业产值9.16亿元，占总产值的32.96%。渔业规模结构不断调强、经营结构不断调好、品种结构不断调优、功能结构不断调全，服务城市发展和市民生活的能力进一步提升。

二、农民基本情况

（一）农民就业变化情况

1. 农民不断向第三产业转移就业。2017年参加分配的农村劳动力181.8万人，其中已就业劳动力169.5万人，就业率93.2%，与上年持平。就业劳动力中从事第一产业的36.4万人，占21.5%；从事第二产业的40.7万人，占24%，从事第三产业的92.4万人，占54.5%。与上年同期相比，就业岗位向第三产业转移。这种情况主要是由于2017北京美丽乡村建设，休闲旅游和乡村旅游业发展规模扩大，第一产业和第三产业融合更加深入，第三产业就业岗位增加，农民就业不断从第一产业向第三产业转移（见图1-4）。

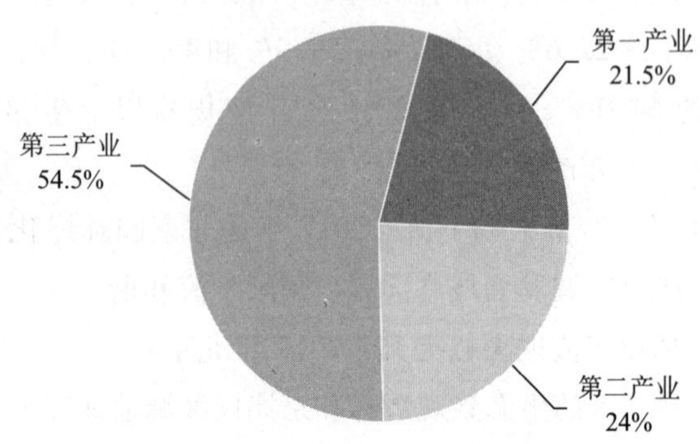

图1-4　北京第一、第二、第三产业就业情况

资料来源：北京市统计局、国家统计局调查总队。

2. 农民转移就业帮扶力度不断加大。2017 年年初，为解决农民就业结构性矛盾，北京市农业局制定了帮扶农民转移就业 4 万人的目标，全部超额完成。尤其是对密云、延庆等生态涵养区加大了就业帮扶力度，全年山区生态健康经营本地农民用工近 1 万人，比例超过 80%，平原地区生态林养护本地农民用工 3.5 万人，比例达到 65%。在提高技能培训的同时，开发公益性岗位解决农民就业问题。2016 年仅密云、延庆设置了劳动保障、社区、城管的辅助性岗位，5000 多人解决了就业问题。同时还专门出台政策，农民转移就业的人员到工厂就业，政府给予岗补和社补。

3. 农民就业服务体系不断完善。在农民就业服务方面，北京市打通就业服务"最后一公里"，建立了一个"就业超市"，上面有招聘信息、人员信息、培训信息等内容，便于农民就业时参考。为了让农民安心进城就业，政府部门也做出了"不拖欠工资"的庄严承诺。另外，京津冀出台异地投诉办法，河北的投诉在北京也一样办理。据了解，在提升农民就业率方面，政府工作报告中首次将"登记失业率"变为"调查失业率"，体现了观念的转变，政府主动服务将更客观、准确。

（二）新型职业农民培养情况

1. 新型农业经营主体不断涌现。在推进农业结构调整和发展方式转变的背景下，北京市农业适度规模经营得到稳步发展，新型农业经营主体数量不断增长。2016 年年末，根据新型农业经营主体构成，北京市规模农业经营户（含家庭农场）、农民合作社、农业企业总数达到 10858 个。其中，规模户 3282 个（含家庭农场 142 个）、农业企业 2943 个、农民合作社 4633 个。农业企业与农民合作社发展势头良好，是农业经营单位的主要组织形式，两者占农业经营单位数量的 65.5%。这就需要开展新型农业经营主体带头人轮训计划，培养一批爱农业、懂技术、善经营的新型职业农民，发展一批扎根农村、热爱农业、带动农民的农业企业家队伍，造就一批懂农业、爱农村、爱农民的"三农"工作队伍，合力促进乡村全面振兴。

2. 新型职业农民地位不断提升。2017 年国家出台《国务院关于深入推进农业供给侧结构性改革加快培育农业农村发展新动能的若干意见》，将开发农村人力资源、培育新型职业农民，放入了中央一号文件。农业部也相继颁布了"十三五"全国新型职业农民培育发展规划，提出发展目标：到 2020 年全国新型职业农民总量超过 2000 万人。在各项政策的推动下，北京市大力推进新型职业农民培育工程，依托各级农广校和农业培训机构，培育新型职业农民 842 名，完成 2017 年农业部、财政部指标，先后有 1 人被评为全国"十佳农民"，3 人被评为全国新型职业农民"风鹏行动计划"支持对象，1 人被评为"全国农村创业创新优秀带头人"。

3. 新型职业农民作用不断增强。习近平总书记在参加 2017 年"两会"四川代表团审议时指出，要就地培养更多爱农业、懂技术、善经营的新型职业农民。2017 年北京市农业局积极推进高素质人才引进，通过各项优惠政策以及协同市内各农业类高校、研究所，吸引农业类高素质人才1800多人，分别从事种养殖行业、农产品销售和配送等，建设农业专业人才队伍。2017年北京市开展教育培训30多场次，包括北京市农机推广站职业培训班、新型职业农民农机专业合作社骨干技术培训班等，通过培训，一批务农农民的综合素质和技能水平得到提高，正在成为专业大户、家庭农场主、农民合作社和农业企业骨干。

（三）农民收入结构调整情况

2017年农村居民人均可支配收入为24240元，实际增长7%，增速连续8年快于城镇居民（见表1-7），低收入农户人均可支配收入达到10698元，同比增幅19.4%（见表1-8），实现了与经济发展保持相同的目标。

表1-7　　2017年北京市城乡居民收入情况

项目	城镇居民			农村居民		
	金额（元）	同比（%）	构成（%）	金额（元）	同比（%）	构成（%）
可支配收入	62406	9.0	100	24240	8.7	100
工资性收入	37883	6.1	60.7	18223	9.5	75.2
经营性收入	1293	0.1	2.1	2140	3.8	8.8
财产性收入	10520	13.0	16.8	1570	16.3	6.5
转移性收入	12710	15.8	20.4	2307	2.1	9.5

资料来源：北京市统计局、国家统计局调查总队。

表1-8　　2016~2017年北京市低收入农户收入结构情况

项目	2017年		2016年		增速（%）
	绝对值（元）	构成（%）	绝对值（元）	构成（%）	
可支配收入	10698	100	8961	100	19.4
工资性收入	4477	41.8	3954	44.1	13.2
经营性收入	617	5.8	775	8.6	-20.4
财产性收入	646	6	451	5	43.2
转移性收入	4958	46.3	3781	42.2	31.1

资料来源：北京市统计局、国家统计局调查总队。

1. 工资性收入成为有力支撑。2017年北京市农村居民人均工资性收入为18223元，比上年增长9.5%，增幅比上年提高2.1个百分点；占全部收入比重的75.2%，比上年提高0.6个百分点。工资性收入增速高于可支配收入增速0.8个百分点，增收贡献率达到82.2%。

2. 财产净收入保持大幅增长。2017年北京市农村居民人均财产净收入为1570元，比上年增长16.3%，增幅比2016年提高4.2个百分点；占全部收入比重的6.5%，比上年高了0.5个百分点。财产净收入增速高于可支配收入增速7.6个百分点，增收贡献率达到11.4%。随着改革深入推进，农村资源配置效率不断提高，农户分享市场红利的途径增多。

3. 经营净收入小幅度增长。2017 年北京市农村居民人均经营净收入 2140 元，比上年增长 3.8%，增幅比 2016 年下降 1.5 个百分点；占全部收入比重的 8.8%，比 2016 年降低 0.4 个百分点。经营净收入增速低于可支配收入增速 4.9 个百分点，收入贡献率为 4%。其中，来自第一产业收入增加 19.6%，主要为养殖清退出栏所得。来自第三产业收入占经营净收入的 70% 以上，比上年下降 1.6%，主要是受规模经营、拆除违建和疏散等影响。

4. 转移净收入保持增长。2017 年北京市农村居民人均转移净收入为 2307 元，比上年增长 2.1%，增幅比上年下降 15.9 个百分点；占全部收入比重的 9.5%，比上年降低 0.6 个百分点。转移净收入增速低于可支配收入增速 6.6 个百分点，收入贡献率为 2.4%。虽然 2017 年两次提高基础养老金和福利养老金水平，并提高了低保收入家庭标准，但由于受众面比例较小、转移净支出增长较快等原因，导致净收入增长幅度较低。

第二节　北京农业生产结构

北京都市型现代农业产业布局已初步形成，近郊、中郊、远郊在北京都市型现代农业中的功能不同，角色各异。具体来说，北京都市型现代农业布局表现在以下几方面：在空间分布上，利用城市发展新区和生态涵养区地理条件优势带动农业生产发展；在产业结构上，形成生态粮经种植、高效设施蔬菜、有机特色果品、健康畜禽养殖、生态垂钓观赏渔业和旅游农业、籽种农业等优势主导产业，具有满足市场高端需求的一批名优品牌、优质品种农产品和农副产品。

一、空间结构

（一）农业整体布局

2017 年北京农业空间上主要分布在城市发展新区（包括房山区、通州区、顺义区、昌平区、大兴区和北京经济开发区）和生态涵养区（门头沟区、怀柔区、平谷区、密云区和延庆区），其农业产值之和达到北京市农业总值的 95% 以上。从产业角度来看，城市发展新区第一产业增加值为 72.2 亿元，占第一产业增加总值的 59.9%；生态涵养区第一产业增加值为 44.4 亿元，占第一产业增加总值的 36.8%。两区的第一产业增加值占总值的 96.7%（见图 1－5）。

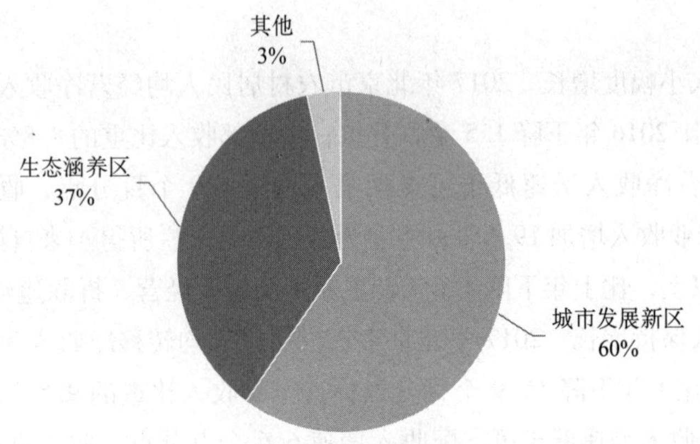

图1－5　北京市第一产业比重情况

资料来源：北京市国民经济统计公报、各区国民经济统计公报。

从行业角度看，城市发展新区的农林牧渔业总值为185.9亿元，占北京市农林牧渔业总值的60.3%；生态涵养区的农林牧渔业总值为111.4亿元，占北京市农业牧渔业总值的36.1%；两区的农林牧渔业总值占北京市农林牧渔业总值的96.4%（见图1－6）。从GDP的角度看，城市发展新区的生产总值为6003.7亿元，占北京市地区生产总值的21.4%；生态涵养区的生产总值为1110.3亿元，占北京市地区生产总值的4.0%；两区生产总值占北京市总值的25.4%（见图1－7）。

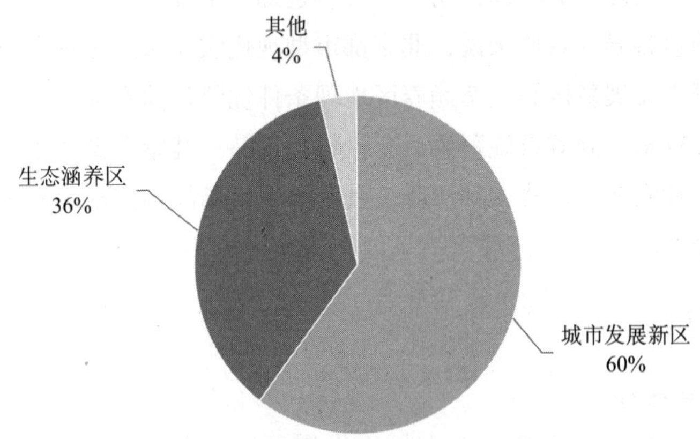

图1－6　北京市农林牧渔业总值比重情况

从农业的方面看，由于农业生产的条件的差异，造成城市发展新区的农业产值占北京市农业总产值的55%以上，生态涵养区占35%以上；而从经济的方面看，由于科技和各产业的快速发展，造成城市发展新区的GDP总值占北京市GDP的20%以上，但生态涵养区只占不到5%，因此经济的快速发展将带动北京都市型现代农业的发展，并提供强大的支持力量（见表1－9）。

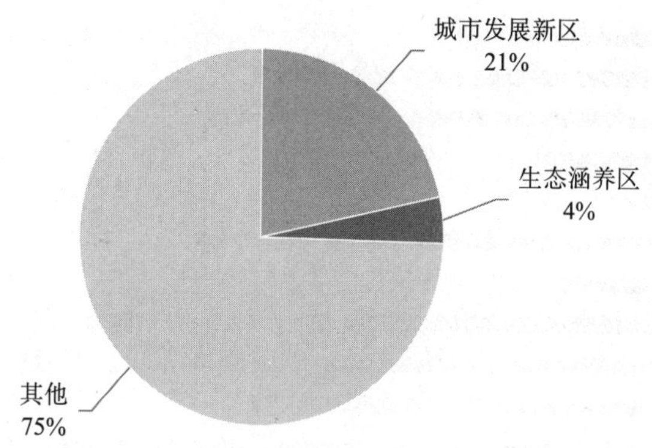

图 1-7　北京市地方生产总值比重情况

资料来源：北京市国民经济统计公报、各区国民经济统计公报。

表 1-9　两区数据占比情况

地区	第一产业产值（亿元）	占比（%）	农林牧渔业总值（亿元）	占比（%）	地区生产总值（亿元）	占比（%）
城市发展新区	72.2	59.9	185.9	60.3	6003.7	21.4
生态涵养区	44.4	44.4	111.4	36.1	1110.3	4.0

资料来源：各区统计局。

（二）各区布局

从各区来看，顺义区的第一产业总值、农林牧渔业总值和地区生产总值都较高，分别为 18.4 亿元、48.3 亿元、1717.3 亿元；门头沟区则最低，分别为 1.1 亿元、2.7 亿元、174.5 亿元。其他区如新区（大兴区及经济开发区）第一产业占比、农林牧渔业总值以及地区生产总值也具有突出优势，分别为 16.8 亿元、40.8 亿元、2009.5 亿元，其地区生产总值的发展直接带动农业的快速发展。而昌平区的地区生产总值也较高为 839.3 亿元，但第一产业的比重较低，仅有 7.8 亿元，因此，昌平区经济发展对农业没有明显的带动作用，需要进一步优化产业结构，促进各产业协调发展（见表 1-8、图 1-10）。

表 1-10　2017 年北京市各区农业生产总值　　单位：亿元

城市发展新区				生态涵养区			
地区	第一产业产值	农林牧渔业总值	地区生产总值	地区	第一产业产值	农林牧渔业总值	地区生产总值
房山区	13.1	35.7	6795	门头沟区	1.1	2.7	174.5
顺义区	18.4	48.3	1717.3	怀柔区	6.6	15.4	286.4
通州区	16.1	40.8	758.1	平谷区	15.7	39.8	233.6
昌平区	7.8	20.3	839.3	密云区	14.2	35.8	278.2
大兴区	16.8	40.8	2009.5	延庆区	6.8	17.7	137.6

资料来源：各区国民经济统计公报。

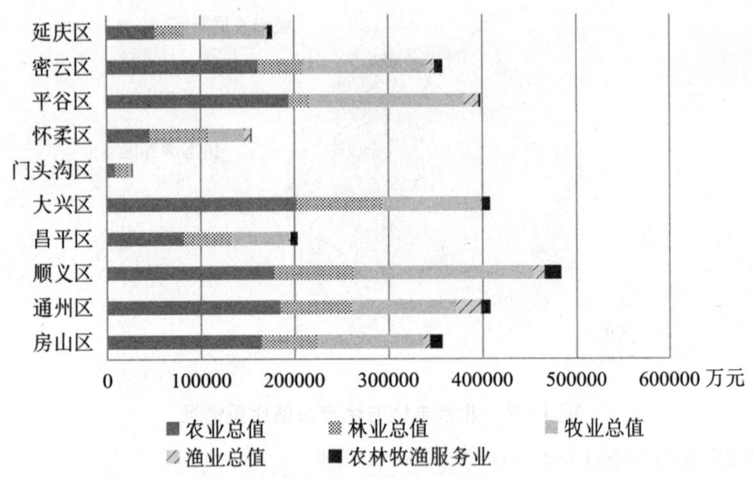

图1－8　2017年北京各区农林牧渔业产值

资料来源：北京区域统计年鉴。

1. 种植业分布。目前，北京市不断优化农业产业结构，调整粮食和蔬菜的种植面积，提高种植的单位效益，促进农业的稳定发展。北京受地形和水利等自然条件的影响，耕地主要分布在城市近郊区和远郊区的平原地区，这也是北京市主要的粮食、蔬菜瓜果等的种植区。

从粮食作物来看，优质专用籽种小麦，主要分布在通州、房山、大兴和顺义等区；冬小麦—夏小麦，主要分布在平原区；春玉米和玉米籽种分布在延庆、怀柔和密云等山区；绿色、有机粮食等，也主要分布在密云、延庆、房山和怀柔等山区（见表1－11）。

表1－11　主要粮食作物产业布局

主要粮食作物	产业布局重点
优质专用籽种小麦	通州、房山、大兴和顺义等区
冬小麦—夏小麦	平谷区、顺义区
春玉米和玉米籽种	延庆、怀柔和密云等山区
绿色、有机粮食	密云、延庆、房山、怀柔等山区

从蔬菜瓜果来看，设施菜、优质露地菜主要分布在大兴、通州、顺义、平谷、房山等区；绿色有机蔬菜，主要分布在北部丘陵山、密云、怀柔等地；反季喜冷凉蔬菜，主要分布在延庆、怀柔；西甜瓜主要分布在大兴、通州、顺义等区的沙地和沙瓤地（见表1－12）。

2. 养殖业分布。京郊畜禽养殖业发展由于各区的地理位置、地形地貌、气候特点、功能分区等原因，畜种在空间分布上各具特色。但2017年北京大规模缩减养殖企业数量，并加大了对养殖业的污染检查力度，养殖企业数量不断减少，到2017年年底为890家。

表 1－12　蔬菜瓜果产业布局

蔬菜瓜果类	产业布局重点
设施菜、优质露地菜	大兴、通州、顺义、平谷、房山等区
绿色有机蔬菜	密云、怀柔等区
反季节喜冷凉蔬菜	延庆区、怀柔区
西甜瓜	大兴、通州、顺义等区

从畜禽种类来看，奶牛主要分布在延庆、大兴、通州、顺义、密云和房山；肉牛主要分布在房山、顺义、平谷、密云和怀柔；家猪主要分布在大兴、顺义、通州、平谷、房山；羊主要分布在大兴、通州、房山、密云、延庆；家禽则主要分布在密云、怀柔、房山、平谷、延庆等区（见表 1－13）。

表 1－13　养殖产业布局

主要畜禽	产业布局重点
奶牛	延庆、大兴、通州、顺义、密云、房山区
肉牛	房山、顺义、平谷、密云、怀柔区
猪	大兴、顺义、通州、平谷、房山区
羊	大兴、通州、房山、密云、平谷区
家禽	密云、怀柔、房山、平谷、延庆区

3. 水产业分布。随着北京科技的不断创新，传统农业不断转型升级，北京渔业开始因势利导，利用科技成果促进渔业发展，拓宽渔业内涵和功能。在北京都市型现代农业的背景下，2017 年北京渔业产值有所上升，积极发展籽种产业、观赏鱼产业等，不断提高产业的附加值。

按不同的产业规划，北京水产业分为：渔业生态净水增殖产业，主要分布在密云、延庆、怀柔、平谷等湖泊及河道；观赏鱼产业，主要分布在通州、朝阳、顺义和大兴等养殖基地；观光旅游垂钓产业，主要分布在怀柔、密云、延庆、平谷、房山和门头沟等区；现代渔业展示产业，主要分布在朝阳、海淀、丰台和昌平区；池塘绿色水产养殖产业，主要分布在顺义、平谷等区养殖基地（见表 1－14）。

表 1－14　主要水产产业区

主要产业区	主要产业区空间布局重点
渔业生态净水增殖产业区	密云、延庆、怀柔、平谷区
观赏鱼出创汇产业区	通州、朝阳、顺义和大兴区
观光旅游垂钓产业区	怀柔、密云、延庆、平谷、房山、门头沟区
现代渔业展示产业区	朝阳、海淀、丰台和昌平区
池塘绿色水产养殖产业区	顺义、平谷区

（三）外埠供应分布

2017年北京市食用农产品总成交量的90.2%来源于外埠。其中来源于外埠的蔬菜、水果占比超过90%；来源于外埠的蛋制品、大米、牛肉、水产成交量占比超过80%。因此，外埠供应是北京农产品的重要来源。下面主要从四个方面进行详细分析。

1. 粮食供应。近几年，北京粮食消费量在530万~580万吨。在国家宏观调控下，北京市坚持市场导向，发挥销区吸纳粮源的优势和230余家骨干粮食企业的主体作用，形成稳定的粮源流通渠道，组织货源占消费量的70%以上。有序推进粮源基地建设，提高粮源掌控能力。先后投入产销合作资金2.19亿元，支持在吉林、黑龙江、河南、山东、天津等地的9个外埠粮源基地建设，支持北京市与产区企业的联合重组。通过财政资金的投入，引导北京市企业在主产区建设粮源基地达240个，一手粮源年收购量超过300万吨，年调入量100多万吨，接近北京市粮食年消费量的20%。

2. 蔬菜供应。在加快疏解非首都功能、积极推动京津冀协同发展的背景下，三地协同助力首都“菜篮子”，2017年北京新建了3.9万亩外埠蔬菜基地。随着都市型现代农业的不断发展和成熟，北京市在外埠生产基地建设中呈现出农业龙头企业担当“领头羊”、以直接投资为主的多元化经营模式，以及首选环京地区成熟后向全国辐射的特点。

例如，首农集团现有30个外埠蔬菜种植基地，其中河北就有23个，天津有4个。随着建设经验丰富、产品市场日益广阔，外埠生产基地建设渐次向全国辐射，如顺鑫农业目前在全国已建成15个外埠生产基地。

3. 畜禽供应。目前，在北京新的城市功能定位下，畜牧业已被列为全市范围内禁限新建和扩建的产业，必须通过支持龙头企业外埠建设基地等政策，按优化布局、协同发展的原则，引导畜牧产业向河北转移，包括首农在内的龙头企业，如中地种畜集团、北京九鼎养猪公司、顺鑫农业等都分别在河北、天津建设了标准化规模养殖基地。

在京冀联手打造下，在河北定州，一处总投资20亿元、占地2万亩的奶牛产业科技园区已经建成投产，奶牛存栏可达6万头、肉牛达2万头、日产优质原料奶1000吨，成为集奶牛饲养，牛奶生产、加工，科普及观光旅游于一体的高科技农业生态园。京冀畜牧合作，不仅做强了河北的优势畜牧业，还为首都的市场供应增强了保障。此外，首农集团也在河北创建了现代循环农业示范区，前两批入驻的14000头奶牛已经陆续产奶。目前，北京市畜牧业外埠基地数量有57个，实现了产业疏解和首都市场畜产品安全供应的有机结合。

4. 水产供应。北京市的鲜活水产品主要来自外埠，市场上常见的鳜鱼、鲈鱼、黄颡鱼、鮰鱼和罗非鱼等淡水活鱼每天的市场交易量近10万千克，主要来自广东、江苏、浙江等地区，其中来自广东地区的占市场总份额的80%。鲜活水产品的质量安全风险问题一直是社会和城乡居民关注的焦点。为了提高鲜活水产品在长途运输过程的存活率，部分商家在养殖、运输、销售环节非法添加非食用物质，这是被社会和消费者诟病的问题，也是食品安全亟待解决的风险隐患，给食品安全监管带来很大的难度和压力。

二、产业结构

（一）种植类产业不断提质增效

1. 粮田面积逐步缩减。2017 年北京市粮田面积约为83 万亩，比2016 年减少27 万亩，基本完成北京市颁布的各项要求，其中高耗水作物小麦生产下降37 万亩。在粮食面积调减的同时，各区的生态林、经济林面积增加迅速，景观农业也迅猛发展，为首都生态建设提供了有力的支撑与保障。

2. 种植业效益水平持续提升。就粮食作物而言，其生产布局调整的总体原则是适度压缩粮食种植面积，继续调减退出高耗水种养业。2017 年北京市夏粮收获面积为17. 1 万亩（其中小麦16. 9 万亩），较上年23. 9 万亩减少6. 8 万亩，减少28. 5%，单产363. 5 千克/亩，比上年略高；秋粮收获面积为83. 1 万亩（其中玉米74. 6 万亩），较上年107. 1 万亩减少了24. 0 万亩，减少22. 4%，单产419. 8 千克/亩，较上年持平略减。粮食种植区全面推进保护性耕作，提高农地抗风蚀能力。

3. 蔬菜设施不断提高。2017 年北京市菜田面积为49. 99 万亩，比上年略减少0. 49 万亩；蔬菜地头平均收购价格为每千克2. 26 元，比上年提高9. 7%；蔬菜单产略有提高，2017 年蔬菜单产达到3628. 4 千克/亩，比上年增加65. 1 千克/亩，增幅1. 8%。北京市蔬菜向设施化、标准化、特色化、优质化、生态化方向发展，2017 年完成“煤改清洁能源”566. 7 亩，完成保温改造314. 8 亩，调转设施6716. 6 亩，清退不规范使用农业设施218. 9 亩，逐步减少大路菜生产，大力加强精品菜、高档蔬菜生产和加工配送基地建设。

（二）养殖类产业不断调减做精

1. 养殖规模和品种不断优化。2017 年，北京养殖业继续遵循“高效、节水、生态、安全”的基本原则，生猪出栏242. 07 万头，比上年减少12. 08%；年底生猪存栏112. 18 万头，比上年减少32. 14%，其中能繁母猪存栏13. 18 万头，比上年减少33. 76%；奶牛存栏8. 42 万头，比上年减少25. 55%。种猪遗传改良育种又取得新进展。优化猪基因组选择，新增日增重、料肉比两个性状，参考群体新增728 头，达4020 头。基因组选择技术示范推广规模增加到1359 头，生长性状基因组育种值准确性比常规育种提高了0. 13 ~ 0. 15，繁殖性状准确性提高0. 3。奶牛遗传改良不断向精细化推进。新建两个示范基地，示范点能繁母牛达1800 头。

2. 畜禽种质资源监测稳步推进。种猪精液质量监测：抽检样品24 个批次，累计抽检种公猪405 头次，种公猪常温精液抽检合格率为97. 7%。奶牛生产性能测定：到2017 年年底，对73 家奶牛场推广奶牛DHI 测定和品种登记技术，参测奶牛群的305 天产奶量为9572. 41 千克，比上年增加122. 54 千克；乳蛋白率为3. 39%，提高0. 13 个百分点；干物质为13. 03%，提高0. 58 个百分点；体细胞数为27. 51（万/毫升），乳脂率3. 85%，乳糖率 5.06%。北京油鸡保种效果监测：成功组建繁殖北京油鸡保种群下一世代的核心群，共选留雏鸡 2470 只，符合保种要求的 60 个家系，1 日龄雏鸡平均体重分别为 37.9 ± 1.0 克。北京鸭保种效果监测：对北京鸭 5 个瘦肉型、5 个肉脂型和 3 个优质小体型肉鸭 13 个品系进行继代选育，共育雏鸭 21581 只。

3. 畜产品质量安全不断提升。畜牧业“三品一标”认证率达 79.9%，比上年提高 7.8 个百分点。2017 年饲料产品监测合格率达到 98.9%，总产量达 200 万吨，其中配合料产量 120 万吨，浓缩料 30 万吨，添加剂预混料 50 万吨，总产值 110 亿元，草种质量检测合格率、畜产品质量监测合格率和生鲜乳违禁添加物抽检合格率为 100%。

（三）水产产业不断转型升级

1. 北京市养殖循环用水和场区环境升级更进一步。2017 利用农业专项转移支付资金 2370 万元和农机购置补贴资金 1662 万元，带动社会资金投入 1.2 亿多元，支持水养殖场基础设施改造与环境美化、循环水技术应用和设备升级、清洁能源利用，实施了一批重点工程，改造养殖面积 1008 亩，建设节水养殖示范场、休闲渔业示范场、苗种场共计 21 个，推动水产养殖场向园林化设计、现代化设施、融合性发展加快转型。

2. 北京市推进休闲渔业措施有力。开展市级休闲渔业示范基地创建活动，新评定 6 家企业。组织参加农业部有影响力的休闲渔业赛事，两个比赛获评。制作了《北京宫廷京鱼》专题纪录片，宣传推介特色养殖品种。完成《北京都市渔业发展现状的调研报告》，起草了《北京休闲渔业发展指导性意见（征求意见稿）》。

3. 北京市渔业“两个安全”保持稳定。水产品质量安全稳定在较高水平，农业部两次水产品药残产地监督抽查和一次水产品苗种检测，检测合格率均为 100%；农业部四次水产品药残例行监测，全年平均合格率达到 98.6%；“三品一标”认证率增加到 62%，比 2016 年提高了 33.6%；高质量完成党的十九大等四项重大活动鲜活水产品供应保障任务，供应鲤、草、鳙、鲫、罗非鱼总量为 1.5 万千克；新创建全国水产健康养殖示范场 18 家，北京市达到 106 家。

第三节　北京农产品市场发展情况

一、农产品价格与市场

（一）农产品市场价格波动较大

农产品从生产到消费要经过生产者、收购商、产地批发市场、销地批发市场、销地农贸市场、销地零售市场等环节。由于中间环节较多，每个环节层层加价，导致流通成本较高，最终转嫁到消费者身上时，往往比农民手中的“地头收购价格”上涨了2～3倍。目前国家通过各种调控手段，不断降低商品流通中产生的中间价格，稳定物品价格。农产品多为食用产品，从北京市2008～2017年的食品价格数据中，可以得出食品价格不断下降，价格指数从2008年的116.1降为2017年的99.4，并存在持续下降的趋势（见图1－9）。

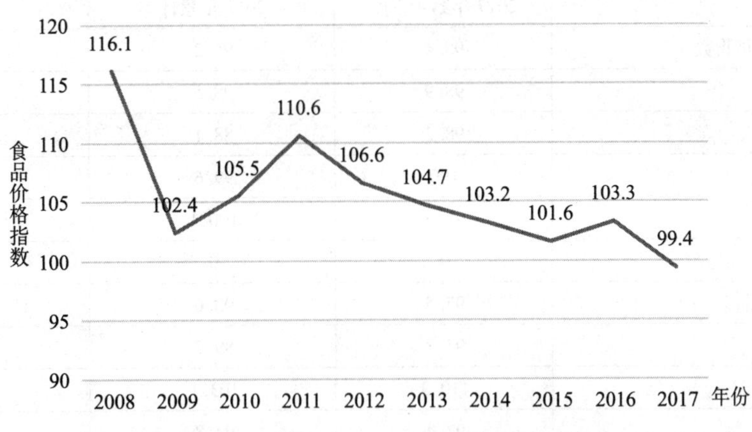

图1－9　2008～2017年北京市食品消费价格指数走势图

资料来源：北京市统计局、北京市国家经济统计公报。

2017年北京平均食品价格指数为99.4，较2016年的103.3下降了3.9%。其中，粮食价格上涨了0.7%，肉禽及其制品价格下跌了3.3 %，蛋类价格上涨了19.3%，水产品价格下降了2.7%，鲜菜价格下降了13.7%，鲜果价格下降了2.1%，食品价格上涨的势头得到了遏制（见图1－10）。

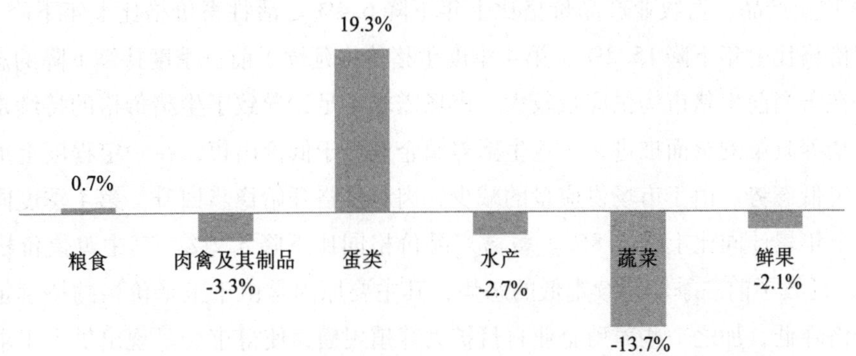

图1－10　2017年北京市居民消费价格食品类价格指数变动情况

资料来源：北京市国家经济统计公报、北京市农业信息网。

（二）农产品生产价格稳中有降

2017 年北京市农产品生产者价格比上年下降 3.8%，与上年同期相比降幅扩大 3.5 个百分点。从主要行业看，种植业产品价格比上年下降 1.5%，畜牧业产业价格比上年下降 6.4%，渔业产品价格比上年下降 2.4%（见表 1－15）。

表 1－15　2016～2017 年北京农产品生产者价格指数

指标名称	以上期同期为 100 的指数		
	2017 年第 4 季度	2017 年累计	2016 年
农产品生产者价格指数	98.4	96.2	99.7
农业产品	98.9	98.5	94.7
谷物	98.2	88.1	85.3
蔬菜及食用菌	100	99.6	103.2
水果及坚果	98.5	100.1	88
林业产品	0	0	0
饲养动物及其产品	97.5	93.6	104.7
活牲畜	93.8	89.7	113.9
活家禽	110.3	103.1	98.4
畜禽产品	97.4	94.8	94.7
渔业产品	101.9	97.6	99

资料来源：北京市统计局。

1. 种植业产品。种植业产品生产者价格比上年下降 1.5%。受玉米价格持续走低的影响，2017 年谷物价格比上年下降 11.9%，下降幅度与上年同期相比减少 2.8 个百分点。谷物价格的下跌也是导致种植业产品价格下降的主要原因。其他种植业产品与上年同期相比变化幅度不大。

2. 畜牧业产品。畜牧业产品价格比上年下降 6.4%。活牲畜价格比上年下降 10.3%。其中生猪价格比上年下降 15.2%，第 4 季度生猪价格延续了前三季度持续下降的态势，其主要原因在于当前生猪市场供应量较大，市场需求不足，导致了生猪价格的持续走低。此外，北京禁养政策的全面推进，一些生猪养殖企业急于低价出售，在一定程度上加剧了生猪价格的走低态势。由于市场供应量的减少，肉鸡价格开始稳步回升，第 4 季度同比上升 14.3%，全年累计同比上升 3.8%。畜禽产品价格同比下降 5.2%。其中鸡蛋价格同比下降 9.6%，延续了前三季度持续走低的态势，其主要原因是由于玉米价格的持续走低，导致饲料价格降低，加之一些养殖企业盲目扩大养殖规模，使得市场呈现出供大于求的局面（见图 1－11）。

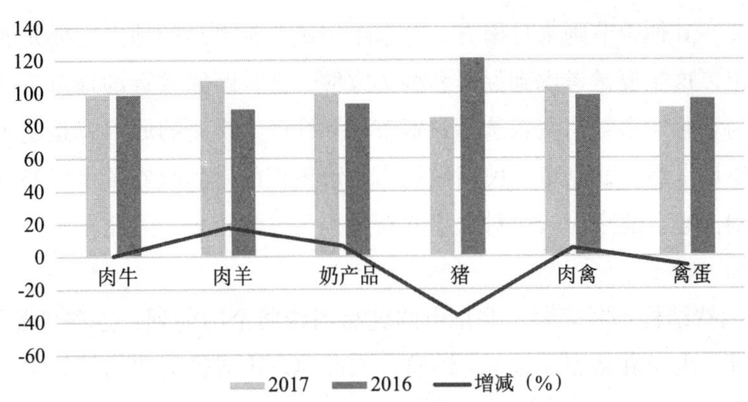

图1-11　2016~2017年北京市畜禽产品生产者价格指数变动情况

资料来源：北京市统计局网站。

（三）农产品消费多元化

北京市农产品消费结构正在逐步改善。粮食是基本消费品，近年粮食在农产品消费中虽有所下降，但是下降的幅度较为平稳。与此同时，北京市人均禽蛋、乳品的消费显著增加。在蔬菜和果品消费上，设施果蔬、反季节果蔬、精细果蔬增加。

1. 粮食消费结构稳定。2017年北京市粮食消费的基本结构较为稳定，粮食消费主要为小麦、稻谷、玉米和大豆，其中小麦消费约占粮食总消费量的三分之一，稻谷约占四分之一，玉米约占四分之一，大豆约占十分之一。在居民日常生活消费中，面粉和大米的消费比重有所变化，大米的消费量逐渐降低，面粉消费上升。北京市玉米消费主要用于饲料，直接食用量并不很大。随着城市人口的持续增加，北京市的粮食消费总量也在持续增加。同时人们生活水平不断提高，其他食品消费在人们日常消费中的比重增加，特别是畜产品和酒品的需求增加，导致饲料用粮和酿酒用粮快速增加，口粮在人们粮食消费中的比重出现下降。最终北京粮食消费结构基本保持稳定。

2. 蔬菜消费持续增加。北京市的蔬菜消费处于持续增加状态，2016年北京市蔬菜交易总量为851.66万吨。北京市蔬菜持续增加主要源于城市人口的增长。北京市居民人均蔬菜消费大致稳定，不同年份略有波动，每人每年消费160~180千克。2016年北京市常住人口为2172.9万人，2017年为2170.4万人，首次下降0.1%。北京市居民蔬菜消费的特点是鲜菜消费量较大，约占蔬菜消费量的90%；蔬菜在食品消费中的比重偏低。蔬菜消费中仍以大路菜为主，近年精细蔬菜消费比重有所增加；城乡居民的蔬菜消费差异较大，城市居民的蔬菜消费量明显大于农村居民的蔬菜消费量，前者较后者高出大约70%。

3. 果品消费以外埠为主。北京市每年人均消费果品100千克，每年果品总消费量达到200万吨。北京市的果品供应来自本地和外埠，2017年北京市本地水果产量为61.1万吨，瓜果和草莓17.2万吨；外埠供应的果品主要来自我国南方和周边省区，夏秋季的果品供应是山东、河北，其他季节则来自南方。北京市居民购买果品的地点主要是农贸市场、社区菜市场、超市，这主要是考虑到保鲜和购买方便，选择距家较近的地点。一般消费者对果品的价格较为敏感，多数消费者选择农贸市场和社区菜市场的原因就是超市的果品销售价格较高。从质量上看，北京市居民多数认为超市销售的果品较农贸市场要好，但对农药残留等普遍感到担心。北京市居民对水果的新鲜程度关注较多，因此每次购买的数量不是很大，而购买频次较多。

4. 乳制品消费结构不断完善。北京市的乳品消费居全国前列，这些乳品包括杀菌乳、酸乳和乳制品等。由于乳品需要保鲜、冷藏，因此北京市居民消费的乳品主要来自当地生产和河北畜牧养殖基地。2017 年北京市的乳品产量为 37.42 万吨，现有生鲜乳收购站 17 家，运输车辆 100 辆，实现了市、区、养殖场、生鲜乳收购站“四级”实时联动，生鲜乳生产、收购、运输无缝监管。2017 年北京市 95% 的居民经常消费各种乳品，居民消费量最大的乳品品种依次是液态奶、酸奶、奶粉、冰激凌，购买杀菌乳和生鲜乳的数量不断增加。消费者群体也已经从儿童、老年人转变成以中青年为主体。北京市乳品消费结构不断变化，居民追求营养和健康，同时乳品的品牌也具有很大效益，据统计，北京市乳企中三元、君乐宝、现代牧业等品牌最受欢迎。

5. 畜产品消费量全面提高。北京市目前每年消费的畜产品大约 140 万吨至 150 万吨，包括猪肉、鸡肉、牛羊肉等。其中猪肉比重最大，约占畜产品消费量的 50%；鸡肉是北京市消费量居第二位的畜产品，每年消费量约 1.9 亿只。北京市的畜产品消费人群在年龄上倾向于年轻，年龄越大消费的畜产品量越少。从消费者家庭收入看，中等收入家庭对畜产品的消费量要大于低收入家庭和高收入家庭，这说明畜产品对于一般家庭而言是主要的农产品消费品。北京市居民对畜产品的质量安全较为重视，有调查表明，北京市居民购买畜产品时关注的首要因素是畜产品的质量。北京市居民对畜产品最为关注的另一个问题是价格。近年，畜产品价格上升较快，与此同时人们对畜产品的消费量开始下降，这表明人们对畜产品的价格有一定的接受限度。在畜产品品种上，人们消费量最大的是猪肉、鸡肉，其次是牛肉和羊肉；在猪肉、鸡肉中，消费量最大的是鲜猪肉、鲜鸡肉，其次是冷冻肉、腌肉、卤肉等。

6. 禽蛋消费稳中有增。北京市是全国禽蛋消费最大的城市之一。北京市每年人均消费鸡蛋 16 千克，每年消费鸡蛋近 40 万吨。北京市的禽蛋由本地和周边省区供应，2014 年、2015 年、2016 年、2017 年北京市禽蛋生产量分别为 20.8 万吨、19.6 万吨、18.3 万吨、15.68 万吨，其余禽蛋的供应来源主要是河北等地。禽蛋中鸡蛋占主要部分，禽蛋产品包括鲜蛋、禽蛋制品。北京市居民的鸡蛋消费中三分之二是散装鲜蛋，95% 以上的消费者购买鲜蛋回家食用。由于鸡蛋易碎，难以长途携带，多数消费者是在离家较近的菜市场、超市购买鸡蛋。消费者对鸡蛋关注最多的是鸡蛋的新鲜程度和营养价值。近年，包装鸡蛋和品牌鸡蛋的消费量有所增加，这部分鸡蛋的消费人群主要集中在中青年，其家庭收入处于中高水平。

二、农产品市场流通体系

目前北京市农产品市场形成了以批发市场为主体、以农超对接为方向、以直供直销为补充、以电子商务为探索的市场流通体系。

（一）农产品流通特点

在农产品流通模式问题上，北京市呈现多样性、交叉性的特点。批发市场主导模式将在一定时期内占据主导地位。在农产品批发市场方面，北京市农产品批发市场已形成相对完善的市场体系，在农产品供应保障体系中发挥了重要作用，并形成了各有侧重、各有分工，多层次、多方位、多功能的农产品批发市场格局。在农产品零售终端方面，农贸市场是大众消费的主要场所，超市是未来发展的有生力量，早市发挥重大作用但其建设易被忽视，社区规范菜市场最为便民，网络直销是新兴的零售终端形式。对家庭收入、农产品价格和质量安全、购买便利性与农产品零售终端的选择进行的相关性研究发现，蔬菜“最后一公里”不合理加价问题被严重高估。

（二）农产品流通组织形式

北京市农产品流通体系能够基本满足农产品流通需要和消费需求，但其发展现状和潜力与北京城市发展之间的矛盾凸显。在市场、混合形式、政府三种组织协调形式的背景下，北京市农产品流通体系基本构建形成了“组织—合约—技术”三位一体的协调机制。在发达国家比较流行的农产品流通组织形式的产销模式，在北京目前乃至今后一段时期内还不是主要的组织形式。在市场经济面前，小农户无法面对大市场而必然会被淘汰。农产品是一种缺乏需求弹性的商品和可再生资源，农产品市场是一种需求约束性而非资源约束性的买方市场，是最接近于完全竞争的市场。并非所有的农产品都是生活必需品或准公共产品。农产品流通中企业的公益性是指企业提供公共服务，设立准公益性农产品批发市场、承担农产品中生活必需品的政府储备任务和为城乡居民提供农产品销售终端服务。政府对农产品流通的宏观调控要理解和尊重宏观经济变化的约束条件和发展规律，否则会破坏经济变量内在的调整规律。

（三）农产品流通模式

依据电子商务平台交易方式的不同，农产品流通模式可以分为：政府农商网站、专业性的农产品批发交易网站、产品期货市场互联网平台、互联网零售渠道。北京市自建的淘宝村等电子商务平台、生鲜农产品的电子商务平台分为企业对接客户、产品直接对接消费者、客户订单销售三种模式。

1.“生产者—产地批发市场—销地批发市场—农贸市场—消费者”模式。这是最长的流通模式，损耗最大，涉及的利益相关者包括：农民、中介人、产地批发商、销地批发商、农贸市场摊贩、消费者。产地市场批发商和销地市场批发商是定价环节的关键。整个环节由销地批发商的“抓菜”行为发起，响应顺序为：产地批发商、中介人、农户、运输商、销地批发商、农贸市场摊贩、消费者。此外，部分产地批发商和销地批发商是亲属关系，以减少产地销地信息的不透明程度，提高对市场行情的反应速度，最终实现利益最大化。但层层转运造成叠加费用和大幅损耗，最终加码在消费者身上。

2. “生产者—企业—超市—消费者”模式。这一模式意味着，龙头企业直接以基地方式组织农民生产，而后与超市进行对接面向消费者。当然，随着农产品直通车、社区店铺等经营形式的创新发展，部分企业正逐步摆脱超市的销售渠道，并积极扩展鲜活农产品电子交易平台。北京部分成熟小区的大型果菜摊（如安华西里小区），直接奔赴两广两南等农产品生产基地采买，并逐步在外地优势产区建立了自己的供应基地。

3. 农产品电子商务 B2B 模式。B2B 模式是农产品电子商务在线交易的一种主要电子商务模式，对于农产品这种商品适宜网上大批量的交易和信息的公布。首先，电子商务模式平台的构建主要依托于各个系统之间协调运作，建立农业农产品信息及时采集和农业动态的监测系统，实现信息业务动态实时更新，加大对农产品信息的监管力度；其次，通过系统集成，建立符合北京特点的数字农业产品技术平台，实现数字化精准安全标准化生产和农产品流通关键环节的数字化，以提高安全性；最后，建立数字化精准控制农产品安全标准化生产示范基地、数字化农产品交易市场及电子竞卖市场。

第四节　北京农业发展保障体系

一、农产品质量安全保障

2017 年北京推进“国家农产品质量安全市”创建，为确保“全程农产品质量安全示范基地”建设效果，确立了“因场制宜，有特点；分步推进，有重点；品牌建设，有亮点；全程服务，有看点”的工作思路；明确了“三步走”工作模式，进一步完善了“产前、产中、产后”全环节标准化管理体系，打造了 12 家全程农产品质量安全标准化基地。北京市“菜篮子”产品“三品一标”覆盖率达 60%，有效备案农业标准化基地达 1562 家。农产品质量安全保持良好形势，未发生重大农产品质量安全事件，据农业部例行监测，北京市蔬菜、畜禽、水产品合格率分别为 98.1%、100%、98.6%，合格率水平处于全国前列。积极筹备并成功举办 2017 年全国“双安双创”现场会，北京农业特色与发展水平获得高度肯定。

（一）开展农产品质量安全认证行动

2017 年北京市全面建立食用农产品产地准出、销地准入规范，实行食用农产品质量安全证明制度，建立安全优质食用农产品种植养殖基地。通过现场调研、蹲点测试、现场指导、专家咨询等方式，明确了4家企业的生产现状、生产需求以及农产品质量安全关键控制点30余个；确定了4家企业全程标准化管理要素102个；构建了覆盖蔬菜、西甜瓜、番茄等产品的全程标准化管理模式（管理体系）4套；制定了企业标准59个，对关键生产环节形成了质量控制闭环。

（二）全面推进“四位一体”监测工作

2017年北京市全面开展了种植业、畜牧业、渔业农产品质量安全风险调查工作，设立固定监测点100余个，全面掌握新进入农业生产环节的质量安全风险，降低风险隐患。开展农产品风险评估工作，组织近300个参数的大参数风险筛查与评价，为监管提供技术支撑。开展风险监测工作，截至2017年年底，风险监测样本1301个，综合合格率为97.9%，其中蔬菜样本330个，合格率为96.4%；畜禽产品样本791个，合格率为98.4%；水产品样本180个，合格率为98.9%。组织开展蔬菜、畜禽产品、水产品监督抽查工作，农产品监督抽查样本2674个，综合合格率为99.6%，其中蔬菜样本1445个，合格率为99.3%；畜禽产品样本984个，合格率为100%；水产品样本245个，合格率为99.2%。另外，组织实施2017年第一次国家农产品质量安全监督抽查工作，完成了农业部部署的23个禽蛋、20个淡水鱼样本的监督抽查工作，监督抽查结果合格率均为100%。

（三）完善农产品质量安全评定

2017年北京市完成了对13家区级农产品质量安全综合质检站的等级评定，包括基础设施建设、人员配备、工作任务等12方面54项指标，并且完成7个单位的农产品质量安全检测机构考核并依据行政许可程序发放合格证书。2017年北京市农业局对13家获得检测机构考核合格证的检测机构进行了监督检查，督促检测机构强化内部管理、依法依规开展检测工作；完成了对19家检测机构的能力验证，能力验证项目包括8大类53项，基本涵盖各类农产品、产地环境、农业投入品等质量安全所涉及的关键指标，有效考核了参加验证单位能力水平；开展9方面25项指标的评定工作，完成农、乡、镇的农产品质量安全管理站等级评定（共分为优秀、良好、达标、不合格四级），良好级以上的达到83个；通过实施等级划分与动态管理工作，进一步强化了乡镇管理站的建设，促进完善运行管理与工作机制，提升基层工作能力和水平。

二、农业标准化生产体系

（一）开展农业地方标准制修订

2017年新立项农业地方标准19项；完成了2017年以前的《鱼类口服抗菌药物选用技术规程》等15项地方标准的专家审核、报批；完成了2016年北京市农业标准化技术委员会的年度考核工作以及2018年北京地方标准的立项征集工作；同时组织相关单位将标准集成转化为农民“看得懂、用得上”的简明操作手册、明白纸等，并大力开展技术培训。

（二）推动农业标准化基地建设

2017 年，北京市新建设通过市级备案农业标准化基地 150 家，不断提升已建基地标准化水平。截至 2017 年年底，北京市共有优级农业标准化基地 585 家、良好级 467 家，达标级基地 326 家；有效备案的农业标准化基地达 1556 家，其中种植 545 家、畜禽 683 家、水产养殖 328 家，农业标准化基地覆盖率达到 45.8%；有 195 家已建成农业标准化基地因拆迁不达标等因素取消农业标准化基地备案。

（三）开展“全程农产品质量安全标准化示范基地”建设

2017 年北京市不断提高农产品标准化建设水平，主要通过以下两个方面：一是强化全程标准化基地建设指导。按照“填平补齐”的原则，2017 年在北京市组织建设 12 家“全程农产品质量安全标准化示范基地”，其中北京市级建设的 4 家全程标准化示范基地梳理、制定 59 项企业标准和手册；同时不断强化 2016 年建设的全程标准化示范基地后续督导落实。二是强化示范推广。开展全程农产品质量安全标准化示范基地观摩活动，强化生产主体全程管控理念和主体责任意识。

三、“三品一标”认证体系

（一）实施“菜篮子”产品认证

制定《2017 年北京市无公害农产品工作实施意见》，明确提出坚持政府推动与市场拉动相结合的发展机制，全力打造北京“安全农业”品牌的指导思想和 2017 年年底全市“菜篮子”产品“三品”认证产量覆盖率达到 50% 以上的工作目标。截至 2017 年 12 月 10 日，全年共新增无公害认证主体 372 家、产品 1365 个、年产量 34.94 万吨；完成复查换证的主体 206 家、产品 697 个、涉及年产量 22.78 万吨。北京市共有“三品”有效用标企业 1381 家、产品 5148 个、产量 181.87 万吨，其中“菜篮子”产品认证产量为 179.14 万吨，占北京市同类产品产量的 60.0%，超额完成 2017 年计划目标。

（二）提升认证农产品总量

北京市要深入开展“三品一标”认证，多措并举地提升认证农产品数量。一是继续以无公害认证和蔬菜产业为重点，组织相关单位和各级认证机构积极开展认证服务，同时努力减少非客观因素造成的认证企业和产品的流失。二是不断争取和完善政策支持。北京市继续对 2017 年新认证及开展扩项的无公害主体给予检测费用补贴，共预算资金 220 万元；针对各区薄弱产业和品种，争取专项经费对新认证主体和复查换证主体开展奖贴，鼓励各区按照认证产量实施分级奖补；并主动与行业处室沟通，努力构建促进“三品”覆盖率提升的政策生态圈。

四、农业社会化服务体系

根据北京“十三五”城乡一体化规划，北京都市型现代农业将迎来更大突破，独具特色的现代化农业社会化服务体系正在形成。北京农业三级公益性农技推广体系日益健全，村级全科农技员实现了全覆盖，在岗人数达到2425名。北京市农村实用人才新增3000人，培养新型职业农民3124名，培养骨干农民1184人。完善以家庭承包经营为基础、公共服务机构为主导、多元化和社会化的市场主体广泛参与的新型农业社会化服务体系。

（一）促进各级农技推广机构有效履职

北京市、区、乡镇和村四级农技推广机构健全，人员整体素质较高，能有效发挥在公益性农技推广服务中的主导地位。截至2017年年底，全市共有市、区、乡镇级推广机构337个，其中省级机构推广机构7个、县级机构86个、乡级机构244个。337个机构中，按行业分，种植业机构68个，占总数的20.18%；畜牧兽医机构112个，占总数的33.23%；农机化机构13个，占总数的3.86%；水产机构7个，占总数的2.08%；综合站137个，占总数的40.65%。全市农技人员数量为3780人，其中省级机构541人、区级机构1701人、乡镇机构1538人。所有人中，大专及以上学历的人员共3211人，占总数的84.94%；副高以上职称人数510人，占总人数的13.49%。北京市建立了村级全科农技员队伍，是北京市在农技推广服务体系建设中，延伸到村一级，解决农业技术服务“最后一公里”问题上的创新。经过实践探索，这支队伍已经成为北京市基层农业技术推广服务体系的村级延伸的重要力量。村级全科农技员实行动态管理，2014年以后，根据结构调整和一产规模、村服务对象设岗标准等，2017年在岗人数2425名。

（二）提高准公益性服务主体服务能力

以农民专业合作社为代表的准公益性服务主体在国家政策扶持下发展迅速，在数量、组织形式、服务内容、对农户的带动等方面都有所进步，对农业技术推广的“最后一公里”具有重要的意义。截至2017年，北京市登记注册的农民合作社达到7447家，同比增长3.89%，合作社规范化建设也取得了积极的进展。另外，北京市注重对农村乡土人才的培养。这类农村乡土人才植根于农村，有实践经验，又能够快速接受农业新品种、新技术，善于分析市场信息，带动能力和示范作用强。北京市拥有农民田间学校辅导员、科技示范户植保推广员、动物防疫员等各种乡土人才2万多人。加强对农村乡土人才的培养，让其立足所在农村实际情况，根据所接受的新知识、新技术来提供农民需要的各项农业服务，带动当地农业经济的发展。

（三）完善经营性服务主体服务手段

随着北京都市型现代农业的不断发展，经营性服务主体蓬勃发展，进一步完善北京市都市农业社会化服务体系的同时，也以更加现代化的服务手段服务于小农户。截至2017年，北京市市级以上农业龙头企业累计达到180多家，其中国家级农业龙头企业39家，如顺鑫农业、北京三元、百年栗园等，涉及农产品生产、加工、运销等各个方面。北京市大力发展以高端育种技术为基础的种业、以现代网络为基础的现代农机制造业和以新材料、新能源技术为基础的高效农业。截至 2017 年，北京市共有 200 多家现代化种业企业研发新型种业产品。同时北京市进行了农村金融改革，截至 2016 年，支持农业领域融资规模达到 5. 75 亿元；完善政策性农业保险制度，实施险种 23 个，仅 2016 年保费收入就达到 5. 4 亿元，参保农户达 10 万余户。

第二章　北京都市型现代农业发展模式

第一节　会展农业

一、会展农业基本情况

会展农业是都市型现代农业的一种新型发展模式，是以一定的场馆设施和展示基地为基础，包括会议、展览、展销、节庆活动、奖励旅游等多种业态。会展农业是会展业向农业拓展与都市农业相互融合而形成的新兴业态，以农业展示和农产品贸易为主要内容，以形成展示中心、交流交易中心、信息中心为主要目标，促进农业与会展产业、旅游产业及其他相关产业高度融合的新型农业产业经济形态。2017 年北京会展农业突出高端化、服务化、集聚化、融合化、低碳化，取得显著成效（见表 2－1）。

表 2－1　　2017 年北京会展农业一览表

时间	会展名称	地点
2017－3－11	北京农业嘉年华	北京昌平草莓博览园
2017－3－28	中国智慧农业创新发展高峰论坛	北京展览馆
2017－3－29	第五届中国（北京）国际设施农业及园艺资材展览会	北京展览馆
2017－4－12	北京旅游区博览会/北京风景园林博览会	中国国际展览中心
2017－4－17	第十六届北京高端食用油展	中国国际展览中心
2017－4－22	第八届中国国际现代农业博览会	中国国际展览中心
2017－5－11	北京中国国际有机食品和绿色食品展览会	中国国际展览中心
2017－5－22	第八届中国北京国际葡萄酒博览会	北京国家会议中心
2017－7－15	第十三届中国鲜食玉米、速冻果蔬大会	北京、黑龙江、广东

续表

时间	会展名称	地点
2017-8-25	国际奶牛乳房炎大会	北京国家会议中心
2017-9-16	北京健康饮食礼品、赠品博览会	中国国际展览中心
2017-11-3	北京国际果蔬博览会	北京国家会议中心
2017-11-17	第十七届北京国际有机食品和绿色食品产业博览会	中国国际展览中心
2017-11-29	中国北京乳品产业展览会/北京优质大米与精品杂粮博览会/北京食用菌产业博览会/中国北京水产食品博览会/第八届IGPE中国国际粮油精品产业博览会暨现代粮油机械装备博览会	中国国际展览中心
2017-12-8	田园综合体实操落地研讨会	—
2017-12-27	第十九届有机绿色食品博览会	北京展览馆

二、会展农业发展模式

（一）学术会议拓展型发展模式

北京已形成的学术会议拓展型发展模式，是指在申请到由国际园艺科学学会等国际学术型组织主办的相关学术会议的举办权的基础上，将这些国际知名会议拓展为展会，并以此为契机，进行新的产业规划和布局，发展特色农产品，扩大农业影响力，促进经济发展。其典型代表主要包括密云板栗会展农业、昌平草莓会展农业、通州食用菌会展农业以及延庆葡萄会展农业等。以昌平草莓会展农业为例。作为北京市主办的第一个世界级农业展会，第7届世界草莓大会创新性地构造了“兴业、惠民、兴城”的北京会展农业的核心理念，实现了“办好草莓大会，拉动一个产业，富裕一方农民”的目标，创造了都市型现代农业“市场导向、功能融合、科技支撑、富裕农民”的成功模式，同时揭示出此模式取得良好的社会和经济效益的关键，即在于其“多产业融合性”“多主体参与性”和“多群体体验性”的特点（见图2-1）。

（二）节庆驱动型发展模式

节庆驱动型发展模式是指利用自然生态、田园景观、环境资源和农事、农俗等，通过果蔬采摘节庆、休闲娱乐节庆以及民俗文化节庆等，挖掘农业生产、生活和生态功能，在提供民众休闲的同时，达到延长农业产业链，带动农村运输、餐饮等多产业发展的目的。如北京平谷地区利用“万亩桃花海”，依托拥有十多年历史的“平谷国际桃花音乐节”，首次将音乐元素融入桃花节，使之成为集音乐、文化、旅游、体育、经济于一体的年度盛会，集传统文化、音乐文化、非遗文化、道教文化、赏石文化、美食文化于一身，并且同当地农业发展与休闲旅游、文化体育和加工业等相融合，带动当地经济发展，逐渐发展成为影响京津两地春季旅游文化的重要区域品牌（见图2-2）。

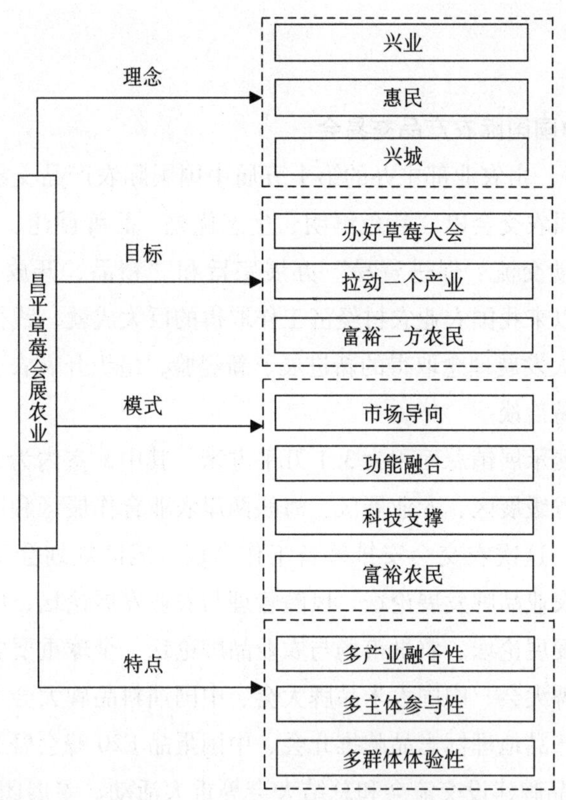

图 2-1　昌平草莓会展农业分析图

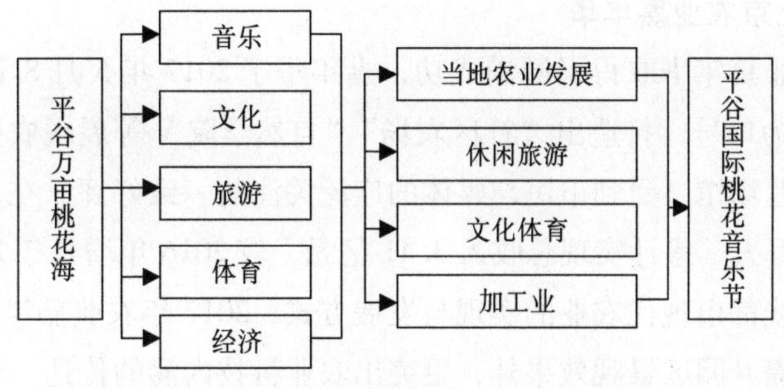

图 2-2　平谷国际桃花音乐节分析图

（三）展会主导型发展模式

展会主导型发展模式是指通过农业展览会、农业博览会、农业展销会、农业交易会或农业洽谈会等多种展会形式，促进商务洽谈、带动商品交易、示范最新技术、展现农业风采，进而促进都市型现代农业和地区发展。此类模式的展会，每年数量比较多，展会类别覆盖面比较广，举办时间和地点相对固定，其中尤以在丰台举办的北京种子大会、在顺义举办的中国花卉博览会和在农业展览馆举办的中国国际农产品交易会（简称“农交会”）为典型代表。

三、案例分析

（一）第十五届中国国际农产品交易会

2017 年 9 月 21 日，由农业部主办的第十五届中国国际农产品交易会在北京全国农业展览馆开幕。第十五届农交会以“特色鲜明、生态优先、品牌创建、绿色发展”为主题，秉承“展示成果、推动交流、促进贸易”办展宗旨和“精品、开放、务实”办会原则，集中展示党的十八大以来我国农业农村经济工作取得的巨大成就，践行“创新、协调、绿色、开放、共享”五大发展理念取得的新进展、新经验，组织开展农业品牌营销推介，推动农业交流合作和贸易洽谈。

第十五届农交会展示展销总面积为 3.1 万平方米。其中，室内为 2.1 万平方米，主要包括农业成就展区、省级展区、专业展区、海峡两岸农业合作展区和国际展区；室外 1 万平方米为销售洽谈区。这次农交会安排筹备工作会议、展区规划会议、设计方案审查会议、开幕活动、中国农业品牌发展论坛、风险管理与农业发展论坛、中国农业绿色发展高层论坛、农民合作社发展论坛、农批市场与农业品牌论坛、全球重要农业文化遗产推介与交流、中国水产品品牌大会、中国大米品牌大会、中国油料品牌大会、中国农垦品牌发布大会、第三届全国农产品地理标志品牌推介会、中国蛋品 E20 峰会暨第二届中国蛋品流通大会、2017 农药行业品牌建设交流会和总结大会等重大活动。参展团组 49 个，参展企业 1600 多家。来自美国、俄罗斯、意大利等 26 个国家和地区的 50 余家国外公司参展。

（二）第五届北京农业嘉年华

第五届北京农业嘉年华取得了圆满成功，嘉年华于 2017 年 5 月 8 日开幕，以“科技农业，绿色生活”为口号，打造出“社区农场”“自然学院”等展现农业前沿科技、体验农业智慧生活的主题场馆，受到市民与媒体的广泛关注与一致好评。在 58 天的办会期间，共接待游客 136.9 万人，累计实现总收入 3.41 亿元，较 2016 年增长 7.23%。北京农业嘉年华不断探索和实践都市现代农业的实现与发展方式，2017 年农业嘉年华除了大量展现农业科学技术、大幅提升园区景观效果外，更突出农业科技内涵的传达，还开创性地增加了诸多线上农业互动体验内容，将互联网、大数据、城市农业、太空农业等新技术、新成果融入嘉年华展示与体验，让市民们在游玩的过程中真正认识农业、触摸农业、热爱农业，此举得到了游客的一致肯定。

（三）平谷国际桃花音乐节

平谷拥有世界上最大的桃花园，面积相当于 70 个昆明湖，已入选吉尼斯世界纪录。小峪子桃花海（大华山镇）、小金山（大华山镇）、桃花源（峪口镇）、行宫（刘家店镇）、大岭（王辛庄镇）、峨眉山（南独乐河镇）、洙水（金海湖镇）7 个赏花点将免费接待赏花客。从 1998 年开始，平谷区设立桃花节，从当初的“平谷国际桃花烟花节”到“平谷国际桃花节”再到“平谷国际桃花音乐节”，经过 20 年的经营，县域小节成长为中国十大地方节庆之一，乃至世界著名农事节庆活动之一。在具体节事上，桃花节集文娱、体育、会展等多元化内容于一体，文化、旅游、音乐、体育等多个产业关联。2017 年第十九届桃花音乐节遵循全域休闲旅游理念，围绕山水休闲、运动休闲、农业休闲、文化休闲、音乐休闲、养生休闲 6 种形态，推出了“花海徜徉 · 休闲平谷”“乐享美食 · 品味平谷”“醉美音律 · 乐动平谷”“活力畅行 · 健康平谷”“人文雅韵 · 文化平谷”“淘趣休闲 · 乐购平谷”六大系列 24 项精彩活动，平谷的 22 万亩桃园不但产生着“平谷大桃”品牌化的经济价值，更为平谷乃至首都北京做出了重要的生态贡献。数据显示，仅 2017 年吸引国内外游客近 400 万人次。

第二节　有机循环农业

一、有机循环农业基本情况

有机循环农业是遵循生态系统生态平衡规律，采用一系列可持续发展技术的农业生产体系。有机耕作方式能减少对土壤、水域和野生动物的损害，与现代化学农业相比，有机农业更能保持生物多样性，对生态环境也有更好的保护作用。北京的有机农业是 20 世纪 90 年代顺应世界农业发展潮流发展起来的。大力发展有机农业，是北京打造特色农业产业的重要手段，能有效地促进首都农业产业的转型升级，增强北京有机农产品在国内外市场的竞争力，对增加北京农民收入、加快北京新农村建设步伐、保护北京生态环境、维护公众健康意义重大。

2017 年北京市按照“基本模式全覆盖，典型模式再推广”的思路深入推进农作物秸秆全面综合利用，大力推广应用秸秆粉碎还田、加工青（黄）贮，制作有机肥等秸秆处理利用方式及怀柔山区秸秆综合利用等成熟模式，因地制宜推广顺义政府购买服务瓜菜废弃物制作有机肥模式，推进农作物秸秆全利用，力争北京市农作物秸秆无火点，综合利用率达到 98.5%。

目前，北京已发展成为我国最大的有机农产品市场，市场份额几乎占到国内份额的三分之一，并形成了较为稳定的有机农产品消费群。北京的有机食品生产和开发商主要集中在初级农副产品，其种类主要包括大米、豆类、谷物、蔬菜、肉类、蛋类、牛奶和食用油等。北京已形成了颇具特色的区域有机农业产业，比如房山的有机食用菌、大兴的有机西瓜、昌平的有机草莓和有机杏、延庆的出口菜和顺义的有机樱桃等。

二、有机循环农业发展模式

北京不同区域的有机农业生产模式不同，总体来说，有机循环农业发展根据生产的品种类型、生产链的长短等，分为以下三种技术模式：以单个有机农产品为主的生产模式、种养结合型复合生态模式和“整建制”有机农产品区建设模式。

（一）以单个有机农产品为主的生产模式

该种模式与传统农业发展模式相似，种植业、养殖业各自独立，呈单程线性结构。目前国内大多数的有机种植和养殖生产是采用这种模式，尽管在有机农业中，对于外来输入的生产资料有严格的生产方式要求，但依旧是采用以某种经济作物为主，种植其他一种或多种作物为辅的生产模式，例如果菜结合、有机茶叶种植等模式。

（二）种养结合型复合生态模式

种养结合是有机农业倡导的一种方式，该模式以种植业与养殖业相结合，利用当地资源，以畜牧业产生的有机肥（经过发酵处理）替代化肥，为养殖业提供肥料，又以种植业为养殖业提供饲料等，提供农业生态循环发展（见图2－3）。在有机农业生产中，典型的种养结合型复合生态模式包括有机农业生产桑基鱼塘、畜沼果鱼模式以及猪—沼—茶生态模式等。

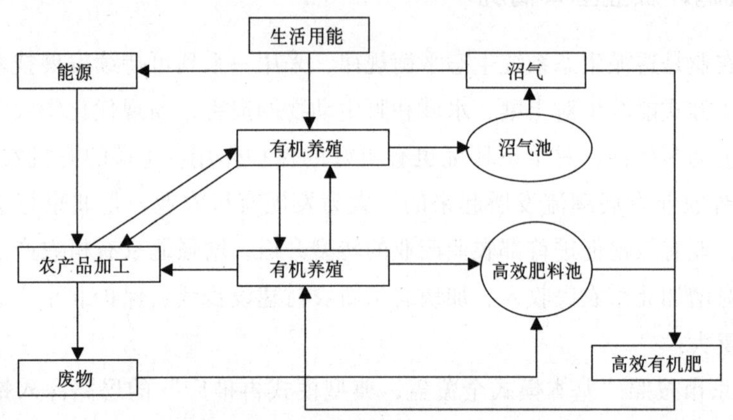

图2－3　种养结合有机农业分析图

（三）“整建制”有机农产品区建设模式

针对自然生态环境和水土基本未受农药化肥污染，有机农业发展基础好、优势大的特点，积极探索有机农业发展的新路子，创新形成了“整建制”建设有机农业区的模式。所谓“整建制”发展模式，是指大规模有计划、有侧重地发展有机农业，按照“整建制村—整建制镇—整建制区”的发展路子，最大限度地整合资金、技术、基础设施、市场等要素资源，最大规模地实现资源优化利用（见图2－4）。“整建制”发展模式有效规范有机农业的生产技术标准和操作规程，解决了制约有机农业发展的难监管、难检测等关键性问题。在规划生产区内，建立了严格的农业生产投入管理制度，严禁化肥、农药等进入，防止原料性污染；实行了严格的有机耕地保护制度和企业准入制度，严禁污染企业进入有机农业规划生产区；要求生产区内农产品种类 80% 以上达到有机农产品的标准，农产品种植面积 80% 以上达到有机农产品标准。

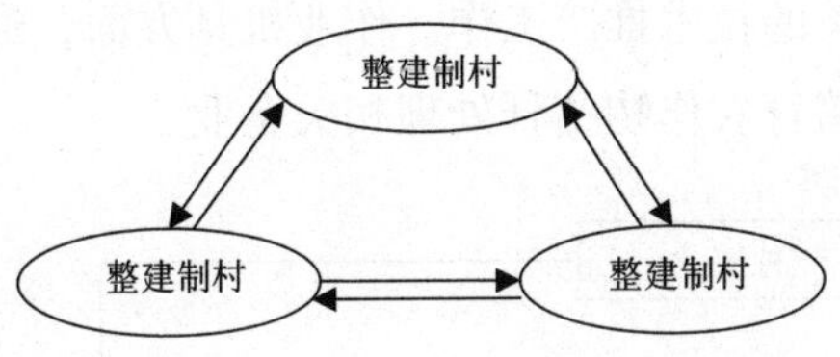

图 2－4 "整建制"有机农业示意图

（四）三产融合发展模式

该模式主要采用好氧堆肥技术，将作物干秸秆、畜禽粪污、蔬菜残株烂果等农业废弃物按一定比例混合后联合堆肥，在好氧条件下利用微生物降解有机废弃物，生产生物有机肥料。产出的有机肥料回用于农田生产，用来种植玉米、小麦、蔬菜等农作物。待农作物收获后，一部分秸秆通过青贮、黄贮等方式加工为饲料，用于畜禽养殖，产生的畜禽粪污与另一部分秸秆继续用于生产有机肥，从而实现了种养加循环、三次产业融合（见图 2－5）。

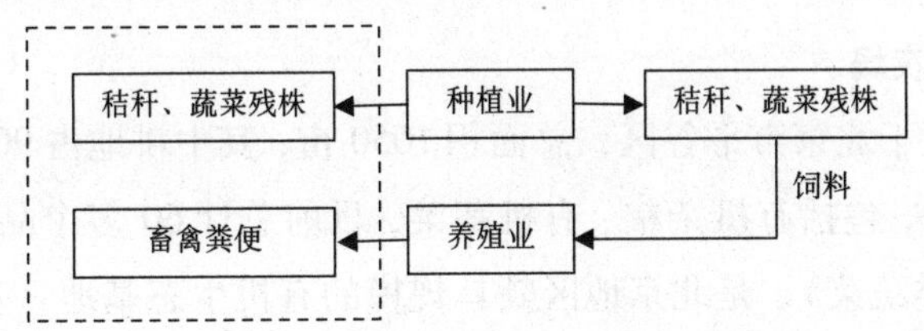

图 2－5 种养结合循环生产模式示意图

该模式针对山区、半山区等地区难以转运出来的玉米秸秆的问题，在大量的技术研究和模式探索后，终于建立了一种行之有效的玉米秸秆饲料化利用技术。采用"种植户＋农机服务组织＋养殖企业"的运行方式，由农机服务组织从农户手中收购秸秆，再将收购来的秸秆膨化加工成饲料销售给养殖企业，从而实现了秸秆的饲料化利用，而且农户、农机服务组织均可取得收益，养殖企业也有了质优价廉的饲料来源，可谓一举三得（见图 2－6）。

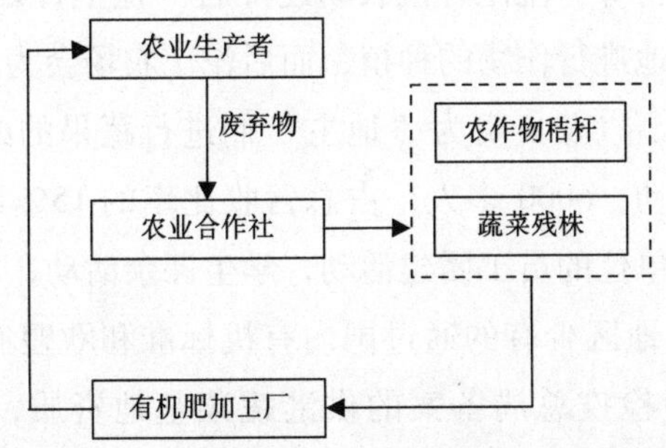

图 2－6 山区农作物秸秆利用模式示意图

该模式在市场运作上，主要采用“农业生产者＋经营性服务组织＋有机肥加工厂”的运行模式，由农机专业合作社负责将农作物秸秆、蔬菜残枝等秸秆废弃物收集拉运至有机肥加工厂，有机肥加工厂负责后续处理加工（见图2－7）。在模式推广方面，北京市农业部门通过多种措施进行相关的技术推广工作。作业机具方面，通过农机购机补贴、优先配套高效设备等方式，扶持培育农作物秸秆处理相关企业。

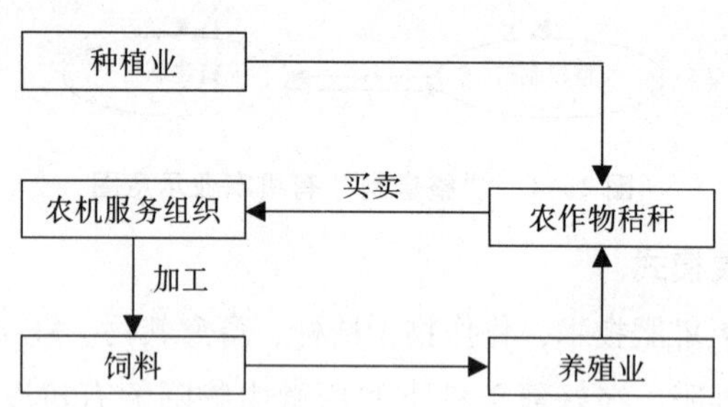

图2－7　农作物秸秆、蔬菜残枝运作模式示意图

三、案例分析

（一）沱沱有机农场

沱沱有机农场位于北京市平谷区，总面积1050亩，其中耕地占900余亩，主要种植作物为各种有机农产品，包括有机杂粮、有机蔬菜，目前总计60多个品种（其中30多种果类蔬菜、30多种叶类蔬菜），是北京地区颇具规模的有机生态基地。基地位置优越，交通便利，生态环境优美、空气清新、土壤水质优良，周边无工业污染，拥有上风上水的地理优势。母公司沱沱工社致力于打造社群化的有机生鲜食材品牌电商，包括沱沱工社平台的官网——“有机、天然、高品质食品网上超市”和第三方渠道，如京东生鲜、阿里盒马鲜生等。沱沱有机农场是盒马鲜生北京地区唯一的有机生鲜供应商。

作为沱沱工社线下基地，沱沱有机农场主要采取农场接待的线下团建和社群活动，2016年总营收在1000万元左右，包括人工采摘、体验农耕活动和团建活动的门票、餐饮以及顺带的采摘、果蔬销售等。沱沱有机农场还开启“地主计划”：用户在农场上择一分地大小或其以上面积的土地进行作物的种植，而后沱沱农场会为客户负责起这块租地上有机种植的日常管理与维护，以及负责为“地主”们进行蔬果的配送服务。2016年沱沱有机农场接待了120余场活动，6000多人，占总营收比率的15%以上。主要的客户面向的主要对象是银行、企事业单位的员工团建活动，学生课余活动，家庭亲子活动等。

沱沱有机农场是北京地区少有的通过国内有机标准和欧盟有机标准双重认证的有机农场，并且获得国家检验检疫总局备案的供港蔬菜基地资质，荣获北京市农委颁分的“北京市菜篮子标准化生产优级基地”称号。沱沱工社一直专注于向母婴及中高端消费者提供各种高标准的食材，包括水果蔬菜、肉禽蛋奶、海鲜水产、粮油米面等在内的千余种商品。

（二）密水北岸有机农场

北京密水北岸生态农业科技有限公司成立于2010年，承包经营了密云水库北库滨带近万亩耕地，鉴于该地区兼有生态涵养区和水源保护地的重要性质，公司经营的生态农场肩负着保护生态与发展农业的两大任务，在这里打造大型有机农产品生产基地成为农场的战略和目标，立志打造先进生态农业和现代农林示范企业已深入每一名密水北岸农场员工的内心。经过五年多时间的艰苦奋斗，公司已建成了集珍稀苗木培植、有机果蔬种植、中药材生产、畜禽养殖、畜牧饲料种植加工五大板块为一体的综合农业基地。密水北岸有信心和能力继续为我国生态农业的可持续发展做出贡献。

农场施用的肥料全部采用有机肥，300余三次方米的沼气池和10个立式发酵罐消化掉大量的人畜粪便和植物落叶，分批投入沼气池后经过厌氧发酵过程杀灭虫害和病菌，同时激发肥料活性化为液体状态进行施用，促进了肥料的高效性和安全性。农场的病虫害防治均采用有效的物理生物防治方法，其中木醋液、辣椒水、艾叶汁、中药、酵素液的使用多为独创，确保了整个生产过程绝不使用化学合成物质。农场养殖的有机畜禽全部使用农场自已生产的玉米、牧草、中药材、水库小鱼等配合饲料，绝不使用任何添加剂，而且达到了应有的生长周期才上市；家禽、牲畜的排泄物又成为植物所需的优质肥料。

密水北岸有机农场与凤凰快递公司长期合作，全程冷链运送，从基地到餐桌一站直达，确保了无污染和新鲜度，让享受到不老屯有机产品的客户吃到纯正放心的生态有机食品。不老屯有机食品打造的是生活必需品，更是现代生活当之无愧的奢侈品。密云北岸有机农场，本着生态保护、涵养水源、合理利用、创造效益的发展理念，在科学规划的基础上，种植了西洋参、黄芩、桔梗、白术等名贵中药材，培育了红豆杉、云杉、油松、银杏等绿化树苗，并种植了樱桃、苹果、核桃等优质水果，建设设施农业基地近100亩，生产供应北京市民的有机、生态蔬菜。生产的农产品本着保护水源、生态环境的根本原则，从不使用农药化肥，完全采用传统方式人工培育，因此品质优良，深受广大客户的喜爱与青睐，并长期为国外知名泡菜品牌生产加工桔梗丝以及泡菜原料，每周向北京全市范围内的客户配送蔬菜、水果、鱼肉、蛋类等众多绿色食品。目前开发的红豆杉盆景以及有机微菜园正在面向北京市开拓市场。

（三）三山有机农场

北京三山有机农场位于怀柔区庙城镇王史山村，紧邻京承高速13号（北台路）出口。农场位于北京的东北部，地处燕山南麓，此处属暖温带型半湿润气候。这里四季分明，雨热同期，夏季湿润，冬季寒冷少雪，全年日照时数约2800小时，而且地处怀柔水库下游，水源充足，水质优良。同时，这里文化底蕴深厚，历史悠久，人杰地灵。得天独厚的地理环境优势，非常适宜果蔬和食用菌的生长，为农场提供了自然的优势，促进了有机农业的发展。

2017 年三山有机农场有塑料大棚 171 栋，日光温室 50 栋，一年四季都可以为市民提供新鲜的果蔬。同时，农场还建立了自己的电商平台和微信平台，方便市民能够随时进行网上采购，并保证在北京地区 24 小时之内送货上门。农场还设有客服电话和举报电话，做到及时与消费者沟通联系，发现问题及时处理，确保市民满意。因此，这里可以称得上是一个集蔬菜生产、加工、销售和农资供应、技术指导、生产实验、农技科普教育于一体的都市型现代农业园区。

2017 年三山有机农场已经成为北京市“菜篮子”工程优级标准化生产基地、北京市中小学生社会大课堂活动基地、幼儿实践基地、科普示范（教育）基地、北京市乡村旅游特色业态“采摘篱苑”、北京市休闲农业三星级园区等。农场里还建设有热带作物观光科普园、农科社会大讲堂、果蔬采摘园区、儿童欢乐游玩区和自助餐饮休息区，主题鲜明、个性突出、创新不断，让前来的游客始终充满新奇感。这里不仅是休闲娱乐的好去处，也是农事体验、科普教育、寓教于乐的好场所。

（四）“北菜园”有机菜园

北菜园位于北京市延庆区，是北京市有名的“有机菜园”，其始于 2007 年，专注有机农业发展，目前有机种植基地分布北京延庆，海南海口、三亚、东方，广西资源，黑龙江五常，有机种植规模 2500 多亩，年产有机蔬菜 1000 多万斤，50 余种蔬菜和大米通过了权威机构的有机认证。

目前，北菜园实现线上、线下全员覆盖模式，顾客不仅可以线上下单、线下收货，还有可能在各大超市看到它的身影。农场安装着精准度很高的传感器，绿色太阳能供电，自动采集光照、空气温湿度，内置定位、空气扰流装置，使得数据更准确，并配备 lora 远距离无线传输新技术，保证距 1000 米（实测）数据准确、及时、有效，农场范围内随意挪动更是灵活自如。农场内还装有卷膜通风智控设备，它需要结合棚内的太阳能传感器协作运转，根据大棚内的环境参数，自动控制通风口大小，帮助农场远程安心开关风口，这样一来，农场的人工成本节省不少，而且保证了大棚内蔬菜水果的品质、口感，受到了广大消费者的欢迎。

除了上面这些设备，大棚内还安装了供拍照、录像的全方位球机摄像头，监测土壤温湿度的传感器以及一体化样本方等。当初为了保障有机蔬菜的持续稳定供应和优化产品品质，从成立伊始北菜园就引入物联网技术，通过 10 年来的不断改进，已经建立了比较成熟的智能化管理系统。利用各种传感器动态采集大棚内空气和土壤的温湿度等关键性环境数据，通过数据平台及时分析蔬菜生长状况和实现病虫害爆发预警，提前采取病虫害防治措施，并结合种植过程生成农产品“可追溯绿色履历”，保证蔬菜健康生长的同时也能让消费者可视化查看，真正做到绿色、有机、安全。

第三节 休闲农业

一、休闲农业基本情况

北京的休闲农业是以乡村的生产生活方式、民风民俗、景观环境等为主要内容，利用创意设计手段，挖掘、提炼、吸收、重塑地域特色，美化场景景观，并与游客的想象、偏好、理念等建立联系，为市民游客提供高质量的服务。在农业景观中，建造景观小品，烘托山水田园诗的意境美；在农耕博物馆中，将农耕展品与百姓生产生活变迁相结合，唤醒游客对过往生活的回忆；在农事体验活动中，营造热火朝天的劳作氛围，让游客感受乡村的农耕文化。

休闲农业是北京都市型现代农业发展的重点方向之一。2017 年 8 月 16 日，北京市农村工作委员会发表《关于加快休闲农业和乡村旅游发展的意见》，要求休闲农业和乡村旅游产业规模不断扩大，接待人次、经营收入年均增长 5% 和 8% 以上。在发展过程中使产业布局更加科学合理，产业结构明显优化，产品内容更加丰富，发展质量明显提高，形成京津冀休闲农业协同发展新格局。2017 年全年北京休闲农业和民俗旅游接地游客 4337 万人次，实现收入 44.1 亿元，同比增长 4.2%。其中，农业观光园 1216 个，接待游客 2150 万人次，实现收入 22.9 亿元，同比增长 6.9%；民俗旅游接待户 8363 户，接待游客 2232 万人次，实现收入 14.2 亿元，同比减少 1.1%。北京市现有 7 个区被评为“全国休闲农业与乡村旅游示范县”，20 个休闲农业点被评为“全国休闲农业与乡村旅游示范点”，20 个村被评为“中国最美休闲乡村”，67 个休闲农业园区被认定为全国星级园区。

休闲农业能够延伸农业产业链条，带动农产品加工业、服务业、交通运输、建筑、文化等相关产业的发展，扩宽农民的就业增收渠道。研究显示，休闲农业与乡村旅游每增加 1 个就业机会，就能带动整个产业链增加 5 个就业机会。年接待游客 10 万人次的休闲农业园区，可提供 300 个就业岗位，带动 1000 余户农民家庭增收。2017 年，全市休闲农业和乡村旅游从业人员 6.2 万人，劳动报酬收入为 9.8 亿元，休闲农业园区带动采摘 3541 万公斤。休闲农业已成为农民就业创业、农产品流通销售，以及农耕文化保护与传承的重要产业。

二、休闲农业发展模式

（一）观光农业园区发展模式

观光农业园区模式主要是建立以观光、旅游、教育为中心园区的发展模式。它是以京郊农村当地的资源为对象进行开发，在调研当地资源与条件的基础上，创意设计出符合现代人对农业的劳动生产、观光、休闲、旅游等不同特色的主题旅游活动。园区能够提供丰富、多样的展现内容，来满足不同层次游客的需求。园区可以借助农业基础设施，以农业科技作为载体，向游客展示与讲解有关农业的发展历史、现状及成果，满足游客对农事体验、农业知识的需求。也有展现自然风光的景区型、休闲度假型、科研科普型、名特果品采摘型、农事体验型等园区类型（见图2－8）。

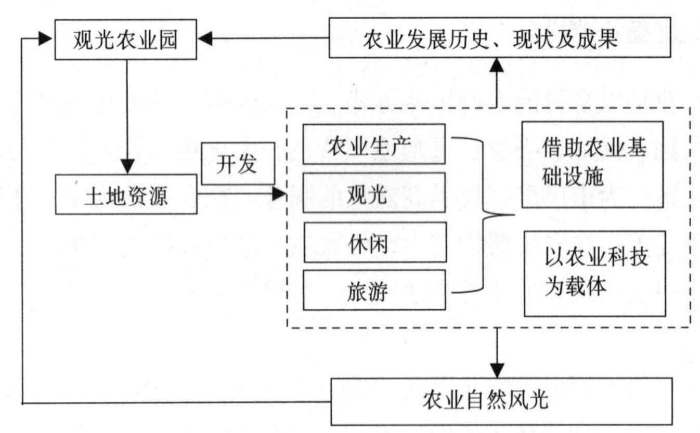

图2－8　观光农业园区发展模式图示意

（二）民俗文化发展模式

民俗文化模式主要是指当地有沿袭下来风土人情的这类乡村的休闲农业发展模式，利用当地的民俗文化或风土人情来吸引游客观光旅游的一种都市休闲农业模式。开发时可从民俗文化的源头出发，找寻文化中原生性、参与性、质朴性及浓郁的民俗风情，以民族民俗、建筑风格、饮食习惯等特色作为开发点，突出表现当地的风土人情等特色文化。因此该模式发展时要注意两点：首先，当地民俗文化要具有民俗中的特殊性或区别性。如果不具备民俗特殊性，这个模式是难以建立的。其次，地理位置的特殊性。该发展模式的区域必须要选取具有一定特色的、历史悠久的文化古建筑或风土人情，再根据当地的特色文化进行分类，如民俗文化游、民间手工艺游、古镇建筑游等多种形式的发展模式。民俗文化游的怀柔长哨营乡大地村满族美食蘑菇宴、古镇建筑游的京西深山峡谷的“古村文化明珠”爨底下村，让游客们亲身体验浓郁的民俗文化氛围，了解独特的生活文化、人生礼仪文化、口头传承文化、民间歌舞娱乐文化、节日文化、信仰文化、建筑文化等（见图2－9）。

（三）产业融合发展模式

产业融合的发展模式是以市民休闲旅游需求为导向，以三产联动和多产业融合为理念，横跨农村第一、第二、第三产业，通过融合生产、生活和生态功能，联结农业、农产品加工业和服务业、旅游业，来满足消费者休闲旅游的发展模式。

（四）创意农业发展模式

创意农业的发展模式是以创意为理念、以农业农村资源为基础、以科技为手段、以观

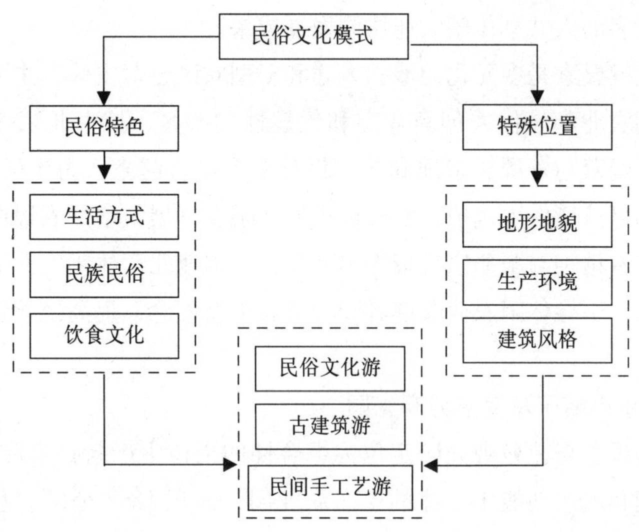

图 2-9　民俗文化发展模式示意图

光农业为切入点，创造出了具有高文化附加值、生态附加值、科技附加值和服务附加值的产品，同时又能满足人们精神和文化需求的农业发展模式（见图 2-10），如创意农业产品、创意农业园、创意节庆活动、创意融合产业、创意农食文化等。

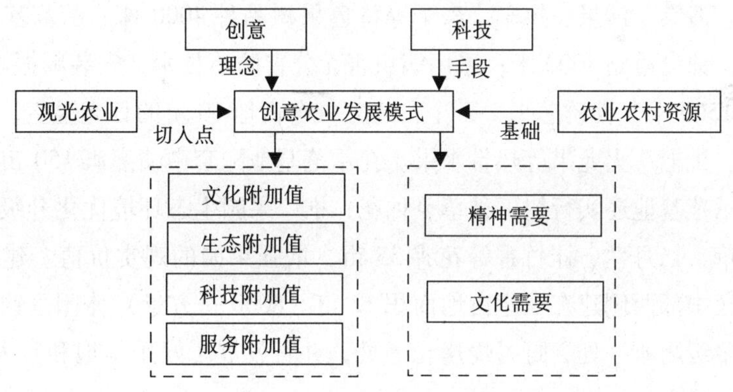

图 2-10　创意农业发展模式示意图

三、案例分析

（一）“创新唤醒农业，艺术连接城乡”主题展览会

2017 年 10 月 7 日，北京举办休闲农业主题展览“创新唤醒农业 艺术连接城乡”，此次会展推荐了 20 位新农人创业案例、36 家北京五星级休闲农业园区、7 个北京休闲农业园区的经典代表作及多个融合了产业与地域文化风貌设计的特色乡村民宿改造案例。会上提出“树立农业新模式、拓展农业新边界、激发农业新价值”的行动纲领，引导休闲农业管理者和经营者更新理念，提高经营管理水平，创新休闲农业发展模式，顺应大农业时代

的发展趋势，让更多的人共享休闲农业协同发展成果。

休闲农业的关键要素是多元化的涉农人才和新型农民经营主体，主要表达以艺术化的形式展示北京休闲农业领域优秀创新业态和代表性的园区，扩大北京休闲农业的社会影响。让休闲农业的经营与资源更多地和艺术设计互动结合起来，为生活提供更多、更优、更新鲜、更健康的可持续发展选项，积极促进城乡融合发展，增加农民的开源渠道。将北京国际设计周的艺术精神与服务宗旨带进田园乡村，加速北京休闲农业发展，为休闲农业发展注入新的活力，引导休闲农业管理者和经营者更新理念，提高经营管理水平，创新休闲农业发展模式。

（二）大华山镇小峪子丛海艺苑观光园

大华山镇小峪子丛海艺苑观光园定位为综合性的果树生产新技术应用、示范、观光、采摘、垂钓、休闲和度假功能于一体的生态农业园，面积 15.7 公顷。总体布局：基地建设分为入口区（瓜果飘香、花醉藤下景区）、观赏桃栽培区（桃海映花景区）、樱桃草莓栽培区（香花赤果景区）、休闲垂钓区（桃源深处景区）、蔷薇科苹果属栽培区（春华秋实景区）、农事体验区、设施栽培区，观光采摘设施完备。

观光园引进近年来国内外选育成功并正在进行推广的优种约 50 个，栽培新品种大桃 8000 株，每个品种悬挂标牌；栽培碧桃等观花品种 10 个，面积 3 亩；引进樱桃、石榴、草莓、枣、杏、海棠、沙果、拉车、柰子等特色果树品种 4000 株。示范基地硬化田间道路 1 万平方米，铺设甬路 4000 米；采用病虫害无公害防治技术，安装频振式杀虫灯 5 盏，悬挂糖醋液瓶 1500 个，性诱芯 1.2 万个；建立一个占地 60 亩的日光温室，栽培了反季节蔬菜及桃、杏、枇杷、火龙果等热带水果。在示范基地配套微喷灌溉 150 亩，改变传统大水漫灌方式。示范基地还实行树下种草、种花，推广果园生态环境优化升级，杜绝清耕作业；种植三叶草、二月兰、桂竹香等花卉 35 亩，增强果园的观赏价值。建设配套管理房屋 5 间。在园区中部西侧建有一座占地面积 12 亩（8000 平方米）休闲垂钓区。观光园还建茶舍一座、星级厕所一处、野餐烧烤台一处，并且发展了娱乐气炮和真人 CS 野战娱乐项目。

大华山镇小峪子丛海艺苑观光园，由镇“林业站”经营管理，制定了观光园发展规划，设有专职观光管理人员，制定了目标管理责任制，分工明确，责任到人，对观光活动进行统一有效管理；设置咨询、投诉接待人员，对游客提出的问讯能及时解答；加大观光园的宣传促销力度，编印了观光园图文并茂的宣传材料，正在制作观光园宣传网站，游客从网上就可了解观光园的全貌；不断健全接待制度，各个接待环节协调有序，观光园配备讲解员，服务热情。观光园位于平谷区桃花节主会场西侧，观光园建成后，可以从很大程度上丰富桃花节的活动内容，展示平谷区观光果园的风采；观光园环境优美，空气新鲜，无污染源，道路畅通，出行及吃住方便，同时为全区果树新技术的应用提供试验基地；观光园作为桃花海景区的组成部分，可以全面带动平谷区旅游产业升级，丰富活动内容，展示平谷旅游业特色；野生花卉驯化栽培，迎合了北京市2022年冬奥会使用北京野生花卉的需求特点，也为发展奥运经济探索出新的路子。

（三）亲农耕农业体验园

“来北京市昌平区马池口镇亭自庄村的亲农耕农业体验园，体验趣味农事游戏。”据亲农耕农业体验园创始人刘红波介绍，农业体验园的前身是北京农学院大学科技园，利用园区现有资源，加入创意把传统农业生产设计成具有互动性的农业体验项目。此举不仅激活了园区，还蹚出农业体验新路径。

亲农耕农业体验园所在的北京农学院大学科技园，曾是一座专门用于大学生实习、教师教学研究的农业园区。该园区建于2008年，园区内有40栋温室大棚、50亩桃树、1座食品加工车间、10亩花卉、30亩大田作物、1栋鸡舍和1座科研用牛场，每年的运营成本达450万元，一直处于亏损状态。

为提高园区农业资源附加值，该园区与北京农学院大学科技园达成合作，利用园区内现有的种植、养殖、深加工资源，在产品开发、环境布局、服务内容、活动项目上进行创意设计，打造了一座占地千余亩的农业体验园，实现了传统农业园区向观光、休闲、教育方向转型。这个园区开发出50多项体验项目，例如，挤牛奶、做五谷画、刨花生、捡鸡蛋等。农业体验园将创意融入农业，获得了市民游客的青睐。

园区利用自身资源优势，结合教育，将目标人群锁定在儿童及青少年，与幼儿园、小学、中学等签订长期合作服务协议，提供体验式教学。2016年，亲农耕农业体验园实现了年接待游客10万多人次，营业额达800万元，园区实现了扭亏为盈。

（四）黄草洼民俗村：京东水畔鱼米乡

平谷区金海湖镇黄草洼村位于平谷区金海湖镇东北部，平蓟路以北，地处京津冀的交汇处，现有农户138户。黄草洼村被绵延的高山环抱，山边泉水潺潺，森林覆盖率达到90%，走进黄草洼村就如同走进了一个天然的绿色大氧吧。

这里的村民住宅有鲜明的地方特色，大部分是四合院，屋内雕梁画栋，全都采用民间传统工艺建造和装修，一砖一瓦深深烙印着乡村文化符号，绝大部分危房完成了改造、翻新工作，与青山秀水融为一体。尽管全村几乎被绿色覆盖，黄草洼村仍每年启用专门的人力、物力、财力资源，在路边绿荫下种花、在村民庭院中种植彩叶树种，为村里增添了更多色彩。全村生活用水改造完成，所有村民家的老旱厕都改成了新型水冲式厕所。村里看不到乱倒垃圾、污水的现象，也没有村民在院内、院外乱堆柴火等杂物。

该村除了组建果品采摘、果品加工、畜禽养殖等专业合作社，组织社员实行果品规模化生产和销售外，还充分利用清澈的山泉资源，成立了矿泉水公司，生产的瓶装矿泉水在城里深受消费者好评，并为部分村民解决了就业问题。依托良好的自然资源，黄草洼村已经建成数十家农家乐旅游观光园、民俗旅店，以及樱桃、葡萄观光采摘园，郊野公园，登山步道等旅游配套设施。在村内“甜水”中养大的鱼，味道也格外香甜。这里的民俗户最拿手的就是鱼菜，刚刚从鱼塘中捕捞上来的鲜鱼，在渔民的巧手下，变成一道道色香味俱全的佳肴，尤其是“虹鳟六吃”、炖花鲢、烤鲜鱼等更是极受游客青睐的特色“鱼品”。近来，黄草洼村又挖掘村里的老手工艺人，建成以风筝为特色的民间工艺品合作社，在为村里的民俗游增添新亮点的同时，也为村民增加了新的收入来源。村民人均年收入达到8000元以上，全村年收入突破500万元。目前，该村被列为“市级民俗旅游村”“市级生态文明村”以及“市级新农村试点村”。

第四节　民宿旅游业

一、民宿旅游基本情况

民宿，源自日本的“民宿”（Minshuku），是指利用自用住宅空闲房间，或者闲置的房屋，结合当地人文、自然景观、生态、环境资源及农林渔牧生产活动，以家庭副业方式经营，提供旅客乡野生活之住宿处所。民宿不同于传统的饭店、旅馆，也许没有高级奢华的设施，但它能让人体验当地风情、感受民宿主人的热情与服务，并体验有别于以往的生活。

北京远郊区立足生态涵养区功能定位，吸引社会资本利用闲置农宅积极有序发展精品民宿。精品民宿的规模数量不断扩大，探索形成了适合地区实际的多种发展模式，既有效盘活了一批闲置农宅，带动了农民就业、农产品销售，拓宽了农民增收渠道，又美化了农村环境面貌，有力助推了美丽乡村建设，促进了乡村旅游业发展；既为在更大范围内盘活闲置农宅积累了有益经验，又为满足市民住宿需求增加了高品质供给，实现了多方受益、合力共赢。

二、民宿旅游发展模式

实践中，北京民宿旅游已初具雏形，农户、村集体、企业之间围绕谁投资，谁建设，谁经营，谁受益等内容，主要探索形成了以下四种模式：

（一）“农户＋村集体＋企业”模式

该模式是当前民宿开发的主要模式，按照投资主体不同又可大致划分为三类：一是集体投资引入企业，主要是由村集体成立乡村旅游合作社，负责筹集与流转农户闲置房屋，并投资建设民宿，企业负责设计和营销，所得收益由企业、合作社、村民共享。二是企业投资联合集体，主要是由村集体负责筹集与流转农户闲置房屋，企业负责民宿的投资建设、包装设计、运营管理。三是村民投资委托集体，即由农户出资建设，交合作社托管，合作社收取管理费，并代表农户与企业签订运营协议，农户与企业按照约定进行利益分成（见图2－11）。

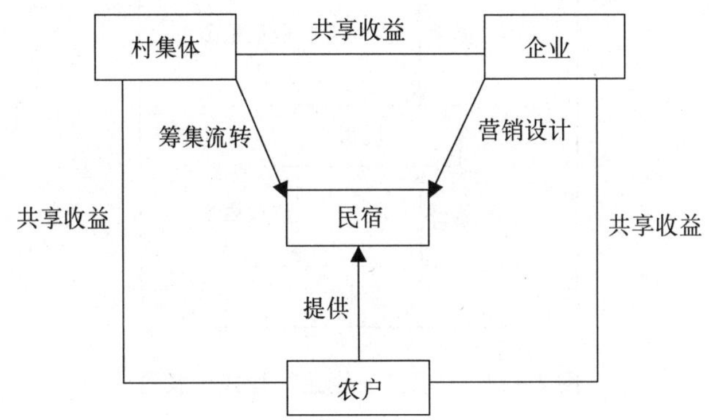

图2－11 “农户＋村集体＋企业”模式示意图

（二）“村集体＋企业”模式

该模式多应用在村庄整体搬迁后原村落闲置房屋的盘活上，主要由村集体收回宅基地及民房，与企业签订合作协议，企业作为投资主体对闲置房屋集中开发，村集体获得租金收入，企业获得运营收入。该模式有两种情形：一种是农户与村集体以资金或土地形式入股成立合作社，农户负责建设运营管理，获得的经营收益由农民与村集体按比例分成。另一种是村集体成立公司或合作社，统一租赁或回收闲置房屋，支持新农人、本土人才等乡村创客返乡创业，吸引个体投资开发精品民宿，乡村创客负责投资建设和运营管理（见图2－12）。

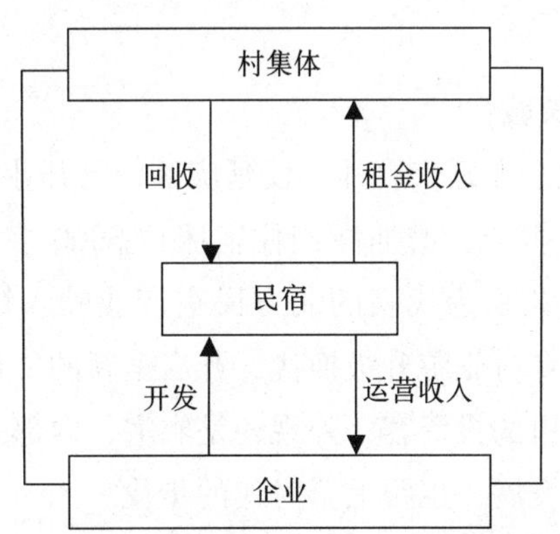

图2－12 “村集体＋企业”模式示意图

（三）“农户＋企业”模式

该模式主要由企业直接从农户手中通过租赁获得农宅使用权，并作为运营主体全额投资，对院落进行改造和运营，企业承担小院的日常运营成本，获取销售收入，农户收取租金，租金按年递增（见图2－13）。

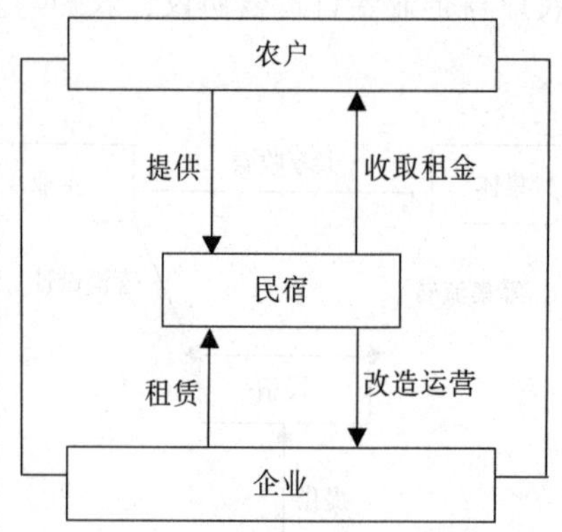

图2－13 “农户＋企业”模式示意图

（四）个体经营模式

该模式主要是由村民利用自有闲置宅院或租用他人宅院进行装修改造，独立经营管理，吸引自发到访的游客。珍珠泉乡的“山居小院”项目就属于这种模式，村民将自家老旧房屋升级改造成具有江南风光的民宿小院，依托“四季花海”沟域经济的品牌效应吸引游客，获取收益。另外，正在推进的“世园人家”自主IP类住宿品牌项目也属于这种模式，该项目由政府聘请专业公司为有意愿升级的民俗户设计，民俗户按设计方案改造，直接将民俗户升级为精品民宿，以满足世园会举办期间的接待需求。目前正在康庄镇太平庄和王家堡试点，今后将推广至康庄镇大营村、大王庄村和张山营镇玉皇庙村等世园会园区、冬奥会赛区周边民俗村。

三、案例分析

（一）石峡村——石光长城

2017年首届北方民宿大会在延庆召开。仅延庆区，已开业民宿酒店7家，在建12家，累计盘活农村闲置院落600多套，增加高档住宿床位3000多张，带动近千户农民增收。继西南、江浙地区之后，以北京为代表的北方民宿产业驶入快车道。经过20多年发展，继农家乐、度假村后，京郊乡村旅游升级换代，开启全新的“民宿”酒店时代：住的还是农民的房子，老板换成了城里的投资客；外观还是农宅，内部是高档酒店设施。城里人休闲了，农民增收了。农村的发展，也跟上了时代的步伐。

石峡村，就在八达岭长城防御体系西大门——石峡关下。村里抬头就能看见长城，有1.9万亩山场，李子、杏、海棠，果品应有尽有。这里旅游资源丰富，村民在此之前却并不富裕。村内最初有两户民俗户，但游客承载能力较低，旺季往往应接不暇，农产品也无法存放，难以保存。“妫水人家”公司进村后，租下20套闲置宅院，聘请专业设计机构，对村庄整体和闲置院落进行设计改造。

2016 年，一期 10 套“石光长城”高端民宿开业。村民出租闲置房屋有一笔收入，在餐厅、客房部就业，还有一笔收入。酒店开业以后，村里的鸡蛋、水果、山货都不愁卖了，这又是一笔收入。村里有了就业岗位，一些在外打工的年轻人又回到村里。原来在外面做小买卖，现在回村，在西餐厅学打咖啡，学一门手艺，就业能力大大提升。接下来为民宿酒店配套的西餐厅、手工体验坊也将陆续开业。

今后在石峡村，不但能住在看得见长城的房间里体验特色石烹宴，喝咖啡、吃西餐。同时，在手工体验坊，还能学着榨油、磨面、挤饸饹面，跟着村里的巧娘学剪纸、做羽毛画、布贴画。石光长城，让小山村石峡又充满活力。

（二）延庆区“民宿联盟”

百里乡居、石光长城、山楂小院、水泉子 31 号等，从 2014 年起，通过加强招商引资、出台扶持政策、完善基础设施等措施，延庆开始发展民宿产业。2017 年，已建成精品民宿 7 处，在建 12 处。下一步，千里走单骑、过云山居、大乐之野等南方知名品牌民宿，将落户延庆，继续壮大延庆民宿产业。

经过两年多摸索，总结出适合延庆的民宿发展类型和模式。发展类型包括“整村改造”和“社区再造”。“整村改造”适合空置村和空心化比较严重的村庄，如下栅子村“山里寒舍”、东沟村“山里中国”、大石窑村“百里乡居”等。“社区再造”是对村落中闲置和废弃的传统院落进行改造，它能带动整个村庄环境升级和生活方式更新。

从投资模式上又分四种：一是企业作为投资主体，统一负责民宿的设计、建设和运营，村民通过出租房屋和提供劳务获得收益，如大石窑村的“百里乡居”。二是合作社作为投资主体，负责闲置房屋的收集和建设，聘请专业公司负责运营，村民能享受分红。如东龙湾村的“左邻右舍”。而珍珠泉乡的“水泉子 31 号”，则采取了项目公司和村里的合作社合作的模式，让民宿酒店的经营状况跟村民收入挂钩。值得一提的是，延庆还为当地人才参与民宿建设搭建平台。如第三种 IP 升级模式，政府引导星级民俗户和特色业态建设“世园人家”，帮助聘请专业公司为有意愿的民俗户进行设计，民俗户按设计改造，直接升级为民宿，满足 2019 年北京世园会接待需要，目前，正在太平庄村和火烧营村试点。第四种创客模式，通过政府出台政策，吸引新农人、本土人才等回村创业，目前已吸引李晓霞等一批创客返乡。

（三）妫川龙湾民宿旅游——原乡里·左邻右舍

该项目是由东龙湾村成立了北京妫川龙湾民宿旅游专业合作社，将村内闲置房屋以租赁或合作两种方式流转到合作社（租赁方式是由合作社与村民签订 15 年租赁合同，每年每间房屋租金 5000 元，每 5 年递增 5%；合作方式是由村民将房屋交付合作社，前 3 年、第 4 ~ 5 年、第 6 年及以后分别按照“三七”“四六”“五五”比例进行利益分成），通过合作社引进北京原乡合社旅游有限公司，负责民宿的包装设计、宣传推广，合作社负担民宿运营的人工费用、维护成本等，企业与合作社按照“三七”比例进行利益分成。刘斌堡乡“下虎叫·隐居乡里”项目后期建设的民宿院落也采取该模式。

井庄镇“三司·原乡里”和刘斌堡乡“姚官岭·原乡里”项目，均以北京原乡文化（北京）发展有限公司作为投资主体，牵手村内乡村旅游合作社成立合资公司，合作社负责村内闲置房屋的筹集、流转及后期运营过程中涉及村民利益问题的协调，并以房屋为资本占有合资公司12%股份，企业负担民宿的建设、运营管理等各项成本，农户获得租金，合作社与企业按照约定比例进行利益分成。

刘斌堡乡“下虎叫·隐居乡里”项目的6号、7号、8号院就是由农户自主出资，按照远方网要求对自家院落进行改造并交合作社代管，合作社每院每年收取1万元管理费，代表农户与远方网签订运营协议，负责双方问题协调及民宿公共空间管护，农户负担人工、餐饮、水电等运营成本，远方网负担设计、宣传营销成本，农户与企业按“七三”比例进行利益分成。

（四）千家店镇“大石窑·百里乡居”

千家店镇“大石窑·百里乡居”项目采用“村集体＋企业”模式。该项目中，大石窑村委会利用整体搬迁后腾退出来的闲置房屋，与京西北投资集团签订了50年的租赁合同，村委会获得租金收入，租金每5年递增10%。京西北投资集团成立专业运营公司负责民宿的运营管理，并优先雇佣本村村民参与民宿的餐饮、保洁、维护等工作。永宁镇偏坡峪、水口子等项目也采取该模式。

珍珠泉乡“原乡里·水泉31号”项目就是由原乡文化（北京）发展有限公司直接租赁村民房屋，每年租金5000元到6000元不等，租金每5年一递增。张山营镇“大隐于世”、珍珠泉乡南天门“浮生小筑”等项目也采取该模式。

永宁镇“北沟·七彩山庄”项目就是由农户与村集体签订了20年的合作协议，成立北沟村经济合作社，农户以资金入股，村集体以集体建设用地入股，建设了40余栋七彩小木屋，小木屋日常的餐饮、接待、保洁等工作由农户负责，获得的经济收益由村集体与农户按比例分红。

第五节　籽种农业

一、籽种农业基本情况

种业是国家战略性、基础性核心产业，也是现代生物技术发展的先导，对于提高农业核心竞争力、加快农业发展方式转变，具有十分重要的作用。多年来，在国务院以及各有关部委的精心指导和大力支持下，北京种业取得了较快的发展。2017年北京市种子管理站在市农业局的领导下，深入贯彻中央1号文件，全面落实新修订《种子法》及配套规章，种业创新成果丰富，依托首都科技资源，发展种业生物技术，深化京津冀沪渝种业协同发展，加快推进北京市南繁科研育种基地（海南）建设，全面推进北京现代种业的发展。

2017年北京市共开展了冬季监督抽查、春季市场检查、秋季市场检查、救灾备荒种子检查、制种基地巡查5个方面抽检行动，累计抽检种子样品546份，较上年增加40.3%；抽取企业（门店）171家，较上年增加了10.3%；涉及作物有玉米、大豆、小麦、结球白菜及其他蔬菜等，样品合格率为98.4%，较上年增加5.1%。经检查所有地块纯度均符合国家质量标准，均为持证生产并建立了详细的生产档案。2017年北京市还组织各类种子普法宣传活动近77次，开展现场咨询5610人次；举办法律法规培训41次，直接培训科研机构、种子企业、种子门店从业人员1669人次。

2017年北京市持证种子企业数量增加，原因是区发证种子企业增加较多。目前，共有持证种子生产经营企业229家，较上年增加35家，其中部级发证27家，市级发证39家，育繁推一体化企业新核发10家，区县发证163家。不仅如此，2017年北京市有111家单位注册品种登记，467个品种申请登记，涉及马铃薯、高粱、向日葵、甜菜、大白菜、结球甘蓝、辣椒、番茄、西瓜、甜瓜、黄瓜共计11种作物；通过省级审查上报部级审查的品种192个，上报审查意见10批次；北京登记品种已公告79个，包括向日葵20个、辣椒17个、西瓜6个、番茄11个、结球甘蓝4个、大白菜7个、马铃薯1个、甜菜10个、甜瓜3个。

二、籽种农业发展模式

（一）集体承包经营模式

规模化经营给籽种农业创造了有利的发展条件，集体承包经营模式使北京籽种农业得到更高效的发展。所谓集体经营，就是地权归于农民，收益归于农民，但从种子到收获的全过程均由统一的公司或者企业负责。这种模式在北京普遍应用，如北京房山区窦店村，通过种植结构的调整，采用集体经营模式，提高单位面积土地生产效益，保证籽种产业收益，增加农民收入。

为了确保农民的收益和种子的质量，实施统一的管理模式，包括统一购种、统一播种、统一管理、统一收获、统一销售，市、区内农业专家层层把关，从犁、耕、耙、播到收获，全部实现机械化作业，专机收割、专场晾晒、专库储存、种子的纯度和蒸汽度好，农民收益高（见图2-14）。

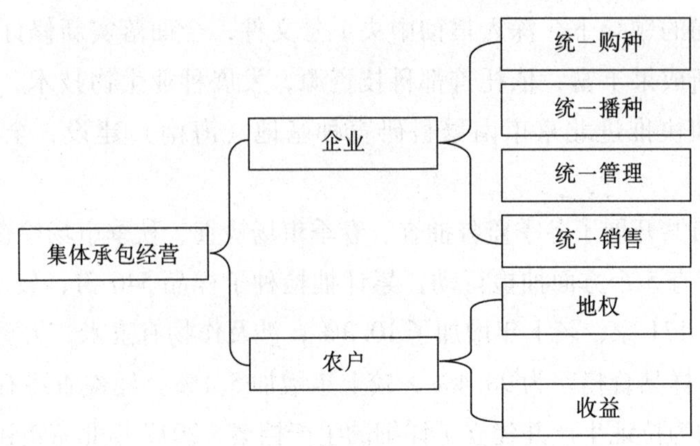

图 2－14　集体承包经营模式示意图

（二）科技示范园培育模式

科技示范园培育能保障全区农业用种换代升级的需要，引进新品种进行试验示范，筛选出适合生长的良种，推进农作物种子的更新换代，保障农业高产创建，增加农户收入。科技示范园还将研究出新型制种技术，严格规范制种规程，建设现代农业设施，使用农业新技术新品种，对种子生产者进行展示和科技培训，打造一个多功能的现代种业科技示范园培育模式。2017 年北京市先后制定了《关于推进北京市种业人才发展和科研成果权益改革工作的若干意见》《北京市实施〈中华人民共和国种子法〉办法》，积极推进种业人才发展和种子检查工作，制定工作方案，细化制度文件，全面推进籽种工作深入。

三、案例分析

（一）房山区窦店村籽种小麦繁殖基地

窦店村是北京多年的小麦籽种规模化繁殖基地，也是北京单产最高的村，连续多年蝉联北京小麦单产冠军，并先后多次打破北京市小麦单产纪录。近 5 年平均亩产超过 550 公斤。该村已实现小麦籽种生态高效生产。

窦店村的耕地采取的是集体承包经营模式，地权归于农，收益归于农，但从种到收全过程均由村农牧工商总公司负责，公司下设 12 个农场，其中 4 个农场负责粮食作物的耕作。眼下，村里一共有 2100 亩耕地，其中有 500 亩种的是黄金梨，100 亩苗圃，其余 1500 亩为粮食用地。窦店村籽种小麦种植实行规模化经营，采用先进的种植技术和农业机械设施，其水肥一体化灌溉技术，每亩耗水仅 150 三次方米，比传统方式节约用水 30%，也减少了肥料和人工投入。

窦店村小麦籽种的成功经验归结于：一是注重新品种的引进，该村与种子企业签订订单，引进河北等地区籽种需求较大的新品种，为实现高产高效奠定了基础；二是积极应用喷灌水肥一体化等轻简栽培技术；三是严格落实籽种保纯技术，从播种、去杂、收获、晾晒、清选和储存等环节，严格按照籽种生产标准执行，籽种各项指标均高于国标要求；四是订单生产实现生态高效。

（二）通州国际种业科技园区

北京国家现代农业科技城“北京通州国际种业科技园区”自2011年7月13日启动建设以来，深入贯彻落实习近平总书记“下决心把民族种业搞上去”重要指示和国务院建设国家种子“硅谷”要求，在农业部、科技部和北京市相关部门的大力支持下，紧扣“创新驱动，集聚发展”的发展理念，以推动种业科技创新为核心，以打造具有全球影响力的种业自主创新战略新高地为主要任务，围绕科研创新、企业孵化、展示推介、交易结算及公共服务五大功能，已初步发展成为一个基础配套设施较为完善、优势科技资源相对集中、优质产业培育初见成效、示范推广效应逐渐显著的现代化种业园区，是中关村唯一的农业特色园区，并将逐步成为北京全国科技创新中心农业板块、北京城市副中心优美生态涵养区及通州区科技创新产业新区重要片区。这里有全球先进的农作物分子育种服务平台，并建立了玉米、番茄、辣椒等作物的DNA指纹图谱库，园区集国家农业科技园区互联、农作物品种线上展示、蔬菜全产业链全程管理与自动化控制等功能为一体的农业物联网信息系统，并且还搭建了完善的种业科技成果交易平台。因此，通州种业科技园区也被誉为国家种子“硅谷”。

作为全国种业科研创新的前沿，几年来，园区紧紧围绕打造“种业之都”目标，落实“加快打造北京种业之都，建设国家种子硅谷”的要求，持续在技术研发创新、产业创新平台构建和统筹区域经济社会生态建设上发力。通过搭建物联网集成与应用服务平台，利用云计算、物联网、移动互联、信息安全等技术手段，结合现代农业生产实际，建立一套农业物联网系统，实现生产全过程要素的长期稳定监测与数据积累，为农产品可追溯、农业生产技术优化和应用智能化提供大数据支撑，实施实现园区内智能化管理，实现“农业精准化”。不仅如此，园区还建立了农作物种质资源交流平台。以中国农科院拥有的40余万份的种子资源库为依托，为种业企业提供种质资源保存及新品种交易交流服务，探索出种质资源的协议共享机制模式，形成了农作物种质资源共享交流技术体系，为种质资源基因挖掘和规模化开发利用提供全过程服务，是园区与中国农科院合作建立的国家农作物种质资源共享平台。

几年来，园区在各级各部门的支持下，不断加大投资，基础设施及公共服务水平显著提升。截至2016年年底，园区累计完成科技课题研究16项，购置各类研发展示装备与设施300余台/套；完成道路硬化46万平方米，沟渠河道治理近3万米，景观绿化16万平方米；建设各类温室及种苗车间50栋，约28万平方米，物联网覆盖面积达1.5万亩。2017年4月，北京市有关领导到园区调研时，对航天育种技术成果应用于现代农业科技赞叹不已，并强调，园区今后要继续充分发挥区域农业用地面积大、土地规整的优势，重点突出现代农业生态田园特色，努力将园区打造成集育种研发、科技创新、生态农业为一体的国际化种业科技园区。

第六节　设施农业

一、设施农业基本情况

设施农业，亦称环境控制农业或工厂化农业，是在环境相对可控条件下，通过采用现代化农业工程和机械技术，为农业生物（动物、植物、微生物等）提供适宜的生长环境，使其在最经济的生长空间内，获得最高的产量、品质和经济效益的一种高效农业。设施农业包含设施栽培、饲养，各类型玻璃温室，塑料大棚，连栋大棚，中、小型塑棚及地膜覆盖，还包括所有进行农业生产的保护设施。它具有高投入、高技术含量、高品质、高产量和高效益等特点，是最具活力的现代新农业。

2017 年北京市设施农业实现总收入为 54.5 亿元，增长 0.2%。现有数据显示，昌平区设施农业占地面积为 14601.8 亩，比上年增长 2.6%；实现收入 4.7 亿元，比上年增长 22.5%。顺义区设施农业占地面积 4.3 万亩，比上年下降 1.0%；实现收入 7.9 亿元，比上年增长 9.6%；通州区设施农业面积 2187 公顷，下降 4.8%，温室占地面积 1484 公顷，下降 94.4%，大棚占地面积 628 公顷，增长 4.4%，中小棚占地面积 75 公顷，比上年增长 31.6%；大兴区实施农业实现收入 12.7 亿元，比上年下降 0.2%，其中设施瓜果实现收入 2.8 亿元，比上年增长 22.2%；房山区设施农业实现收入 5.5 亿元，下降 4.1%。

二、设施农业发展模式

（一）“政府—企业”模式

由政府主导建园，政府与企业共同投资，实行企业化管理，其功能主要是新品种、新技术试验示范和农民技术员培训。按照“一镇一业、一村一品”的思路，通过多种形式的农村土地流转，引导土地承包经营权向农民专业合作社、种植大户、生产经营能手集中，发展适度规模化生产，促进农业优势特色产业集聚发展，从而进一步优化农业产业布局，发挥规模效益，提高土地的利用率和产出率。

同时，依托各镇（街、区）的优势特色产业，积极引导和帮助各镇（街、区）、企业、合作社多方筹资加大对农业示范园区的投资力度，加快农业示范园区建设，提升农业示范园区的规模和档次，推广工厂化育苗、测土配方施肥、病虫害物理防控等先进农业技术，着力把现代农业示范园区建设成为特色产业聚集发展的核心区、农产品质量安全的样板区、农业体制创新的试验区，示范引领全县农业向高端高效发展（见图 2－15）。

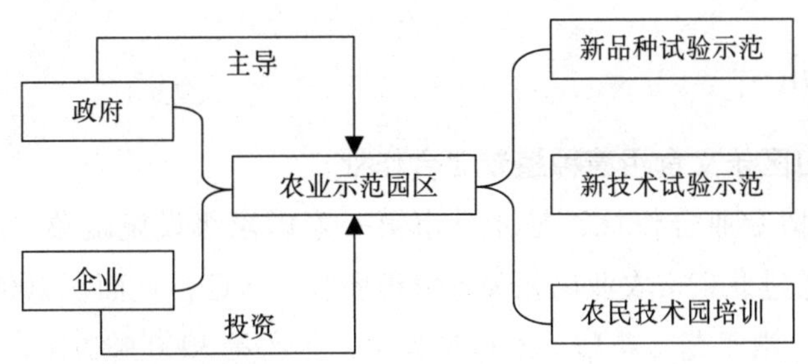

图 2-15 “政府—企业”模式示意图

（二）集体建设分户经营模式

集体建设分户经营，本着农户自愿的原则，由集体统一规划、统一建设，农户按投入土地多少自行种植管理，产品统一销售。集体通过提供统一的种苗、技术、信贷、市场等生产要素，农户自主经营，自负盈亏，实现一户一个大棚，一户一分产业。同时村委会组织成立合作社，集体出资聘请技术人员，统计进行技术培训、管理、种植计划、购买建棚材料等，实现规模化经营模式。

集体建设分户经营除了对农户进行统计指导外，还引进新品种，推广先进的实用技术应用，利用标准化的技术作为支撑，提升农户种植能力，增加农户收入水平。通过村集体开展，组织化程度高，形成产、供、销的一条龙产业链，确保农产品质量，调动农户积极性，保证北京设施农业高效发展（见图 2-16）。

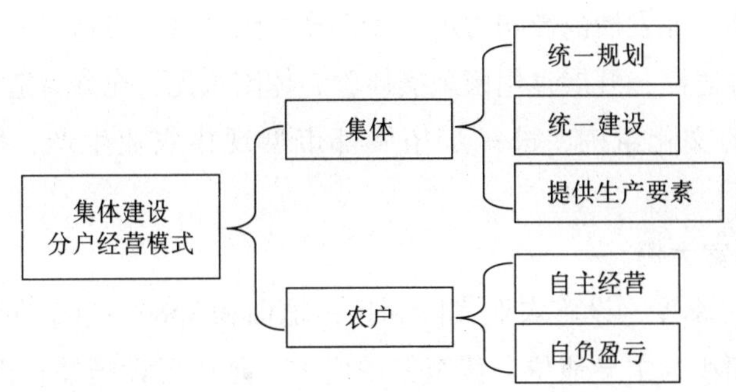

图 2-16 集体建设分户经营模式示意图

（三）企业投资自营模式

企业投资自营模式通过土地流转或租赁承包土地进行设施建设，集中连片，企业自主（雇工）生产、经营，主要满足当地市场需求，同时达到提高单位面积的生产效益、促进农业生产、实现农业高效可持续发展的目的。企业通过投资村集体，获得土地进行农业生产，调整优化种植业结构、发展高效特色农业，不仅使企业获得较好收益，也加快了设施农业的发展步伐。

三、案例分析

（一）北京房山区乐义食用菌种植专业合作社

乐义食用菌种植专业合作社，是北京市第一家国家级设施蔬菜（食用菌）标准园，2011 年 11 月顺利通过北京市农业局相关专家组验收。园区占地面积 1000 余亩，生产以香菇、平菇、金针菇、滑子菇、花菇、木耳等为主，年产量 3000 吨以上。

园区按照农业部蔬菜标准园创建规范，完善建设食用菌生产新技术示范区、食用菌新品种展示区、休闲观光采摘区、菌棒生产区、产品质量安全检测区、产品加工区、废料循环利用区七大功能区，实现食用菌种植规模化、生产标准化、处理商品化、销售品牌化和经营产业化，形成设施食用菌标准园生产标准体系，集中展示了食用菌产前、产中、产后和废弃物处理的相关技术和产品准出安全管理制度，配套建设了数字化管理系统、农产品检测监控信息系统、检测室等。为确保产品质量安全，在种植、生产、加工及销售过程中，认真贯彻落实标准化生产，公司产品先后通过了 ISO9001 国际质量管理体系认证、ISO22000 食品安全控制体系认证，有机产品、无公害产品的认证，同时获得房山区农业标准化无公害示范基地的称号。园区以“合作社 + 基地 + 农户”模式，带动周边农民从事食用菌生产，创造了良好的经济效益与社会效益。

园区以食用菌为特色，集中体现食用菌生产先进技术应用、新品种引进示范等，形成高新技术集成、产品安全生产到位、配套设施齐全、产品质量可追溯的高产高效生产园区。随着园区食用菌产业发展的影响力进一步提高，园区着力打造另一大特色，结合菌文化与食用菌产业发展思路，开展食用菌采摘体验、休闲观光，充分营造“看菌、种菌、食菌、购菌、采菌”的文化氛围，进一步拓展都市型现代农业生产、生态、生活、示范功能。

（二）延庆区温室大棚

2017 年延庆前三季度，设施农业实际利用占地面积 9586.3 亩，同比增长 3.3%。延庆大棚占设施播种面积的主导地位。截至三季度末，延庆区设施播种面积 8637.2 亩，同比增长 5.2%。其中温室实际播种面积 3846.7 亩，占设施播种面积的 44.5%；大棚实际播种面积 4790.5 亩，占设施播种面积的 55.5%。

延庆蔬菜播种面积占设施播种面积之首。在设施农业生产规模扩大的同时，延庆区根据市场需求，设施农业种植品种不断丰富，种植结构不断优化，除大面积蔬菜种植外，花卉播种面积占设施农业第二位。前三季度，设施播种面积达到 8637.2 亩，同比增长 5.2%，其中：设施花卉苗木播种面积 553 亩，同比增长 9.9%；瓜果类播种面积 704.1 亩，同比增长 22%；水果种植面积 1497 亩，同比下降 0.5%；蔬菜播种面积 5755.1 亩，同比增长 4.2%，占设施播种面积的 66.6%。

延庆温室收入呈两位数增长。设施农业获得收入达 11372 万元，占种植业产值的

48.7%，较上年提升2.2个百分点。这其中温室收入为6406.2万元，同比增长18.4%；大棚收入为4965.9万元，同比下降10.1%。

延庆蔬菜亩均收益增幅明显。截至2017年9月末，延庆区设施农业实现收入11372万元，同比增长5.3%，亩均收益1.32万元，亩均收益保持平稳。这其中蔬菜实现收入6370.3万元，同比增长8.3%，亩均收益1.11万元，同比增长4.7%；花卉苗木实现收入2067.2万元，同比增长10.5%，亩均收益达3.74万元，同比增长0.5%；瓜果类实现收入1083.7万元，同比下降19.3%，亩均收益1.54万元，同比下降33.9%；水果实现收入1350.1万元，同比下降16%，亩均受益0.9万元，同比下降18.9%。

第七节　电商农业

一、电商农业基本情况

农产品电子商务简称“农产品电商”，是指用电子商务的手段在互联网上直接销售农产品及生鲜产品，如五谷杂粮、新鲜果蔬、有机食品、地方特产、生鲜肉类等。农产品电商随着互联网的飞速发展，将有效推动农业产业化的步伐，促进农业经济发展，最终实现地球村，改变农产品交易方式。

2017年北京电商农业取得较好发展，涉及电商农业的企业数量增加较快，农民合作社、农业生产企业“触电”比例不断提高，电商农业社会化服务机构也开始迅速发展壮大。目前，北京3930个行政村中，涉及电商农业的比例占到10.7%左右，农民合作社涉及电商农业的占28%左右，较2016年，北京涉及电商农业的企业数量有所增加。

二、电商农业发展模式

（一）B2C农产品电商模式

农产品B2C模式是目前电商领域里最主要的经营业态，如顺丰集团的顺丰优选、本来生活网、沱沱工社等。此类模式里又分两种经营形式，一类是纯B2C，即自身不种植、饲养任何产品，所售卖的产品均来自其他品牌商和农场，典型代表是京东商城、顺丰优选、本来生活。京东商城是北京也是国内最大的自营电商平台，占B2C电商市场57%的市场份额。京东商城让符合条件的农产品企业入驻，也可以建立地方农产品特色馆。京东到家是京东全面进军生鲜农产品电商的重要举措，其线下联合各类生活超市、果蔬店等，基于移动终端的自动定位，实现订购产品2小时快速送达。另一类是“自有农场+B2C”，即企业自身在某地区承包农场，亲自种植瓜果蔬菜、饲养鸡鸭牛羊等，然后通过自建 B2C 网站的方式直接销售给消费者（见图 2－17），因此其所售卖的产品多是自己的产品，当然为了丰富产品也会整合少量其他农场或品牌商的产品，如密农人家、沱沱工社、鲜森活、鲜农乐、源味生活、阿卡农庄等。像沱沱公社这家企业在北京平谷有 1000 多亩地的有机农场，种植些瓜果蔬菜，还养了鸡鸭等。

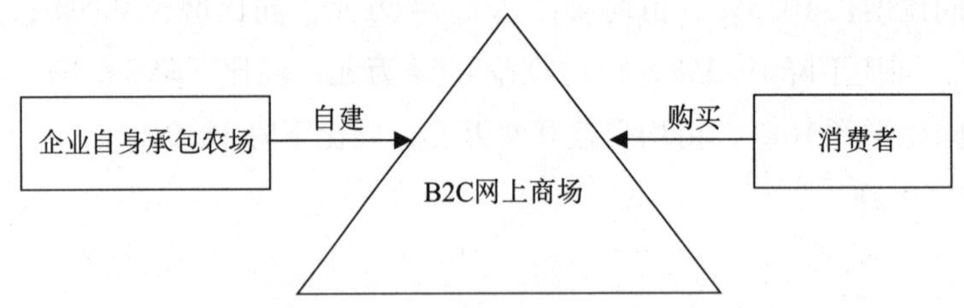

图 2－17　B2C 农产品电商模式示意图

（二）社区 O2O 农产品电商模式

O2O 电子商务，即线上（Online）网店线下（Offline）消费，商家通过免费开网店将商家信息、商品信息等展现给消费者，消费者在线上筛选服务并支付，线下进行消费验证和消费体验（见图 2－18）。这样既能极大地满足消费者个性化的需求，也节省了消费者因在线支付而没有去消费的费用。商家信息通过网店传播得更快、更远、更广，可以瞬间聚集强大的消费能力。该模式的主要特点是商家和消费者都通过 O2O 电子商务满足了双方的需要。

社区 O2O 农产品电商，是客户通过 APP 选择附近门店下单。例如，Dmall 是完全基于服务商角色的模式，跟物美、麦德龙、良友便利、农工商超市等合作，自己不做采贩、仓储，完全由合作超市提供商品。客户在 Dmall 的 APP 上选择就近商超的产品，下单后，Dmall 的配送员去超市拣货然后配送到客户家中。与此同时，自提柜也是生鲜 O2O 落地的一种方式，不只是生鲜电商。北京食行生鲜的做法是客户线上下单，运营商收到订单后组织订单配送到相应的小区自提柜，然后客户到自提柜提取自己的货物。

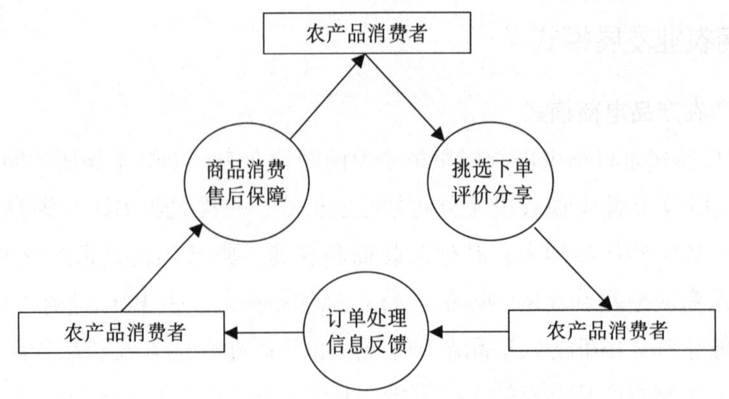

图 2－18　社区 O2O 农产品电商模式示意图

（三）“电商 + 休闲采摘”模式

休闲采摘是实现农产品优质优价的最佳手段之一，也是预防滞销的有效措施之一。北京市一方面将北京休闲采摘资源进行整合，形成北京特色休闲采摘产品，加强互联网推介；另一方面积极推进休闲采摘基地、园区与电商企业开展合作，将特色休闲采摘产品向电商会员进行广泛推介，让电商会员成为园区会员，更真切、更便利地体验北京农业，促进农产品价值产地直接转化。

三、案例分析

（一）首农电商

首农电商是首农集团重点打造的营销旗舰和电商平台，首农集团是一个拥有渊源历史的著名国企。和传统的农业电商相同，首农电商也是依据“互联网 + 农业”的发展模式，采用农产品 B2C 模式的经营业态。但是在农产品生鲜电商平台大量涌现的今天，农产品电商也面临着自身发展的“瓶颈”。当前制约生鲜电商的“瓶颈”有三个：一是源头上的品控，如果产品质量无法保障，是没办法赢得消费者信赖的。二是物流成本过高会导致商品价格上涨。三是品牌的打造需要大量的资金。而首农电商在这三个方面都有优势，这也是做电商的底气。

首先，首农品牌知名度非常高，在北京市民心中的形象很好，因此首农电商也具备了巨大的品牌变现能力，可以把首农的好产品迅速由线下转移到线上；其次是产品优势，首农实现了从源头种植到加工、物流、销售，全程管控可追溯的全产业链，首农用了几十年的时间来做好上游，而首农电商要做的就是怎样运用好首农的优势，开拓线上市场，与线下成为互补，让更多消费者吃上高品质农产品。

首农旗下有很多优秀的品牌，像三元牛奶、百年栗园鸡蛋、黑六猪肉等，虽然都是一些响当当的品牌，但是消费者可能不知道他们都是一家的，首农电商则可以利用互联网的优势，将首农集团产品品牌资源重新整合和激活，将首农电商打造成更好的营销出口。因此，在商业模式的设计上，首农电商从闭环模式转为开放模式。把控好自身的全产业链，保证每一个产品的质量，给消费者以最好的体验。

（二）沱沱工社

沱沱工社选择生鲜 O2O 电商的理想化运营模式——贯穿全产业链模式。全产业链模式要求企业上游渗透到基地，中间控制物流，末端抓住用户群。全产业链模式从源头上需要自营农场，这在集中生产和管理上可以极大程度上保障产品质量与食品安全，统一生产管理也会降低生鲜的基础成本。在物流方面，集中配送，统一调配使得生鲜在运输过程中尽可能少的周转，大大降低生鲜品的损耗，保障产品品质，提升配送效率，将购物体验尽可能做得更好。在消费终端，企业可以通过消费者的信息反馈，迅速指导农场生产方向和品类，减少不必要的投资风险。

同时，为了让消费者能够真切地体验到产品，沱沱工社全产业链模式也开展线下试吃、免费品尝、参观农基地等活动，打消了消费者对产品品质和初期试销的顾虑。这种和消费者的互动行为能最大化地黏住忠实用户。

生鲜商品的上游极其关键，拥有好的商品，然后经过自营配送，可以将商品损耗降至最低，据了解，沱沱工社出巨资在平谷区马昌营镇建设了1050亩有机种植基地——沱沱有机农场。沱沱有机农场为了让消费者能够真切地体验到产品，会组织各种采摘、种植、试吃、参观活动，和消费者进行各种线下互动。与此同时，在消费终端，用户和市场的第一信息反馈可以及时指导农场调整种植计划，将投资风险降到最低，为沱沱农场在其产品定价上掌握更多的主动权。

（三）密农人家

北京市密云区河南寨镇返乡青年孔博创办“密农人家”，依托密云区的优质农产品资源，通过互联网渠道进行农产品的推广和销售，践行“互联网+农业”，做市场信息大数据的二传手。用大数据支持生产，早上采摘，当日送达，在网络市场上塑造了密云农产品“优质、新鲜、放心”的品牌形象。

密农人家依托网络销售平台上因消费者购买而产生的大数据，结合市农业局、区农业服务中心推广的各种优质新品种，进行试种，在平台进行测试，对于销售数据突出的品类，与合作社或生产基地签好订单，进行标准化生产。与其他电商单纯采收的模式相比，密农人家获得了更加差异化、更加优质的产品。密农人家带动合作社与基地的产业升级，实现优质优价，坚持当天菜当天送，坚持品质和服务。凌晨四五点钟接收基地当天采摘的蔬菜，迅速包装，早上10点之前，将所有的订单发出。

目前，密农人家依托密云本地的优质农产品资源，通过在天猫、淘宝、京东、微信等第三方网络电商平台全年稳定供应140余种优质农产品的销售。店铺会员累计达到6.8万人，聚焦北京城区中高端市场，辐射津冀、江浙沪等地区，其中其淘宝店铺在2013~2016年连续四年居淘宝网蔬菜类目首位，共带动300余农户生产种植转型，在网络市场上塑造了密云农产品“优质、新鲜、放心、有味道”的品牌形象。

第三章　北京农业支持政策与效果

根据2017年中央农村工作会议和中央一号文件的要求，北京市不断加大对农村的财政管理力度，以相关农业支持政策为着眼点，帮扶范围不断扩大，帮扶力度不断加强。本章以财政支农资金分配和利用情况为切入点，分析了北京财政支农的效果，并重点探讨了北京农村帮扶机制，全面掌握北京农业支持政策的实施效果。

第一节　财政支农情况

一、财政支农投入总量

根据2017年中央农村工作会议和中央一号文件的要求，北京财政进一步加大支农投入力度，着力优化投入结构，加快构建以绿色为导向的农业补贴制度，资金安排重点补主产区、适度规模经营、农民收入增加和绿色生态发展，形成了以产业带动，制度保障，政府骨干引导，社会公众配合，多方位全方面带动北京农村经济发展的链条。

北京市财政支农投入，从2011年187.34亿元增加到2016年的443.55亿元（见图3-1）。2013年财政支农投入大幅上升，原因是习近平总书记准确提出“精准扶贫”，北京市加大对农村农业基础设施和社会化服务等的投入，支出金额同比上升了33.7%；2015年财政支农投入再次飙升，原因是习近平总书记提出“农业梦”以及2015年中央一号文件要求，加强对农作物食品安全的监测和环境监测防治等现代农业发展方式的转变，支出金额同比上升了23.6%。

二、财政支农投入结构

2016年北京市重点向农业结构调整（包括粮经、蔬菜、水产、畜牧等）、农产品质量安全监管、农业资源保护修复与利用、科技转化与推广服务、林业执法与监督、水资源节

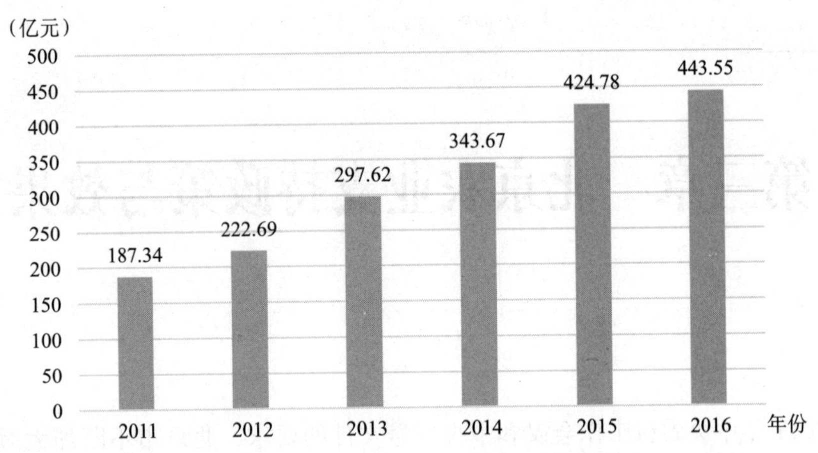

图 3-1　2011～2016 年北京市财政支农投入

资料来源：《北京统计年鉴》（2017 年数据未公布）。

约与保护等方面倾斜。由此从农林水支出分析，更能准确地了解资金的流向，以及落实各项强农、惠农、富农政策措施，强化监督检查，积极完善相关制度，防范财务风险，提高资金使用效益。

（一）农业财政投入

2016 年农林水财政总投入资金共 191.8 亿元，其中农业为 31 亿元，占比为 16.2%（见图 3-2），主要包括：农业结构调整补贴 10.4 亿元，农业生产支持补贴 4.1 亿元，农业组织化与产业化经营 1.8 亿元，科技转化与推广服务 1.7 亿元，农产品质量安全 1.5 亿元，病虫害控制 1 亿元，执法监管 0.1 亿元，统计监测与信息服务 0.2 亿元，农业行业业务管理 1 亿元，农产品加工与促销 0.3 亿元，农业资源保护修复与利用 0.3 亿元，其他农业支出 4.1 亿元（见表 3-1）。

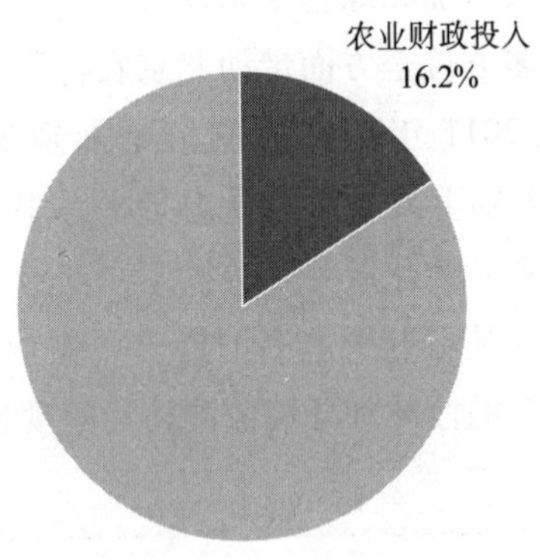

图 3-2　农业财政投入占农林水财政总投入的比重

资料来源：《北京统计年鉴》。

表 3－1 农业财政投入构成

农业结构调整补贴	10.4	执法监管	0.1
农业生产支持补贴	4.1	统计监测与信息服务	0.2
农业组织化与产业化经营	1.8	农业行业业务管理	1
科技转化与推广服务	1.7	农产品加工与促销	0.3
农产品质量安全	1.5	农业资源保护修复与利用	0.3
病虫害控制	1	其他农业支出	4.1

资料来源：《北京统计年鉴》。

（二）林业财政投入

2016 年北京市林业财政投入 53.8 亿元，占比为 28%（见图 3－3），只要包括：森林培育 40.1 亿元，动植物保护 1.9 亿元，森林生态效益补贴 0.4 亿元，湿地保护 0.5 亿元，林业执法与监管 0.1 亿元，林业工程与项目管理 1.9 亿元，林业产业化 0.5 亿元，林区公共支出 0.7 亿元，林业防灾减灾 1 亿元，林业技术推广 0.2 亿元，其他林业支出 2.5 亿元（见表 3－2）。

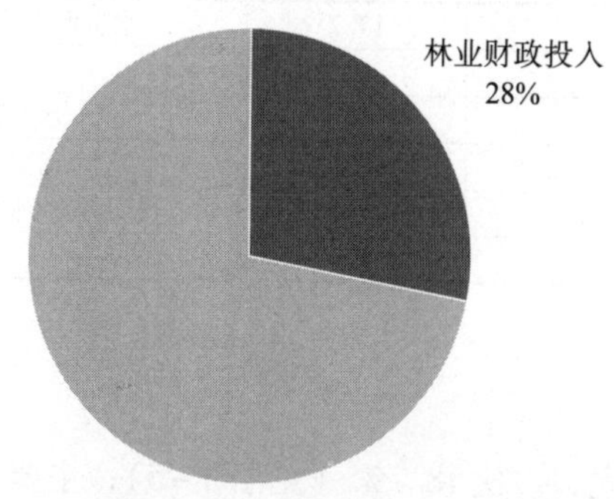

图 3－3 林业财政投入占农林水财政总投入的比重

资料来源：《北京统计年鉴》。

表 3－2 林业财政投入构成 单位：亿元

森林培育	40.1	林业产业化	0.5
动植物保护	1.9	林区公共支出	0.7
森林生态效益补贴	0.4	林业防灾减灾	1
湿地保护	0.5	林业技术推广	0.2
林业执法与监管	0.1	其他林业支出	2.5
林业工程与项目管理	1.9		

资料来源：《北京统计年鉴》。

（三）水利财政投入

2016 年水利财政投入 71.1 亿元，占比为 37%（见图 3－4），主要包括：水利工程建设 17.2

亿元，水利工程运行与维护 34.2 亿元，水利行业业务管理 4.2 亿元，水资源节约管理与保护 4.2 亿元，水土保持 1.2 亿元，水田水利 1.2 亿元，水资源费安排的支出 3.4 亿元，防汛 0.8 亿元，水文测报 0.5 亿元，信息管理 0.4 亿元，其他水利支出 2.3 亿元（见表 3－3）。

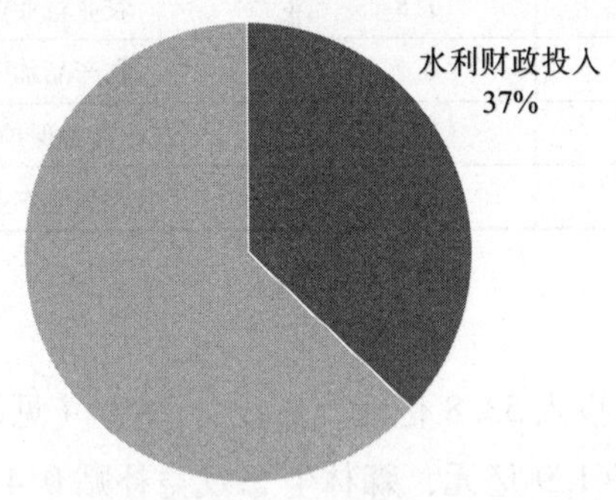

图 3－4　水利财政投入占农林水财政总投入的比重

资料来源：《北京统计年鉴》。

表 3－3　水利财政投入构成

水利工程建设	17.2	水资源费安排的支出	3.4
水利工程运行与维护	34.2	防汛	0.8
水利行业业务管理	4.2	水文测报	0.5
水资源节约管理与保护	4.2	信息管理	0.4
水土保持	1.2	其他水利支出	2.3
水田水利	1.2		

资料来源：《北京统计年鉴》。

（四）其他财政投入

其他财政投入 35.6 亿元，占比 18.7%（见图 3－5），主要包括：南水北调 12 亿元（南水北调工程建设 7.4 亿元），农业综合开发 16 亿元（产业化经营 16 亿元），农村综合改革 4.2 亿元（对村级一事一议的补助 3.1 亿元，农业结构调整资金 1.1 亿元），普惠金融发展支出 3.6 亿元（农业保险费补贴 3.5 亿元）和其他农林水投入 0.3 亿元（见表 3－4）。

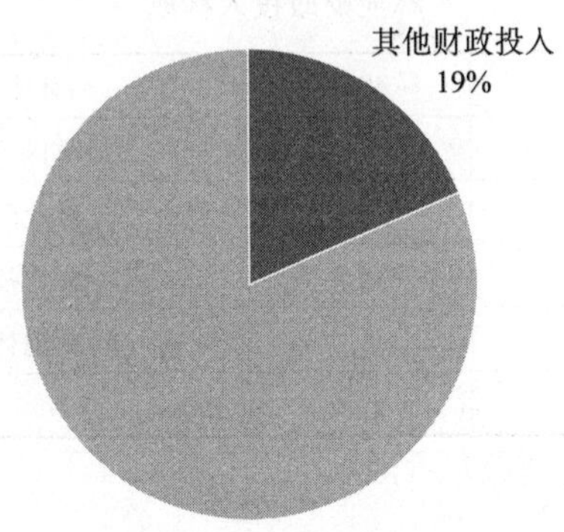

图 3－5　其他财投入占农林水财政总投入的比重

资料来源：《北京统计年鉴》。

表 3－4　　其他财政投入构成

南水北调	12
农业综合开发	16
农村综合改革	4.2
普惠金融支出	3.6
其他农林水支出	0.3

资料来源：《北京统计年鉴》。

三、农业综合开发情况

农业综合开发是指中央政府为保护、支持农业发展，改善农业生产基本条件，优化农业和农村经济结构，提高农业综合生产能力和综合效益，设立专项资金对农业资源进行综合开发利用的活动。农业综合开发的任务是加强农业基础设施和生态建设，提高农业综合生产能力，保证国家粮食安全；推进农业和农村经济结构的战略性调整，推进农业产业化经营，提高农业综合效益，促进农民增收。由此，从以下四个方面对北京市农业综合开发进行分析较为准确。

（一）农业综合生产能力建设

2017 年北京市种业发展经费 1.6 亿元，主要包括南繁基地建设 1.5 亿元，种子专项 720 万元。农业结构调整支持经费 1.2 亿元，其中包括市级农机补贴 8000 万元，蔬菜产业供给侧结构性改革提质增效 1000 万元，生猪良种补贴 600 万元，产业扶贫 463.3 万元，粮经产业可持续发展创建 300 万元，优质优价 280 万元，京津冀协同发展 134 万元。

（二）农业科技创新能力建设

2017 年农业科技创新支撑经费 9678 万元，主要包括现代农业产业技术体系北京创新团队 6645 万元；动植物疫病防控支持经费 8463 万元，其中包括动物无害化授权经营 4100 万元，中央和地方屠宰环节无害化补贴 3107.5 万元。

（三）农业环境保护建设投资

2017 年生态农业（含节水农业、秸秆禁烧）支持经费 6329 万元，具体包括生态农业建设和面源污染治理 3800 万元，规模化养殖场清洁生产与种养联动综合治污模式示范应用 800 万元，北京市农作物品种纯度及抗旱鉴定能力提升项目 411 万元。

（四）农业公共服务能力建设

2017 年农产品质量安全监管经费 2730 万元；农业执法监督经费 1795 万元，包括统计的执法监督项目 120 万元，4 家执法单位机构运转项目 1675 万元；农业生产安全保障经费 145 万元；相关机构运转经费 1.59 亿元。

第二节　财政支持与效果

2017年，北京农业深入落实“调转节”，大力推进农业供给侧结构性改革，积极发展休闲生态循环农业，加强农业源头治理，改善农村居住环境。完善基础设施建设，落实强农、惠农、富农政策，推动北京都市型现代农业提质增效、转型升级、创新发展。

一、生态建设能力全面提升

北京市2017年加快生态环境监测，坚持可持续发展，全面提升首都生态文明建设水平。通过科技、生态环保、产业三个领域为突破口，在一定区域内利用现有的农业生产条件和产业基础，利用先进的技术手段，开展绿色化肥技术、防护林工程建设、生态防护林建设、废弃物资源化利用等方面的建设，改善农业生态环境，推进农业可持续发展。

（一）新型农业技术创新水平不断提升

推广测土配方施肥、有机肥培肥地力、水肥一体化等技术，化肥利用率可达35%；推广绿色防控、专业化统防统治等技术，农药利用率可达42%，化肥、农药用量均有下降。

（二）生态保护投入不断增加

跨区域生态保护等投入6亿元。保障6.5万亩京津风沙源治理造林工程实施，扩大绿色屏障覆盖范围；支持京冀生态水源保护林、张承地区生态清洁小流域和永定河综合治理与生态修复建设，改善京冀生态环境。

生态保护投入171.9亿元。加大对山区生态林的补偿力度，推进平原百万亩造林工程建设，保障美丽乡村建设，支持林木养护等工程，绿化美化首都环境；提升城市景观水平，推行健康绿道、郊野公园和城市绿地建设，推进世园会园区规划建设。

（三）农业废弃物循环利用技术不断改进

北京市与企业合作开展秸秆综合利用研究，玉米、甘薯、草莓等主要粮经作物秸秆实现了快速转化。转化肥料有机质含量在50%以上；转化过程平均每8小时1批次，极大缩短了秸秆肥料化发酵时间，发酵环节无污染排放。

二、农业补贴力度不断加大

（一）农机购置补贴

2017年，北京市农业局农机购置补贴工作按照“横向一盘棋、纵向一条线”的思路，采取“三上三下”的程序，确定全年机具购置方案，促进了农机购置补贴政策科学高效规范实施。全年共落实中央及市级农机购置补贴资金合计 1.4 亿元，其中，中央补贴资金为7390 万元，市级补贴资金为 6800 万元。推进农业生产“机器换人”，农机化装备支撑和服务保障水平稳步提升。

1. 粮经产业主要对各区农机合作社、农户所需的大中型拖拉机、青贮收获机、玉米精量播种机等进行补贴，同时对首农集团双河农场所需的大马力拖拉机、水稻插秧机、水稻收获机等设备进行补贴，提高双河农场的水稻种、收机械化水平。

2. 蔬菜产业重点补贴简易保鲜储藏机械（保鲜库）、卷帘机、30 马力拖拉机、35 马力大棚王、农产品加工设备等，提高全市重点生态园区及各区规模设施园区生产机械化水平；畜牧业重点升级改造畜牧养殖硬件条件，提升畜牧种业机械化水平。

3. 渔业补贴主要用于工厂化养鱼、水净化处理设备和农产品初加工设备，提升渔业节水效果和休闲、观赏功能，提高农产品附加值。

4. 能源生态共补贴秸秆综合利用、节水灌溉机械设备 24 台（套），促进农作物秸秆综合利用和农业节水；林果业补贴机械 36 台，推进标准化果园机械化生产。

（二）农业清洁能源补贴

2017 年北京农村地区将完成 700 个村庄住户的“煤改清洁能源”，同步实施约 1400 个村委会、村民公共活动场所和籽种农业设施的清洁取暖，基本实现村域范围内“无煤化”。为保障上述目标的顺利实现，2017 年北京新增加 5 项具体的补贴政策，加大对“煤改清洁能源”工作任务的政策扶持力度。

1. 对采用压缩天然气、液化天然气、液化石油气、醇基燃料取暖的农村住户，供气企业按不高于管道天然气价格向农户收取使用费用，市财政按每个取暖季每户最高 1300 元标准给企业补贴，不足部分由各区政府补贴。

2. 对北京村委会、村民公共活动场所采用空气源热泵、地源热泵、水蓄能及燃气锅炉等设备进行“煤改清洁能源”改造的，市财政给予一次性设备补贴。北京各区政府可给予适当补贴，尽可能减少村集体负担。

3. 北京市发展和改革委员会对实施空气源、地源热泵、太阳能采暖设备配套的水蓄热设施投资给予 50% 资金支持，对实施集中式电锅炉、燃气锅炉配套的水蓄热设施投资给予 30% 资金支持。

4. 对冬季取暖农业设施适当补贴。将郊区冬季取暖农业设施实施的“煤改清洁能源”和“减煤换煤”项目纳入全市大气污染治理工程项目财政补贴范围。对“育种、育秧、育苗”等籽种农业设施实施“煤改清洁能源”改造的项目，北京市财政按照设备购置费用的 20% 给予补贴。

5. 为鼓励各区推广“煤改清洁能源”的新技术、新设备，在坚持原有补贴标准的基础上进行政策整合。市级财政对清洁能源设备进行补贴，空气源热泵按照采暖面积 100 元/平方米，其他清洁能源取暖设备按照设备采购价格的三分之一补贴，补贴金额每户最高不超过 1.2 万元。北京市各区政府可在与市级同等补贴的基础上加大补贴力度，尽可能减少农户负担。

（三）政策性农业保险补贴

政策性农业保险工作，继续以“政府推动、农户自愿、市场运作”为原则，以“稳步推进、规范发展、完善制度、探索创新”为总体思路，以提高农业生产效能，保护农民利益为核心，加强宣传，扩大覆盖面，做到应保尽保，加强和完善服务体系建设，依法合规经营，努力探索运行机制和有效模式，推进政策性农业保险工作有序开展。

自北京政策性农业保险制度建立以来，覆盖范围逐步扩大，风险保障作用逐步发挥，政策效果逐步显现。目前，政策性农业保险已覆盖全市 13 个区和首农集团等国有涉农企业，开办政策性农业保险险种有小麦、玉米、水稻、苹果、生猪、能繁母猪、奶牛等 23 大类。保障作用逐步发挥，保护了农民利益，为解决农业、农村的自然风险、市场风险、农产品质量安全风险等进行了有益尝试。对于保护农民生产积极性、维护农村社会和谐稳定、提高涉农政策的及时性、精准性、指向性发挥了重要的作用，提高了北京都市型现代农业应对各种风险的能力。而更重要的是，这也在一定程度上培养了农户防范风险和参加保险的意识，有部分农户还主动尝试参加了商业保险。

进一步做好农业发展的“稳定器”。据了解，下一步，北京市将继续完善涉农保险体系架构。建立健全“以政策性农业保险为核心，灾前预防与灾后补偿相结合、保险机制与救济机制相结合、政策性保险与商业性保险相结合，覆盖农村生产、生活、生态各领域，财产、人身、责任各方面”的风险防范体系。

三、农业推广项目不断增加

2017 年北京农业科技推广项目将重点支持农业节水、高产高效、质量安全、智能装备、生态环保、繁种育种等领域的关键技术示范推广。通过项目实施，示范推广一批农业产业发展所需的关键技术，发挥科技对产业的引领、示范和带动作用，促进农业结构加快调整，促进主导产业安全高效、促进种业快速发展、促进生态环境持续改善、促进生产经营者科技能力提升，推动三次产业融合发展和城乡一体化建设。

（一）农业综合节水技术示范推广

以农业主导产业为重点，以提高水资源利用效率为目标，重点支持农业节水灌溉设施设备与配套技术的示范推广，农业节水灌溉数字化智能控制技术的示范推广，设施农业水肥一体化技术的集成及示范推广，农业高效精量节水技术的研发与示范，农业旱作技术试验示范，农业节水品种的引进与示范等。

（二）育种繁种技术示范推广

按照北京种业之都建设要求，重点支持具有突破性的抗逆、优质、高产、特色等品种的引进、选育与示范推广，提高良种覆盖率和品种更新速度，丰富生产中的名特优新品种种类；支持现代育种繁种新技术、新方法的示范应用，提高育种效率和种子质量；支持工厂化种苗繁育及试管苗技术示范推广，支持 DNA 分子检测及分子标记技术的示范应用。

（三）农业高端技术转化及示范推广

一是高产高效生产技术示范推广，以菜、肉、蛋、奶、鱼等“菜篮子”产品为重点，支持“菜篮子”综合生产和绿色防控等质量安全关键技术的研究、集成与示范推广，支持保障冬奥会的新品种、新技术的引进、集成与示范推广，鼓励在京津冀协同发展合作基地、基本菜田保有基地等重点区域设立示范点。二是农业物联网技术的示范应用，支持用现代信息技术改造传统农业。三是支持农产品质量安全水平提升，内容包括微生态制剂饲料添加剂等新型投入品的开发与应用、农产品质量安全关键技术和标准化技术的研发与应用、重大动植物疫病防控技术的研发与应用等。

（四）观光休闲技术示范推广

支持北京农业休闲观光景观营造技术的示范推广，包括观赏生态草、特色花果等方面的新品种、新技术的示范推广；支持农业色休闲产业培育，包括名优蔬果、畜禽产品等区域特色产业的品种更新、技术改良，北京农家品种和地方特色品种的搜集、恢复与提升，提升农业发展的文化内涵。

第三节　农村精准帮扶

一、重点区域精准帮扶取得积极进展

2017 年北京市精密围绕“扶贫对象精准、安排精准、资金使用精准、措施到户精准、因村派人精准、脱贫成效精准”，深入推进“六个一批”分类帮扶措施，有序推进低收入村帮扶工作，取得了显著的社会及经济效益，督促落实 4.8 亿元产业帮扶专项资金项目，安排项目 415 个，其中 92% 的项目开工建设，62% 已完工。2017 年低收入农户人均可支配收入突破万元，达到 10698 元，同比增长 19.4%，明显快于北京市农村居民收入的增速。

（一）扶持特色优势产业，提升低收入村自我发展能力

充分将农业局科技优势与低收入村资源禀赋相结合，从受援地区特色优势产业着手，寻找帮扶工作切入点，注重细分市场，助推“一村一品”产业发展，增强低收入村“造血”能力。

（二）促进低收入村第一、第二、第三产业融合，延长产业链条

在帮扶过程中不仅将产品或项目推介出去，还与受援方开展深入的经济技术合作，注

重增强低收入村产业结构调整的力度和步伐，注重培育企业等市场主体的作用，与受援地区实际需求结合，积极联系有关企业、电商发展“种养+产供销+农工商”一体化经营模式，嫁接低收入村农业产业链条，推进低收入村第一、二、三产业融合及农业产业化经营。

（三）创新帮扶机制，广泛调动社会力量参与帮扶工作

立足低收入村的区域发展，科学制定帮扶方案，整合多方力量，搭建科技帮扶工作平台，引导下属事业、企业、科研单位参与到帮扶工作中，为低收入村服务营造“大扶贫”格局。充分发挥社会组织专业化、精细化、灵活性优势，提高扶贫资源利用效益，以农民的广泛参与为途径，加强农民的能力建设，充分发挥低收入户在扶贫开发活动中的主体作用。

二、精准帮扶机制不断完善

在精准扶贫的道路上，北京正是以奋勇当先的精神，扎扎实实走好每一步。据统计，2016 年，北京市精准识别认定了低收入农户 7.26 万户，低收入村 234 个。2017 年，通过扶持产业帮扶一批、促进就业帮扶一批、山区搬迁帮扶一批、生态建设帮扶一批、社会保障兜底一批、社会力量帮扶一批的“六个一批”精准帮扶措施，北京低收入户收入情况得以明显改观。与此同时，北京市精准扶贫机制不断完善，为 2017 年北京精准扶贫工作提供强有力的支撑。

（一）干部驻村帮扶机制不断完善

到 2017 年，北京市已连续两年累计选派机关企事业单位 623 名优秀干部到村担任第一书记，实现了软弱涣散村、低收入村全覆盖。两年来，第一书记协助村党组织实施党建项目 334 个，指导发展党员 340 名，培养入党积极分子和后备干部 712 名，帮助新建、改建活动场所 856 处。改善民生方面，第一书记帮助实施险村搬迁 14 个村 3352 户，新建、改建民居 3922 户，维修道路、硬化路面 2529.5 公里，完成村庄绿化面积 225.3 万平方米，新建和改造公厕 151 个，安装路灯 2.3 万盏，新增公交站点 49 个，解决就业 2040 人。2017 年，两批次第一书记为驻村协调资金 9.8 亿元，引进开发项目 245 个，依托乡镇党委、政府推动项目 501 个；坚持低收入户增收与村集体经济发展一同谋划、一体推进，开发了高端民宿、光伏发电等 179 个富民项目。

（二）考核机制进一步健全

2017 年实行最严格的脱贫考核评估制度，以保证脱贫成效真实可信，经得起历史检验。第一，平时考核。镇扶贫开发领导小组组织对党总支扶贫开发重点工作进行经常性督促检查。各党总支、村对照年度减贫计划，对日常工作进展情况记录工作台账，按时间节点报送镇扶贫办。第二，集中考核。各党总支、村每年年底就扶贫开发工作进展情况和取得成效形成总结报告，报镇扶贫办。镇扶贫办会同相关部门，结合扶贫开发综合平台数据，采取专项调查、抽样调查和实地核查、第三方评估等方式，对各党总支、村扶贫开发工作完成情况和相关考核指标进行考核。第三，镇扶贫办汇总平时考核、集中考核情况，进行综合分析，形成考核报告。考核报告应当反映基本情况、指标分析、存在问题等，做出综合评价，经镇扶贫开发领导小组审议后，报镇党委、政府审定。第四，沟通反馈。镇扶贫开发领导小组向各党总支、村专题反馈考核结果，提出改进工作的意见建议。

第四章 农业产业创新团队技术支撑作用

北京农业创新团队在2017年落实党的十九大报告精神，适应北京新的功能定位，围绕北京农业产业发展新需求、新方向做出了巨大努力。在打造生态环保产业的趋势下，不断进行农业“调转节”和供给侧结构性改革，并取得突出成效。本章全面总结了北京农业创新团队的综合情况、技术发展成果，以及团队标志性成果，并重点突出其技术创新能力，为北京都市型现代农业的发展情况增添重要一笔。

第一节 创新团队总体情况

一、团队发展核心

团队以“科技示范、技术引领、优质服务、生态安全”为核心，在对本产业领域的全面调研基础上，进行区域共性技术和关键技术研发、试验、示范、推广和农民培训。收集、分析农产品产业信息及技术发展动态，为系统开展产业发展规划和产业政策研究提供现实依据；为政府决策提供理论支持；为社会和企业提供公共信息服务。

二、团队发展理念

团队紧紧围绕绿色发展的理念，以节水、节肥、减药为手段，不断开展粪污处理和循环利用技术攻关，大力发展生态农业。在北京农业生产空间不断缩小的趋势下，积极推动产业结构调整。通过减少要素生产量、改善产品品质、打造新型技术，为社会带来了丰厚的经济效益。同时，不断带动低收入农户脱贫致富，成效显著；不断扩大媒体宣传，发挥地区优势，总结经验、模式，打造产业品牌，扩大产业知名度，获得大量的科技进步奖项，示范效应明显；不断引领京津冀，很多技术与产品已辐射全国。

北京市创新团队在2017年围绕北京市农业产业新的功能定位和发展要求，在对本产业和本领域较为全面调研基础上，对已制定的“十三五”规划进行深入论证及结构调整，重新分配年度计划和各功能研究室、综合试验站、田间学校的具体任务。目标设定更加合理，目标与现实需求匹配度之间联系更加紧密。

三、团队内部情况

（一）岗位内部融合

北京市创新团队不断加强岗位融合，注重组织机制、管理制度、文化建设和考核机制等方面的完善和创新，加强团队建设，已经形成首席办公室、功能研究室、综合试验站和农民田间学校工作站为网络的组织结构；不断创新组织模式，充分发挥创新团队的“纽带作用”，加强专家—试验站—田间学校的合作，指导开展相关的试验示范；构建多种互联网平台，加强会议、语音、视频等沟通交流，不断提高工作效率；以团队总体目标为工作方向，营造团队文化，有效增强了团队的工作积极性，扩大团队社会影响。

（二）团队开展调研

2017 年，北京市创新团队开展以了解农户、市场、社会需求为目的的调研 1200 余次（见表 4－1），调研地点覆盖京津冀地区，甚至更远地区；参与人员包括团队岗位专家、综合试验站成员和田间学校成员等，基本达到全覆盖；调研对象包括政府、企业、合作组织、工作站、农户及消费者等。创新团队调研范围广、人员参与度高，为准确摸清产业的发展状况与团队决策提供了现实依据。

表 4－1　　各创新团队调研统计

创新团队	果类蔬菜	叶类蔬菜	食用菌	粮经作物	西甜瓜	生猪	家禽	奶牛	观赏鱼	鲟鱼鲑鳟鱼
调研次数	99	181	58	152	62	84	60	230	63	138

（三）团队内部沟通

北京市创新团队非常注重团队内部融合度，通过组织会议交流、观摩学习、学术活动以及材料报送等方式，加强内部沟通协作。2017 年各创新团队会议出勤率均达到 90% 以上，其中达 98% 的团队有 5 个，占据创新团队的一半；材料报送共 1649 余条，被科教处采纳近 500 条，其中果类蔬菜团队和叶类蔬菜团队材料报送均超过 1000 条，鲟鱼鲑鳟鱼团队材料几乎全部被科教处采纳。团队高效的材料报送保证了创新团队运行的顺畅（见表 4－2）。此外，叶菜团队还提出“事业凝聚人、感情团结人”的口号，注重培养团队内部成员的感情交流，促进团队团结。

表 4－2　　创新团队会议、材料报送情况总结

创新团队	会议效率（以上）	材料报送（条）	科教处采纳（条）
果类蔬菜	95%	1576	—

续表

创新团队	会议效率（以上）	材料报送（条）	科教处采纳（条）
叶类蔬菜	98%	1217	5
食用菌	98%	341	33
粮经作物	90%	169	—
西甜瓜	98%	271	—
生猪	95%	147	—
家禽	96%	481	—
奶牛	98%	142	135
观赏鱼	98%	170	—
鲟鱼鲑鳟鱼	97%	135	135

第二节　创新团队技术研发成果

一、技术成果

北京市创新团队在2017年瞄准团队目标，紧跟年度预定指标，进行了大量的项目研发、技术示范，充分发挥团队的创新作用，引领企业、试验站、农户等发展。其中，技术研发项目285项，示范技术221项，申报并获得专利159项，获国家级、省部级奖项达36项，出版著作45部，发表论文496余篇。同时，各团队在政策建议、制定标准方面发挥了重要作用。2017年创新团队共提出政策建议18项，编写标准7项，为政府、企业及个体的发展起到了有效的促进作用（见表4－3）。

表4－3　　各创新团队技术成果统计

创新团队	研发项目	示范技术	获得专利	获奖	著作	论文	其他
果类蔬菜	34	20	31	—	4	68	提出政策建议17项
叶类蔬菜	44	33	20	5	5	75	撰写研究报告6篇，编写标准2项，计算机软件著作权6个
食用菌	8	—	12	—	1	18	—
粮经作物	24	43	20	2	—	48	提出政策建议1项
西甜瓜	18	33	1	—	2	2	推广新品种8个，完成2个品种鉴定

续表

创新团队	研发项目	示范技术	获得专利	获奖	著作	论文	其他
生猪	29	26	21	8	7	63	获得新兽药证书1个，制定地方标准1项
家禽	25	31	8	5	3	71	研发与引进筛选新产品15项
奶牛	52	—	36	16	19	114	颁布地方标准1项
观赏鱼	21	18	5	—	3	14	撰写研究报告8篇，编写标准4项，技术光盘32个
鲟鱼鲑鳟鱼	30	17	5	—	1	23	技术资料15份，专家发放技术光盘16个
合计	285	221	159	36	45	496	

二、产品成果

在研发项目的同时，团队不断促进新技术和新产品的研发推广。2017年团队共研发、集成新技术269余项，研发新产品149项（见表4-4）。促进产业技术进步，并丰富市场的品种，满足消费需求，有效推动农业供给侧结构性改革。例如，奶牛团队突破了以往乳业市场对奶源的细分方式，从源头实现创新，基于多年研究成果与技术累积，建立了完善的奶牛血统追溯及基因筛查体系，甄选出血统纯正的A2β型奶牛，从而生产出珍贵的A2β-酪蛋白高端纯牛奶，以此开发更多新功能型产品。

表4-4　技术产品创新统计表

创新团队	研发新技术	研发新产品	代表性新产品
果类蔬菜	9	7	樱桃番茄
叶类蔬菜	44	23	微管蚜植物源药剂
食用菌	8	1	绣球菌的驯化栽培
粮经作物	24	27	普薯32、保民380
西甜瓜	30	29	京嘉-3
生猪	26	6	黑膜厌氧发酵
家禽	31	15	农大5号
奶牛	49	24	A2β型奶牛
观赏鱼	18	1	鲤浮肿病毒的发现
鲟鱼鲑鳟鱼	30	16	发酵鲟鱼软骨咀嚼片
合计	269	149	

第三节　创新团队综合效益

一、经济效益

促进农民增收、带动农民致富是北京市创新团队的落脚点，通过对新技术、新产品的示范推广，对农民进行培训指导，扩大了新技术、新产品的应用范围，提高了农业生产效率，增加了农民收入，取得了良好的经济效益（见表4－5）。主要表现为：

第一，通过使用新技术新产品促进单位产量的提升。果菜、叶菜、粮经团队采取水肥一体化等措施促进单产提高平均10%以上，养殖组团队提高单产方面同样效益突出。第二，产品质量改善方面，团队不断筛选和培育新品种，其中果蔬团队尤为突出进行有效品种改良和筛选80种。第三，在要素投入量减少量方面，团队更是效益突出。其中，叶菜团队2017年安装700套滴灌设备、推广4800亩、节水10余万吨、减少生产者亩投入340～570元，等等。第四，在带动农民和企业增收方面，食用菌团队带动示范点菌农年增收平均达到10%，鲟鱼鲑鳟鱼团队示范户收入提高15%以上。团队的示范带动作用突出，为北京市脱贫做出了不小的贡献。

表4－5　经济效益总结

创新团队	单位产量提升	产品品质改善	要素投入减少	农民增收/企业增收
果类蔬菜	单位产量平均提升了18.3%以上	品种改良/良种筛选80种	亩减少化肥（纯养分）10千克用量	增收2.25亿元
叶类蔬菜	单位产量平均提升了3%～5%	品种改良/良种筛选16种	（1）安装700套滴灌设备，推广4800亩，节水10余万吨 （2）减少浇水劳动力投入3～4个工作日 （3）减少生产者亩投入340～570元	农民收益长幅度均增在5%～10%
食用菌	单位产量平均提升了20%以上	带动示范点菌农年增收平均达到10%以上	—	带动示范点菌农年增收平均达到10%以上

续表

创新团队	单位产量提升	产品品质改善	要素投入减少	农民增收/企业增收
粮经作物	（1）甘薯增产28.37% （2）草莓增产36.3%	（1）草莓优新品种4个 （2）高品质的“水果型”超甜玉米新品种6个	（1）化肥/农药/添加剂等物质使用下降33%～30% （2）病虫害或疫病等安全事故发生频率降低50% （3）节水目标实现100%	示范户增收总计917万元
西甜瓜	西瓜和甜瓜平均产量分别提升了427千克/亩和147千克/亩	（1）引进5个宁夏露地西瓜品种 （2）试验采用“生物有机肥”作为基肥 （3）减少种子投入5%～10%	节约用水4.8万方	可提升西瓜销售收入6126万元
生猪	单位产量提升5%以上	—	—	带动（示范点）农民年增收10%以上
家禽	（1）高产蛋鸡产量提高1.2% （2）北京油鸡料肉比2.72:1，降低30% （3）受精率和孵化率提高2%，种母鸡平均产蛋率85%	（1）北京鸭：成活率提高4.35%，出栏时间缩短1～2天，肉料下降0.2，降低血腿病20% （2）蛋鸡：降低患病率和死亡率2%	（1）北京鸭人工减少50% （2）肉鸡日粮粗蛋白降低3% （3）蛋鸡节约劳动力五分之一，节约能源60%	养殖户收益增加10%以上
奶牛	成乳牛单位产量平均年增产218.88多公斤	—	—	为奶农增加直接经济效益约89119元余
观赏鱼	（1）示范区内，养殖观赏鱼的亩均纯收益实现了1.18万元，较2016年的1.51万元，提高了2.52% （2）团队技术服务推广苗种4.16亿尾，示范推广观赏鱼饲料90吨，防病中草药1500斤，实现了京郊良种覆盖率73%，经济效益6.2亿元	（1）开展金鱼苗种开口饵料研究，顺民义友金鱼养殖基地苗种成活率由去年的65%，提高到72% （2）试验示范含酵母培养物饲料，提高鱼体免疫力	（1）防病中草药1500斤 （2）完善了观赏鱼繁育技术体系节水效果非常明显 （3）对饲料配方的研究以及对饲料加工工艺的改善饲料系数比传统商品料降低了15%～20%	—

续表

创新团队	单位产量提升	产品品质改善	要素投入减少	农民增收/企业增收
鲟鱼 鲑鳟鱼	通过团队工作，试验示范点单位产量提升≥15%	—	—	（1）人工繁殖苗种，产值增长1200多万元 （2）示范户收入提高15%

二、社会效益

北京市创新团队通过媒体宣传报道、参加国内外交流、组织观摩以及对农民进行培训指导等多方面措施，加强团队对先进经验的借鉴学习，同时增强社会对创新团队的认知，社会影响力明显提升，并且逐步走出北京，影响力扩大到京津冀甚至全国。第一，2017年共进行媒体宣传927次，宣传力度较2016年加大。参加国内外交流484余次，组织观摩979余次，培训人员近4万人次（见表4-6），有效扩大创新团队在产业内、领域内的影响力。第二，宣传、技术推广方式创新，各个团队根据本产业特点，积极尝试新的宣传、推广方式，取得良好的效果，观赏鱼团队通过"大赛、品评会、展览、进社区、进学校、进公园"等方式，推进观赏鱼产业融入市民生活；奶牛团队持续开展"保姆行动"，为养殖户提供全方位产业服务。

表4-6　　社会效益总结

创新团队	媒体宣传（次）	国内外交流（次）	组织观摩（次）	培训人员（人）
果类蔬菜	37	15	235	6325
叶类蔬菜	270	80	97	4600
食用菌	69	—	—	—
粮经作物	85	47	150	5417
西甜瓜	45	26	200	2813
生猪	105	51	121	5400
家禽	11	120	24	4500
奶牛	124	48	42	5936
观赏鱼	21	16	28	1560
鲟鱼鲑鳟鱼	160	81	82	2320
合计	927	484	979	38871

三、生态效益

2017年北京市对生态建设的力度增加到前所未有的高度，新一轮百万亩造林行动已经启动，生态效益已成为北京农业产业的生命线。因此北京市创新团队紧跟时代的发展潮流，顺应“调结构、转方式、发展高效节水农业、生态农业”的思路，在节水减排、粪污处理方面成效显著，产生有较大影响力的生态效益（见表4－7）。

（一）节水技术、产品的应用

如叶菜团队将循环利用技术与农业生产生活技术相结合，研发“两减一节”技术20项。家禽团队示范推广家禽节能减排技术术4项、循环利用技术3项。观赏鱼团队推广节水技术8项、引进节水品种2个。

（二）污处理技术、产品的应用

在粪污处理的模式和技术研发方面，2017年团队实现了重大突破，即将面向市场进行推广应用。生猪团队对猪场粪污处理采用“源头减量、过程控制、末端利用”的全链条粪污处理利用模式。源头减量，即通过低排环保日粮的应用，从饮食上来控制养殖废弃物产生量；过程控制，即通过干清粪、节水饮水器的使用来控制养殖废弃物产生量；末端利用，即通过黑膜厌氧发酵、复合携氧曝气及人工湿地处理等过程，使污水达到不同排放的标准（肥水灌溉、达标排放），从而达到粪污的循环综合利用。

（三）减排技术、产品的应用

主要是通过降低氮、磷等的排放，控制二氧化碳等气体和污水排放，减少环境污染。例如，果菜团队减少果类蔬菜生产中化学投入物的使用量；叶菜团队推广适合不同地区不同时期的综合节水技术，通过推广引入天敌治理虫害、新型环保型技术治理病害等方式降低了化肥、农药、添加剂等化学品的用量（见表4－7）。

表4－7　　　　创新团队节水减排技术总结

创新团队	节水措施	减排措施
果类蔬菜	节水高效技术及智能自动化设备的应用有效提高了资源利用率	减少了果类蔬菜生产中化学投入物的使用量
叶类蔬菜	（1）将循环利用技术与农业生产生活技术相结合 （2）研发“两减一节”技术20项	（1）推广适合不同地区不同时期的综合节水技术 （2）通过推广引入天敌治理虫害，新型环保型技术治理病害等方式降低了化肥、农药、添加剂等化学品的用量
食用菌	推广适合不同地区不同时期的综合节水技术	—
粮经作物	（1）循环利用技术应用范围扩大 （2）节水目标实现100%	粮食作物秸秆综合利用
西甜瓜	微喷节水与水肥一体化	采用“生物有机肥”作为基肥
生猪	建设种养循环示范点1个	通过黑膜厌氧发酵、复合携氧曝气及人工湿地处理等过程，使处理后的废水COD降到400毫克/升以下
家禽	（1）示范推广家禽节能减排技术术4项 （2）循环利用技术3项	（1）生态减排技术7项 （2）开发环保型饲料等产品5个

续表

创新团队	节水措施	减排措施
奶牛	节水相关活动8项	（1）构建了北京规模化奶牛场应激环境动态监测系统，推广夏季奶牛环境综合控制技术 （2）设计制作处理量为1吨/小时CIP废酸碱液净化回收设备样机
观赏鱼	（1）推广节水技术8项 （2）引进节水品种2个	（1）研发菌蜕疫苗 （2）推广中草药防治技术 （3）对饲料配方的研究以及对饲料加工工艺的改善，使得所推广的观赏鱼饲料营养配比更加均衡，饲料系数比传统商品料降低了15%～20% （4）观赏鱼养殖无线远程水质动态监控技术 （5）放置滤材的缸中添加硝化细菌
鲟鱼 鲑鳟鱼	节水目标实现100%	（1）循环利用技术应用范围：化学药品/添加剂等物质使用下降100%，鲟鱼、鲑鳟鱼养殖过程中几乎不使用化学药品 （2）疫病等安全事故发生频率降低75%

第四节　创新团队标志性成果

一、果菜团队标志性成果

（一）育种创新技术研发及品种选育成果

2017年果菜团队构建了农大25、农大508－2辣椒，ND1558、ND1315番茄品种的分子指纹图谱；开发辣椒GMS雄性不育的基因标记，加速了辣椒GMS的选育；利用各种分子标记辅助选择技术，聚合番茄、辣椒多抗育种材料；茄子、辣椒单倍体育种技术高诱导率基因型筛选研究；创制抗性育种材料5份。

2017年果菜团队重点围绕高品质进行品种筛选，在6个综合试验站建立番茄、辣椒、黄瓜、茄子品种比较筛选点45个，面积84亩。辣椒供试品种149个，筛选出33个品种晋级下一年进一步筛选；番茄供试品种102个，筛选出20个品种晋级下一年进一步筛选；茄子试验品种51个，筛选出12个品种晋级下一年进一步筛选。黄瓜试验品种75个，筛选出15个品种晋级下一年进一步筛选。

对优新品种农大11－28辣椒，以及ND1420番茄品种，海丰长茄2号、海丰长茄3

号、海丰391、海丰166、海丰190等品种进行了繁育。累计制种556千克，满足团队试验示范的需要，通过果菜团队平台也进行了积极的推广，在北京地区示范推广2430亩，全国范围内示范推广4450亩以上。

（二）产品品质提升研究，初探产业供给侧改革

开展果菜品质提升技术研究工作，主要以番茄、黄瓜两种蔬菜作物为主，探索不同品种、嫁接技术、环境调控等方面对果实营养品质的影响，进一步形成果菜高品质生产技术体系，为后期示范推广工作奠定基础。在金六环农业园、顺义沿河开展试验研究20余项，主要以番茄、黄瓜为主要作物，从EC调控、灌水量以及微肥调控等方面开展品质提升技术研究工作。番茄可溶性固形物最高达10.6，黄瓜风味物质浓厚。

（三）技术量化指标研究，为标准化提供了支撑

通过把握温光水肥与生长发育之间的关系，为实现设施环境调控，提高果类蔬菜产量，提供数据支撑。如图4－1至图4－4所示。

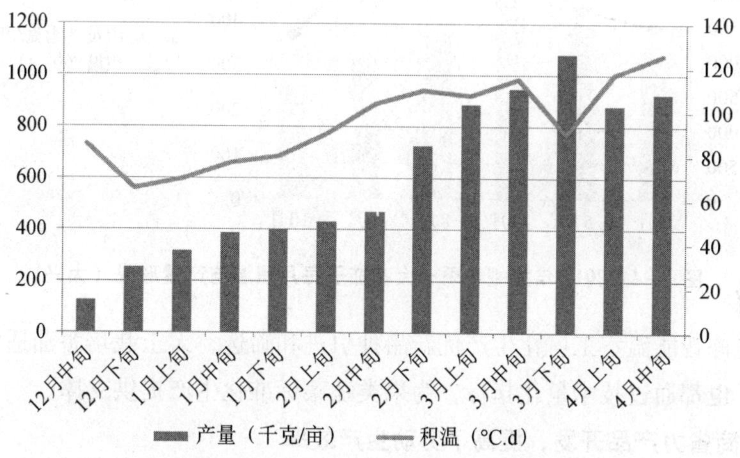

图4－1　2016～2017年日光温室越冬茬黄瓜产量与积温的关系（密云）

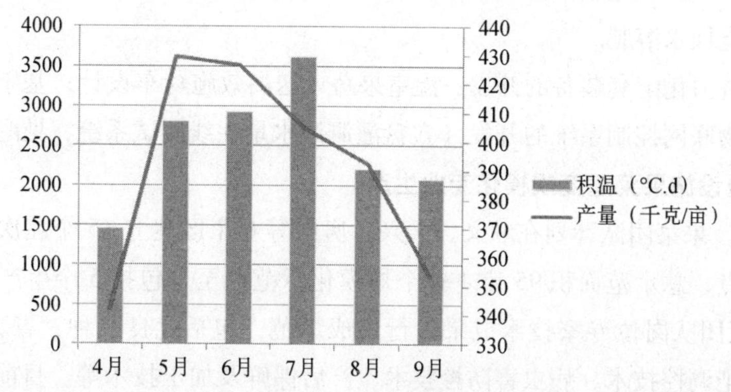

图4－2　2017年早春一大茬黄瓜产量与积温的关系（大兴）

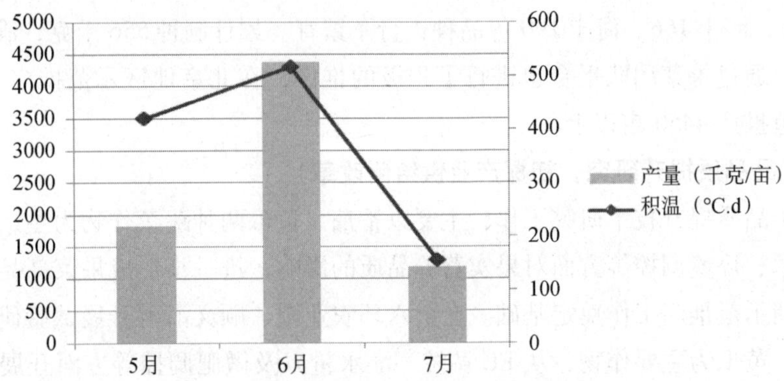

图4－3　2017年大棚春茬茄子每月积温与产量形成（大兴）

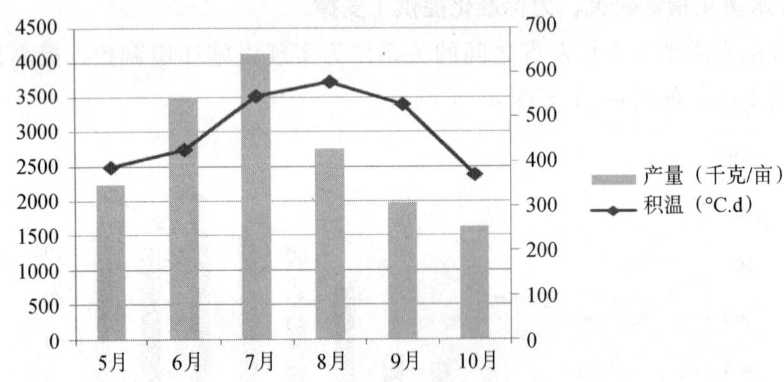

图4－4　2017年大棚春季一大茬茄子每月积温与产量形成（大兴）

此外，连栋智能温室工厂化生产优新品种引进和筛选，无土栽培番茄适宜营养液配方筛选等方面，也都通过技术量化指标，为果类蔬菜标准化生产提供支撑。

（四）轻简省力产品开发，提高了劳动生产效率

通过将功能性物质（黄腐酸、聚谷氨酸、聚天门冬氨酸、山梨糖醇、海藻酸、有机酸YK、氨基酸和MNa）、适宜浓度的RI（稀土有机复合物）和申嗪酵素进行混配研发出果类蔬菜专用功能性水溶肥。

果类蔬菜省力化配套装备的开发：温室果蔬风送高效施药车设计；基于物联网监测的温室安全生产物联网控制系统的开发（穴盘灌溉灌水量在线测试系统，见图4－5）。

（五）普通设施果菜适度规模化专业生产

2017年度，果菜团队计划在顺义、大兴、房山等6个区建立15个茬次的果菜适度规模化生产示范点，总示范面积95亩。每个规模化示范点至少包括5个生产单元“成方连片”，并将果菜团队岗位专家技术成果进行集成示范，包括优良品种、省力化栽培技术、土壤改良及水肥调控技术、病虫害防控技术、产后保鲜及加工技术等。目前，各规模化示范点工作正在稳步推进，顺义、延庆、通州等示范点已完成定植。北京市果类蔬菜创新团队以期通过开展适度规模生产技术集成示范工作，逐步形成四种果菜两种设施的适度规模

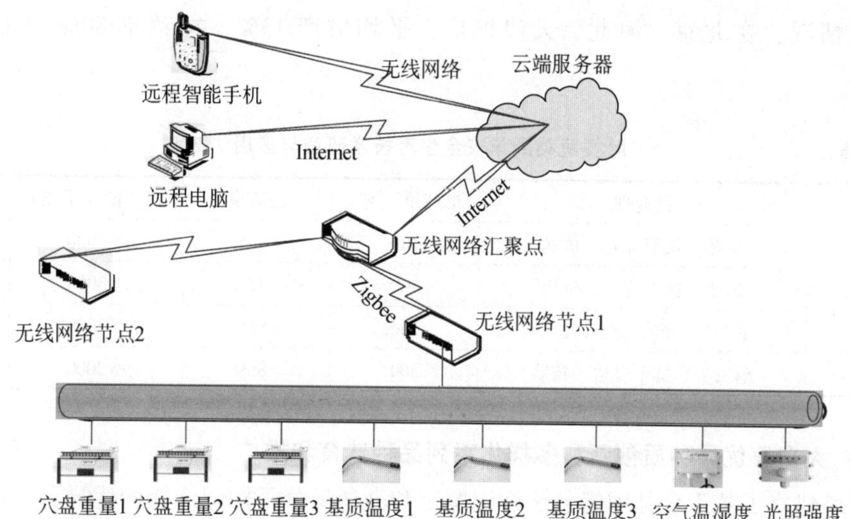

图4－5　数据监测网络流程图

专业化生产技术规范，较常规灌溉节水32%～55%，节肥35%～52%，年节本增收1000元/亩以上，推进北京市果类蔬菜生产“三率”的稳步提升。

（六）果菜工厂化生产

果类蔬菜创新团队工厂化生产实现新突破，继番茄之后，甜椒工厂化生产模式试验成功，每平方米产量可达20公斤，较传统种植模式翻一番。

2017年，在小汤山特菜大观园首次开展了连栋温室甜椒工厂化生产试验示范，这也是本市首次进行连栋温室甜椒工厂化示范工作。技术人员从六七十个甜椒品种中，筛选出荷兰的尼瑞、黄太极、拜恩奇、卡佩诺以及美国的红迪和黄迪进行试验。采用椰糠基质定植的无土栽培方式，免除了土壤栽培连作障碍和土壤污染，按照秧苗生长所需营养，量身制定营养配方，通过自动化灌溉施肥机，将营养液按需供给甜椒秧苗。生产环境也采用了智能控制平台，根据秧苗生长情况及时调整温度、湿度，营造出甜椒最喜欢的各种环境。

工厂化生产是相对可控条件下，采用现代工业的生产模式进行农业生产的方式，具有现代化、标准化、持续可控等特点。2012年起，果类蔬菜创新团队以番茄工厂化生产为切入点，开展蔬菜工厂化生产技术试验示范。2017年北京市番茄工厂化生产产量已达到每平方米41公斤。目前工厂化生产的系列技术已经开始应用到京郊普通日光温室，辐射面积达到1000亩。

二、叶菜团队标志性成果

（一）叶类蔬菜周年安全生产技术研究与应用

自主选育出耐热、耐腐烂，抗干烧心力强的“北生1号”“北生2号”“北散生1号”“北散生2号”4个生菜新品种，填补了春夏高温季节国内外缺乏耐热生菜品种的空白。

成果应用情况：在北京、河北、天津推广，平均增产 13%，净菜率 80% 以上（见表 4－8）。

表 4－8　　叶类蔬菜周年安全生产技术研究与应用

品种	抗逆性	单球重（克）	净菜率	亩产量（千克）	增产
北生 1 号	耐热、抗干烧心，抗病	500	>80%	>3000	>15%
北生 2 号	耐热、抗干烧心，抗病	500	>85%	>3000	>10%
北散生 1 号	耐抽薹、抗干烧边，抗病	300	>85%	>2000	>10%
北散生 2 号	耐抽薹、抗干烧边，抗病	300	>85%	>2000	>8%

（二）大白菜优异种质创新和多样化系列品种选育和推广

该成果建立了基于全基因组分子标记鉴定和高通量分子标记选择的优异种质创制与高效育种技术体系，选育杂交优势强、综合性状优良、春夏秋配套的大白菜、快菜、娃娃菜新品种，创建了育繁销一体化的产业化模式。

1. 建立了多抗性精准鉴定与分子标记辅助选择相结合的白菜高效育种技术体系。针对大白菜生产中新流行的土传病害——黄萎病和根肿病，在国内首次建立了黄萎病和根肿病精准抗性鉴定评价技术，并大规模用于抗源材料筛选，获得高抗黄萎病材料 9 份，兼抗根肿病 4 号和 7 号生理小种材料 3 份。率先开发出了在大白菜 10 条染色体上均匀分布、覆盖全基因组的 583 个 SNP 标记，建立了高通量种质资源基因型精准鉴定与全基因组背景选择技术体系。克隆或定位了控制大白菜抗霜霉病、抗 TuMV 病毒、抗根肿病、抗干烧心、耐抽薹、桔红心和叶片紫色性状的基因或 QTL，并开发出了功能基因或紧密连锁的 SNP 标记，建立了国内首个大白菜高通量分子标记辅助育种技术平台。

2. 创制出聚合抗病、优质等多种优异性状白菜新种质。通过多材料复合杂交结合抗性鉴定和分子标记辅助定向选择，实现了优质和抗病等多个性状的聚合，创制了抗病、优质的白菜骨干亲本系材料 100 余份，显著拓展了白菜育种优异种质群体。其中新材料“改良 3 号小”（京秋 4 号亲本之一）聚合了直筒叠抱，耐贮运，耐干烧心，抗霜霉病、TuMV 和黑腐病等多个优良性状。在国内首次创制出兼抗 4 种主要病害的大白菜自交系 4 个。

3. 培育出 6 个满足多样化需求和适于周年生产的新一代突破性白菜新品种。应用自主创新种质和育种新技术，培育出秋大白菜品种 1 个、春大白菜品种 2 个、娃娃菜品种 1 个、苗用快菜品种 2 个。其中“京秋 4 号”包球快、复合抗性强、优质、耐贮运，成为华北、东北地区的秋季大白菜主栽品种之一，连续 2 年被农业部列为唯一的大白菜主导品种；春播晚抽薹品种“京春黄”和抗根肿病的品种“京春 CR”，在我国高原和高山春夏播大白菜产区得到大面积推广应用，开始替代韩日品种，实现了大白菜高端品种的“本土化”；娃娃菜品种“京春娃 2 号”打破了国外品种的垄断，成为国产娃娃菜第一大品种；育成的高品质、速生、苗用新品种“京研快菜 2 号”“京研快菜 4 号”，可配套实现周年栽培，改变了生产上长期缺乏冬春和夏季栽培专用品种的局面。

4. 创建了高效配套的白菜杂交种生产和产业化关键技术。通过关键技术装备研发集成，率先实现了大白菜杂交种生产全程机械化，建立了可规模化用于商品杂交种真实性和纯度鉴定的SSR和SNP分子标记检测技术体系和种子丸粒化加工技术，为我国进一步推进白菜良种产业化提供了技术支撑。

5. 获得了一批重要研究成果。审（鉴）定品种5个；获授权发明专利6项，公开发明专利9项；发表论文45篇，其中SCI论文11篇，出版专著2部，制定国家标准1项。

2010年以来，项目累计销售白菜种子139万千克，在全国28个省（区、市）累计推广面积约1390万亩，并出口到美国、加拿大、俄罗斯、马来西亚等国家。下属的“京研种业”公司白菜种子累计销售额2.14亿元，良种产业化规模居全国同行业首位，连续被中国种子协会评为中国蔬菜种业信用骨干企业之首；育成秋播品种“京秋4号”约占华北和东北秋大白菜主产区份额的25%；育成的娃娃菜和快菜新品种占全国市场份额的30%。新品种的应用提高了农民收入，丰富了我国春夏秋蔬菜供应，新增社会经济效益140亿元。

（三）鲜切叶类蔬菜加工节水技术

本技术对清洗设备进行了改造升级，将传统的喷淋式清洗改为滚动式气泡清洗，并通过在过滤结构上加置自动清洗装置，实现了设备换产时的自动化清洗；此外还增加了自动化水温控制系统及自动化添加消毒液系统。本技术成功解决了温度控制难、消毒液浓度不稳定的问题，显著减少用水量及消毒液使用量，减少人工及清洗时间，提高生产效率，保障产品的安全。

（1）示范推广地区及规模。北京市裕农优质农产品种植有限公司怀柔分公司，年生产鲜切蔬菜约800万千克；成都顶鲜农产品种植有限公司，年生产鲜切蔬菜约3500万千克。

（2）产生的经济效益。实现企业节水0.75万吨，有效带动社会年节水2.03万吨及社会和企业年节水20.3万吨以上。

（四）弥粉机喷粉防治病害轻简化技术

针对病害防治需求及传统防治方法存在的问题，开发了精量电动弥粉机及配套的微粉剂（见图4-6）。该新型精量电动弥粉机是最新喷粉设备，采用背负式设计，工作重量（含电池）为7千克，每亩地喷粉量为25~100克，实现微量粉尘剂的全田均匀扩散，控粉精度可以达到0.15~0.6克/秒，单棚作业时间为3~5分钟。该技术成熟，已经实现商品化生产，在传统农药登记的基础上采用新型加工工艺，产品符合农药法要求。

1. 技术亮点。突破传统喷雾施药的用水量大、增加田间湿度的问题，解决了低温高湿及雾霾天施药的难题，每亩地施药时间3~5分钟，节约劳动力，节省工作时间，应用前景广阔。

2. 推广示范。明确新型弥粉机的应用条件，在京津冀等地，包括北京大兴、通州、

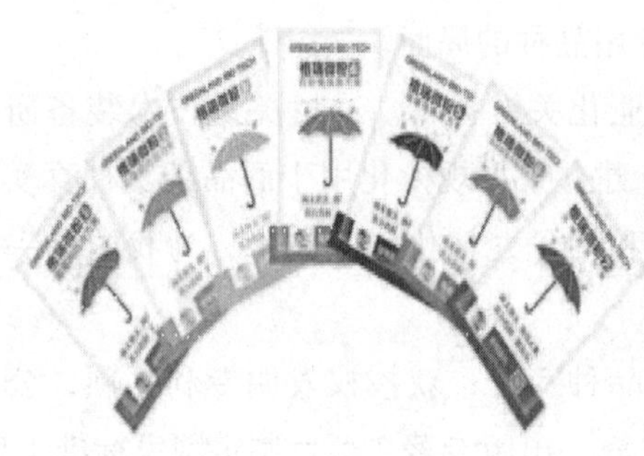

图4－6 弥粉剂系列产品及喷粉施药现场

顺义、大兴、昌平，天津，河北廊坊、青县，开展了对叶类蔬菜病害防控的示范推广，核心示范面积达500亩。

3. 技术效益。节水、提高农药利用率。

（五）以剑毛帕厉螨为主的防治生菜根蛆技术

近年来，在北京多个区生菜基地发现迟眼蕈蚊幼虫即根蛆的危害，并日益严重。根蛆咬食生菜根茎，造成生菜严重减产，更有甚者，造成生菜缺苗断垄，严重影响了生菜的生产，对生菜生产造成严重损失。目前对生菜上根蛆的研究很少，很多对根蛆的防治方法多是针对葱蒜类蔬菜上的根蛆，两种作物的栽培方式和生长情况完全不同，对韭菜上根蛆的防治方法不能完全照搬到生菜上。且根蛆栖息和为害位置隐蔽，防治极为困难，目前生产上主要采用化学农药灌根防治，农药滥用问题严重，不仅污染环境还严重威胁食品安全。而生菜生长周期短，对农药残留更应严格要求，减少农药使用量成为亟待解决的问题。采用以剑毛帕厉螨为主的生菜防治根蛆技术集成模式，此模式即可防控生菜根蛆，又可减少化学农药的施用，对环境无污染，减轻劳动强度，具有很好的示范和应用推广价值。

1. 示范推广地区规模。北京大兴区河津营地区，30亩次。

2. 增产增效情况。指推广过程中，产量不减少，减轻劳动强度和化学农药的使用，品质增加，总的效益每亩增加200元。

3. 成果要点。在生菜定苗初期在土壤中撒放剑毛帕厉螨，以后每2周撒放一次，用于捕食根蛆地下虫态——卵及幼虫。每亩挂放黄板20～30张，诱杀根蛆地上虫态——成虫（迟眼蕈蚊）。

4. 注意事项。使用过程中，注意不能大水漫灌，因大水漫灌会杀死剑毛帕厉螨，若大水漫灌，需要水下去后补防剑毛帕厉螨（见图4－7）。

（六）华北地区塑料大棚春茬油菜化肥农药减施增效栽培模式

2017年3月中旬油菜直播育苗；2017年3月下旬苗齐后间苗；挂放55张黄板监测和诱杀小菜蛾、蚜虫有翅蚜、蓟马、粉虱等；2017年3月末喷施粉尘剂40克防治1次，叶

图 4-7　剑毛帕厉螨施用现场

面肥 60 克；2017 年 4 月初喷施粉尘剂 40 克，防治第 2 次，冲施肥黄博 1 号 15 千克，复合菌剂 4 升，喷施 BT 防治跳甲 1 次，2017 年 4 月 26 日采收。

1. 示范推广。利用该模式示范后，与本底调研数据相比，复合肥减量 10%，冲施肥减量 70%，降低化学农药使用次数 3 次，降低化学农药减量 56%，增产 9.7%。油菜生长无缺苗断垄现象，生长均匀，叶色浓绿，商品性好于对照。

2. 技术效益。节水、节肥、提高农药利用率，具体效果见表 4-9、图 4-8。

表 4-9　　华北地区塑料大棚春茬油菜化肥农药减施增效栽培模式示范效果

单茬/1.8 亩	有机肥	复合肥	冲施肥	叶面肥	施药次数	农药用量	产量
本底	10 方牛粪	50 千克	50 千克	60 克	5 次	340 克	10290 千克
示范	10 方牛粪	45 千克	15 千克	60 克	2 次	150 克	9295 千克
实施效果		减量 10%	减量 70%		减施 3 次	减量 56%	增产 9.7%

示范棚

对照棚

图 4-8　华北地区塑料大棚春茬油菜化肥农药减施增效栽培模式示范效果

三、食用菌团队标志性成果

（一）构建分类新指标

在传统的形态学和近年来广泛开展的 DNA 测序基础上的系统发育分类方法基础上，首次把真菌的演化时间作为另一个新增指标用于分类，重建了蘑菇属的世界性分类体系，圆满解决了蘑菇属内大量新进化分支的命名分类难点①。以相同的研究思路对经济真菌的主要类群担子菌门开展了研究，分别构建了担子菌门 6 个基因的系统发育图谱，及基于 396 个直系同源基因的系统发育图谱，新认定一个亚门“Wallemiomycotina”；发现 1 个目由于过于年轻的演化时间建议废除；2 个科由于具有的古老演化时间，分别正式提升为 2 个目。

（二）稀有品种的驯化与引进

1. 驯化出新的野生侧耳属食用菌。该野生侧耳属为国内新纪录种——卵孢侧耳。首次人工栽培成功，生长周期短，发菌快，初步的营养成分分析表明该野生侧耳的蛋白、多糖、氨基酸的量均比广泛商业化栽培的平菇等食用菌高，富含矿物质钙、铁、锌，其中锌含量较高，可作为一个潜在的食用菌产业新物种进行进一步的开发。在推进侧耳属的遗传育种进展的同时也丰富了我国野生食用菌资源库。

2. 驯化出中国美味蘑菇（新肥菇）并进行了生活史解析。中国美味蘑菇是团队近期研究发表的中国新纪录种，个体大型，味道鲜美，在试验室条件下人工栽培获取了子实体，并对其生活史、全基因组和比较基因组、原生地土壤微生物多样性开展了系统研究。新种新肥菇生活史的解析，以及发现确定其交配型的识别基因，为准确鉴定它的交配型及后续的杂交育种奠定坚实基础。

3. 绣球菌和鹿茸菇的驯化成功打破了国际与国内的技术垄断。绣球菌和鹿茸菇为珍稀菌类，栽培驯化技术由日本、韩国生产企业独家掌握，国内仅有 3 ~ 4 家机构掌握此项技术，绣球菌和鹿茸菇的驯化成功使得团队分别成为国内第 4 家与第 2 家掌握此项技术的机构。

4. 珍稀菇种——羊肚菌引进与示范规模扩大。引进羊肚菌，在 2016 年首次实现北方地区人工栽培并实现高产的基础上，示范规模扩大至全市 6 个主产区，示范面积 50 亩以上，新引进的 18 个品种表现出了不同的适用性，为下一步生产应用提供了数据支持。

（三）特色食用菌助产业扶贫

1. 密云代料黑木耳增加低收入户收入。在密云开展代料黑木耳栗树林下栽培技术示范推广，带动 5 个乡镇 9 个村 187 户低收入户，每户 17000 棒，生产面积 1.7 亩左右。食用菌团队跟进进行全程培训、指导，手把手指导农户进行生产，预计每个菌棒出耳 40 克左右，每

① Zhao et al. *Fungal Divers.* 2016，78：239 - 292；Chen et al. Persoonia，2017，38：170 - 196（SCI IF = 9.104 Top 6.9%）.

户增收2万~3万元，摆脱低收入现状。初步实现小蘑菇带动低收入村致富的愿景。

2. 段木黑木耳成为低收入村怀柔区琉璃庙镇梁根村发展支柱。梁根村是北京234个低收入村之一，该村地处北京最北边的山区，海拔800~1000米，耕地少，资源缺乏，没有像样的产业及收入来源，人均年收入10000元左右。因为收入低，年轻人都外出打工了，在村居住的多为老龄人口，但该村有13000余亩山场，每年有300亩左右的间伐抚育任务，每年可以有3000吨左右的木材被间伐下来，过去这些木材只能作为柴火材料被贱卖，除去砍伐成本每吨只有50元的收入。

为了给木材找一个好的出路、为了提高农民收入水平，在村委会的要求下，北京市食用菌创新团队岗位专家到当地考察后，确定尝试生产椴木黑木耳，选择木质较硬的直径15~20厘米的蔡木，提供菌种，帮助技术培训及技术指导，村民自己接种、管理，"五一"前接种8000段，"十一"开始采收。2016年采收干耳50千克，2017年又接种18000段，2017年6月份开始大量采收，预计可采干耳1000千克，收入30万元左右；2018年再接2万~3万段，三年以后每年可采干耳3000~4000千克，椴木木耳属于优质高档产品，价格按300元/千克计算，年收入在100万元以上，可实现人均增收10000~15000元以上，使梁根村彻底摆脱低收入状况。

四、粮经团队标志性成果

（一）草莓设施基质育苗模式与配套技术示范推广

种苗繁育是草莓生产中的关键环节。露地育苗极易感染炭疽病、根腐病等病害，严重影响草莓种苗质量及后续生产中草莓的产量和品质；同时在起苗和运输的过程中，根系受伤，容易出现缓苗慢、死亡率高、结果晚等现象。

草莓设施基质育苗技术，是在设施内采用基质栽培、水肥一体化、环境调控、病虫害防控、及时引压和适时切离等技术，繁育草莓种苗。能有效减少种苗苗期病害，提高繁苗系数，降低定植死亡率；基质苗定植缓苗快，生长健壮，开花结果早，单株繁苗系数为30~70株，定植成活率达到95%以上。对于保证草莓产量、提高草莓品质、增加京郊农民收入具有重要意义。

在昌平、通州和大兴区建立草莓高架基质育苗模式与技术示范点4个，面积110亩。示范"网槽水平架式""泡沫槽水平架式"和"人字架"3种架式，以及压苗技术、水肥一体化技术、环境调控多项配套技术。在北京市辐射推广800余亩。示范点种苗繁苗系数较露地育苗平均提高50%以上，种苗繁育系数提高45%、壮苗率提高7.75%，整齐度提高47.2%，亩效益达到5万元以上。高产示范点的产量调查表明，使用基质苗比使用裸根苗产量可提高10%，亩效益增加1万元以上。

（二）优质甜玉米系列品种选育及产业化

甜玉米是一类果蔬型特用玉米。我国高端甜玉米种子长期依赖进口，针对虽品质优但适应性抗病性较差等问题，通过不断地进行自主创新，在优良自交系创制、新品种选育、配套技术集成等方面取得了突出成果。

1. 创新选育出 T2、T68、SH－251 等 16 个优良甜玉米自交系。具有品质优、配合力高、抗病抗逆性强、适应性广等突出优点。拓宽和丰富了我国甜玉米种质基础，成为我国甜玉米育种重要自交系。

2. 探索出“国内血缘种质×国外血缘种质”甜玉米育种杂优模式。育成京科甜 126、京科甜 183、瑞珍等 12 个甜玉米品种。具有品质优、产量高、抗性强、适应性广和易制种等综合优点，通过国家及广东、北京、湖北等审定，品质与国外品种相当，产量、抗性及适应性等方面优于国外品种。

3. 建立了以“精准错期、适时收获、控温烘干、机械色选”为核心的高质量制种技术规程；提出了以“隔离种植、精细播种、合理密植、适时采收”为核心的优质高产栽培技术规程。解决了甜玉米种子生产成本高、发芽率难以保证等技术难题，实现了生产良种良法配套。

所育成的甜玉米系列品种在全国累计推广 600 多万亩。京科甜 183、158 等连续多年被北京市列为甜玉米主推品种、农作物补贴品种、鲜食玉米更新换代新品种，满足了生产和市场对加工和鲜食甜玉米高品质和多样化需求，深受广大种植户、加工企业和消费者欢迎。打破了优质甜玉米长期依赖进口局面。京科甜系列甜玉米品种亩收益 3000 元以上，较其他同类甜玉米亩增收 200 元，社会经济效益显著，生态效益良好。

五、西甜瓜团队标志性成果

（一）形成多样优质品种格局

2017 年，西甜瓜团队示范推广西瓜新品种 6 个、甜瓜品种 3 个，面积约 2 万亩；形成了大小果型、红黄果肉、皮色多样搭配的品种生产格局，西瓜含糖量进一步增加，进一步确立了北京西瓜的品质优势；总增收 495 万元。2017 年，团队西甜瓜小型西瓜品种占北京市 90% 以上，中果型西瓜占 70% 以上，甜瓜占 10%。

（二）推广蜜蜂授粉技术

为解决劳动力老龄化、雇佣劳动力成本高、劳动强度大等发展制约问题，西甜瓜团队推广蜜蜂授粉技术，推动了西甜瓜产业发展。该技术在北京地区推广面积逐年递增（2014 年 4200 亩、2015 年 9649 亩、2016 年 24600 亩、2017 年 31000 亩），占据北京西瓜种植面积的 52.1%（全国西瓜蜜蜂授粉技术平均占比 5%）。

（三）探索品牌化销售模式

西甜瓜团队制定小型西瓜产后分级标准和分级技术流程。在北京庞各庄建立西甜瓜分拣直销中心 1 个，初步实现了西甜瓜无损分级和保鲜运输。2017 年上半年销售西瓜 71.5 万千克，较 2016 年增长 186%，销售单价提高 12.9%。

六、生猪团队标志性成果

水位自动控制型槽式节水饮水装置。生猪养殖每一个环节都与用水密不可分，猪只正常饮用、圈舍清洗和消毒、夏季圈舍喷淋降温等都需要消耗水，其中猪饮用水占总用水量的30%～40%，一般15～40千克的猪正常舍温环境下每天至少需要饮水2升左右，育肥猪每日需要饮水6～13升，高温高密度养殖的话需水量更大，猪场水的消耗中，单纯猪只饮用的水只占很小一部分，大部分水被无故地浪费掉了，比如水龙头的跑冒滴漏现象，猪的玩耍咬水龙头及玩耍降温等等，据研究表明，一个万头猪场每天因“跑冒滴漏”现象造成的水浪费高达70吨左右，所以一项新型节水措施是必不可少的。

整体考虑到猪场节水的诸多特点，2017年岗位专家结合实际生产和成本，设计出一款基于水位自动控制的槽式节水饮水装置（保育猪专用）。新型猪用槽式节水饮水器主要由饮水碗、浮子、阀门和塞盖等部分组成，饮水器通过自动调节控制，当水位低于设定水位时，水位控制器（浮子）所受浮力产生变化，系统进行自动补水，水位达到设定高度时，则停止供水，使饮水器内的水位始终保持一定高度，既能满足猪只足量饮水，又避免猪因戏水、咬压造成的水浪费。与传统鸭嘴式和乳头式饮水器比较，新型碗式饮水器密封性和节水性更强，不会因为密封胶圈老化和猪咬压造成水浪费；与杯式饮水器比较，少了压板和弹簧，不仅造价更低，而且经久耐用。图4－9是该节水装置的图样。

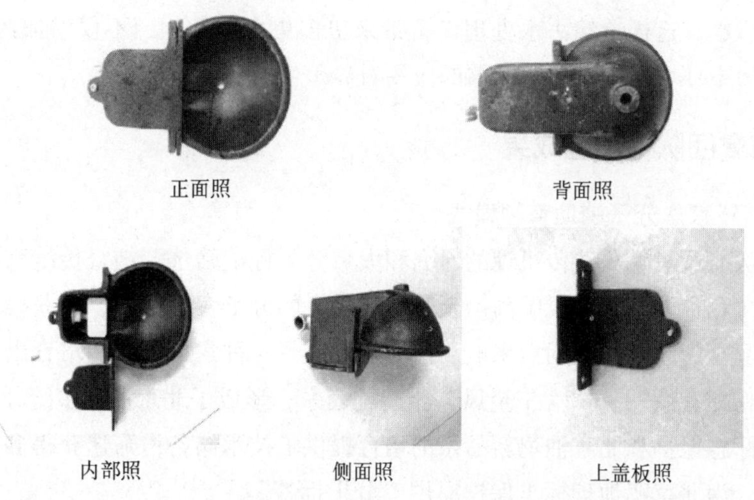
正面照　背面照
内部照　侧面照　上盖板照

图4－9　槽式节水饮水装置

该技术产品经过不断的改进和完善已在房山、密云、昌平的部分猪场进行了示范。猪场节水对比效果试验显示（见表4－10、表4－11），较常用鸭嘴式饮水器节水77.23%，效果显著。

表 4－10　　生猪育肥猪节水试验

项目	试验组（自动控制节水饮水器）	对照组（鸭嘴式饮水器）	差异
猪（头）	14	14	
时间（天）	19	19	
消耗水量（吨）	1.3	5.7	-4.4
平均用时量（千克/头/天）	4.88	21.43	-16.55

表 4－11　　保育猪节水试验（体重 11～11.5 千克）

节水器类型	猪（头）	重复数（次）	时间（天）	平均耗水量（千克/天/头）
固定式鸭嘴（对照）	10	3	19	7.72
转头式鸭嘴	10	3	19	1.75
碗式鸭嘴	10	3	19	1.23
自动控制节水型	10	3	19	0.7

以 100 头存栏母猪场为例，其年出栏生猪约 2000 头，以试验数据为标志，一年内采用鸭嘴式饮水器，猪场年耗水量为 1.56 万吨，而采用节水饮水器，猪场一年仅消耗 3562 吨，以每吨水 3.5 元计算，可节约用水支出 4.1 万元。如果是年出栏万头的规模猪场，其用水支出节约是相对可观。

相对于生产效益，节水的生态效益则更大。在猪场所消耗掉的水资源中，“跑冒滴漏”占绝大部分，超过 70% 以上，而饮用的部分仅占 20%。因此，浪费掉的水通过管道流入污水池形成污水，这样会给污水处理设备带来更多更大的负担，不仅增加污水处理成本，而且会加剧污染环境。因此，节水器的应用对养殖生态效益更加突出。

七、家禽团队标志性成果

（一）创新家禽分子辅助育种模式

家禽团队通过对家禽遗传机理的研究和大量分子标记筛选，结合传统育种技术，形成了可行的家禽育种方案；形成了高产蛋鸡深红羽色的分子育种标记，并获得了国家发明专利，用三系配套的模式，利用白来航、洛岛红等品系育种素材，成功培育出世界上第一个红羽粉壳蛋鸡配套系——“大午金凤”蛋鸡配套系；形成了北京油鸡多趾分子标记，为北京油鸡地理标志保护和北京油鸡新品系的培育提供了技术储备；筛选获得多个北京鸭特异性分子标记，为北京鸭地理标志保护提供“分子标签”。

红羽粉壳蛋鸡配套系——“大午金凤”蛋鸡配套系：该配套系主要在京津冀地区及其周边进行示范推广，年推广商品代雏鸡 4000 万只，父母代种鸡 25 万套，其商品代雏鸡销售价格增加 1.3 元/只，淘汰鸡价格增加 4 元/只，增加直接经济效益 2 亿元。北京油鸡多趾分子标记：该技术主要在北京地区及周边进行示范推广，技术覆盖北京油鸡 10 万只，其标记还可用于北京油鸡多趾品系的培育和北京油鸡地理标志保护，具有很好的经济效益。北京鸭特异性分子标记：该技术主要在北京地区进行示范推广，年覆盖烤制型北京鸭200万只，其标记可以用于烤制型北京鸭品系培育和北京鸭地理标志保护，具有很好的经济前景。

（二）富硒鸽高效生态养殖技术集成与示范推广

该技术集成了富硒鸽健康养殖技术、富硒鸽疫病综合防控技术、硒鸽加工技术、硒鸽养殖环境控制技术等多项技术，依托北京市家禽创新团队综合试验站——优帝鸽业有限公司进行示范推广，并作为国家鸽业创新联盟的主推技术在全国进行示范推广。

该项技术在京津冀地区进行重点示范推广，并辐射全国，示范规模100万只。通过该项技术的示范推广，增加了肉鸽产品的附加值，提高了产品的市场竞争力，年可增加经济效益达8000万元。

（三）饲料质量安全与高效加工技术

针对我国在优质高效饲料生产、饲料质量安全控制方面总体水平较低、一些关键技术措施比较落后、缺乏精准生产管理和质量控制技术等问题，系统开展了饲料有毒有害成分控制评价技术研究、饲料高效加工关键技术、饲料生产过程质量安全控制技术研究，构建了饲料质量安全保证及高效低耗加工关键技术体系。

重点在京津冀地区进行示范推广，并辐射带动全国主要饲料生产企业。示范规模覆盖73家企业，累计生产饲料达到854万吨。该项成果能提高饲料效率3%，降低电耗成本5元/吨，增加经济效益105元/吨，产生直接经济效益8.97亿元。

八、奶牛团队标志性成果

A2β－酪蛋白纯牛奶的开发。A2β－酪蛋白纯牛奶是一款集结了全产业链优势的超高端牛奶，是团队多名成员协同创新的代表性成果。首先，奶牛中心利用其建立的奶牛血统追溯及基因筛查体系，甄选出血统纯正的A2型奶牛，生产只含A2β－酪蛋白的原料乳，从源头实现创新；然后，三元利用其先进的检测装备和加工工艺，开发出A2β－酪蛋白检测方法和A2β－酪蛋白纯牛奶。

所选奶牛是从首农集团自有8.5万头牛群中，根据地域、年龄、健康等因素，精选了1.6万头进行完整系谱精准追溯，预测β－酪蛋白编码基因遗传可能性，利用自有的高低通量两种检测方案对不同适用样本量的3311头个体进行基因分型检测，遴选β－酪蛋白编码基因A2型纯和个体1300余头，利用高效液相色谱技术对个体进行原奶检测二次确认，最终组群泌乳牛600余头，集中饲养管理，最终达成特色乳品上市。

该产品具有明显优势：一是A2β－酪蛋白成分和母乳中的β－酪蛋白分子结构更为接近，更易于人体消化和吸收；二是A2β－酪蛋白在消化过程中不会生成β－酪啡肽－7（BCM－7），不刺激肠胃使之产生不良反应，对一些特需人群，例如婴幼儿、老人等更加合适。2017年，A2β－酪蛋白纯牛奶创销售额5000万元以上，实现全产业链协同创新，发挥了重要的示范引导作用。

九、观赏鱼团队标志性成果

（一）热带鱼养殖智能水质监测技术

观赏鱼团队针对热带观赏性鱼类养殖环境监测手段及监测设备基础薄弱、相对落后的现状，配合热带鱼规模化养殖和人工繁育、选育技术的研发试验和技术成果推广工作，提高养殖效率和繁育成功率，为相关技术的研究试验工作提供全程精准的可量化试验数据和对比环境参数条件数据，引入了先进的智能化水产信息采集、传输和处理技术以及自动控制技术等，并根据热带鱼养殖、繁育试验和产业应用的实际特点进行了全面创新性改造研发试验工作，确保试验的科学性和可重复性，全面促进热带鱼产业的可持续性发展。

1. 该技术选用高精度水体氨氮传感器、溶解氧传感器、PH 传感器、水温传感器等，利用 RS485 无线通信技术实现水质参数数据的点对点、远程、无线、快速传输。传感器可与移动平台高度集成，可维护性强。

同时，针对热带鱼养殖产业需求，已在北京京朝花园农业发展中心等热水性鱼类养殖基地开展了在线式热带观赏鱼养殖池塘水质监测技术的示范应用，获取了大量基础数据，对基地的养殖生产工作起到了积极的指导作用，也为后期系统平台的不断完善奠定了基础。

2. 该技术减少了人工使用，降低了养殖管理的劳动强度，提高了劳动生产率，降低成本 20%。节能减排，精确测量与控制，做到精准增氧、精准投喂、降低饵料投放，节省换水次数与用电量 30%。提高产品品质，减少鱼病，增加收益 10%。利用该项新技术，年综合提高收益 25% 以上。

3. 该技术的主要特点：监测技术的组成结构主要包括数据采集节点、中继节点、网关节点、以太网和终端 PC 监控平台（见图 4－10）。

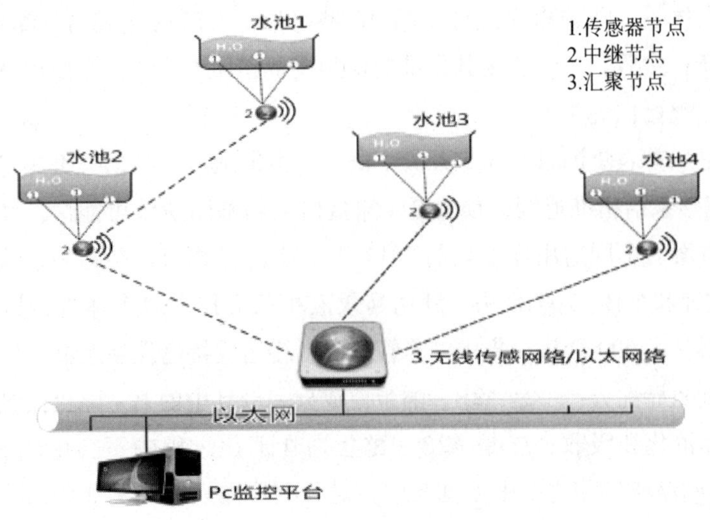

图 4－10　本地系统组成

该技术的主要功能是实时监测水质环境的变化，并通过无线通信技术将监测参数传输到监测中心，以达到及时预警的目的，同时能保存所监测环境的全部监测数据。

通过实时监测现场水质环境，实现对异常水体环境的及时预警，以及第一时间提醒相关人员采取必要的调节措施，有效地提高了科学养殖产量。同时能及时地保存所采集的数据信息，并建立大容量的“水质环境历史数据库”，为科学养殖研究提供了重要依据，并为渔业养殖提供科学依据。

根据无线传感网络的技术现状、发展趋势和国内外市场实际需要，观赏鱼团队项目组成员将选用已商业化的元件，采用自主知识产权的硬件设计和软件技术，把水产养殖环境实时监测系统定位为一个结构模式化的、支持多形式传感器、兼容多种类型网络结构、智能化、高度节能的网络产品。

（二）光合细菌节水技术

光合细菌在水产养殖中净化水质、预防动物疾病方面具有良好的效果，并且可以有效降低抗生素等药物的耐药性和药物残留问题，因其绿色环保、无毒副作用、无残留污染等优点，具有重要意义，成为保障水产品安全，保持水产养殖业健康、绿色、可持续发展的新兴的技术。

该技术在养殖过程中可节水5%以上，提高产量5% ~10%。首先，光合细菌可用作净化水质清洁剂。按每亩5千克的量，选择晴天上午，将菌液用塘水稀释后均匀全池泼洒。若水质好，一般可每月洒1次；若天气较热，水质变差，可每半月洒1次；若水质很差，有鱼虾浮头现象，可每隔10天洒1次；若水质严重恶化（变黑、发臭），可连续使用3天，待水质转绿后每隔7天使用1次。其次，光合细菌可用作防治鱼病药物。用稀释10倍的光合细菌，浸浴病鱼10 ~15分钟，然后将鱼放回鱼池。第三，光合细菌可用作鱼、虾、贝、蟹水泥池育苗饵料。选用红螺菌科与着色菌科复合菌株，液体菌液或浓缩菌液均可，使用量为每天每三次方米水体100 ~150毫升，分早、晚两次投喂。最后，光合细菌可作为饲料添加剂，使用量为1.2% ~3%，其方法是先将光合细菌用水稀释，后均匀喷洒于配合饲料或鲜活饵料上。

（三）优质锦鲤挑选与分级养殖技术

优质锦鲤挑选与分级养殖技术，根据锦鲤体型、花纹的变化和体色的色质等观赏重点，从繁殖出的众多苗种中筛选出花纹分布匀称、色质良好的鱼苗进行分级精养，不但提高了锦鲤的养殖品质，而且减少了饵料成本，提高了养殖效益。

目前该项技术已成熟应用于生产，并在北京、河北、辽宁、陕西、江苏、山西、广东、福建、贵州、云南、新疆等近20个省（市、区）示范推广5万余亩，技术水平居国内外领先。经挑选后的锦鲤进行分级饲养，可显著提高人工养殖锦鲤的品质，商品鱼养成后亩效益可达到2万元，每亩纯收益可提高40.7%。

锦鲤苗种的培育过程同时也是一个择优汰劣的过程，是一个多次挑选培养的过程，一般在锦鲤孵化后的3个月内根据体型、体色、斑纹的不同进行3次挑选，然后将挑选后的优质锦鲤按照A、B、C、D四个级别分别进行养殖。需注意锦鲤的分级挑选主要是根据体型、体色、斑纹三个性状进行，技术人员需要大量生产实践经验的积累。

十、鲑鳟鱼团队标志性成果

（一）鲟鱼全人工育种技术

鲑鳟鱼团队通过鲟鱼种质鉴定技术、冷冻精液技术、产前营养优化强化培育技术的集成应用，实现五种鲟鱼纯种及杂交种的周年全人工繁殖，能耗降低30%以上，孵化率提高50%以上，出苗率达到90%以上，该技术处于国际先进水平。团队制定了北京市地方标准《鲟鱼种质鉴定规范》《西伯利亚鲟全人工繁殖技术规范》。

人工选育获得了6种杂交鲟品种，其中以达氏鳇为母本，施氏鲟为父本进行杂交选育获得的杂交鲟新品种“鲟龙1号”（品种登记号：GS－02－002－2016），目前国内杂交鲟占养殖品种95%以上。以金鳟、硬头鳟进行杂交，培育出三倍体优良品种杂交金鳟，生长速度较纯种金鳟提高20%，推广到北京、河北、贵州、四川等地。

（二）攻破鲑鳟鱼IHNV综合防控技术

初步攻破鲑鳟鱼IHNV（传染性造血器官坏死病）综合防控技术。国际上对发病鱼场通常采用全场扑灭和消毒、停止养殖数年后再逐渐恢复生产的方式进行防控。团队率先在国内攻破虹鳟鱼IHNV病毒病，建立IHNV免疫荧光和ELISA检测技术，免疫荧光检测时间与传统方法相比缩短3～4天。示范点室外池虹鳟鱼苗种成活率达到50%～70%，孵化车间苗种成活率达到95%以上。

（三）鲟鱼亲鱼期营养强化饲料

针对鲟鱼亲本期特殊生理需求，通过强化长链n－3HUFA，并合理配比DHA/EPA比例改善亲本繁殖性能，同时针对精氨酸代谢调控、非酶氧化系统调控手段提高雄性亲本精子活力等手段，开发出了有效提高鲟鱼亲鱼繁殖性能及后代存活率的鲟鱼亲本专用饲料，养殖效果能与进口饲料媲美，性价比高。在中国水科院鲟鱼基地、北京水产所鲟鱼基地、鲟龙澎湃科技有限公司和北京水产所鲑鳟鱼基地等规模渔场进行了中试和推广，持续投喂鲟鱼3年，雌性亲鱼的产卵量、受精率和孵化率分别提高40.8%、22.3%和35.6%，雄性亲本精子活力提高近50%，“油包卵”现象得到明显缓解。

第五章　北京都市型现代农业发展展望与建议

北京市具有特殊的政治地位、较高的经济水平和人才优势，创新和特色是北京都市型现代农业的着力点。北京已形成以科技带动、以服务引领、以品牌影响，独特的都市型现代农业发展模式，奠定了北京都市型现代农业在全国的重要地位。但同时北京都市型现代农业也受到巨大的制约和挑战，因此需要不断探索出新的发展思路。本章在充分总结北京都市型现代农业发展特色的基础上，结合北京最新的农业政策分析，发掘北京都市型现代农业在新阶段发展的新思路与新路径，同时提出了相应的政策建议。

第一节　北京都市型现代农业发展特色

一、科技创新能力突出

创新是引领发展的第一动力。北京市不断加快推进农业现代化，其关键在科技进步和创新。立足北京都市型现代农业农情，遵循农业科技规律，找准农业科技突破方向，着力破解制约农业创新发展的突出科技难题，以此带动北京农业科技整体跃升。北京市紧紧围绕农业现代化发展需要，大力推进农业科技产业创新，充分发挥企业在创新决策、研发投入、科研组织、成果转化等方面的主体作用，促进产学研一体化发展，不断加快把农业科技创新成果转化为现实生产力。借助全国科技创新中心、国际交往中心的首都城市功能定位，近年来北京市围绕科技做足农业文章。目前，北京农业科技贡献率已超过七成，领先国内，接近西方发达国家水准。科技已成为北京农业大步踏向前发展的助推器。

北京农业的“高精尖”集中体现在北京种业上，北京聚集了全国最具实力的种业科研机构和种业企业，共有种业从业人员 9587 人，从事种业工作的院士有 10 人；每年育成各类粮、菜新品种 400 余个，每年选育主要农作物新品种数量约占全国年审定量的 10%。北京种业企业 428 家，种业销售额 120 亿元。北京已经成为我国最大的籽种交易中心，农作物种业销售额约占全国的10%，农作物种子进出口额占全国37%。2014年，北京成功举办了世界种子大会。北京种子大会已成功举办24届，北京现代种业博览会已成功举办7届。北京还重点打造了通州国际种业园区、南繁基地、种子大会品种展示园、马铃薯亚太中心等一批重点工程。

二、农村金融服务创新引领津冀

农村金融是支持服务“三农”的重要力量，由于涉农产业本身弱质性，存在自然风险、信用风险，风险控制机制不健全以及农业投资报酬率相对较低等因素，导致当前农村金融服务仍是整个金融体系中最薄弱的环节。就此，北京下发关于首都农村金融服务工作的相关文件，要求银行业结合北京地区实际情况，采取切实有效措施支持和促进首都农村金融服务转型升级。

北京金融服务体系全面服务京津冀一体化战略，着力对接京津冀一体化进程中的涉农金融服务。不断推进重点龙头企业认定、扶持工作，农业金融政策支持不断加强，推出“龙头企业信用保”政策，对企业300万元以下的流动资金贷款需求，由北京市农业产业化龙头企业协会推荐，市农业融资担保公司进行信用担保，北京银行给予贷款，实现无抵押快速放款。组织北京市农业基金公司、大北农、中地种业、恒慧通四家企业发起成立“龙头企业互助基金”，对企业300万～2000万元的贷款需求，由互助基金进行担保，建设银行给予贷款，实现低抵押快速放款。大力推进基础金融服务“村村通”工程，逐步探索多形式的融资担保服务，累计向23家合作社的67个项目发放示范社贷款诚信贴息资金564.3万元，邮储北京分行试点农保保单质押贷款业务已发放贷款39笔、1200万元。大兴区梨花村、东辛屯村农村合作金融试点稳步推进。政策性农业保险实现保费收入4.04亿元，参保农户11.8万户次，赔付支出3.9亿元。

三、农业生产发展生态水平显著提升

2017年北京市打造了113万亩优质产业田、优良生态田和优美景观田；农田节水灌溉率超过90%，综合机械化水平87.6%，农业科技贡献率超过70%。北京主要农作物秸秆综合利用率达97.7%，测土配方施肥技术连续5年全覆盖。积极推广绿色防控技术，推行精准科学施药和病虫害统防统治，亩均化肥用量降幅超过25%，化学农药使用总量降幅超过20%。强化养殖场粪污处理，实施增殖放流涵养水源工程，开展农业面源污染防治。

2017年北京市生态建设和环境整治各项工作扎实推进，农业的生态功能进一步强化，人居环境不断改善。2017年北京都市型现代农业生态服务价值年值为3635.46亿元，比上年增长3.0%；贴现值为10769.36亿元，比上年增长1.9%。从构成农业生态服务价值年值的三个部分看：直接经济价值为372.6亿元，比上年下降6.0%，占总价值的10.2%；间接经济价值为1214.15亿元，比上年增长5.6%，占总价值的33.4%；生态与环境价值为2048.71亿元，比上年增长3.2%，占总价值的56.2%。

由农业的资源优势、优质生态环境供给及独特的文化内涵所带来的，反映农业生活功能的间接经济价值仍是农业生态服务价值的主要增长点，对总价值的贡献率为61.6%。其中，旅游服务价值保持较快增长，同比增长8.4%，对间接经济价值的贡献率达96.5%。北京水源地保护、水生态修复、水土保持、湿地恢复、造林绿化等生态建设工程继续推进，生态环境持续改善。2017年，北京市水面面积在降水量下降的条件下实现同比增长6.8%。其中，密云水库面积同比增长24.3%；森林面积同比增长1.5%，森林覆盖率达到43%，比上年提高0.7个百分点；各大生态系统提供生态服务的基础条件不断提升，生态与环境价值实现持续增长（见表5-1）。

表5-1　2017年北京都市型现代农业生态服务价值及增速表

指标名称	年值		贴现值	
	2017年（亿元）	比上年增长（%）	2017年（亿元）	比上年增长（%）
都市型现代农业生态服务价值	3635.46	3.0	10769.36	1.9
一、直接经济价值	372.60	-6.0	372.60	-6.0
1. 农林牧渔业总产值	308.32	-8.8	308.32	-8.8
2. 供水价值	64.28	10.2	64.28	10.2
二、间接经济价值	1214.15	5.6	1214.15	5.6
1. 旅游服务价值	804.78	8.4	804.78	8.4
2. 水力发电价值	8.68	-10.1	8.68	-10.1
3. 景观增值价值	400.70	0.8	400.70	0.8
三、生态与环境价值	2048.71	3.2	9182.61	1.8
1. 气候调节价值	732.34	5.6	2328.74	2.7
2. 水源涵养价值	287.78	10.2	402.98	7.5
3. 环境净化价值	118.83	-3.3	984.83	0.9
4. 生物多样性价值	670.07	0.3	2898.67	1.2
5. 防护与减灾价值	222.58	0.3	1540.38	1.2
6. 土壤保持价值	3.37	-12.6	9.77	-4.7
7. 土壤形成价值	13.74	1.6	288.54	1.6

资料来源：《2017年北京都市型现代农业生态服务价值监测公报》。

四、涉农领域的品牌影响力持续提升

蔬菜、禽蛋和肉奶等市场上较为知名的北京农产品品牌有30多个。北京市拥有国家重点龙头企业39个，上市龙头企业10个，发展了一批有影响力的品牌，三元食品、德青源鸡蛋、鹏程肉食等品牌知名度不断上升，品牌价值超过1000亿元。扎实推进“种业之都”建设，京红、京粉和农大节粮型蛋鸡配套系世界销量第一，京科等系列玉米品种推广面积占全国玉米种植面积的18%。同时，目前北京市已有通州大樱桃、张家湾葡萄、京西稻等19种特产农产品通过了中国地理标志认证，其产地范围、作物性状、果实特点等都在国家备了案，在全国具有唯一性，其地理标识也为北京涉农领域的品牌提供了有力支撑。

北京农产品质量安全水平位于全国前列。完善市、区、乡镇三级监管机构建设和市、区、乡镇、生产基地（企业）“3+1”检测体系建设。提升了7家市级农产品质量安全检验检测机构设备水平，完成了13个区农产品质量安全综合质检站建设，具备开展常规、现场、快速检验检测工作的能力和水平。全面启动北京市整建制创建“国家农产品质量安北京市”活动，已有4个区达到“国家农产品质量安全县”要求。农产品质量安全监测抽检合格率达到97%以上。

五、产业结构深入调整

（一）农业生产优化升级

2017年，北京农业结构深入调整，传统农业生产规模进一步收缩，农林牧渔业总产值同比下降8.8%，农业的生产功能进一步弱化；供水价值增长10.2%，其中南水北调水发挥明显作用，对供水价值增长贡献率达37%。实施蔬菜产业19个千亩村和1个万亩镇试点建设，新建设施农业3921亩，改造老旧设施3854亩，新建集约化育苗场20个。改造提升畜禽场70家，开展畜禽节水改造工程200标准栋。新认证350家企业和基地，新评定出市级优级标准化基地130家。海淀区的京西稻生态苑、通州区的金福艺农等8个农业园，房山区的国际葡萄酒庄，大兴区的西瓜博览园，平谷区的果品产业园区等一批农业产业项目加快推进。

（二）农业龙头企业和农产品加工企业效益平稳增长

2017年上半年，162家北京市级以上重点龙头企业实现销售收入4608亿元，税后利润67.8亿元，上缴税金158.9亿元。规模以上农副食品加工业企业实现营业收入198.58亿元，利润总额6.4亿元；食品制造业实现营业收入231.98亿元，利润总额6.46亿元；酒、饮料和精制茶制造业实现营业收入120.1亿元，利润总额5.36亿元。

第二节　北京都市型现代农业发展面临的挑战

虽然北京农业发展取得了许多成效，但也面临五个明显变化和一个明显不适应：空间少了、成本高了、价格低了、品牌杂了、从业人员少了，转型升级明显不适应市场变化。这些都制约着传统农业的发展。

一、农业生产空间少

2013 年以来，北京市在城市化、百万亩平原造林、农业“调转节”、生态环保等因素推动下，粮食播种面积由 290 万亩调减到不足 100 万亩，下降超过 65%；规模养殖场从 2535 家调减到 890 家，生猪和家禽出栏分别下降了 23% 和 63%。这个趋势还将继续，2018 年北京市将启动新一轮百万亩造林绿化行动计划、浅山区造林绿化，进一步扩大划定禁养区范围，原来划定的 150 万亩“两田”（80 万亩粮田、70 万亩菜田）势必还将调减退，北京传统农业生产空间将进一步减少。

二、农业生产成本高

北京属资源型重度缺水地区，人均水资源占有量不足 300 三次方米，远远低于国际人均 1000 三次方米的缺水下限，农业生产用水将受到严格的限制。目前，北京市平原地区土地流转价格平均在每年 2000 元/亩左右，雇工成本在 120 ~ 150 元/天；此外，随着农业水价综合改革、煤改清洁能源、农业绿色发展等工作的深入推进，农业用水、用电、用气、绿色生产等成本还将持续提高。比如，2017 年以前，北京市现代化连栋温室番茄工厂化生产成本核算为 266 元/平方米，盈亏平衡点在 44 公斤/平方米，大兴区宏福农业经过技术革新，番茄产量达到 41 ~ 45 公斤/平方米（一般企业产量水平在 20 ~ 30 公斤/平方米），刚开始盈利。但 2017 年实施煤改气后，仅冬季采暖季成本就增加了 500 万元左右（市场供应的 LNG 压缩天然气从原来的 3 元 1% 三次方米左右，涨至 6 ~ 8 元/三次方米），技术进步的红利瞬间被清洁生产的成本吞食。环保要求变高，农业生产过程的生态环境保护投入不断增加，使农业的土地成本、经营成本、机会成本和劳动力成本、生产资料价格不断抬升。

三、农产品价格低

受一般大路农产品供给充裕、区域性优质农产品集中上市等因素影响，优质农产品价格空间受到严重挤压，北京农业生产向中高端转型发展遭遇“屏蔽门”。比如，平均生产成本 10 ~ 15 元/公斤的有机蔬菜，平均售价只能在 5 ~ 7.5 元/公斤，但这个价格依然高于同品类的非有机蔬菜 3 ~ 5 倍。由于农产品不具备唯一性，有机产品定价过高，消费者就会选择其他品种替代。北京市一些优势特色农产品近两年受市场波动影响，也出现了低价赔本销售现象。比如，昌平区的绿色有机苹果（年产 2000 多万公斤），平均价低于 2 元/公斤，一级果低于 2.5 元/公斤，就基本不赚钱，但与山东、陕西等优势主产区相比，这个价格还没有优势可言。又比如，一直做有机蔬菜的电商企业沱沱工社，运营也是举步维艰。

四、农产品品牌杂

主要指地理标志等优质农产品的品牌建设、保护不够，鱼龙混杂。这个问题具有全国普遍性，像西湖龙井、阳澄湖大闸蟹等都遇到类似问题。从北京来讲，平谷大桃，种植面积达到22 万亩，年均产量达 2.9 亿公斤，正常售价不低于 2.5 元/公斤。还有大兴西瓜。可是，每年大桃、西瓜上市季，北京街头果摊随处可见廉价的“平谷大桃”“大兴西瓜”，经记者调查发现多是鱼目混珠、“山寨”假冒。再比如，过去培育的鲟鱼，价格最高到 150 多元/公斤，但无序发展、恶性竞争，导致品质和价格大幅下降，现在每斤二三十元左右。另外，北京市工厂化生产的中高端芽苗菜、食用菌等，也被低端的产品挤压了半壁江山，这些问题都导致优质农产品“越生产越受伤”，与前期投入形不成良性循环。

五、农业从业人员少

未来北京农业及农产品生产，将面临谁来从事农业生产、经营和管理等问题。随着北京“调转节” 和非首都核心功能疏解的深入推进，很多从事农业生产的外埠农民走了，北京本地农民大多又不愿意从事农业，农业生产中需要的劳动力缺乏，劳动成本上涨过快。现代化农业需要高素质的管理人员、技术人员和专业工人，现有农村劳动力难以达到用人标准。农业生产经营的产前、产中、产后全过程的服务还不完善，合作型服务和市场化服务等在农业全产业链服务中的比重过低。

六、转型升级不适应市场变化

北京农业结构调整退得快、转得坚决，但如何转得有效，如何把生产的中高端转化为消费的中高端，这个连接还没有完全打通，“京味”“农味”优质农产品的品牌保护、市场顺销机制还没有完全建立起来，造成部分农业从业者无所适从，也影响了一部分“新农人”投身现代农业的积极性，导致生产者“两头怕”——不生产怕没有收入，生产多了怕亏得更多。

第三节　北京都市型现代农业发展的新路径

一、北京农业发展的新思路

虽然传统农业面临着以上诸多问题，但我们农业从业人员更要理性，结合新的发展理念，结合首都发展新的阶段性特征，开阔眼界，对待农业的发展思路更要与时俱进。重点体现在三个方面：

（一）重新认识农业的三大功能

生产、生活、生态一直是北京市都市型现代农业发展追求的目标。长期以来，北京市一直把生产功能放在第一位，保障首都的“菜篮子”供应。随着城市化、工业化、信息化的快速发展，以及交通物流的便捷高效，农产品供应的市场化程度越来越高，满足首都“菜篮子”的供应三分之二以上是依靠外埠。目前，根据超大城市的发展需求，生态功能已逐渐成为北京市农业的第一功能，绿色生态已成为城市安全健康运转的重要支撑。其次就是生活功能。2100 多万市民的休闲生活，很大一部分需要靠广阔的农业农村来接纳，每年城市人口到乡村旅游休闲的超过 4000 万人次。北京市努力的方向就是把农业农村打造成城市的花园、果园和菜园。对于农业生产，就是要在有限的空间推进农业供给侧结构性改革，将农业做精做细，提质增效，培育特色品牌，发挥科技示范引领作用。

（二）重新认识平原地区和山区的关系

按照京津冀协同发展规划纲要，北京市平原地区属于京津冀协同发展的中部核心功能区，山区属于西北部生态涵养区。对中部核心功能区的要求就是重点抓好非首都功能的疏解和承接工作，积极承接中心城区溢出的高端产业和功能，通过疏解整治促提升，增强辐射带动能力。山区就是要坚持把生态涵养功能摆在第一位，在统筹山水林田湖治理中，积极培育与生态涵养功能相适宜的产业，把乡村旅游和休闲农业作为山区发展的首选产业，促进提档升级。

（三）重新认识城乡关系

郊区与中心城区密不可分，“三农”工作与城市工作密不可分，不能就“农”说“农”，必须跳出“三农”看“三农”，在京津冀协同发展这个大背景下谋划“三农”，推动城市化与新农村双轮驱动，产业布局向外疏散。目前，我市有一批农业企业到外埠投资建厂、扩大生产，比如三元、二商、德清源和大北农等企业在外投资的基地已达几十个，与河北共建的“菜篮子”基地已有几十万亩。河北环京津 28 个县市均与京津相关单位达成合作协议或共建协议。

二、北京农业发展的新阵地

在新的思路引领下，围绕着农业绿色、优质、安全、现代和可持续发展的整体目标，积极开拓农业发展的新阵地，主要体现在两个阵地：

1. 推进部市共建示范区，全面实现农业安全、绿色、优质、高效、可持续发展目标。北京农业进入了新的发展阶段，为深入贯彻落实党的十九大精神，用实际行动落实好中央农村工作会议和全国农业工作会议的有关工作部署，农业部、北京市政府决定携手共建北京农产品绿色优质安全示范区。示范区从 2018 年正式启动，以 100 个名优品牌、200 个优质品种、1000 个特优基地建设培育为核心，重点在 5 个方面全程全域建设。一是坚持源头治理，实现绿色发展，进一步加快农业“调转节”。二是坚持机制创新，实现智慧监管，强化基层监管，加强农产品质量安全诚信体系建设，建立农业生产经营主体综合信息系统。三是坚持培育特色，实现多样供给，培育独特品种、特殊品质、特定区域的特色农产品，提高绿色、有机农产品覆盖率，建设一批特色优质农产品生产基地。四是坚持品牌发展，实现优质优价，培育北京特色的农产品品牌、区域公用品牌、企业品牌，畅通流通绿色通道。五是坚持区域联动，实现协同发展，探索建立京津冀三地统一的食用农产品合格证制度，打造统一源头管控技术标准、统一检测与监管标准的绿色优质安全“菜篮子”生产基地。

未来，北京市将以部市共建示范区为统领，持续统筹推进国家现代农业示范区、国家农产品质量安全城市、国家现代种业创新试验示范区建设，体现北京农业的“高精尖”。

2. 推进美丽乡村建设，帮扶低收入村增收发展，实现乡村全面振兴。

（1）整体目标。为了全面贯彻落实习近平总书记在党的十九大报告中提出实施乡村振兴战略的重要指示，2018 年 2 月，北京市委、市政府办公厅发布了《关于印发〈实施乡村振兴战略扎实推进美丽乡村建设专项行动计划（2018—2020 年）〉的通知》，按照产业兴旺、生态宜居、乡风文明、治理有效、生活富裕的总要求和绿色低碳田园美、生态宜居村庄美、健康舒适生活美、和谐淳朴人文美的标准，在前期美丽乡村建设的基础上，以实施农村人居环境整治为重点，进一步提高建设标准，增加建设内容，提升建设水平。2018 年底前，全面实施农村地区环境整治，重点推进主要道路沿线、旅游区及其他重点场所周边村庄的环境整治和美丽乡村创建工作，完成一批村庄的建设规划编制和美丽乡村建设；2019 年底前，基本完成其余村庄建设规划编制，完成新一批美丽乡村建设；2020 年底前，基本完成北京市农村环境整治任务，北京市美丽乡村建设取得重要进展。

（2）具体措施。2018 年 5 月 5 日，北京市委、市政府印发《关于实施乡村振兴战略的措施》。该措施按照产业兴旺、生态宜居、乡风文明、治理有效、生活富裕的总要求，以城乡融合发展、农业绿色发展、农民全面发展为主线，以建设美丽乡村为抓手，以建立健全城乡融合发展体制机制和政策体系为重点，全面实施乡村振兴战略，扎实做好乡村改革、乡村发展、乡村建设、乡村文化、乡村治理等工作，着力解决乡村发展不平衡不充分问题，着力推动乡村产业振兴、人才振兴、文化振兴、生态振兴、组织振兴，高标准、高水平、高质量推进农业现代化、农村现代化、乡村治理体系和治理能力现代化建设，为决胜全面建成小康社会和建设国际一流的和谐宜居之都提供坚实保障。该《措施》布置了上百项工作任务和改革举措，直接涉及 70 余个责任单位和区，避免了工作“单打一”，体现了北京市“一盘棋”。

（3）主要抓手。美丽乡村建设是实施乡村振兴战略的重要抓手和主要载体。为加快推进高水平的农业现代化、高质量的农村现代化和高标准的乡村治理体系现代化建设，努力实现城乡融合发展、一体发展、绿色发展这一轮美丽乡村建设关键是要依次序做好“四件事”：一是全面开展农村人居环境整治。结合“疏整促”专项行动，“清脏、治乱、增绿”这三项重点任务在所有农村地区要全部推开、见诸行动。二是高水平编制村庄建设发展规划。在抓好 71 个试点村规划建设的基础上，瞄准将启动建设的 1000 个美丽乡村编制规划、确定任务。三是形成统筹联动的工作格局。美丽乡村有十项主要建设任务，还有数十项公共服务和社会管理的任务，市相关职能部门要抓紧制定工作导则和建设标准，加强指导服务。四是建立健全科学的运维管护机制。区、乡镇要把长效管护的资金纳入本级财力基本保障范围，指导各村探索建立健全多种形式的管护模式，要积极引入第三方检查考核评估，下一年度的运维管护资金要与评估考核结果相挂钩，确保美丽乡村建成一个巩固一个。

三、北京都市型现代农业发展的新政策

（一）关于推进农村第一、第二、第三产业融合发展

为贯彻落实《农业部、财政部关于做好 2017 年中央财政农业生产发展等项目实施工作的通知》（农财发〔2017〕11 号）精神，确保政策落实和项目实施，提高资金使用效益，依据《农业生产发展资金管理办法》（财农〔2017〕41 号），结合北京市实际情况，北京市农委、市财政局制定《2017 年北京市整区推进农村一二三产业融合发展试点工作的实施方案》等 4 项实施方案。

1. 三产融合思想理念。牢固树立并切实贯彻创新、协调、绿色、开放、共享发展理念，以完善利益联结机制为核心，以深化改革、深度创新、深层融合为主要动力，以龙头企业、合作社、现代农业服务组织、新型职业农民为主体，以推进第一产业与第二、第三产业深度融合发展为主要途径，加快转变农业生产方式、经营方式、服务方式、资源利用方式和管理方式，深入推进农业供给侧结构性改革，厚植发展优势、增强发展动力，促进农业增效、农民增收和农村增绿。

结合北京当地实际向国家发展改革委员会推荐房山区、大兴区为农村产业融合发展试点区，支持两区带动或辐射农民分享第二、第三产业增值收益的新型农业经营主体，突出融合发展的方向和重点，延伸农业产业链，提升价值链，拓展多功能性，发展休闲农业、农业文化产业，支持农业产业化，培育新产业、新业态、新模式，突出构建与农民的利益联结机制，整区推进农村第一、第二、第三产业融合发展。

2. 两区发展方式。2017 年，房山区被北京市农委、市财政局确定为北京市农村第一、第二、第三产业融合发展试点区。试点工作开展以来，房山区积极创新思路方法，统筹抓好中央财政奖补资金政策的落实，探索建立了多种产业融合发展模式，促进了本地农业主导产业的发展及农民致富增收。推进农村第一、第二、第三产业融合发展，是加快转变农业发展方式、拓宽农民增收渠道的重要举措。为确保试点工作的顺利进行，房山区成立了

由主管副区长及区农委、区财政局等职能部门负责人组成的领导机构，负责试点工作的综合协调、监督指导、日常管理等工作。

大兴区的第一、第二、第三产业融合分为两部分内容：第一，试点镇2个。一是镇政府高度重视农村产业融合发展工作，有开展试点建设的积极意愿；二是本镇农村产业融合发展已经取得一定的成效；三是新型农业经营主体不断壮大，在探索多种形式利益联结机制方面已有较好基础。原则上获得市级产业园创建的镇不再申报产业融合试点镇。第二，试点企业（园区）或合作社8～10个。带动或辐射农民分享第二、第三产业增值收益的园区或新型农业经营主体，发展态势好，带动当地农户多，产业融合发展已取得一定的成效。

3. 资金使用方向。2017年大兴区安排支持农村产业融合发展试点镇、试点企业（园区）或合作社每个不低于100万元。试点镇资金主要用于农村产业融合发展公共服务设施、宣传推介、科技提升、创意会展、“互联网+”农业等方面。试点企业（园区）或合作社资金用于新型农业经营主体发展加工流通、休闲旅游公共设施；用于加工企业建设装备设施、厂房、加工能力建设；用于休闲农业企业建设公共服务设施；用于农村产业融合发展集中建设农产品及加工副产物综合利用公共设施。鼓励经营主体通过股份合作制、合作制、股份制、“保底收益+按股分红”、订单农业等形式与农户建立紧密利益联结机制。原则上不得补助未与农户建立紧密利益联结机制，农民不能分享第二、第三产业增值收益的经营主体。享受过政府补贴的建设项目，不能再纳入申报内容。

认真选择试点项目，选准真正带领农民致富的农民合作社和农业产业化龙头企业，是推进农村第一、第二、第三产业融合发展试点的关键。为此，房山区农委、区财政局严格审核，通过乡镇初审推荐、区级审核、专家论证、审核公示、验收公示等环节，层层把关，并邀请北京市农委、市财政局等部门一同参与项目验收工作。最终，窦店农牧工商总公司、窦店益生清真肉业有限公司、北京金利农机服务专业合作社、北京慧田蔬菜种植专业合作社、北京航天农业生物科技有限公司、张坊林场、莱德国际环保植被（北京）有限公司成为房山区农村第一、第二、第三产业融合发展的领军企业，被确定为全区7个试点实施主体和试点项目，项目总投资3504.91万元。目前，各项目已全部完工，并通过了市、区相关单位联合验收，完成验收公示。

（二）关于农村新型主体培养

中共中央办公厅、国务院办公厅2017年5月31日印发《关于加快构建政策体系培育新型农业经营主体的意见》，这是一份帮助农民、提高农民、富裕农民的重要文件。

1. 新思想理念构建。近年来在家庭承包经营基础上，各类从事农业生产和服务的新型农业经营主体蓬勃兴起。全国农户家庭农场已超过87万家，依法登记的农民合作社188.8万家，农业产业化经营组织38.6万个（其中龙头企业12.9万家），农业社会化服务组织超过115万个。当前新型农业经营主体正处在成长的关键期，亟须引导扶持。党的十八届五中全会、“十三五”规划纲要、2016 年中央 1 号文件和《政府工作报告》均提出构建培育新型农业经营主体的政策体系。

到 2020 年，基本形成与世界贸易组织规则相衔接、与国家财力增长相适应的投入稳定增长机制和政策落实与绩效评估机制，构建框架完整、措施精准、机制有效的政策支持体系，不断提升新型农业经营主体适应市场能力和带动农民增收致富能力，进一步提高农业质量效益、促进现代农业发展。发挥政策对新型农业经营主体发展的引导作用，主要体现在引导新型农业经营主体多元融合发展、多路径提升规模经营水平、多模式完善利益分享机制以及多形式提高发展质量四个方面。

2. 全方位多层次发展。从财政税收、基础设施建设、金融信贷、保险、营销市场、人才培养引进等方面进行了配套整合和适当延伸。

完善财政税收政策。综合采用直接补贴、政府购买服务、定向委托、以奖代补等方式，增强补贴政策的针对性、实效性。支持地方扩大农产品加工企业进项税额核定扣除试点行业范围，完善农产品初加工所得税优惠目录。

加强基础设施建设。各级财政支持的各类小型项目，优先安排农村集体经济组织、农民合作组织等作为建设管护主体。在年度建设用地指标中优先安排新型农业经营主体建设配套辅助设施，并按规定减免相关税费。

改善金融信贷服务。综合运用税收、奖补等政策，鼓励金融机构创新产品和服务，加大对新型农业经营主体、农村产业融合发展的信贷支持。

扩大保险支持范围。在粮食主产省开展适度规模经营农户大灾保险试点，调整部分财政救灾资金予以支持，提高保险覆盖面和理赔标准。创新“基本险 + 附加险”产品，实现主要粮食作物保障水平涵盖地租成本和劳动力成本。

鼓励拓展营销市场。支持新型农业经营主体参与产销对接活动和在城市社区设立直销店（点）。鼓励有条件的地方对新型农业经营主体品牌创建等给予适当奖励。支持新型农业经营主体带动农户应用农业物联网和电子商务。

支持人才培养引进。培养更多爱农业、懂技术、善经营的新型职业农民，鼓励新型农业经营主体带头人就地就近接受职业教育，鼓励有条件的地方引进各类职业经理人。

3. 多面结合突出重点。针对新型农业经营主体的突出困难，《关于加快构建政策体系培育新型农业经营主体的意见》重点在金融、保险、用地等方面加大了政策创设力度。

金融方面，该《意见》提出建立新型农业经营主体生产经营直报系统，通过点对点对接信贷、保险和补贴等服务，探索建立新型农业经营主体信用评价体系，对符合条件的灵活确定贷款期限，简化审批流程。

保险方面，在粮食主产省开展适度规模经营农户大灾保险试点，调整部分财政救灾资金予以支持，提高保险覆盖面和理赔标准。落实农业保险保额覆盖直接物化成本，创新“基本险 + 附加险”产品，实现主要粮食作物保障水平涵盖地租成本和劳动力成本；研究出台对地方特色优势农林产品保险的中央财政以奖代补政策；稳步开展农民互助合作保险试点等。

用地方面，允许各县（市、区、旗）根据实际情况，在年度建设用地指标中优先安排新型农业经营主体建设配套辅助设施，并按规定减免相关税费。对新型农业经营主体发展较快、用地集约且需求大的地区，适度增加年度新增建设用地指标；通过城乡建设用地增减挂钩节余的用地指标，优先支持新型农业经营主体开展生产经营等。

除此以外，既要支持新型农业经营主体发展，又不能忽视普通农户尤其是贫困农户，发挥新型农业经营主体对普通农户的辐射带动作用，让农民成为现代农业发展的参与者、受益者，防止其被挤出、受损害。

（三）关于农业品牌建设

为贯彻落实中央经济工作会议、中央农村工作会议、全国农业工作会议的有关精神，加快品牌创建，深入推进农业供给侧结构性改革，提高农业综合效益和竞争力，促进农业增效和农民增收，农业部决定将2017年确定为农业品牌推进年。“农业品牌战”打响，新一轮品牌浪潮势不可挡。

1. 农业品牌理念构建。全面贯彻党中央、国务院决策部署，积极践行创新、协调、绿色、开放、共享的发展理念，紧紧围绕推进农业供给侧结构性改革这条主线，以创新为动力，以市场需求为导向，以提高农业质量效益和竞争力为中心，着力强化农业品牌顶层设计和制度创设，加快培育一批具有较高知名度、美誉度和较强市场竞争力的农业品牌。通过开展丰富多彩的品牌创建活动，激发全社会参与农业品牌建设的积极性和创造性，凝聚各方共识，提振发展信心，加速建设进程，确保农业品牌工作取得实质性进展。

坚持政府搭台、企业唱戏，构建合作共赢的发展机制。政府部门做好农业品牌推进年总体设计和工作安排，提供必要条件，确保实现既定目标。充分依靠市场手段动员要素，激发市场主体活力，提高社会参与度；坚持部省协作、上下联动，形成合力推进农业品牌建设的工作格局。农业部负责顶层设计和统筹指导，推动开展重点工作。各地农业部门主动谋划，积极参与，务求实效，并因地制宜开展相关工作，形成全国共同推进、多点突破、全面开花的工作局面；坚持创新发展、问题导向，积极拓宽工作思路，创新工作方法，精准谋划，突出重点，把握节奏，探索模式，构建品牌发展长效机制，发挥品牌引领作用，多方式、多业态、多渠道推动产业发展，确保农业品牌工作取得重要进展。

2. 企业区域联动发展。提到品牌，首先想到的是企业。品牌是企业的无形资产，品牌建设能够放大企业竞争优势，增强企业内部与外部的凝聚力、向心力，有利于企业树立良好的形象与发挥行业引领作用。农业供给侧结构性改革就是希望有更多更好的品牌涌现出来，能够有更创新的产品和服务推向市场。只有这样，农业发展才能走上正向循环。政府在整个过程中要扮演好自己的角色，发挥有形的手的作用，去做更多的政策供给，而企业也一定要意识到市场的主体是自己。农业品牌未来真正要做好、在市场化竞争中越变越强，企业需要有更加清晰的品牌战略和更好的品牌经营团队，并且努力把品牌实实在在变成好产品，这是企业必须要明确的。中国农业产业化龙头企业协会副会长金其洪也曾表示，企业是品牌建设的主体，龙头企业要做农业品牌的先行者。

现阶段农业有非常重要的特点，即丰富性、多样性和区域广泛性。农产品有其天然的区域属性，比如一些地方盛产瓜果桃李，一些地方则适合发展养殖业。各个区域品牌建设的基础和现状都不一样，在组织化、规模化和标准化方面也具有特殊性，在资源体系、产业规模、品牌意识、品牌运营能力等方面都呈现非常大的差异。首先应该认识到差异性，包括各个地区、各个品牌、各个企业的差异性。区域公用品牌的建设有助于地区致富，其非常显著的价值在于，能够整合区域的力量，充分发挥区域的整合力、集聚力和联动力。区域性品牌的背后是政府和企业共同的努力，创造出的一个好结果。所以通过企业品牌影响力结合各地区差异，做到区域品牌又是企业品牌，将两种力量较好的结合，从营销、品牌入手，反向改造了整个产业链条。

3. 品牌国际化。以农立国，品牌强国。中国是世界农业大国，农耕文化源远流长，农业品牌具有非常深远的战略意义，可以成为品牌强国的重要支撑，丰富国家形象。近年来，中华特色农业文化正以产品这种物化的形式“走出去”。打造远近闻名的农业品牌，实际上也是在支持整个国家品牌的打造，塑造整个国家的品牌形象，从而进入全球化竞争，赢得国际平台的话语权。在国际市场上，有中华文化价值支撑的农产品越来越受到其他国家的关注和喜爱，中国的农业龙头企业将有更大的机会施展拳脚。

此外，自主品牌保护与创新支持方面亟须政策完善提升。中国品牌从数量到质量的追求，从自主品牌的创建到国际市场的开拓，还有很远的路要走，需要国家层面的重视支持及民族企业自身全面提升。外部环境的改变、舆论导向的改变以及中央指挥棒作用的改变，让更多人关注农业并参与进来。此次品牌建设活动的开展，从国家层面来讲是推进农业供给侧改革的一个关键性落地措施；对于企业来讲，一大批具有较高知名度、美誉度和市场竞争力的品牌会脱颖而出，进一步提升整个市场的产品标准，打造出一批真正代表中国形象且具有国际影响力的自主品牌，造福于消费者。

第四节　北京都市型现代农业发展的政策建议

一、以创新为动力，促进农业优先发展

（一）拓展农业发展新思路，促进农业提质增效

对于农业生产而言，农业产业发展要在现有存量基础上提质增效，既要大力发展农业

高端高效产业，又要淘汰“小散劣”，注重发展个体的适度规模，注重主导产品的科技含量，把主导产业做精，把特色产业做优，把优势产业做强，把产业做成“高精尖”。要以鲜活农产品供应保障为重点，以规模化经营、园区化管理、标准化生产为基本要求，大力推进农业提质增效，全面提升“菜篮子”保障水平，推进农业供给侧结构性改革。

都市型农业是对城市具有生产性、生态性、生活性、教育辐射等多种功能的农业，其基本功能是生产性功能，但是作为典型特征的是生态性、生活性功能。如今，在北京日益发展的过程中，农业越来越注重生态功能的建设，生态功能已逐渐成为北京市农业的首要功能。都市型现代农业要靠内涵式发展方式提高环境质量，通过实施高效农业园区，开设观光农业、绿色产业等，改善大气、水环境和土壤环境质量。

休闲农业在北京都市型现代农业发展过程中具有广阔的用武之地。发展乡村观光休闲旅游不仅能满足农业的生活性功能，更能够带动北京农业产业的发展。为此，要着力加强农村基础设施建设，改善休闲旅游环境；创新产品，优化北京休闲农业环境并通过推进资源整合与产业聚集，优化区域布局。

（二）创新机制体制，促进资源优化配置

从现阶段农业发展的客观现实来看，创新农业体制机制、转变农业发展方式，是破解农业发展面临的矛盾和难题、提升农业质量效益和市场竞争力的根本要求和必然选择。要将创新置于发展北京都市型现代农业的优先地位，贯穿于都市型现代农业发展和农村建设的方方面面，依靠科技创新延伸农业产业链，提升农业价值链，拓展农业多重功能，培育农村新产业新业态新模式；依靠深化农业供给侧结构性改革，创新体制机制，推进生产要素在城乡之间自由流动和优化配置，提高农业供给体系质量和效益，培育农村发展内生动能。

推进北京涉农企业上市，借助资本市场的资源配置优势，将加速北京由传统农业向都市型现代农业改造提升的进程，形成具有竞争力的优势产业群，缩短与国内外先进水平的差距，实现产业的梯度发展和产业层次的提升。通过培育服务，引导更多的涉农企业走上市之路，在企业获得二次飞跃的同时，推动北京市都市型现代农业的发展，成为促进北京都市农业走向高端、高效、高辐射的重要力量。

创新农业生产经营方式。进一步创新与完善土地流转机制，加快推进农业由分散经营向适度规模经营转变，加快推进农业标准化生产，不断提高农民的组织化程度，重点培育发展专业大户、家庭农场、农民合作社、农业产业化龙头企业等新型农业经营主体。

培育新型职业农民。着重以提高农民素质和农业技能为核心，大力培育符合都市型现代农业发展要求的新型职业农民，使农业发展主体的素质和水平跟上时代发展的步伐。组织好、利用好全科农技员、村级防疫员队伍，使之成为农业各方面工作延伸到农户、到田间地头的重要力量。

二、以开放为手段，提高农业生产活力

（一）统筹国际国内资源，塑造农业开放优势

提高利用国内外两种资源、两个市场的能力，就要在扩大农业对外开放过程中，扬长避短、趋利避害，扩大开放领域，优化开放结构，提高开放质量，进一步拓展北京都市型现代农业对外开放广度和深度。一是完善农产品进出口战略规划和调控机制。二是加强国际市场研究和信息服务。三是强化农产品进出口检验检疫和监管。四是引导外商投资发展现代农业。五是实施外资准入和安全管理制度。六是积极实施“走出去”战略，统筹开展对外农业合作，逐步建立农产品国际产销加工储运体系。“一带一路”峰会在北京召开进一步提升了北京的国际影响力，未来京津冀协同发展、北京城市副中心、北京新机场、筹办冬奥会和世界园艺博览会等重大事宜将会给北京农业与农村带来更大的发展机遇。

（二）吸引优秀人才，提高资源配置效率

北京都市型现代农业的持续健康发展，需要大批高端技术人才的支撑。北京市委、市政府十分重视农业人才的培养，在大力扶持农业院校建设发展的同时，积极整合教育资源，持续实施“绿色证书”“跨世纪新型农民培训”“农村实用人才”“新型职业农民培育”等农村人才培养工程，使北京市农村从业人员的受教育水平从 9 年增加到 11 年，接受过初等以上职业教育的农村劳动力从不足 10% 增加到 50% 以上。但是，人才不足仍然是制约北京都市型现代农业向高端化、国际化发展的主要因素，高端技术技能人才的不足更是产业发展的“瓶颈”。

北京都市型现代农业需要大批高端技术技能型人才，对此，从人才培养和使用等角度应做好以下几个方面：

一是要提升农职院校的人才培养规格，产业发展实践对人才的需求是多层次的，农业职业院校的人才培养规格应实施“贯通式”人才培养模式，向农业输送从中职到研究生多种规格的农业技术技能型人才。二是要疏通农业人才输送渠道，这有赖于政府加大改革力度，扶持发展都市型现代农业的高端产业，使从业者的收入达到或超过社会平均收入水平。同时予以相应政策支持，鼓励农业技术人才到农业园区、合作组织、农业服务体系就业。三是要构建高端农业人才培养体系，为保证高端农业技术技能型人才培养的有序性和规范性，需要动员、整合全市涉农教育培训资源，构建农业高端人才培养体系。该体系可依托“都市型现代农业教育集团”的基本架构进行创建，将都市型现代农业高端人才的培养，作为教育集团的核心功能；冀中集团全部资源，形成纵向从市到乡，横向涵盖教育、科研、推广机构，生产经营单位等各个环节的人才培养体系。

三、以协调为标尺，提升农业发展水平

（一）深入推进农业结构调整，转变农业发展方式

北京农业要保持发展的良好态势，就需要立足北京自然资源和环境的可承载力，按照

建设和谐宜居之都的要求，调结构、转方式，大力发展高效农业、节水农业、生态农业。深入推进农业结构调整，全面落实北京农业“调转节”实施意见，加快实施地下水严重超采区和重点水源保护区农业结构调整方案，有序调减畜禽养殖总量。到 2020 年，全市粮田、菜田、果园面积分别稳定在 80 万亩、70 万亩和 100 万亩，生猪、肉禽年出栏量分别调减三分之一、四分之一。同时，发展高效节水农业，在 250 万亩农业生产空间内，实现高效节水设施和农用机井计量设施全覆盖。到 2020 年，农田灌溉水有效利用系数从 0.7 提高到 0.75，农业用新水从 7 亿三次方米降到 5 亿三次方米。

以服务首都为出发点，努力把北京农业做成高精尖，以做精产业、富裕农民为落脚点，按照“高效、节水、生态、安全”的基本原则，加快调整农业产业结构，加快转变农业发展方式，大力推进现代农业的规模化发展、园区化建设、标准化生产，全面提升北京农业的节水水平、“菜篮子”保障水平、现代种业发展水平与生态建设水平，持续增强现代农业的核心竞争能力、城乡服务能力、生态涵养能力，为建设国际一流的和谐宜居之都提供有力支撑和坚实保障。

（二）推进实现农村三次产业融合发展

北京市农业是三次产业相互融合的产业，涉农企业是小农户联系大市场，第一产业向第二、三产业转移的重要纽带。推进农村三次产业融合发展，是拓宽农民增收渠道、构建现代农业产业体系的重要举措，是加快转变农业发展方式、探索中国特色农业现代化道路的必然要求。加强统筹规划，推进农业与旅游、教育、文化、健康养老等产业深度融合。积极发展多种形式的农家乐，提升管理水平和服务质量。建设一批具有历史、地域、民族特点的特色旅游村镇和乡村旅游示范村，有序发展新型乡村旅游休闲产品。鼓励有条件的地区发展智慧乡村游，提高在线营销能力。加强农村传统文化保护，合理开发农业文化遗产，大力推进农耕文化教育进校园，统筹利用现有资源建设农业教育和社会实践基地，引导公众特别是中小学生参与农业科普和农事体验。

实施“互联网＋现代农业”行动，推进现代信息技术应用于农业生产、经营、管理和服务，鼓励对大田种植、畜禽养殖、渔业生产等进行物联网改造。采用大数据、云计算等技术，改进监测统计、分析预警、信息发布等手段，健全农业信息监测预警体系。大力发展农产品电子商务，完善配送及综合服务网络。推动科技、人文等元素融入农业，发展农田艺术景观、阳台农艺等创意农业。鼓励在大城市郊区发展工厂化、立体化等高科技农业，提高本地鲜活农产品供应保障能力。鼓励发展农业生产租赁业务，积极探索农产品个性化定制服务、会展农业、农业众筹等新型业态。

加强农村产业融合发展与城乡规划、土地利用总体规划有效衔接，完善县域产业空间布局和功能定位。通过农村闲置宅基地整理、土地整治等新增的耕地和建设用地，优先用于农村产业融合发展。创建农业产业化示范基地和现代农业示范区，完善配套服务体系，形成农产品集散中心、物流配送中心和展销中心。扶持发展一乡（县）一业、一村一品，加快培育乡村手工艺品和农村土特产品品牌，推进农产品品牌建设。依托农业科技园区、农业科研院校和“星创天地”，培育农业科技创新应用企业集群。

（三）积极培育新型农业经营主体

在坚持家庭承包经营的基础上，培育从事农业生产服务的新型农业经营主体，对于推进农业供给侧结构性改革、引领农业适度规模经营发展、带动农民就业增收、增强农业农村发展新动能具有十分重要的意义。

新型农业经营主体的培育，一是要完善新型农民培育体系，培养一批有文化、懂技术、会经营、高素质的农户，起到良好的示范、推广作用，引领现代农业发展；二是要发展龙头企业、专业合作社、协会等，发挥其纽带作用，发展在信息搜集与预判、科技推广、市场销售等方面的优势；三是需完善土地流转政策，鼓励和支持承包土地向专业大户、家庭农场、农民合作社流转，实现内部规模经营；四是通过创新农业信贷担保方式、支持新型农业经营主体参加农业保险、发挥政策性银行的作用等方式，加大资金扶持力度。当前，北京市需通过积极培育新型农业经营主体、鼓励创新发展模式，来推动北京都市型现代农业的健康、快速发展。

第二篇　分论

第六章 北京市果类蔬菜产业发展报告

蔬菜产业是北京现代农业体系的重要组成部分，属于未来提高农民收入、促进农村发展的中坚力量。《北京“十三五”时期都市现代农业发展规划》对农业产业结构的总体要求是“调粮，保菜，做精畜牧水产业”，重点实施新一轮菜篮子工程；新发展菜田 10 万亩左右，蔬菜种植占地面积达到 70 万亩，着力发展供应北京市场、具有北京地域特色、高附加值的蔬菜生产。在北京粮食种植逐步调减、养殖业大规模退出的趋势下，蔬菜产业将是未来北京现代农业体系中的核心产业。需要进一步培育蔬菜产业发展动力，全面提升蔬菜产业的综合效益和市场竞争力。

果类蔬菜产业是北京蔬菜产业的重要构成，果类蔬菜（番茄、黄瓜、青椒和茄子）的播种面积和产量始终保持在占蔬菜总体 20% 的水平；果类蔬菜又是北京市居民的重要消费品。北京是拥有超过 2000 万常住人口的特大型城市，促进果类蔬菜产业高水平发展，不仅是推动都市型农业升级、保证市民蔬菜消费和促进农民收入的重要基础，也是通过示范效应和分工协作提高区域果类蔬菜供给能力的关键条件。

受制于资源约束、劳动力成本高、其他产业竞争和自身种植特性的影响，果类蔬菜产业发展面临诸多挑战。北京市的土地资源、水资源极度缺乏，导致果类蔬菜平均种植规模偏小；与此同时，近年来农业劳动力的稀缺推动了成本上升，从而种植者的收入增速放缓。更重要的是，来自本地其他类型蔬菜、花卉、观光农业等产业的竞争，以及果类蔬菜有生长周期长、相对易于运输等特性，也面临来自外地蔬菜的竞争压力。针对果类蔬菜产业面临的严峻形势，北京市政府出台果类蔬菜产业支持政策，且成立果类蔬菜产业创新团队，积极解决产业面临的内外多方面的问题，取得了令人瞩目的成绩，促使果类蔬菜产业发展外部环境整体向好。

在农业生产功能疏解中，蔬菜产业已成为北京现代农业的核心产业，其中果类蔬菜产业更是支柱产业。为把握北京市果类蔬菜产业的发展问题和支持效果，本章基于宏观统计数据和微观实地调研数据，分别从产业发展现状、创新团队技术支撑作用、典型案例进行分析，揭示 2017 年果类蔬菜产业发展的新变化，并在此基础上提出北京果类蔬菜产业发展的具体对策建议。

第一节　果类蔬菜产业发展

2017年，在经济发展和农业功能调整的背景下，北京市果类蔬菜的生产、加工、流通、消费等方面发生了诸多变化，整体上北京市果类蔬菜产业的标准化、科技化和绿色化等水平在持续提高，同时也面临新的困难与挑战。因此，需要在把握和总结北京市果类蔬菜产业发展的基础和成果上，梳理出具有建设性的建议，进一步促进果类蔬菜产业高质量发展。

除北京市统计局和农业农村局的宏观数据外，本章中的微观数据主要来自2017年北京市果类蔬菜产业经济调研。实地调查包括大兴、顺义、通州、密云、延庆5个区县46个村，获得果类蔬菜种植户有效样本158个。

一、果类蔬菜生产

在对北京市蔬类产业地位分析的基础上，基于实地调研数据和统计数据，对果类蔬菜的生产情况进行分析，具体包括生产结构、地区结构、品种结构、技术结构、从业人口结构、经营主体结构等内容。需要说明的是，本章中果类蔬菜指番茄、黄瓜、青椒和茄子。

北京市蔬菜生产的发展演变一定程度上反映了果类蔬菜生产的发展演变。如图6-1所示，随着农村产业结构变化，以及自然资源、社会条件的影响，全市农作物播种面积长期以来处于减少态势，2000年前后下降幅度较大，之后逐年缓慢减少，近年来每年减少约10万公顷。在这样的背景下，蔬菜作物播种面积和产量也呈现减少趋势。但农作物播种面积和蔬菜播种面积在同时减少，蔬菜播种面积在农作物播种面积中所占比重在逐年增加，从1978年到2017年，蔬菜播种面积占农作物比重面积从8.1%上升到34.4%，表示在传统农业产业逐渐退出北京市的历史趋势下，蔬菜产业对于现代农业发展的作用越来越重要。2017年，全市蔬菜播种面积为62.9万亩，蔬菜产量156.8万吨，比2016年分别减少约11.8%和14.6%。

（一）果类蔬菜生产的品种变化

表6-1表示的是4种果类蔬菜生产情况。在总体蔬菜面积缩减、2016年果类蔬菜价格较低和其他种植的竞争下，与2016年相比，2017年果类蔬菜生产播种面积，比上年减少37.7%；2017年4种果类蔬菜产量为54.6万吨，比上年减少20.1%，仍占全市蔬菜总产量的34.8%。

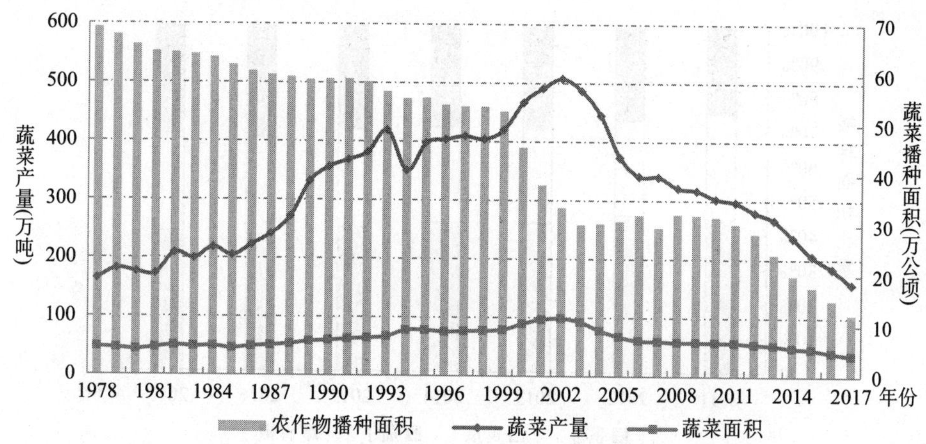

图 6－1　1978～2017 年北京市蔬菜播种面积和产量

资料来源：北京市统计局网站。

在单产方面，通过计算 2017 年 4 种果类蔬菜的单产比例，即番茄、黄瓜、茄子和青椒的单产相对比例为 1.4∶1∶0.8∶1，番茄的单产水平明显高于其他果类蔬菜；通过计算 2017 年与上年相比，单产变动幅度，即番茄、黄瓜、茄子和青椒的单产提高幅度为 26.7%、4.6%、17.5% 和 15.0%，表示番茄种植的管理和技术水平提升速度较快，生产重心正向附加值提高和成本控制方面转移（见表 6－1）。

表 6－1　　2016～2017 年北京市果类蔬菜播种面积和产量

品种	播种面积（万亩）		产量（万吨）	
	2016 年	2017 年	2016 年	2017 年
番茄	6.9	4.4	29.9	27.1
黄瓜	4.9	3.1	20.3	13.7
茄子	3.7	2.3	11.1	8.8
青椒	2.0	1.1	7.0	5.0

资料来源：根据北京市农业农村局数据整理。

果类蔬菜的 4 个品种近年来的变动整理于图 6－2。可以看出，2011～2017 年 4 种果类蔬菜的播种面积在不断下降，使得内部品种结构发生了变化。2017 年 4 种果类蔬菜播种面积 10.8 万亩，其中番茄从 2011 年的 9.5 万亩下降到 4.4 万亩，黄瓜从 6.5 万亩下降到 3.1 万亩，茄子从 3.4 万亩下降到 2.3 万亩，青椒从 1.9 万亩下降到 1.1 万亩。播种面积减少的速度在 4 种果类蔬菜之间存在差异，从播种面积看，番茄、黄瓜、茄子相对青椒的比例从 2011 年的 5∶3.4∶1.8∶1 变为 2017 年的 4∶2.7∶2∶1，可见茄子和青椒的播种面积比重在扩大。

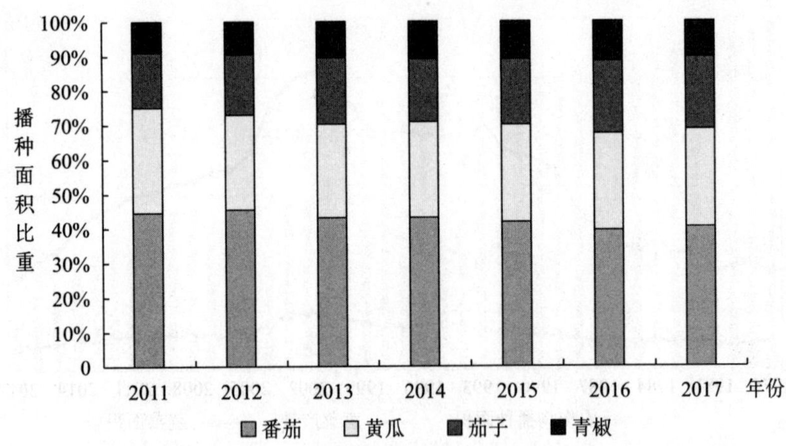

图6－2　4种果类蔬菜播种面积结构变化趋势

资料来源：根据北京市农业局数据整理。

（二）果类蔬菜生产的时空分布

1. 区域间比较优势变化。2017年，受到通州城市副中心全面建设、大兴机场及其他工程建设等影响，北京市果类蔬菜生产区域分布发生明显变化。与2016年相比，2017年各区果类蔬菜种植面积均有不同程度下降。其中，通州的果类蔬菜种植受到影响最大，2016年通州果类蔬菜种植面积为2.3万亩，2017年仅为0.95万亩，降幅高达58.7%。

如表6－2所示，从产量、播种面积和单产看，顺义和大兴具有显著的规模和技术优势，属于北京市果类蔬菜的核心产区；房山、通州和密云是具有一定规模的产区，但是未来发展趋势将分化，其中房山果类蔬菜种植的单产高达8.03吨/亩，整体发展势头较好，而通州果类蔬菜种植可能将进一步下降；除此之外的区，果类蔬菜种植表现为特色化和品种专业化，不再具有规模优势。

表6－2　　　　2017年北京各区果类蔬菜产量、播种面积和单产

区	产量（万吨）	播种面积（万亩）	单产（吨/亩）
顺义	19.95	4.02	4.96
大兴	11.25	1.85	6.07
房山	5.85	0.73	8.03
通州	4.99	0.95	5.27
密云	4.81	1.02	4.73
平谷	3.42	1.12	3.05
延庆	2.31	0.54	4.30
怀柔	0.89	0.19	4.72
昌平	0.63	0.24	2.63
其他	0.54	0.28	1.96

注：其他区指海淀、丰台、门头沟、朝阳；资料来源：根据北京农业农村局数据整理。

从区域比较优势的时间维度看（见图6-3），2013年和2017年的北京市果类蔬菜种植聚集程度和分布发生变化。顺义区果类蔬菜产量占比从31.1%上升到36.5%，房山区的占比从5.1%上升到10.7%，两个区的果类蔬菜种植比较优势在提高，2017年顺义、大兴和房山的果类蔬菜产量占比高达67.8%。通州、平谷和怀柔均出现了产量占比下降，果类蔬菜种植的区域比较优势在发生改变。

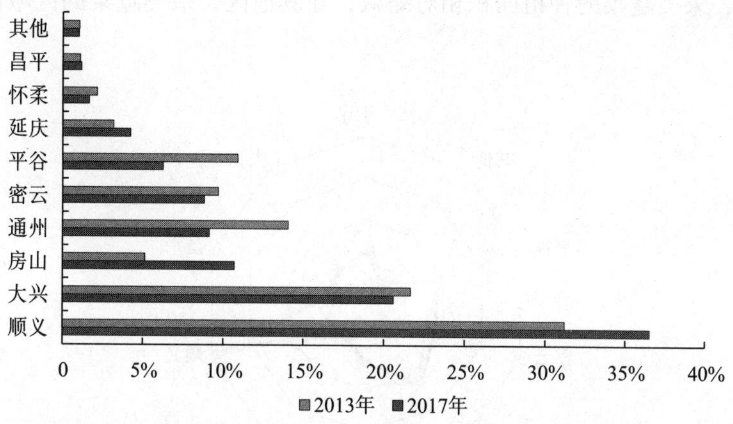

图6-3　2013年和2017年果类蔬菜产量占全市的比重对比图

资料来源：根据北京农业农村局数据整理。

从技术进步看，从2013年到2017年的北京市果类蔬菜单产总体提高了20%。其中，房山、通州和大兴的增长率分别为155.5%、84.7%和46.0%，很大程度上显现了果类蔬菜主产区的地位（见图6-4）。值得注意的是，顺义作为最大的果类蔬菜生产区，5年间单产略有下降，因此有必要采取措施，在注重保障种植规模的同时，重视技术进步的作用，提高资源利用效率。

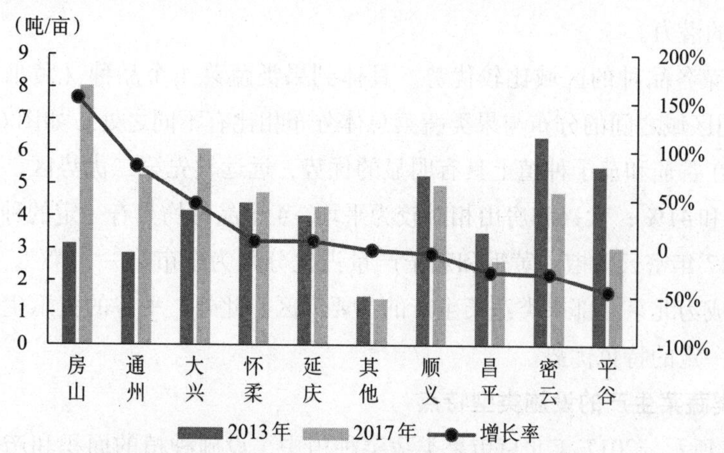

图6-4　2013年与2017年北京各区果类单产对比

资料来源：根据北京市农业农村局数据整理。

2. 区域内比较优势变化。在上述对果类蔬菜在区域间比较优势进行分析的基础上，以下分析一个地区内果类蔬菜相对于其他农作物的比较优势，即区域内比较优势。区域内比较优势可以用果类蔬菜播种面积占蔬菜播种面积比例表示，汇总见图 6 - 5。5 年间，在顺义、延庆、房山和大兴，果类蔬菜相对于其他蔬菜作物，种植面积进一步扩大，尤其是 2017 年顺义的果类蔬菜播种面积占比为 40%，房山、平谷、怀柔、延庆的占比为 20%；在通州和密云，果类蔬菜的种植面积相对缩减；在其他区，果类蔬菜的区域内比较优势没有明显变化。

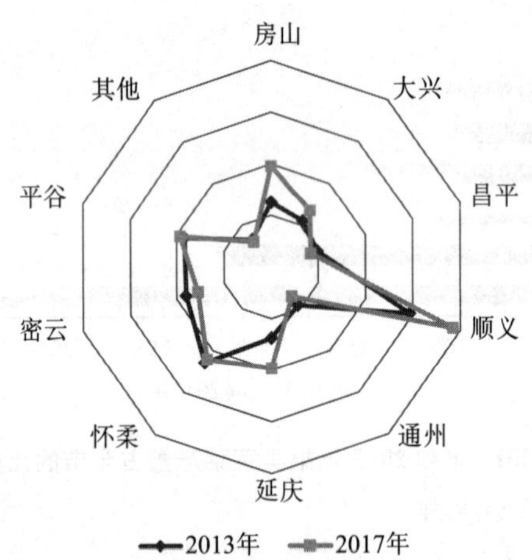

图 6 - 5　2013 年与 2017 年各区果类蔬菜播种面积占蔬菜播种面积比重分布

资料来源：根据北京市农业农村局数据整理。

注：从内到外的范围分别表示 10%、20%、30% 和 40%。

总体上，2017 年果类蔬菜种植比例在各个区均不超过 40%，但是相比于 2013 年，顺义和房山都有接近 10% 的提高，结合区域间比较优势结果看，未来顺义和房山的果类蔬菜发展具有较大的潜力。

3. 果类蔬菜各品种的区域比较优势。具体到果类蔬菜 4 个品种（黄瓜、番茄、青椒和茄子），不同区域之间的分布与果类蔬菜总体分布相比有不同之处。如图 6 - 6 所示，从区域看，顺义在番茄和茄子种植上具有明显的优势，远远领先第二优势区，占全市产量比例分别为 36% 和 41%；大兴和房山相对较为平均，4 个品种均具有一定的种植优势。值得注意的是，2017 年密云青椒、黄瓜和茄子产量占比分别为全市第一、第二、第三优势区，说明密云已经成为北京北部果类蔬菜生产的主要产区。此外，平谷的黄瓜生产和延庆的青椒生产都具有一定的特色优势。

（三）果类蔬菜生产的设施类型特点

如图 6 - 7 所示，2017 年北京市果类蔬菜种植中，设施种植的面积和产量比例分别为 70. 1% 和 84. 0%，也就是露地种植的面积和产量比例分别为 29. 9% 和 16. 0%，表明果类蔬菜种植中的设施化程度高；在果类蔬菜设施种植面积中，大棚、普通温室、连栋温室和

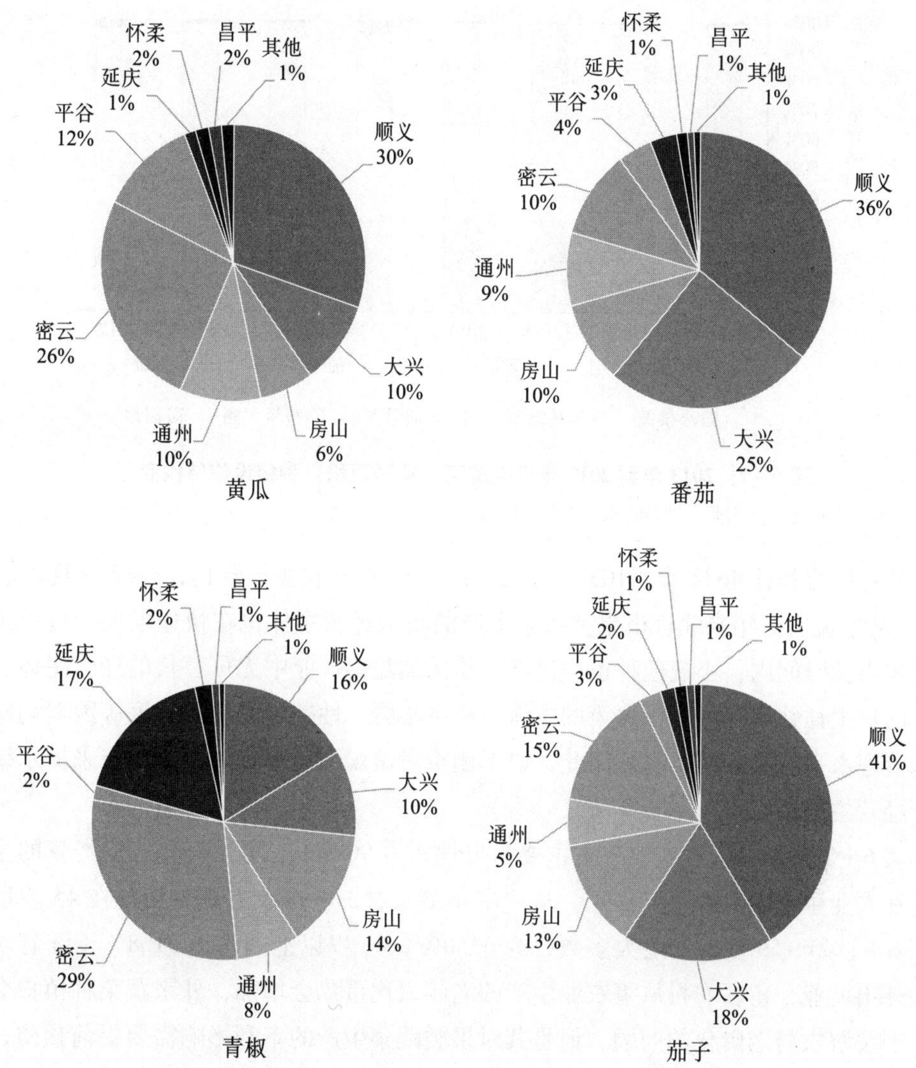

图 6-6　2017 年北京果类蔬菜 4 个品种产量的全市分布

资料来源：根据北京市农业农村局数据整理。

小拱棚分别占 54.6%、43.3%、0.3% 和 1.8%，产量的比例与之相似。与 2013 年相比，2017 年果类蔬菜设施化总体种植比例没有明显提高，但是温室的种植比例大幅度下降，大棚的种植比例大幅度增加，可能与种植结构调整以及温室种植维护成本较高有关。

从果类蔬菜分品种看，2017 年番茄、黄瓜、茄子和青椒的设施化种植水平为 82.3%、56.7%、62.8% 和 72.6%。除黄瓜外，其他三种都是大棚种植占绝对优势。总体上，番茄生产的设施化水平已较高，其他三种果类蔬菜生产的设施化水平还有提高空间，同时技术集成度较高的温室种植比例出现的显著下滑趋势，需要进一步分析其具体原因。

（四）果类蔬菜生产的经营主体特点

2016 年末，在工商部门注册的农民合作社总数 7168 个。其中，以农业生产经营或服

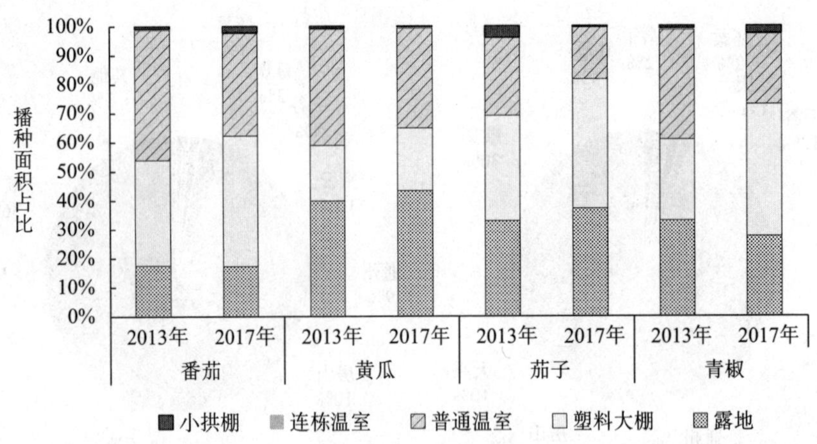

图 6－7　2013 年和 2017 年果类蔬菜（播种面积）种植设施结构变化

资料来源：根据北京市农业农村局的相关资料整理。

务为主的农民合作社 4633 个；103.3 万农户中，42.4 万农业经营户，3282 个规模农业经营户①。从中说明近年来北京市果类蔬菜生产的新型经营主体也在快速发展。可以预见的是，在相当长时间内，小规模种植户仍然会是果类蔬菜产业中无可替代的经营主体。蔬菜种植户的户主往往是蔬菜种植决策的主体，户主年龄、性别、受教育程度等因素均对决策制定和管理水平产生重要影响。因此，以下侧重对微观调研农户的户主特点来揭示果类蔬菜生产经营主体的特点。

如表 6－3 所示，样本农户户主主要为男性，占 90.8%，男性仍是家庭经营的主要决策者，在农业生产中发挥重要作用。从户主年龄来看，样本农户户主年龄在 45 岁以下的仅占 4.6%，45～59 岁的占绝大多数，为 63.6%，60 岁以上的占比 31.8%。随着农村中年轻人外出就业，留在农村从事农业生产的老年人比重仍会增加，外来蔬菜种植户会在一定程度上缓解农村老龄化的问题，但是其对果类蔬菜生产的不利影响需要提前预防，避免陷入像日本农业老龄化使农业发展受困的境况。从户主文化程度来看，小学文化的占 10.4%，初中文化的占 71.7%，高中文化以上的占 15.3%，显示出果类蔬菜生产者依旧存在学历水平较低的特点，在先进技术的普及方面应进一步加强技术培训与指导。

在家庭劳动力的数量、质量以及投入蔬菜生产的劳动力方面，样本农户以农户二三世同堂、中年夫妇及健壮老人构成农业生产主力家庭的经营模式为主。同时，从事蔬菜生产的劳动力占家庭总劳动力比重超过 90% 的家庭数占总样本量的一半以上，凸显了蔬菜生产劳动密集特征对于劳动投入的较高要求。目前，家庭从事蔬菜生产的劳动力占家庭总劳动力比重小于 50% 的家庭数占总样本量的 29.6%，说明城镇化进程导致下一代成员愿意从事果类蔬菜生产的意愿较低。

① 北京市第三次全国农业普查主要数据公报（第二号）。

表 6-3　　样本农户家庭基本情况

项目	分类	比例（%）
户主性别	男	90.8
	女	9.2
户主年龄	45 岁以下	4.6
	45～59 岁	63.6
	60 岁以上	31.8
户主文化程度	未上过学	2.6
	小学	10.4
	初中	71.7
	高中	15.3
	大专及以上	0.00

项目	分类	比例（%）
家庭人口数	2 人及以下	30.3
	3～4 人	37.5
	5 人及以上	32.2
劳动力个数	2 个及以下	65.8
	3～5 个	33.6
	5 个以上	0.66
蔬菜劳动力占比	10% 以下	0
	10%～50%	29.6
	50%～90%	7.2
	90% 以上	63.2

资料来源：北京市果类蔬菜产业经济调研。

在收入方面，果类蔬菜种植户的全年家庭总收入平均为 58581.6 元，其中果类蔬菜占总收入比例为 81.7%。不同种植规模农户的收入水平汇总于图 6-8，大部分样本农户仍处于小规模生产经营状态，75% 左右的农户户均耕地面积不足 7 亩，年均收入约为 5.4 万元，其中农业收入占比为 90% 左右。另外，还有 25% 的农户从事较大规模经营，户均耕地面积 13.1 亩，年均收入 9.2 万元，其中农业收入约占 86.4%。表明较大规模经营的农户由于技术先进、设施齐全，不仅提高了农业收入，同时能够创造劳动剩余并将之投入于非农产业，从而获得更高收入。值得指出的是，上述小规模种植户单位耕地面积的收入高于大规模种植户，表明小规模经营者通过精耕细作实现了单位面积的较高收益，说明今后针对耕地规模的对策措施，要进行全面性评价，即注重土地生产率、劳动生产率、资源利用率和成本收益率的相结合的评价。

如图 6-8 所示，从样本农户种植面积与蔬菜年收入情况来看，随着蔬菜种植面积的增加，果类蔬菜种植收入必然呈现上升趋势。但从单位面积蔬菜产值来看，规模越大，单产越低，与前述分析相一致，也符合既有研究的规模化与土地生产率呈负相关关系的结论①，表明相对大规模种植的种植户若想进一步发展为家庭农场、合作社或者企业，提高生产效率是关键因素。

（五）果类蔬菜生产中环境友好型技术采用

良好生态环境不仅是北京果类蔬菜长期稳定生产的基础，更是保障果类蔬菜质量安全的必要条件。北京人均水资源占有量不足 200 三次方米，属重度缺水地区；同时，随着果类蔬菜供应量上的增加和生活水平的迅速提高，人们更多关注果类蔬菜的品质和安全。果类蔬菜生产水资源利用率较低，有待于进一步提高；不合理的种植模式会在一定程度上造

① 周阳：“土地生产率与农场规模相关性的经济学研究”，《学习与实践》，2010 年。

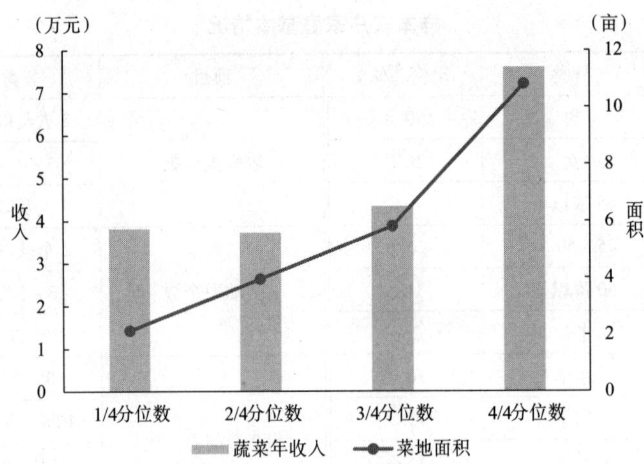

图6－8　样本农户蔬菜耕地面积及年收入

资料来源：北京市果类蔬菜产业经济调研。

成土壤空气的污染等。由于果类蔬菜生产会消耗大量水资源和产生土壤空气污染等，在一定程度上负面影响生态环境，生产中采用环境友好型技术将有效缓解上述问题。

1. 果类蔬菜生产的节水灌溉技术采用。果类蔬菜生产节水灌溉技术中主要包括水肥一体化、地膜覆盖、滴灌等。在调研的农户中，几乎所有的农户都不同程度地使用了节水灌溉技术。根据投资额的大小、是否能被单个农户采用和采用时期等将农业技术分为三类，即传统型、农户型和社区型①。

由图6－9可知，果类蔬菜种植户使用传统型节水技术较多，水肥一体化使用率为84.4%，覆盖地膜的种植户为76.3%，软管引水使用量接近40%；滴灌技术和以用水量计费使用率分别为38.8%和23.1%。

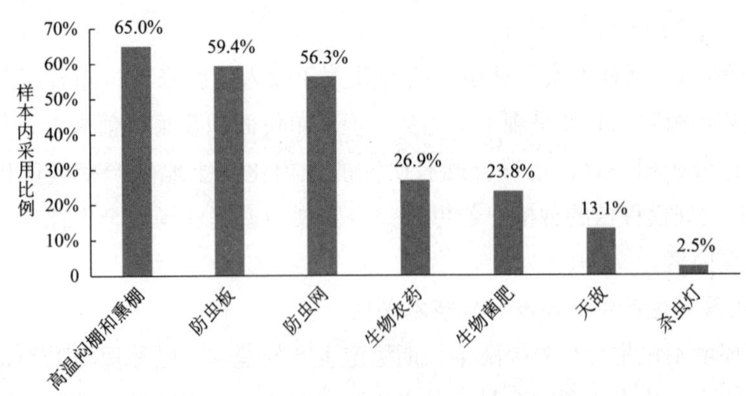

图6－9　节水型技术采用情况

资料来源：北京市果类蔬菜产业经济调研。

---

① 刘亚克、王金霞、李玉敏：《农业节水技术的采用及影响因素》，《自然资源学报》，2011年第6期。

果类蔬菜种植户对于传统技术使用率和满意度都较高，形成了稳定、长期、广泛的使用现状，但是由于社区型和农户型节水技术对资金、知识、获得渠道等要求较高，目前处于缓慢发展阶段。

2. 果类蔬菜生产的质量安全生产技术采用。通过生物防治、物理防治等消灭病虫害，利用秸秆还田培肥土壤，增加土壤有机质含量，减少农药化肥投入量，提高果类蔬菜的质量安全水平。

图6－10展示了样本农户质量安全型技术使用情况。从使用率来看，超过50%、由高到低的技术依次为高温闷棚和熏棚、防虫板、防虫网等传统的技术，生物菌肥、生物农药等新兴环保型投入品则处于25%左右，具有较大推广的潜力，生物防治技术采用比例受到技术来源渠道及农民自身素质等因素的影响仅在13%左右，而杀虫灯的能源问题、造价高等是限制其大范围应用的重要因素，采用比例仅为2.5%。在调研中发现，熏棚、防虫板和防虫网等技术被有需要的果类蔬菜种植户熟悉且广泛接受，但由于宣传不到位农户对生物菌肥存在有致病菌和肥力低下的担忧，导致政府免费发放的蔬菜秸秆生物肥使用率较低，甚至出现堆在地头也不使用的情况。

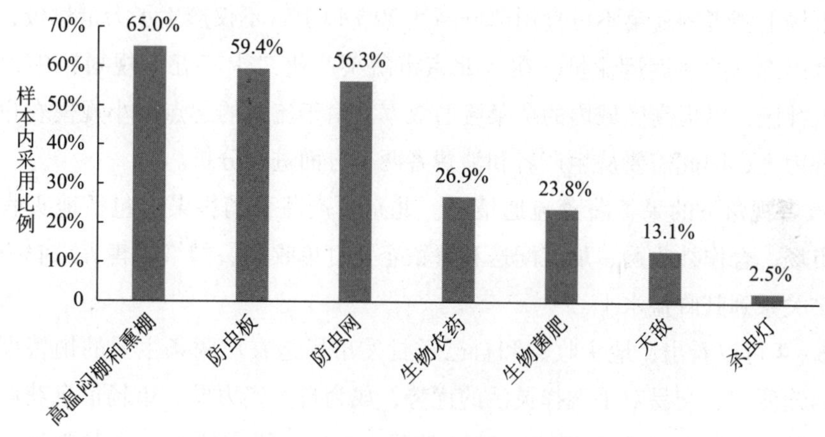

图6－10　质量安全型技术采用情况

资料来源：北京市果类蔬菜产业经济调研。

二、果类蔬菜加工和流通

果类蔬菜的加工流通环节处于产业链的重要增值环节，加工流通环节对市场价格产生影响，从而反作用于农户收入的增加。

（一）果类蔬菜的加工

对于果类蔬菜的加工，有的是物理式加工，涵盖了所有果类蔬菜，即将其进行筛选、分类、洗净，并用保鲜膜、塑料盒等进行包装，或者将果类蔬菜切割后做成直接食用的鲜切菜，最后一般面向超市、便利店等中高端流通主体；此外，对果类蔬菜进行化学式加工，以番茄加工为主，产品包括番茄酱、番茄粉、番茄汁、蔬菜脆片等，需要结合其他化学物质进行提味或改造，或用做其他食品的基础原料；实践中，也有对果类蔬菜的生物式加工，以黄瓜、茄子和青椒加工为主，主要指腌制蔬菜等。

北京市居民的果类蔬菜需求大都以新鲜果类蔬菜为主。目前全市共有蔬菜加工和配送企业100多家，年加工蔬菜总量达到60万吨，占郊区蔬菜生产总量的20%左右。

根据北京市政府发布的《2017年北京市蔬菜产业发展指导意见》，北京加大支持企业、合作社建立产地初加工车间，主要负责蔬菜集中生产的千亩村、合作社和园区的蔬菜商品化加工和配送，重点在产品标准化、装备机械化和配送冷链化等方面进行资金扶持。建成后的初加工中心要达到日最大加工能力15吨以上，年加工配送蔬菜3000吨以上。根据《北京市“十三五”时期都市现代农业发展规划》，通州、顺义、平谷三个区强化蔬菜品牌培育和深加工，形成北京市特色、精品、高档蔬菜产品优势区。更重要的是，北京将牵头打造“京津冀农产品加工协作”，在保证北京鲜切菜供给的同时，同步提升北京果蔬制品精深加工能力。

（二）果类蔬菜的流通

北京市场上销售的蔬菜不可食用部分高达20%以上，不仅产生了大量垃圾，更增加了蔬菜不可食用部分的往返运输量。在《北京市蔬菜产业“十三五”规划》中，将净菜逐渐推广进入社区，以提高区域内的蔬菜流通效率。由于流通的起点以小规模农户为主，终点以消费者为主，因此需要从生产者和消费者两个方面进行分析。

1. 生产者视角下的果类蔬菜流通情况。北京自产蔬菜销售渠道包括地头收购、送批发和农贸市场、合作社收购、加工配送和餐饮企业订单收购、网络销售等，农户销售渠道的选择直接关系到其收益水平。

从表6－4可以看出，地头收购和自己送批发市场是农户两条主要的销售渠道，两者由于具有运输便利、交易对手选择灵活的优势，成为自身实力弱、市场信息获取能力较低的农户的首选。农贸市场由于直接面对消费者，减少了流通环节，菜农能够获得更多利润，也成为一种重要的补充措施，并为居民提供最新鲜的蔬菜。合作社收购、订单农业、网络销售和其他销售渠道发展则尚处于初级阶段，但从获利情况评价来看，上述新型流通渠道获利评价整体较高，在电子商务迅速发展的背景下，农户从网络销售中获得了很大实惠，在各销售渠道获利评价中排名首位。合作社和企业由于具有一定的市场力量，对农户产品收购时亦提供较之于市场价更高的收购价格。农户自己送农贸市场、批发市场、地头收购的获利情况依次位列其后。

2. 消费者视角下的果类蔬菜流通情况。近年来，随着果类蔬菜流通制度改革的不断深入、“菜篮子”工程的实施以及果类蔬菜流通条件的改善，逐渐形成了多主体、多渠道、多元化的果类蔬菜流通体系。传统的果类蔬菜流通模式是以批发市场为主导，随着果类蔬菜市场化、专业化程度不断提高，以及互联网的普及，农超对接和电子商务等新型果类蔬

表 6-4　样本农户蔬菜销售渠道及获利情况

流通渠道	所占比例		获利情况	
	平均值	标准差	平均值	标准差
地头收购	54.7	45.2	2.6	1.3
送批发市场	25.4	39.8	3.2	1.3
送农贸市场	14.7	32.4	3.5	1.4
合作社收购	2.1	14	4	1.2
订单农业	2.1	13.3	3.8	1.6
网络销售	0.2	1.6	5	—
其他渠道	0.8	8.2	5	0

资料来源：北京市果类蔬菜产业经济调研。

注：认为采用该种渠道能获得更多利润：5 = 非常同意；4 = 同意；3 = 无所谓；2 = 不同意；1 = 非常不同意。

菜流通模式快速发展。图 6-11 汇总了北京果类蔬菜从生产者到消费者的流通过程。

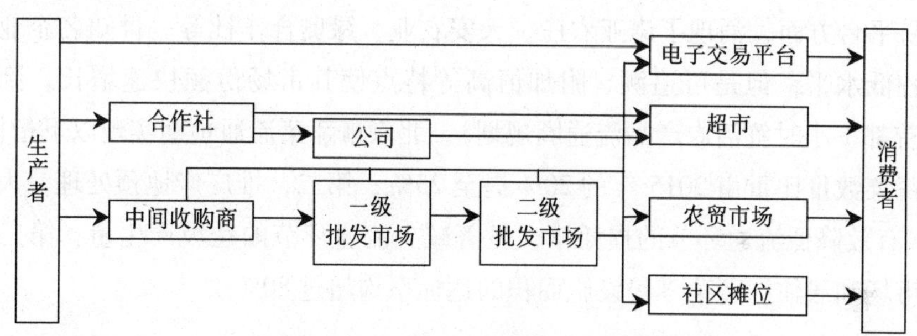

图 6-11　北京果类蔬菜流通模式

由于批发市场仍然是北京市果类蔬菜流通中的关键主体，其中新发地批发市场是全国最大的蔬菜批发市场，其发挥着重要的区域流通功能。根据对批发市场蔬菜的来源地监测数据，2016 年北京市新发地蔬菜来自河北、山东、内蒙古、辽宁、天津的比例分别为 33.5%、21.7%、7.8%、5.7%、4.2%，南方四省（广东、广西、海南、云南）的比例为 7.3%，来自北京本市的比例为 9.3%。从目前蔬菜市场分类来看，茄果类蔬菜是蔬菜市场的重要组成部分，占到蔬菜总上市量的 15%①。

新发地批发市场是一级批发市场，大兴区、房山区等地距离新发地批发市场近，有的中间商从大兴区、房山区等地农户收购来的蔬菜，一部分送往新发地批发市场批发销售。新发地市场的果类蔬菜有 54.6% 是从产地农户的地头直接收购，然后送货到新发地市场，其中外地和本地各占一半；有 39.4% 是在外地批发市场上进货，然后运到新发地交易；有 3% 是在北京本地批发市场上进货，然后运到新发地交易；另外有 3.0% 是从网上订货，然

① 资料来源：《2016 年北京市蔬菜市场分析报告》。

后直接将货运到新发地市场交给经营者（见表6-5）。

表6-5　　北京新发地市场的果类蔬菜上市渠道

蔬菜上市		比例（%）
产地收购	外地	27.3
	北京	27.3
外地批发市场		39.4
北京批发市场		3.0
网上订购		3.0

资料来源：根据调研整理。

通过批发市场分配，不同类型的果类蔬菜将经由超市、农贸市场等方式被消费。2017年，北京市至少新增200个蔬菜零售网点，蔬菜车载车售企业已开通蔬菜直通车260多辆，进入500多个小区售菜，价格平均比早市便宜10%。总体上，"一刻钟社区服务圈"覆盖率提高至87.5%，全市建设提升基本便民商业网点1210个，超额完成2017年目标①。在电子交易平台方面，涌现了诺亚农庄、天安农业、绿奥合作社等一批知名企业，整体规模还处于较低水平，但是可追溯、附加值高等特点使其市场份额快速增长。到2020年，根据《环首都1小时鲜活农产品流通圈规划》，北京市蔬菜流通预期实现以下指标：第一，津冀供京蔬菜数量比重由2015年的20%提至25%；第二，推广产地预处理，大力发展净菜②进京，有效降低流通环节的损耗率，显著减少流通环节的垃圾产生量；第三，北京农产品批发市场和居住区蔬菜零售设施面积的达标率均超过80%。

三、果类蔬菜市场消费

蔬菜是我国城乡居民生活消费的必需品，受消费习惯的影响，果类蔬菜在北京市居民蔬菜消费中占据重要地位。

在微观层面上，收入是影响居民蔬菜消费的重要因素，2017年，全市居民人均可支配收入57230元，扣除价格因素，实际增长6.9%。其中，城镇居民人均可支配收入62406元，实际增长7%；农村居民人均可支配收入24240元，实际增长6.7%。在收入增长的带动作用下，同时伴随着营养健康消费观念的兴起，居民人均蔬菜消费支出也继续增加，对蔬菜的消费数量也在逐步提升。

在宏观层面上，对于北京市蔬菜整体消费水平而言，常住人口数量和人口结构是影响蔬菜消费的重要因素。2017年北京市常住人口数量达到2170.7万人，城镇人口占总人口比重约为86.5%，城镇人口数量的增加促进了蔬菜消费量的增长。蔬菜价格波动也是造成

① 资料来源：北京市2017年国民经济和社会发展计划执行情况。

② 净菜，是将蔬菜在无菌的车间内经过人工分类择选后，使用现代机械化加工经过浸、洗、振荡、喷淋去除各种有害物质，控水，包装后的蔬菜。可保鲜72小时，但需要保证温控在0℃~4℃。

消费量变化的重要因素，尽管在蔬菜消费调研过程中发现北京市居民的收入普遍较高，但2017年蔬菜价格全面下行也使得蔬菜上市量和消费量增加。因此，分析北京市居民蔬菜消费需求的现状及变动情况，对于优化蔬菜产业结构、促进蔬菜产业发展、更好地满足消费者的需求、加强宏观市场调控具有重要的作用。

（一）果类蔬菜消费支出和消费量的变动

随着收入水平的逐年提高，如表6－6所示，北京市居民的蔬菜消费支出呈现总体上升的趋势，但是蔬菜消费支出占食品消费支出比重变化不大或略有下降。具体来看，城镇居民的人均蔬菜消费支出要高于农村居民，一方面是因为城乡收入水平和消费方式的不同；另一方面，农村居民在自家耕地上种植蔬菜以供食用，因此其蔬菜食用量的一部分来源于自产。尽管城乡居民之间的蔬菜消费还存在差距，但农村居民的蔬菜购买力有所提升，从2012年到2016年，城镇居民人均蔬菜消费支出增长了13.6%，农村居民人均蔬菜消费支出增长了162.0%，之间的蔬菜消费支出的差距正在逐步减少。

表6－6　　北京市居民人均蔬菜消费支出及其占食品支出比重变动

年份	2012年		2013年		2014年		2015年		2016年	
分类	消费支出（元）	占食品支出比重（%）	消费支出（元）	占食品支出比重（%）	消费支出（元）	占食品支出比重（%）	消费支出（元）	占食品支出比重（%）	消费支出（元）	占食品支出比重（%）
城镇居民	583	7.7	638	7.8	596	6.9	572	11.6	604	7.5
农村居民	367	9.3	462	9.8	437	8.6	362	12.3	417	8.9

资料来源：《北京市统计年鉴》。

按收入分组的北京市农村居民蔬菜消费量情况如表6－7所示。北京市农村居民蔬菜消费量较为稳定，每人每年消费量维持在91～109公斤。但是不同收入组之间的蔬菜消费存在差别，从蔬菜消费量横向上来看，蔬菜消费量的多少与收入水平呈正相关，即收入水平越高，蔬菜消费量越大，且不同组别之间的消费量差异较大。从纵向上来看，收入组之间的蔬菜消费量差距具有逐步缩小的态势，以高收入户和低收入户为例，2012年前者比后者多消费了35.1公斤，而到了2016年，只有13.01公斤，这可能与收入增加促使低收入户优先增加食品类消费有关。

表6－7　　不同收入农村居民蔬菜消费　　单位：公斤/（人·年）

年份	总平均	低收入户	中低收入户	中等收入户	中高收入户	高收入户
2012	100.50	85.60	93.20	99.70	106.90	120.70
2013	102.80	95.50	96.70	96.20	112.30	119.10
2014	101.80	92.20	90.40	96.90	112.00	115.30
2015	91.00	84.80	89.60	89.80	96.50	95.60
2016	92.69	90.37	90.22	84.02	101.86	103.38

资料来源：《北京市统计年鉴》。

北京市的蔬菜总消费量处于缓慢增加状态，果类蔬菜基本占总消费量的15%，数量动力主要源于城市人口增加，但是居民人均蔬菜消费大致稳定，不同年份略有波动，每人每年消费大致在160~180公斤，而在消费支出比例方面趋于稳定。由此可见，未来北京果类蔬菜消费量增加不明显，但是高品质和高服务性质的果类蔬菜需求将持续增加。

（二）果类蔬菜消费品种

北京市居民消费较多蔬菜的有50余种，销售量最大的20种蔬菜是土豆、大白菜、洋白菜、葱头、葱、冬瓜、番茄、胡萝卜、黄瓜、白萝卜、西葫芦、小辣椒、茄子、柿子椒等，约占蔬菜上市总量的75%~79%。果类蔬菜消费需求较为稳定且不断增长，消费者在蔬菜消费品种选择上具有季节性的特点，在夏秋季节，居民对茄果类和叶类蔬菜的消费数量较多，在冬春季节，对储存类蔬菜的消费量会有所提升。

黄瓜、番茄等果类蔬菜在北京市居民蔬菜消费中占据重要地位，在每年5月至8月期间，黄瓜、番茄、茄子和青椒四种果类蔬菜消费量占全部蔬菜消费总量的28%左右①。其中，居民对番茄的消费偏好还处于上升趋势，在2017年蔬菜消费增长最快的品种中，番茄处于第三位②。同时，随着居民生活水平的提高，在蔬菜消费结构上，蔬菜的消费需求向营养价值高的蔬菜倾斜，传统的大路菜的消费略有减少。温室大棚技术的发展有力地促进了蔬菜的跨季节供给，保证了居民对果类蔬菜周年消费需求，解决了供需结构差异的难题。

（三）果类蔬菜的购买渠道

果类蔬菜的购买渠道在一定程度上反映居民对果类蔬菜的消费需求。近年来，随着冷链物流发展和社区零售店等数量增加，使得跨区域供给的范围不断扩大，而农超对接、订单农业、电商配送等蔬菜供应模式兴起，使得居民蔬菜购买渠道更加多样化。现阶段，农贸市场和超市依然是北京市居民的主流蔬菜消费渠道，电商平台和会员制农业模式也正在崛起之中，改变着人们的消费方式。农贸市场以其菜品新鲜、价格便宜和购买方便等特点一直是蔬菜购买的主要选择渠道，但其弊病在于购物环境和质量安全等方面，不能满足蔬菜消费的高质量要求，而在质量和信誉方面有着显著优势的超市零售业得到迅速发展，也成为城镇居民蔬菜购买的主要渠道之一。

在传统的蔬菜购买渠道增长的同时，新兴购买渠道也在逐步发展。随着网络技术水平的提高和网络用户的增加，网络销售模式逐渐兴起，电商平台初具规模。蔬菜生鲜类农产品网上交易平台逐步形成，天猫超市、京东生鲜、天天果园等线上渠道改变了居民的蔬菜购买模式，适应了消费者多样化的选择。生鲜网购用户主要是受教育程度比较高的年轻人群，且有部分用户长期依赖于电商模式，曾经在电商购买蔬菜的用户中有29.5%会继续选

① 资料来源：《北京市蔬菜消费调研报告》（2012~2013年）。

② 资料来源：全国城市农贸中心联合会统计数据。

择此渠道，并保持每周 2～3 次的购买频率①。在现代化都市农业的发展过程中，消费者对农业的休闲娱乐功能和蔬菜质量安全方面提出了更高的需求，会员制农业模式应运而生。比如北京的诺亚农场和京东绿谷农事体验园，企业依据蔬菜的生产、流通和销售特点以及消费者对蔬菜质量上的新要求探索新的蔬菜销售渠道。

北京市居民在选择蔬菜购买渠道时，会受到个人及家庭因素、产品因素、渠道因素和社会文化环境因素的影响。首先，在个人因素方面，年龄和收入是重要的影响因素，年龄较大的人倾向于去农贸市场，年轻群体一般会选择超市、能够提供配送服务和线上购物的电商平台，追求蔬菜品质且收入较高的消费者，尤其是孕婴人群，也会选择能够提供更优质服务、蔬菜更安全可靠的会员制农场。其次，在产品因素方面，蔬菜的新鲜度、价格和食品安全是影响人们渠道选择的重要因素。再次，在渠道因素方面，渠道品种数量、购物环境、交通便利等因素得到了北京市居民的重视，其中对购物环境较为关注的居民一般不会选择农贸市场作为自己购买蔬菜的主渠道。最后，在社会环境文化因素方面，商家信誉、政府及媒体导向等因素也在不同程度上影响居民的蔬菜购买渠道选择。

四、果类蔬菜生产新型经营主体

新型经营主体相对于小规模农户而言，具有规模大、技术水平高、市场控制力强等特点，可以说是未来北京市果类蔬菜产业发展的新型动力。在农业劳动力流失、老龄化和教育程度较低的背景下，新型经营主体不仅可以通过现代化管理经营方式缓解问题，更加能为消费者提供安全、无公害、高营养的果类蔬菜。

（一）新型经营主体发展现状与特征

北京市第三次全国农业普查结果显示，2016 年末，全市农业经营户 42.4 万户，规模农业经营户 3282 户，农业生产经营单位 1.2 万个，农业经营单位数量与十年前北京市第二次全国农业普查相比，增长 111.8%，主要源于农民合作社数量大幅度增加，以农业生产经营或服务为主的农民合作社数量达 4633 个，占农业经营单位的 40.1%。

虽然农业生产经营人员数量减少，但总体素质有所提高，尤其体现在新型经营主体。2016 年在农业经营户或农业经营单位中从事农业生产经营活动累计 30 天以上的人员数（包括兼业人员）53 万人，与十年前第二次全国农业普查相比减少 19.3%。从年龄看，36～54岁农业生产经营人员数量最多，其中城市功能拓展区占比最高。从受教育程度看，农业生产经营人员素质普遍提高，其中城市功能拓展区初中及以上文化程度占比最高。具体数据对比可见表 6－8。

表 6－9 为不同果类蔬菜经营主体特征比较，不同主体间往往进行或松散或紧密的联合，形成一体化组织，常见形式有“公司＋农户”“公司＋合作社＋农户”“公司＋基

① 资料来源：《2018 年中国生鲜电商行业消费洞察报告》，http：//report. iresearch. cn/report_ pdf. aspx？ id = 3123。

地＋农户”等。支持鼓励新型农业经营主体建设、推动规模化经营、强化技术支持能力，是实现北京果类蔬菜生产可持续与现代化升级的必然选择。

表 6－8　　农业生产经营人员数量和结构

	全部农业生产经营人员	规模农业经营户	农业经营单位
农业生产经营人员总数（万人）	53	14213	10.7
农业生产经营人员性别构成（%）			
男性	53.8	59.8	58.4
女性	46.2	40.2	41.6
农业生产经营人员年龄构成（%）			
年龄≤35 岁	10	11.3	16.5
年龄 36～54 岁	49.4	60.3	58.9
年龄≥55 岁	40.6	28.4	24.6
农业生产经营人员受教育程度构成（%）			
未上过学	2.9	1.9	2.5
小学	19.7	15.1	13.7
初中	57.6	64.8	51.3
高中或中专	15.9	14.2	21.4
大专及以上	4.0	4.0	11.0
农业生产经营人员主要从事农业行业构成（%）			
种植业	80.9	45.7	37.1
林业	9.5	6.9	34.7
畜牧业	6.0	43.5	13.1
渔业	0.6	3.2	1.3
农林牧渔服务业	3.1	0.7	13.8

资料来源：北京市第三次全国农业普查主要数据公报（第五号）。

表 6－9　　不同果类蔬菜生产经营主体特征比较

项目	普通蔬菜农户	家庭农场	专业合作社	农业企业
责任者性质	农民	农民	大户、能人、企业家、村干部等	企业家、村干部等
土地来源	自有地为主	租赁地为主，自有地为辅	社员入股或租赁为主（反租倒包）	租赁地为主
规模	较小户均 5 亩左右	较大户均 10 亩以上	较大自有及社员分散	较大大型基地或外包
资本来源	以自有资本为主，缺乏明晰的资本收益率	自有资本与借入资本相结合，拥有较为明晰的资本收益率	自有、外投与借入资本相结合，拥有较为明晰的资本收益率	以外投资本为主，拥有明晰的资本收益率

续表

项目	普通蔬菜农户	家庭农场	专业合作社	农业企业
劳动力投入	以自有劳动为主，偶尔有邻间换工	以自有劳动为主，雇佣劳动为辅	社员劳动或雇佣劳动相结合	以雇佣劳动为主，很少有自我劳动
生产要素、技术投入	传统生产要素，经验性技术投入	相对较多、现代生产要素、较高的技术水平	相对较多、现代生产要素较高的、技术水平	现代生产要素，高技术水平
水资源配置效率	节水灌溉覆盖率低单方水产量和产值低	节水灌溉覆盖率较，低单方水产量、产值较低	节水灌溉覆盖率较高，单方水产量、产值较高	节水灌溉覆盖率高，单方水产量和产值较高
产品属性	产品主要负担着维持生计功能，第一产业	产品主要负担着交换盈利功能，第一产业	产品主要负担着交换盈利功能，一产+服务	产品负担着交换盈利功能，一产+服务
产品认证	未经过认证	部分经过认证	大部分经过认证	经过认证
经营意识	较弱的市场商品意识	较强的市场商品意识	较强的市场商品意识	很强的市场商品意识
管理模式	户主决策	户主决策为主	合作社章程为主	现代企业制度
销售渠道	本地零售中间商收购	本地零售中间商收购	农宅、农超、农企对接、农业旅游、“互联网+”	直销、大型机构对接、农业旅游、“互联网+”
交易成本	市场交易成本较高，监督成本较低	市场交易成本较高，监督成本较低	市场交易成本较低，监督成本较高	市场交易成本较低，监督成本较高
注册	否	是/否	是	是
种植意愿	积极性低种植前景不看好	积极性较高种植前景较看好	积极性高种植前景看好	积极性高种植前景看好
发展趋势	数量与播种面积下降，但在各类主体中仍占比最大	处于快速成长期，户数和播种面积增加	处于快速成长期，数量与播种面积有所增加	处于稳定优化期，数量有所下降，播种面积比较稳定

注：专业大户与家庭农场的差异主要在于“除家庭外劳动力雇佣情况”，其他情况较为相似，故仅将家庭农场列出。

北京土地资源有限，一定时期内新型经营主体数量的增加和经营主体规模的扩大还受到诸多制约。因此，在北京发展新型主体的意义不仅仅在新型经营主体自身，也在于其对农户、农业和农村的辐射带动能力，经营规模并不必然与新型经营主体的农业社会服务功能呈正相关关系，重点在于政府扶持具有加强社会关系网络的“能人”经营新型经营主体，发挥最大的社会功能。

（二）基于案例的果类蔬菜新型经营主体发展特点分析

1. 家庭规模化经营：张公垡村农场主 A。农场主 A，男，32 岁，高中毕业，退伍军人，退伍后转为张公堡村普通村民。家中共3口人，有1人外出工作，家中资金较为充足。沿袭家中种菜传统，自返乡后通过继承其父的口粮田与承包地从事蔬菜生产，品种上以果类蔬菜（番茄、黄瓜、豆角等）和西瓜为主。农场主A家共有8个温室，16个冷棚，室（棚）均面积1.1亩。在技术投入上，家庭农场A采用了CO_2吊袋、土壤消毒、雄蜂授粉、节水灌溉、黄蓝板等技术；在机械设施配备上，配有卷帘机、旋耕机、日光温室自动温控设备等。如表6－10所示，家庭农场的物质投入主要有种苗、肥料、农药、农膜、水电等等。其中，肥料费、农药费与农膜费是家庭农场资金投入的重点部分。

表6－10　　蔬菜家庭农场资金成本投入

主要品种	总投入	种苗费用	肥料费用	农药费用	水电费用	农膜费用	机耕费用	雇工费用	总产量	总收入
果类蔬菜	6236	1667	1667	667	37.5	2100	70	27	30000	35000

注：表格中指一茬一个设施的成本投入；不含棚架建设费；费用和投入的单位为元，总产量单位为公斤。

综上所述，相比于普通蔬菜农户，蔬菜家庭农场主由于规模化经营必须以技术支持为基础、以成本控制作为重要目标，因此对于技术方面更加敏感，具有较高的技术学习、理解、采纳的能力和积极性。同时，家庭农场具有良好的示范带动效应，受到多方关注和资金物料方面的支持。在技术水平上也得到提升，从而更有能力进行规模生产，降低成本。虽然家庭农场积极拓宽销售方式，但与专业合作社和公司相比，产品附加值、市场议价能力、信息获取渠道等方面都较弱，例如农场主A以地头收购和批发商收购为主，通过观光采摘、礼品菜等途径进行销售的比例较低。

2. 蔬菜专业合作社到蔬菜公司：密云南套里蔬菜种植专业合作社。套里村位于密云区河南寨镇中部，以种植蔬菜为主导产业，现有菜田面积520亩，日光温室123栋，钢架春秋大棚80个，年生产蔬菜450万公斤，产值达850万元。2002年成立了北京南套里蔬菜种植专业合作社，注册社员75户，生产方式为合作社统一协调、基地农户分散自耕自种，依托天安农业发展有限公司签订供应合同，形成了“公司＋合作社＋农户”的产业化经营模式。天安公司会积极主动向合作社进行技术支持，甚至在村中建立了植保社会化服务小队；另外，传统中间商介入的销售模式也并没舍弃，而是由合作社统一组织，将未达到订单标准的蔬菜进行销售，保障社员销路顺畅。

由南套里蔬菜专业合作社的模式可知，果类蔬菜专业合作社一般是由政府主导或自发组织的专业协会，农户缴纳少量入股金或签订协议成为会员，不仅能得到合作社统一组织购买的化肥和农药，还可以得到公司的技术支持，生产出的蔬菜更易符合高质量蔬菜标准，实现优质优价，而不必担心所生产的蔬菜卖不出去或卖不出好价钱，从而减少蔬菜的市场风险。实际上，果类蔬菜专业合作社处于大规模种植户和专业蔬菜公司的发展阶段之间，兼具小农户和现代公司化管理的特点，灵活性强、加入门槛低，但是社员收入增长有限，合作社的公益性居多。

3. 蔬菜公司：北京博特园农业发展有限公司。北京绿奥蔬菜合作社成立以来逐渐形成规模，于2011年成立北京博特园农业发展有限公司，沿用“绿奥”商标。博特园拥有5400亩绿色标准化生产基地、200亩有机认证基地、2000平方米高科技连栋智能育苗温室以及35栋高标准日光温室。博特园公司长期与中国农业大学、中国农科院等国内高等科研单位紧密合作，为种植农户和农业专家搭建了理论知识、实践知识共享的平台，将科学理论得以转化成生产实践。

在销售渠道方面，订单配送是该公司蔬菜产品的主要销售渠道，销售对象包括幼儿园和机关单位。此外，在顺义区及周边地区的各大超市内建立起了直销通道和柜台，而且建立起自己的网络平台“绿奥商城”，同时经营一家绿奥蔬菜淘宝店。近年来，博特园公司开始进入宅配市场，但配送范围还比较有限。此外，创办观光采摘园地，兴修休闲垂钓园，打造特色农家乐。

通过北京博特园农业发展有限公司的发展历程和现状可知，果类蔬菜公司一般拥有自己的生产基地，是较大规模的果类蔬菜生产者，主要生产销售有机果类蔬菜、绿色果类蔬菜等高品质产品。有些果类蔬菜公司（如天安农业）还会以订单形式向合作社或种植户采购果类蔬菜，一般要求果类蔬菜品质较好、等级较高，果类蔬菜公司将采购的果类蔬菜进行加工、包装后进行销售。一般而言，果类蔬菜公司由于规模较大、产品质量好，在市场竞争中占据优势地位。整体而言，果类蔬菜公司向上积极拓展夯实上联丰富的销售渠道，中间与研究机构开展合作提高技术水平，向下实施农户生产的新型运营模式。由于成立和运营门槛较高，政府对果类蔬菜公司政府的资金、技术等支持必不可少，是北京果类蔬菜产业发展的重要构成部分。

五、果类蔬菜生产成本收益及产业支持政策实施效果

蔬菜生产的成本收益能够反映农户的技术进步水平和经营管理能力。北京市通过出台相关政策、成立创新团队、区域协作等多种方式，最终目的是为了提高果类蔬菜产业整体的土地生产率、劳动生产率和资源利用率。

（一）果类蔬菜生产的成本收益分析

1. 成本收益结构。按照蔬菜生产环节将蔬菜生产的成本分为种苗费、机耕费、肥料费、农膜费、农药费、雇佣劳动力费、其他费用7类，样本农户果类蔬菜生产的亩均成本投入及益本比如图6－12所示。从4种果类蔬菜看，生产成本中最大的是设施使用和维护费，其他费用、肥料费是占4种果类菜成本比重均较大的两类投入。其他费用是水电费、固定资产折旧、销售费用与地租之和，在水资源日益稀缺、温室大棚逐步老化进入更新替代期、销售成本和地租费用不断提高的背景之下，其他费用毋庸置疑地成为占比最大的部分。

肥料费用较多表明了农户生产资料投入的非合理性，尤其是肥料费中化肥占比最大，

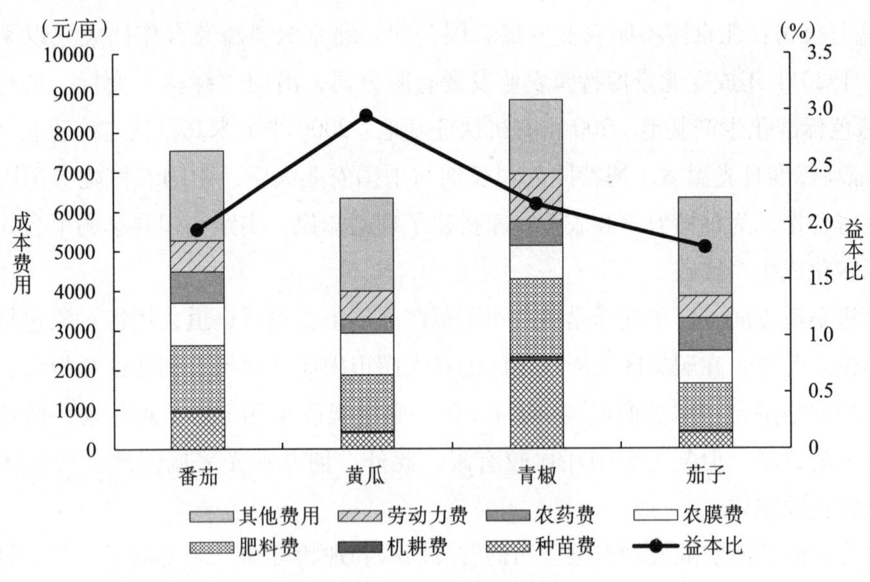

图6－12　4种果类蔬菜成本及构成

资料来源：北京市果类蔬菜产业经济调研。

间接地反映了农户在种植过程中的盲目性与粗犷性，不利于环境保护、可持续发展，以及蔬菜质量安全。农家肥占比居第二并有追赶上化肥投入的趋势，农家肥有利于培肥地力，提高蔬菜质量。但有机肥使用比例过低，仍需要技术推广人员或农资销售人员的持续引导。

种苗质量和病虫害防治直接影响蔬菜生产最终产品的产量和质量，这一部分在4种果类菜投入中的比例相对稳定。其中，比较突出的是青椒的种苗费用，占比12.9%，意味着农户对高品质青椒种苗研发的巨大需求。此外，随着城镇化进程的不断推进，劳动密集型作物面临着越来越大的雇工成本压力。果类蔬菜品种丰富，不同种类蔬菜生产具有不同的生物特点，应结合实际情况，有针对性地对农户进行指导。对于不同品种而言，7类成本费用分布具有较大差异，从生产成本来看，青椒的亩均投入最高，为8818.8元/亩，番茄次之（7545.4元/亩），随后是茄子（6340.1元/亩）和黄瓜（6338.6元/亩）。从收益成本比来看，黄瓜最高（2.95），青椒次之（2.17），番茄（1.94）与茄子（1.78）位列其后。

2. 果类蔬菜生产效率分析。配合成本收益的直观分析，进一步采用投入导向型规模报酬可变的数据包络分析方法对样本农户进行投入产出的效率测算。各种果类菜的技术效率均较高，在0.88以上。其中，黄瓜的技术效率在4种产品中位列第一，为0.97，其他3个品种在技术效率上还有一定提升空间。对4种果类蔬菜的7类投入费用冗余所占比重进行测算，结果如图6－13所示。尽管4种果类蔬菜不同投入品的冗余比例有所差别，但可以看出，其他费用、肥料费冗余比例在4种果类蔬菜中均较高，与前文的分析结果相一致。此外，农药亦是严重冗余的投入品，会对蔬菜质量安全产生重大影响。

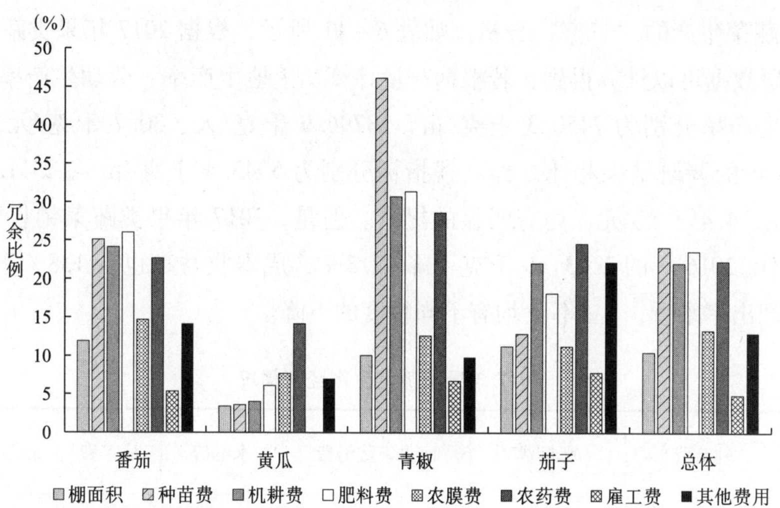

图6－13　果类蔬菜投入冗余情况

资料来源：北京市果类蔬菜产业经济调研。

3. 果类蔬菜生产的示范户与非示范户比较。4种果类菜的成本投入结构上，示范户与非示范户之间并不存在较大区别，且投入量分布上亦与前文分析无差异，但总体上示范户的成本要明显低于非示范户。黄瓜示范户总投入比非示范户总投入低27.8%，青椒示范户总投入比非示范户总投入低12.1%，茄子示范户总投入比非示范户总投入低51.9%，番茄示范户总投入反而比非示范户高12.1%。除青椒以外，番茄、黄瓜、茄子示范户的总产值、净受益均高于非示范户的总产值、净受益，并且番茄示范户的总产值与净受益远高于非示范户。

成本收益分析仅能从绝对量上对示范户与非示范户的投入产出情况进行比较，技术效率分析能够更全面地考察示范户与非示范户的资源管理与配置能力差异。除番茄外，黄瓜、青椒、茄子示范户的技术效率均高于非示范户（见图6－14）。

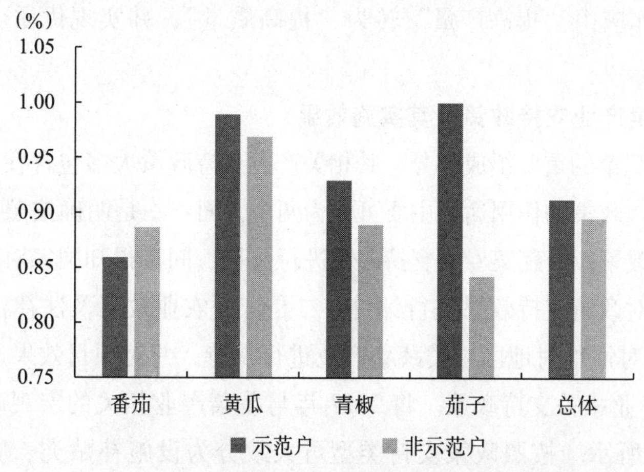

图6－14　果类蔬菜示范户与非示范户技术效率对比

资料来源：北京市果类蔬菜产业经济调研。

4. 果类蔬菜生产的“三率”分析。如表6－11所示，根据2017年果类蔬菜生产的投入和产出调研数据可以计算得到，若根据产量计算，土地生产率、劳动生产率、水资源生产率和肥料生产率分别为7450.3千克/亩、13796.9千克/人、30.7千克/元、4.7千克/元，与2016年的调研结果相比，即上述指标分别为5943.4千克/亩、12511.6千克/人、16.9千克/元、4.4千克/元，均有明显的提高。但是，2017年果类蔬菜销售均价为1.77元/千克，相比2016年的2.43元/千克下降37.3%，成本收益率也从138%下降为86%，因此从经济产出率来看，“三率”均有不同幅度的下降。

表6－11　　2017年果类蔬菜生产经营情况

成本构成（元/亩）	种苗费	肥料费	病虫害防治费	水电费	雇工费	销售费	设施使用和维修费
	35.7	1570.2	687.5	242.5	577.1	119.3	2950.5
实际产出率	土地产出率（千克/亩）	劳动生产率（千克/人）	水资源生产率（千克/元）	肥料生产率（千克/元）	—		—
	7450.3	13796.9	30.7	4.7	—		—
经济产出率	土地产出率（元/亩）	劳动生产率（元/人）	水资源生产率（元/元）	肥料生产率（元/元）	成本收益率（%）		—
	13174.1	24396.5	54.3	8.4	86.0		—

资料来源：北京市果类蔬菜产业经济调研。

整体来看，如果从实际产出率出发，果类蔬菜种植户的栽培管理水平、机械化水平、节水技术使用率等技术水平的提高使得“三率”提升明显；从经济产出率出发，由于果类蔬菜种植户仍然以地头收购为主，加之拓展其他销售渠道和获得市场信息的困难性，使得果类蔬菜销售价格较低，且产量增加、投入下降也无法弥补价格的下降，说明未来提高“三率”的重点工作应由“提高产量”转为“提高质量”，并实现优质优价，实现宏观目标和微观目标的统一。

（二）果类蔬菜产业支持政策及其实施效果

果类蔬菜作为蔬菜的重要组成部分，其相关产业支持政策大多包含在与蔬菜产业相关的宏观农业政策之中。政策的作用途径主要可分为两个方面：一是明确按照国家政策文件，通过对宏观农业支持政策以及蔬菜专项支持政策进行分析，间接得知国家对果类蔬菜产业的政策支持力度，进而对政策支持效果进行评价。二是依据农业政策及法律法规，实施蔬菜产业相关项目，有针对性地对地区果类蔬菜产业进行扶持，并对项目效果进行评价。

1. 果类蔬菜产业相关支持政策。将2017年与蔬菜产业相关的宏观政策整理成表，政策详情如表6－12所示。按照政策支持类型可大致分为设施补贴类、质量安全类、流通类、生产补贴类以及生产服务类等。通过比较可以发现，当前蔬菜产业政策更倾向于质量安全和生产补贴两类方向。

表 6 – 12　　2017 年北京市蔬菜产业相关政策详情

政策类型	政策支持力度	政策目标	年份	部门	政策文件
质量安全类	严禁在农药兽药中添加剧毒高毒成分，严格执行限制使用农药定点经营制度，实行专柜销售、实名购买和溯源管理。加强对市场销售的粮食、蔬菜、瓜果等食品农药残留的抽样检验等	进一步加强农药兽药管理，保障食用农产品质量安全和食品安全	2017	国务院	关于进一步加强农药兽药管理保障食品安全的通知
设施补贴类	（1）整体结构加固或重建，补贴标准4万元/亩；（2）对使用燃煤取暖的温室外墙进行保温改造，补贴不低于27元/平方米；大棚改造补贴：改造门框和顶窗结构，补贴标准为4300元/亩	推进蔬菜机械化、规模化生产，稳定蔬菜产量，提高生产效率	2017	北京市	蔬菜产业发展指导意见
质量安全类	到2019年底，化肥利用率达到40%以上，土壤有机质从1.85%提升到2%。加快“三品一标”认证。按照保存量、促增量、提质量的原则，大力提升“三品一标”覆盖率。到2019年底，全市“菜篮子”产品“三品一标”认证覆盖率达到60%以上	进一步强化农产品质量安全监管能力，提升农产品质量安全水平	2017	北京市	北京市创建“国家农产品质量安全市”实施方案
质量安全类	财政资金3000万元，对项目区农民使用绿色防控产品进行一定比例的限额补贴。天敌产品补贴90%，每亩每年补贴金额最高不超过300元；生物农药、理化诱控、授粉昆虫补贴比例50%，每亩每年补贴金额最高不超过350元；高效低毒低残留化学农药补贴比例30%，每亩每年补贴金额最高不超过100元	减少化学农药使用量，深入推进全程绿色防控技术	2017	北京市	建立以绿色生态为导向的农业补贴制度改革实施方案
流通类	津冀供京蔬菜数量比重由2015年的20%提高到25%；推广产地预处理，大力发展净菜进京，显著减少流通环节的垃圾产生量；北京农产品批发市场鲜活农产品过境物流比例下降90%以上等	加强鲜活农产品冷链物流设施建设，构建农产品现代物流服务体系	2017	北京市商务委，天津市商务委，河北省商务厅	环首都1小时鲜活农产品流通圈规划

续表

政策类型	政策支持力度	政策目标	年份	部门	政策文件
生产补贴类	补贴种类有耕地力补贴、农民专业合作社补贴、适度规模经营补贴、农机购置补贴、绿色高效技术推广服务补贴、农村三次产业融合发展补贴等	促进农业生产、优化产业结构、推动产业融合、提高农业效能	2017	北京市人民政府办公厅	北京市消费品标准升级和质量提升规划（2016～2020年）

资料来源：根据政府网站资料整理而成。

从质量安全方面来看，一是加强对农药的生产经营管理，严禁高毒农药进入市场；二是加强农产品质量安全监督管理，从生产源头到消费市场建立可追溯体系；三是深化绿色防控技术，对绿色防控产品进行补贴，减少化学农药的使用；四是提升“三品一标”覆盖率，以品牌化带动标准化，实现优质优价。从蔬菜生产方面来看，一是推进专业化统防统治社会化服务，促进减药控害，建立京津冀区域生物入侵阻隔带，推进京津冀病虫害测报一体化发展；二是加大补贴力度，促进农业生产、优化产业结构；三是加强对补贴政策的监管力度，确保补贴能真正到达农民手中，并用于农业生产。

此外，北京市制定《2017年蔬菜产业发展指导意见》，指出以首都市场对精品蔬菜的需求为导向，以绿色高效发展为主线，以“调、转、节”为抓手，对各类经营主体实施分类管理，充分调动和发挥新型经营主体积极性，深入推进蔬菜产业供给侧结构性改革，实施“四化同步”（标准化、轻简化、适度规模化、社会化）和“三产融合”，培育产业发展动力，全面提升蔬菜产业的综合效益和市场竞争力。针对发展目标提出了以下主要任务：一是通过设施结构改造提升全年蔬菜供应能力；二是提升蔬菜专业化服务能力；三是提升蔬菜加工、配送以及品牌化销售能力；四是促进菜田资源综合利用，实施绿色防控技术物化产品补贴。

2. 根据宏观目标对支持政策的评价。

第一，稳定蔬菜产量，提高自给率。2014年开始，北京市政府深入推进以“调转节”为主线的农业供给侧结构性改革，瞄准农业“疏”“舍”“优”，提升绿色发展水平。按照“调粮、保菜、增林、节水、做精畜牧水产业”的调整思路，稳步调减高耗水作物，不断调整农业产业结构。一方面，受农业产业结构调整的影响；另一方面，受到基础设施建设对土地的侵占，2017年北京市蔬菜和果类蔬菜播种面积和产量仍然减少。为保障首都蔬菜供应，实施农业产业结构调整的同时，“保菜”措施有待加强。

第二，提升蔬菜产业技术水平，提高农户收入。在经济发展“新常态”背景下，加快推进农业现代化，不断提高土地产出率、资源利用率和劳动生产率，对稳增长、调结构、提高农民收入意义重大。近几年北京市蔬菜产量下降，但蔬菜产值在增加，其原因主要有两个方面：一是受雾霾等天气因素影响，蔬菜生产光照不足、病虫害加剧导致减产；二是北京市蔬菜生产由单纯追求数量的动力机制逐渐过渡到优质优价的市场机制，蔬菜种植结构调整，蔬菜供给质量逐步提升。

第三，提高蔬菜产业设施化水平。在北京蔬菜产量大幅下降背景下，设施蔬菜产量呈现波动上升的趋势，由2011年的110万吨逐渐增加到2016年的118万吨，增幅约7%。从设施蔬菜占比来看，2011年设施蔬菜产量占比仅37%，2016年占比接近65%，蔬菜设施化水平得到显著提升。从设施农产品的品类来看，设施蔬菜在设施农产品中占有绝对优势，占比将接近90%。此外，果类蔬菜中的番茄、黄瓜、青椒、茄子四个种类的产量在设施种植蔬菜占比超过60%。

第四，提高蔬菜质量安全，实现产业绿色发展。截至2017年年底，“菜篮子”产品“三品”认证产量共计179.12万吨，占同类产品生产量的60%，认证率位居全国第二。全市绿色食品企业64家、产品321个、实物总量120.4万吨、年销售量111万吨、国内年销售额70.11亿元、监测面积19.29万亩，并提前2年完成了“十三五”目标，标志着北京市创建国家农产品质量安全市工作取得阶段性成果。

3. 根据项目效果对支持政策的评价。以农业政策为依托，2017年北京市以区为试点开展了多个蔬菜产业相关项目，项目实施详情及实施效果整理如表6－13所示。近两年北京市蔬菜产业项目试点区域涉及怀柔、大兴、顺义、通州以及延庆等区，项目类型包括技术创新类、质量安全类、生产保险类以及流通类。在当前农业政策背景下，各区充分利用自身区位优势和蔬菜特色品种优势，项目实施效果显著。以怀柔为例，其特色温室大棚立体栽培模式使得蔬菜年产量增加4倍，增加收入的同时减少了农业用水。此外，向蔬菜基地发放的防虫板、太阳能杀虫灯等绿色防控技术有效降低了化学农药使用造成的农业面源污染；顺义区实施的“农超对接、农社对接”项目省去了中间流通环节，提高蔬菜种植户收入的同时，解决了消费者买菜难的问题。

表6－13　2017年北京市各区蔬菜产业相关项目实施详情

类型	项目名称	实施目标	实施效果
技术创新类	怀柔温室大棚“鱼菜共生”项目	提升产量、节水节肥，提升土地产出效益，保证农户增收	立体栽培模式增加了大棚蔬菜种植面积13.4%，蔬菜年产量可比传统种植模式增加4茬，增收的同时大幅节省了种菜、养鱼的耗水量，实现了生态效益和经济效益双丰收
质量安全类	怀柔建设提升蔬菜零售基本便民商业网点项目	加强便民商业网点蔬菜供应保障工作	(1)迅速开展有机蔬菜专项排查，严查有机产品认证证书、销售证等材料，确保资质齐全、与非有机产品分开售卖等。(2)批发类蔬菜实行索证索票管理，形成进货台账；自产菜需持村委会出具自产证明，方可入市售卖。(3)强化蔬菜检测力度，扩大检测范围

续表

类型	项目名称	实施目标	实施效果
质量安全类	提升蔬菜绿色防控覆盖率项目	积极推进区县蔬菜绿色防控技术覆盖率，有效降低化学农药使用造成的农业面源污染	推广发放绿色防控物品。向各设施蔬菜基地发放黄蓝板12.4万张、防虫网6万平方米，安装太阳能杀虫灯150台，覆盖基地面积7500亩，每茬作物可减少农药使用2～3次，有效降低化学农药使用造成的农业面源污染。开展绿色防控技术培训，全面提高农民绿色防控意识和能力
生产保险类	大兴农业政策性保险项目	加强农业政策性保险产品推广力度	2018年1～6月大兴区政策性农业保险承保农户及各类主体8560户次，涉及23个保险险种，总保额5.13亿元，保费2760.79万元，涉及区级补贴972.59万元，涉及温室大棚、露地蔬菜、露地花卉等16个险种
流通类	顺义“农超对接”“农社对接”项目	加快推进“农超对接”，促进农民增收的同时减少中间流通环节	（1）利用龙头企业北京顺康益品农业有限公司与市内社区开展“农超对接”，蔬菜直通车每周二、四、六进入社区指定销售点，每日可销售蔬菜1000公斤，销售额约4000元。（2）组织40余个社区到公司考察，进一步扩大“农社对接”范围。（3）购置20台新能源直通车，以车代店建立40个“社区直销店”。固定购菜客户达8000余人
流通类	通州“菜篮子”工程进社区服务项目	积极推进“菜篮子”进社区，为消费者提供优质优价的放心蔬菜	（1）打造一刻钟生活服务圈。加大连锁布局，已陆续建成蔬菜零售网点78家，覆盖居民近40万人，基本覆盖副中心155平方公里区域。（2）切实解决群众买菜难问题。自建大型蔬果检测中心，所售菜品检测合格后方可上市。平均菜价低于一般菜店6%～10%，每天提供2款特价菜低于周边市场20%
技术创新类	延庆蔬菜基质化生产基地创建项目	促进区域蔬菜集约化生产，推动蔬菜产业技术发展、提升品牌效应	各蔬菜生产基地的基质化生产基本实现了品牌化，实现优质优价，取得了较好的经济和社会效益，带动了延庆区蔬菜基质化生产

资料来源：北京市农村工作委员会网站整理所得。

2017年，北京市果类蔬菜产业整体发生了一些变化。在生产方面，果类蔬菜种植规模萎缩，技术水平进一步提高，大棚种植成为主导的种植设施；此外，作为经营主体的小规模种植户，教育程度和收入都有所提升，但是内部收入不平等情况在加剧，对于环境友好型技术的使用以传统型为主，但是由于社区型和农艺型节水技术对资金、知识、获得渠道等要求较高，目前处于缓慢发展阶段。加工和流通方面的区域协作程度进一步加深，全面推广净菜加工和流通的发展，批发市场在流通渠道中仍然占有重要地位。居民在果类蔬菜消费占食品支出的比例已经趋于稳定，消费量处于缓慢增长阶段，未来主要发生消费结构和消费质量的变化。新型经营主体数量增多，现代农业公司和合作社、种植大户具有不同的运行形式，但是可以紧密地结合在一起增加产品附加值。

从成本收益看，小规模种植户的农药化肥投入冗余依然严重，虽然果类蔬菜种植户的栽培管理水平、机械化水平、节水技术使用率等技术水平的提高使得“三率”提升明显，但是果类蔬菜销售价格较低，且产量增加、投入下降也无法弥补价格的下降，表示未来提高“三率”的重点工作应由“提高产量”转为“提高价格”以增加种植户收入。北京市政府对于果类蔬菜产业的支持重点逐渐从生产向产后转移，包括加工、流通、新经营主体培养、农业保险、新业态扶持等，可见稳定蔬菜种植目标压力较大，建议可调整为“保持蔬菜产值不变”。

第二节　果类蔬菜产业发展中创新团队的技术支撑作用

现代农业产业技术体系北京市果类蔬菜产业创新团队（以下简称：果类蔬菜团队）成立于2009年，多年来的团队建设、运行和工作开展，果类蔬菜团队对果类蔬菜产业的发展从多方面发挥支撑作用。

一、果类蔬菜团队基本情况

（一）创新团队功能定位及其建设任务

2017年，果类蔬菜团队紧紧围绕“十三五”规划做好年度任务分解和落实工作，并根据产业需求，2017年及时把果类蔬菜产业“提质增效”纳入到年度任务的一个重点内容；继续按照“工业思维”，并据此做好团队成员的专业与分工协作。与此同时，继续完善果类蔬菜生产现代技术体系，强化技术服务能力，以更好地为全市果类蔬菜产业发展提供技术支撑。

果类蔬菜创新团队建设目标是，提高北京市果类蔬菜产量和自产果类蔬菜供应力、保障质量安全、促进农民增收、提升全市果类蔬菜产业发展水平，为打造“高端、高效、高辐射”的果类蔬菜产业体系提供重要支撑，并对全市农业科技发挥引领和示范带动作用。2017年，本着力争做好团队创新性工作原则，以“科技引领、高产高效、资源环保、质量安全”为目标，以“三率”（劳动生产率、土地生产率和资源利用率）的提高为杠杆，注重围绕生产各环节的技术和管理创新、质量安全、标准化生产等做好研发、示范和推广工作。

（二）创新团队组织架构

团队由三个层级构成，产业技术研发中心依托北京市农业技术推广站，下设6个功能研究室（育种与繁殖、栽培技术、土肥水调控、设施设备、病虫害研究和加工流通与经济）、20名岗位专家、6个综合试验站、44个农民田间学校工作站，团队成员共计71名。与往年相比，2017年团队岗位设置变化不大，也体现了团队在人员构成方面的基本稳定和实力扩大。果类蔬菜团队在组织架构方面，在遵循北京市农业局组建创新团队的基本原则的基础上，多年来根据果类蔬菜产业的需求以及团队建设的目标，不断进行团队架构上的创新，2017年在团队组织结构上的创新主要体现在以下两个方面：

1. 组建三个创新小组，打造果类蔬菜高精尖。组成形式创新：组长负责制，跨专业、跨学科和团队的成员自由组合，首席办协调。小组中的成员包括育种、栽培、营养、水肥、病虫害、设施设备、产业政策等领域的专家，其中还充分利用团队内部人才优势和外部专业人才聘请的灵活机制。

研究内容创新：针对4种果类蔬菜主要的营养品质，研究一整套切实可行，可以转化为实际成果的技术体系。每个小组设立关键研发目标，观测指标进行标准化并明显超过市场平均水平。

2. 集中专家资源，打造“工厂化研究示范中心”。第一，形成了以团队专家为核心的技术研究小组，包括栽培、病虫害防控和环境监测三个小组。第二，形成以企业为依托的技术创新应用和培训展示平台，涉及水肥栽培、物联网、种植咨询、设施、品种和生物防控6个方面，与13家公司形成良好的合作。第三，形成专业操作工人培养模式，以理论培训和实践操作相结合的培训方式，培养新型职业操作工人18名，实现了田间操作技术分工职业化和工资计件制，制定并完善了工厂化生产条件下不同操作环节的操作质量标准和数量标准，目前5名职业操作工人已经在大兴农业示范站工厂化生产番茄生产中上岗。

（三）创新团队作用与交流机制

1. 创新团队发挥作用的运行机制。一是加强组织领导。按照执行专家组、功能研究室、各区综合试验站和农民田间学校工作站的管理机制，采取首席专家领导下的民主集中制，由团队成员共同协商，执行专家组审议，首席专家签署发布。具体项目实施由岗位专家、综合试验站长、田间学校工作站长全权负责。首席专家办公室代表首席专家对团队成员承担的具体项目过程和结果实施登记、考核计分。首席专家率领首席办人员，对团队成员的工作任务和资金使用情况进行督导。

二是强化目标管理。以任务目标为主要管理对象，细化创新研发中各项成绩在总考核中所占比例。坚持团队管理体系，全员参与；同时加大宣传力度与社会舆论监督力度。

三是坚持质量控制。坚持经费和做事的高度统一，坚持做事和服务对象满意为一体，在质量控制方面，比起检查，更加注重预防。

四是进行机制革新。由团队成员自行组成创新小组，实行小组负责制，针对4种果类蔬菜，聚焦其主要的营养品质的提高，在创新小组的组建中，吸收营养学方面的专家，形成合力，打造高品质果类蔬菜的生产技术研究。

2. 创新团队发挥作用的交流机制。为促进团队成员的任务互助和信息共享，团队不断完善有效的交流机制：

第一，工作督导和资金督导。对团队成员进行不定期的工作督导和资金督导，及时掌握团队成员工作进度，确保团队经费规范支出。

第二，团队成员定期座谈。团队组织各岗位成员，围绕“工业思维”理念、团队工作思路、团队合作、技术创新等，进行沟通和探讨。

第三，各层级组织适时观摩。在生产的关键节点，组织成员进行观摩学习。2017 年 6 月和 11 月启动团队观摩季，促进团队技术交流。

第四，中期汇报交流、年终考评交流。确保团队成员对工作进行及时总结，遇到问题，协调团队成员解决。通过公平、合理的考评机制，对团队成员工作起到良好的促进作用，同时团队成员年度成果进行交流学习。

二、果类蔬菜团队的技术研发与主推技术

（一）团队技术研发情况

1. 果类蔬菜优新品种选育。选育出 80 个果类蔬菜晋级品种。辣椒试验品种 149 个，筛选出 33 个品种晋级下一年进一步筛选；番茄试验品种 102 个，筛选出 20 个品种晋级筛选；茄子试验品种 51 个，筛选出 12 个品种晋级筛选；黄瓜试验品种 75 个，筛选出 15 个品种晋级筛选。

育种技术创新研究，紧跟国际前沿。体现在构建指纹图谱、研究辣椒雄性不育机理（配制出 F_1 创新领先）、利用 SSR 标记高效鉴定茄子抗枯萎病和进行辣椒单倍体育种技术高诱导率基因型筛选。

优新品种获鉴定，选育成效显突出（见图 6 – 15）。2017 年 11 个品种通过鉴定，具体为：辣椒 6 个：农大 11 – 28、胜寒 P24、胜寒 740、胜寒 742、胜寒 P42、胜寒 P43；茄子 1 个：海丰长茄 2 号；番茄 3 个：ND1420、京番 102、中寿 11 – 3；黄瓜 1 个：绿精灵系列。

图 6 – 15　优新品种展示

2. 技术量化指标研究。研发新技术9项，且技术研发注重量化指标研究。持续深入的数据化研究，为标准化提供了支撑。

在温度方面，分析了温光水肥与生长发育之间的关系，为实现环境调控促产量提供数据支撑；在光照和水方面，进行了连栋智能温室工厂化生产新品种引进、筛选；进行了无土栽培番茄适宜营养液配方筛选研究。

3. 轻简省力产品开发。功能性水溶肥料研发。通过将功能性物质、适宜浓度的RI（稀土有机复合物）和申嗪酵素进行混配研发出果类蔬菜专用功能性水溶肥。

硅胶夹嫁接系统开发。以带有尾部夹体的硅胶夹为对象，通过夹子自动供给输送、秧苗夹持切削与对接机构设计、各执行部件总成的作业流程图设计等开发了硅胶夹自动嫁接系统。

设施种植的机械改进和开发。包括温室果蔬风送高效施药车设计（见图6－16）。

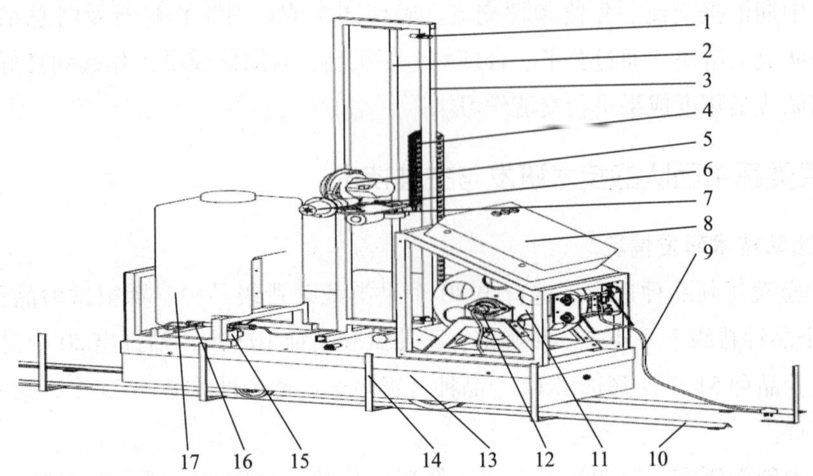

1.光电传感器 2.T形丝杠 3.龙门架 4.拖链 5.风机 6.喷头 7.升降平台 8.控制箱 9.电缆线 10.V形导轨 11.绕线轮 12.电极环 13.轨道车 14.挡板 15.电磁阀 16.球阀 17.药箱

图6－16 果蔬风送高效施药车结构图

基于物联网监测的温室安全生产物联网控制系统的开发（穴盘灌溉灌水量在线测试系统），改进了便于设施内使用的2ZS－2B型小型移栽机（见图6－17）、可直角转弯换行型小移栽机，引进了旋耕起垄一体机，并在京郊开展了示范工作。

图6－17 2ZS－2B型小型移栽机

果类蔬菜秧苗移栽机、起垄机的开发、改进及示范。开发改进了便于设施内使用的2ZS－2B型小型移栽机、可直角转弯换行型小移栽机，引进了旋耕起垄一体机，并在京郊开展了示范工作。

4. 产品品质提升研究。针对日光温室、塑料大棚2种设施，开展了高品质番茄、黄瓜品种筛选工作。通过消费者品鉴及营养指标检测两种方式对32个番茄品种和11个黄瓜品种进行了比较。最终筛选出大果番茄品种“TLR－05”，樱桃番茄品种“金色王子”“TMY－01”；黄瓜品种绿精灵5号、CLG－01、CLG－02、京研迷你4号、CMG－02共8个品种在口感等方面比较受消费者认可。

确定了高品质番茄的营养指标基础标准。具体来说，番茄红素为0.39～13.19 mg/100g，VC含量为2.38～54.43 mg/100g，可溶性糖为1.26%～9.90%，可滴定酸为0.09%～0.6%，果实硬度集中于0～2kg/cm^2。

分析了番茄坐果期不同EC处理对果实品质的影响。在2～5ms/cm范围内，番茄红素随着EC值升高而升高，总酸总体呈下降趋势，可溶性糖随着EC值升高而升高。在番茄坐果期可适当调节高EC值提升番茄果实品质。

分析了不同肥料元素配比对番茄果实品质的影响。相同浇水量下，采用高钙、高钾的配方肥，番茄株高周平均生长量，平均叶片数、单穗花数量及单穗花同时开花率方面优于其他三种配方肥；采用中磷、高钾配方肥，番茄第一穗果完熟期可溶性糖含量达到3.06%，番茄红素含量达到3.45mg/100g，均高于其他处理，可滴定酸含量为4.05g/kg，均低于其他处理。

高品质彩椒栽培技术研究。通过品种筛选、优化营养液配方及管理和冬季人工补光等措施进行了高品质栽培技术研究。在实际应用下，在2017年冬季雾霾比较严重、光照条件欠佳的情况下，红椒“红苏珊”和橙椒“橙祥瑞”两个品种的维生素C含量分别达到了151.5 mg/100gFW和160.6 mg/100gFW，可溶性糖含量分别达到了7.97%和8.47%。

5. 全程绿色立体防控。建立京郊主要病毒检测方法。建立了黄瓜花叶病毒的常规反转录RT－PCR检测方法1套，建立了黄瓜花叶病毒实时荧光定量PCR快速检测方法。

构建了番茄主要虫害发生环境气候因子的数学模型。基于2016年度番茄周年生产监测的虫害发生和环境因子基础数据，采用Matlab软件，基于BP神经网路模型算法，建立了虫害发生与环境因子数据模型，实现仿真输出，建立可视化操作界面，实现预测功能。

6. 注重果类蔬菜产业经济分析，把握京津冀产业动态。果类蔬菜产业经济岗位在对北京市果类蔬菜产业调研和分析的基础上，对果类蔬菜产业进行了前瞻性研究，并针对北京市蔬菜供应圈的五省市进行了比较研究，取得了研究成果；同时在指导生产实践、提出政策建议等方面做了大量工作。

（二）团队主推技术情况

1. 适度规模生产示范，推进了产业升级发展。2017 年共建立适度规模示范点 14 个，示范面积 77 栋设施、74.6 亩，集成示范新品种 25 个、节水高效新技术 6 项及设施环境调控技术 10 项。累计繁育新品种 556 千公斤，在北京全年示范推广 2430 亩以上，在河北、天津等地区累计推广 4450 亩以上。通过团队专家集中示范品种、技术、设施设备，规模化生产的各个棚产量差异不超过 10%，说明技术稳定，为更大规模的生产提供宝贵经验。

2. 工厂化研究与示范，引领了产业“高精尖”。新品种新技术运用提高了土地产出率。2017 年对前期研究的工厂化生产技术进行了集成示范。通过技术的集成，2016 年 12 月 12 日定植，2017 年 7 月 4 日拉秧、栽培密度 3.75 株/平方米的工厂化生产番茄个别品种（Kanavaro）产量已经达到 41 公斤/平方米。

3. 省力化技术提高了劳动生产率。研发或改进轻简省力化机械：改进电动自走式小型移栽机 1 台，便携式秧苗栽植器 1 台，研发番茄嫁接机 1 台，番茄采摘手 1 台。

番茄和茄子每亩地平均节省人工 7 个（人/天）、黄瓜节省 10 个（人/天），按推广面积 2 万亩次计算，共节省人工 16 万个（人/天）。

4. 通过技术集成提高了资源利用率。通过在规模化生产示范点，将品种、技术和轻简省力化设施设备集成配套应用，提高资源的利用率，形成了绿色环保、农药减量使用的番茄主要病虫害防控技术示范。

（三）团队研发成果情况

第一，选育出 26 个果类蔬菜新品种，其中 11 个品种通过鉴定。

第二，研发新技术 9 项，包括彩椒高品质基质栽培技术、高铁番茄基质栽培技术、大棚辣椒简易水肥一体化基质栽培技术、番茄封闭式槽栽技术、土壤肥力恢复技术等。

第三，研发新产品 7 项，包括果类蔬菜专用——氨基酸中量元素水溶性肥料、新菜田专用——腐植酸水溶性肥料、老菜田专用——氨基酸复合、抗连作病原菌——氨基酸液体肥等。

第四，发表论文 68 篇（其中 SCI 文章 16 篇），获得专利 31 项，编著书籍 4 部。

第五，提出了政策建议。内容涉及“高精尖”绿色产业、减少化学农药用量、“菜篮子”产品市场调控、北京市农业供给侧结构性改革、外来人口农业就业、蔬菜优质优价、蔬菜质量安全分级监控、世园会对蔬菜产业的影响、北京市蔬菜生产提质增效等。

第六，获得各种级别奖励 6 项，具体内容见表 6－14。

表 6－14　　2017 年果类蔬菜创新团队各级别奖项

名称	奖励级别
设施专用番茄种质资源创新及新品种选育与应用	山东省科学技术进步二等奖
主要果类蔬菜嫁接及高效配套技术应用	北京市农业技术推广二等奖
以根结线虫并为重点的设施果类蔬菜连作障碍防控关键技术集成及推广	北京市农业技术推广三等奖

续表

名称	奖励级别
抗逆辣椒砧木雄性不育系创制及新品种选育与应用	山东省科学技术进步奖
《现代蔬菜病虫鉴别与防治手册》（全彩版）	北京市科学技术进步二等奖
北京市开展的果类蔬菜病毒病检测、防控、基础研究工作	青年植物病理学家奖

资料来源：果类蔬菜团队内部资料。

三、果类蔬菜团队技术示范推广效益

（一）技术示范推广经济效益

果类蔬菜团队技术示范推广提高了经济效益，主要表现在：

1. 果类蔬菜单产的提升。据北京市农业局统计，2017 年 4 种果菜上市量 54.6 万吨，播种面积 10.8 万亩，较 2016 年平均亩增产 1155.6 公斤。

2. 通过优质优价，提高蔬菜生产的经济效益。据北京市农业局统计，2017 年 4 种果类蔬菜总产值接近 13 亿元，亩产值 12037.0 元，较 2016 年平均增收 2094.6 元。

3. 通过示范户的培育带来经济效益。被培训农民收入以及采用果类蔬菜团队推广的新技术新品种的农民，其收益均有明显增加。

此外，2017 年度全国蔬菜作物产能严重过剩，造成大面积销售不畅情形。果类蔬菜团队超前性地预计到这种情况，积极开展节本增效系列技术研发配套和推广应用，在全市由于占地等原因果类蔬菜播种面积锐减的局面下，本年度仍然实现了较好地增产、增收效果，为果类蔬菜产业可持续发展奠定了基础。

（二）技术示范推广生态效益

果类蔬菜团队在考虑农业生产效率提升的同时，进一步考虑了生态效益，具体如下：

1. 将循环利用技术与农业生产生活技术相结合，在所推广的农业技术中循环利用技术占比达 60% 以上。

2. 减少了蔬菜生产中化学投入物的使用量。团队通过研究水肥温光与作物生长发育的影响，科学施肥，保证土壤健康，良性循环。2017 年果类蔬菜每公斤肥（纯养分）产出果类蔬菜 140.2 公斤，较 2016 年同期增幅达 5.8%。

3. 果类蔬菜产品质量安全性得到很大提高。果类蔬菜团队在工作中，力争既不增加或者减少成本又提高质量安全性，这方面的经验在于蔬菜病虫害的综合性防治技术的研发和推广，通过推行多种生态防治技术，比如利用土壤消毒技术，既能够杀灭土壤中的土传病害，比起农药施用既解决了农药残留问题，又能释放土壤中的养分，提高了生态效益。

4. 在节水技术及节水效果方面。节水高效技术及智能自动化设备的应用有效提高了资源利用率，根据全市监测点数据显示，2017 年果类蔬菜每方水平均产出果类蔬菜 22.8 公斤，较 2016 年增幅达 7.6%。

（三）技术示范推广社会效益

1. 紧抓果类蔬菜应急工作，切实提升产业服务能力。针对北京地区雨雪、大风降温等灾害性天气，造成严重危害时，果类蔬菜团队均能及时赶赴救灾一线开展抗灾自救指导工作并及时发布相关应急救灾技术措施。

2. 加强京津冀技术合作交流，促进京津冀果类蔬菜产业共同发展。果类蔬菜团队参加河北省产业技术体系蔬菜创新团队生产观摩活动6次；邀请河北省和天津市团队相关专家考察了我团队试验示范点3次，并开展了技术交流与团队建设讨论活动，增强了对双方团队工作的认识。另外，还多次参加河北、天津团队考评。

3. 注重媒体宣传和国内外交流，扩大团队影响力。团队成员多次接受采访或参加国内外会议交流，据统计，果类蔬菜团队成员在权威媒体发表消息进行宣传报道37次，国内外交流次数15次以上，体系内部交流25次以上。特别是2017年11月20～24日创团参加全国温室产业大会（上海），并组织的工厂化生产技术分论坛，获得极大成功。通过创新团队平台报送信息1779条，及时将团队工作进行宣传报道。

4. 农民素质提升。果类蔬菜团队在2017年继续强化组织农民进行技术观摩，特别是每年都通过确定示范点或示范户的形式，培养了一批骨干蔬菜种植户成为新型职业农民。2017年，岗位专家指导区基地或者农户生产230次以上，全年组织生产观摩、交流和培训12次。

四、对果类蔬菜产业的支撑作用

（一）对果类蔬菜产业的支持模式

1. 注重果类蔬菜产业技术集成并示范推广。在果类蔬菜产业的各环节，兼顾了育种育苗技术、栽培、水肥、设施设备、产后加工流通和经济等各环节的技术，做到了技术的集成。在示范技术的考核上，规定达到多少种以上技术集成的示范才能够得到较高分的评价。示范推广效果：设施生产获得了高效示范点的肥料、水分因子与产量的初步相关性数字。

2. 探索果类蔬菜产业技术示范和推广的有效路径。果类蔬菜团队在2017年年初明确不同蔬菜不同茬口的技术示范点，分布在大兴、顺义、密云、延庆、房山等区的近40个村。从组织机构上看，农民田间学校工作站站长也是其所在村示范户与团队其他成员联系的中介。通过示范点，进行团队新技术的示范和推广，特别是技术推广上，2017年组织的一些技术观摩活动是以果类蔬菜高产高效示范户为依托，示范点成为技术观摩的样本。各农民田间学校工作站组织蔬菜种植户进行观摩。通过示范户能够让农业技术推广的供给方和需求方实现很好地对接，更便于农户获得适用的新技术，从而促进农业新技术的推广和扩散。此外，果类蔬菜团队对于高产高效示范户的要求进行田间管理、技术采用登记，并对生长周期内的投入产出内容也立档案记录，这样也是果类蔬菜种植在人才方面的培养，提高农户的经营素质。

3. 通过引入工厂化生产模式提升产业现代化水平。果类蔬菜创新团队近年来无论团队建设还是产业支持，都把果类蔬菜工厂化生产作为一个重点内容，在团队的支持下，2017年在顺义、大兴、延庆、密云等蔬菜主产区，扩大了果类蔬菜工厂化生产规模。也使得北京市在技术、人才、管理和劳动者等方面的果类蔬菜工厂化生产优势不断显现。

4. 注重促进果类蔬菜生产的适度规模经营。果类蔬菜团队注重培育新型农业经营主体，在果类蔬菜示范点建设、果类蔬菜工厂化示范推广，选择安排农民专业合作社、农业企业、家庭农场作为实验示范推广的对象。与此同时，团队注重促进蔬菜专业村发展，在专业村扶持社会化服务专业队，提升了果类蔬菜产业发展水平。

2017年，继续注重一定种植规模以上作为示范单元，也就是注重技术示范的规模性，强调通过一定规模的示范，才能让技术的采用和效果发挥有可复制性。

5. 与农业局相关部门的工作配合和产业政策制定的产业支持模式。2017年果类蔬菜团队配合市农业局、市农委等相关职能部门的工作，特别是蔬菜营养与质量安全、世园会“百蔬园”建设、蔬菜产业支持政策研究等方面的工作。与此同时，提出多项果类蔬菜产业支持的政策建议。

（二）对产业支持的案例分析——北京茂源广发种植专业合作社

近年来，北京市果类蔬菜生产所面临的资源约束和成本压力不断增大，一方面，北京市人均水资源占有量远低于国际重度缺水标准；另一方面，土地使用成本、生产资料价格、劳动力成本呈明显上升趋势。依靠科技在现有存量的基础上提质增效，提高蔬菜的土地生产率、劳动生产率以及资源利用率迫在眉睫。基于此，依托北京市强大的产业科技创新能力、发达的技术推广体系、完善的现代设施建设，北京市果类蔬菜生产正在实现由传统粗放型发展模式向新型技术密集型生产模式的转变，特别是在果类蔬菜团队的指导下选择一部分新型经营主体，进行果类蔬菜工厂化生产，在提高果类蔬菜生产效率，增加农产品供应，提高农民收入等方面发挥了重要的示范作用。

以下以北京茂源广发种植专业合作社为例，具体分析果类蔬菜团队在茂源广发种植专业合作社的塑料大棚辣椒基质无土省力化栽培模式建设和发展中发挥的作用，从中可以看出果类蔬菜团队在果类蔬菜生产方式转变，推动蔬菜产业升级、促进农业供给侧结构性改革过程中形成的重要影响。

1. 支持背景。近年来，北京市果类蔬菜生产所面临的资源约束和成本压力不断增大。一方面，北京市人均水资源占有量远低于国际重度缺水标准；另一方面，土地使用成本、生产资料价格、劳动力成本呈明显上升趋势。依靠科技在现有存量的基础上提质增效，提高蔬菜的土地生产率、劳动生产。

北京果类蔬菜产业发展面临着可利用土地面积有限、灌溉水资源紧俏、劳动力成本攀升、产出与经济收益不高等问题，对上述问题的破解，是实现农业发展增效、农民增收、城乡统筹的必然要求。无土栽培沼液循环农业具有节土、节水、增产、提质的特点，是北京果类蔬菜产业发展的前进方向，但限于其投资力度、技术要求，仍需要各界加以大力支持。

在这样的背景下，果类蔬菜团队在多年进行无土栽培技术研发和示范的基础上，选取发展基础良好、适度规模经营、辐射带动能力较强的拥有北京市级、国家级设施蔬菜标准园的茂源广发种植专业合作社，对塑料大棚辣椒基质无土省力化栽培模式进行推广，促使合作社在都市型现代农业发展的浪潮中担负起科技试验示范的关键任务。

北京茂源广发种植专业合作社成立于2009年9月，位于北京市延庆区延庆镇广积屯村，2016年蔬菜种植面积达400亩，辐射带动周边3000亩，共获得5项绿色产品认证，在推进北京市果类蔬菜质量安全生产上发挥重要的作用。

在果类蔬菜团队的支持下，北京茂源广发种植专业合作社于2015年起开始承担塑料大棚辣椒基质无土省力化栽培模式的综合性试验，在辣椒基质无土栽培适宜基质的筛选、沼液循环利用生产模式的探索以及可复制数据化技术和网式吊干辅助生产技术测试上取得了显著成效。此后，于2016年，果类蔬菜团队将生态农业纳入推广范畴，展开“黑猪养殖—沼液水肥无土栽培—沼液回收再利用—蔬菜生产”的循环模式推广。2017年，在上一年的基础上，进一步增加塑料大棚适度规模的轻简化栽培技术推广。将新型生产方式投入生产实践，进行科技成果转化的初步探索。

2. 塑料大棚辣椒基质无土栽培的具体内容。自2015年起，3年期间，果类蔬菜团队围绕塑料大棚辣椒基质无土省力化栽培技术，依托北京茂源广发种植专业合作社展开了一系列实验，实现了技术的不断改良与升级。

2015年，在基础性塑料大棚，进行辣椒基质无土栽培实验——开展槽式简易袋式辣（甜）椒轻简化栽培模式实验，运用草炭、珍珠岩、蛭石、椰糠等对无土基质进行改造，采用自动灌溉设施（水肥一体化施肥机、滴灌管、滴箭等）进行水肥管理。当年每棚改造费用为5751.82元，后续具体生产过程中，每棚投入4679.48元的生产资料费（包括种苗费、人工费、水电费等），即塑料大棚槽式简易袋式轻简化无土栽培0.6亩地生产需投入成本10431.3元。2016年，辣椒生态循环无土栽培技术示范——建立黑猪养殖、沼液水肥一体化辣椒无土栽培、回液回收再利用、叶菜生产的生产模式，建立示范棚20棚，面积12亩。具体过程是，首先采用黑猪养殖粪便进行沼气生产，沼液经过处理后，与营养液混合通过水肥一体化施肥机向无土生产辣椒施肥，无土生产辣椒的回液经回收处理，然后用于24棚芹菜及无土辣椒的生产。此外，还推广辣椒新品种“ND11－28”的有土与无土示范。同年，还进行适度规模无土生产辣椒技术实验，即通过调节种植密度改善蔬菜产量及效益。

2017年，在2016年的基础上，进一步示范了辣椒新品种、辣椒双层覆盖无土提早生产技术、彩椒无土生产技术等。

3. 果类蔬菜团队的措施。果类蔬菜团队在塑料大棚辣椒基质无土省力化栽培模式推广上做出了重大的贡献，在对北京茂源广发种植专业合作社的支持上，主要体现在帮助筛选辣椒基质无土栽培适宜基质、开展生态生产模式的探索、辣椒新品种示范推广几方面，具体而言：

第一，帮助筛选辣椒基质无土栽培适宜基质。果类蔬菜团队在茂源广发种植专业合作社生产基地开展辣椒基质无土栽培适宜基质筛选工作，全面对技术的经济性、可复制性及可推广性进行考察。通过多次实验，对投入成本、植株长势及产量的比较分析得出，采用进口草炭混配的基质虽然成本投入较国产椰糠高，但植株长势好、亩产量较高，增效明显，同时，采用混配基质栽培的辣椒根系要明显优于有土栽培。

第二，开展生态生产模式探索。根据北京市“十三五”城乡一体化规划，到2020年，北京市将成为全国都市农业示范区、节水农业示范区、京津冀农业发展带动区。据此，北京市果类蔬菜团队将现代与生态元素纳入农业技术研发推广，主要从循环农业模式推广、无土轻简化节水技术推广、辣椒适度规模种植指导等方面入手。

第三，辣椒新品种示范推广。种子科技成果的转化与更新换代是提高农产品品质、收益与竞争力的根基，北京市果类蔬菜团队依托茂源广发种植专业合作社分别示范了有土、无土（PVC槽和简易袋）辣椒新品种“ND11－28”，无土甜椒新品种“京甜3号”，以及无土（PVC槽）彩椒“玛索”和“黄贵人”。

总之，果类蔬菜团队在生产技术升级、种子更新换代以及生态友好管理方面为果类蔬菜新业态发展打造基础性支持，为推进北京农业供给侧结构性改革、实现农业增效、农民增收、农村增绿，推动社会主义新农村建设与农村全面小康建设发挥重要作用。

4. 塑料大棚辣椒基质无土栽培的效果。塑料大棚辣椒基质无土栽培有明显的节水效果，应用辣椒新品种“ND11－28”并配合适度规模经营更是实现了辣椒生产的增效增收，从经济视角激发了农户新技术采用的动力。

如表6－15所示，在相同品种、相同密度、同时定植的条件下，无土栽培模式虽然亩产量略低于有土栽培，但每公斤产品耗水率达到24.34kg/kg，明显低于有土栽培的33.27kg/kg，节水效果显著。

表6－15　　辣椒无土栽培与有土栽培水分产出率比较分析

生产类型	品种	定植期	面积（亩）	总用水量（方/亩）	产量（公斤/亩）	平均株高（厘米）	单产耗水（kg/kg）
无土栽培	农大24	5.1	0.6	146.4	6014.5	155.66	24.34
有土栽培	农大24	5.1	0.6	281.2	8452.5	253.16	33.27

资料来源：北京市果类蔬菜团队首席办提供。

表6－16展示了采用ND11－28新品种、适度规模种植的塑料大棚辣椒的有土与无土栽培模式2016年投入产出情况。其中，有土栽培模式总成本合计9754元，亩产8333.3公斤，较2015年增产23.5%，亩均效益18333元，增效增收效果明显。而无土栽培模式总成本合计12319元，亩产7235斤，相比于袋培“龙鼎1号”亩增产40.9%，相比于2015年ND11－28有土生产亩增产7.2%，亩收益达18000元。

表 6－16　ND11－28 有土与无土生产示范投入比较分析

栽培模式	亩成本投入（元）		成本合计（元）	亩产量（公斤）	亩效益（元）	投入产出比
有土栽培	承包费（含水电）	2500	9754	8333.3	18333	0.53
	基肥	500				
	种苗	1302				
	农药	250				
	追肥	402				
	劳动力	4800				
无土栽培	承包费（含水电）	2500	12319	7235	18000	0.68
	基质（2 年折旧）	3149.5				
	基质袋（3 年折旧）	1710.87				
	种苗	1302				
	农药	50				
	追肥	806.4				
	劳动力	2800				

资料来源：北京市果类蔬菜团队首席办提供。

采用 ND11－28 新品种，分别用简易袋与 PVC 槽进行塑料大棚辣椒基质无土栽培的成效对比如图 6－18 所示。简易袋栽培模式每亩总成本 7308.5 元，亩产量 8075.9 公斤，总收益 24227.7 元，投入产出比 0.3；PVC 槽栽培模式每亩总成本 5974.5 元，亩产量 5135 公斤，总收益 15405 元，投入产出比 0.39。尽管简易袋一次性成本略高，但产量与亩均效益均较高，PVC 槽一次性投入成本较低，但应与其他技术进行集成以提高亩产量和效益。

此外，甜椒品种“京甜 3 号”无土 PVC 槽栽培模式亩均产量为 4529.5 公斤，日均产量为 23.1 公斤；彩椒“玛索”和“黄贵人”无土 PVC 槽栽培模式亩均产量分别为 4656.8 公斤、4615.9 公斤，日均产量分别为 24 公斤、23.6 公斤。

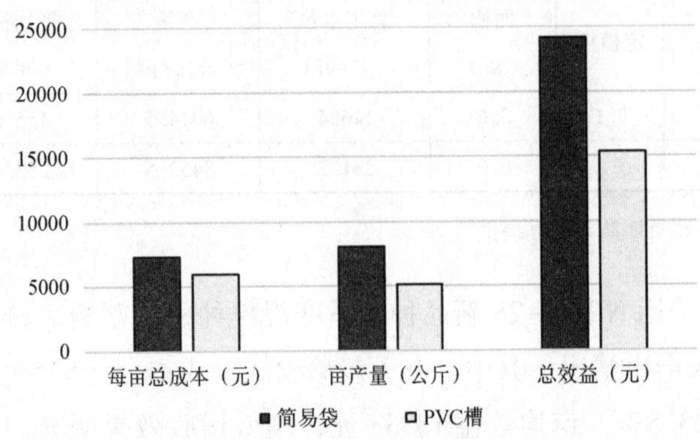

图 6－18　ND11－28 简易袋与 PVC 槽无土栽培模式比较

资料来源：根据北京市果类蔬菜团队首席办提供数据整理。

北京市果类蔬菜创新团队紧随时代要求，想农民之所想，急农民之所急，解农民之所困，结合自身的科技实力、资金实力与实践经验，在品种研发与推广、技术改良与升级、团队建设与人才培养上付出了巨大的努力并取得了丰硕的成果。

北京市果类蔬菜创新团队经过多年的经验积累，不断进步，伴随着我国农业发展的实践与时俱进，立足于农业供给侧结构性改革与国家发展规划，在农业增产、农民增收、城乡统筹建设中发挥了支撑作用，将使北京市果类蔬菜产业发展不断迈向新台阶。

综上所述，2017 年，北京市果类蔬菜创新团队在团队建设和工作方面的不断探索和创新，进一步健全了运行机制；在果类蔬菜品种选育、技术研发、技术推广、政策支撑、人才培养等方面，均取得了丰硕的产出成果。当年团队技术研发推广上取得了相应的经济效益、社会效益和生态效益，与此同时，果类蔬菜团队积累了较为成熟的产业支持模式和手段，会对果类蔬菜产业发展产生长期而深远的影响。

第三节　果类蔬菜产业发展案例分析

由于农业资源要素、经营方式与生产组织形式的多元性，近年来，通过不同方式的组合，已逐步产生了休闲农业、会展农业、创意农业、电商农业等多种农业新业态。尽管表现形式有所差异，各种新业态均呈现出技术现代化、质量安全化、服务丰富化、运营网络化的特征，是实现我国农业转型升级、农民增效增收、城乡统筹发展的先驱动力。

一、果类蔬菜产业新业态的主要特征

果类蔬菜产业新业态，主要体现在“态”的新，即传统生产技术被现代生产技术所替代；产品质量水平不断升级；销售服务模式更加多元化、个性化；管理思维与手段的“互联网 +”。新的“态”使传统农业生产活动焕发新生，使第一产业与第二、第三产业相融合进而注入新的活力。

第一，传统技术被现代生产技术所替代。农业产业面临着产品价格、财政补贴两个“天花板”，资源、环境两道“紧箍咒”，生产成本“地板”抬升等现实问题，传统农业生产方式的“粗放、附加值低、竞争力弱”必须由集约化、现代化、绿色化的高新技术加以“对症下药”，从根基上实现农业产业的转型升级。当前，无公害、绿色、有机生产是果类蔬菜产业发展的新方向，增产增效、资源节约、质量安全技术三类并举，为果类蔬菜产业健康发展与竞争力提升奠定基础。

第二，产品质量水平不断升级。随着人民生活水平的不断提高，对于蔬菜的种类、味

道、品质等方面提出了更多、更高的要求。在市场的引导下，果类蔬菜产业依托现代生产技术，实现产品的更新换代，在产品的丰富度、品相外形、口感营养等方面不断取得新突破，迎合市场需求，提高了我国自产蔬菜竞争力，实现了产品优质优价。

第三，销售服务模式更加多元化、个性化。我国农产品供给日益丰富，市场逐步由卖方市场向买方市场转变，生产者面临着消费者从共性到个性再到自由的消费观念的转变。对此，果类蔬菜产业在销售服务模式上推陈出新，更加贴合消费者的需求，注重增加消费者的精神参与和体验感，提供农场参观、采摘、农事课堂、休闲娱乐等多方面个性化的服务，实现产品附加值的提高与经营主体的长效增收。

第四，“互联网+”的管理思维与手段。“互联网+农业”，是指将互联网技术与农业生产、加工、销售等产业链环节结合，实现农业发展科技化、智能化与信息化的发展方式。通过互联网、物联网实现果类蔬菜的智能化生产，运用电子平台将消费者纳入会员管理体系，结合大数据、信息化探索果类蔬菜市场发展前景，“互联网+”管理思维与手段将开发出果类蔬菜产业的巨大经济潜力，推动产业转型升级。

二、果类蔬菜产业新业态典型案例分析

北京市果类蔬菜产业新业态蓬勃发展。其中，中小规模经营主体如观光农园、休闲农场、民俗农庄等，是北京农业产业新业态新兴力量，为保障产品供给、提升产品质量、延长农业产业链、提高农民收入做出重要贡献。本部分以农民专业合作社国家级示范社——北京三山蔬菜产销专业合作社（以下简称“三山农场”）为例进行典型案例分析，旨在为北京市农业供给侧结构性改革推进、农业提质增效、现代农业转型升级等提供决策参考。

（一）三山农场发展概况

三山农场地处北京市怀柔区庙城镇王史山村东800米，始建于2008年，并于2016年成为首农集团下属北京市裕农优质农产品种植公司怀柔蔬菜加工厂的蔬菜生产基地，以种植高品质有机果蔬、食用菌为主。三山农场占地面积300亩，拥有塑料大棚171栋，日光温室50栋，连栋温室4000平方米，可实现果类蔬菜周年供应。凭借现代化先进农业管理模式和过硬的产品质量，先后注册了亿亩田园、绿手等品牌商标，并通过了无公害蔬菜、绿色蔬菜和有机蔬菜认证，经三山农场电商平台完成销售。同时，农场不断完善各项配套设施，形成了集高效设施种植生产、加工、销售及农业休闲观光采摘、科技示范农技科普于一体的现代化大型都市生态农业园。三山农场对食品质量安全的不断追求与对消费者的全力服务使农场先后被评为北京市“菜篮子”工程优级标准化生产基地、北京市中小学生社会大课堂活动基地、北京市开放性科学实践活动基地、幼儿实践基地、七彩阳光课程实验基地、科普示范（教育）基地、市民终身学习示范基地、北京市乡村旅游特色业态“采摘篱苑”、平安农机示范单位、北京市休闲农业三星级园区等。

（二）三山农场的现代科技投入

三山农场的核心竞争力之一为高品质有机蔬菜的生产，有赖于生产与加工流通过程中

的现代科技投入。在生产环节，三山农场基地园区实行封闭式管理，依照有机生产规程，采用无土栽培、熊蜂授粉、有机肥等高新、绿色、环保的技术，并结合远程绿色防控技术，实现果蔬生产环境标准化、生产过程与工艺标准化，继而达到产品质量标准化，为消费者提供放心农产品。在加工流通环节，三山农场设立自有农产品加工销售中心（网点）对产品进行深加工，从产品保鲜存放、干品加工、冷藏、喷杀处理到分拣包装各步骤，为产品提供优质环境，避免二次污染。三山农场通过现代化高科技生产方式为高端蔬菜生产提供了品质保障。

（三）三山农场的线上会员制模式

三山农场拥有独立的电商平台，在营销模式上，以会员制为基础，依托互联网及新媒体进行网络销售，同时提供社员互动平台，由具有农业、经济管理等专业背景的网络营销策划团队经营。在线上产品供应上，三山农场的微信商城将产品分为新鲜蔬菜、优质水果、生态蛋类、鲜禽肉类、怀柔特产、小米杂粮、坚果干货7类，每种类型划分成有机与无公害两类，具体如表6－17所示。总体来看，农场提供的产品种类较为丰富，但价格较高。据统计，会员人数与观光采摘人数数以千计，这有赖于消费者日益提高的收入，但会员制模式亦是实现农场长效增收的重要因素。

表6－17　三山农场产品种类及价格

产品种类	全部数量	无公害数量	有机数量	价格区间（元/斤）
新鲜蔬菜	21	13	8	8.0～20
优质水果	7	7	0	16.8～29.6
生态蛋类	2	2	0	3～10（每个）
鲜禽肉类	4	4	0	36.7～46
怀柔特产	1	1	0	8
小米杂粮	12	12	0	6.0～20
坚果干货	5	5	0	12.0～180

会员制是在组织的发起与管理运作下，通过提供具有较高感知和价值的服务和商品，吸引客户自愿加入，在运作模式上具有内生的建立较为稳定供需关系的要求。作为供应方，三山会员制模式基于其与会员客户合作的长期性与会员知情的全面性、参与的广泛性与监督的随机性，在一定程度上提高了农场的违约成本，制约了农场的违规行为。同时，会员制模式要求公司自身提供配送服务，使农场有动机令会员数量发展并维持到一个合理的规模以摊薄综合运营成本，二者有助于强化供给方对供需稳定关系的要求。对于消费方，会员制模式是基于信赖而采取预付模式的消费行为，情感羁绊与一定的沉没成本降低了消费者的违规意愿，对消费者产生较强的约束力，共筑供需双方之间的信任。此外，对于三山农场而言，将所掌握的会员数量变化、消费分布情况加以分析，可以有效推算出动态平衡的生产规模，使其主动采取一定的措施如调整产量、服务内容以及营销方向，以稳

定农场运营。最后，会员制模式还有助于促进农场工业化发展。会员制要求农场相对专业化的生产，即要求较高的生产规范化水平与员工素质，工作规程相对完善，从而有效促进了农业生产的标准化、制度化与现代化。

（四）三山农场的线下体验

三山农场的线下体验可划分为休闲体验与教育体验两部分。其中，休闲体验包括采摘、观光等活动，教育体验则主要涵盖农科社会大讲堂等农事教学活动。

三山农场开辟了170亩土地供游客采摘，可摘果实包括番茄、草莓以及其他果蔬等，同时，开辟了40亩土地用于观光，主要展示经过品种改良、更具观赏价值的番茄、黄瓜、茄子、青椒、叶菜等，具体服务与经营特征如表6－18所示。休闲体验同在都市工作与生活的城市居民对自然有机、身体力行的需求有效衔接。

表6－18　　三山农场休闲体验内容及特征

特征	采摘	观光
占地面积	170亩	40亩
果蔬品种	番茄、草莓、其他果蔬等	番茄、黄瓜、茄子、青椒、叶菜等
门票情况	需要	需要
政府合作	否	是
肥、药技术	特殊处理	特殊处理
品种改良	否	是
借助互联网	是	是
年参加人次	3000	20000以上
游客构成	城市白领、家庭，主要来自北京市区（含团体参与）	城市白领、家庭，主要来自北京市区、河北或天津（含团体参与）
旺季时间	上年10月～来年5月	上年9月～来年6月

对农业教育资源的挖掘——农科社会大讲堂，是三山最富有特色的线下体验。大讲堂开设包括农作物的生长环境科普、农耕器具的历史讲解及使用讲解、有机果蔬种植新品种新技术普及推广、多肉植物DIY搭配、蔬菜工厂自动化加工流程参观、中小学生农作物种植体验等多种课程。三山农场与众多旅行机构以及拓展机构进行紧密合作，每年有12000余人次参与农事相关活动。具体而言，农场划分为“三馆四区”，其中三馆为“科普展览馆、农机展览馆、农作物展览馆”；四区为“蔬菜加工体验区、高效农业种植区、动物饲养区、学生科普活动拓展区”，是京城采用温控技术模拟雨林气候大兴作物科普园之一，使游客寓教于乐，在农场中不仅可享受亲近自然的乐趣，更是进行实践与学习的好场所。当前，三山农场的团队拥有农技专家5名、研究员2名、外籍研究员1名、农技大学顾问专家2名、科普讲学中级老师10名，在管理结构、课程设置以及员工素质上完全按照农学农技教育标准设置，打下了扎实的教育功底。在农事科普过程中，三山农场与消费者深

度互动，不仅增加了供需双方更深的情感羁绊，更是潜移默化地将有机农业、科技农业、信任农业、农业可持续发展理念传递，使农业产业实现经济、生态与社会的多赢建设。

总之，三山农场以果类蔬菜种植为核心，开展了电商销售、会员制、观光旅游、教育体验等多种新业态，全面挖掘了农业的多功能性价值。三山农场的发展模式值得小规模经营主体借鉴，“小而精”的发展路径具有门槛低、技术水平高、易于管理和调整的特点，对于资源稀缺的北京市而言，“小规模 + 多业态”结合更符合都市型农业发展。目前，小规模经营主体如观光农园、休闲农场、民俗农庄等，逐渐成为北京果类蔬菜产业新业态新兴力量，在高新技术采用、产品生产加工、营销模式选择、互联网 + 建设上展现出较之于传统农业经营模式的巨大优势，更好地迎合市场需求、提高产品竞争力、增加经营收入、促进产业转型升级。

第四节　果类蔬菜产业发展政策建议

果类蔬菜生产能够在蔬菜供给侧结构性改革中起到重要的优化品种结构、提高蔬菜供给质量的作用，而且对于区域果类蔬菜产业发展的技术和模式带动功能明显。因此，北京果类蔬菜产业在稳定蔬菜市场供应、满足市民对多功能农业以及质量安全性的需求方面发挥着不可替代的功能，有必要采取相应的措施促进果类蔬菜产业发展。

一、果类蔬菜产业发展问题及其技术需求

（一）果类产业发展面临的问题

1. 果类蔬菜生产规模化和组织化程度不高。目前，北京市果类蔬菜生产仍然以一家一户分散经营为基本格局。根据调研结果，大部分样本农户仍处于小规模生产经营状态，75%左右的农户户均耕地面积不足 7 亩。即使加入了合作社，在实际生活中，蔬菜专业合作社仍存在社内凝聚力不足、合作机制不健全、资金约束强烈、服务功能发挥有待进一步拓展等问题，对农民蔬菜生产流通的帮助有限。当前，蔬菜专业合作社的发展水平与服务功能的发挥与农户的需求存在着较大差距，需要全面加以提高。

2. 果类蔬菜生产的比较利益尚待提高。以实际产量来看，北京市果类蔬菜生产的土地生产率、劳动生产率和资源利用率均处于环渤海蔬菜产区较高水平，但是以经济收益来看，受到成本较高和附加值仍然较低的影响，种植户收入波动大且增速相对较低（见图 6 - 19）。

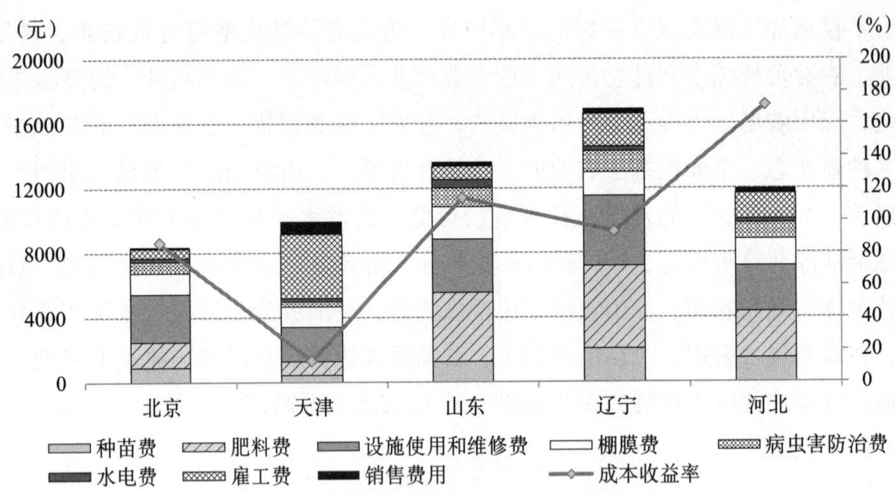

图6－19　果类蔬菜生产成本收益

资料来源：北京市果类蔬菜产业经济调研。

由图6－19可知，北京市果类蔬菜生产成本最低，每亩投入仅为8389.3元，低于成本最高的辽宁省的一半。成本构成中，棚架保温被等设施的费用和肥料费明显较低，同时农户的肥料费、农药费冗余程度均较高，分别占投入量的20.4%和22.5%。从果类蔬菜生产的收益来看，北京市并不占优势，总体成本收益率居中，代表经济效益较为一般。从净收益来看，由于北京果类蔬菜平均价格也较低，仅为0.68元/公斤，与其他地区有一定差距，远低于其他省市。

3. 农户质量安全意识薄弱。在实地调研中可以看出，具有记录生产习惯的样本农户仅占总样本数的35.9%，会为增加产量而增加化肥投入的样本农户仍占总样本数的60.9%，可见仍要强化针对农户的培训，让农户掌握如何替代化肥，增加有机肥和农家肥的投入，有机肥和农家肥的投入，有利于蔬菜质量安全。

4. 销售渠道过于单一，品牌重视程度低。小规模农户的蔬菜销售集中于地头收购、自己送批发市场、自己送农贸市场等传统流通渠道，但从农户对于各类销售渠道的获利程度评价来看，网络销售、订单农业、合作社收购排名更靠前。这三种新型销售渠道受到农户文化水平、资本拥有量、社会资源等多方面因素的限制，应大力发挥政府、农业龙头企业及社会组织的力量，加快新型销售渠道建设步伐。此外，品牌影响力整体不高，品牌溢价效应没有充分发挥。首先，果类蔬菜生产经营主体对品牌认识不到位，重注册轻经营。其次，果类蔬菜生产主体忽视了自身产品品牌的经营维护，过多利用“三品一标”的公众认可度进行营销，导致自身品牌影响力不强；第三，品牌缺乏核心价值，无法清楚地识别并深刻记住果类蔬菜品牌的个性和利益点。

（二）果类蔬菜产业发展的技术需求

北京果类蔬菜生产目标呈现多元化，因而对技术的诉求也不同于传统模式，而且技术风险、技术供给渠道是影响技术需求的重要因素，引发的技术需求类型和支付意愿也不同。

1. 果类蔬菜生产技术需求。农户对于风险的态度是分析农户技术需求前提，只有具有一定的冒险精神才能明确提出自身的技术需求。根据调研结果，表现出风险偏好态度的农户占40.8%，呈风险中性及无所谓态度的农户分别占21.4%和20.4%，而呈风险厌恶态度的农民则占17.4%。总体来看，农户对于风险表现出开放态度，即更倾向于接受新技术，为政府、科研机构、农业龙头企业提供技术服务提供了便利。

在新技术的需求以及不同类型技术的需求方面，有60%的果类蔬菜种植户有获取新技术的需求。另外，通过对农户最需要的技术进行整理测算可以看出，病虫害防治、良种和优质菜苗是农户的优先技术需求。而占比高达31.3%的其他选项则意味着，农户虽有技术需求，但由于知识缺乏或没有技术来源渠道而无法明确自己的需要，进而无法有效提高生产效率（见图6－20）。因此，畅通农户技术获得渠道是破除农户技术采用可行性障碍的重中之重。

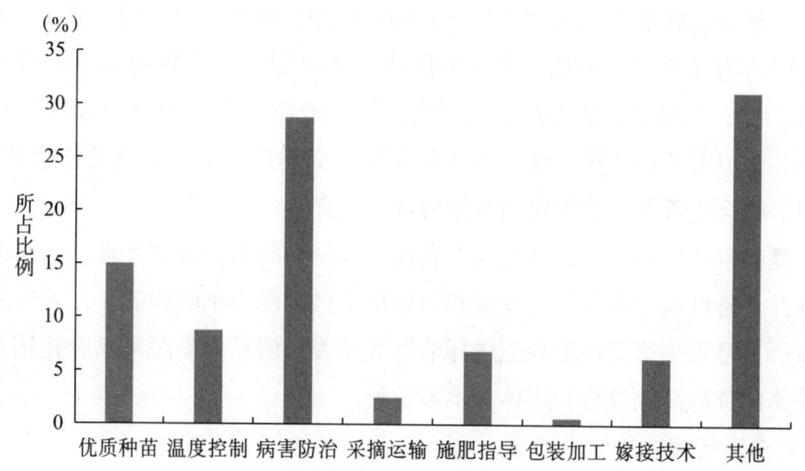

图6－20　样本农户技术需求种类分布

资料来源：北京市果类蔬菜产业经济调研。

2. 技术供给来源及农户支付意愿。若农户上述技术需求可以自动得以解决，即具有可获得的技术供给，则政府部门只需要利用补贴加快过程即可，否则需要利用农业技术推广站和农业企业进行技术供给。根据调研结果，自学、从临近农户获得技术、技术员指导依次为农户获得新技术的最主要来源。其中，自学占到41.3%，表明农户仍主要依靠既有经验、干中学或自己上网查找来习得新知识。在阻碍农户采用新技术的原因中，反映由没有获得技术的渠道导致未采用新技术的样本农户占到总样本的41.9%。根据上述结果，证实了农户自身获取新技术能力弱而技术供给不足的问题。政府缺乏政策上的支持，技术的采用上受到资金、劳动力数量的约束，掌握技术困难亦是造成农户获得新技术困难的原因。

值得注意的是，政府对农民的技术供给应以“输血”与“造血”相结合，一味地给予补贴并不是根本，积极研发匹配农户需要的且农户能支付得起的技术才是根本。样本农户对滴灌技术、测土配方施肥技术、防虫板、生物农药、杀虫灯的平均支付意愿分别为351.45元/亩、38.47元/亩、23.48元/亩、91.36元/亩和158.28元/亩，可作为未来取消补贴或降低补贴后技术销售价格的参考。

二、产业发展趋势及其亟待解决的技术问题

（一）果类蔬菜产业发展趋势

按照北京都市型现代农业“十三五”发展规划安排，北京蔬菜产业未来将以“稳面积、保安全、提效率、强产业”为目标，一是实现全市蔬菜生产保障能力稳定在70万亩左右；二是蔬菜产品质量安全合格率稳定在98%以上，规范化管理的规模基地产品质量安全合格率达到100%；三是蔬菜产业社会化服务水平达到50%以上，规模化经营程度达到60%以上，品牌化发展水平达到70%以上；四是化肥、农药用量实现零增长。在上述目标指导下，2017年蔬菜产品质量抽检合格率保持在98%以上；肥料利用率达到28%，农药利用率达到38%，完成了蔬菜生产领域“煤改清洁能源”和“减煤换煤”工作，推进菜田废旧地膜、废旧农药包装物、蔬菜残体等菜田废弃物回收利用，蔬菜产业规模化经营、标准化生产、社会化服务和品牌化销售能力进一步提升。

因此，具有生长周期长、成本投入大和技术含量高的果类蔬菜产业，未来的发展趋势具体为5点：一是设施结构合理化改造和周年均衡供应能力不断提升；二是专业化服务能力全面提高；三是果类蔬菜加工和配送环节继续完善；四是果类蔬菜品牌化销售渠道更加丰富；五是菜田资源高效综合利用体系不断发展。

（二）农户亟待解决的技术问题

由于果类蔬菜生产的主要经营主体是农户，而农户生产经营中受到诸多因素限制，技术进步所发挥的作用仍然有很大的提升空间。以下从农户视角提出急需技术难题：

第一，蔬菜秸秆生物肥的采用中面临的问题。顺义区果类蔬菜种植户普遍可以获得政府免费发放的蔬菜秸秆生物肥，但是调研中超过80%的种植户反映不敢使用，导致大量肥料堆积在田埂，与北京政府的推广目标相背离。具体原因一方面认为肥料中有病菌，另一方面就是低肥力与付出的劳动成本不匹配。前者的宣传难题在于如何向农户证明肥力安全可靠，后者的技术难题在于降低种植户施肥的劳动投入。

第二，果类蔬菜种植病虫害防治技术采用中面临的问题。果类蔬菜种植中根线虫危害以及一些病害具有一定的广泛性和严重性。顺义、大兴和通州作为果类蔬菜主产区，根线虫危害尤其突出，表现为植株停止生长、无法坐果或果实品质极差等。北京市在病虫害防治技术的推广力度很大，而根线虫危害需要系统化治理，但是农户往往采用相对简单、节

省成本的方式，以增加农药使用量为主，这与蔬菜质量安全性的大目标不一致，此方面需要政府针对蔬菜质量安全性实施一定的支持政策。

第三，农户在多元化种植下的管理方面的问题。在蔬菜市场波动大和种植户老龄化的影响下，农户在一个设施中进行多种蔬菜种植的现象逐渐增多。由于农户普遍无法做到不同蔬菜的区别管理，导致出现明显的水肥过量使用，导致土壤出现严重退化，最终不可持续生产。

第四，农户节水技术的方面的问题。在调研中发现，超过半数使用或曾经使用滴灌的果类蔬菜种植户反映管道堵塞和水压过低问题，还有一些水温过低、肥料不溶解、不方便移动和费电等问题，使得出现部分种植户放弃使用节水技术并对其他农户形成负面影响；而且，对于节水技术正确使用的培训还处于缺失状态，使得节水技术的增收效果不显著，也会造成不用或弃用的问题。

第五，雾霾灾害下补光技术及配套措施。近年来北京雾霾灾害频发，使得部分地区果类蔬菜种植的产量和品质下降。一般而言，进行补光是最直接有效的技术手段，但是由于种植区域不通电和农户补光知识的缺乏，令雾霾的负面影响无法得到明显解决。

三、具体对策建议

对北京果类蔬菜产业发展问题、趋势和技术需求进行梳理的基础上，下一步蔬菜产业发展应坚持以市场需求为导向，以产业转型升级为主线，坚持开放式创新发展理念，以生产系统标准化和信息化管理为基本抓手，向以工厂化生产为目标，大力推进社会化服务，实现果类蔬菜产业全面发展，促进首都“菜篮子”稳定、高效、安全供给。根据果类蔬菜产业发展所面临的问题和产业技术需求，提出了相应的政策建议：

（一）构建多元化的蔬菜生产经营主体格局

目前农户为果类蔬菜生产的经营主体，农户经营规模小，在农民收入水平提高、农业现代化水平提升等方面受到一定限制，有必要采取以下对策：

第一，加快培育新型农业经营主体，建立动态变化的政策扶持名单。从而促进家庭农场、农民专业合作社和农业企业等新型农业经营主体的发展。具体地，优化劳动力、资本、土地、技术、管理等要素配置，积极培育和支持蔬菜新型经营主体，发展产前、产中、产后等环节的生产和流通服务。通过规模化生产和社会化服务，降低经营主体蔬菜生产成本和产销风险，不断提高竞争力，以充分发挥其示范效应。蔬菜合作社是连接农户与市场的重要形式，政府应在对合作社主要管理者进行培训的同时，也要建立政策扶持的淘汰机制，对于每一轮评估不合格的蔬菜合作社基于淘汰，使合作社成为能真正指导农民合理种植、规范管理和促进销售的惠农、帮农组织。

第二，村级层面的“规模经营”、提高果类蔬菜生产的地域专业化水平。北京市近几年出现的万亩镇、千亩村、标准园区等，通过果类蔬菜的地域专业化，促进了“小生产”

与“大市场”的有效对接，提高了蔬菜生产的现代化水平。因此，有必要继续支持千亩村等的建设和示范，促进果类蔬菜生产的地域专业化水平。具有一定生产规模的蔬菜专业村，农户作为蔬菜生产基本单元的经营格局没有发生改变，但蔬菜产前的生产资料购买、产中的技术采用、产后的加工流通等，实现了规模化、专业化，使得产业化水平提升。

（二）全面提高蔬菜质量安全水平

第一，从蔬菜全产业链视角进行蔬菜质量安全控制。在产前环节，大力培育、引进国内外抗病虫、优质、高产、适应性强、商品性好、耐贮存的新品种；在产中环节，依托科技创新和管理创新。在质量安全技术的推广机制上，传统推广模式的基础上，积极发挥农业社会化服务组织在技术推广上的作用。创建植保专业化服务体系、农机专业化服务体系，逐步实现规范化栽培、科学化管理、标准化生产等技术措施，强化提高蔬菜的安全和产量品质；在产后环节，增加蔬菜检测机构，实现每个蔬菜批发市场都具备检测能力目标，不断加大蔬菜品种、数量的检测范围。

第二，提升果类蔬菜标准化生产水平，为质量安全奠定基础。指导各类经营主体以完善和落实生产操作规程为重点，建立健全标准化生产管理制度和运行机制。指导各类经营主体建立统一产品标准、统一优良品种、统一投入品供应、统一生产作业管理、统一产品销售等统一管理制度。将发展“三品一标”与建设农业标准化示范区（区）、果类蔬菜标准园、专业村等各类农业标准化示范项目紧密结合。

第三，强化蔬菜生产的社会化服务体系建设，保障蔬菜质量安全。建设一批蔬菜病虫害专业化统防统治服务队伍，重点支持购置新型高效植保机械、队伍建设及服务标准制定、蔬菜病虫害专业化统防统治服务示范等。支持有条件的生产技术服务企业对蔬菜生产基地进行生产全过程托管服务，采用标准化生产模式、专业化分工，提高园区生产水平，引导郊区蔬菜向着生产规模化、管理专业化、技术标准化和操作轻简化方向发展。以政府购买服务的方式，对规模化生产区域的设施、露地蔬菜生产病虫害绿色防控的社会化服务进行补贴。

（三）完善果类蔬菜信息获取渠道，合理引导蔬菜流通

信息不对称是使农产品供求不平衡，进而造成价格波动的重要原因，所以应该尽快建立和完善农产品信息服务平台。对于果类而言，生长、采摘周期长，如果能帮助种植户更快更方便地了解市场信息，进而对其销售决策进行积极合理的引导，就能够降低价格不稳定对农户造成的经济损失。此外，同时需要降低销售流通的各项成本，以切实增加菜农的收入。

（四）完善设施农业保险制度，促进蔬菜生产稳定发展

第一，提高灾后补贴标准。自然灾害会导致生长周期相对较长的果类蔬菜生产受损严重，在继续大力推广农业保险下，一方面要降低加入农业保险的门槛，积极进行制度创新，例如集体加入、信用担保等；另一方面，农民对于保费的敏感性逐年降低，对于灾后赔付金额的敏感性逐年增高，政府的相关补贴应向灾后赔付转移，甚至以入股农业保险公司的形式进行多方保障，使保险真正能对农户遭受自然灾害所造成的经济损失提供明显补偿。

第二，将市场风险管理纳入农业保险体系。原有农业保险基于自然风险构建而成，果类蔬菜价格波动剧烈，农户和消费者两头利益受损，因此有必要从考虑市场风险角度强化农业保险发展。

第三，设施保险和蔬菜生产保险并重。现有农业保险注重设施保险，设施保险较难把蔬菜生产受损纳入到保险体系，因此有必要针对蔬菜生产受损及理赔等内容，完善农业保险体系。积极探索建立“果类蔬菜成本收益指数保险”、“农产品质量安全保险”，降低果类蔬菜生产的市场风险。

（五）发挥北京蔬菜产业的多功能性，发展景观休闲农业

现代蔬菜产业不仅具有生产性功能，还具有改善生态环境质量，为人们提供观光、休闲、度假的生活性功能。果类蔬菜具有较高的观赏价值，京郊各地可发展一些外形、口味独特，营养更为丰富的特色菜，以此推动景观休闲农业的发展。而且通过发展观光和采摘蔬菜的生产，能迅速产生农业收入和旅游收入双重的经济效益，两者的结合使得其效益优于传统农业。

（六）促进京津冀蔬菜产业协同发展

对于重点保障的蔬菜品种，依据北京城市生活圈的大小确定适宜规模的蔬菜生产基地。此外，北京和天津的居民人均收入较高，食用混合果蔬汁等产品成为健康生活的标志。河北省可瞄准市场，在产地建立加工厂以满足市场需求并提高果类蔬菜附加值；天津市利用海港优势，甚至可以将高品质的果蔬汁或番茄酱等产品出口，形成良好的区域分工。

北京市继续推进蔬菜产业区域协同发展，引导技术和资金向京外转移。北京市蔬菜产业要以带动区域蔬菜产业发展和实现绿色种植为政策核心，进而推动周边省市的蔬菜产业可持续发展，最终与本地菜共同构建保障首都蔬菜供给安全的联动体系。在上述过程中，北京政府可用相关政策引导技术和资金向京外转移，并配合当地政府创造良好的生产和投资环境。

（七）加大农业补贴政策的支持力度

为了稳定蔬菜种植面积，有必要继续优化菜田补贴政策，在此基础上，争取实现果类蔬菜生产补贴全覆盖。追加聚焦产业转移资金政策，加大对蔬菜产业集聚区、产业链重点环节（集约化育苗、产后加工等）的扶持力度。实施“果类蔬菜价格指数保险”“农产品质量安全保险”“种植户收入保险”等农业保险，农产品质量安全和农业环境保护，对农业生产者实施补贴政策。

综上所述，北京果类蔬菜产业主要面临生产规模化和组织化程度不高、成本收益率较低、销售渠道过于单一、品牌重视程度低、农户质量安全意识薄弱等问题；对于现代农业公司而言，技术需求可以通过市场化手段和与科研院所合作的方式解决，小规模种植户以病虫害防治和优质种苗为主要的技术需求，需要政府部门进行培训和推广。果类蔬菜产业发展呈现设施种植水平提高、专业化服务能力全面提高、加工和配送环节继续完善、品牌化销售渠道更加丰富和资源高效综合利用体系不断发展等，面临的技术问题在于改善种植环境、控制病虫害等。下一步蔬菜产业发展应坚持市场需求导向，以产业转型升级为主线，坚持开放式创新发展理念；以蔬菜生产数量和质量安全保障为目标，大力推进技术推广和社会化服务，实现果类蔬菜产业全面发展。

第七章　北京市叶类蔬菜产业发展报告

依据《北京统计年鉴》、北京市农业农村局和叶类蔬菜产业技术体系北京市创新团队的内部资料，本章主要对北京市叶类蔬菜产业生产状况、叶类蔬菜加工现状调研和加工技术、北京市消费者购买蔬菜调研、叶类蔬菜创新团队主要研发技术和主推技术、叶类蔬菜产业形成的新业态以及产业发展过程亟待解决的问题重点分析，从而为制定现代农业产业技术体系北京市叶类蔬菜创新团队的长期研究任务以及政府的科学决策提供参考依据。

2017 年全市蔬菜种植面积明显减少，蔬菜总产量有所下降，而蔬菜单产略有提高，蔬菜收购价格明显上涨，上市收入明显下降。种植方式主要以设施栽培为主。相比 2016 年，露地、小拱棚、普通温室、连栋温室种植面积占总种植面积比重都有所减少，其中露地种植面积减少最多。

叶类蔬菜主要供应链模式有：农超对接模式、加工模式、散户—农贸市场模式及超市自有品牌模式，各环节损耗率现状调研后普遍认为，损耗率较低的农超对接模式实际上平均损耗率最高。

影响消费者电子商务购买蔬菜关键因素有家庭收入、家庭食品支出、蔬菜安全情况、购买频率、蔬菜品牌的信任度和蔬菜高价支付意愿。

叶类蔬菜创新团队积极开展叶菜新品种筛选培育、高效节水技术、减肥减药技术、水肥一体化技术、绿色防控技术、“互联网 + 叶类蔬菜产业”模式及创新机制研究、应用示范与试验推广，取得了一定的成果，促进了蔬菜产业发展。但是叶类蔬菜品种精细化筛选和选育、绿色技术供给、蔬菜装备智能化、技术人员缺乏都是需要继续深化研究的方向。

第一节　产业发展现状

一、生产现状

（一）基本情况

2017 年全市蔬菜种植面积明显减少，蔬菜总产量有所下降，而蔬菜单产略有提高，蔬菜收购价格明显上涨，上市收入明显下降。2017 年全市蔬菜种植面积由 2016 年的 78.8 万亩减少为 63 万亩，减少 15.8 万亩，减幅为 25.1%；蔬菜总产量由上年的 280.6 万吨下降为 228.6 万吨，减少了 52 万吨，减幅为 18.5%；蔬菜单产略有提高，2017 年蔬菜单产 3628.6 公斤/亩，较 2016 年的 3563.3 公斤/亩，单产每亩增加 65.3 公斤，增幅 1.8%。40 余种蔬菜年均收购价格明显上涨，由上年的每公斤 2.06 元上涨为 2.26 元，涨幅 9.7%，上市收入由上年的 57.8 亿元下降为 51.6 亿元，降幅 10.7%。

2017 年叶类蔬菜种植面积中，29.6% 分布在大兴区，14.1% 分布在通州区，20.7% 分布在顺义区，10.6% 分布在房山区，共占 75.0%，其他区分布都没有超过 10%，分布相对较少（见图 7－1）。叶类蔬菜种植面积占蔬菜种植面积 55%（见图 7－2），比 2016 年增加 5 个百分点，是北京最主要的蔬菜种植品种。

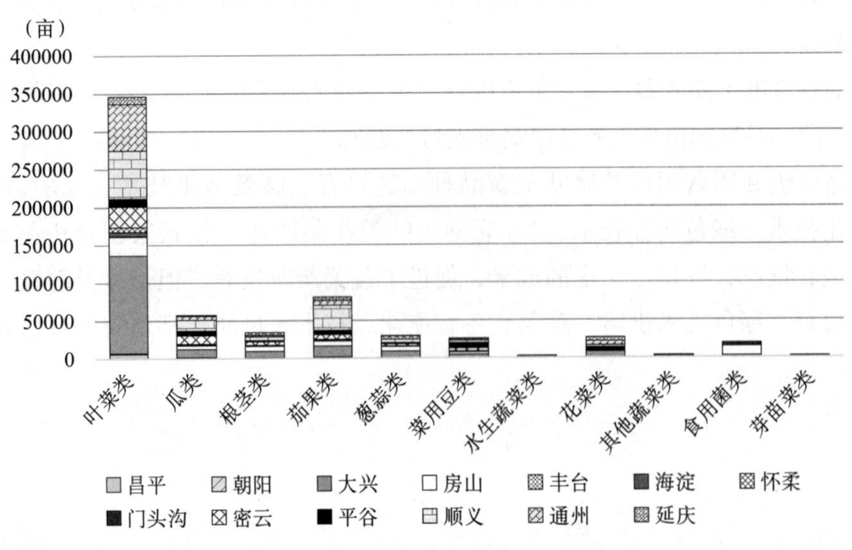

图 7－1　北京各种蔬菜种植面积分布情况

资料来源：根据北京市农业农村局资料整理。

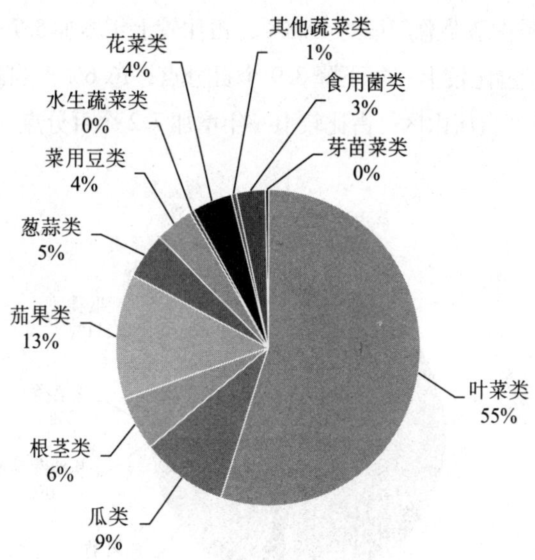

图 7-2　北京各种蔬菜种植面积占比

资料来源：根据北京市农业农村局资料整理。

与 2016 年相比，2017 年北京市蔬菜总产量共下降 25.2%，各个区蔬菜产量所占比重有增有减，其中大兴区所产蔬菜产量所占比重下降幅度最大，比上年减少 5.6 个百分点；房山区所产蔬菜产量所占比重增长幅度最大，比上年增加 7.8 个百分点；其中蔬菜产量所占比重排名前五分别是：大兴 > 顺义 > 通州 > 房山 > 密云，其他区蔬菜产量所占比重均没有超过 5%（见图 7-3）。

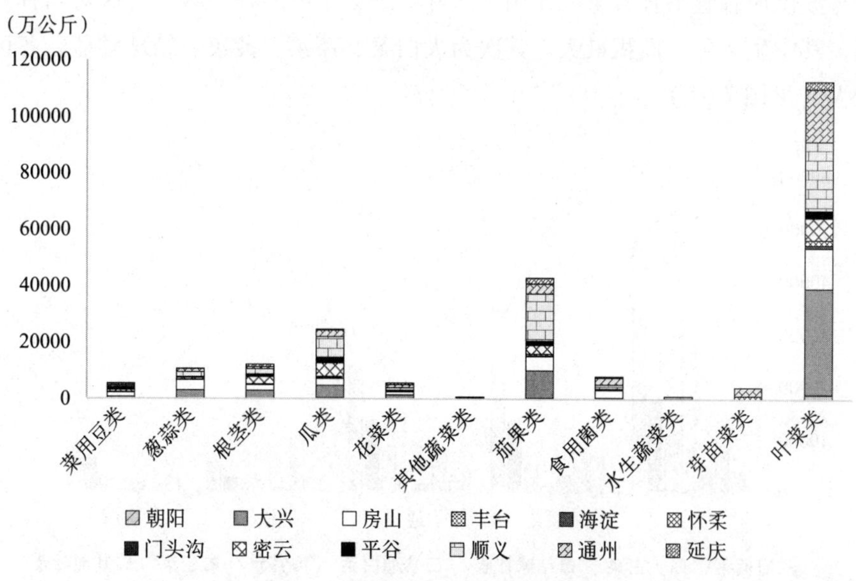

图 7-3　北京各种蔬菜产量分布情况

资料来源：根据北京市农业农村局资料整理。

2017年叶类蔬菜产量占蔬菜总产量的49.3%，占比较上年增加5.7个百分点。其中33.2%的叶类蔬菜产自大兴区，占比较上一年下降3.9个百分点；16.6%产自通州区，占比较上年减少2.8个百分点；12.8%产自房山区，占比较上一年增加7.2个百分点（见图7-4）。

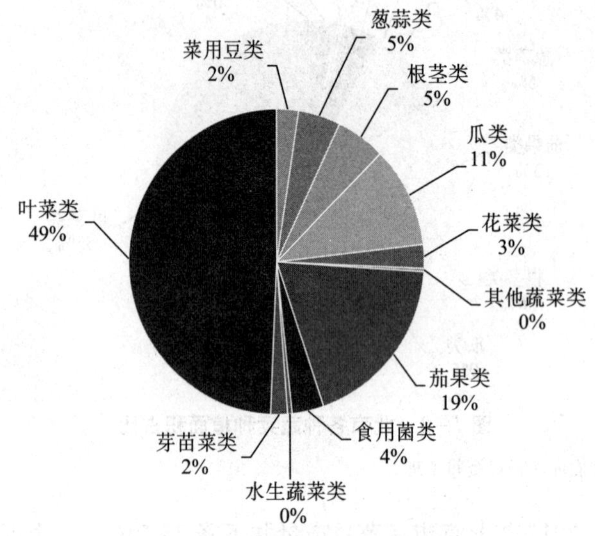

图7-4　北京各种蔬菜产量占比

资料来源：根据北京市农业农村局资料整理。

大兴、顺义、通州、密云、房山叶类蔬菜种植面积较大，分别占北京市六种叶类蔬菜总种植面积的37.1%、18.3%、17.8%、7.8%、7.3%，共占所有区种植面积的88.3%，对北京市蔬菜供应有着举轻若重的作用。从叶类蔬菜生产品种来看，各区对六种叶类蔬菜均有种植，其中生菜生产面积最大，其次为大白菜、芹菜、菠菜、结球甘蓝，各区生产面积差异较大（见图7-5）。

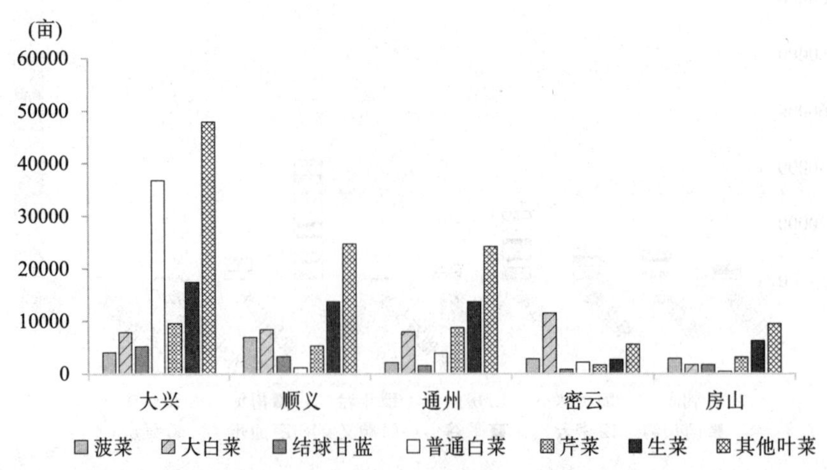

图7-5　2017年北京市叶类蔬菜生产面积

资料来源：根据北京市农业农村局资料整理。

（二）叶类蔬菜生产布局

六种主要叶类蔬菜按种植面积由大到小，顺序依次是生菜 > 大白菜 > 普通白菜 > 芹菜 > 菠菜 > 节球甘蓝；六种主要叶类蔬菜按产量由大到小，顺序依次是生菜 > 大白菜 > 芹菜 > 普通白菜 > 菠菜 > 节球甘蓝（见表 7－1）。

表 7－1　北京主要叶类蔬菜的种植面积和产量对比

叶菜品种	生菜	大白菜	普通白菜	芹菜	菠菜	结球甘蓝	其他叶菜
面积（万亩）	6.1	4.9	4.7	3.1	2.1	1.6	12.2
所占叶菜比（%）	17.7	14.2	13.5	8.8	6.0	4.6	35.2
产量（万吨）	21.5	18.0	12.7	14.5	7.0	5.5	33.5
所占叶菜比（%）	19.1	16.0	11.3	12.8	6.2	4.9	29.7

资料来源：根据北京市农业农村局资料整理。

5 种主要叶类蔬菜区域分布看，大兴、通州和顺义是生菜、芹菜的最大产区，密云、大兴、通州和顺义是大白菜的最大产区，大兴是结球甘蓝的最大产区，顺义和大兴是菠菜的最大产区（见表 7－2）。

表 7－2　北京主要叶类蔬菜在不同区的种植面积及其比例

单位：亩

区	菠菜	大白菜	结球甘蓝	普通白菜	其他叶菜	芹菜	生菜	总计
昌平	178.1	2020.2	265.9	68.3	2157	741.1	930.6	6361.2
朝阳	185.7	166.5	45.2	28.6	311.2	130.6	219.3	1087.1
大兴	4036.7	7861.9	5146	36746	47901.0	9549.5	17430.8	128671.9
房山	2873.3	1661.0	1667.6	394	9435.2	3106.5	6212.9	25350.6
丰台	7.9	111.5	15.5	51.7	321.7	119.4	69.7	697.4
海淀	400.6	1439.0	293.5	277.8	2394.9	459.5	336.9	5602.2
怀柔	540.7	3620.5	177.1	203.1	675.4	216.2	637.3	6070.3
门头沟	20.5	148.2	8.3	11.1	9.7	17.5	10.2	225.5
密云	2769.7	11427.0	776.0	2131	5546.8	1618.5	2643.1	26912.1
平谷	514.2	2195.5	711.5	1414.8	2863.6	400.2	2479.1	10578.9
顺义	6907.6	8362.4	3243.6	1134.5	24686.6	5259.0	13644.4	63238.1
通州	2103.4	7912.9	1489.5	3871.1	24144	8738.0	13582.1	61841
延庆	296.5	2241.5	2269.4	291	1504.5	190.4	3055.1	9848.4
总计	20834.8	49168.1	16109.1	46623	121951.6	30546.4	61251.4	346484.5

资料来源：根据北京市农业农村局资料整理。

总体而言，北京生产的生菜、芹菜、大白菜、菠菜和普通白菜五种叶类蔬菜的产量，占到所有叶类蔬菜总产量的 65.4%，比上年减少 0.3 个百分点，其中芹菜、大白菜、结球甘蓝分别下降 0.5%、4.9%、1.8%（见图 7－6）。

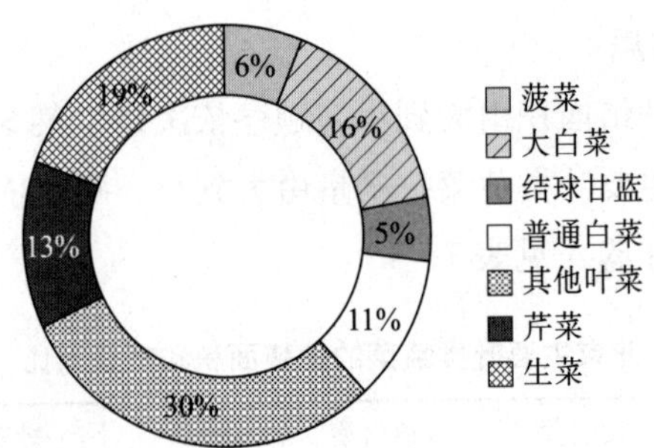

图7－6　2017年各种叶类蔬菜产量占比情况

资料来源：根据北京市农业农村局资料整理。

（三）叶类蔬菜生产方式

总体而言，北京叶类蔬菜种植主要以设施栽培为主。相比2016年，露地、小拱棚、普通温室、连栋温室种植面积占总种植面积比重都有所减少，其中露地种植面积减少最多，降幅为6.5个百分点，小拱棚、普通温室和连栋温室种植面积共减少4.5个百分点；塑料大棚种植面积占所有种植面积的32.9%，较上年提高11.1个百分点。说明北京叶类蔬菜种植方式向现代设施农业转变，由于塑料大棚种植方式种植成本相对其他三种设施种植方式成本较低，所以提高最多（见表7－3）。

表7－3　北京市不同叶类蔬菜种植类型及所占比例

品种	露地	塑料大棚	普通温室	连栋温室	小拱棚	总计
菠菜	7100.92	6200.6	6111.22	108.1	1314	20834.84
占比（%）	34	30	29	1	6	
大白菜	46810.3	1412.1	676.6	41.1	228	49168.12
占比（%）	95	3	1	<1	0	
结球甘蓝	7268.52	4552.3	3620.69	66.6	601	16109.13
占比（%）	45	28	22	<1	4	
普通白菜	4770.23	26998	13240.2	703.5	910.6	46622.98
占比（%）	10	58	28	2	2	
芹菜	3194.25	10442	13783.29	312.1	2815.2	30546.37
占比（%）	10	34	45	1	9	
生菜	14151.9	21893	21649.31	673.3	2884.2	61251.42
占比（%）	23	36	35	1	5	
其他叶菜	26499.7	42478	41641.48	3903.6	7428.8	121951.6
占比（%）	22	35	34	3	6	
总计	109796	113976	100722.79	5808.3	16181.8	346484.5

资料来源：根据北京市农业农村局资料整理。

从设施环境角度分析，相比2016年，2017年北京市在不同环境下蔬菜产量比重变化明显，由传统蔬菜种植逐渐向现代设施环境种植趋势发展。露地、连栋温室蔬菜产量占总产量的比重减少，而塑料大棚、普通温室和小拱棚3种设施环境蔬菜产量占总产量的比重增加，其中露地环境蔬菜产量下降最多，降低了9.4个百分点，而塑料大棚环境蔬菜产量占总产量比重增加最多，提高4.3个百分点。小拱棚蔬菜产量占蔬菜产量总量的7.1%，相比2016年提高2.6个百分点（见图7-7）。

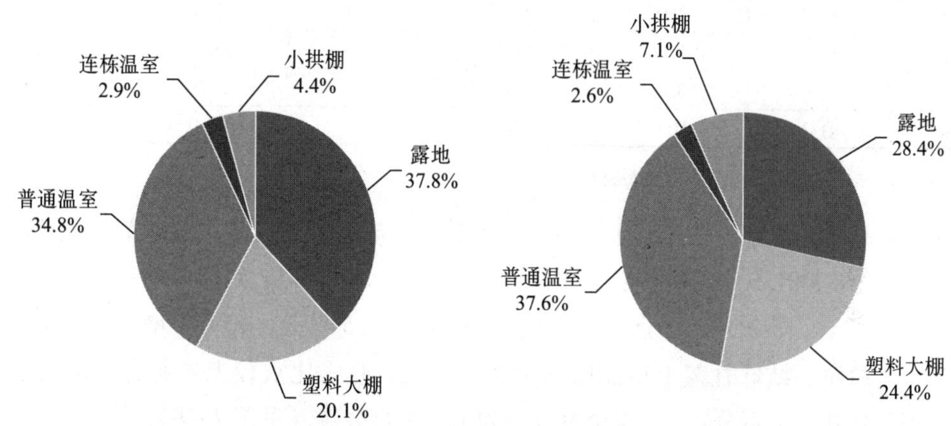

图7-7 2016年和2017年不同设施环境下蔬菜产量变动情况

资料来源：根据北京市农业农村局资料整理。

（四）叶类蔬菜上市收入差异

2017年叶类蔬菜上市总收入21.0亿元，较上年减少0.5亿元，减幅为2.3%。从分区角度来看，其中大兴区在总收入中贡献最大，为6.4亿元，其次为顺义区4.9亿元、房山区3.6亿元、通州区3.0亿元，分别占各区叶类蔬菜上市总收入的30.7%、23.2%、17.0%和14.5%，与上年相比，房山区蔬菜总收入所占份额增加显著，已跃居上市收入排名第三位（见表7-4）。

表7-4　　2016年、2017年各区叶类蔬菜上市收入构成

序号	各区	2017年		2016年		占比变化（%）
		上市收入（亿元）	占总收入（%）	上市收入（亿元）	占总收入（%）	
1	昌平	0.4	1.9	0.5	2.2	-0.3
2	朝阳	0.1	0.4	0.1	0.3	0.1
3	大兴	6.4	30.7	6.8	31.7	-1.0
4	房山	3.6	17.0	0.7	3.3	13.7
5	丰台	0.0	0.1	0	0.1	-0.1
6	海淀	0.2	0.8	0.2	1.1	-0.4
7	怀柔	0.2	1.1	0.3	1.2	-0.1
8	门头沟	0	0	0	0	0

续表

序号	各区	2017 年		2016 年		占比变化（%）
		上市收入（亿元）	占总收入（%）	上市收入（亿元）	占总收入（%）	
9	密云	1.0	5.0	1.4	6.4	-1.4
10	平谷	0.7	3.5	1.2	5.8	-2.3
11	顺义	4.9	23.2	4.9	22.6	0.6
12	通州	3.0	14.5	5.0	23.1	-8.6
13	延庆	0.4	2.0	0.5	2.2	-0.1
14	合计	21.0	100.0	21.5	100.0	

资料来源：根据北京市农业农村局资料整理。

从叶菜品种角度来看，生菜上市收入贡献最大，高达4.8亿元，占叶菜上市总收入的23%，较上年提高1.5个百分点；其次是芹菜上市收入为2.7亿元，占叶菜上市总收入的12.6%，较上年下降2.3个百分点；菠菜上市收入为1.5亿元，较上年增加0.1亿元；普通白菜、大白菜、结球甘蓝上市总收入为4.0亿元，收入比重较上年都有不同程度的下降，分别下降0.8个百分点、2.4个百分点和1.7个百分点（见图7-8）。

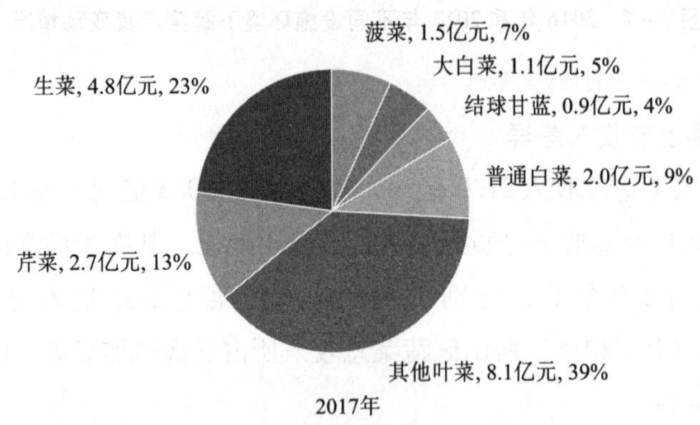

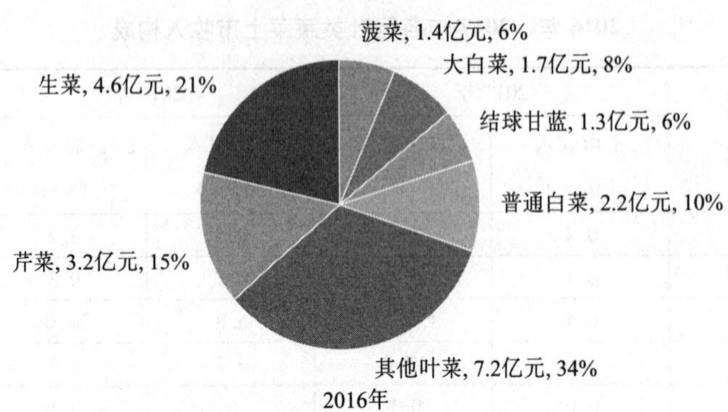

图7-8　2016年和2017年叶类蔬菜上市收入变动情况

资料来源：根据北京市农业农村局资料整理。

（五）叶类蔬菜生产时空格局变化

由于受到区域位置与行政边界的限制，各个区之间蔬菜种植面积差距较大，从最小的0.3万亩左右到最大20多万亩。为了方便研究蔬菜种植面积的时空变化规律，本研究按照蔬菜种植面积规模将蔬菜生产区分为大规模区（大于10万亩）、中规模区（5万~10万亩）和小规模区（小于5万亩）。2016~2017年北京蔬菜种植面积时空格局变化方面，蔬菜种植面积呈现出显著的空间分布规律，2016~2017年蔬菜种植面积均呈现出由东南向西北方向规模依次递减的空间分布规律。2017年大兴、顺义属于大规模蔬菜种植区，其次是通州、房山和密云属于中规模蔬菜种植区，而平谷、延庆、昌平、怀柔、海淀、朝阳、丰台和门头沟8个区均属于小规模蔬菜种植区，蔬菜种植规模从大到小依次为：大兴>顺义>通州>房山>密云>平谷>延庆>昌平>怀柔>海淀>丰台>朝阳>门头沟。

按照已有文献的平均单产法，以平均单产上下浮动15%为限，北京蔬菜生产区分为高产区（大于3955.40公斤/亩）、中产区（2923.55~3955.40公斤/亩）和低产区（小于2923.55公斤/亩）。基于蔬菜单产绝对增长量角度，房山的蔬菜单产增长量最大，蔬菜每亩产量从2016年的2542.9公斤提高到2017年的4908.0公斤，增加接近一倍。昌平、朝阳、海淀、怀柔、门头、通州和延庆的蔬菜单产分别呈现不同程度的增产，而大兴、密云、平谷、顺义的蔬菜单产则呈现不同程度的减产，其中丰台和平谷的蔬菜单产分别降低了1731公斤和1129公斤左右，降幅分别为57.8%和32.3%。总体来看，2017年北京蔬菜单产从高到低依次为：房山>怀柔>顺义>通州>密云>大兴>延庆>昌平>平谷>海淀>朝阳>丰台>门头沟（见图7-9）。

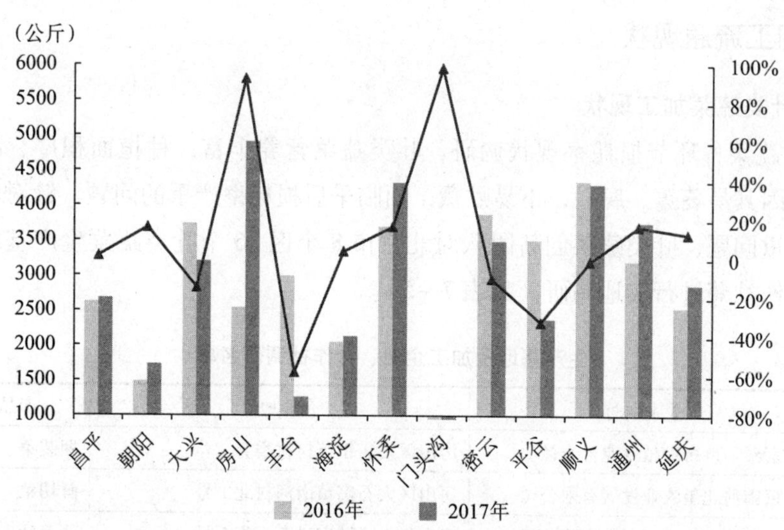

图7-9 2016~2017年北京各区蔬菜单产变化趋势

资料来源：根据北京市农业农村局资料整理。

基于叶类蔬菜单产角度来看，2017年房山叶类蔬菜单产最高，为5703.3公斤/亩，较上年增加 3438.7 公斤/亩，提高 151.8%，其次为顺义，单产为 3862.9 公斤/亩，较上年增加 63.2 公斤/亩，增幅为 1.7 个百分点。其中门头沟叶类蔬菜单产为 411 公斤/亩，增幅最大，增幅是上年 3 倍，大兴叶类蔬菜单产为 2907.2 公斤/亩，下降幅度最大，降幅为 26.5 个百分点。总体来看，2017 年北京蔬菜单产从高到低依次为：房山 > 顺义 > 通州 > 怀柔 > 密云 > 大兴 > 延庆 > 昌平 > 平谷 > 海淀 > 朝阳 > 丰台 > 门头沟（见图 7 – 10）。

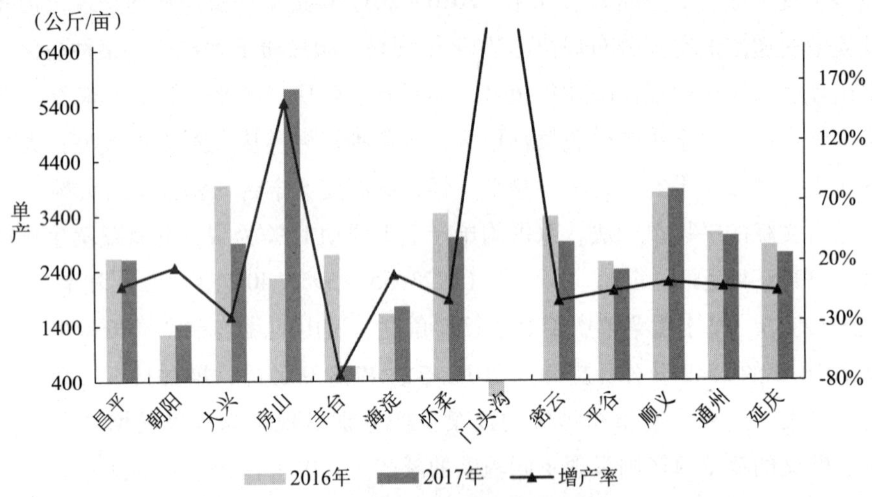

图 7 – 10　2016 ~ 2017 年北京各区叶类蔬菜单产变化趋势

资料来源：根据北京市农业农村局资料整理。

二、加工流通现状

（一）叶类蔬菜加工现状

1. 叶类蔬菜各环节损耗率现状调研。叶类蔬菜营养丰富，种植面积广、品种多、消费量大，但因其易萎蔫、腐烂，不易贮藏，面临采后损耗率严重的问题。针对叶类蔬菜采后损耗率严重问题，叶类蔬菜创新团队对北京市 8 个区 26 个叶类蔬菜生产基地、大型加工企业及合作社等进行实地调研（见表 7 – 5）。

表 7 – 5　　生产基地及加工企业、合作社调研名单

区	企业名称	企业地址	产品加工形式
房山	北京泰华芦村种植专业合作社	房山区窦店镇芦村村委会	捆装菜、托盘菜
	北京南河北星农业发展有限公司	房山区大石窝镇南河村北 1 号	鲜切菜
	凯达恒业农业技术开发有限公司	房山区良乡镇宫道西大街 6 号	蔬菜汁、托盘菜
	韩村河农业技术开发中心	房山区韩村河镇韩村河村	托盘菜

续表

区	企业名称	企业地址	产品加工形式
怀柔	华茂四季农业科技发展有限公司	怀柔区桥梓镇东茶坞村头	捆装菜
	杨宋东方好莱坞假日农场	怀柔区杨宋镇张各庄村西	捆装菜
	风清园生态农业发展有限公司	怀柔区杨宋镇好莱坞假日农场	托盘菜、捆装菜
	北京市裕农优质农产品种植公司	怀柔区雁栖开发区乐园大街 26 号	鲜切菜
昌平	北京金六环农业园	昌平区南邵镇姜屯村东	托盘菜、捆装菜
	汇佳学校种植加工基地	昌平科技园区昌怀路 157 号	捆装菜
	北京天安农业发展有限公司	昌平区小汤山镇大柳树环岛	托盘菜
通州	东升方圆农业种植开发有限公司	通州区聚富苑民族工业区	托盘菜、捆装菜
	北京永盛园农业种植中心	通州区于家务乡	鲜切菜（非即食）
大兴	北京绿福蔬菜产销专业合作社	大兴区长子营镇河津营村村委会院	鲜切菜（非即食）
	北京青圃有机农业专业合作社	大兴区长子营镇留民营生态农场村	托盘菜
	北京礼贤益农蔬菜专业合作社	大兴区礼贤镇龙头村大礼路 1 号	捆装菜
	北京博瑞兴泽技术开发有限公司	大兴区长子营镇	托盘菜、捆装菜
顺义	北京康一品农产品物流有限公司	顺义区北务镇市场西街东侧	鲜切菜即食、蔬菜汁
	北京北方种养殖基地	顺义区张喜庄乡水坡南	托盘菜、捆装菜
	顺鑫农业股份有限公司	顺义区高丽营镇金马工业区内	鲜切菜、蔬菜汁
	北京沿河绿地瓜菜种植合作社	顺义区李桥沿河	鲜切菜、托盘菜
	北京百卡弗食品有限公司	顺义区大孙各庄	鲜切菜
密云	绿色田野食品有限公司	密云区河南寨镇河南寨村	托盘菜、捆装菜
	祥和源农业科技发展有限公司	密云区高岭镇设施农业示范区	捆装菜
	北京太师庄种植专业合作社	密云区太师屯镇太师庄村委会院内	托盘菜
延庆	北京绿富隆农业股份有限公司	延庆区大榆树镇大榆树村 258 号	托盘菜、捆装菜

本次调研确定了北京市叶类蔬菜四种主要供应链模式：农超对接模式（供应链 1）、加工模式（供应链 2）、散户—农贸市场模式（供应链 3）、超市自有品牌模式（供应链 4），因新兴的电商模式还不成熟稳定，所以这次调研未列入；确定了北京市叶类蔬菜 7 个关键节点：种植户、贩运商、批发市场、农贸市场、合作社、加工厂、超市；确定了叶类蔬菜验收标准，制定了损耗率计算公式；比较了四种主要供应链模式及四种主要叶类蔬菜间的损耗率差异。结果表明：普遍认为损耗率较低的农超对接模式实际上平均损耗率最高，可达 36.05%；其次为超市自有品牌模式，平均损耗率为 32.64%；散户—农贸市场模式的平均损耗率最低，仅为 24.70%；其中生菜平均损耗率为最高，最高可达 45.81%。其次是菠菜，最高可达 39.95%，油菜平均损耗率最低，仅为 16.58%。

2. 叶类蔬菜降低采后损耗率技术。不同成熟度对叶菜采后生理品质及贮藏性的影响。以北京种植、销售量最大的生菜品种美国大速生及芹菜品种西芹为例，通过测定及评价其失重率、含水量、叶绿素含量、呼吸强度、维生素 C 含量及感官质量，进行采收成熟度对叶菜采后生理品质的影响研究。结果表明：未成熟生菜、芹菜易失水失重，贮存至第9天时失重率分别较过熟生菜、芹菜高11.69%和15.1%，失水率分别高7.11%和12.1%；过熟生菜、芹菜易脱色且易受到机械损伤，贮存至第9天时叶绿素下降率分别高于未成熟生菜、芹菜17%和34.6 %左右，且出现黄褐色斑点、褐变、腐烂和其他生理疾病，具有强烈的苦味和韧性，严重影响产品品质；成熟生菜、芹菜相对未成熟生菜、芹菜不易损伤且叶片呼吸速率相对较低，贮存至第9天时分别低于未成熟生菜、芹菜约26mg/ kg · h和54.9mg/ kg · h。成熟生菜、芹菜相对过熟生菜贮期可延长3天，相对未成熟生菜、芹菜贮藏期可延长2天，各质量指标最为理想。

叶类蔬菜的采收、加工、贮运及超市销售环节对其损耗率影响。采收环节，未适时采收，造成资源浪费，环境污染；采后加工程度低、加工得率低、加工过程自动化程度低；流通环节未形成冷链体系，保鲜技术缺乏，无效物流比例高；超市销售环节鲜度控制难、包装缺乏标准化管理、受管理水平及销售手段影响。

3. 鲜切叶类蔬菜产品保鲜技术研究。专用包装材料的筛选及开发。选择20种不同包装材料（聚乙烯、聚丙烯、聚氯乙烯、偏氯乙烯、尼龙、聚酯、聚苯乙烯、聚酰胺、聚乙烯醇等），并确定技术参数（O_2透过率、CO_2透过率及透湿率）；对包装各要素（包装材料、气体初始组成及比例）进行交互实验，测定感官指标（色泽、嫩度、包装塌陷）和理化指标（呼吸速率、失重率、电导率、维生素C、叶绿素、褐变度、丙二醛）变化；对比研究保鲜效果，筛选出不同鲜切叶类蔬菜的最适包装材料。以鲜切生菜为研究试材，通过添加沸石和碳酸钙来改变保鲜膜的技术参数（O_2透过率、CO_2透过率及透湿率）、以不同材料的底膜及面膜复合新型保鲜膜、改变保鲜膜的厚度等技术手段，开发出防雾气调保鲜膜。结果表明：项目研发的气调包装膜，可有效降低叶类蔬菜的采后损耗率，解决鲜切生菜保鲜期短和冷藏过程中容易起雾的问题。

鲜切叶类蔬菜产品气调保鲜技术研究。对鲜切叶类蔬菜气调包装不同气体比例对比试验，研究其保鲜效果的影响。以感官评价为指标，在较低量气体比例范围内筛选出保鲜效果良好的四种气体比例。以鲜切生菜为重点，进行气调包装，每隔1天对生菜的失重率、维生素C、叶绿素、微生物、电导率以及PPO、POD酶活性进行测定，筛选出适合生菜气调保鲜最佳气体比例。结果表明：该气体比例可以维持鲜切生菜恰当的呼吸强度，有效抑制微生物的生长，降低了PPO、POD酶的活性，减少了维生素C、叶绿素等营养物质的损失，使鲜切生菜在现有保鲜期的基础上再延长2~9天，此项技术已达国际先进水平。

建立鲜切菜气调产品保鲜体系，解决了鲜切生菜片产品保鲜期短、产品在保鲜期内感官品质下降严重等问题，将原产品的保鲜期由0+3天延长了2~9天，且微生物和感官评价均符合评判标准。其中，鲜切生菜片产品的保鲜期已达国际最高水平10~14天。该项成果获得了2016年北京市农业技术推广奖一等奖，及首农集团科技进步奖。叶类蔬菜贮藏特性及采后保鲜技术等研究成果已成功应用于肯德基、必胜客等知名品牌的鲜切菜供应商。该技术的应用，不仅方便了企业的生产安排，无须安排夜班生产，还大大减少了运输次数，节约了运输成本，并扩大了短保质期鲜切菜产品的销售半径。2015 年实现新增鲜切蔬菜产量 2500 吨/年以上，销售额增收 2100 万元/年以上。此外，还将该技术应用于 16 种短保产品上，成功将短保产品保鲜期延长了 2 ~ 7 天。

4. 叶类蔬菜自动化加工技术研究与示范。即食生菜片主要生产工艺流程及设备。2014 年开展了即食鲜切菜自动化生产线的完善及配套工艺的研究，该成果在北京市裕农优质农产品种植公司怀柔加工厂进行了示范，大大提升该生产线脱水与包装环节的自动化程度。建立叶类蔬菜自动化加工生产示范线 2 条，自动化加工率达 80% 以上。此套完善后的生产线在南京青奥会上得到成功应用，并帮助企业建立《鲜切果蔬卫生标准操作程序》《鲜切果蔬生产工艺文件》。

建立叶菜前处理生产线、清洗线、切割生产线及自动包装线，成功解决了消毒及包装两个环节自动化问题，解决了清洗消毒和包装用工多的问题。不仅在清洗消毒和包装环节节约了人工数，而且大幅提高了产能，一班制综合产能提高至 12000 千克/天，经济效益显著，为促进鲜切菜产业自动化、标准化发展提供了技术支撑。该项成果已成功应用于北京市裕农优质农产品种植公司及 2014 年南京青奥会鲜切菜的供应企业（汤山翠谷），并帮助企业建立《鲜切果蔬卫生标准操作程序》《鲜切果蔬生产工艺文件》，为青奥会的顺利召开提供了坚实的后盾。

5. 叶类蔬菜加工流通质量安全信息化管理系统的完善及应用。叶类蔬菜加工流通质量安全信息化管理系统解决了目前我国净菜加工行业管理方式陈旧，规模化信息化程度不足的问题。通过订单管理，库存管理，采购管理，生产管理，财务管理，采价管理等模块的建立，将互联网、数据分析与企业传统生产管理相结合，提高企业生产效率，管理效率及客户满意度及企业竞争力。叶类蔬菜加工流通质量安全信息化管理系统的应用成功实现叶类蔬菜种植基地及加工企业生产化，管理智能精准化、实时化。系统现已成功应用于北京裕农公司，此系统推广到北京地区更多的蔬菜加工企业，这样整个市场上的叶类蔬菜从生产到餐桌整个过程都可以被监管。该套净菜加工生产管理信息系统的建立，已在京津冀地区的净菜加工企业进行推广应用。

（二）聚农宝电子商务平台案例实施

2017 年，叶类蔬菜创新团队重点开展了新型蔬菜电子商务流通模式建设，探索基于“互联网 + 叶类蔬菜”的北京自产蔬菜优质优价提升路径。通过与北京农信通集团合作，目前已经在通州北京永盛园农业种植中心、北京永通昌盛农业发展有限公司、昌平种子站基地、房山北京泰华芦村种植专业合作社等 7 个区 10 个企业（基地）开展新型蔬菜电子商务模式示范推广建设，并基于手机移动客户端软件开发并上线聚农宝电子商务平台，目前该软件已在河南、河北、内蒙古、天津、江西等省份开展并推广。

基于全产业链“两阶段 + 双向”的蔬菜电子商务流通模式的管理理念，聚农宝电子商务平台提供了新农伴侣、安全追溯、品牌塑造、众筹式电商和聚农宝平台客户端（安卓版和苹果版）等功能模块，有效实现了蔬菜生产者与消费者的对接以及蔬菜产品的优质优价（见图7－11）。

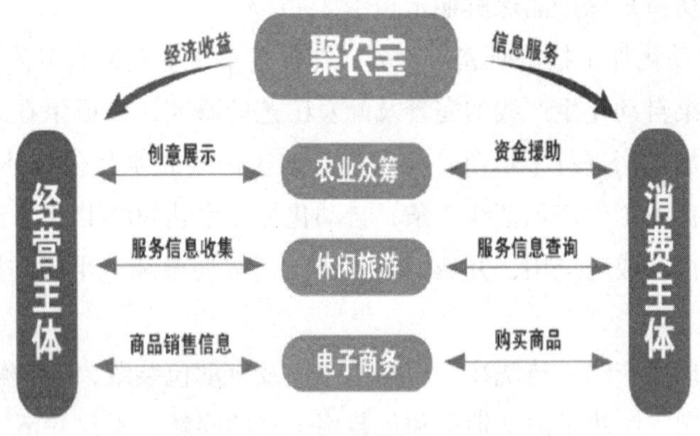

图7－11　聚农宝电子商务模式

1. 新农伴侣。该功能模块能够实时监控农产品的生产、加工及经营场所，解决看得见的问题、可信任的问题；能够与农产品质量安全追溯系统联动，真正做到从源头保障舌尖上的食品安全；具备多平台观看和网络云端存储功能，便于成果分享和跨平台应用传播；可全面实现农业环境信息实时监测、控制和数据分析，适用于当前的农业信息化、数字化和精准化模式，极大地提高了工作效率，解决了传统农业不能规模化生产、有效控制作物生长和产品上市时间等问题。

2. 安全追溯。该解决方案通过记录并管理产品生产的农事操作和肥料投入品的使用情况，形成农事档案，为溯源提供依据。用户可以根据时间查看农产品生产过程中施肥、浇水、除草、打药等管理的实际情况，为产品安全质量的判断提供参考。同时，将农事记录与新农伴侣定时抓取的图片、定时保存的生长期视频以及对种养环境实时监测的信息相结合，形成一套完整的溯源档案信息，建立一个“生产可记录、安全可预警、源头可追溯、流向可跟踪、信息可存储、身份可查询、责任可认定、产品可召回”的安全监管体系（见图7－12），可为实现蔬菜产品优质优价提供有利条件。

3. 品牌塑造。以参与项目的园区为中心，整合周边农家乐、采摘园、生态观光园区、特色旅游等资源，打包整合营销，帮助园区塑造产业或区域品牌，形成规模效益，并带动当地休闲农业发展。全方位搭建休闲农业园区 VR 虚拟现实技术网络，消费者可以通过手机进行园区实景体验并对体验中的品牌产品进行虚拟购物。

4. 众筹式电商。众筹式电商是一种比较新颖的销售模式。结合物联网实景监控、产销过程追溯、种植预定、品牌塑造、特色活动、主题旅游、文化宣贯等手段，对传统农业价值链进行重构、再造、优化与提升。经营主体可提前完成资金回笼，并可针对市场及客户需求进行定制化生产；消费者可实时掌握其众筹项目的生产、加工等动态，提升购物体

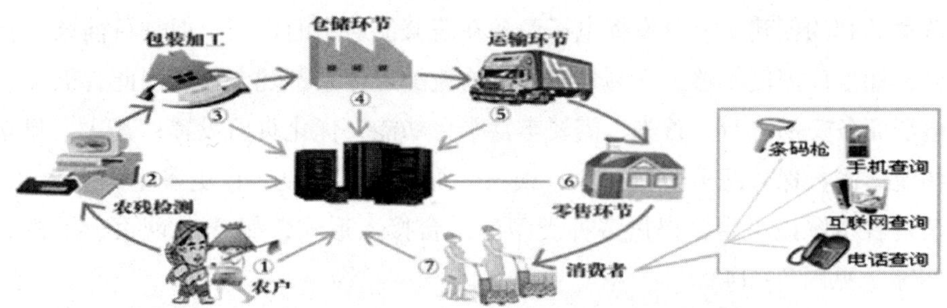

(1) 生产环节：农户的每个生产基地建立生产履历编号、建立生产过程档案，产品采收后附着生产履历编号，并上报到该平台。

(2) 农残检测：进行农残、成分检测。

(3) 包装加工：筛选、分级、包装、加工，打印生产履历编号和产品追溯条码并附着于包装。

(4) 仓储环节：按产品和包装要求堆放、储存产品

(5) 运输环节：按产品和包装要求运输、装卸产品

(6) 零售环节：附有追溯码的的农产品

(7) 消 费 者：查询产品追溯码获取产销履历信息

图 7－12　质量安全追溯流程图

验，保证产品质量。通过对众筹模式的优化升级，拓宽企业销售渠道。

5. 聚农宝平台。聚农宝平台主要有客户端、微信公众号和京东、淘宝旗舰店。客户端（电脑客户端和手机 APP，手机 APP 包括安卓版和苹果版）能及时了解客户的需求，与客户形成良好的互动，掌握用户的使用习惯；微信公众号能够打造微信平台，做产品推广，便于聚人气；京东、淘宝旗舰店可以统一宣传平台、塑造形象、包装品牌（见图 7－13）。

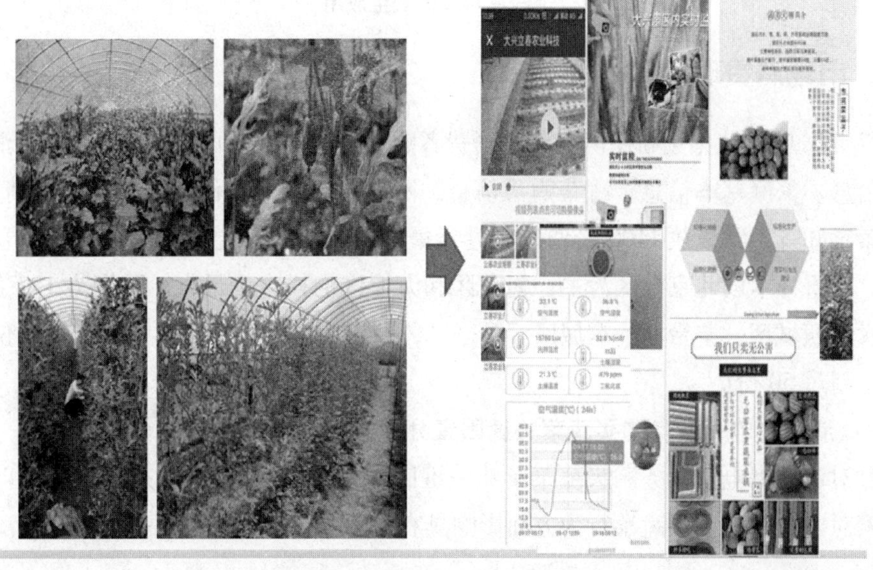

图 7－13　聚农宝推广案例图

聚农宝电子商务平台投入运营以来，促进了生产者参与蔬菜流通，搭建了蔬菜消费者和生产者之间的桥梁，提高了消费者消费信心，有效地实现了蔬菜优质优价，也有利于北

京自产蔬菜品牌的创建，充分发挥电子商务在蔬菜流通中的作用。但是目前该平台也存在一些问题，如推广力度不够、交易量不大、物流配送体系不健全等。因此，需要继续完善聚农宝电子商务交易平台。首先，需要丰富平台功能，优化页面设置；其次，建立或对接完善的物流体系，保障蔬菜质量安全；第三，加大推广力度，让更多生产者入住该平台，让更多消费者了解该平台，提供多种类型的平台接入形式，如 Web 网页、手机 APP、微信、微博等（见图 7－14）。

图 7－14　聚农宝应用

三、市场消费现状

2017 年，叶类蔬菜创新团队对北京消费者购买蔬菜调研，问卷内容主要包括消费者个体基本信息、家庭基本信息、蔬菜购买信息、网上购买行为、价格认知、蔬菜消费习惯、品牌蔬菜感知等。共发放 1100 份调研问卷，最终收到有效问卷 910 份，有效问卷回收率 82.7%。调研样本以北京市区为主，朝阳区和海淀区的样本量最大，分别为 187 份和 178 份，其次是西城区、丰台区、东城区、昌平区，分别为 78 份、68 份、66 份、63 份，其他各区均不超过 50 份。

（一）消费者电子商务购买蔬菜关键因素分析

通过对消费者电子商务购买蔬菜影响关键因素进行二元 Logit 回归分析，可以看出不同的因素对电子商务购买蔬菜行为方面影响具有显著差异性（见表 7－6）。

表 7－6　　消费者网上购买蔬菜行为的 Logit 模型回归结果

变量	B	S. E	Wald	df	Sig.	Exp（B）
常量*** 个体特征	－4.228	0.993	18.116	1.000	0.000	0.015
性别**	－0.326	0.158	4.233	1.000	0.040	0.722

续表

变量	B	S. E	Wald	df	Sig.	Exp (B)
年龄 *	-0.168	0.099	2.876	1.000	0.090	0.845
教育水平 *	0.189	0.103	3.358	1.000	0.067	1.208
家庭收入 ***	0.201	0.073	7.656	1.000	0.006	1.223
家庭食品支出 ***	0.359	0.091	15.670	1.000	0.000	1.432
蔬菜价格质量感知						
价格水平认知	-0.018	0.133	0.019	1.000	0.891	0.982
价格波动认知	0.033	0.100	0.110	1.000	0.740	1.034
关心程度	-0.014	0.104	0.018	1.000	0.894	0.986
鉴别能力 **	0.374	0.163	5.255	1.000	0.022	1.454
安全状况 ***	-0.311	0.098	10.021	1.000	0.002	0.732
蔬菜消费习惯						
频率特征 ***	0.435	0.158	7.593	1.000	0.006	1.545
季节性特征	0.058	0.068	0.719	1.000	0.396	1.059
关注新鲜程度	0.107	0.088	1.491	1.000	0.222	1.113
品牌蔬菜感知						
标签信任度 ***	0.380	0.116	10.716	1.000	0.001	1.463
品牌购买意愿	0.212	0.205	1.071	1.000	0.301	1.236
高价支付意愿 **	0.513	0.205	6.287	1.000	0.012	1.671

注：*、**、*** 分别表示在10%、5%、1%水平上显著。

在个体家庭特征方面，性别、年龄、教育水平、家庭月收入和家庭食品支出均通过10%显著水平检验，这说明这些因素能够显著影响消费者的网上购买蔬菜行为。性别的回归系数为-0.326，这说明女性消费者比男性消费者更有可能在网上购买蔬菜。女性消费者平常比较喜欢在网上购买各种东西，花费的时间精力也比男性更多，也就愿意去在网上购买蔬菜。年龄的回归系数分别为-0.168，这说明年龄越大的消费者越不愿意网上购买蔬菜。一方面，年龄较大消费者已经形成去超市、农贸市场等地点购买蔬菜习惯，很难接受在网上购买蔬菜；另一方面，相对于年龄较大的消费者而言，年轻消费者对于网络和手机操作会更熟练，更愿意接受新鲜事物，特别是对于网络购物接受度更高。受教育水平的回归系数为正，说明受教育程度越高的消费者，越有可能在网上购买蔬菜。由于网上购买蔬菜不能向其他购买方式一样可以亲身体验进行蔬菜质量鉴别，这就要求消费者在网上购买蔬菜时需要有一定知识和认知水平，这也是受教育程度较高消费者所具备的优势。家庭收入和家庭食品支出回归系数均为正，这说明家庭收入和食品支出对消费者网上购买蔬菜行为具有显著正向促进作用，即家庭收入或家庭食品支出越高的家庭，发生网上购买蔬菜行为的可能性就越大。网上所销售的蔬菜以特色、有机、品牌等蔬菜为主，销售价格也会比一般蔬菜高，这就需要消费者在网上购买蔬菜时支付更多的成本，家庭收入较高和家庭食品支出较多的消费者更有能力去支付额外的成本，同时生活水平较高，更愿意消费高端品牌蔬菜。

鉴别能力回归系数为正，且通过5%显著性检验，这说明当消费者认为自己能够鉴别蔬菜质量时，更可能从网上购买蔬菜。在网上购买蔬菜需要对蔬菜质量具有一定的鉴别能力，通过各方面比较选出性价比较高的蔬菜，如果消费者认为自己能够很好鉴别蔬菜质量，那么就会规避质量安全风险；相反，不具有鉴别能力的消费者因担心质量安全风险而不敢在网上购买蔬菜。安全状况回归系数为负，且通过1%显著水平检验，这说明安全状况对消费者网上购买蔬菜行为具有显著阻碍作用，即当消费者认为当前蔬菜质量安全问题较为严重，就更愿意在网上购买蔬菜。当蔬菜质量安全状况不好时，消费者对普通蔬菜信任度就会降低，为了避免因质量问题带来的健康风险，消费者就选择在网上购买能够保障质量安全的高端优质蔬菜。价格水平认知、价格波动认知和关心程度没有通过显著性检验，即这3个因素对消费者在网上购买蔬菜行为没有影响。

在蔬菜消费习惯方面，季节性特征和关注新鲜程度没有通过显著性检验，即这2个变量对消费者在网上购买蔬菜行为没有影响。频率特征的系数为正，且在1%水平上显著，说明购买蔬菜越频繁的消费者越不可能在网上购买蔬菜。购买蔬菜较为频繁的消费者一般都已经形成去超市、农贸市场等地点的习惯，另外在网上购买蔬菜一般都是提前预订，从下单到食用需要一段时间，这样就会增加等待的时间，从而让经常购买蔬菜消费者不愿意在网上购买蔬菜，对于购买蔬菜不多的消费者，对蔬菜的及时性要求不高，也就愿意付出一定的时间成本在网上购买蔬菜，并且经常购买蔬菜消费者有足够能力去实体蔬菜销售地点购买到性价比较好的蔬菜，购买蔬菜频率低的消费者网上购买蔬菜时会通过说明信息和认证标签来选择性价比较高的蔬菜。

标签信任度的回归系数为0.380，且在1%水平上显著，这说明对蔬菜标签信任度越高的消费者，越有可能在网上购买蔬菜。消费者在网上购买蔬菜时不能亲自判断蔬菜优劣，只能通过卖家提供的标签信息进行判别蔬菜，这就导致对蔬菜标签信任度较低的消费者不相信网上蔬菜信息，更愿意去实体店购买蔬菜。高价支付意愿的回归系数为0.513，且在5%水平上显著，说明高价支付意愿能够促进消费者在网上购买蔬菜。相对于普通蔬菜而言，在网上销售的特色品牌蔬菜价格较高，愿意高价支付的消费者，就有能力承担多余的成本，就会促进消费者在网上购买蔬菜行为。

（二）消费者选择蔬菜购买地点关键因素分析

为了更加全面分析消费者选择蔬菜购买地点行为，调查统计结果如表2－7所示，可以看出选择农贸市场作为最主要蔬菜购买地点的消费者最多，占总样本的38.6%，其次有272个消费者选择超市，占总样本的32.4%，选择农贸市场和超市的消费者占总样本的71.4%，这说明农贸市场和超市是消费者购买蔬菜最主要场所。在这两个地点购买蔬菜能够保证蔬菜新鲜度和品种选择。当然还有13.4%消费者反映他们会经常在路边摊位购买蔬菜，可能是这些消费者周围没有较近的农贸市场和超市方便购买蔬菜。以专营店、社区便利店和网络电商为购买蔬菜地点的消费者相对较少，总占比为14.4%，这些购买蔬菜场所只是对农贸市场、超市和路边摊位的补充，其中蔬菜专营店和网络电商是以特色品牌蔬菜为主，质量优，但是价格相对较高；社区便利店可供没时间去较远地方购买蔬菜的消费者，但是质量与品种选择不多，且价格会高。

表7－7　　消费者选择购买蔬菜地点特征

地点	频数	占比（%）	累计占比（%）
路边摊位	113	13.4	13.4
农贸市场	324	38.6	52
超市	272	32.4	84.4
专营店	59	7	91.4
社区便利店	48	5.7	97.1
网络电商	14	1.7	98.8
其他地点	10	1.2	100

表7－8　　消费者选择蔬菜购买地点行为的Logistic模型回归结果

变量	B	S. E.	Wals	df	Sig.	Exp（B）
常量** 个体特征	－2.624	1.128	5.407	1.000	0.020	0.073
性别	0.081	0.104	0.609	1.000	0.435	1.084
年龄***	－0.465	0.181	6.606	1.000	0.010	0.628
教育水平	－0.047	0.115	0.169	1.000	0.681	0.954
家庭特征						
家庭规模***	－0.285	0.082	12.003	1.000	0.001	0.752
家庭收入**	0.162	0.082	3.877	1.000	0.049	1.176
家庭食品支出	0.000	0.100	0.000	1.000	0.999	1.000
市场价格感知						
价格水平认知*	0.281	0.152	3.412	1.000	0.065	1.325
价格波动认知	－0.152	0.111	1.878	1.000	0.171	0.859
蔬菜质量感知						
关心程度**	0.238	0.119	4.047	1.000	0.044	1.269
质量满意率*	0.196	0.112	3.050	1.000	0.081	1.216
蔬菜消费习惯						
频率特征***	0.228	0.079	8.386	1.000	0.004	1.257
季节性特征**	－0.459	0.180	6.519	1.000	0.011	0.632
关注新鲜程度	0.005	0.107	0.002	1.000	0.963	1.005

注：*、**、*** 分别表示在10%、5%、1%水平上显著。

对影响消费者选择购买地点进行二元 Logistic 回归，结果如表 2－8 所示。在个体特征方面，年龄的回归系数为－0.465，且在1%水平上显著，说明年龄越大的消费者越不愿意在超市购买蔬菜。从 Exp（B）的系数为0.628 可以进一步看出，消费者年龄每增加10 岁，选择在超市购买蔬菜的可能性就降低37.2%。一方面，年龄相对较小的消费者往往工作时间较长，很少有空去单独购买蔬菜，一般会选择去超市集中购买蔬菜和其他生活用品，另一方面，年轻的消费者更喜欢超市的购物环境。消费者的性别和受教育水平对选择蔬菜购买地点没有影响。

在家庭特征中，家庭规模的回归系数为负且在1%水平上显著，发生比率 Exp（B）为0.752，这说明家庭规模越大的消费者，越愿意去农贸市场购买蔬菜，当价格规模每增加一个人口时，选择去农贸市场购买蔬菜的可能性就提高24.8%。家庭规模越大的家庭，就会经常在家做饭，就有时间去农贸市场挑选种类繁多且新鲜的蔬菜。家庭收入回归系数为0.162，且在5%水平上对消费者选择蔬菜购买地点显著影响，这说明家庭收入越高的家庭，越倾向于去超市购买蔬菜。发生比率 Exp（B）为1.176，说明消费者家庭月收入每提高一个档次，去超市购买蔬菜的可能性就提高17.6%。家庭月收入越高的家庭对节约时间越关心，就越愿意去超市集中购买生活用品。家庭月食品支出没有通过10%水平的显著性检验，说明这个因素对消费者选择蔬菜购买地点的行为没有影响。

在市场价格感知方面，价格水平认知通过10%水平显著性检验，而价格波动认知没有通过显著性检验，这说明价格水平认知能够显著影响消费者选择蔬菜购买地点的行为。蔬菜价格水平认知的回归系数为0.281 和发生比例率 Exp（B）为1.325，说明当消费者认为蔬菜价格在“太低”“比较低”“基本合理”“比较高”和“太高”之间每提高一个档次，消费者选择去超市购买蔬菜可能性就提高32.5%。原因可能是，首先，超市是具有一定规模的经营主体，消费者对风险不确定性的担心程度较低，消费者在超市购买蔬菜时，抱有规避因价格问题所带来的风险的心理；其次，超市的品牌、认证和信誉能够保障消费者的权益。

质量安全感知中的关心程度和质量满意率均通过显著性检验，这说明关心程度和质量满意率能够显著影响消费者选择蔬菜购买地点。其中，关心程度的回归系数为0.238 和发生比率系数为1.269，这说明消费者对蔬菜质量安全关心程度越高，越倾向于去超市购买蔬菜，每当消费者关心程度提高一档时，去超市购买蔬菜的可能性就提高26.9%。产生这一现象的可能原因是，随着消费者对蔬菜质量安全关心程度的不断提高，消费者规避质量安全风险的心理就促使其选择风险较低的购买渠道，相对于农贸市场，超市在蔬菜包装、品牌认证、管理措施等方面都能够很好地保证蔬菜质量。质量满意度的回归系数为0.196和发生比率 Exp（B）为1.216 可知，每当消费者对蔬菜质量满意度提高20%，消费者选择去超市购买蔬菜的可能性就提高21.6%。超市所销售的蔬菜都是经过简单加工和包装的，而农贸市场的蔬菜可能加工包装程度较低，但是蔬菜种类多且新鲜，消费者对目前蔬菜质量较为满意，就会倾向在超市购买蔬菜，而不用自己到农贸市场挑选质量更好的蔬菜。

在蔬菜消费习惯方面，频率特征的回归系数在1%水平上显著，且为正数，说明购买蔬菜越频繁的消费者越不愿意去超市购买蔬菜，由Exp（B）的系数为1.257可以看出，每当消费者购买蔬菜频率减少一次，选择超市去购买蔬菜的可能性就降低25.7%。这也与实际情况一致，往往去超市购买蔬菜比去农贸市场会花费更多的时间，消费者没有太多时间经常去超市，就会选择较为方便的农贸市场。季节特征的回归系数为负，且在5%水平上显著，说明不区分季节性蔬菜的消费者更愿意去超市购买蔬菜，这是由于农贸市场一般都是以上市当季蔬菜为主，而超市对蔬菜季节性区分不大，由于反季蔬菜的价格高，而经常在超市中能够很好销售，满足中高端消费者人群需求。

（三）消费者对蔬菜质量安全认知行为分析

1. 消费者对蔬菜质量安全状况认知。随着人们生活水平的提高，人们更加注重蔬菜的质量安全。从消费者对蔬菜质量安全水平认知可以看出，在消费者对蔬菜质量安全的关心情况方面，有337个消费者反映他们很关心蔬菜质量安全，占总样本的40.1%，其次有44.2%的消费者选择比较关心，总计有84.3%的消费者关心蔬菜质量安全，说明消费者对蔬菜的质量安全很重视（见表7-9）。

表7-9　消费者对蔬菜质量安全水平认知

特征	特征属性	频数（个）	占比（%）
消费者对蔬菜质量安全的关心程度	很关心	337	40.1
	比较关心	371	44.2
	一般	109	13.0
	偶尔关心	14	1.7
	无所谓	9	1.1
消费者对目前蔬菜质量安全问题认知	非常严重	53	6.3
	比较严重	245	29.2
	一般	415	49.4
	不太严重	112	13.3
	不严重	15	1.8
消费者对目前蔬菜质量安全状况评价（满分100）	20分及以下	47	5.6
	21~40分	101	12.0
	41~60分	281	33.5
	61~80分	311	37.0
	81~100分	100	11.9

针对农产品质量安全问题，政府及社会已经采取相应措施保障蔬菜质量安全，但是这些政策措施实施效果如何？为此，本文进行了针对性调研，消费者对蔬菜质量安全调控措

施的认知的调查统计结果如表7-10所示。可以看出，在农产品质量监管机制方面，有378个消费反映他们听说但不了解，占比最大，为45.0%，只有2.3%的消费者反映他们非常了解，还有10.7%反映他们比较了解，但是还有10.5%的消费者反映他们没有听说过，这说明消费者对农产品质量监管机制认知不深。在调控蔬菜质量安全的相关政策效果方面，只有3.1%的消费者认为政策实施效果非常好，有37.3%的消费者认为比较好，有375个消费者认为目前蔬菜质量安全监管政策实施效果一般，选择该选项的消费者最多，占比为44.6%，其余15%的消费者认为政策实施效果不好，这说明蔬菜质量安全监管政策实施效果不是太好。媒体是信息传播的主要渠道，也是公布农产品质量安全的重要载体，但是调查结果显示，只有28.7%的消费者明确相信媒体所公布的食品质量安全状况，有15.7%的消费者表明他们不相信媒体，其余55.6%的消费者则对媒体公信力没有明确态度，可以看出消费者者对媒体所公布的食品质量安全状况信任度不高。

表7-10　消费者对蔬菜质量安全调控措施认知

特征	特征属性	频数（个）	占比（%）
消费者对农产品质量监管机制认知程度	非常了解	19	2.3
	比较了解	90	10.7
	有点了解	265	31.5
	听说但不了解	378	45
	没听说	88	10.5
消费者对蔬菜质量安全监管政策评价	非常好	26	3.1
	比较好	313	37.3
	一般	375	44.6
	不太好	101	12
	很不好	25	3
消费者对媒体公布的食品质量安全状况信任度	非常相信	30	3.6
	比较相信	211	25.1
	不好说	467	55.6
	不太相信	104	12.4
	完全不相信	28	3.3

2. 消费者对蔬菜质量安全危害认知。虽然消费者对蔬菜质量安全情况很关心，但是从调查结果来看，只有40.7%的消费者反映他们能够鉴别蔬菜质量情况，而其余59.3%的消费者是不具备鉴别蔬菜质量优劣的能力的，这说明大部分消费者鉴别蔬菜质量的能力不足。

进一步研究发现，消费者在购买蔬菜时，不同消费者对蔬菜质量鉴别方式不一，首先有643个消费者是通过蔬菜外观进行鉴别，占比最大，占总样本的76.5%，这也是最直接最有效方式，但是这种方式只能够判断蔬菜外观质量，而不能区别出农药化肥残留和重金属超标等质量问题；其次是有39.9%和38.2%的消费者表示他们通过政府公告和产品标签方式来鉴别蔬菜质量问题；还有33.2%和31.3%的消费者分别通过亲朋好友和网络；

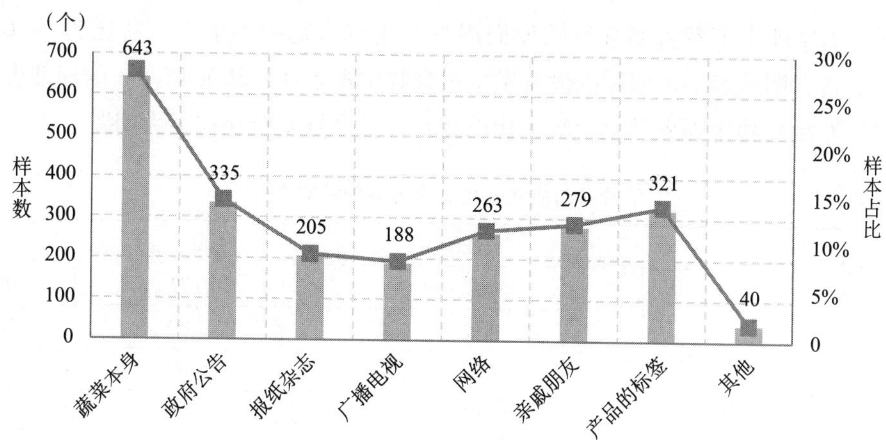

图 7－15　消费者鉴别蔬菜质量状况的途径

通过报纸杂志和广播电视的消费者鉴别相对较少（见图 7－15）。这说明消费者鉴别蔬菜质量的方式较为单一，缺乏科学鉴别知识。因此，需要加大蔬菜质量安全知识宣传，提高消费者鉴别蔬菜质量的能力。

从图 7－16 可以看出，有 91.5% 的消费者认为蔬菜质量最主要的问题是农药残留，其次是重金属超标和畜禽产品中抗生素和激素类残留，分别占比 72.3% 和 69.6%，也有 58.2% 的消费者认为蔬菜表面污染也是蔬菜质量的主要问题，总体来看，蔬菜质量问题从大到小依次为：农药残留 > 重金属超标 > 抗生素和激素残留 > 蔬菜污染 > 口感不好。

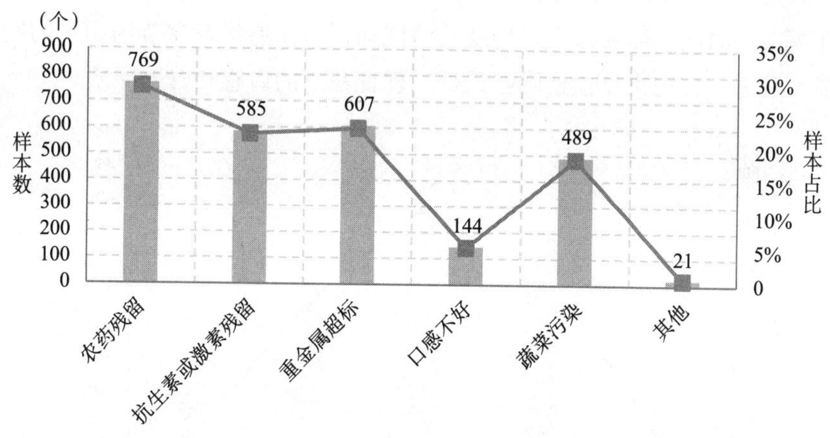

图 7－16　消费者对蔬菜质量安全问题的认知

消费者认为蔬菜质量安全主要是农药化肥残留和重金属超标问题，但是从调查分析结果来看（见表 7－11），只有 8.6% 的消费者反映他们非常了解农药化肥残留和重金属超标等相关知识，比较了解的消费者占到 30.6%，有 46.9% 的消费者表示只是有点了解，其余 13.9% 的消费者对此却不了解，这说明消费者对农产品中农药化肥残留和重金属超标认知程度不高。农产品质量问题会对人体产生严重危害，常见的表现为食物中毒现象，从调查结果看，有 244 个消费者明确反映他们周围发生过食物中毒事件，占比为 29.0%，有 55.1% 的消费者明确表示他们周围没有发生过食物中毒事件，其余 15.8% 的消费者表示不清楚，可以看出食物中毒事件发生频率比较高，食品质量安全存在很大问题。

表 7－11　　消费者对质量安全健康危害的认知水平

特征	特征属性	频数（个）	占比（%）
消费者对农药、化肥和重金属残留的认知程度	非常了解	72	8.6
	比较了解	257	30.6
	有点了解	394	46.9
	听说但不了解	110	13.1
	没听说	7	0.8
消费者周围食物中毒事件发生情况	发生过	244	29.0
	没有发生过	463	55.1
	不知道	133	15.8

消费者对蔬菜质量安全有一定认知后，会采取相关措施来降低蔬菜潜在质量安全危害。从图 7－17 可以看出，有 60.8% 的消费者表示他们在购买蔬菜后，会用清水长时间浸泡蔬菜，其次是有 48.5% 的消费者只是用清水简单处理一下，还有 36.9% 的消费者则会选用洗涤剂或其他物质进行彻底清洗，只有 5.5% 的消费者明确表示无所谓，可以看出消费者主要采取清水浸泡来清洗蔬菜。由于消费者个体的差异性，一般消费者都是按照个人经验来清洗蔬菜。因此，需要加大宣传蔬菜清洗知识，让消费者在节约用水的同时能够快速去除蔬菜上危害，且把机械损伤降至最低，保证蔬菜的口感和营养品质。

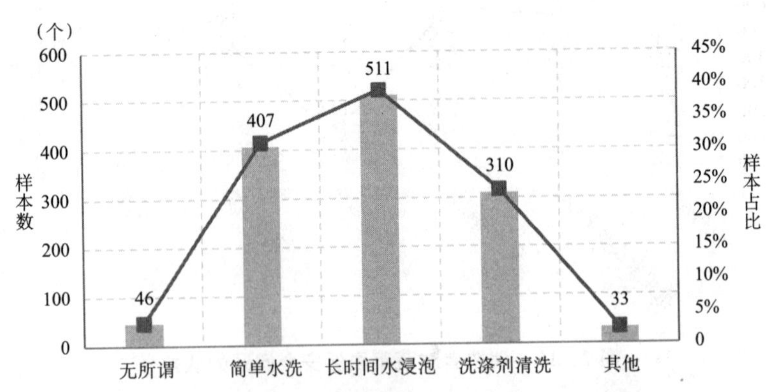

图 7－17　消费者采取降低蔬菜质量安全危害的措施

3. 基于消费者视角的蔬菜质量安全保障措施。从消费者角度来看，如果出现蔬菜质量安全问题，分别有 28.1% 和 25.4% 的消费者认为应该是由蔬菜生产者和监管执法部门承担最主要的责任，其次是由检测认证机构，占比 17.7%，还有 15.5% 的消费者认为应该是由经销商承担主要责任，认为有政府部门承担责任的占到 12.4%。从整体来看，基于消费者视角的蔬菜质量安全承担责任主体依次为：蔬菜生产者 > 监管执法部门 > 检测认证机构 > 经销商 > 政府部门。

从图 7－18 可以看出，如果消费者在遇到蔬菜质量安全问题时，有 72.3% 的消费者表示他们会第一时间告知亲朋好友，这是消费者最主要的反映，他们会将自己遇到的问题与亲朋好友商量，可能会劝阻亲朋好友不要购买他们所购买的蔬菜品种、地点、品牌等。其次有 50.1% 的消费者表示他们会向有关行政管理部门申诉，然后分别有 39.8% 和 39.5% 的消费者会采取与销售商协商和请求消费者协会调节的措施，向媒体反映情况的消费者占到 28.6%，但是还有 21.9% 的消费者表示自认倒霉，不会尽量去维护自身的合法权益。

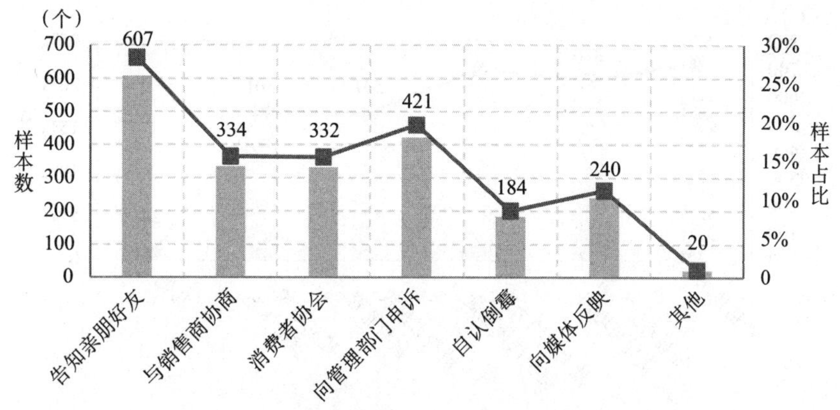

图 7－18　消费者遇到蔬菜质量问题后采取的措施

从消费者角度来看，首先，消费者认为，导致蔬菜质量安全问题最主要的原因是蔬菜生产者追求利润最大化、执法不严和政府监管不到位三个，分别占到总样本的 71.7%，71.1% 和 70.0%；其次，有 47.5% 的消费者认为，整体国民价值观取向发生变化造成了蔬菜质量安全问题；最后，分别有 38.6% 和 37.7% 的消费者认为，目前国际制定的相关标准不完善和有些科研成果技术被不当利用造成了蔬菜质量的安全问题（见图 7－19）。

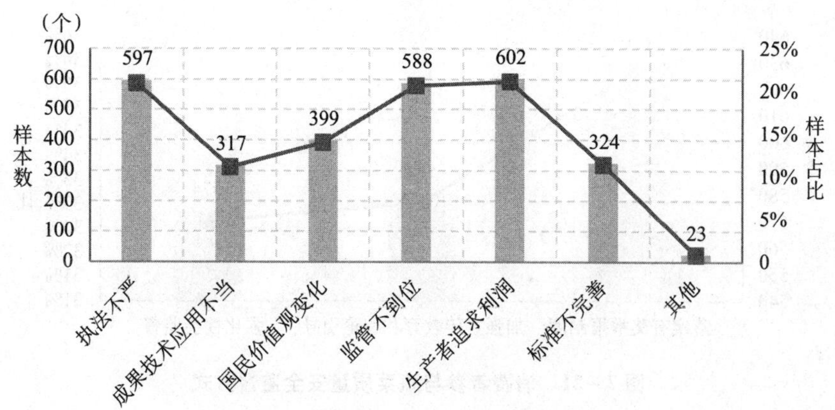

图 7－19　消费者认为造成蔬菜质量问题的主要原因

为了保证蔬菜质量安全，让蔬菜消费安全放心，有79.8%的消费者认为执法部门应该严把质量关，把从监管角度保证蔬菜质量安全；其次是有77.5%的消费者认为应该健全法律法规，对于造成蔬菜质量安全问题的责任主体应该加大处罚力度，从源头保证成蔬菜质量安全；还有72.6%的消费者表示应该加强对蔬菜生产者的科学指导与培训，从生产环节保证蔬菜质量安全；最后均有59.6%的消费者认为他们应该参与监管进行维护自身权益和建立追溯及诚信体系，从消费环节保证蔬菜质量安全事件发生降到最低（见图7-20）。基于消费者视角，严格执法、健全法律法规和加强对蔬菜生产者的培训指导是保证蔬菜质量安全的最主要的措施。

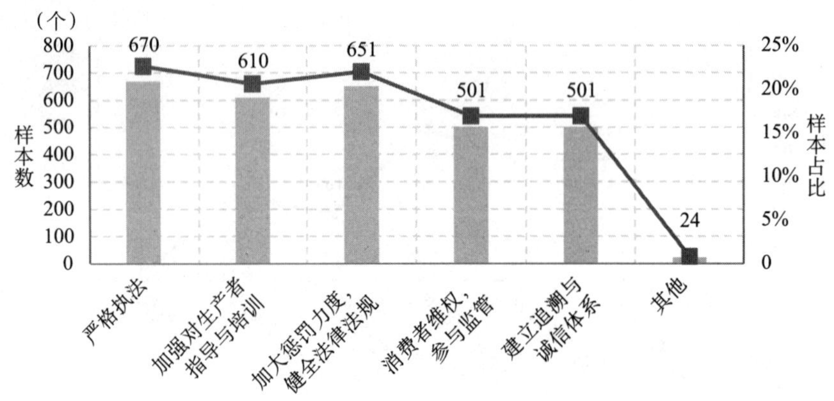

图7-20　消费者认为保障蔬菜质量安全需要采取的措施

在保证蔬菜质量安全措施中，消费者参与监管是对其他保障措施的有效补充，也是消费者维护自身权益的重要方式。从图7-21可以看出，有75.0%的消费者认为落实有奖举报制度是消费者参与蔬菜质量安全监督最主要的方式，能够充分调动消费者参与监督的积极性，选择加强宣传教育和舆论引导的消费者占到总样本的69.2%；有68.3%的消费者认为应该强化社会监督。

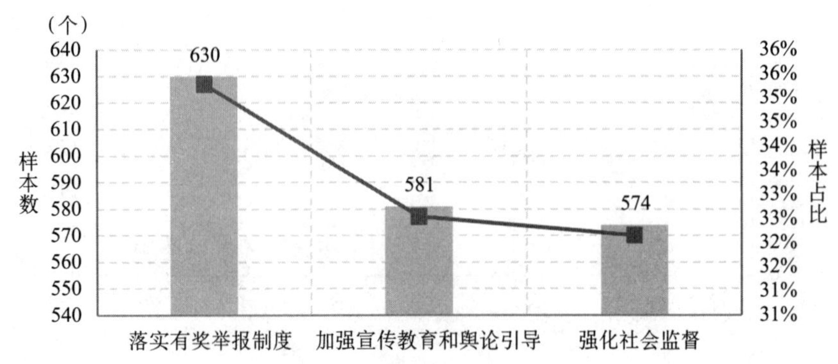

图7-21　消费者参与蔬菜质量安全监督方式

针对消费者对目前蔬菜质量安全状况堪忧、质量安全事件频繁发生、监管信任度不高等现状，除了要加强监管，采取保障蔬菜质量安全的措施外，提高消费者对蔬菜消费信心也十分重要。从图 7 – 22 可知，有 81.1% 的消费者认为提高消费信心最重要的方式就是严格质量安全管理，其次在蔬菜包装上提供生产信息和蔬菜销售均需通过国家农产品质量安全认证，持有这两个观点的消费者分别占到 69.0% 和 68.9%，然后是有 56.3% 和 54.6% 的消费者认为蔬菜包装后上市销售和树立放心消费蔬菜的品牌同样重要。

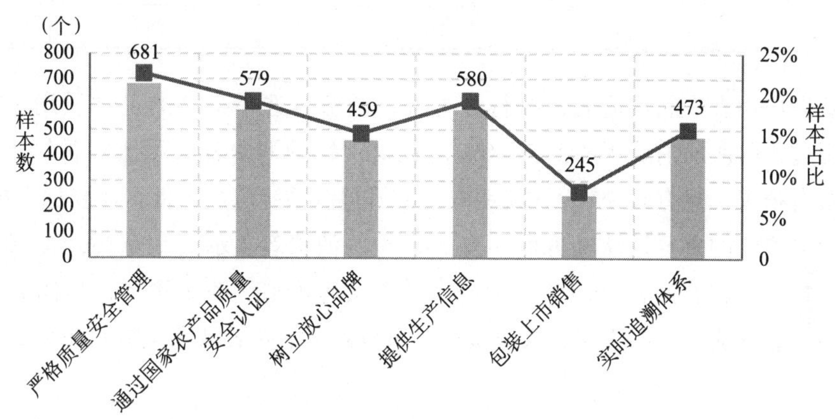

图 7 – 22　提高消费者消费蔬菜信心的措施

（四）消费者对可追溯蔬菜认知行为分析

1. 消费者对可追溯蔬菜水平认知。可追溯蔬菜能够在发现蔬菜质量安全问题时，找到造成质量问题的原因，有针对性地改进和完善，控制蔬菜质量，从而保障蔬菜质量安全。从表 7 – 12 可以看出，首先，在消费者对可追溯蔬菜的认知方面，只有 15.4% 的消费者反映他们经常听说可追溯蔬菜，而有 383 个消费者表示他们只是偶尔听说，占比最大，为 45.6%；其次，有 18.1% 的消费者只是听说过一两次，但是还有 21.0% 的消费者没有听说过可追溯蔬菜，这说明可追溯蔬菜推广宣传度较低。

表 7 – 12　　消费者对可追溯蔬菜的认知

特征	特征属性	频数（个）	占比（%）
消费者对可追溯蔬菜的认知程度	经常听说	129	15.4
	偶尔听说	383	45.6
	听说过一两次	152	18.1
	没听过	176	21.0
消费者应用农产品可追溯系统行为	经常使用	45	5.4
	偶尔使用	171	20.4
	用过一两次	114	13.6
	从没用过	510	60.7

续表

特征	特征属性	频数（个）	占比（%）
消费者对实施蔬菜可追溯的重要性认知	非常重要	214	25.5
	比较重要	425	50.6
	无所谓	146	17.4
	不太重要	30	3.6
	没用	25	3.0

在消费者应用农产品可追溯系统行为方面，消费者选择最多的是从没用过，占比为60.7%，用过一两次的消费者占到13.6%，有20.4%的消费者表示他们偶尔使用，经常使用的消费者很少，只有5.4%，这说明农产品可追溯系统应用率低，需要加大推广普及。在实施蔬菜可追溯的重要性认知方面，有25.5%的消费者表示非常重要，有50.6%的消费者表示比较重要，总计有76.1%的消费者认为实施可追溯蔬菜重要，其他23.9%的消费者持有中立态度或认为不重要，甚至没用，可以看出消费者认为实施可追溯蔬菜的比较重要。

可追溯技术和设备是实施蔬菜可追溯的基础，也是实现的主要载体，从图7-23的调查结果可以看出，有697个消费者表示他们知道二维码，占比最大，为83.0%，其次是有65.4%的消费者表示了解条形码，对于其他可追溯技术或设备了解的消费者相对较少，例如，食品标签为46.7%，网络查询为39.3%，电话查询为32.6%等。消费者对可追溯技术或设备的了解程度从大到小依次为：二维码>条形码>食品标签>网络查询>电话查询>终端查询机>追溯信息系统>RFID。

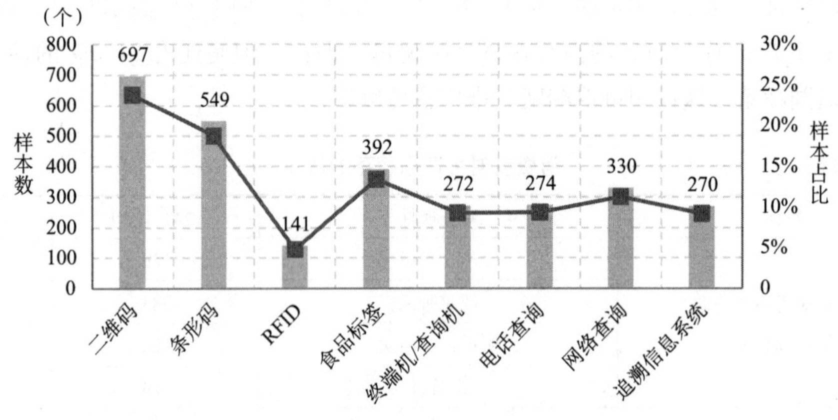

图7-23　消费者对可追溯技术或设备认知

2. 消费者对蔬菜可追溯标签认知。可追溯标签是实现蔬菜可追溯的重要标识和信息载体，对于实现蔬菜的可追溯具有重要作用。从表7-13的调查统计结果来看，首先，在消费者对带有标签蔬菜的购买行为方面，有46.5%的消费者表示他们有时会购买，占比最大；其次，有32.6%的消费者会经常购买，所购买的蔬菜全部带有标签的消费者占到总样本的4.3%，很少购买的消费者占到10%，但是还有6.5%的消费者从没购买过带有标签信息的蔬菜，可以看出消费者对带有标签的蔬菜认可度较高。关于消费者在购买蔬菜时查看标签信息行为方面，只有6.9%的消费者表示他们不看标签信息，其余93.1%在购买蔬菜时会查看标签信息，只是查看信息程度具有差异性，其中有8.1%的消费者会把标签信息全部看完，有31.5%的消费者经常看，占比最大的是消费者大致看一下，偶尔看标签信息的消费者占到14.9%，这说明标签信息对消费者购买蔬菜行为能够产生影响，标签上的信息对消费者购买蔬菜具有引导和提示作用。在消费者对蔬菜上的标签信息信任度方面，只有4.6%的消费者表示他们非常信任，选择比较信任的消费者占到33.2%，明确信任标签信息的消费者占到总样本的37.8%；其次选择中立态度的消费者最多，有439个，占比超过一半，为52.3%，明确表示不相信蔬菜标签信息的消费者占到9.9%，这说明相信蔬菜上标签信息的消费者占比不高。

表7－13　　　　　　　　消费者对蔬菜标签认知行为

特征	特征属性	频数（个）	占比（%）
消费者对带有标签蔬菜的购买行为	全部购买	36	4.3
	经常购买	274	32.6
	有时购买	391	46.5
	只购买过几次	84	10.0
	从没购买	55	6.5
消费者购买蔬菜时查看标签信息行为	全部看	68	8.1
	经常看	265	31.5
	大致看一下	324	38.6
	偶尔看	125	14.9
	不看	58	6.9
消费者对蔬菜上标签信息的信任度	非常信任	39	4.6
	比较信任	279	33.2
	不好说	439	52.3
	不信任	67	8.0
	很不信任	16	1.9

不同类型的标签承载着的信息有所差异，基于消费者需求角度（见图7－24），蔬菜生产日期和原产地信息是消费者认为标签上最应该有的信息，选择这2个选择的消费者分别占到83.0%和81.2%；其次消费者认为标签上应该有农药化肥施用情况、保质期和生产厂商3种信息，占比均超过70.0%；然后是相关部门出具的检验结果、品牌认证和质量安全认证信息，选择这些选择的消费者分别占到65.0%、65.8%和57.1%；选择营养成分

和食用功效的消费者相对较少，分别占到44.0%和26.0%。因此，消费者认为标签上信息必要性从大到小依次为：生产日期＞原产地＞农药化肥施用情况＞保质期＞生产厂商＞品牌认证＞检验结果＞质量安全认证＞营养成分＞食用功效。

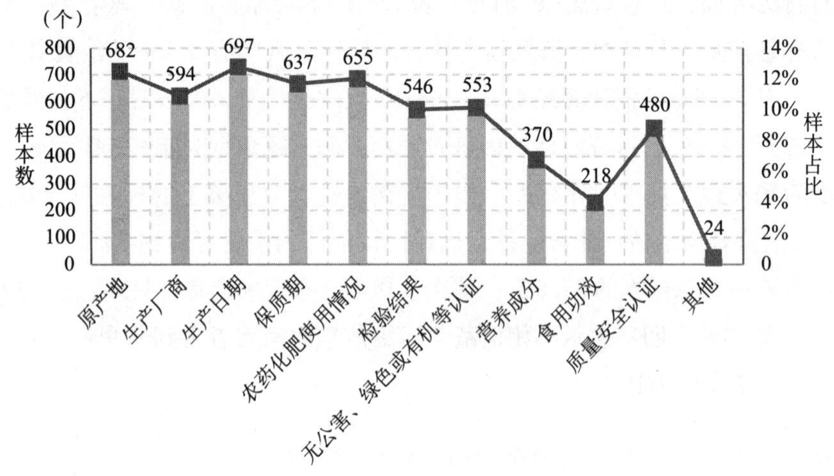

图7－24　消费者认为标签上应该包含的信息

标签上的信息展示形式也是多种多样，从图7－25可以看出，在消费者最愿意接受标签信息展示方式上，选择标签上可直接看到的消费者最多，占到39.3%，其次有24.9%的消费者选择手机二维码形式，还有16.5%的消费者认为在农产品旁边放置终端查询机比较好，选择回家后通过网络验证的消费者占10.7%，消费者对柜台查询和销售员解说方式的接受意愿最低。因此，在将相关蔬菜信息通过标签进行展现时，选择展示形式依次为：标签直接可看＞二维码扫描＞终端查询机＞网络验证。

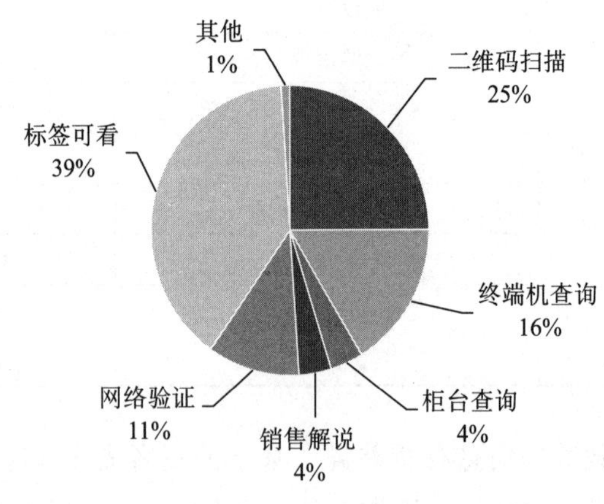

图7－25　消费者对最能接受的标签信息验证方式

在进行蔬菜标签信息载入时，利益相关者为追求利润最大化，他们会刻意篡改或伪造标签信息，从而使标签上的信息与实际蔬菜信息不符，造成蔬菜质量安全无法保证的情况发生。因此，标签信息提供者在蔬菜质量安全可追溯体系中具有重要作用。根据调查统计结果（见图7-26），消费者认为由专业权威认证机构和政府部门（工商、质检部门等）提供的标签信息信任度最高，分别占比为64.2%和62.5%，消费者对生产厂家、经销商和行业组织提高的标签信息信任度较低，均不足30%。这说明标签信息提供者不应该是相关利益主体，且具有权威性和监管能力。

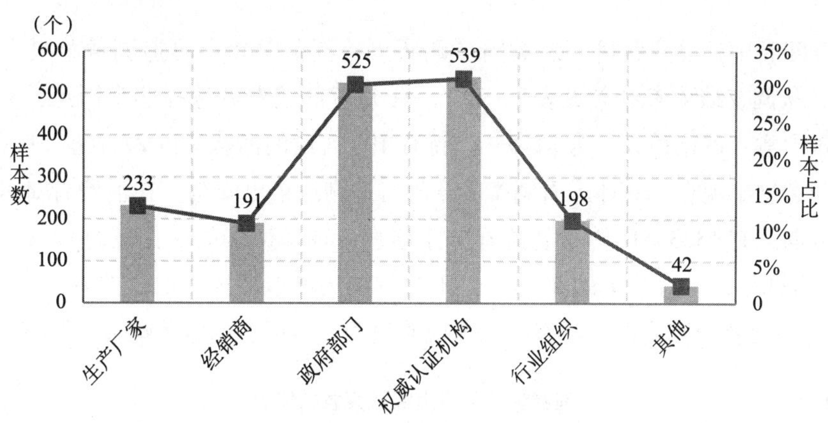

图7-26　信任度较高的标签信息提供者

3. 消费者对可追溯蔬菜的支付购买意愿分析。可追溯蔬菜在保证蔬菜质量同时，也会产生高成本，造成蔬菜价格较高，从调研结果来看，有64.6%的消费者能够接受可追溯蔬菜价格为普通蔬菜价格1.5倍，对于可追溯蔬菜价格是普通蔬菜价格2倍情况下，有30.2%的消费者能够接受，如果可追溯蔬菜价格更高，可接受的消费者很少。因此，在实施蔬菜可追溯时，在保证蔬菜质量安全的情况下，应该尽可能降低成本，使蔬菜价格不要过高。

从表7-14可看出，在政府对追溯企业或蔬菜生产者监管能力方面，只有4.8%的消费者非常信任，有33.3%的消费比较相信，持有中立态度“不好说”的消费者占48.8%，其次还有13.2%的消费者明确表示不信任。在政府监管可追溯蔬菜是否可信方面，与政府监管能力信任度分布相似，选择非常信任或比较信任的消费者占到总样本的45.6%，有11.3%的消费者明确表示不信任，而其余43.1%的消费者持有中立态度。从这两个方面综合情况可看出，消费者对政府能够监管可追溯蔬菜的信任度不高。

表7-14　　消费者对政府监管能力信任度

特征	特征属性	频数（个）	占比（%）
消费者对政府实施蔬菜可追溯企业或种植户监管能力的信任度	非常信任	40	4.8
	比较信任	280	33.3
	不好说	410	48.8
	不信任	66	7.9
	很不信任	44	5.2

续表

特征	特征属性	频数（个）	占比（%）
消费者对政府监管可追溯蔬菜的信任度	非常信任	48	5.7
	比较信任	335	39.9
	不好说	362	43.1
	不信任	59	7
	很不信任	36	4.3

在调查问卷中，设置题目“您赞同‘购买可追溯蔬菜比不可追溯蔬菜更安全’这一观点吗?”，从调查结果来看（见表7－15），有11%的消费者选择非常同意，有441个消费选择比较同意，占比最大，为52.5%，持有中立态度的消费者占27.7%，只有8.8%的消费者不同意这个观点，总体来看消费者认为可追溯蔬菜更安全。在消费者对可追溯蔬菜购买意愿方面，有13.3%的消费者选择非常愿意，选择最多的是比较愿意这个选项，有423个消费者选择，占总样本的50.4%，不愿意购买可追溯蔬菜的消费者只有3.4%，其余31.9%的消费者没有明确意愿态度，这说明消费者对可追溯蔬菜购买意愿较为强烈。

表7－15　　　　消费者购买可追溯蔬菜意愿情况

特征	特征属性	频数（个）	占比（%）
消费者对“可追溯蔬菜更安全”观点的认知	非常同意	92	11
	比较同意	441	52.5
	一般	233	27.7
	不大同意	55	6.5
	完全不同意	19	2.3
消费者对可追溯蔬菜的购买意愿	非常愿意	112	13.3
	比较愿意	423	50.4
	一般	268	31.9
	不愿意	27	3.2
	非常不愿意	10	1.2

四、新型经营主体现状

2017年被调查的新型蔬菜生产经营主体共有45家，主要有家庭农场、生产基地、合作社、农业企业等。其中家庭农场2家、生产基地10家、合作社24家、农业生产企业9家，涉及大兴、房山、通州、怀柔、顺义5个区。

具体情况如下：

在2010年以前成立的有25家，在2010年和2015年之间成立的有15家，2015年以后成立的有5家。占地规模最大为北京兴农鼎力种植专业合作社，为6000亩，占地规模最小的为10亩，被调查的45家新型经营组织平均占地规模为521亩。平均吸纳农户133

户，平均与农户签订合同76个，平均带动农户增收22081元。2017年总销售平均收入为737万元，其中叶菜销售收入平均为231万元。叶菜主要种植生菜和菠菜，叶菜的主要种植方式为塑料大棚和日光温室。

新型经营主体户主受教育程度都为初中以上，其中受教育程度为初中人数是13人，受教育程度为高中的人数是18人，受教育程度为大专及以上的人数是14人。这说明新型经营主体的受教育水平程度越来越高，主要因为新型经营主体的规模化发展，需要更多懂技术、懂管理的人才。负责人为党员的人数为18人，非党员为27人。从事蔬菜生产的人员年龄主要集中在42~50岁，说明从事农业劳动者老龄化严重，需要培育年轻化新型农民，为新型经营主体增添活力。

合作社—基地—龙头企业经营主要服务是产销一体化服务、生产技术服务为主、加工农产品销售服务为主；合作社—基地—龙头企业对成员提供的主要服务是销售产品、病虫害与疫病防治、耕作、技术指导等服务、统一标准化生产，统一品牌、包装；合作社—基地—龙头企业帮助社员销售产品的途径是统一运到批发市场、与超市对接、直接向消费单位供应。

第二节　产业发展中创新团队的技术支撑作用

一、团队基本情况

（一）创新团队功能定位及其建设任务

依据北京市“都市型现代农业”、“菜篮子工程”的功能定位及其发展战略规划，北京市叶类蔬菜产业定位体现在城市蔬菜应急供应的基地、农民增收致富的手段、现代都市农业的展示、首都技术优势的示范4个方面，其发展方向是以北京蔬菜“三率一能力”建设为主线，以“节水、减肥（减施化肥）、减药（减施农药）”为工作方向，认真组织实施和开展叶菜新品种筛选培育、高效节水技术、减肥减药技术、水肥一体化技术、绿色防控技术研究、示范与推广，有效促进北京市叶菜产业健康有序发展。

团队以“节水轻简、安全生产、周年均衡”为目标，以生菜、芹菜、菠菜、油菜和快菜等主要叶菜为重点，开展新品种选育、种苗集约化培育、轻简省力化栽培、安全标准化生产、产品采后质量保持及现代流通技术等研究，研究成果为提高叶菜产量，保障产品安全，提升供给能力，促进农民增收，提供有效的技术支撑。

（二）创新团队组成架构

北京市叶类蔬菜创新团队于2012年4月组建。团队由3个层级构成，产业技术研发中心依托北京农学院，团队聘任首席专家1名，功能室主任4名，岗位专家（合作专家）20名，下设综合试验站6个，农民田间学校工作站30个，团队成员共计56名。北京市叶类蔬菜创新团队是由产业技术研发中心（育种与繁育、栽培与设施设备、病虫害防控与产品安全和加工流通与产业经济4个功能研究室）、综合试验站和农民田间学校工作站3个层级构成。

（三）创新团队作用与交流机制

北京叶类蔬菜产业当前发展目标是健康、稳定发展；远景发展目标则是可持续发展。依据京农发〔2009〕44号文件，北京市叶类蔬菜创新团队作用机制可以解读为三个关键词：产业（对象、目标）、技术（手段）和创新（手段）。依托北京市叶类蔬菜创新团队平台，通过技术创新和制度创新手段，实现北京市叶类蔬菜产业可持续发展。

二、技术研发与主推技术

（一）团队技术研发情况

1. 攻破生菜周年生产关。在冬春大棚阳畦低温鉴定12份快菜转育材料的耐抽薹性，筛选出99个耐抽薹快菜单株系并进一步筛选优良的耐抽薹快菜育种材料。团队筛选出油菜品种4个，分别是京绿1号、京绿4号、国夏2号、国夏3号；快菜品种6个，分别是京研皇白快菜、京研快菜、17K4、17K、早熟5号（CK）、京研紫快菜。筛选出耐热菠菜品种2个，沪菠一号，沪菠二号；筛选出相对节水菠菜品种3个，全胜、格兰、皇家速腾。皇家速腾为黑绿，波菲特和全球菠菜叶片深绿，三个品种叶片均比国产品种叶片厚，折合亩产皇家速腾3857.48千克、波菲特4055.36千克和全球菠菜4548.94千克。三个品种均适宜在北京地区种植，以全球菠菜产量最高。从生菜品种方面来看，相对较为适合春季塑料大棚种植的散叶、结球生菜品种分别为大速生和北生1号，其产量分别达到3554千克/亩和4439.8千克/亩，且具有生长势强、抗病性强等品质。

2. 优新品种创制成果喜人。繁育快菜新品种9个，自交系80份，共400个单株系、试配杂交组合124个，繁育面积为1300亩；繁育油菜新品种15个，自交系985份，共4800个单株系、试配杂交组合630个，繁育面积为700亩；新生产合格快菜、油菜杂交种子25万千克。

3. 茬口巧组合菜农收益多。通过对5种叶类蔬菜（快菜、油菜、生菜、芹菜、菠菜）的周年种植茬口安排，对每茬叶菜生产的投入产出情况分析，筛选茬口衔接较好且效益较高的茬口组合，摸索出叶菜的高效茬口模式。在往年试验的基础上，2017年主要在通州永盛园的塑料大棚内进行试验摸索，示范面积1亩。按每茬效益最高并刨除茬口重合后，截至目前的茬口效益组合如表7－16所示。

表 7-16　　茬口组合效益

茬口组合效益				亩效益（元）
第一茬	第二茬	第三茬	第四茬	
油菜	散叶生菜	快菜	快菜	16222
快菜	菠菜	油菜	油菜	131558
芹菜	快菜	菠菜	菠菜	11171

4. 水肥一体化技术示范。滴灌专用水溶肥料示范。根据作物需肥规律、土壤特点与微灌施肥条件，测定土壤养分含量，制定作物肥料配方，推荐施肥方案和肥料种类。建议叶类菜按不同时期进行滴灌施肥，肥料养分含量为 40%，N∶P_2O_5∶K_2O 比例前期为 2∶1∶1，中后期为 4∶1∶3。

制定灌溉施肥制度，提高水肥利用率。针对园区以前主要凭经验进行灌溉，存在水资源的浪费等问题，提出蔬菜高产优质条件下的灌溉制度，利用取土烘干法或张力计法，在作物不同生育时期测试叶菜 0～40 厘米和果菜 0～60 厘米土壤含水量，明确灌溉起点、单次灌溉量、灌溉次数和灌溉总量等指标。制定塑料大棚主要种植作物灌溉施肥技术方案，对示范户的灌溉制度进行调亏和减量，在高产优质的前提下进一步提高水分生产效率。

5. 科技助力节水轻简化提升。节水灌溉技术：滴灌与地面灌溉和喷灌相比，具有省水省工、增产增收的优点。因为灌溉时，水不在空中运动，不打湿叶面，也没有有效湿润面积以外的土壤表面蒸发，故直接损耗于蒸发的水量最少，另外由于保持了植株生长环境较低的湿度，从而大大降低了病害的发生，减少了农药的用量；容易控制水量，不致产生地面经流和土壤深层渗漏。故可以比喷灌节省水 35%～75%。由于作物根区能够保持着最适的供水状态和供肥状态，故能增产。目前重点在昌平区进行推广示范，全区已安装近 700 套滴灌设备，推广 4800 亩，节水 10 余万吨。弥粉机喷粉施药节水关键技术：针对病害防治需求及传统防治方法存在的问题，开发了精量电动弥粉机及配套的弥粉剂。利用该技术不需要将药剂用水稀释，直接喷粉施药，100% 节约杀菌剂配药的用水量，以每亩喷施杀菌剂 1 次、用水 45 千克技术，单茬节约用水 45 千克/亩。

6. 绿色防控技术保障生产品安全。积极推广黄板、篮板、杀虫灯、防虫网、遮阳网等物理防治，推广天敌、性诱剂、小檗碱等生物农药，适量使用低毒低残留化学农药。推广应用风幕机和防虫门；使用稻壳提温去湿；防虫网防治虫害；遮阳网防治高温病害；黄、蓝板诱杀蓟马、蚜虫等，配以性诱剂可扑杀食心虫雄成虫、棉铃虫雄成虫等多种害虫的成虫；用异色瓢虫防治蚜虫；巴氏新小绥螨捕食粉螨、蓟马等；熊蜂授粉技术等等。

7. 保障叶菜商品优质安全鲜嫩。近年来，果蔬的销售量增加较快。果蔬的安全问题，特别是微生物带来的安全问题也越来越严峻。因此，需要建立一套可以方便、快捷、有效的方法来评估生食果蔬的致病微生物安全性。团队利用基因重组技术将融合蛋白 stx2（A）-GFP 基因转化分离自生菜的大肠杆菌中，使其可以稳定表达该融合蛋白。再将构建的菌株以不同的方式及不同条件投放到不同果蔬之中，根据其生长情况的不同评价不同果蔬微生物安全性。

（二）团队主推技术情况

1. 促进叶菜新品种研发与示范。

（1）品种鉴定、筛选。

油菜、快菜。2017 年 3 ~ 5 月，在北京的春大棚、春露地分别对油菜、快菜进行鉴定筛选，共鉴定引种材料 37 个、耐抽薹油菜自交系 140 个、耐抽薹油菜组合 128 个，新筛选出优良耐抽薹自交系 1 份（17W9 -37④）、优良耐抽薹杂交组合 1 个（17W8 -36）；7 ~9 月（北京）、8 ~10 月（湖南）进行露地鉴定筛选，鉴定耐热油菜引种材料 77 个、杂交组合 287 个、自交系 232 个共 1805 个株系，新筛选出优良耐热耐雨水杂交组合 1 个（17N1）、自交系 4 份（17R9 -89、17R9 -235、17H9 -5、17H9 -66）；鉴定耐热快菜引种材料 26 个、杂交组合 129 个、自交系 103 个共 423 个株系，新筛选出耐热耐雨水优良杂交组合 4 个（17L5 -143、17L5 -137、17L5 -144、17L5 -170）、自交系 6 份（17L5 -143②、17L5 -191④、17L5 -195③、17L5 -197③、17L5 -208②、17L5 -263②）。

菠菜。筛选出耐热菠菜品种 2 个，沪菠一号、沪菠二号；筛选出相对节水菠菜品种 3 个，全胜、格兰、皇家速腾。重点对皇家速腾、波菲特和全球菠菜三种菠菜进行筛选试验，从叶形来看，皇家速腾、波菲特叶形为戟形，全球菠菜叶形为圆形，且全球菠菜叶片明显大于波菲特和皇家速腾。从叶片颜色来看，皇家速腾为黑绿，波菲特和全球菠菜叶片深绿，三个品种叶片均比国产品种叶片厚，折合亩产皇家速腾 3857.48 千克、波菲特 4055.36 千克和全球菠菜 4548.94 千克。三个品种均适宜在北京地区种植，以全球菠菜产量最高。

生菜。重点对散生 1 号和散生 3 号两种散叶生菜以及球生 1 号、球生 2 号、球生 3 号、球生 4 号四种结球生菜进行对比鉴定分析。在春季大棚种植方面，散叶生菜中散生 3 号更优，其平均株高达到 33 厘米，最大展幅 50 ×46 厘米，单株重 1.32 千克，棚产量 2707 千克/棚，亩产量 4514 千克/亩，结球生菜中球生 2 号最优，其平均株高达到 26 厘米，最大展幅 54 ×49 厘米，单株重 1.44 千克，棚产量 2953 千克/棚，亩产量 4924 千克/亩，且散叶生菜，结球生菜品种普遍生长稳定，产量高，口感好，深受大众喜好。从生菜品种方面来看，相对较为适合春季塑料大棚种植的散叶、结球生菜品种分别为大速生和北生 1 号，其产量分别达到 3554 千克/亩和 4439.8 千克/亩，且具有生长势强，抗病性强等品质。

（2）新品种繁育。繁育快菜新品种 9 个，自交系 80 份，共 400 个单株系、试配杂交组合 124 个，繁育面积为 1300 亩；繁育油菜新品种 15 个，自交系 985 份，共 4800 个单株系、试配杂交组合 630 个，繁育面积为 700 亩；新生产合格快菜、油菜杂交种子 25 万千克。在甘肃酒泉、张掖等地继续开展生菜繁种工作。

（3）芹菜抗病种质创制。团队开展芹菜抗（耐）根结线虫品质筛选试验。试验在通州小杜社农户温室内进行，试验芹菜品种有汉中实杆芹菜 212、实杆芹 150、铁杆青 30/214、文图拉、京芹 1 号等 43 个，涵盖西芹和本芹品种。通过土壤中根结线虫二龄幼虫检测、芹菜根部根结病级分级，初步筛选出耐线虫的品种 2~3 个。结果表明汉中实杆芹菜 212、古城营实心芹 272、实心芹菜 31、崂山实梗芹菜 174 等品种具有较强的根结线虫抗（耐）性。具有在实际生产中根结线虫较为严重的地方推广应用价值。可大幅减少芹菜根结线虫防治药剂的使用。

2017 年初，于北京市通州区小杜社村线虫高发大棚内，对前期筛选获得的 43 品种芹菜，以铝离子诱变方式筛选获得优系繁育材料并进行了种植筛选，通过对此代诱变材料的生长期的监测及收获期调查，获得优质高产、抗线虫芹菜优系 2 份，并完成获得优系的繁育工作，以备进一步扩大面积筛选。在北京市大兴区长子营镇罗庄基地，对芹菜诱变材料的第二代繁育材料进行优质农艺性状材料的筛选，获得 28 株具有株高 90 厘米以上、侧枝少、实心等商品性状优良的材料进行繁种；于北京市延庆区蔬菜中心基地，对诱变并筛选优系后繁育的芹菜资源进行育苗，育苗完成后将在冬季种植在温室内，对创制资源进行抗菌核病种质资源的筛选。另外，引进芹菜新品种及资源 45 份，进行春秋两季芹菜的抗线虫及高品种芹菜品种筛选。两种方式初步共计筛选出抗线虫品种 10 份，高品种芹菜品种 2 份。

2. 叶菜轻简化生产与示范。

（1）补施二氧化碳气肥装置研制。利用太阳能加热补施二氧化碳气肥装置的第一轮样机正在制作中。该样机采用组装式结构设计，可根据光照后装置内空气温度的上升情况，通过不同速度的热风的交换，达到补施日光温室内二氧化碳浓度的效果。

装置功能：一是将加温部分改为组装式，通过积木式连接，可实现递进式加大换气量的目标；二是通过加大或改变鼓风机构，使换气进入温室的气温更加适宜；三是增设碳纤维加热装置，使非晴天可实现少量换气的功能。

（2）大棚王配套用深松机研制。为了打破日光温室内常年浅层旋耕作业形成的土壤板结层，改善土壤的通气透水性，提高土壤墒情，叶菜团队在上年研制的与微耕机配套的旋转式深松机基础上，进一步探索性地开展了与大棚王配套的旋转式深松机的研发工作。样机已经完成，并分别在平谷京东绿谷、通州永盛园进行了初步试验。该深松机以 40 马力及以上的大棚王为动力，配备专用深松刀，可一次完成深松 30 厘米左右的作业深度，可以完成日光温室、大棚及棚档等较小地块多年靠旋耕机作业后形成“犁底层”破层效果。目前已经获得实用新型专利。

（3）新型弥粉机研制。针对病害防治需求及传统防治方法存在的问题，开发了精量电动弥粉机及配套的弥粉剂。该技术成熟，已经实现商品化生产，在传统农药登记的基础上采用新型加工工艺，产品符合农药法要求。该新型精量电动弥粉机是最新喷粉设备，采用背负式设计，主机采用长方体设计，长×宽×高=26×18.5×56.5 厘米，工作重量（含电池）为7千克，每亩地喷粉量为25～100克，可精确控制出粉量，实现微量粉尘剂的全田均匀扩散。控粉精度可以达到0.15～0.6克/秒，单棚作业时间为3～5分钟，施药后粉尘剂在棚室内的悬浮时间为1.5～2小时。主要用于防治设施叶类蔬菜灰霉病、霜霉病、菌核病、叶斑病等，防治效果能达到85%以上。极大地降低了施药的劳动强度，降低了劳动力成本，同时节约在设施蔬菜病害防控方面具有较强的优势。

（4）叶菜苗盘自动填土手持播种小型流水线研制。针对现有的叶菜育苗播种环节基本是手动填土，半自动播种或手动播种，再手动填土，机械化水平较低的现状，叶菜团队将示范推广效果较好的手持式育苗播种器与半自动填土设备进行整合，形成播种流水线，提高育苗播种机械化水平，减少人工作业。在确定了小型流水线的技术路线后，完成了流水线的填土机构、苗盘输送机构、整盘压穴机构等部件的结构设计工作，苗盘自动填土手持播种小型流水线第一代样机已经制作完成，并在通州永盛园进行了初步试验。试验结果表明，该流水线一次作业可完成硬苗盘的填底土、整盘一次压穴成型、手持整盘播种、播种后覆土的短流程作业，可在一定程度上减轻穴盘播种的劳动强度。目前已经获得实用新型专利。

（5）叶菜生产机械化集成模式。北京叶菜机械化生产多为单一环节实现了机械化作业，多个环节之间的机械化设备或设备参数还不配套，不能实现叶菜整个种植过程机械化。为此，团队在北京永盛园农业种植中心开展育苗、耕整地、移栽等环节配套机械化作业模式的试验。通过对各设备的机械化作业参数进行测定及选型，力争形成一套关键环节机械化集成作业模式。现已经完成各环节机械化设备参数测定，对数据进行分析后形成作业规范。

（6）叶菜新型越夏机械化生产模式。6～9月份，在金六环进行了透明保温被和遮阳网直接降温的越夏试验，在东方种植园开展以土壤或椰糠为种植载体，配以膜上外遮阳网、湿帘降温等机械化配套生产方式。试验表明，以土壤或椰糠为种植载体，配以膜上外遮阳网、湿帘降温等机械化配套生产方式可有效实现叶菜的越夏生产。

（7）油菜机械化播种试验。为了找到一种适合于春季日光温室油菜精量播种的播种机，使苗疏密适度，均匀生长，避免播种过密，增加间苗工作量。顺义综合试验站开展油菜机械化播种试验，该试验于2017年3月23日采用蔬菜播种机直播于日光温室中，油菜品种为春油一号，采用DB－S04型叶菜播种机直播，该型号播种机最显著的特点就是开沟、播种、覆土、镇压一次完成四次作业，播种速度、播种量、播种株行距均可调。试验根据油菜种植株距为9厘米、11厘米、13厘米，通过安装不同播种轮，更换齿轮确定为11厘米、13厘米、14厘米的3种株距，播种轮穴数设置为3～6、3～10两种方式，测定不同株距、孔数和速度组合对春季油菜播种质量的影响。

通过调查结果显示，本次试验中设计株距为9厘米的播种效果最佳，出苗率高，后期无须人工间苗，平均株距为10厘米，基本上能满足农艺要求；而设计株距为11厘米、13

厘米的出苗率较低，需后期补苗。针对此次试验结果得出结论为播种深度及后期管理对出苗率有很大影响。

（8）叶菜农机具推广示范。2017 年 3 月 2 日，房山区综合试验站在周庄基地开展小型农机田间现场展示活动，此次活动由北京市叶类蔬菜创新团队专家张京开老师指导，北京泰华芦村种植专业合作社、北京惠欣恒泰种植专业合作社等基地技术负责人及房山区叶类蔬菜项目相关人员共计 30 余人参加。活动现场展示了一款具有高效、省时、省力、节药特点的小型烟雾式打药机，将安全、高效的理念带到了田间地头，受到一致好评。

永通昌盛园区示范自动移栽机以及集约化育苗，其中自动移栽机属园区自主购置，生产厂家为宝鸡市鼎铎机械有限公司，造价 5 万元/台。可电脑控制株距（10 ~ 60 厘米）深浅及速度，最快可达 75 棵/秒。目前园区应用良好；在集约化育苗方面，配套使用节水设施设备，为园区自身和其他种植园区、农户提供种苗。在专业的育苗温室，结合微喷、水肥一体化等技术措施，提高了园区育苗水平，提升了种苗质量。

（9）水雾烟雾两用机试验。利用前期引进的水雾烟雾两用机分别在房山、大兴、通州永盛园、昌平昌鑫园区、海淀上庄园区等地进行了示范性试验，初步结果显示，在日光温室内，喷药用水量节约达三十分之一至二十分之一，节药可达五分之二至四分之三。

3. 叶类蔬菜“两减一节”。

（1）减肥关键技术。

测土配方施肥技术。测土配方施肥技术是指通过土壤测定，及时掌握土壤肥力状况，按不同作物的需肥特征和农业生产要求，实行有机肥与化肥、氮肥与磷钾肥、中微量元素等肥料适量配比平衡施用，做到“对症下药”，提高肥料养分利用率，促进农业生产高产、优质和高效的一种科学施肥方法。推广测土配方施肥技术，可以提高化肥利用率 5% ~ 10%，增产率一般为 10% ~ 15%，高的可达 20% 以上。实行测土配方施肥不但能提高化肥利用率，获得稳产高产，还能改善农产品质量，是一项增产节肥、节支增收的技术措施。

UAN 与抑制剂配施技术。2017 年在北京市大兴区北蒲州裕农现代农业生产园区的普通日光温室中进行实验，探究尿素硝酸铵溶液（UAN）与双抑制型 N DUAL 和脲酶抑制剂 NH_4 PROTECT 配施在华北地区结球生菜生产中的应用效果，评价两种抑制剂不同用量下对生菜生长、产量与环境的改善作用，为 UAN 与抑制剂配施提供科学依据。

综合养分管理技术。通过底肥减量、追肥优化和配方筛选，结合节水、节肥生态发展和化肥零增长的要求，对生菜施肥管理技术进行了研究和优化。计划在当前基地条件下，推荐生菜全生育期追肥用量 20 千克/亩（养分投入量 10.4 千克/亩），与常规管理方式比较，底肥用量由 40 千克/亩降低到 20 千克/亩，追肥用量由 40 千克/亩减少到 20 千克/亩，养分投入总量由 32.9 千克减少到 19.4 千克/亩。

（2）减药关键技术。

叶菜苗期灌根虫害防治技术。蚜虫、蓟马、叶螨等小型害虫体型微小，危害隐蔽，种群增长速度快，防治不及时很容易造成大危害。新烟碱类杀虫剂具有内吸性作用，其特点是药剂通过植物根部吸收，然后通过维管束系统输送到植物的各个部位，从而对在植物上取食的害虫发挥作用。用内吸性新烟碱类药剂噻虫嗪对叶菜快进行穴盘苗灌根处理，然后正常移栽。对四种叶菜上的蓟马、蚜虫、叶螨等害虫均有显著的防治效果，且持效期长，产品中噻虫嗪的残留量符合国际标准。采用噻虫嗪在叶菜苗期进行灌根处理，不但对主要发生的害虫等有优良防效，而且能够减少生产期间药剂施用次数，能保证蔬菜的食品安全，同时节水节人工成本。在中国农科院试验农场进行示范效果显著。

南方根结线虫防治技术。通过在中国农业大学实验室及怀柔“北京南山农业生态环境有限公司”测定及田间试验，进行了竹醋液、植物浸提液及其1:1混合液对南方根结线虫的防治效果及对蔬菜生长影响的研究。成果表明：植物源生物杀线剂对芹菜、生菜等叶类蔬菜的南方根结线虫的卵和二龄幼虫有明显的抑制和防治效果，田间使用200倍液，防治效果可达到60%以上且促进蔬菜生长，可以用于有机蔬菜线虫的控制；上述处理对田间栽培芹菜的株高、叶绿素含量、根系活力等生长指标具有显著提升效果。

叶菜虫害控制体系。构建了以天敌释放为主的叶菜虫害控制体系，利用赤眼蜂、捕食螨、异色瓢虫、小花蝽和烟盲蝽对叶菜主要害虫小菜蛾、叶螨、蚜虫、蓟马和粉虱进行全覆盖防治。

赤眼蜂：利用性诱剂诱芯对目标害虫进行预测报，使害虫产卵期与赤眼蜂的羽化期相吻合。第一次放蜂应害虫产卵初期，宜早，成虫（蛾）的羽化高峰期可作为初次放蜂指标。初次放蜂量，若害虫卵量不大，放蜂量可少些（0.5~1万头/亩次）；卵始盛期应加大放蜂量（1.5~2万头/亩次）；产卵后期，赤眼蜂在田间的自然繁殖期间其他天敌种群数量的增多，放蜂量可适当减少。每亩3~5个放蜂点，高温、干旱的条件下，应加大放蜂密度；潮湿、气候较凉爽的地区，可少设放蜂点；飞行半径30米，20米内效果较好。可将“放蜂器”固定在植株中下部叶片背面，保护赤眼蜂。

异色瓢虫：当设施内黄板监测出现两头蚜虫即开始防治；或于蔬菜定植后每天人工观察，发现蚜虫即应开始防治；建议在作物的整个生长季节内，释放三次瓢虫。蚜虫零星出现时可进行预防性控制，在田间悬挂卵卡，50~60张/亩，将卵卡固定在不被阳光直射的蔬菜的叶柄处，避免阳光直射。治疗性控制以释放幼虫或成虫为主，在蚜虫发生“中心株”上撒施，2~4头/平方米。

东亚小花蝽：田间蔬菜顶端撒施，每亩释放点40~50个，每点释放数量不少于20头，早晨或傍晚释放效果好。

烟盲蝽：每平方米释放2头，田间蔬菜撒施或者挂袋，每亩释放点50个，每点释放数量不少于20头上午10点以前或下午5点之后晚释放效果好。

巴氏新小绥螨：巴氏新小绥螨对害螨有一定的防控作用，益害比1:10释放后第5天巴氏新小绥螨对害螨的控制作用达到68.5%。为保证防治效果，建议在害螨发生量较小时（≤5头/株）释放巴氏新小绥螨进行防控。

植物源抑草剂。选用华北地区常见杂草，单子叶杂草9种：狗尾草、稗草、早熟禾、狗牙根、牛筋草、马唐、白茅、香附子、黑麦草。双子叶杂草4种：马齿苋、牵牛花、蒲公英、播娘蒿。将生物除草剂1号和2号，设置为50倍、100倍、200倍共3个处理浓度（根据实际情况改变），在直径为9厘米的培养皿中放2层滤纸，加入5毫升相应药液（对照加去离子水），每个培养皿放入60粒处理后的杂草种子，盖上皿盖，放入生化培养箱中，在25℃、黑暗条件下培养，每个处理重复三次。每天定时统计日发芽量，种皮破裂为发芽标准。每个处理第1粒种子发芽的时间为该处理种子开始发芽时间，并计算发芽率和发芽势。

设施土壤药剂熏蒸。近年来设施土壤问题越来越严重，受到人们的广泛关注，同时土壤微生物种群监测基础数据缺失，土壤熏蒸处理效果评价不科学。团队优化了竹醋液生物熏蒸剂配方；改进了设施土壤生物熏蒸技术，具体步骤包括：讲粉碎的生物质材料如鲜玉米秸秆，或菜籽饼，或蔗糖渣等均匀翻耕到土壤耕作层；将竹醋生物熏蒸剂随水均匀灌施到土壤耕作层；土壤覆膜高温熏蒸20天以上；熏蒸结束后把有益微生物菌剂和腐熟的有机肥均匀翻耕到土壤耕作层；准备移栽。采购竹醋生物熏蒸剂4吨，分别在大兴、通州、顺义、昌平等地示范点展开示范。

生菜根蛆防治技术。近年来，在北京多个区生菜基地发现迟眼蕈蚊幼虫即根蛆的危害，并日益严重。对葱蒜类或者韭菜上根蛆的防治方法不能完全适用于生菜，且根蛆栖息和为害位置隐蔽，防治极为困难，目前生产上主要采用化学农药灌根防治，农药滥用问题严重，不仅污染环境还严重威胁食品安全。团队在大兴河津营生菜上开展挂放黄板和释放剑毛帕厉螨防治生菜根蛆试验及示范，形成了“以挂放黄板防治生菜根蛆地上部分虫态——成虫（迟眼蕈蚊），土壤中撒放捕食螨防治生菜根蛆地下虫态——卵及幼虫的生菜防治根蛆”技术集成模式。

开展综合绿色防治技术示范推广。积极推广黄板、蓝板、杀虫灯、防虫网、遮阳网等物理防治，推广天敌、性诱剂、小檗碱等生物农药，适量使用低毒低残留化学农药。推广应用风幕机和防虫门；使用稻壳提温去湿；防虫网防治虫害；遮阳网防治高温病害；黄、蓝板诱杀蓟马、蚜虫等，配以性诱剂可扑杀食心虫雄成虫、棉铃虫雄成虫等多种害虫的成虫；用异色瓢虫防治蚜虫；巴氏新小绥螨捕食粉螨、蓟马等；熊蜂授粉技术等等。

（3）节水关键技术。

水肥一体化技术示范。滴灌专用水溶肥料示范。根据作物需肥规律、土壤特点与微灌施肥条件，测定土壤养分含量，制定作物肥料配方，推荐施肥方案和肥料种类。建议叶类菜按不同时期进行滴灌施肥，肥料养分含量为40%，$N:P_2O_5:K_2O$ 比例前期为2:1:1，中后期为4:1:3。

制定灌溉施肥制度，提高水肥利用率。针对园区以前主要凭经验进行灌溉，存在水资源的浪费等问题，提出蔬菜高产优质条件下的灌溉制度，利用取土烘干法或张力计法，在作物不同生育时期测试叶菜0～40厘米和果菜0～60厘米土壤含水量，明确灌溉起点、单次灌溉量、灌溉次数和灌溉总量等指标。制定塑料大棚主要种植作物灌溉施肥技术方案，对示范户的灌溉制度进行调亏和减量，在高产优质的前提下进一步提高水分生产效率。

节水灌溉技术。滴灌与地面灌溉和喷灌相比，具有省水省工、增产增收的优点。因为灌溉时，水不在空中运动，不打湿叶面，也没有有效湿润面积以外的土壤表面蒸发，故直接损耗于蒸发的水量最少，另外由于保持了植株生长环境较低的湿度，从而大大降低了病害的发生，减少了农药的用量；容易控制水量，不致产生地面经流和土壤深层渗漏。故可以比喷灌节省水35%～75%。由于作物根区能够保持着最适的供水状态和供肥状态，故能增产。目前重点在昌平区进行推广示范，全区已安装近700套滴灌设备，推广4800亩，节水10余万吨。

节水措施对快菜水分利用及分配的研究。节水措施对快菜灌溉量、产量及水分利用率的影响。温室快菜栽培采用的微喷带、地膜覆盖具有显著降低灌溉量、提高产量和水分利用率的作用，地膜畦灌效果大于微喷带，膜下微喷带栽培节水增产效果最佳。

节水措施对快菜水分配规律的影响。在灌溉水分配方面，快菜温室和露地栽培植株蒸腾量占比例最大，地面蒸发次之，土壤蓄水、植株蓄水所占比例极小；快菜采用地膜和微喷带栽培后蒸发量占比较畦灌蒸腾量占比显著提升，蒸发量占比显著下降。采用微喷带灌溉、地膜覆盖能降低地面蒸发，提高植株蒸腾和植株蓄水，且地膜覆盖效果大于微喷带，地膜覆盖+微喷带栽培作用最强。

节水措施对菠菜水分利用及分配的研究。节水措施菠菜灌溉量、产量及水分利用率的影响。可知各时期的灌溉量与降雨量相加得到的总灌溉水量可知，微喷带比对照节水19.35%，地膜+畦灌比对照节水29.03%，膜下微喷比对照节水29.03%。菠菜栽培采用微喷带、地膜等节水措施具有显著提高产量和水分利用率的作用，其中地膜作用大于微喷带，地膜+微喷带组合一起作用最大。

节水措施对菠菜水分配规律的影响。可知整个栽培期，露地灌溉量和降雨量主要用于菠菜地面蒸发和植株蒸腾，土壤贮水量所占比例较少，畦灌、微喷带、地膜+畦灌、膜下微喷分别只占总水量的4.90%、5.39%、5.67%、4.78%；畦灌、微喷带、地膜+畦灌、膜下微喷分的地面蒸发量占总水量的比例为45.85%、43.10%、19.92%、18.22%；蒸腾量决定植株产量，畦灌、微喷带、地膜+畦灌、膜下微喷蒸腾量占总水量的比例为49.72%、50.99%、72.95%、74.76%；植株含水量都遵循膜下微喷>地膜+畦灌>微喷带>畦灌的规律。

复合节水制剂的研发。针对芹菜栽培过程的冬季冷害、夏季高温等问题，研发基于有机小分子活性物质和抗逆中微量营养元素的具有抗逆、增产提效等多重功效的复合节水制剂，减轻或消除逆境不利影响，确保芹菜生产，提升芹菜产量、品质及水分利用效率。

分析发现，叶施增产处理，其光合速率未见明显增加，但叶片温度、气孔导度和蒸腾速率明显降低，叶片水平的水分利用效率明显提升。单施黄腐酸、甲壳素及其对钙、硼的复配制剂均起到了缓解冷害，促进生长的作用。推测，越冬茬芹菜、叶施黄腐酸及黄腐酸-钙-硼复合制剂能通过减少蒸腾损耗、增加光合累积的方式促进芹菜生长、丰收及对水分的高效利用。

4. 提高叶菜营养品质关键技术。

（1）研究不同聚合度的褐藻寡糖片段对植物抗逆性的影响。寡糖是一种新型的诱抗剂，能够诱导植物产生抵抗逆境的活性物质，同时，寡糖是一种糖类物质，完全能够在自然界中降解，可最大限度地减少农药使用对环境造成的污染，是一种新型的生物农药。叶面喷施褐藻寡糖可以显著提高叶片中叶绿素含量，提高其光合能力，提高叶片中可溶性糖含量，进而提高叶菜的产量和品质。

（2）叶类蔬菜多组分农药残留方法比较。回旋振荡提取（SC-300）和传统的QuEChERS方法比较。在叶类蔬菜多组分农药残留检测方法中，回旋振荡提取（SC-300）和传统的QuEChERS方法相比较，回旋振荡提取仪的方法大大节约了样品前处理时间［至少节约了（20.8-15.4）/15.4≈35%］。而且减少了操作人员的误差，提高了分析结果重现性。通过对不同实验室、不同蔬菜样品、不同种类农药残留进行验证，样品农药添加回收率和实验室间比对的相对相差RSD（%）均达到了规定要求。回旋振荡提取仪的技术指标（最高回旋振荡频率、最大离心转速、最短加速时间、最短减速时间、工作温度、控温精度等）都达到了规定要求。

（3）叶菜类黄酮物质的提取分离技术。超高液质联用的分析测定方法，分析不同品种中类黄酮种类和含量的差异。利用超高效液相色谱UPLC和UPLC-Qtof-MS液质联用检测分析了不同品种中类黄酮种类和含量的差异，与其他紫叶生菜品种相比，北紫生1~4号的类黄酮的种类和含量都较为丰富。其中，北紫生4号品种花青素的种类丰富，含量较高。

建立紫叶生菜中类黄酮物质的提取分离方法。优化大孔树脂提取分离方法，初步建立了在紫叶生菜中提取出高纯粗提取的类黄酮方法，对紫叶生菜中类黄酮物质进行分离纯化，得到了高纯粗提物晶体。

建立紫叶生菜类黄酮物质的抗氧化体系（HPLC-antioxidant）。通过此方法，分析高纯粗提物的抗氧化活性，结果表明紫叶生菜的高纯粗提物的抗氧化活性较强，通过类黄酮抗癌活性的测定MTT法，结果表明紫叶生菜中的营养组分对结肠癌HCT-8细胞株、人肝癌Bel7402细胞株，人肺癌A549细胞株均有一定的抗肿瘤活性。

（三）团队研发成果情况

2017年，引进叶类蔬菜新品种共23个，在大兴、昌平、顺义、通州、怀柔、密云和房山7个区进行生菜品种示范推广工作，推广种植五种叶类蔬菜5500亩。周年轮作、间作节水高效栽培模式，大棚果菜—叶菜周年栽培模式和“油菜+生菜+架豆+辣椒+莜麦菜+芹菜”周年轮作、间作节水高效模式，比传统种植模式经济效益增收11000元，生态效益（节水、节肥、少打药）1000元。节水灌溉技术，在昌平区进行推广示范，全区已安装近700套滴灌设备，推广4800亩，节水10余万吨。

2017年以来，团队共获得省部级及以上奖励共5项，其中“大白菜优异种质创新和多样化系列品种选育和推广”分别获得2016年、2017年度中华农业科技奖科研类成果一等奖和北京市科学技术奖一等奖；其中由范双喜教授主持、团队成员参加的“叶类蔬菜周年安全生产技术研究与应用”获得北京市农业推广一等奖；其中由卢志军教授主持、团队成员参加的“以根结线虫病为重点的设施果菜连作障碍防控技术研究与应用”获得北京市农业技术推广三等奖；其中由张领先教授参加的“基于农户视角的北京自产蔬菜流通渠道选择意愿与行为调研”获得中共北京市委教育工作委员会2016年北京高校青年教师社会调研优秀项目一等奖；展示了以生产亟待解决问题为导向，攻克产业技术难关，研发与成果转化紧密衔接，加快应用技术有效落地的团队优势和协作能力。团队专利共38项，其中授权专利20项，已受理的2项，正在申请的16项；团队共出版专著5部；公开发表论文75篇，其中SCI 11篇，EI 8篇；团队成员共出版报告6部；主持参与制定了国标《有机蔬菜生产》（北京市地方标准DB11/T 562－2017）、国家标准《即食鲜切蔬果生产卫生规范》2项。

团队一贯注重人才建设，针对叶菜加工生产流通环节规范、叶菜保鲜技术等累计培训相关员工及技术骨干180人次以上。全年累计组织叶菜技术培训、观摩活动391次，培训农民50651人次。培养两位村级农民技术员，张进林、王宝忠。指导本科生67名、硕士研究生33名、博士研究生11名、博士后2名。培养引进中国农业大学副教授1名，团队成员郭兆将获“中国昆虫学会第八届青年科学技术奖”光荣称号，团队成员谢文获得“第五届中国植物保护学会青年科技奖”光荣称号，团队成员王然获“北京市科技新星”光荣称号。

三、技术示范推广效益

（一）技术示范推广经济效益

通过研发叶菜优质品种推广，有效提高叶菜生产收益。其中快菜新品种相对于一般品种的平均亩产5000千克来看，能够有效增产5%，按照亩增产值400元计，推广面积2万亩，增加经济效益达800万元；油菜新品种相对于一般品种的平均亩产3000千克来看，能够有效增产5%，按亩增产值200元计，推广面积2万亩，增加经济效益达400万元；在房山、昌平、怀柔、海淀等地种植菠菜示范1600亩，产值640万元左右；示范生产生菜新品种，亩产基本在2500～3000千克，相对于一般生菜亩产增加46.3%，亩效益增加

1731元，经济收益达到5000~6000元，耐热耐抽薹生菜品种的种植减少了常规生菜品种抽薹率50%，提高农户经济收入5%~10%。

通过新型立体式水培生菜栽培模式的应用，能够有效提高生菜销售收入。普通配送价格在2.25元/千克，采摘价格3元/千克，生菜价格提高33%；通过“油菜+生菜+架豆+辣椒+莜麦菜+芹菜”周年轮作、间作节水高效模式，使得生菜每亩产890千克，产值3560元，油菜每亩产1400千克，产值5040元，架豆400千克，产值2400元，辣椒6300千克，产值26500元，芹菜4300千克，产值11000元，合计亩产47500元，比传统种植模式经济效益增收11000元/亩。

通过水肥一体化技术的应用，使得生菜平均产量达到2497.5千克/亩，较常规灌溉施肥增产11.7%，生菜水分生产效率达到33.3千克/三次方米，亩节肥4.8千克，节肥率41%，亩节水81三次方米，节水率51.9%。建立示范点5个，示范面积580亩，亩效益达到460元。从目前园区应用情况来看，目前应用水肥一体化技术园区共计400亩，种植叶菜节化肥31.3千克/茬、亩（纯养分），节水约67三次方米/亩，产量增加11%。

简易机械化播种与定植技术亩省工4个工作日以上，亩省工节水减少投入平均400元，新技术为农民增收9.2万元。

害虫绿色防控技术的实施，能够减少化学杀虫剂使用50%以上，减少病害损失70%以上，每亩增加收入500~600元，减少人工和药剂防治费用约50元；使用天敌捕食螨等替代化学农药的技术措施，使化学农药使用量减少30%以上（油菜达到了66.7%），产量提高10%以上，劳动力投入减少10%左右，三项合计将使平均亩增收益300元左右；叶部病害高效减量用药技术，平均可减少化学农药用量30%、减少病害损失70%以上；土壤生物质发酵处理技术可显著改善土壤结构、提高土壤肥力、控制土传病虫，促进作物增产，同时几乎可以完全避免化学农药使用，并使芹菜增产12%以上。总体上新技术成果可每年亩均减少化学农药使用量30%，至少增产3%~5%，按每年亩均农药投入300元、净产值1万元计，亩均节支增收至少在200元。

总体来看，推广的新品种和新技术，提高了作物产量5%左右，改善了劳动生产模式，工人效率提高了30%左右。从生产阶段来看，各项生产技术能够使得育苗阶段亩增加效益100元/亩；生产阶段病虫害防控及品质提升增加效益500元/亩；合计亩增加效益600元。

示范实施单位北京市裕农优质农产品种植公司应用项目所提供的菠菜及生菜大包装原料菜最适包装材料、规格及保鲜技术体系，成功将公司菠菜及生菜原料的保鲜期延长了2~3天，减少了运输频率，极大地提高了运输效率，并且年损耗率由20%降低到13.7%，实现年平均损耗率降低6.3%。以上成果的累计应用规模21687吨，实现增收983.7万元。

通过对国产仪器回旋振荡提取（SC-300）进行农药残留提取方法验证，促进国产仪器的市场份额和出口创汇，提升企业的经济效益。

（二）技术示范推广生态效益

通过对菠菜、快菜设施及露地栽培灌溉量及水分分配利用规律分析，确定了切实可行的农艺节水措施，有效提高农业用水利用效率，减少农业用水；利用灌溉水矿化、磁化和碘化技术，植物源杀线、杀菌剂技术以及有机叶类蔬菜育苗技术等，提高水利用率，降低蔬菜及土壤中重金属和亚硝酸含量；有效节约灌溉水30%；化学农药、肥料零使用；亚硝酸盐含量降低20%。

通过进行叶菜工厂化生产周年生产、磷肥减量栽培及周年高效茬口安排，节约了紧张的土地资源；生产中营养液循环利用，节约了水肥资源，实现了零污染零排放；应用节水微喷灌溉水肥一体化技术+测土配方施肥技术模式，平均每亩节水40三次方米，节约50%左右；每亩减少化肥投入纯量1.7千克，减少化肥投入量约10%；通过创造适宜环境，降低了病虫害发生概率，减少农药使用量，减少了化学品对土地、水、空气、植物的污染，保证了产品的质量。

蔬菜废弃物资源化利用，为家庭、园区的叶菜废弃物无害化利用提供了一种经济、实用、轻量化的技术路线，为下一步示范推广创造条件，增加了生态效益。

通过施用生防菌剂、使用抗病品种，减少了化学药剂的使用量90%以上，频次较施用农药减少近3成，菌核病防治率80%以上，地上部干重增重最高可达31.1%，提升菜品质量，减少病株、残留农药等废弃物产出，改善生活环境。

通过推广化学农药减施增效技术、天敌捕食螨等方法，降低化学农药使用量，减少产品污染，避免因使用化学农药对非靶标生物（天敌昆虫等）造成不利影响。

研发的弥粉机及弥粉剂的应用，具有降低化学品投入、节约用水的双重功效，有利于农业生态的良性发展。

土壤生物熏蒸，可100%减少化学熏蒸剂使用；使用农药喷雾助剂（格朗地），平均可减少叶类蔬菜病害防治化学农药使用量30%以上。

通过对大包装原料菜保鲜体系的建立及软件应用，提供大包装原料菜专用包装材料的技术参数，可实现延长蔬菜保质期2~3天，从而有效减少了蔬菜运输过程中产生的垃圾，同时提高了运输效率减少了运输效率，减少了城市的环境污染，具有很好的生态效益。

（三）技术示范推广社会效益

通过建立高产示范点，示范种植优新叶菜品种，示范应用新种植技术，整体提升示范点的种植水平和经济收益。同时，根据农户实际生产需求，制订示范与培训计划，并通过多渠道向北京及周边各蔬菜生产基地、个体种植户开展叶类蔬菜新品种、种植方式方法、病虫害绿色防控措施等新型技术的示范与培训，累计培训45769余人次，新培养种植示范户4名，解决农户、种植大户及农场企业在生产中遇到的叶菜软腐病、菌核病等病害频发、育苗不齐等多项问题，促进新技术的大面积应用，从而保障绿色安全蔬菜的周年供应。同时，通过与平人农场、延庆推广站等农业组织合作，建立景观休闲农业试点，辐射带动周边农户、种植大户和企业协同发展，提高当地景观休闲农业水平。

研发的化学农药减施增效技术为适用于北京地区叶类蔬菜规模化生产的专项技术，其技术内容符合京津冀地区叶类蔬菜发展方向，将服务于京津冀地区及华北地区，促进京津冀地区叶类蔬菜生产的健康发展，为京津冀地区叶类蔬菜安全供给提供技术支撑。

通过节水微喷灌溉水肥一体化技术、深松机等轻简化机械设备，能够有效地降低劳动力的劳动程度及劳动时间，平均每亩能够节约 1 ~ 2 个人工，同时机械设备的使用也能够有效改善农业生产环境。

推广病虫害安全防控技术，有效保证蔬菜产品质量达到无公害产品标准，确保消费者吃到“放心菜”，保障人民身体健康；依托检测设备，确立统一的蔬菜生产标准，对检测合格的产品采用统一标码，做到质量安全有保障、责任可溯源，从而规范农产品市场供应；蔬菜贮藏技术的研发，对于降低不耐贮藏蔬菜运输过程中的损耗率具有重大的意义，这不仅将提高外埠地区蔬菜供给的品质及供给效率，还将为北京市蔬菜供应的应急保障能力提供技术支撑。

通过“互联网 +”的方式，拓展叶类蔬菜销售渠道。通过“互联网 +”的叶类蔬菜销售模式给社区居民提供便民服务，帮助社区零售店实现互联网化，帮助农民、新农人高效对接渠道的同时也达到了减少流通环节的人力、减少流转损耗、减少垃圾的产生，而且信息链的完整从机制上保障了食品安全。

通过为北京市叶类蔬菜主产区域提供极端天气气象信息，在暴雨、冰雹、雪灾、大风等极端天气出现时及时组织技术人员开展宣传，帮助和支持开展救灾工作，减轻或避免了生产损失，得到种植农户和基地的普遍认可。

四、团队对产业支撑作用

（一）创新团队对产业支持模式

1. 设施叶菜高产高效优质生产与示范。

（1）设施蔬菜栽培技术示范。

叶菜类有机蔬菜栽培技术。叶菜类生育期短，从播种至采收仅 20 ~ 30 余日，适合有机栽培。在温室环境下，选择以抗病虫害较强之蔬菜种类（叶用甘薯、蕹菜及叶莴苣等）。采用不同科之间的蔬菜轮作，或者在休闲期敷盖透明塑胶布减少地下害虫之危害，并在冬季菜价较低迷时，栽植绿肥或休耕，以减少设施连作障碍之问题。由各区改良场采取土壤分析，并依分析值得推荐有机质肥料施用量。以黄色粘板、诱虫灯或性费洛蒙诱杀达到防治病虫害的目的。每期作采收后园区浸水 5 天后再行整地，俾降低有害昆虫之密度。杂草控制，若有杂草发生时，随手拔除，勿使开花结种子落入土壤中，日后若再发生杂草仍随手拔除，或者在植后于畦沟覆盖塑胶布减少杂草滋生。

深液流水培模式。“创新生活”位于小汤山农业科技展示基地的，生产面积 3500 平方米，生产模式为深液流水培，采用地面式及支架式 2 种生产方式，主栽品种为生菜，全年可生产 9 茬。2017 年 5 ~ 10 月底，采收 29.8 万株（约 44700 千克），效益合计 53.65 万元，平均产出153.3元/平方米。

高产优质栽培模式新技术。设计了温室东西向、平高畦、地膜覆盖、芹菜双株、水肥一体化轻简化栽培技术体系。128穴盘双株育苗，节省成本，双株定植、稀植，行株距30×20厘米，节省劳力，滴灌水肥一体化节约肥水。该栽培模式普遍适用于小株、普通芹菜栽培。目前已在大兴长子营罗庄基地、农业综合示范站进行了示范与推广。

A字型立体气雾栽培技术。该技术从台湾引进。A字型立体气雾栽培中水以喷雾形式在一个相对密闭的空间内与作物根系直接接触，与地面灌溉相比减少了地表径流，而且经雾化集流的水又回流至营养液池中进行循环利用，节约了用水。针对部分叶菜植株低矮，常规栽培不利于充分利用室内空间，水分生产效率低、产量低等问题，2012年12月至2015年10月团队对散叶生菜、油菜等不同叶菜进行A字型立体气雾栽培技术摸索试验。立体气雾栽培的两茬散叶生菜，亩产分别较常规栽培增加124.15%和181.2%，气雾培水分生产效率提高17千克/三次方米。A字型立体气雾栽培的油菜单位生产密度提高了5.6倍。该技术在叶菜的节水、增产、提高土地利用率等方面均取得良好成效。

（2）叶类蔬菜高产试验示范。

叶菜高效栽培模式推广示范。推广使用穴盘育苗、平高畦、覆盖地膜、滴灌、合理密植的栽培模式，减少灌溉水使用量，降低土壤水分蒸发有效控制温室内湿度；全程不使用农药，配施腐熟有机肥，并配合生物制剂及芽孢杆菌等生防菌剂的使用，降低叶菜发病概率，病害防控效果在80%以上，增产效果在10%以上。

2. 加工流通环节关键技术示范。

即食生菜片主要生产工艺流程及设备。2014年开展了即食鲜切菜自动化生产线的完善及配套工艺的研究，该成果在北京市裕农优质农产品种植公司怀柔加工厂进行了示范，大大提升该生产线脱水与包装环节的自动化程度。建立叶类蔬菜自动化加工生产示范线两条，自动化加工率达80%以上。此套完善后的生产线在南京青奥会上得到成功应用，并帮助企业建立《鲜切果蔬卫生标准操作程序》、《鲜切果蔬生产工艺文件》。

建立叶菜前处理生产线、清洗线、切割生产线及自动包装线。成功解决了消毒及包装两个环节自动化问题，解决了清洗消毒和包装用工多的问题。不仅在清洗消毒和包装环节节约了人工数，而且大幅提高了产能，一班制综合产能提高至12000千克/天，经济效益显著，为促进鲜切菜产业自动化、标准化发展提供了技术支撑。该项成果已成功应用于北京市裕农优质农产品种植公司及南京青奥会鲜切菜的供应企业（汤山翠谷），并帮助企业建立《鲜切果蔬卫生标准操作程序》、《鲜切果蔬生产工艺文件》，为青奥会的顺利召开提供了坚实的后盾。

3. 叶类蔬菜技术培训及农民培养。全年累计组织叶菜技术培训、观摩活动100次，培训农民3854人次。主要示范观摩活动有品种展示观摩会、春秋大棚品种展示观摩会、春秋两茬叶菜高产高效栽培技术和高产样板田创建与技术集成示范会、农机具现场观摩会、生菜生产关键环节机械化技术观摩会；培训活动主要有叶菜品种及高效栽培技术培训、叶菜轻减化机械设备集中培训、叶类蔬菜质量安全培训等多方面内容。

（二）创新团队产业支持案例分析

1. 建立综合试验基地。建立示范基地或示范点 247 个；直接或指导开办农民田间学校 30 所；示范技术 116 项、引进、推广品种 90 个，总推广面积达到 24.1 万亩，平均亩提高效益 580 元/年。共组织观摩培训 642 次，累计培训农民 39006 人次，组织农民活动日 992 个，明显促进了农民收入增加。团队在各区开展生产竞赛。其中，大兴开展的生菜越夏栽培生产竞赛，有 160 多位农民参与，通过跟踪种植过程，掌握生产问题，带动先进技术的推广。

2. 携手企业园区提升产业水平。与北京市裕农优质农产品种植公司进行合作，将团队技术优势和企业经营优势有机结合，为其提供从育苗、栽培到加工一系列的技术支持，使其成为集科研、种植、加工和销售于一体的农业龙头企业，周年为大型餐饮连锁企业、饭店、超市等供应优质安全叶菜产品。此外，团队还扶植了大兴区新聚点人民公社绿色农庄、顺义杨宋镇宋各庄村蔬菜种植合作社、密云区海华文景农业科技有限公司等一批园区企业，切实解决了其生产上遇到的问题。

第三节　产业典型案例分析

一、产业发展新业态案例

（一）休闲农业——阳台盆栽叶菜

休闲农业是利用农业景观资源和农业生产条件，发展观光、休闲、旅游的一种新型农业生产经营形态。发展休闲农业可以充分开发利用农村旅游资源，调整和优化农业结构，拓宽农业功能，延长农业产业链，发展农村旅游服务业，促进农民转移就业，增加农民收入，为新农村建设创造较好的经济基础；可以促进城乡统筹，增加城乡之间互动，城里游客把现代化城市的政治、经济、文化、意识等信息辐射到农村，使农民不用外出就能接受现代化意识观念和生活习俗，提高农民素质；可以挖掘、保护和传承农村文化，并且进一步发展和提升农村文化，形成新的文明乡风。休闲农业已成为现代农业的重要组成部分。

目前涉及叶菜的景观休闲园主要集中于农业科技园、市民农园、综合性休闲观光农园以及农业公园，且占比相对较少。观光采摘园则主要以瓜果蔬为主（见表 7－17）。

表 7－17　　北京涉及叶菜的景观休闲模式

类型	形成原因			观光状态		
	经营主体	地域模式	功能定位	发展阶段	占地规模	产业结构
观光采摘园	村集体为主，辅以个体农民和科研院所	依托传统农区型	观赏性、品尝型、购物型、参与型、节庆型	成长阶段	大、中、小均有，中、小为主	观光林业、观光副业
农业科技园	政府	依托城市型	观赏性、科普性	成长阶段	大	观光种植、观光林业、观光牧业、观光渔业
市民农园	企业	依托城市型	参与型	雏形阶段	小	观光种植、观光牧业
综合性休闲观光园	企业	依托城市型、依托景区型	观赏型、品尝型、购物型、参与型、娱乐型、疗养型、度假型	趋于成熟阶段	大	观光种植、观光林业、观光牧业、观光渔业、观光副业
农业公园	政府	依托城市型	观赏型、娱乐型、疗养型、科普型、会展型	趋于成熟阶段	中	观光种植、观光林业

通过阳台盆栽蔬菜种植推广让市民充分体验家庭农耕、享受田园生活。开展阳台、办公场所盆栽蔬菜技术培训、宣传及示范推广，把小菜园搬进家庭、单位，让市民足不出户体验农耕乐趣，拓展蔬菜生产空间。家居盆栽蔬菜作为当前社会发展的一大创新亮点，北京我爱我菜蔬菜种植有限公司自 2016 年开始生产盆栽叶菜，品种有各种生菜、油菜、香菜、芹菜等，每年销售 20000 余盆，销售收入 30 万元。销售的品种主要用于阳台和宾馆饭店观赏、食用。

（二）电商农业——“互联网＋叶菜”新模式

一件农产品从田间到餐桌，需要经过采摘、分拣、质检、储存、包装、营销、干线、配送、售后等各环节，我们所谈到的电子商务仅仅是最上面一层，发展农产品电商核心是解决底层农民的供销问题，是改变农产品的供销机制，是对农产品供应链的改造。4 个农产品电商模式：供应链驱动型、营销驱动型、产品驱动型、渠道驱动型。

利用“互联网＋叶菜”拓展蔬菜产业链条，提高叶类蔬菜产品附加值，促进了农民增收和产业发展。开发叶菜的生产功能，加快科研攻关、品种选育、基础设施、种子贸易等关键环节发展，延长产业链，增加价值链，提升农业经济效益，促进农民增收。

（三）籽种农业——工厂化育苗

籽种农业是现代农业的核心，是北京都市型现代农业发展的首要任务。根据国务院《关于加快推进现代农作物种业发展的意见》（国发〔2011〕8 号），北京将现代种业定位为农业调结构、转方式的重要发展形式，确定打造“种业之都”的宏伟目标。

北京是全国种业的交易交流中心，北京种业销售额占全国的10%，农作物种子进出口额占全国进出口总额的37%。结合昌平区综合试验站依托昌平区种子管理站的优势，未来在叶菜创新团队的带领下搭建北京叶菜种业发展服务平台、北京叶菜品种试验展示网络框架、北京叶菜网络平台，做到扫二维码查看叶菜信息，追根溯源，让顾客买得放心，让插上互联网翅膀后的叶菜新业态更加辉煌。

蔬菜种苗产业发展迅速，建成了16家工厂化育苗场。全区建成16家蔬菜集约化育苗场，上半年共为农民提供各类种苗2900多万株，其中叶类蔬菜种苗占到了1200万株以上，极大地解决了本地农民蔬菜生产用苗问题。

二、典型案例分析

（一）农户+企业蔬菜生产模式

北京市颐景园种植专业合作社，位于房山区大石窝镇北尚乐村，成立于2014年，资金入股，注册6人，辐射带动本村农民75户，占地面积110亩。主营业务为生产和销售，销售渠道定制会员、实体门店、幼儿园配送等。主要产品及成果有富锌小白菜、油菜等；发展优势和特点主要是自产自销，生产销售年产50吨，叶类蔬菜产品品牌“京农颐景园”，有无公害和GAP认证，叶类蔬菜销售额占总体销售额35%；园区最主要的叶类蔬菜品种有芹菜、油菜、小白菜、菠菜、生菜等，销售价格高于市场价40%，销售渠道主要是会员、门店、配送等。生产模式：主要是农户+合作社。业务模式：采购+分拣+零售。销售模式：合作社直销、单位团购、网络销售等。通过设施生产、循环经济生产、新型蔬菜销售等多种模式带动75户农民，年均亩产增收2000元，通过“京农颐景园”品牌的建设和提升，年均叶类蔬菜增产5%。

（二）合作社+农户+龙头企业蔬菜生产模式

北京绿富农果蔬产销专业合作社位于顺义区木林镇，成立于2007年9月，自主经营面积1200亩，入社社员335户，业务范围包括果蔬种植、配送，新品种新技术引进推广等，种植蔬菜品种50余种，主要有番茄、黄瓜、芹菜、油菜、白菜等。注重品牌建设，于2009年注册了“水云天”商标，对生产果蔬均进行了无公害认证和有机认证，并通过ISO9001质量管理体系认证，积极推进蔬菜生产追溯制。合作社依托“合作社+农户+龙头企业”经营模式，对335户社员开展产前、产中、产后一条龙服务：统一培训、统一验收、统一销售，产品抽样检测合格后高于市场价格3%进行收购，促进社员增收。2017年合作社开展有关设施蔬菜、病虫害防治各类讲座20次，其中叶菜类培训及田间指导10次，对300多户社员及技术人员进行新技术培训、新品种推广、新产品展示，帮助社员提高了种植技术水平，实现增效增收。带动社员增收2000元/户。所收购的合格产品统一用“水云天”商标销售，拓宽销售渠道，提升品牌影响力。

（三）企业管理生产+农户合作生产蔬菜生产模式

军晖种植园是一家私营农业企业，隶属于北京军晖九州科技有限公司，位于北京市昌平区崔村镇大辛峰村东，成立于2015年。目前占地70亩，有温室60栋（其中有新增加的30栋温室）军晖种植园主营业务为蔬菜的生产、加工包装、销售，其中叶类蔬菜占到60%以上，以芹菜、快菜、生菜、油菜、菠菜为主。生产模式："企业管理生产+农户合作生产"模式，以自己生产为主，同时与周边农户、其他农业企业合作，以保障蔬菜的供应量和种类多样。业务模式：设施生产模式，购种—育苗架基质育苗—定植—收获—简单加工包装—销售。销售模式：电商模式，自产+合作生产—电商—邮政快递物流—客户。军晖种植园的基质栽培叶类蔬菜周年生产模式比普通栽培模式，能提升每年效益的8.61万元。

（四）企业生产+订单生产蔬菜销售模式

北京永通昌盛农业发展有限公司，是一家成立于2014年的农业企业，园区占地规模420亩，园区位于北京市通州区张家湾镇东永和屯村，拥有良好的地理环境及交通条件，为园区生产和运输提供了有力支持。公司按照食品安全要求生产，特制定了严格的安全质量生产体系，落实责任，保证产品的品质，主要生产销售各类新鲜蔬菜4500吨左右，公司采用企业生产+订单生产销售模式。公司拥有良好的信誉和产品品质，得到了用户的一致好评与认可，使企业拥有了大量的客户群体，公司得到了相对稳定的销售订单，保证了产品的销路，这样给企业生产提供方向，同时也为客户提供了优质的产品。公司化组织模式下，组织同意决策，协调行动，采用以销定产、合同约束、条件保证的关联模式，为公司节省了大量的资源。通过水肥一体化的实施，节约了40%的水资源和肥料，同时也提高了农产品的产量和品质，为公司增加了10%的经济效益，减少了作物的病虫害发生，减少了50%各种农药使用量。通过统防统治的实施减少了农药的使用量，提高了农产品的品质并保证了农产品安全。

第四节　产业发展政策建议

一、产业发展问题及其技术需求

（一）蔬菜新品种审定、鉴定

农业部取消了蔬菜品种审定、鉴定改为作物登记，接下来要全面申请品种登记，并加强新品种保护申请。

（二）越夏试验不充分问题

原因是选择的园区搬迁影响了总体试验进度。利用太阳能加热补施二氧化碳气肥装置的研发工作相对进度有些慢，原因是合作单位未考虑到 2018 年加工生产受限制，致使进度比计划延后。

（三）景观休闲农业推广不足问题

仍需拓宽思路，紧密围绕现在拥有的两种景观农业运营模式，进一步提高景观休闲与农业的结合度。

（四）技术推广示范效果不够理想问题

由于任务调整及高校平台有所限制，工作重点为探究多种叶菜水分分配规律及节水措施对水分利用、产量、品质的影响，在节水措施推广应用方面工作开展难度较大，仍需继续努力，加强与实际生产的联系；叶类蔬菜可“落地”的技术占比不高，部分新技术、新产品成本大，操作具有一定难度；受经费预算限制，导致示范推广需要的差旅费用不足，示范和推广受到限制。

（五）技术培训及农民培养不足问题

由于研究室任务调整及高校平台有限，人员培训总人次完成不足，需加大力度、创造机会，帮助培训农民及农业技术人员，提高他们的农业知识储备，推广叶菜栽培节水技术，为提高农民收益、改善农民生活贡献自己的力量。与生产一线的沟通还需要加强，生产一线需要什么，我们能做什么，需要进一步的沟通协调机制，原因就是需要科学研究没有紧密与生产实际相结合。

二、产业发展趋势及其亟待解决的技术问题

（一）叶类蔬菜品种选育和筛选研究

品种抗病、抗逆问题突出；现有品种不能满足周年生产对多季节、多类型品种的需要；强化品种外观商品性同时，注重品种内在的如风味和营养等品质不够；现有大白菜、甘蓝等品种不能满足品种小型化发展趋势的需求。

（二）绿色防控技术研究

绿色投入品供给不足，节本增效、质量安全、绿色环保等方面的新技术还缺乏储备。农兽药残留超标和产地环境污染问题在个别地区、品种和时段还比较突出，化肥、农药过量使用导致蔬菜生产成本较快上涨、蔬菜竞争力下降和蔬菜发展不可持续。

（三）叶菜轻简化

叶类蔬菜品种繁多，种植农艺粗放，叶类蔬菜收获机械化难以适应多种复杂的栽培方式；蔬菜装备智能化与装备实际应用的结合不紧密，且装备操作者的水平较低，普遍不能接受使用智能控制系统。

（四）叶类蔬菜品牌认可度低

叶类蔬菜的品质、质量不能满足消费者的高端需求。低端、大众化的产品多，绿色、优质、特色、品牌的产品少，与城乡居民消费结构快速升级的要求不相适应。

（五）技术人员缺乏

在发展蔬菜产业的过程中，技术人才队伍建设相对滞后，特别是对叶类蔬菜新品种、叶类蔬菜栽培管理、施肥技术措施、节水知识、病虫害防治的缺乏，还有很多不相适应的地方，存在人才总量不足及农技人才呈现高龄比例大的问题。

三、具体建议

（一）新品种种质资源创新与新品种选育

1. 新品种选育。加大耐抽薹快菜材料转育力度，继续选育抗病、耐热耐雨水、耐抽薹、综合经济性状优异的油菜、快菜育种材料和品种。为满足景观生态品种需要，选育适于设施栽培的抗病、耐热、耐抽薹、优质、商品性好的特色快菜、油菜新品种。建立芹菜品种繁育基地，并进行优质种子繁育方法研究。

2. 新品种筛选。在北京市海淀区农业科学研究所试验基地，以及昌平和顺义区农业科学研究所试验基地开展菠菜节水、产量、品质比较试验。筛选节水优良菠菜品种 2～4 个，大面积种植较对照品种增产 5% 以上。搜集芹菜种质资源与品种，继续进行芹菜抗根结线虫的种质资源和品种及高品质芹菜品种筛选。

3. 品种示范推广。加强特色品种的试验示范，为团队提供景观生态品种支撑；在北京海淀、顺义、昌平、大兴、怀柔、密云等多个试验点开展菠菜品种综合试验，对前期初步筛选的优良品种以及鉴定通过品种（农大菠杂 1～3 号）开展产量、品质等农艺性状综合评价，确定适合北京地区推广种植的优良品种。在各个综合试验站继续试验示范新品种，继续加强建设生菜繁育种子基地。

（二）绿色防控技术保障生产品安全

1. 种子老化研究，提高菠菜种子活力。通过人工加速老化的方法来研究菠菜种子老化的过程，同时对老化过程中种子的发芽率和抗氧化酶系统的活性进行测定，进而说明菠菜种子老化对种子活力的具体影响。

2. 开展菠菜热激蛋白 HSP70 基因的克隆及功能解析。建立菠菜组培体系并获得菠菜转基因植株，通过对生理指标及基因和蛋白水平检测分析验证 HSP70 基因的功能。

3. 土壤生物熏蒸技术优化。继续优化基于“竹醋生物熏蒸剂＋生物质材料＋太阳能覆膜”的土壤生物熏蒸防病技术研究和示范。开展“化学熏蒸剂＋生物质材料＋太阳能覆膜”土壤熏蒸防病技术研究。

（三）叶菜轻简化生产与示范

1. 拖拉机带自动打药机第一代样机研发。研发一种与四轮拖拉机配套使用的水雾烟雾自动打药机。实现药箱的悬挂固定、水雾烟雾机的高度调节、角度调节机构以及自动摆动机构，同时完成施药量的遥控动作。施药口高度调节 30 厘米左右、上下角度调节 15 度左右，左右摆角不小于 15 度。

2. 微耕机配套的多行生菜开沟起垄第一轮样机研发。研发一种与微耕机配套使用的多行生菜开沟起垄机，以开沟为主形成小的畦面，满足散生高密度种植模式的机械化生产需要，沟间距 30 厘米左右，作业幅宽度 1.5 米左右。

3. 生菜起垄、移栽、收获适应性试验。探索宽畦面机械化起垄、垄上铺双行铺灌溉带、机械化四行移栽、机械化四行收获的技术路线，通过适应性试验，考核生菜全程机械化作业的可行性，为后续的示范推广提供技术支持。起垄环节达到畦面宽 1.2 米左右，垄高 10 厘米以上，畦面铺双行滴灌带，四行机械化移栽作业，株距 30 厘米左右，收获采用机械化收获方式，通过相关性能参数的测定，完成相应的验证报告。

4. 土壤微生物种群及其与病害的相关性研究。继续开展设施内叶菜土壤微生物种群检测技术研究，继续开展叶菜土壤主要有害微生物种群类别和生物量，探索土壤主要微生物种群生物量和叶菜土传病害之间的关系。

5. 叶类蔬菜病害粉尘剂的防控技术应用。完成粉尘剂防治叶类蔬菜叶部病害的示范推广，主要针对秋冬茬及春茬设施叶类蔬菜进行粉尘剂的使用效果评价，针对目前已经商品化的格润 1 ~3 号进行广泛的示范推广工作，验证单茬应用 1 ~2 次、应用时期及应用效果评价。

（四）开展实地调查研究

1. 病虫害调查研究。调查在自然状态下 5 种叶菜上主要害虫的危害程度和种群规律。监测本年度 5 种叶菜上主要害虫的抗药性水平，提出合理用药建议。5 种叶类蔬菜病害发生情况普查。继续进行病害的普查工作，获得发生严重度的第一手资料，结合往年病害的发生情况进行系统分析，获取病害发生与生态条件的相关性，发现危害严重病害的发生规律，形成主要病害种类调查表。

2. 产业链前端调研。针对农户、基地、企业及合作社等产业链的不同生产经营主体安全生产行为、农业信息技术采纳及政策效果、生产者蔬菜流通渠道选择、消费者购买蔬菜渠道选择、电子商务发展等设计并完善调研问卷，并组织数据收集与整理。

3. 专题调研。设计调查问卷，调研北京消费者蔬菜消费意愿与购买行为，重点获取北京自产蔬菜销售、品牌建设及其市场竞争力等方面数据资料；另外也开展北京农业企业对蔬菜质量安全认知及可追溯技术采纳行为方面的调研。

（五）“互联网＋叶类蔬菜”模式及创新机制

1. 北京市蔬菜安全生产行为及风险评估研究。分析不同生产主体的质量安全体系建设现状、供应链各环节质量安全管理现状和农产品质量安全生产认知现状，进一步探讨影响不同蔬菜生产主体安全生产行为的主要因素；确定不同蔬菜生产主体安全生产行为的风险因子，构建不同蔬菜生产主体安全生产行为的风险评估指标体系，确定不同指标权重并构建风险评估模型，设计并开发风险评估系统。

2. 开展面向“互联网+”平台研究。进行北京自产蔬菜流通渠道选择优化及其蔬菜新型电子商务微信平台研究。从生产者角度分析新型蔬菜流通模式选择意愿与选择行为及其关键影响因素，同时从消费者角度分析新型蔬菜购买渠道选择意愿与选择行为及其关键影响因素，分析基于供需角度的北京自产蔬菜流通渠道选择行为，探索面向优质优价的蔬菜新型电子商务模式。研发基于可视化的蔬菜新型电子商务微信平台，搭建“消费者—生产者”间“零距离”产销服务桥梁。

（六）叶类蔬菜技术培训及农民培养

组织培训、观摩活动。根据调研结果围绕叶类蔬菜新品种、叶类蔬菜栽培管理、施肥技术措施、节水知识、病虫害防治等实际生产中存在的问题开展相关培训及活动。对近年筛选的芹菜及观光休闲叶菜品种，加大推广力度，并结合栽培综合节水技术、轻简化、景观、阳台栽培技术，进行品种与栽培配套技术推广。大力推广芹菜种子丸粒化处理及穴盘机械播种技术。合作研发芹菜移栽器械、机械，简化栽培技术。

第八章　北京市食用菌产业发展报告

食用菌产业是集高效农业、循环农业、低碳农业和可持续农业特征于一体的现代农业，是经济效益、社会效益和生态效益极其显著的新型产业，担负着转化农林废弃物资源、增加蛋白质供给和增强食物安全保障能力的重要任务，其产业发展的战略地位不容小觑。

北京市作为特大型首都城市，土地资源十分紧缺，农业播种面积不断被压缩。而食用菌产业的“三不”特性，即不与人争粮、不与农争时、不与农争地争水，使其在北京农业经济发展中的产业优势愈发明显。尤其近年来北京食用菌生产品种不断增加，科技含量不断提高，投入原料成本不断降低，生产手段更加环保，组织化程度不断提升，食用菌产业已成为北京市重要的富民项目和“菜篮子”工程的组成部分。

第一节　产业发展现状

一、生产现状

（一）总体生产情况

1. 食用菌总体种植情况。近六年来，北京的食用菌播种面积呈现下降的趋势，从2011年的38377.67亩下降为2017年的19435.1亩，2017年比2016年下降了22.5%，年平均下降率为11%，与北京整体蔬菜产业演变趋势基本相同，播种面积萎缩，生产功能逐渐向周边省份转移；另外，受环境综合治理的政策影响，燃煤锅炉不允许使用，部分菇农停止生产，还有一些规模化的基地也停产或转移生产。

食用菌上市量变化不大，2011年开始呈上升趋势，2013年达到最高值，为12494.7万公斤，然后逐年下降，2017年下降为8082.62万公斤。

上市收入变化趋势与上市量类似，但幅度较大，也在2013年达到最高值72120.58万元，2016年降为42697.38万元，为2013年的59%，2017年基本与2016年持平为43879.91万元；在播种面积、上市量减少的情况下，上市收入不减反增，说明食用菌的价格有所提高（见图8－1）。

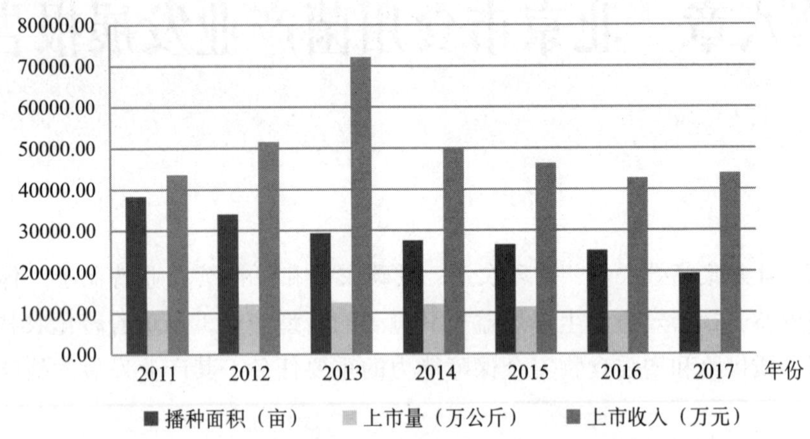

图8－1　北京市食用菌播种面积、上市量和上市收入

资料来源：北京市农业农村局。

2. 食用菌主要品种种植情况。

（1）各品种播种面积情况。北京市食用菌在2011年和2017年各品种播种面积占总体的比例，可以看出，北京市种植食用菌的主要品种是香菇和平菇，占总体的70%左右。近几年，香菇的比例有所下降，平菇比例有所上升，其他食用菌类比例在上升，以茶树菇、秀珍菇等珍稀品种以及灵芝等药用食用菌品种逐渐增多，形成了以大宗食用菌品种为主，珍稀食用菌品种、药用食用菌、野生食用菌为辅的结构（见图8－2）。

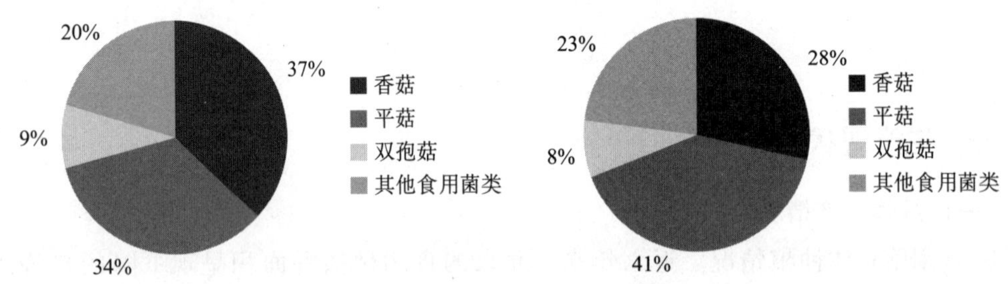

图8－2　北京食用菌各品种播种面积比例

资料来源：北京市农业农村局。

近七年，香菇的播种面积呈现下降趋势，从2011年的14128.5亩，下降为2017年的5535.9亩，年均下降率为14%，基本与北京市食用菌播种面积的发展趋势一致；2017年的香菇播种面积比2016年下降了40.7%。

平菇的播种面积从2011年到2017年呈现下降趋势，2011年为13074.87亩，2015年下降为 8264 亩，2016 年比 2015 年有少许增加，但 2017 年又有所下降，为 7910.59 亩；年均下降率为 8%。

双孢菇的变化趋势与香菇和平菇的变化趋势不一样，2011 年播种面积为 3358.1 亩，2012 年达到最高值为 5281.11 亩，比 2011 年增加了 57%，2013 ~ 2017 年呈现下降趋势，2015 年有少许增加，2017 年降到 1528.4 亩，比 2016 年相比下降 58.6%（见图 8 - 3）。

北京市 2017 年食用菌播种面积降低，主要体现在香菇和双孢菇的面积下降。

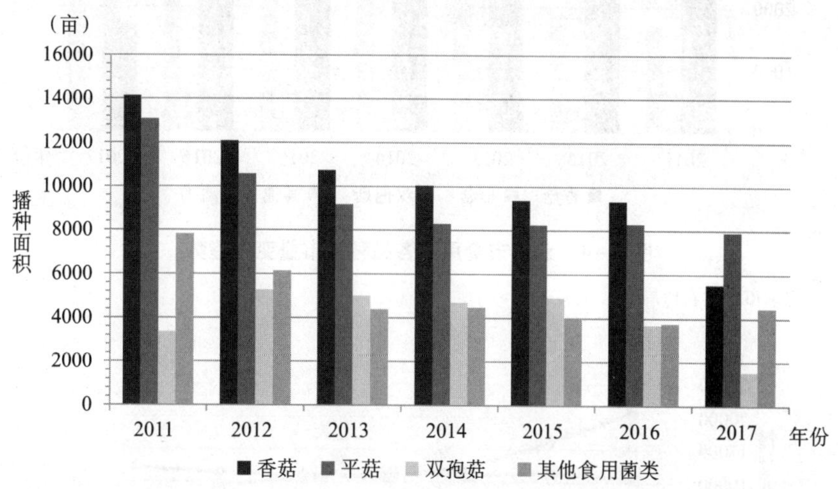

图 8 - 3　北京市食用菌各品种播种面积变化趋势

资料来源：北京市农业农村局。

（2）各品种上市量情况。香菇的上市量从 2011 年的 3693.99 万公斤增加到 2013 年的 4846.34 万公斤，达到最高值，2014 ~ 2017 年逐年下降，2017 年下降为 1730.5 万公斤。

平菇的上市量总体呈现下降趋势，2012 年达到最高值，为 4736.02 万公斤，2013 ~ 2017 年逐年下降，2017 年为 2561.43 万公斤，下降幅度小于香菇的幅度。

除香菇、平菇和双孢菇，其他食用菌的上市量在逐年增加，2017 年到最高值为 3262.86 万公斤，由此可以看出，生产者的种植趋向于品种多样化（见图 8 - 4）。

（二）食用菌生产区域分布

1. 各区食用菌种植情况。

（1）种植面积情况。在食用菌种植地域分布方面，北京种植已由近郊区向远郊区扩展。房山区和通州区是北京食用菌第一、第二生产地，播种面积均在 1 万亩左右，其次是顺义区和大兴区。2017 年通州区下降幅度较大，降到第四位。

近几年房山区的播种面积逐渐下降，2011 ~ 2014 年下降幅度较大，从 2011 年的 20809.08 亩降到 2014 年的 10791.8 亩；2014 ~ 2017 年有稍许上升，2017 年播种面积 12238.74 亩。通州区发展比较平稳，但 2017 年下降幅度较大，从 2016 年的 9344 亩降为 2017 年的 1658 亩（见图 8 - 5）。

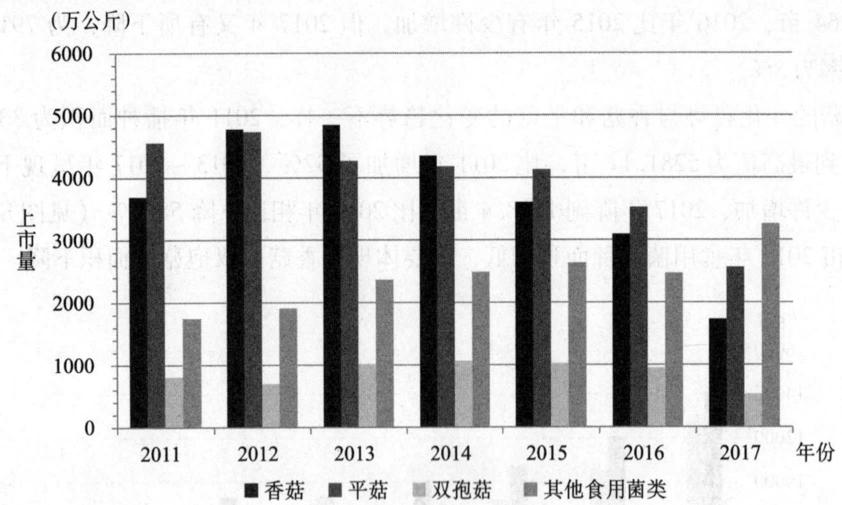

图8－4　北京市食用菌各品种上市量变化趋势

资料来源：北京市农业农村局。

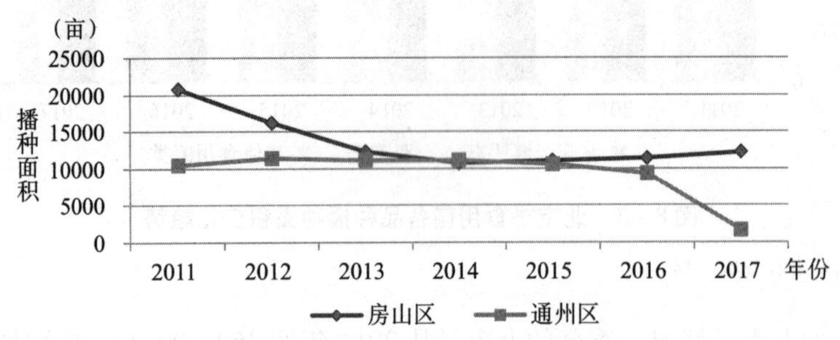

图8－5　北京各区食用菌播种面积

资料来源：北京市农业农村局。

顺义区从2011～2014年呈上升趋势，2014年到达最高值，为2731.6亩；然后开始下降，2016年为1566.6亩，2017年有所上升为1699.9亩。大兴区近几年变化趋势不太明显，基本在1200亩左右，2017年上升为2294.5亩；密云区基本呈现下降趋势，从2011年的1309亩，逐渐下降为2014年的278亩，2015～2016年有所上升，到2016年也仅为605亩，2017年下降为530.5亩；怀柔区变化趋势与密云区类似，呈下降趋势；其他几个区种植面积都较少（见图8－6）。

（2）食用菌上市量情况。各区食用菌上市量的排名基本与种植面积一致。

房山区上市量在全市各区中最高，2011～2016年上市量基本在5000万公斤以上，2017年急剧下降，为2700万公斤。

通州区上市量居第二，2011～2013年成增长趋势，以后各年基本在2500万公斤左右。顺义区居第三（见图8－7）。

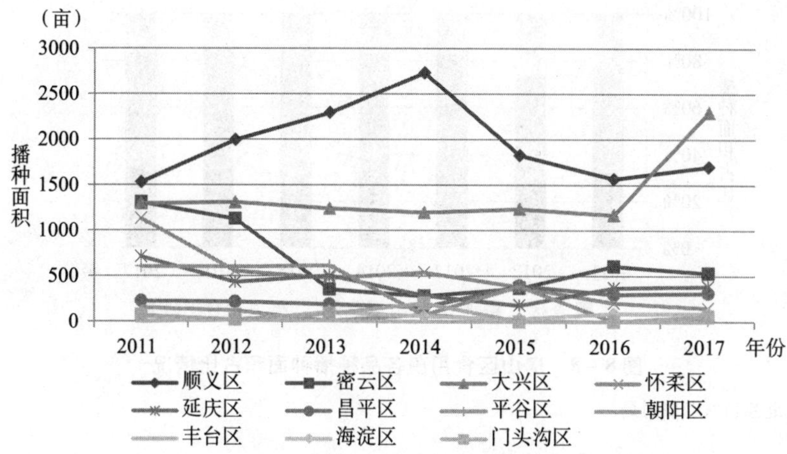

图 8－6　北京各区食用菌播种面积

资料来源：北京市农业农村局。

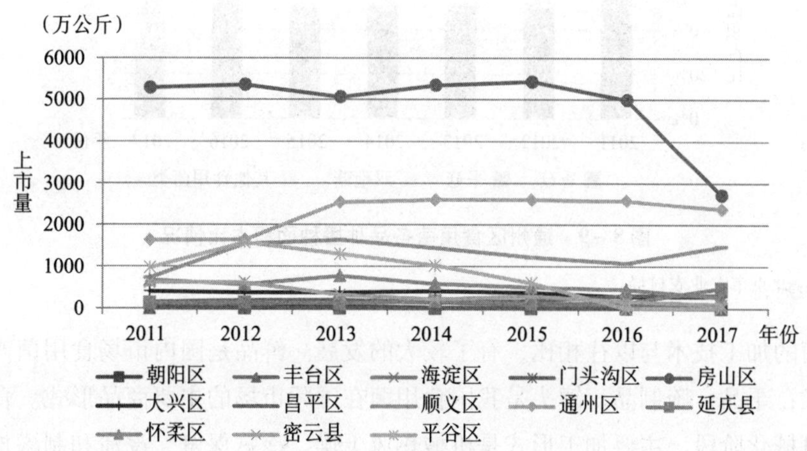

图 8－7　北京各区食用菌上市量

资料来源：北京市农业农村局。

2. 主要种植区食用菌各品种种植情况。房山区食用菌的主要种植品种是平菇，近七年来播种面积基本占房山区食用菌播种面积的 50% 左右（见图 8－8）；而通州区在 2016 年前食用菌的主要品种是香菇，品种面积所占比重基本在 45% 左右，2017 年由于通州区整体食用菌种植下降，香菇种植面积也急剧下降，而且双孢菇的种植为 0 亩（见图 8－9）。

二、加工流通现状

（一）加工情况

从 2017 年的调研情况来看，北京市食用菌整体加工水平一般。房山区加工香菇成香菇酱，加工数量为 20 万公斤；昌平区对 189 万公斤的灰树花、延庆区对 1 万公斤的猴头菇进行了简单加工。

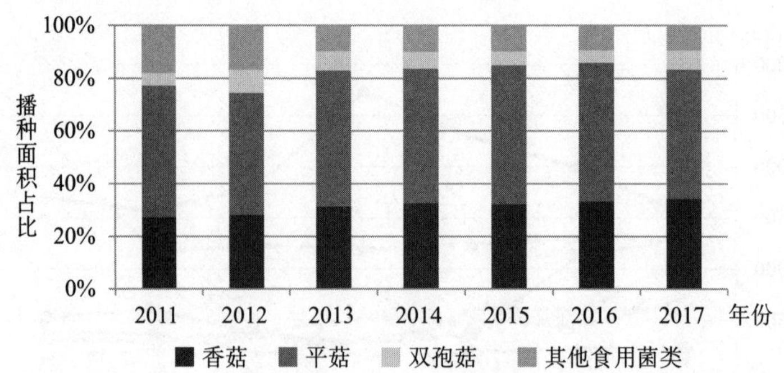

图8-8　房山区食用菌各品种播种面积占比情况

资料来源：北京市农业农村局。

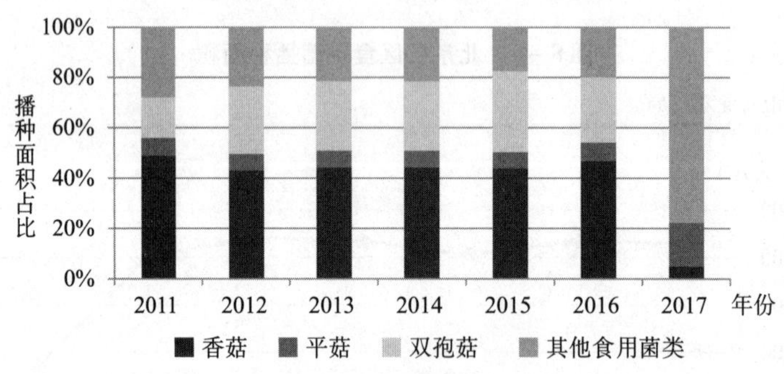

图8-9　通州区食用菌各品种播种面积占比情况

资料来源：北京市农业农村局。

食用菌的加工技术与以往相比，有了较大的发展。鲜品是国内市场食用菌产品的最主要流通形式；干品、腌制品、罐头是我国食用菌在国际市场的主要商品形式。食用菌的加工已进入机械化阶段。主要加工形式是机械热风干燥、冷藏保鲜、浸渍和制罐加工。食用菌产品除了以往的脱水烘干制品、罐头制品、腌制品外，已经开发了速冻制品、真空包装制品、饮料、调味品、方便食品、保健品、药品等。食用菌产品已进入精深加工的产业化阶段。

北京食用菌产业应在食用菌精深加工方面多做文章，如食用菌菌丝体的食、药用加工利用（胶囊、片剂），鲜菇与肉食、面食的结合加工，鲜菇酱制发酵，干菇菇精调味品加工，食用菌多糖保健饮品加工，食用菌美味速食，休闲食品加工系列产品等，全面考虑加工产品的风味、营养及功能性，以味道、口感吸引消费者，以保健、药用功效引导消费者，以放心、方便、营养稳定消费者，打出自主品牌，创出特色，提高增值率，推动食用菌产业向纵深方向发展。

（二）流通情况

1. 北京市自产食用菌流通情况。流通渠道是农产品产业链条中的重要环节，不同的流通渠道既反映了农产品价格的差异，又代表了生产者对农产品渠道的开拓程度，对市场行情的敏感性。针对北京自产的主要食用菌品种，通过问卷调研获取向不同渠道销售的食用菌数量，摸清当前北京市自产食用菌进入每个渠道的比例，团队于2017年4~8月开展了入户问卷调研，共获取问卷66份，其中有效问卷61份。

（1）调研相关说明。

一是开展了问卷设计，主要采集指标包括：食用菌品种、食用菌年产量、销售向不同渠道的数量。其中销售渠道包括：超市、批发市场、合作社、菜贩子、网络销售、机关学校食堂、订单销售、餐饮饭店以及其他，共9个。

二是调研主体选择，本次调研共涉及大兴、通州、顺义、房山、密云、怀柔、延庆7个区，共计56个样本，每个区的调研样本情况如表8-1所示。其中农户样本占比68%，合作社样本占比25%，企业样本占比7%。

表8-1　　调研样本分布情况

区	农户样本	企业样本	合作社样本	合计
房山	17	1	1	19
通州	6	2		8
顺义	8			8
大兴	5	1		6
怀柔			5	5
密云	2		4	6
延庆			4	4
合计	38	4	14	56

（2）食用菌销售渠道统计。

①整体食用菌流通渠道情况。通过调研数据统计汇总，北京市自产的食用菌流通渠道较为集中，大部分均进入批发市场，合计占到90%以上。进入批发市场的方式有两种：一种是直接进入批发市场，这种方式占销售量的比例在75%左右；另一种是直接销售给菜贩子（中介），然后再由菜贩子进入批发市场，这种方式占销售量的比例在17%左右。还有少部分的食用菌通过超市和订单的方式销售，分别占销售总量的2.2%和1.3%。本次调研中通过网络（电商）销售的情况没有。（见图8-10）

②不同生产主体食用菌流通渠道。从不同生产主体的销售渠道来看，对于个体生产者，食用菌销售渠道主要以批发市场和菜贩子为主，分别占比56.4%和41.1%。对于企业和合作社生产主体，销售渠道更为集中，主要以卖给批发市场为主，占比83.6%，其次是卖给菜贩子占比5.8%，卖给超市占比3.1%，订单生产占比1.8%。

③不同品种食用菌流通渠道。从不同品种来看，平菇销往批发市场和菜贩子的比例分别为75.9%和14.9%，香菇销往批发市场和菜贩子的比例分别为86.6%和9.4%，黑木耳销往批发市场和菜贩子的比例分别为41.6%和37.2%，茶树菇销往批发市场的比例为94.3%。

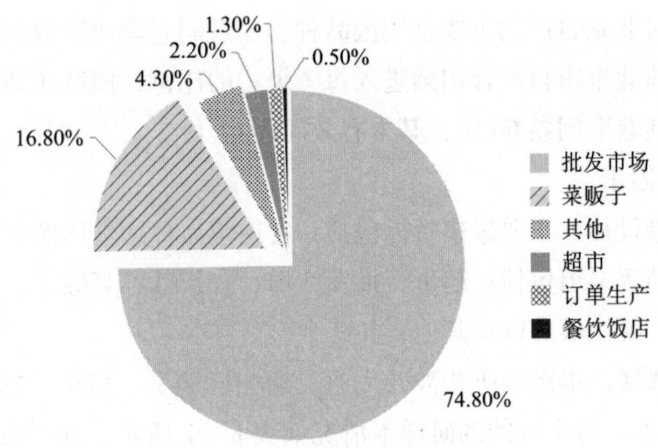

图8－10　北京市自产食用菌流通渠道占比

④不同区食用菌销售渠道。分区来看，大兴区自产食用菌销往批发市场的比例为88.6%，卖给菜贩子的比例为10.7%。房山区自产食用菌销往批发市场的比例为90.9%，订单生产的比例为3.6%。怀柔区食用菌销往批发市场的比例为93%，销售给超市的比例为7%。密云区食用菌销往批发市场和菜贩子的比例分别为40.9%和37.9%。顺义区食用菌销往菜贩子的比例为73.7%，销往批发市场的比例为26.3%。通州区食用菌销往批发市场的比例为55.4%，卖给菜贩子的比例为31.9%，卖给超市的比例为7.1%，企业有一部分茶树菇和平菇供应超市。延庆区食用菌销往批发市场的比例为82.1%，卖给餐饮饭店的比例为4.4%。

（3）主要结论。进入批发市场是当前北京市自产食用菌的最便捷和首选渠道，占到总销售量的90%以上。

对于不同生产主体来说，企业和合作社生产的食用菌更多的是直接进入批发市场，占到总销售量的84%左右，而个体生产者生产的食用菌直接进入批发市场和通过菜贩子进入批发市场的比例分别在56%和41%左右。

对于不同品种，北京市主产的平菇、香菇和茶树菇以批发市场为销售渠道占到总销售量的比例均在90%以上。

2. 北京市批发市场食用菌市场流通情况。食用菌在北京市蔬菜产业中占有一定的比重，根据相关数据监测，北京市食用菌产量占到全市蔬菜产量的4.5%左右。同时，北京市农产品消费量需求比较大，全年蔬菜需求量在1200万吨以上。

根据初步调研了解，批发市场是当前北京市蔬菜主要的流通渠道，经批发市场流通的蔬菜占比在70%左右，批发市场发挥着重要的集散作用。根据北京市农业农村局提供的数据，在品种选择上，鲜香菇、平菇、金针菇、茶树菇、草菇、鸡腿菇、杏鲍菇、双孢菇、海鲜菇、滑子菇，这10个品种占全部食用菌上市量的比重较高，可以分析北京市场主要食用菌品种的供应地分布特点。

（1）总体食用菌的来源地分布情况。根据北京市农业农村局的数据，可以得到全市食用菌的整体来源分布情况，北京批发市场交易的食用菌主要来自本市和河北省，占比分别为30.95%和32.91%；其次是山东占比12.72%，福建占比6.5%，天津占比4.77%，江苏占比4.13%，广东占比3.37%。（见图8－11）

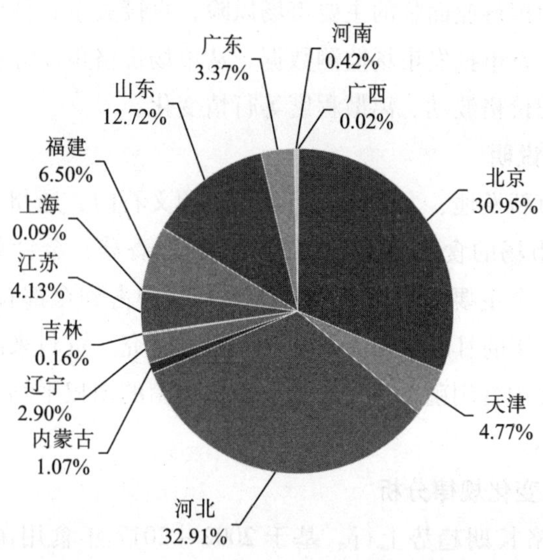

图8－11　北京市食用菌的主供地分布情况

（2）不同食用菌品种来源地分布。分品种来看，不同品种来源地差异比较大，这与全国食用菌主产地分布有较大的关系，全国基本形成了九大食用菌优势区域：太行山南麓食用菌优势区、小兴安岭—长白山食用菌优势区、黄淮平原食用菌优势区、武夷山区食用菌优势区、湘南—桂北—南岭食用菌优势区、四川盆地食用菌优势区、秦巴山区食用菌优势区、西北潜在食用菌优势区。各优势区域主产品种的差异会引起供应地分布的差异。

从北京批发市场交易的食用菌主要品种来看，香菇主要来自河北、北京两地，分别占比60.05%和29.45%，合计占比将近90%；平菇也是主要来自北京和河北，分别占比58.6%和34.39%，合计超过90%；金针菇的来源地比较分散，山东、广东和北京占比较高，供应比例都在20%以上，合计将近70%；茶树菇主要以福建为主，占比接近60%；草菇供应集中度较高，江苏占比接近61%，其次是北京，占比29%；鸡腿菇主要来自河北、山东和北京，合计93%左右；双孢菇主要来自山东和北京，分别占比58.83%和22.25%左右，合计超过80%；杏鲍菇供应主要以北京和河北为主，各占比30%左右；海鲜菇主要来自福建和北京，分别占比38.64%和31.61%；滑子菇供应以辽宁和北京为主，分别占比46.91%和35.32%，合计超过80%。

三、市场消费现状

食用菌是蔬菜产业中相对独立的一个品类，也是重要的组成部分，已经逐渐成为蔬菜消费的主要品类。但随着北方设施蔬菜产业的快速发展，加之技术环节的进步，食用菌产业迅速由供应不足转为相对过剩，近两年部分食用菌品种价格持续下行也反映了食用菌产能相对过剩的现状。当前，我国蔬菜供应已经由趋紧转入宽松，但是随之而来的是结构性失衡，价格风险成为种植行业面临的主要市场风险，直接关系到种植者的收益和再生产能力。下面依托并梳理北京市批发市场监测数据，从市场价格角度分析北京市场主要食用菌品种的价格变化规律和价格波动、离散程度等行情变化。

（一）数据及相关说明

本研究基于北京市新发地、大洋路、岳各庄、顺义石门、通州八里桥、昌平水屯、锦绣大地7个主要批发市场的食用菌交易数据。选择鲜香菇、金针菇、平菇、草菇、茶树菇、鸡腿菇、杏鲍菇7个主要食用菌品种，这7个品种占到全部食用菌上市量的70%以上。以2002年到2017年的月度数据为基础开展相关研究。资料来源于北京市农业农村局信息中心的监测。本文中食用菌价格是特指7种食用菌的加权平均价格，具体品种的价格会冠以不同的品种名称。

（二）食用菌价格变化规律分析

1. 食用菌平均价格长期趋势上行。基于2002～2017年食用菌价格的年度走势来看（见图8－12），食用菌年度价格呈现波动上行的走势，长期趋势上行，这与整体蔬菜价格的走势较为一致。2017年较2002年食用菌价格累计升幅131.5%，年度平均升幅5.8%，低于整体蔬菜价格年均7.2%的升幅。近7年来食用菌价格升幅明显放缓，且在2011～2013年连续3年出现了价格下行走势，2016年食用菌平均价格基本回落到了2010年的水平，反映了食用菌市场整体供应过剩。

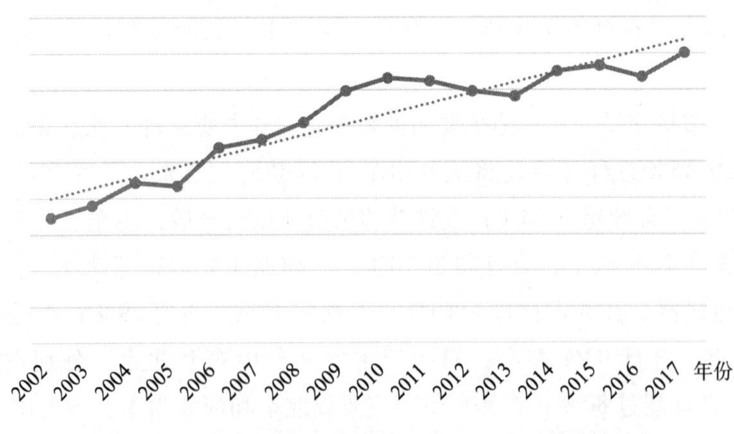

图8－12　2002～2017年北京市批发市场食用菌价格走势

2. 年度内价格变化规律显著。通过对2002～2017年历年同月份食用菌价格取平均值，最终得到图8－13，横线为12个月价格的平均，以此为分界线，食用菌年度内月度价格呈现显著的“一峰一谷”的特征，价格高峰和低谷的运行时间均为6个月：价格低位运行期为12月到来年的5月，价格最低点出现在每年的3月份左右；价格高位运行期为6月到11月，价格最高点出现在每年的8月份。

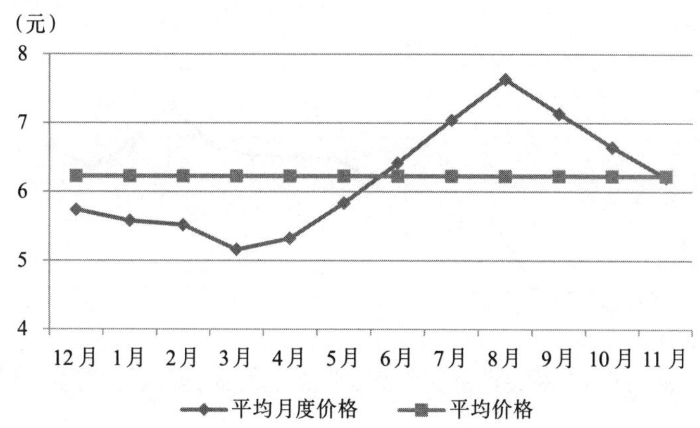

图8－13　2002～2017年食用菌年度内平均月度价格走势图

不同的食用菌品种价格运行的高位期和低位期有一定的差异（见表8－2），整体来看，价格高位期基本出现在下半年，价格低位期大多出现在上半年，即食用菌的价格与气温呈同向变化，这与食用菌生产供应的季节性是一致的，低温环境下食用菌生产供应量较大。

表8－2　各品种价格高位和低位运行期分布

品种	价格高位运行期	价格最高月	价格低位运行期	价格最低月
鲜香菇	6月至11月/6个月	8月	12月至5月/6个月	3月
平菇	6月至10月/5个月	8月	11月至5月/7个月	3月
金针菇	8月至12月/5个月	10月	1月至7月/7个月	5月
草菇	10月至3月/6个月	12月	4月至9月/6个月	7月
茶树菇	10月至2月/5个月	11月	3月至9月/7个月	5月
鸡腿菇	6月至11月/6个月	9月	12月至5月/6个月	3月
杏鲍菇	9月至10月、1月至3月	2月	4月至8月/5个月	6月

（三）主要食用菌品种价格变化分析

选取北京市食用菌主产的两大品种香菇和平菇进行价格分析，为北京市菇农的种植提供参考。

1. 鲜香菇。

（1）香菇价格长期趋势上行。从长期来看，香菇价格呈波动上行走势，且仍处于上行周期。2017年香菇价格每公斤7.79元，较2002年累计升幅86%，平均每年升幅4.2%。价格最低点出现在2003年，价格为每公斤3.84元，价格最高点出现在2014年，价格为每公斤8.81元，振幅129%。

历史上，香菇价格出现了两次较为明显的价格下行走势，一次出现在2007～2008年，年度价格累计下降9.3%；一次出现在2015～2016年，价格累计下降17.1%（见图8－14）。

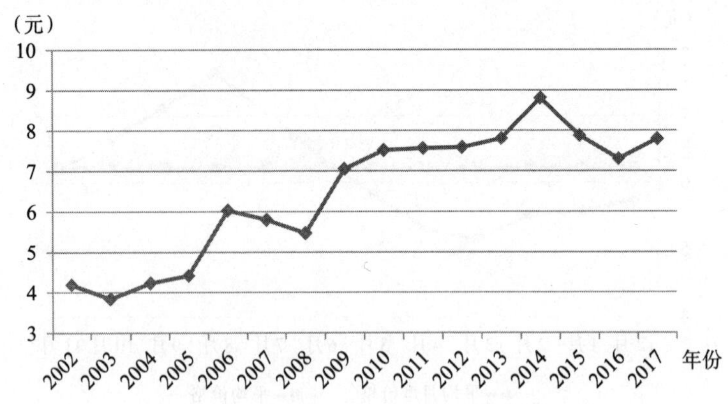

图8－14　2002～2017年香菇年度价格走势

（2）香菇年内价格走势。将2002～2017年的香菇同期月度价格进行平均，得到完整年度香菇的月价格走势（下面品种均采取类似处理方式）。从历史平均走势来看，年度内香菇价格呈“一峰一谷”的走势，价格低谷期出现在11月到来年5月，价格最低点基本出现在3月份，价格高峰期出现在6月至10月，价格最高点基本出现在8月份。价格高峰期价格水平是价格低谷期价格水平的1.21倍，8月份价格最高点平均价格每公斤7.51元，3月份价格最低点平均价格每公斤5.24元，最高点价格是最低点的1.43倍（见图8－15）。从年度内价格分布可以判断出，低温天气香菇收益水平明显低于高温天气。

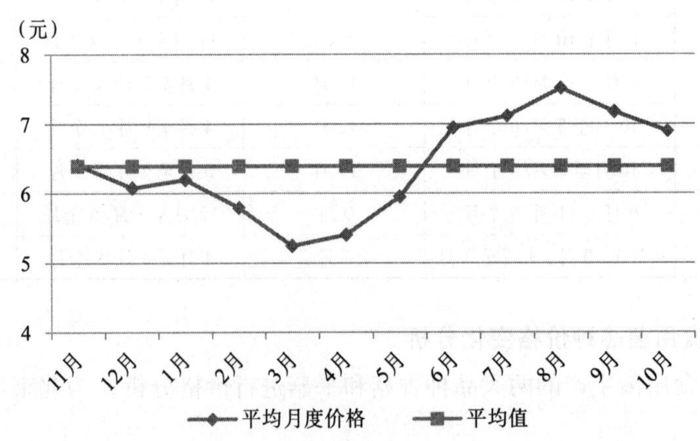

图8－15　2002～2017年香菇年内月度平均价格走势

（3）价格波动程度分析。利用标准差指标分析每年香菇价格波动程度（见图8－16），通过历史数据分析，从2006年开始香菇出现年内价格波动程度加大的情况，而且此后基本呈现较为规律的一年波动幅度大，而后一年价格波动幅度趋缓的规律。2016年是价格波动幅度最大的一年，年内价格高点和价格低点都非常明显，3月份价格最低为5.94元/公斤，8 月份价格最高为 10.73 元/公斤。

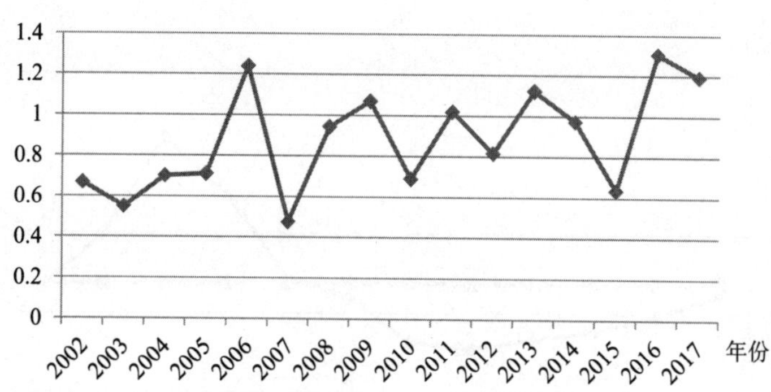

图 8－16　香菇价格波动走势图

2. 平菇。

（1）平菇价格趋势上行。自 2002 年以来北京批发市场平菇价格总体趋势上行，阶段性变化特征明显。2017 年平菇价格每公斤 6.38 元，较 2002 年累计升幅 204%，年均升幅 7.7%。

2002～2009 年平菇价格持续快速上行，累计升幅 136%，年均升幅 13%，集中反映了平菇生产供应小于市场需求的态势。2009～2013 年平菇行情趋于稳定，价格稳中略降。行情沉寂 4 年之后，2014～2017 年平菇价格再度快速上行，2017 年达到历史以来的最高价格（见图 8－17）。

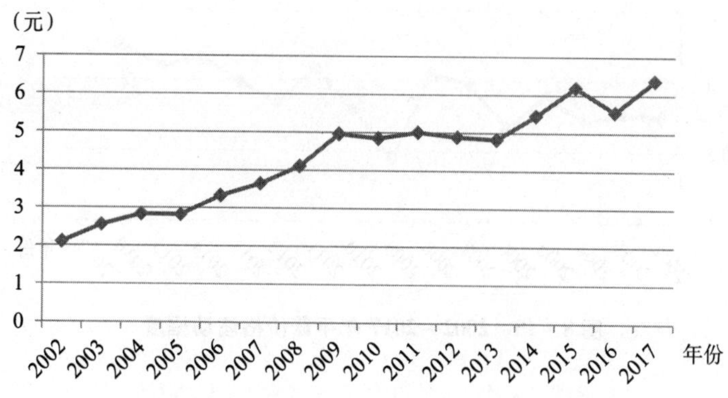

图 8－17　2002～2017 年平菇年度价格走势

（2）平菇年内价格走势。从年内价格走势来看，平菇与香菇一样，价格也呈现“一峰一谷”的走势，价格低谷期出现在每年的 11 月至来年 5 月，价格最低点基本出现在 3 月份，价格高峰期出现在每年的 6 月至 10 月，价格最高点出现在 8 月份。价格高峰期价格水平是价格低谷期价格水平的 1.32 倍，8 月份价格最高点平均价格每公斤 6.19 元，3 月份价格最低点平均价格每公斤 3.56 元，最高点价格是最低点的 1.74 倍（见图 8－18）。

相对来看，平菇市场在价格低位时运行更为平稳，标准差仅为 0.25，价格高峰时价格波动幅度较为剧烈，标准差为0.69。

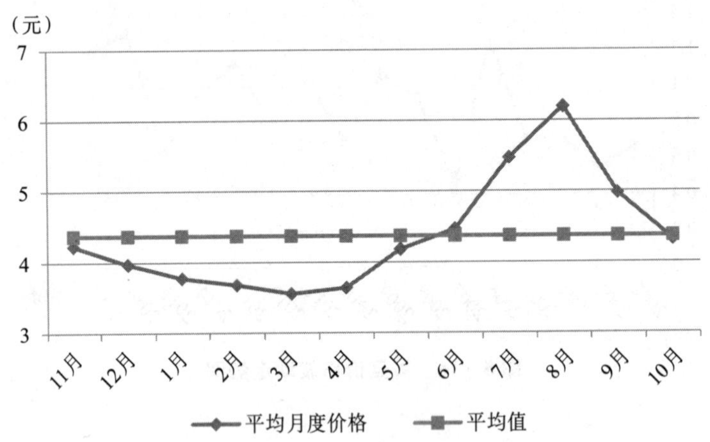

图8－18　2002～2017年平菇月度价格特征图

（3）价格波动程度分析。衡量价格波动程度的标准差指标如图8－19所示。通过历史数据分析，平菇价格波动幅度呈逐渐扩大的趋势。2009年平菇价格波动幅度最小，标准差值为0.45，2017年价格波动幅度最大，标准差值为1.78。平菇年内价格波动的规律特征显著：价格波动扩大两年，价格波动缩小一年。

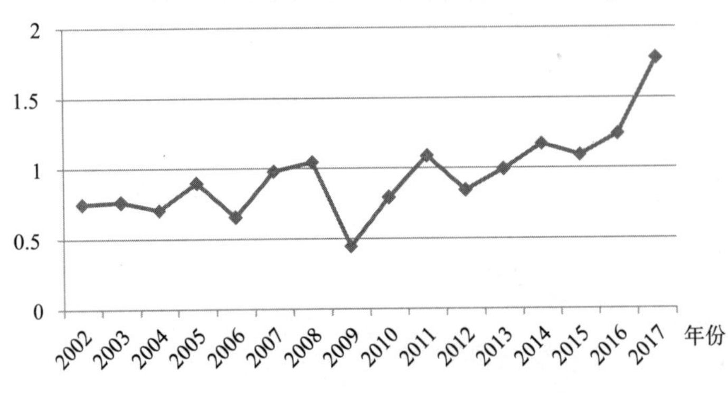

图8－19　2002～2017年平菇价格波动幅度

（四）结论

第一，北京市批发市场食用菌历史价格总体呈上行走势，年内价格呈现“一峰一谷”特征，总体价格低位出现在上半年，价格高位出现在下半年。

第二，北京市批发市场食用菌价格周期性、季节性显著。根据2002～2016年的历史数据，可以划分为8个周期，每个周期为12～38个月不等，且周期内的季节因子影响较为明显，一般每年的8月份是季节价格高点，2、3、4月份是季节价格低点。

第三，香菇、平菇的价格走势呈现长期向上的趋势。

第四，香菇、平菇年内价格走势亦主要呈现一个价格高峰期和一个价格低谷期。

四、新型经营主体现状

食用菌生产新型经营主体主要有农业产业化龙头企业、农民专业合作社、专业大户和家庭农场等，通过北京市食用菌创新团队的2015~2017年统计，可以得出（见图8-20）新型经营主体主要以农民合作社为主；在三年中，农业产业化龙头企业、农民专业合作社的数量在不断增加，专业大户的数量在减少，说明食用菌栽培向规模化、标准化、协作化方向发展。

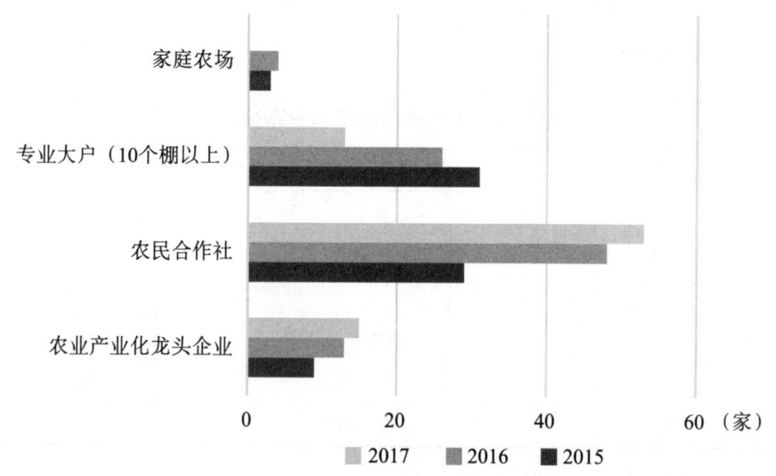

图8-20　2015~2017年北京市食用菌新型经营主体发展情况

2017年食用菌生产经营主体主要有生产企业、农民专业合作社、专业大户（10个棚以上）、散户等。其中农业生产企业13家，农民专业合作社53家，专业大户（10个棚以上）13家，散户931家，涉及大兴、房山、通州、顺义、密云、怀柔和昌平7个区。

具体情况如下：

农业生产企业13家，从业人员数量792人，平均参与劳动时间基本是全年，从业人员的平均年龄在44岁左右，平均受教育程度是初中，生产经营模式与机制主要为产销一体。

农民专业合作社53家，从业人员数量1110人，平均参与劳动时间基本是6~10个月，从业人员的平均年龄在50岁左右，平均受教育程度是初中，生产经营模式与机制主要为产销一体和仅生产各半。

专业大户（10个棚以上）13家，从业人员数量178人，平均参与劳动时间基本是8~10个月，从业人员的平均年龄在48岁左右，平均受教育程度是初中，生产经营模式与机制主要以生产为主。

散户931家，从业人员数量1688人，平均参与劳动时间基本是5~10个月，从业人员的平均年龄在50岁左右，平均受教育程度是初中，生产经营模式与机制主要以生产为主，对销售环节参与度较低。

在昌平区，还有两个生产菌棒的龙头企业，年产量均在400万棒以上。

五、成本收益及其产业支持政策实施效果

（一）北京市食用菌成本收益情况

为了了解北京市食用菌种植成本和收益情况，北京食用菌创新团队于2017年7~8月通过面对面以及电话调研方式，对各区县食用菌种植情况进行了调研，共回收问卷66份，涉及散户、生产企业、合作社，品种主要有平菇、香菇、茶树菇、黑木耳、榆黄蘑、灰树花和猴头菇等（见表8-3）。

表8-3　2017年成本收益问卷样本分布情况

地区	样本分布	地区	样本分布	经营主体	样本分布	品种	样本分布
大兴	9	怀柔	5	个人	41	平菇	36
通州	11	密云	6	企业	9	香菇	11
房山	21	延庆	6	合作社	16	茶树菇	9
顺义	8					黑木耳	7
						其他	3
合计	66						

1. 食用菌成本收益情况。在所有调查样本中，统计分析得出，食用菌平均生产成本是2.04元/公斤，收入是3.42元/公斤。

样本中菇农种植较多的食用菌品种主要有平菇、香菇、茶树菇和黑木耳，其中样本中种植榆黄蘑、灰树花和猴头菇的农户较少，故将其归于其他类中。

从图8-21中可以看出，几种食用菌品种的成本、利润差异较大。

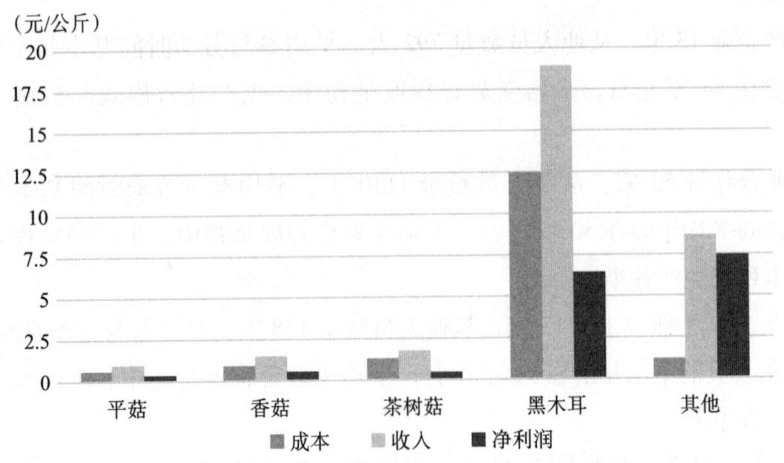

图8-21　2017年北京市不同品种食用菌生产成本收益情况

由于其他类中种植品种主要为榆黄蘑、灰树花和猴头菇，为稀特优良品种，投入高，价格也高，由此利润也是最高的，达到7.48元/公斤，在后面的对比中不予考虑。

在平菇、香菇、茶树菇和黑木耳四种产品中，黑木耳的成本为12.49元/公斤，远高于其他几种食用菌的成本，但净利润为6.44元/公斤，利润是最高的，故种植成本较高的黑木耳却仍受菇农欢迎；其次是茶树菇的成本较高，为1.3元/公斤，高于香菇，但利润为0.46元/公斤，比香菇的利润低；平菇的成本和利润均是最低的，分别为0.61元/公斤和0.36元/公斤。

2. 食用菌成本比例结构。根据食用菌的生产流程，将其成本分为菌种费、菌棒费、菌袋费、动力费、折旧费、人工费和土地流转费七大类。其中菌棒费包括木屑、棉籽壳、玉米芯、废菌糠、稻草、麦秸、杂草、鸡粪、麸皮、玉米面、米糠、石膏、石灰、尿素、过磷酸钙等材料的购买费用。动力费包括灭菌、拌料、运输、冷库等费用。折旧费包括大棚、温室、冷库、工厂等的设施折旧费，灭菌、拌料、出菇架、装袋机等的设备折旧费、温湿度遥感设备、摄像头、软件等物联网设备折旧费，以及菌圈、喷雾、大棚膜、遮阳网、棉被、草苫等的折旧费。

在所有调查样本中，通过统计分析得出：食用菌生产成本为2.04元/公斤，其中菌种费为0.03元/公斤，菌棒费为1.23元/公斤，菌袋费为0.02元/公斤，动力费为0.04元/公斤，折旧费为0.08元/公斤，人工费为0.62元/公斤，土地流转费为0.05元/公斤。可以看出菌棒费和人工费是最主要的费用。

图8－22中从里往外的圆环分别代表了平菇、香菇、茶树菇、黑木耳以及其他类的食用菌生产中各环节生产成本所占比重，可以看出，菌棒费在所有品种的生产成本中，占了较大的比例，均分布在50%左右，其中黑木耳类菌棒费占了66%，可见菌棒是食用菌生产过程中较复杂的一部分，也是耗费最高的一个环节。其次占比较大的则是人工费，整体分布在20%～30%；可以推测，北京市采纳新技术、使用先进设备的水平不高，多数环节还是需要人工来完成；菌种费、动力费和土地流转费在所有种类的食用菌生产中都占了较低的比重，其中黑木耳的菌种费和菌袋费没有统计，这也是菌棒费比重较大的一个原因。总体来说，菌棒费和人工费在总成本中占了较大的比重，合计80%左右。

3. 食用菌成本利润率情况。根据调查数据可计算不同品种食用菌的成本利润率，结果如表8－4。从表中可以看出其他类食用菌的成本利润率最高，为5.29%，其成本与平菇等普通食用菌相差不大，但收入偏高，属于低投入高回报的品种；黑木耳的成本利润率为52%，但成本和收入都远高于平菇、香菇等食用菌，属于高投入高回报品种；平菇、香菇和茶树菇的成本和投入均相对较低。

（二）产业支持政策

2017年昌平区继续执行山区栗蘑菌棒补贴政策（昌平区农委山区办），2017年补贴政策资金1860万元，比2016年增加270万元。政策作用显著，昌平区栗蘑栽种面积显著增

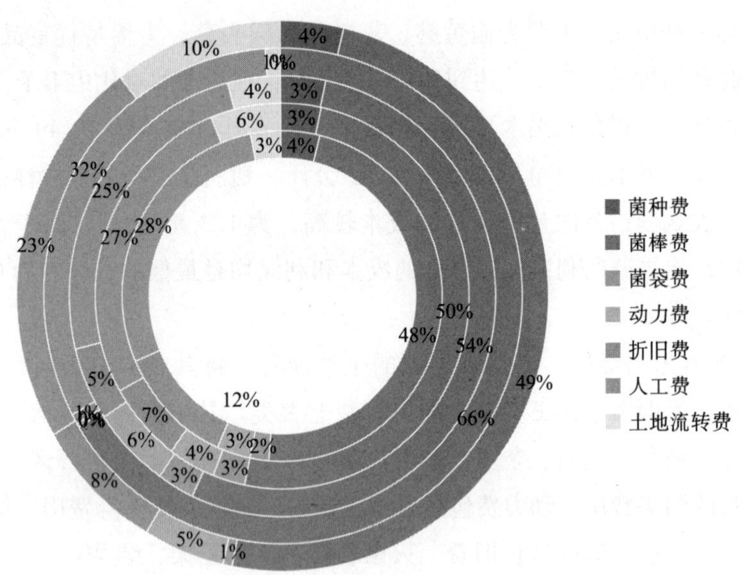

图 8－22　北京市不同品种食用菌生产成本结构情况

表 8－4　　不同品种成本利润率比较

品种	成本（元/公斤）	收入（元/公斤）	成本利润率（%）
平菇	0.61	0.97	0.58
香菇	0.93	1.48	0.6
茶树菇	1.30	1.76	0.35
黑木耳	12.49	18.93	0.52
其他	1.19	7.48	5.29

加，产业发展迅速，规模化生产显著提高，为山区农民脱贫致富找到了新的出路，得到较高的评价。

密云 2014 年开始试验种植黑木耳，逐年扩大，2017 年种植 357 亩，种植黑木耳菌棒 317 万棒，低收入户 131 户。区财政对种植黑木耳实施物资补贴政策，2017 年补贴政策资金 839 万元，比 2016 年增加 42 万元。具体补贴为菌棒每棒 2.5 元，低收入户每棒补贴 2.5 元，非低收入户每棒补贴 1.5 元，每棒自筹 1 元；微喷配水、草帘、地布、地膜、打孔机补贴；低收入村掏井补贴。北京市食用菌创新团队的综合站和工作站，集成一整套从制棒到采收的种植黑木耳栽培技术，在种植村开展产前黑木耳种植技术培训班、观摩，全程指导黑木耳生产，从选地、整地、菌棒入地、催芽、出耳以及管理、采摘等方面进行了详细的讲解，并对种植户对象面对面、一对一技术指导，电话、微信追踪指导，确保菌农精准掌握技术，促进产业发展。

第二节　产业发展中创新团队的技术支撑作用

一、团队基本情况

（一）创新团队功能定位及其建设任务

北京市食用菌创新团队以服务现代北京食用菌技术体系，发挥科技引领和示范带动作用，为打造“高产、高效、高端、高辐射”的食用菌产业提供强力技术支撑为目标，通过对区域共性技术和关键技术研究、集成、试验、示范、推广和农民技术培训为核心任务，使得更多的农业科技成果得到应用，以提升北京市食用菌产业的技术创新能力、提高食用菌产业的综合生产能力，实现菌农增收和食用菌产业的可持续发展，在京郊大地写实“食用菌科技成果”。

遵循创新、协调、绿色、开放、共享的发展理念，以为实现农业现代化和推进产业结构升级提供科技支撑为目标，加强团队作风建设和制度完善，加大技术研究和示范推广力度，改进技术服务方式，促进产业发展方式转变和产业技术体系完善，协同京冀，推动产业升级发展，为走出一条产出高效、产品安全、资源节约和环境友好的现代化食用菌产业道路提供有力支撑。

团队成立运行至今，食用菌创新团队在产业的影响力和贡献率逐年提升，研发、示范、推广的适宜新品种及配套技术极大地促进了菌农增收，夯实了产业可持续发展的基础，有力地提升了北京食用菌产业的综合生产能力并受到了国内外业界同人的广泛关注。

（二）创新团队组成架构

食用菌产业技术体系北京市创新团队依照北京市农业局、财政局“关于印发《现代农业产业技术体系北京市创新团队建设实施方案（试行）》（京农发〔2009〕44 号）”文件的通知要求，于 2011 年组建。食用菌产业创新团队建设项目为周期延续性项目，第二轮任务建设周期为 2016 ~ 2020 年。项目成员涉及项目单位包括市农业局下属植保站、北京市农林科学院、北京市农学院、中国农业大学、中国农科院资源与区划所等共 11 家。2017 年共聘任 1 名首席专家、9 名岗位专家、5 名综合试验站站长、16 名农民田间学校工作站站长共 31 名成员 31 个岗位。

（三）创新团队作用与交流机制

按照北京都市型现代农业的发展要求，依照北京市食用菌产业的功能定位，建立起完善的食用菌现代技术体系，形成有力的技术服务能力，并大力发挥科技引领和示范带动作用，为打造“高产、高效、高端、高辐射”的食用菌产业提供技术支撑。

1. 分类推进。

（1）确保重点攻关类任务。积极探索有效的工作方法，认真总结前期调研工作经验，把做好产业调研贯穿于工作的始终，按照“先易后难，整体推进”的原则，按已制定的目标要求、培训内容，及时调整重点攻关类任务方向、重点和研发力度，把技术研究与集成的工作放在突出位置，做到按时完成各项任务。

（2）加快成熟技术推广速度。在重点做好产业重点攻关任务技术研发的同时，优先将成熟技术总结集成，针对市场需求，本着“缺什么，补什么”的原则，围绕产业需求引导并进行实用推广技术培训，推广一批能够促进产业链增产、增收的成熟技术，将实用技术培训和劳动力就业培训紧密结合起来，辐射带动产业发展和农民增收。

（3）协调不同类任务间关系。要处理好不同类任务之间关系，既做到相互密切衔接，又要突出重点、兼顾创新。以新技术为先导、技术攻关试验示范为重点，创新性技术研究重在集成的原则，做到整体有序、重点突出、有机结合。

2. 分层落实。

（1）功能研究室。功能研究室开展产业关键技术研究和技术集成，根据产业发展趋势开展前瞻性基础技术及策略研究；承担政府主管部门下达的应急性技术任务；指导综合试验站开展相关技术试验示范和推广。

（2）综合试验站。负责组织田间学校工作站在本区域开展需求调研，承担研发中心和功能研究室提供的试验、示范；协助产业研发中心监测生产动态变化；为辖区农民田间学校工作站的建设与运行提供技术支持。

（3）农民田间学校工作站。每个田间学校工作站要建成示范型田间学校，相关技术进行整村推动，并负责所在乡镇农民田间学校的工作指导，协助综合试验站开展食用菌技术及相关需求信息反馈，承担由综合试验站提供的成熟技术的推广任务，发现、培养2～3名农民辅导员、乡土专家和科技示范户，建立1～2个技术效果监测点。

3. 加强管理。

（1）加强组织领导，建立团队执行专家组、功能研究室、区县综合试验站和农民田间学校管理协调工作机制。

（2）明确划分责任，采取首席专家领导下的民主集中制，由团队成员会商，执行专家组审议，首席专家签署发布。具体项目实施由岗位专家、综合试验站长、田间学校工作站长全权负责。首席专家办公室代表首席专家对团队成员承担的具体项目过程和结果实施登记并建立信用评价体制，考核计分。

（3）目标管理。坚持团队管理体系，以任务目标为主要管理对象，细化创新研发中各项成绩在总考核中所占比例。同时加大宣传力度与社会舆论监督力度，营造社会对产业创新体系了解的氛围。

（4）质量控制。质量控制，全员参与，坚持经费和做事的高度统一，坚持做事和应用服务对象的满意为一体，预防胜于检查。

4. 建立考核机制。严格落实《现代农业产业技术体系北京市创新团队评估管理办法》，对团队成员实行既考评过程又考评结果的机制。在每个实施阶段对实施过程中相关事项进行档案登记打分；在半年或年度结束对主要课题任务进行文字总结与汇报，根据主要任务要求完成情况进行考核打分，并按照有关管理办法规定进行相应惩处。

二、技术研发与主推技术

（一）团队技术研发情况

1. 食用菌优良品种快速筛选技术。该技术由遗传育种与制种技术功能研究室岗位专家陈强独立进行研发，现已完成，所用时长为3年，最终应用该技术筛选出了5个平菇新品种。

2. 食用菌菌种纯化技术。该技术由遗传育种与制种技术功能研究室岗位专家陈强独立进行研发，现已完成，并获得专利授权，所用时长为1年，该技术基本上能够应用于所有种类的食用菌。

3. 食用菌通用母种培养基快速制备技术。该技术由遗传育种与制种技术功能研究室岗位专家陈强独立进行研发，现已完成，并进行专利申请，所用时长为6个月，该技术对于主要栽培的食用菌种类都可以应用。

4. 食用菌快速制种技术。该技术由遗传育种与制种技术功能研究室岗位专家陈强独立进行研发，现已完成，并进行专利申请，所用时长为1年8个月，该技术对于主要栽培的食用菌种类都可以应用。

5. 食用菌新种类驯化栽培技术。该技术由遗传育种与制种技术功能研究室岗位专家陈强独立进行研发，从2017年开始，目前处于进行中，该技术的应用对象为难培养的食用菌种类。

6. 昆虫病原线虫防治菇蚊幼虫技术。夜蛾斯氏线虫（*Steinernema feltiae*）对双翅目幼虫致死作用较强，侵染期线虫可通过昆虫自然孔道、节间膜或表皮进入昆虫血腔，释放携带的共生细菌，使害虫患败血症而死亡，线虫以虫尸为营养源在昆虫体内繁殖，直至形成新一代侵染期线虫，离开寄主，寻找新的寄主昆虫。在欧美国家，昆虫病原线虫已成为防治双孢菇菇蚊蝇的一种有效生物制剂并得到广泛应用。利用昆虫病原线虫控制菇蚊蝇能大幅度减少农药使用，提高产品品质。于菇蚊蝇发生初期使用效果好。该技术由病虫害综合防治岗位专家师迎春于2015年引进，并对其进行使用效果、实用技术等方面的研究，该技术应用品种为昆虫病原线虫，研发形式为实用技术。

7. Bti 粉剂防治菇蚊幼虫技术。苏云金杆菌 Bti 粉剂是一种专门针对双翅目蚊蝇害虫的病原细菌生物杀虫剂，是国内外公认的安全生物农药，具有高效、安全、易于分解、低残留、与环境相容的特性，对人畜安全、不伤害天敌，美国、加拿大等国家应用 Bti 防治双孢菇菇房中的菇蚊蝇幼虫。于菇蚊蝇发生初期使用效果好。该技术由病虫害综合防治岗位专家师迎春于 2013 年开始在双孢菇上引进，现在平菇、茶树菇等上开展试验示范，进行使用效果、实用技术等方面的研究，研发形式为实用技术。

8. 景观草腐型食用菌制作方法。该技术由草腐菌栽培岗位专家陈青君进行研发，所用时长为 6 个月。

9. 菌糠作为底肥施用对西瓜根结线虫防效以及果实品质的影响。菌糠的密度较小，有机质和氮磷钾的含量较高，透水和保肥，适宜西瓜种植要求。用菌糠替代 30% 左右有机肥（作底肥）并与杀虫农药福气多一同施入西瓜种植土壤中，西瓜的产量、单重、边糖和心糖等产量和品质指标不低于施入等量的有机肥和福气多的对照地块，但单独施用菌糠（不使用农药）不能对根结线虫没有表现出较好的防效和抗性，需要与抗线虫药剂复合使用。该技术由食用菌废弃物循环利用岗位专家孙晓红进行新技术研发，现已示范，所用时长为 2 年。

10. 杂交育种。该技术由草腐菌栽培岗位专家王守现进行自主研发，现已进行北京市新品种鉴定，所用时长为 3 年，应用品种为奥德蘑和白灵菇，均可进行工厂化栽培。“奥德京 1 号”具有菌丝发菌速度快、转潮时间短、不需覆土、产量高、性状稳定等优点，口感十分滑、嫩、脆，适宜春秋季大棚或工厂化栽培。目前在京郊部分食用菌生产基地种植，得到众多研究者、种植者和食用者的认可和高度评价，该品种具有较好的推广潜力；通过单孢杂交选育的白灵菇新品种“白灵京科 4 号”，生产周期短且产量高，适合工厂化栽培和林下栽培，能够提高企业的经济效益达 5%。同时该品种的栽培，均是以农业废弃资源为原材料，生产可食用子实体，属于循环农业不可或缺的一部分，实现了农业生产的节能、环保、高效，具有良好的社会效益。

11. 菇棚综合降温技术。北京地区夏季高温高湿，不利于大部分菌类的生长。菇棚综合降温技术集成了风机水帘通风降温技术、定时雾化微喷增湿降温技术和覆盖遮阴 + LED 补光技术。在高温季节利用综合降温技术可控制棚内最高温度在 30℃ 以下，保证菌类正常生长。该技术由木腐菌栽培岗位专家胡晓艳进行研发，属于集成技术，所用时长为 2 年。

12. 食用菌新品种“卵孢侧耳”。该技术由中国科学院微生物研究所赵瑞琳进行自主研发，现已完成驯化，所用时长为 18 个月。

（二）团队主推技术情况

1. 平菇发酵料短时高温处理技术。发酵料加短时高温处理的方式是目前本地主推的平菇栽培技术之一。其技术优势是菌袋污染率极低，通过发酵使培养料有了初步分解，有利于菌丝生长，不易染病；短时高温可以杀死虫卵，减少虫害发生，可获得较高产量和效益；此外，还可节约能源和人力成本，比传统熟料栽培节省灭菌时间70%。目前该技术在全市推广，覆盖面积为2000亩。所带来的经济效益为每亩增收1200元以上。

2. 平菇套环封口快速发菌、定向出菇技术。平菇出菇方式多样，有割袋口或卷袋口方式，有划口出菇方式，有套环出菇方式。实践证明，套环出菇效果较好，尤其适合高温季节的平菇生产。一是发菌速度快，菌丝健壮；二是由于定位出菇，菇型好；三是与割袋相比，裸露出菇面小，菌袋失水少；四是与划口相比，无效菇少，产量高；五是产量集中，生产周期缩短，病虫害感染几率降低。可提早7～10天发满菌，缩短了栽培周期；提高了菇的产量和商品性5%以上。该技术主要在大兴、密云、顺义进行推广，覆盖面积380亩，该技术经过多年的试验示范，基本形成成熟的技术体系，具有很好的应用价值。

3. 昆虫病原线虫防治菇蚊幼虫技术。该技术的应用对象有平菇、茶树菇、灰树花，推广范围为4个区和5个基地，覆盖面积约为8亩。

4. Bti粉剂防治菇蚊幼虫技术。该技术的应用对象有平菇、茶树菇、长根菇、灰树花，推广范围为4个区和5个基地，覆盖面积约为30亩。

5. 菌糠再利用技术。菌糠中不仅含有较高的机质和氮磷钾成分，而且还含有大量的微生物和较多的生物酶，利用菌糠替代部分有机肥作底肥种植蔬菜、水果、花卉等，不仅可节约有机肥的使用量，降低大量使用有机肥带来的重金属和抗生素等污染，而且菌糠中的微生物和生物酶还可以降解土壤中的化学农药残留并促进土壤中的养分向速效氮磷钾的转化，提高肥效，保障产品的品质安全。由此利用菌糠，一种是菌糠作为基质，进行叶菜类、茄果、西瓜和花卉类等作物的育苗，以降低育苗成本，目前在大兴、顺义进行推广，覆盖面积300亩；另一种是菌糠部分替代有机肥，推广范围包括大兴、房山、密云、顺义、通州和延庆6个区，覆盖面积为300亩。

（三）团队研发成果情况

传育种与制种技术功能研究室岗位专家陈强作为第三完成人，参加项目“食用菌种质资源鉴定评价技术与广适性品种选育”，获得2017年度国家科学技术进步奖二等奖。

团队岗位专家获得发明专利7项和实用新型2项，清单如下：

专利：

一种阿魏菇及其栽培方法 ZL201510006890.1（陈强第一）。

一种白灵菇及其栽培方法 ZL201510006865.3（陈强第一）。

一种周期短的白灵菇及其栽培方法 ZL201510006886.5（陈强第一）。

一种菌柄细的白灵菇及其栽培方法 ZL201510006895.4（陈强第二）。

一种出菇整齐的白灵菇及其栽培方法 ZL201510006876.1（陈强第二）。

一种质地硬的白灵菇及其栽培方法 ZL201510006874.2（陈强第二）。

一种可降温、节能的反季节食用菌栽培大棚 ZL201510134066.4（王守现第一）。

实用新型：

一种便携式多功能出菇箱 ZL201621186656.8（王守现第一）。

一种家庭体验式简易无菌接种和培育食用菌的装置 ZL201621184636.7（王守现第一）。

三、技术示范推广效益

（一）技术示范推广经济效益

平菇发酵料短时高温处理技术经济效益为每亩增收1200元以上。平菇套环封口快速发菌、定向出菇技术该技术经过多年的试验示范，基本形成成熟的技术体系，具有很好的应用价值。昆虫病原线虫防治菇蚊幼虫技术所产生的经济效益为试验棚增产21.6%～33.4%。Bti粉剂防治菇蚊幼虫技术所产生的经济效益为试验棚增产16.1%～24.7%。菌糠再利用技术可以降低育苗成本或者作为有机肥，每亩可节约肥料200元。

（二）技术示范推广生态效益

平菇发酵料短时高温处理技术可以减少煤炭用量，减少污染。昆虫病原线虫防治菇蚊幼虫技术可减少化学药剂使用1～3次。Bti粉剂防治菇蚊幼虫技术可减少化学药剂使用1～3次。菌糠再利用技术：实现了菌糠的资源化利用，菌渣部分替代有机肥做肥料缓解了大量施用有机肥带来的重金属累积的风险，而且还能改良土壤结构，增强土壤中微生物菌群的数量和活性。

（三）技术示范推广社会效益

菌糠再利用技术：利用菌渣种植蔬菜和瓜果可减低农药残留的风险，实现了食用菌生产后菌糠的资源化利用，提高农产品的安全并保障消费者的健康，社会效益显著。

四、团队对产业支撑作用

团队对产业的支持作用大致可概括为两个方面：一方面首席专家、岗位专家进行品种、技术研发及技术集成，通过在生产中试验、示范，观摩推广服务于食用菌种植户；另一方面食用菌种植户在生产中出现的问题反馈至首席办及岗位专家，通过体系专家的研讨、试验解决出现的问题。实现了专家成果的快速转化，生产中的问题及时解决。

（一）品种支持

在大兴区，团队在食用菌生产的产中环节，通过提供优良品种，对食用菌产业发挥支撑作用，具体案例有平菇4142、4155、灰美，香菇申香215、0912和丰2。同样地，房山区也接受了团队提供优良的品种。

（二）技术支持

在大兴区，团队在产中和产后两个环节中为产业发展提供了技术支撑，如平菇发酵料短时高温处理技术、生物药剂防治菇蚊蝇技术、菌糠基质西甜瓜育苗技术、木条菌种制作与应用技术、平菇害虫物理隔杀技术和短菌龄香菇品种栽培技术；在房山区，房山区石村工作站在产前和产中两个环节为产业发展提供了实用技术；在顺义区，顺义区食用菌综合试验站在产前、产中和产后三个环节均提供了技术服务，具体内容包括试验、示范和推广，推广的技术也较多，有平菇发酵料短时灭菌高效栽培技术，平菇套环封口快速发菌、定向出菇技术，香菇春季制棒、越夏发菌技术，苏云金杆菌生物杀虫剂 Bti 防治双孢菇菇蚊蝇技术，防虫网阻隔、预防菇蚊蝇技术，菌糠育苗技术，平菇专用发酵剂，定时定量微喷节水装置，盆栽食用菌，夏季食用菌综合降温技术，温室栽培草菇，温室栽培羊肚，温室栽培灵芝等。另外，团队在产中提供了防治技术，具体内容包括病虫情况和防控技术的电视预报发布、实地技术指导服务和物资提供。如在大兴李家场的菇蚊蝇试验，通过试验棚室的效果带动农户主动提出使用生物防治措施，并积极配合项目的各项试验调查工作。

（三）资金支持

创新团队在产前环节中，为食用菌产业发展提供了食用菌新技术、新品种研发所需要的资金，如与大兴绿禾都示食用菌合作社合作，利用他们的场地，创新团队出生产所需资金，进行绣球菌、鹿茸菇等新品种栽培试验。

（四）产后废弃物循环利用技术指导

创新团队在产后环节提供了废弃物循环利用方面的技术和指导，具体内容包括以下几点：岗位专家提供技术和咨询，指导菇农对产后废弃物进行处理；积极推进和示范菌渣废弃物就近无害化处理与消纳技术；建立起废弃物的就近循环利用模式。具体案例：在房山琉璃河镇石村北京海龙种植专业合作社建立了一个废菌棒循环利用的示范点，岗位专家所在单位北京市农林科学院也在该示范点设立了试验站，该示范点可处理约 30 个菇棚的菌棒，可生产出菌糠基肥料 90 吨左右。由于菌糠基肥料具有固化农药和重金属的特性，可有效减低农药和重金属在作物和果实中的累积，建议菇农在菇棚周围租下了 50 亩的菜地，利用菌渣肥料和有机肥料复配作底肥生产无公害西瓜、果树以及黏、糯玉米等可采摘农产品，拓展休闲、观光和采摘业务，增加菇农收入。由于西瓜种植时间在每年的 3 月到 6 月，正是菇农的休闲季，因此，不会对食用菌的生产造成很大影响，既解决了食用菌废弃物无害化处理问题，也解决了菇农半年没有固定收入来源的问题。

（五）京冀互补发展模式

在产前和产中环节，团队提供品种与技术服务，园区利用河北冷凉地区的气候条件进行生产，利用北京的市场优势进行销售，使优质新鲜的高温平菇回供北京市场，取得了较好的经济效益和社会效益，如顺义三村菇业专业合作社在河北承德建立生产基地，利用北京地区主推的发酵料短时高温处理技术，生产 50 万棒，带动周边农户发展高温平菇生产，户人均增收 1000 余元。

第三节　产业典型案例分析

一、产业发展新业态案例

岗位专家助力农业观光企业：2015 年，北京成功完成了第一轮平原地区百万亩造林工程，一时间，“林＋花”“林＋药”“林＋禽”“林＋菌”等各种林下经济发展火热。位于北京市房山区周口店镇南韩继村的嘉禾鑫瑞农业观光有限公司是一家集食用菌、果蔬种植和特种养殖于一体的农业观光企业，食用菌观光采摘是公司一大特色。但是公司成立之初，对食用菌种植知之甚少，如何安排栽培品种，如何出菇管理，如何保鲜加工，都是横在公司面前的难题。2017 年创新团队岗位专家根据基地自然气候条件，安排生产计划，开展林下食用菌优良品种及配套栽培技术试验示范，筛选出林下大棚种植香菇、平菇、榆黄菇、木耳、姬菇等模式，以及林下大棚覆土种植杏鲍菇、白灵菇、香菇、榆黄菇、灰树花、长根菇、灵芝、奥德蘑、鸡腿菇、黄伞等适宜观光采摘的食用菌优良品种，并示范应用了食用菌病虫害综合防控技术，避免了杀虫剂使用，从源头保障食用菌产品质量安全。无论春暖花开还是盛夏金秋，公司的大棚中总是有鲜艳的蘑菇茁壮出菇，配合周边绿树茵茵，百花竞放，前来观光采摘的游客络绎不绝，年接待游客达到了 5 万人次以上。科技助力农业企业发展，实现科技兴农，科技强农的梦想。

二、典型案例分析

（一）龙头企业带动合作社模式

龙头食用菌企业带动其他合作社，延庆本地提供菌种、菌棒和技术服务，大大降低了外购成本。北京延辉农业有限公司主要经营食用菌级蔬菜种植，现有温室 12 栋，每栋 1.5 亩，春秋棚 15 栋，每栋 0.8 亩，主产平菇，年产平菇菌棒 50 万袋，产菇 75 万公斤左右，园区总面积两百亩，公司生产经营食用菌十余年，生产设施齐全，不但自主生产菌种菌棒，还为延庆一些食用菌合作社提供菌种、菌棒和技术服务，目前是延庆唯一一家设施齐全的食用菌生产企业。

（二）合作社之间互相协作模式

合作社通过自身的渠道优势，帮助其他合作社引进优良品种，带动周边贫困村镇发展食用菌产业，脱贫致富，解决农村剩余劳动力再就业等问题。典型案例：安顺荣达种植专业合作社园区占地 150 亩，目前有出菇棚 17 个，配套有晾晒棚、冷库和保鲜库。合作社主要以鲜品猴头菇的生产销售为主，依托地理和环境优势，出品的鲜猴头菇品质优产量高，广受市场好评。合作社为其他合作社引进优良菌种，带动农村剩余劳动力就业，通过自身发展，带动周边贫困村通过开展食用菌生产脱贫致富。

（三）企业＋合作社＋农户模式

通州区永乐店镇香菇产业，主要是由农业企业的带动和技术支撑，合作社负责组织协调农户种植，解决了农民的技术问题。

第四节　产业发展政策建议

一、产业发展问题及其技术需求

（一）常规品种退化

食用菌常规品种退化严重，生产中栽培品种青黄不接，缺乏适合本地性状稳定的耐高温型品种及观光采摘品种，对品种的更新要求迫切。通过对现用品种选育或引进一些优良品种进行试验示范，推广优良品种，加强品种研发及引种筛选工作。

（二）废弃菌棒处理问题

产后废菌棒、废菌渣已经成为食用菌生产主体的负担，缺乏有效的再利用方式，废弃菌棒处理不当或乱堆乱放，给生产、生活和生态环境均造成了严重影响，是目前食用菌生产中面临的最大问题之一，需要建立园区小型处理站，并以循环经济理念为指导，采取直接还田、生产有机肥、替代原料等方式，加大菌糠的综合利用。

（三）禁煤政策大大提高了食用菌生产成本

为了落实京津冀大气污染防治强化措施，2017 年北京市大部分区都陆续落实了禁烧煤炭的政策，高温灭菌是食用菌生产过程中的必要环节。禁止烧煤改用电或天然气带来两方面的成本增加：一是燃料成本的增加；二是灭菌设备成本增加，且增加幅度较大，这也是目前北京市食用菌生产中面临的最大问题。

（四）销售渠道窄，价格不稳定

通过团队的调研，北京市生产的食用菌大部分仍然靠商贩收购，有些是种植户自己拉到市场销售，市场销售难，有时菇贱伤农，需要优化销售渠道如利用网络逐步实现订单化生产销售，实现市场信息对接。

二、产业发展趋势及其亟待解决的技术问题

随着产业技术升级、环境监测以及人工成本增加，作坊式的小规模生产将逐渐被淘

汰，工厂化、标准化、规模化将成为未来的方向。需要工厂化生产人才的培养，选育产量高、品质好、生产周期短和适宜设施（工厂）化出菇的新品种，围绕原材料、生产环境、栽培管理、加工销售等全过程健全完善的食用菌标准体系。

循环、可持续农业生产方式。在产后废弃物的处理方面主要是研发高附加值的菌渣利用技术，吸引其他企业介入，实现废弃物处理市场化运营。

食用菌产业逐步扩大领域，如：阳台经济、休闲采摘、盆景园艺等食休闲农业模式：食用菌虽然种类丰富，栽培方式多样，但其保鲜期短，采收期短，不能鲜食，栽培技术环节多，出菇要求苛刻等特性对发展休闲农业形成了一定难度。但北京人口优势、都市农业对食用菌休闲体验产品的需求市场和消费群体巨大，园艺疗法需要食用菌的空间较大，科普教育，互联网产品需求旺盛等等，都将是食用菌休闲产业发展的机会。

三、具体建议

第一，开展食用菌灭菌成本补贴，降低食用菌成本投入。随着本市禁煤政策的实施，灭菌成本将大大增加，应及早着手研究制定三方面政策：一是灭菌设备的补贴政策，二是替代能源的补贴政策，改用气或电之后成本将大大增加，三是输气管道建设或输电管道扩容资金补贴。

第二，开展食用菌产销对接，加强产后销售的服务，开辟销售渠道。引导本市生产企业进入社区、超市、电商等中高端渠道，开展订单农业，注重信息化和电商平台的开发。

第三，推进废弃菌棒循环利用机制，促进食用菌产业可持续发展。废弃菌棒既是废弃物又是资源，随着禁烧政策和环保政策的实施，废弃物处理成为食用菌生产企业的一大难题，北京市应抓紧研究制定废弃菌棒的回收利用政策，优先实施废弃菌棒回收补贴，在减少污染的基础上实现废物变宝。

第四，开展食用菌深加工技术研究，提高产品附加值，延伸产业链。由于食用菌生产的同质性，竞争优势缺乏，应在食用菌深加工方面加大研究力度，开发出具有北京特色的食用菌产品，不再是以单纯的鲜食产品为销售，既能破除食用菌短期产量过大的难题，又能形成食用菌新的产业增长点。

第五，研究建立集约化菌棒制作中心，推进食用菌产业的标准化进程。菌棒制作是食用菌生产中重要环节，涉及各种原料的采购、存放、菌棒的堆放和来回搬挪，使食用菌的生产环节复杂化，集约化菌棒制作中心直接提供各种标准的菌棒制作，接种后直接生产，将有效缩短生产环节，提高食用菌生产标准化进程。

第六，研究建立菌种资源中心，为生产者提供优质、稳定菌种。当前菌种质量参差不齐、性能不稳定困扰着食用菌产业的发展，应充分发挥北京市种业中心的优势，建立菌种资源中心，不仅为北京本地食用菌生产提供菌种，更能辐射京津冀，有利于充分发挥北京的科技资源优势。

第七，提高食用菌产业与第二、第三产业融合的水平，积极与郊区休闲采摘对接，发挥食用菌观赏性强的优势。

第九章　北京市粮经作物产业发展报告

2013 年组建的北京市粮经作物创新团队，在 2013 ~ 2016 年主要以小麦、籽粒玉米和甘薯作为主要工作对象。自 2017 年开始，将草莓、鲜食玉米和甘薯三种作物（以下简称“粮经作物”）作为本团队的主要研发和工作对象。

本章在简要回顾粮经作物产业发展现状的前提下，阐述了创新团队在技术上对产业发展的支撑作用，以及团队支撑下产业发展的典型案例，进而在梳理粮经作物产业发展面临主要问题的基础上，提出了促进产业发展的参考政策和建议。

第一节　产业发展现状

一、生产现状

（一）北京市粮经作物 2017 年生产水平及生产区域分布

1. 草莓。2017 年，北京市草莓播种面积 10515.3 亩，产量达到 12444.7 吨，平均单产水平是 1183.5 公斤/亩；主产区以昌平、通州、顺义和平谷为主，这四个区的播种面积占全区的 77%。单产水平超过全市平均水平的有昌平、平谷和怀柔（见图 9 - 1）。

2. 甘薯。2017 年，北京市的薯类播种面积是 16307 亩，较 2016 年减少 4400 亩；鲜薯产量 30436 吨，鲜薯平均单产 1867 公斤/亩，较 2016 年降低 253.5 公斤/亩，主要受部分甘薯品种由高产型向优质型转变的影响；种植规模在 2000 亩以上的主产区集中在密云、大兴、平谷和房山。这四个区薯类面积占全市的 92%。其中，种植面积的近三分之二（65%）集中在密云和大兴。单产水平超过全市平均水平的有大兴、平谷、通州和顺义。这种布局既由土壤和气候等自然条件决定，同时也符合北京农业生产结构优化发展的总体方向（见图 9 - 2）。

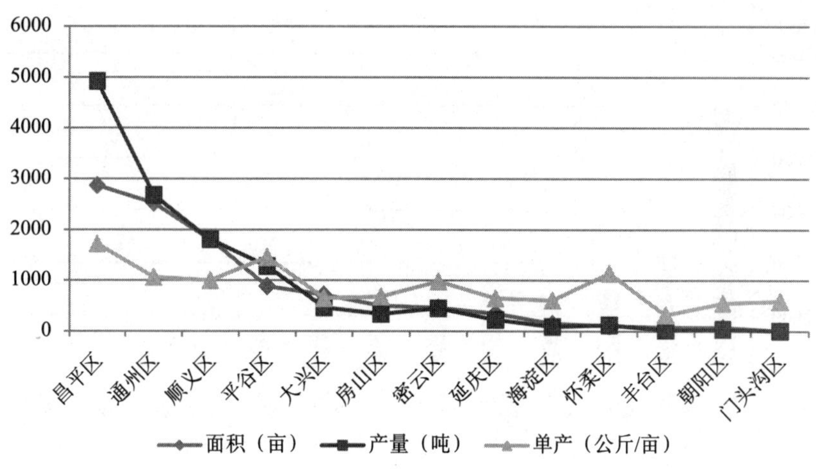

图 9-1　2017 年北京草莓生产水平及区域分布

资料来源：北京市统计局。

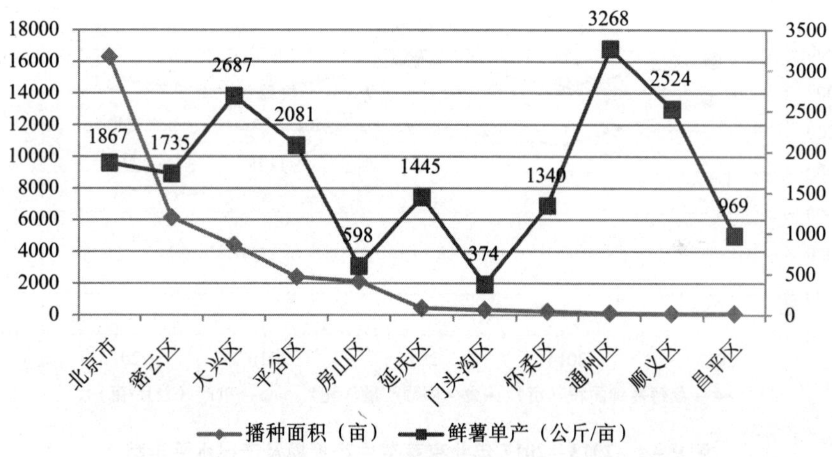

图 9-2　2017 年北京薯类生产水平及区域分布

资料来源：北京市统计局。

3. 鲜食玉米。根据北京市农业技术推广站农情监测系统的调查，2017 年北京市鲜食玉米播种面积约 30600 亩。其中，生产规模在 3000 亩以上的产区是房山、大兴和密云，这三个区的播种面积占全区的二分之一以上（见图 9-3）。鲜食玉米的产量水平，因品种和播种密度不同而异，一般在 800～1500 公斤/亩的范围。

（二）北京市粮经作物近年来生产规模变动走势

1. 草莓。北京市草莓播种面积和总产量在 2013～2017 的近五年来，总体呈现平稳走势：播种面积稳定在 1 万亩左右，总产量保持在 1.2 万～1.4 万吨之间；单产水平则主要保持在 1170～1300 公斤/亩的范围（见图 9-4）。

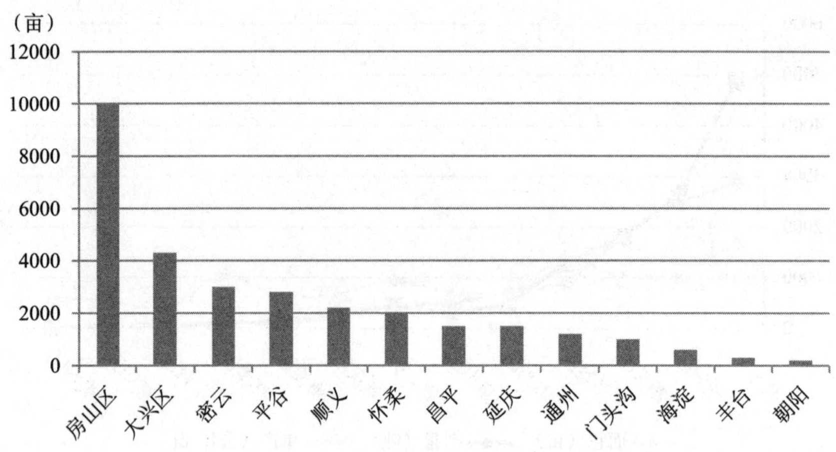

图9－3　2017年北京鲜食玉米生产区域分布

资料来源：根据北京市农业技术推广站农情监测系统调查数据整理。

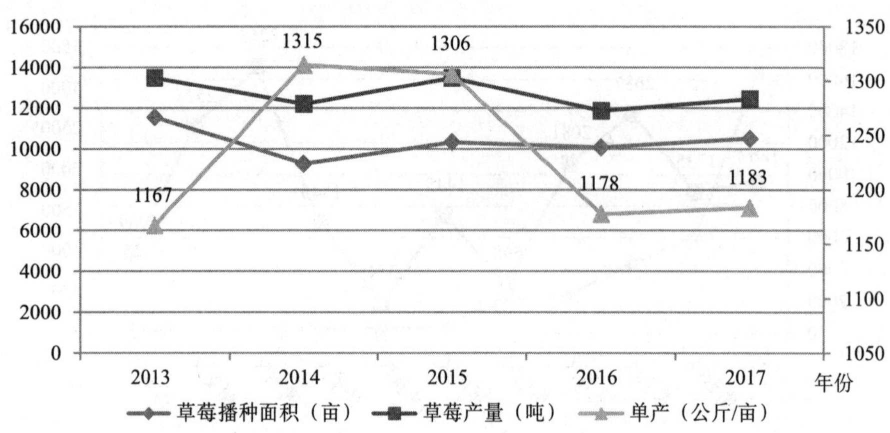

图9－4　2013～2017年北京草莓生产规模及产出水平走势

资料来源：北京市统计局。

2. 甘薯。自2013年粮经作物创新团队成立后的近年来（2013～2017年），北京市薯类播种面积基本稳定在2万亩左右，直到2017年下降到16307亩，种植面积较2016年减少了21.1%，总产量较2016年下降了30.4%，单产水平下降了11.8%。主要原因是发展方向由重数量向提质量转型，生产中应用的甘薯品种从重视高产型向选择优质型转变所致（见图9－5）。

3. 鲜食玉米。北京市鲜食玉米的生产规模自2014年以来稳中有升，2017年粮经团队开始将鲜食玉米作为研发对象予以关注，使得鲜食玉米的生产面积比2016年增加了11%（见图9－6）。

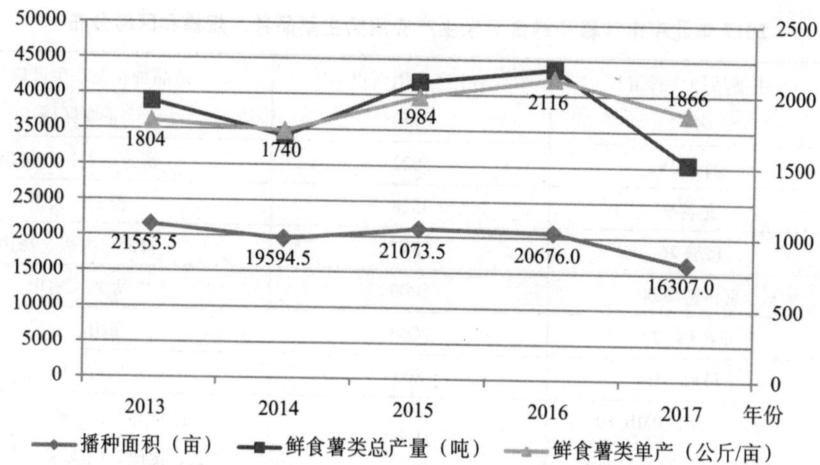

图9-5　2013~2017年北京薯类生产规模及产出水平走势

资料来源：北京市统计局。

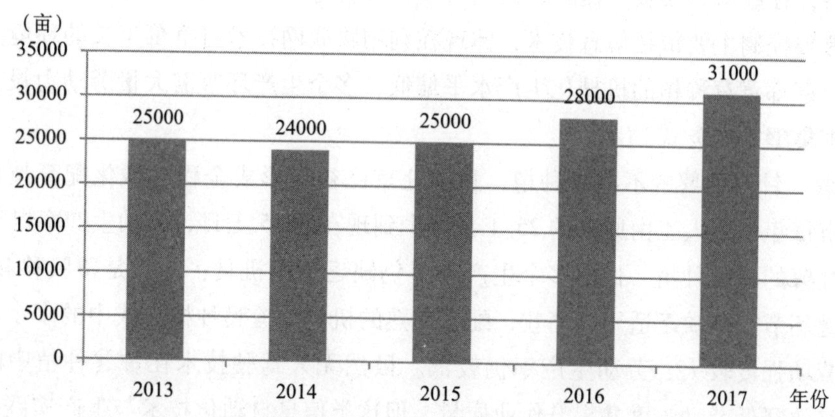

图9-6　2013~2017年北京市鲜食玉米种植面积走势

资料来源：根据北京市农业技术推广站农情监测系统调查数据整理。

（三）粮经作物生产上的品种应用

北京各区草莓生产中应用的主要品种以红颜为主，占总播种面积的90%以上，大约在9500亩左右。其余的是部分品种是章姬和国内自育品种。

甘薯生产中主要应用的品种包括烟薯25、龙薯9和济薯26；鲜食玉米生产中主要应用的品种以京科糯系列为主；甘薯和鲜食玉米上述品种的生产应用区域主要在大兴、房山和密云等主产区（见表9-1）。

（四）粮经作物机械化作业试验示范及生产应用概况

1. 草莓。由于北京草莓全部在设施大棚、日光温室内种植，生产中除温室环境控制、耕整地、植保、灌溉等环节应用设施农业通用设备（如大棚卷帘机、光控及温控设备、旋耕机、微耕机、手持式电动喷雾机、滴管技术等）之外，受温室面积、结构，种植模式等

表 9－1　2017 年北京市甘薯和鲜食玉米生产应用的主要品种、规模和区域分布

作物	主播品种（种苗）名称	生产应用面积（亩）	该品种在北京生产应用的主要区域
甘薯	烟薯 25	5822	密云、大兴、房山
	龙薯 9	4528	密云、大兴
	济薯 26	2587	密云、大兴、房山
鲜食玉米	京科糯 2000	5000	大兴、房山
	京科糯 928	2000	房山、密云
	京科糯 2010	800	房山、密云
	农科玉 368，BMB380	21000	房山，昌平，顺义，平谷，密云，延庆，门头沟，大兴，通州
	京科甜 183，京科甜 608		

资料来源：粮经团队甘薯和鲜食玉米育种及栽培岗位专家提供。

多因素影响，在起垄、移栽、覆膜、田间管理、收获等环节均无高效适用机具。草莓种植的环境监测与控制主要依托信息技术，体现在利用物联网技术对草莓生长的环境条件监控上。因此，京郊草莓种植的机械化生产水平偏低，多个生产环节需大量劳动力投入，是典型的劳动密集型生产方式。

2. 甘薯。针对甘薯的不覆膜种植，目前北京已初步形成全程机械化配套技术：全生产环节每亩每年使用人工由原来的 25 工日减少到现在的 15 工日，劳动生产率提升 40%。

针对甘薯的覆膜种植，目前多个生产环节仍缺乏适用机具：尤其是覆膜移栽、杀秧、收获等关键环节，均缺乏适用、高效、配套成熟的机具。覆膜种植方式中的多个环节需人工作业，劳动强度较大、劳动生产率仍较低。虽然无人驾驶技术在甘薯种植中的试验示范，能够有效降低劳动强度并提升作业质量，但这类信息自动化技术与生产实践的结合尚浅，尚未大范围普及。

3. 鲜食玉米。据调研，目前鲜食玉米中的甜玉米、糯玉米，在生产环节的机械化应用程度是三种作物中相对最高的，其耕整地、播种、田间管理等环节可借助籽粒玉米相关设备进行机械化作业，每亩分别需人工 5 个和 3 个左右；但在间补苗、收获等环节，仍需依靠大量人工；同时，鲜食甜玉米播种、覆膜播种和收获环境，尚缺乏适用机具（见表 9－2）。

表 9－2　2017 年北京市粮经作物机械化作业试验示范及生产应用概况

作物	机械化作业环节（技术）	机械化生产作业面积或机械化试验面积	生产或试验的主要区
草莓	起垄	11 栋棚（示范 30 亩）	昌平区
	起垄	32 栋棚（示范 783 亩）	平谷区

续表

作物	机械化作业环节（技术）	机械化生产作业面积或机械化试验面积	生产或试验的主要区
甘薯	耕整地	示范 2100 亩	密云区
	移栽	生产应用面积 18 亩	
	杀秧	示范 2130 亩	
	收获	示范 2100 亩	
鲜食玉米	深松 + 旋耕整地	示范 1000 余亩	延庆区张山营镇下卢凤营村 延庆区康庄镇屯军营村
	玉米精量播种		
	中耕追肥		
	果穗收获		

资料来源：粮经团队农机岗位专家提供。

二、产后贮藏及加工流通现状

（一）北京市粮经作物产后贮藏及加工情况

北京生产的草莓、鲜食玉米和甘薯，除了甘薯有少部分进行产后储藏之外，产后加工的比例相对较小，多数以销售鲜食产品为主。

（二）基于生产者视角的北京粮经作物种子/种苗及产品流通情况

1. 粮经作物生产者选购种子/种苗的主要途径。

草莓生产者选购种苗的渠道，主要有电话预定、网购、微信群购买，也有部分种苗供应的零售商会上门接受预定。

甘薯生产者选购种薯或种苗的渠道来源有种苗企业、种植大户、科研推广部门以及部分区域外补充等来源。也有部分生产者自己育苗而实现自给自足。

鲜食玉米生产者的籽种购买，约 90% 是从种子零售商渠道进货的，另 10% 是通过示范推广单位获得籽种。

2. 粮经作物生产者产品流通情况。

草莓生产者的产品销售渠道，主要有商贩上门收购、电商、采摘、微信订单快递到户、产地周边零售、团体礼盒或批量订单送货上门等。其中，1 ~ 3 个棚的普通小规模生产者，主要销售渠道是被动等待商贩收购或产地周边零售，兼有少部分数量不等的采摘或微信订单的快递到户；8 个棚及以上的大中规模生产者（合作社、大户等）的销售渠道更多样化：电商、采摘、消费地批量订单（团体礼盒）送货（自送或快递送）、产地周边零售以及商贩上门收购等多种途径并举。随着快递包装水平的提升，生产者通过微信给老顾客快递送货上门，在生产集中的产区和知名度较高的规模生产商中开始盛行。

不耐储运而需要供求快速对接的鲜食玉米，小规模生产者通过产地周边零售、贩运商上门收购、给餐馆或食堂送货等方式销售；错期播种的中大规模生产者，销售渠道更宽：

批发市场批发、给电商或超市供货、向单位食堂或餐馆供货、按订单给团购供货、进社区宣传售卖、中间商上门收购等多渠道并用。

北京市甘薯生产者的产品销售，以中间商上门收购为主，占鲜食甘薯总产量的80%以上。部分产品也会在当地农贸市场零售。由于北京限制不利于环境的加工企业扩张，京郊出产的鲜薯，深加工比例很小。有条件的大中规模生产经营者，通过产后储藏并错开供给旺季销售。

三、市场消费现状

（一）商品消费形式及消费者需求行为特征

北京生产的草莓、甘薯及鲜食玉米，被消费的主要形式以初级产品的鲜食为主，深加工比例很小。

为系统分析北京城镇居民鲜食玉米的消费特征，本研究团队在2016年6月～2017年5月向被调查者陆续发放700份问卷，回收有效问卷676份。被调查样本覆盖了北京16个区的城镇居民：受访者中多数有固定收入，女性居多，年龄主要在25～55岁，大部分受访者家庭年收入在5万～10万元，在中等收入水平之间。调查显示：被调查者对鲜食玉米的主要消费特征表现在：

1. 鲜食玉米居家烹调习惯以蒸煮或炒、烤为主（见图9－7，平均分值越高，表示该偏好越强）。蒸煮既可保留鲜食玉米的风味、口感以及营养价值，对鲜食玉米的质量要求又不会太高。其次是作为蔬菜以炒菜方式食用。

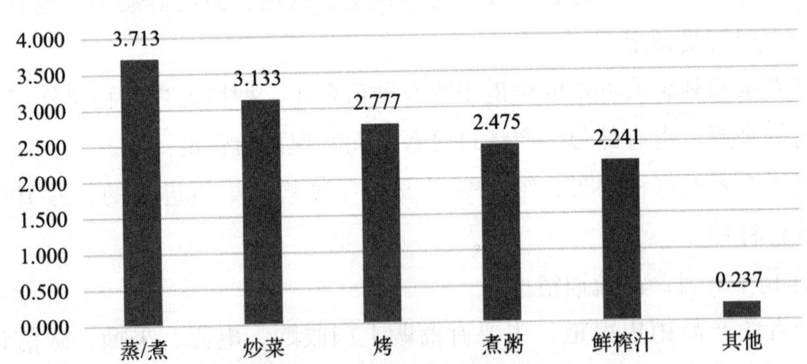

图9－7　北京城镇消费者居家烹饪鲜食米的习惯偏好

资料来源：根据调查结果整理。

2. 口感、外观和食疗功能等质量因素、购买渠道的便捷性和价格等定位，是消费者最重视的鲜食玉米商品属性（见图9－8）。

3. 收入越高，消费鲜食玉米受季节的影响程度越小（见图9－9）。

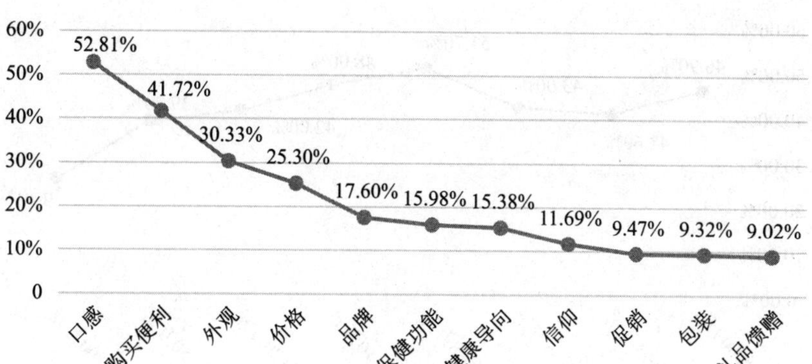

图9－8　被调查者对鲜食玉米商品各属性的关注度

资料来源：根据调查结果整理。

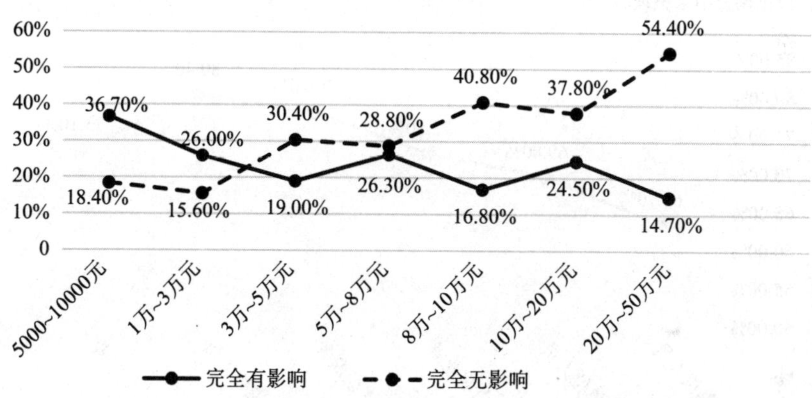

图9－9　不同收入的被调查者消费鲜食玉米受季节影响的比例

资料来源：根据调查结果整理。

4. 年龄越大、收入越低或收入越不稳定，对价格越敏感（见图9－10、图9－11、图9－12）。

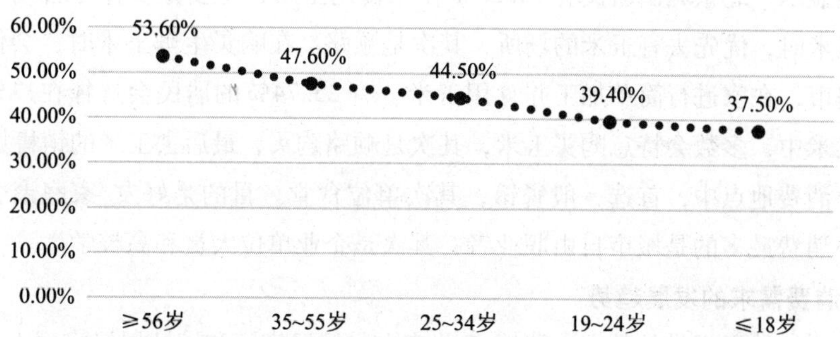

图9－10　不同年龄的被调查者对鲜食玉米价格敏感度的比例分布

资料来源：根据调查结果整理。

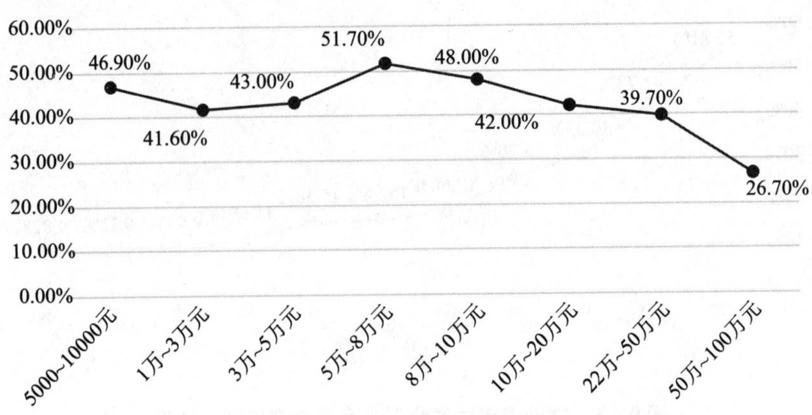

图 9－11　不同收入的被调查者对价格敏感度的比例分布

资料来源：根据调查结果整理。

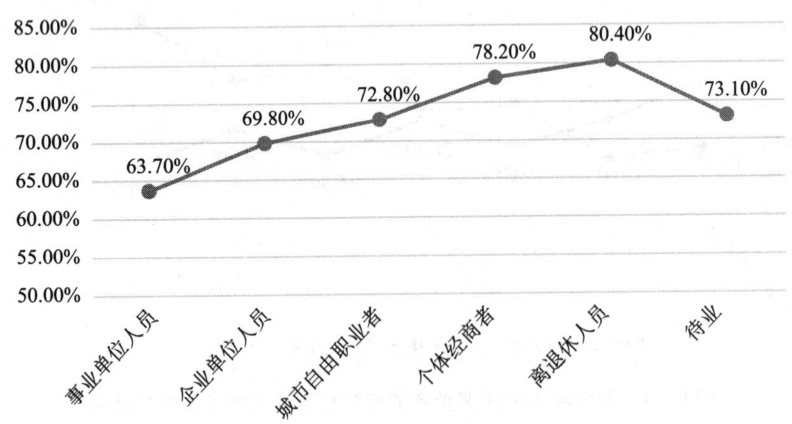

图 9－12　不同职业的被调查者对价格敏感度的比例分布

资料来源：根据调查结果整理。

调查还显示：北京城镇居民有 74. 26% 在家食用玉米，主要是实体零售场所购买。在购买烹熟玉米时，优先去有玉米的场所，其次是顺路。在购买生鲜玉米时，会优先去农产品市场或超市，在家进行简单加工并食用玉米。有 25. 74% 的居民会选择在户外消费，在购买烹熟玉米中，多数会特意购买玉米，其次是顺路购买，最后去玉米的销售场所。

在户外消费地点中，首选一般餐馆，其次单位食堂。目的是好友/家庭聚会和解决温饱。在户外消费最多的是城市自由职业者，其次是企业单位人员和高校学生。

（二）消费需求的发展趋势

据北京市统计局提供的数据，2016 年北京农村居民家庭和城镇居民家庭人均用于薯类支出金额分别是 49 元/人和 64 元/人，2016 年，北京农村和城镇常住人口分别是 293. 3 万人和 1879. 6 万人。按此计算，北京市常住人口 2016 年用于薯类支出的购买力总额为 13. 46 亿元。其中，城镇居民用于薯类支出的购买力是 12. 03 亿元，占薯类购买力的近90%。

随着甘薯营养成分和保健功能越来越受到更广范围的青睐，户外消费的单位食堂和宾馆饭店自助餐中，蒸煮或烘烤鲜食甘薯的供应也越来越普遍，北京市场鲜食甘薯的消费需求在逐步增长中。

四、新型经营主体现状

（一）新型农业经营主体类型及其作用

新型农业经营主体，主要是指在完善家庭联产承包经营制度的基础上，有文化、懂技术、会经营的职业农民和大规模经营、较高的集约化程度和市场竞争力的农业经营组织。新型农业经营主体既包括农业产中环节的生产经营组织，也包括为在产中环节提供各种服务的经营组织。

新型农业经营主体的类型普遍认为主要有4种：专业大户、家庭农场、农民专业合作社、农业产业化龙头企业。专业大户以主要从事某单一农产品的初级生产为主，其规模和专业化程度高于分散经营的小农户，特点是所生产的农产品较单一，参与市场流通较被动，生产效率一般比普通农户高。家庭农场是以家庭成员为生产主体的企业化经营单位，具有法人性质。虽然都是以家庭经营为单位，但家庭农场比专业大户产业链长，集约化和专业化程度较高，不限于单一从事初级农产品生产，而是集专业化的农产品生产、加工、流通、销售为一体，经营中有的是三产融合。农民专业合作社作为一种互助性质的农业生产经营组织，其规模更大，专业化水平和与市场结合程度也更高。龙头企业经营的内容可涵盖整个产业链，从农产品的种植与加工、仓储、物流运输、销售甚至科研等组织化程度和专业化都比较高，与农户合作社模式主要有“企业＋基地＋农户”“企业＋专业合作社＋基地＋农户”等。

目前农业经营方式面临经营规模小、生产方式粗放、劳动力老龄化、组织化程度低、服务体系不健全等各种挑战，农业兼业化、农民老龄化、农村空心化现象也日益严重。大力培育新型农业经营主体，发展多种形式的农业规模经营和社会化服务，构建集约化、专业化、组织化与社会化相结合的新型农业经营体系，有利于有效化解这些新问题和新挑战，促进我国农业健康发展（见表9－3）。

表9－3　新型农业经营主体的特点及作用

新型农业经营主体类型	产业链的主要环节	主要生产经营特点	主要功能与目标
专业大户	生产	以农业某单一产品的专业化生产为主，初步实现规模经营和商品化生产，产品销售方面处于相对被动地位	改变传统的零散种养殖作业模式发挥对小规模农户的示范效应

续表

新型农业经营主体类型	产业链的主要环节	主要生产经营特点	主要功能与目标
家庭农场	生产、销售	以家庭劳动力为主，以农业为主要收入来源，具有法人地位，生产经营规模适度，专业化、商品化水平较高，技术和设施装备较先进，在产品销售方面具有一定的讨价还价能力	提高农民收入，调动以家庭为单位的农业劳动者生产积极性，发挥对小农户、专业大户的示范效应，是中国农业的重要主体类型
农民专业合作社	生产、加工、购销、融资及生产性服务	重视农户间劳动、资金、土地、技术等方面的合作，从事部分农产品的生产、初级加工；负责农业生产资料的集中统一购买，提供农业生产环节相关的技术服务。农产品销售方面，与电商、超市、农产品批发市场、企业对接，有效扩大流通范围，降低交易成本，甚至直接进入社区开办销售网点，缩短供应链，实现农产品增值环节收益的内化	克服小农户的弱势地位，具有产业链延伸、市场中介、分散风险和社会化服务等功能。有利于提升农户组织化程度，降低交易成本，改善农户的市场交易地位，增加农户收入，是引领农户走向市场、参与竞争的主要组织类型
农业企业	种业及商品化农产品的生产、加工、流通及生产性服务	具有雄厚的资金、技术、人才优势，通过利益机制和契约形式与农户衔接，为农户生产提供良种、农资、统防统治、机耕等产前服务及产中技术指导、产后产品收购等各项服务或专门从事养殖业生产、农产品加工及实行产加销一体化，实现农产品销售与消费者的有效对接	提高农业生产经营专业化、商品化、规模化及组织化水平；增强农产品市场开拓能力，提升农产品竞争力，扩大农产品销售网络，加快农业市场化进程；延伸农业产业链条，建立和完善农业产业体系，整合农业产业链，实现产加销一体化

资料来源：李明贤、樊英：《新型农业经营主体的功能定位及整合研究》，《湖南财政经济学院学报》，2014 年第 30（03）期第 113 ~ 121 页。

（二）新型农业经营主体发展现状与趋势，以农民专业合作社为例

北京市农民专业合作社以及其中的种植业合作社，主要集中于密云区和平谷区，分别占全市总量的 41.0% 和 40.8%；顺义、门头沟和通州区的农民专业合作社及其种植业合作社数量均相对较少（见图 9 – 13）。

北京市种植业合作社中，水果产业合作社以昌平、门头沟和大兴区较多；蔬菜产业以门头沟、房山、通州和顺义居多，而粮食产业以门头沟、通州和平谷较多（见图 9 – 14）。

北京市农民专业合作社带动的工商登记成员总数是 163654 人，也是集中于密云和平谷区。其中，97.3% 的成员是普通农民，带动的专业大户及家庭农场成员数占总成员数的 1.45%，主要集中于密云、昌平和房山（见图 9 – 15）。

北京市各区农民专业合作社的结构分布，既与当地产业发展的比较优势有关，也与当地主管部门的重视有关：密云区和平谷区都专门设立了农民专业合作社服务中心，是专门从事合作社登记注册、指导服务等相关工作的机构，对促进当地合作社发展具有积极作用。

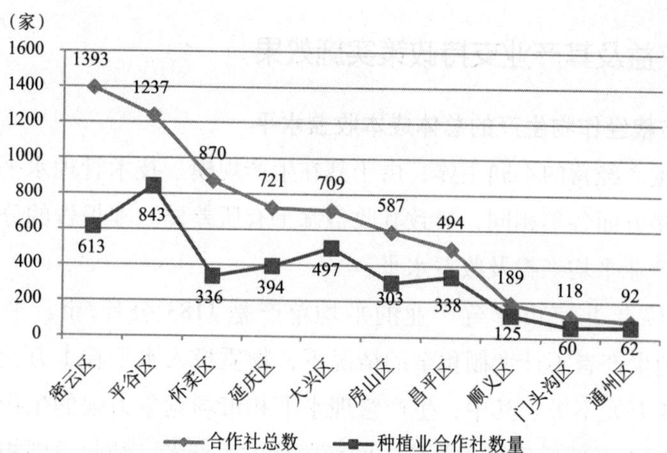

图9－13　北京市农民专业合作社及其中的种植业合作社数量的区域分布

资料来源：北京市农经办。

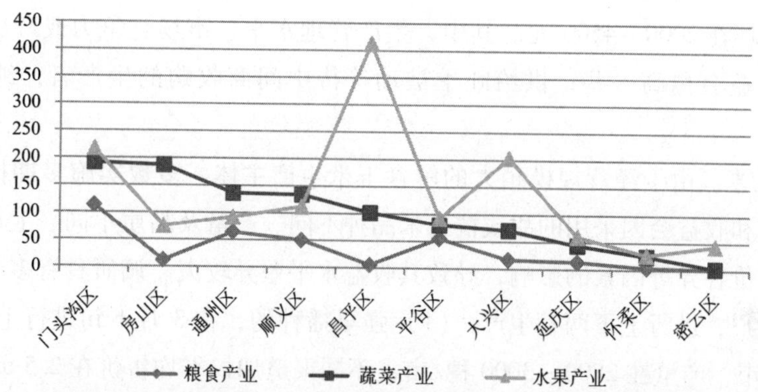

图9－14　北京市不同类种植业农民专业合作社数量的区域分布

资料来源：北京市农经办。

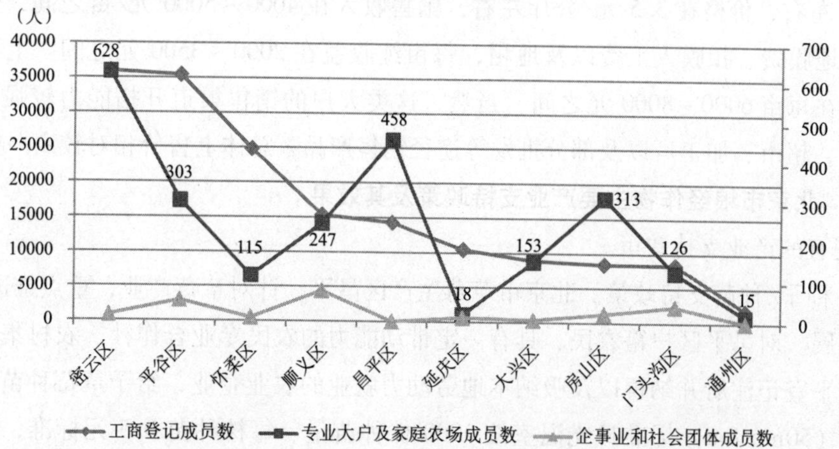

图9－15　北京市农民专业合作社各类成员数量的区域分布

资料来源：北京市农经办。

五、成本收益及其产业支持政策实施效果

（一）北京市粮经作物生产的总体成本收益水平

从事农产品生产经营的不同主体，由于其在生产规模、技术管理水平、产品质量、市场开拓能力等诸多方面各不相同，导致其收益水平有所差异。本报告的分析主要是结合生产调研，给出的产业平均产投及收益水平。

1. 草莓。2017 年北京市草莓产业的平均单产是 1183 公斤/亩，平均每亩产值在 3 万 ~5 万元。本地生产者不计大棚租金的情况下，物质投入水平在 1 万元左右，每亩纯收益平均在 2 万 ~4 万元不等。其中，生产管理水平和市场竞争力强的生产主体，收益会稍高一些，生产管理水平偏低且被动等待中间商收购的生产者，纯收益则相对较低些。

2. 甘薯。2017 年北京市甘薯产业的平均单产是 1867 公斤/亩，平均每亩产值在 4000 ~6000 元。本地生产者在不计土地租金的情况下，物质投入水平在 1500 ~2000 元，每亩纯收益平均在 2000 ~4500 元。其中，生产管理水平、市场竞争力或产后储藏能力较高的主体，收益会稍高一些；供给旺季被动等待中间商收购的生产者，纯收益会相对较低。

3. 鲜食玉米。由于经营规模稍大的鲜食玉米生产主体，多数实施多期播种，产品的生产经营成本和收益会因采用的甜或糯玉米品种不同、产量及品质不同、上市时间及销售渠道不同而售价各异等因素的影响，导致其收益水平差异较大。调研具有多年生产经历的代表性专业大户，进行上下两茬生产：（1）强早播种的，在 3 月下旬进行上茬覆膜早播，6 月初陆续上市，产量在 2800 ~3000 穗/亩，不同渠道加权平均售价在 2.5 元/穗，每亩销售额在 7000 ~7500 元，扣除生产成本和地租等费用 2500 ~3000 元/亩，纯收益达到 4000 ~5000 元。（2）6 月中下旬陆续露地播种的下茬鲜食玉米，9 月中旬陆续上市，正常产量在 1200 公斤左右，价格在 3.5 元/公斤左右，销售收入在 4000 ~5000 元/亩之间，生产成本中减少了地膜费、扣膜人工费以及地租，每亩纯收益在 2000 ~3500 元之间。上下两茬合计纯收益在每亩 6000 ~8000 元之间。当然，这类大户的销售渠道开拓能力较强，主要通过给电商、超市、加工厂以及部分批发等途径销售产品，总体上售价相对较高一些。

（二）北京市粮经作物主要产业支持政策及其效果

1. 现有的产业支持政策。

（1）种子/种苗支持政策。北京市草莓主产区昌平，针对草莓产业，重点推进规模化、标准化发展。对昌平区户籍农民、具有一定带动能力的农民专业合作社、农村集体经济组织、在昌平登记注册并纳税以及吸纳本地劳动力就业的农业企业，给予草莓种苗补贴：每栋 400m^2（50m×8m）标准日光温室按 5000 株种苗量、每株种苗 0.5 元标准，每栋标准日光温室最多补贴 2500 元。甘薯主产区密云，对甘薯种苗按照 0.07 元/株的标准给予补贴。

（2）水肥支持政策。农业部在2017年2月发布了《开展果菜茶有机肥替代化肥行动方案》，其中建议对北方设施蔬菜集中产区推广4种机肥替代化肥技术模式：“有机肥＋配方肥”模式、“菜—沼—畜”模式、“有机肥＋水肥一体化”模式、“秸秆生物反应堆”模式。方案计划“到2020年，果菜茶优势产区化肥用量减少20%以上，果菜茶核心产区和知名品牌生产基地（园区）化肥用量减少50%以上。

（3）植保支持政策。草莓在病毒快速检测技术体系、农药残留风险评估、生物防治技术推广方面有补贴措施；昌平区草莓上农药补贴50%；微生物菌剂每栋（亩）给予150元实物补贴。氯化苦消毒生产棚每棚750元；经区相关部门核定的草莓种苗基地进行化学消毒的扶持标准为每亩1000元。

（4）农机具补贴支持政策。草莓和鲜食玉米有机具补贴；农机购置补贴资金由中央和市级补贴资金共同组成，补贴比例为机具价格的50%，各区根据不同情况实施补贴。

深松整地作业补贴：深松整地作业补贴的发放坚持以“补贴公开公正、谁作业谁受益”为原则，对北京市范围内从事农业生产、具备作业机具、并为农民进行农机深松整地作业的农机服务组织（年深松面积不少于200亩）给予补贴。

（5）草莓基质栽培相关补贴。昌平区草莓栽培架每栋一次性补助8000元，栽培基质每栋一次性补助8000元，其他辅助材料及营养液供给系统每栋一次性补助3000元，营养液每栋每年补助1000元。

2. 现有产业支持政策实施的经济、生态、社会效果。草莓：昌平区确立“一花三果”的发展目标，将草莓作为主要产业，给予各种政策的支持，这使昌平区成为北京草莓的主要生产区，昌平草莓也成为北京市昌平区的特产和中国国家地理标志产品，其中有16家园区获得“昌平草莓”地标使用资格。昌平区草莓种植户约3500户，草莓大棚5200余栋，从种苗角度，农户可减少投入2500元/栋。政府扶持力度大，农户也愿意投入人力、物力和财力从事生产，农户投入量大，产业发展快，这是一个双赢的结果。

植保上，捕食螨防治红蜘蛛的推广，替代用药两次，减少了农药用量。

第二节　产业发展中创新团队的技术支撑作用

一、团队基本情况

（一）创新团队功能定位及其建设任务

自2017年开始，粮经作物创新团队在功能定位上，贯彻一个理念，着眼两个需求，突出三个领域，实现四个目标，促进农民和企业增收致富。

一个理念：强化创新发展理念，通过创新发展推动协调、绿色、开放和共享发展。在品种选育、脱毒种苗推广应用、节约生态和景观休闲等方面，取得新突破，引领京津冀。

两个需求：一是满足北京市民生活需求，突出“鲜”字，将草莓、甘薯、鲜食玉米作为主要研究和推广目标，丰富首都菜篮子；二是打造“种业之都”需求，发展北京特色粮经作物的籽种产业，辐射推广到河北、天津乃至全国各地。

三个领域：一是产前良种选育与繁种技术，二是产中健康轻简栽培技术，三是产后贮藏加工、信息销售等技术。

四个目标：进一步提高土地产出率、资源利用率、劳动生产率和农产品质量安全，构建资源节约、环境友好型特色粮经产业。

粮经作物创新团队主要建设任务是通过重点发挥协同作战优势，逐步实现“四个目标”：

在提高资源利用率上，研发推广节水技术、水肥一体化以及缓释肥一次底施等新技术。

在提高土地产出率上，通过新品种新技术应用，发展产销一体化的生产模式来实现。

在提高劳动生产率上，逐步提升机械化水平和作业质量，提高作业效率，降低人工投入。

提升产后减损增值上，开发加工产品，采用新型的营销方式，提高产品附加值。

提升农产品安全率上，加强高效低毒农药和新型植保机械应用研究，提高植保防治率和新技术应用率。

（二）创新团队组成架构

粮经作物创新团队在首席专家王俊英研究员的带领下，成立有 1 个技术研发中心（建设依托单位是北京市农业技术推广站），5 个功能研究室（育种与种苗繁育、栽培与机械化、生态安全、加工贮藏与信息销售和产业经济），6 个综合试验站（房山区、昌平区、密云区、上庄、组培脱毒和加工销售试验站），11 个农民田间学校工作站（顺义区赵全营镇北郎中村、通州区漷县镇黄厂铺村、通州区西集镇老庄户村、房山区窦店镇下坡店村、密云区高岭镇石匣村、大兴区庞各庄镇赵村和定福庄村、大兴区榆垡镇石垡村、大兴区黄村镇鹅房村、延庆区延庆镇卓家营村和平谷区夏各庄镇魏太务村）。

（三）创新团队作用与交流机制

粮经创新团队的作用，宏观上为促进北京市粮经产业发展、促进乡村振兴战略的逐步实施提供支撑并为产业政策不断优化提出参考建议；中观和微观上，通过对贯穿粮经产业链各环节的新技术研发与择优推广，促进粮经产业在优质高效、营养安全和绿色发展等方面有所作为。

粮经创新团队的交流机制，以协同作战为核心。在团队内部，岗位专家之间合作构建技术体系，建设市级示范点；岗位专家通过技术指导，促进基层技术人员和农户掌握研发技术，实现各个功能室与基层组织的对接、进行典型带动与培训观摩；综合试验站配合专家优选技术模式，田间学校重点负责单项技术的推广；团队通过纵向管理与横向管理结合，工作责任到人、技术落实到地而实现团队内部成员的沟通与协作；团队成员与外部通过多部门多学科对接、国内外专家对接、京津冀区域对接等途径，促进多维交流：通过与津冀团队对接，促进三地协同发展，共建“京津冀粮经产业专家工作站”，探索基地共建、成果共享合作模式；通过与国家团队对接，掌握最新研究成果，明确北京产业技术研发方向，开展联合研究；通过赴国外考察学习，接待国外专家交流考察等形式，与国外专家对接，追踪国际发展前沿动态。

二、技术研发与主推技术

（一）团队技术研发现状及成果

1. 品种与种苗技术研究——种业工程。

草莓：（1）新品系筛选3个：香山公主、玉泉公主、玫瑰公主；（2）储备有苗头重点观察的草莓新品系4个：通州公主、昌平公主、海淀公主、怀柔公主；（3）引进与筛选草莓育种资源：引进20份，筛选出4份。（4）建立草莓品种DNA指纹图谱：用于品种鉴定和保护，规范市场和保护育种及种植者利益。利用中国特有种五叶草莓的全基因组序列进行标记开发，开展我国主栽草莓品种和重要选育品种的指纹图谱绘制工作。目前开发出7个标记具有多态性可用于指纹图谱绘制。

甘薯：（1）甘薯新品系筛选1个：ND28－1；（2）储备有苗头重点观察的甘薯新品系4个：ND1－15、ND21－16、ND20－21、ND23－17；（3）引进与筛选甘薯育种资源：引进50份，筛选源30份。

鲜食玉米：（1）选育出通过北京市农作物品种审定委员会审定的鲜食玉米新品种3个：京科甜191、京科糯2000K、京科糯609。（2）已育新品种扩审1个：京科糯2000；（3）新品系筛选2个：京科甜183－1、京科糯567－2；（4）储备有苗头重点观察的甜糯玉米新品系3个：京科甜531、京科甜372、京科糯258；（5）引进与筛选鲜食玉米育种资源：引进20份，筛选12份。

2. 资源节约技术研究——提高资源利用率。

草莓：节药方面，筛选出白粉病防治药剂四氟醚唑和健达，药效比对照药剂（多菌灵等）高50%以上。确定的防治阈值及防治适期：控制草莓白粉病发病率5%以下，病情指数10%以下，减少重复用药。

甘薯：（1）节水节肥方面的抗旱研究中，用抗旱调控剂甘露寡聚糖，使灌溉水利用率增加2.58公斤/立方米。（2）节药技术中，一是通过筛选多个抗病品种（如西瓜红、心香、烟薯25、黄玫瑰、密薯1号等）节药；二是通过研究水药一体，用寡雄腐霉菌防治根腐病，剂量 20 克/亩，试药时间是定植前及苗期，用前进行药剂活化，防治效果达 43.33%，增产率达 28.37%。三是在甘薯病毒检测技术研究中，多重 RT－PCR 检测体系取得突破，可同时对甘薯脱毒组培苗检测卷叶病毒和甘薯羽状斑驳病毒，做到预防为主。

鲜食玉米：（1）节水节肥方面，通过缓释肥一次底施，用 1:1 型炭基肥料（T6），玉米产量比常规尿素（T2）增加 7.96%；肥料减量中，用 1:1 型炭基肥料减氮 30%，与常规尿素产量无显著差异，硝态氮淋溶量减少。（2）节药技术中，一是筛选出蛀穗害虫防治生物药剂——白僵菌和 Bt。在吐丝授粉后防治，确保花丝基部着药；防效是使蛀穗率降低 5% 以上。二是应用蛀穗害虫高效低毒农药福戈和氯虫苯甲酰胺，用药 14 天后，籽粒和苞叶中的药剂含量均达到允许最大农药残留量以下。

秸秆综合利用：研发的秸秆快速转化技术，实现了玉米、甘薯、草莓秸秆快速转化。关键点是发酵环节无污染排放。

3. 轻简装备与技术研究——提高劳动生产率。

草莓：为满足草莓农艺专用起垄机要求，进行了多个起垄机适应性试验及改进，优选出的日本 K802P 草莓起垄机，1.5 小时可完成标准棚全部起垄工作，费用不超过 60 元，起垄机作业质量最好，起垄高度最高可达 34 厘米左右。

鲜食玉米：通过种子丸粒化及播种试验解决鲜食甜玉米种子干瘪、形状不规则，容易造成重播、漏播等问题：引进马特马克 2BMQE－2 型气吸式播种机，达到单粒精播标准并解决了丸粒化成本过高（加工价格 90 元）不利于后期推广的问题。每亩节约成本 300 元以上。

甘薯：一是引进 2CGF－2 型甘薯（不覆膜）起垄移栽一体机，填补了京郊甘薯移栽机的空白。经测试，该移栽机基本能满足甘薯移栽斜插及船底型的农艺要求。二是开展甘薯收获机适应性试验，河北赛德 4U－190 双行甘薯收获机、赛德 4U－90 型单行甘薯收获机、潍坊宏胜 4UF－900 型单行甘薯收获机，明薯率都较高，但是两台单行收获机的伤薯率也较高，分析原因为：一是所配动力不足，二是甘薯薯型不一致，形状大且长的伤薯率相对偏高，建议选育大小、形状较均匀、皮厚适中的甘薯，外形较长的甘薯，以便于机械化收获。

4. 产后储藏、加工与销售技术。

草莓：研发气调包装技术，68% O_2 和 5% CO_2 的气体比能有效延长草莓货架期 3 天以上；确定超高压均质及超高压灭菌技术参数，可以保持草莓的风味和颜色，研发草莓产品 3 种（草莓干、夹心草莓、草莓汁）。

鲜食玉米：优化筛选鲜玉米复合保鲜技术，确定涂膜保鲜＋速冻冷藏为最佳保鲜方式；研发鲜食玉米产品两种（速溶粉、玉米面包）。

产后销售技术方面，完成团队微商平台建设，可使用微信公众号平台对接。

5. 团队取得的主要成果。审定鲜食玉米品种 4 个；制定草莓脱毒种苗生产技术规程

（标准）1个；获得专利19项；出版专著4部，发表论文39篇，其中SCI论文6篇（有3篇影响因子在5以上）；获得北京科学技术奖1项，其他科技奖励3项。

（二）团队主推技术情况及效益

1. 品种与种苗技术。

草莓：（1）品种引进与筛选：从引进的品种中筛选出4个品种：圣诞红、越心、醉霞、白雪公主；（2）组培脱毒上，开展了茎尖剥离脱毒技术研究，剥离茎尖1600多个；（3）优质种苗繁育上，明确高架基质育苗模式适宜的环境因素（空气湿度45%～55%），示范避雨基质育苗710亩，繁育优质种苗1780万株。（4）新品种示范推广应用上，“京香”系列草莓新品种在京津冀示范145亩，同时进入意大利、俄罗斯远东等地区。（5）品种权转让方面，京桃香和白雪公主等草莓新品种繁殖权转让给河北两种苗公司10年。

甘薯：（1）品种引进筛选与示范：从引进的21个品种中筛选出3个品种：烟薯25、普薯32、心香“黄玫瑰”；筛选的品种在密云、大兴、房山、平谷和顺义等地示范面积5000亩，亩增产250～350公斤，亩增收500～700元以上。（2）优质种苗繁育上，通过RT－PCR方法对获得的株系进行7种主要病毒的检测，获得了一批100%脱毒的株系。2017年通过原种扩繁1200公斤、获得原种4.7万公斤。脱毒甘薯较非脱毒甘薯增产15.1%。全市普及应用脱毒甘薯种植面积占全市种植的37%，较以往提高推广比例较2016年提高25.8%。（3）新品种示范推广上，在大兴榆垡镇石垡村、庞各庄镇赵村，密云高岭镇石匣村、新城子镇塔沟村等地，建设脱毒甘薯生产示范基地4个，辐射河北等地，推广应用面积6000余亩。指导密云区新建甘薯组培脱毒中心1个，在密云石匣村新建甘薯育苗专业村1个，年繁育种苗400万株。在密云和海淀进行甘薯新品种示范100亩，亩增产350～500公斤，亩增收700～1000元以上（见表9－4）。脱毒甘薯高产、高效示范基地分别辐射到天津宝坻史各庄镇史各庄村“丰华裕隆甘薯种植基地”、河北廊坊永清县龙虎庄乡朱家营村种植，示范面积90亩，示范品种是脱毒遗字138甘薯、烟薯25、济薯26。示范技术包括水肥一体化、机械化起垄覆膜、收获等。

表9－4　2017年粮经团队脱毒甘薯示范基地面积及产量数据

地区	品种	种薯来源	示范地点	应用面积（亩）	脱毒甘薯产量（公斤）	增产幅度（%）
大兴	脱毒烟薯25	庞各庄科技站	榆垡镇石垡村、庞各庄镇赵村	2240	3584.93	14.42
	脱毒遗字138	密云车道峪		700	2950.12	21.00
密云	脱毒烟薯25	密云车道峪	高岭镇石匣村、新城子镇塔沟村	1600	1856.00	12.96
	脱毒济薯26	北京农学院		1500	1981.30	11.90
合计/平均				6040	2593.09	15.07

草莓和甘薯的组培脱毒方面，明确38～42℃高温处理2～8小时可有效脱除甘薯和草莓部分病毒；获得3个草莓品种和8个甘薯品种的脱毒试管苗2500多株用于试验示范。

初步编写了草莓、甘薯脱毒和组培快繁技术规程（见表9－5）。

表9－5　2017年粮经团队草莓和甘薯种苗工程示范推广情况

作物	种苗企业（合作社、农户）数量（个）	育苗面积（亩）	年繁育优质种苗数量（万株）	外销优质种苗数量（万株）	脱毒种苗应用率（%）
草莓	31	2228	6684	3476	13.6
甘薯	7	35	4018	418	37.2

鲜食玉米。(1) 品种引进筛选与示范：从引进的10个品种中筛选出6个超甜玉米品种：京双甜461、美珍208、美珍206、京科甜608、京白甜456、斯达甜221；其中甜玉米新品种京科甜533获得植物新品种保护权。(2) 新品种示范推广上，在房山、密云、昌平、顺义、通州和延庆等地，推广京科糯928、农科玉368、京科甜608、京科糯2000等品种，覆盖率达70%；其中"京科"系列甜糯玉米新品种在京津冀推广种植5万多亩，在越南等地种植100多万亩，占当地种植的60%。

2. 资源节约技术。

草莓：(1) 节水节肥：在昌平、通州和大兴等地，主要示范施肥机智能施肥技术(基质栽培)、滴灌水肥一体化和缓控释肥等技术合计645亩，实现亩节水35.3方、亩节肥31.3公斤。(2) 节药：主要应用捕食螨防治二斑叶螨，推广生物药剂防治。同时通过选用优新品种、闷棚土壤消毒技术、水肥一体化技术、熊蜂授粉技术、病虫害防治技术、增温补光技术、轻简化栽培等综合配套技术达到节药效果。

甘薯：(1) 节水节肥：主要采用微喷育苗、喷灌和滴灌技术等相比漫灌的节水节肥方式。(2) 节药：一是在大兴区榆垡镇石垡村、大兴区太子务村、密云区高岭镇石匣村、密云区河南寨镇两河村，建立甘薯茎线虫病全程绿色综合防控技术示范点4个，示范推广以"选、控、封、防"为主的综合防治技术体系，应用面积610亩，示范效果亩增产674.7公斤，亩增收174.7元，总体效益提高约10.6万元。达到预防为主的环保和节药效果。二是应用筛选出的"心香""浙薯13"等抗病品种。三是通过施用药物、木醋液、生物炭复配的土壤改良剂，达到土壤改良的目标。四是选择辣根素、寡雄腐霉土壤消毒药剂，喷施毒氟磷、新奥霉素、阿泰灵等抗病毒生物药剂，在一定程度上抑制了甘薯根腐病与病毒病的发生。五是引进新型环保肥料黄腐酸微生物菌剂，在抗病虫害与甘薯商品性上均有较大的提升。

鲜食玉米：(1) 节水节肥：主要应用高架喷灌、微喷施肥、长效缓释肥底施等技术达到节水节肥效果；(2) 节药：在房山、上庄、大兴等地，利用昆虫性引诱剂诱芯，诱集成虫的技术600亩，有效诱集成虫，降低虫口数。示范区内鲜食玉米化学农药亩用量降低10%～15%。

表 9－6　　2017 年粮经作物节水节肥技术示范应用情况

作物	节水节肥技术措施	应用规模（亩）	技术覆盖率（%）	亩灌水（方）	亩施纯养分（公斤）	亩节水（方）	亩节肥（公斤）
草莓	施肥机智能施肥技术（基质栽培）	145	2.1	158.0	51.9	17	15.2
	滴灌水肥一体化	200	28.6	246.9	223.6	73	56.4
	缓控释肥应用	300	4.3	152.0	45.2	19	21.9
	合计/平均	645	11.3	182.8	102.0	35.	31.1
甘薯	微喷育苗	32	82.1	7.2	0.0	4.7	0.0
	喷灌（对照漫灌）	981	4.1	39.0	27.3	30	2.6
	滴灌（对照漫灌）	56	0.2	24.0	21.8	45	8.1
	合计/平均	1069	6.2	37.3	26.2	30	2.8
鲜玉米	高架喷灌、微喷施肥、长效缓释肥底施技术等	800	26.7	70.0	35.2	5	2.8

表 9－7　　2017 年粮经作物团队节药技术示范应用情况

作物	节药技术措施	应用规模（亩）	技术覆盖率（%）	农药亩用量（克/亩）	单位面积节药（克/亩）
草莓	捕食螨防治二斑叶螨、生物药剂防治	4300	36.2	40.0	49.3
甘薯	甘薯茎线虫病全程绿色综合防控技术	610	2.5%	600	900
鲜玉米	玉米穗期害虫绿色防控技术	600	2%	15～20	2～4

秸秆综合利用方面：研发的秸秆快速转化技术，甘薯秸秆转化肥料（200 公斤/亩），甘薯增产 12.2%；玉米秸秆有机肥加工机械化技术达到示范推广，采用室外好氧堆肥方式，将蔬菜和玉米秸秆粉碎后与牛粪混合翻堆，加工优质有机肥料，共计处理了 178.5 吨玉米秸秆，完成了 1190 吨有机肥的加工生产。

3. 推广轻简装备技术，提高劳动生产率。

草莓推广草莓机械化起垄技术：在昌平和平谷等地，示范草莓机械化起垄作业日光温室 43 栋，每栋日光温室节本 300 元以上，以 400 平方米日光温室为例，机械化起垄对比人力起垄净节省成本 4～5 倍。

甘薯推广不覆膜全程机械化技术：在密云和大兴等地，示范旋耕起垄、移栽、杀秧和收获。一是示范甘薯起垄机械化技术，用 1GQL－2 甘薯双行起垄机，作业效率 8.6 亩/小时，一次性完成开沟、起垄、镇压等多项作业，垄型均匀，符合农机农艺作业质量标准。

二是示范甘薯杀秧机械化技术，用甘薯秧蔓粉碎机械化作业，效率为人工的 50～90 倍；作业成本较人工低 175.15～180.2 元/亩。三是甘薯收获机械化技术。用 4U－80 型单行甘薯收获机，作业质量达到标准要求，符合当地生产农艺条件。机械化技术效果，较人工作业效率提高 5 倍，每亩节约成本 500 元以上。甘薯全程机械化示范达 1500 亩。

鲜食玉米推广深松＋旋耕整地机械化技术，在延庆区下卢凤营村与屯军营村，累计示范面积 1000 余亩。

表 9－8　　2017 年粮经作物团队示范点与全市的“三率”及效益比较

作物	类型	亩产（公斤）	亩效益（元）	亩灌水（方）	亩纯施养分（公斤）	亩用工（工日）	单方水产出（公斤/方）	纯养分产出率（公斤/公斤）	劳动生产率（公斤/工日）
草莓	示范田	2453	80000	247	224	128	9.9	11	19
	全市	1853	60000	320	280	140	5.8	6.6	13
甘薯	示范田	2504	1642	32	29	7.0	8.2	87.5	358
	全市	2122	1194	27	30	8.9	7.2	71	238
鲜玉米	示范田	1326	2255	707	35	5.0	3.0	37.7	265
	全市	1250	1505	7570	34	6.5	2.8	36.8	192

4. 产后储藏、加工与销售技术。开发了草莓知识百科 APP，集成产业技术学习视频，实现与专家的实时交流，方便解决问题：通过建立草莓栽培管理资源库，涵盖七大部分（品种、栽培形式、育苗技术、栽培技术、病虫防治、加工、销售），精选出 100 个技术关键点制作视频，上传 APP 供农户学习。开发的 APP 已进行软件著作权登记。

产后销售支持方面，建设了微商平台，平台接入了北京兴塔红薯种植合作社、北京兴寿乡都种植园、广源富民农副产品专业合作社和北京学涛甘薯等合作社、结合线下草莓、甘薯和鲜食玉米三大节庆活动，进行线上网络直播、宣传推广和销售。实现线上线下互动。

5. 团队主推技术的综合效益。

（1）经济上的收益增加和生产上“三率”提高均比较明显。

以 2017 年三种粮经作物播种面积计算，2017 年团队主推技术在带动全市三种粮经作物增产提质的基础上，总经济效益比 2016 年提高了 10.2%，实现增收 4551 万元。在种植业面积持续萎缩的情况下，鲜食玉米播种面积 2017 年逆势增加 10%；三种作物亩产增加 5%～48%，效益增加 9%～25%，水分、养分和劳动生产率均有不同程度提高（见表 9－9）。

以团队 3225 亩综合技术示范田的实验数据计算，2017 年团队三种粮经作物综合示范田比全市普通生产田增产 14.7%，增收 42.2%；水分和养分产出率及劳动生产率分别提高 14.6%、18.8% 和 45.8%. 获得了较好的产出增加和资源节约绩效（见图 9－16）。

表 9－9　粮经作物团队 2017 年带动全市粮经产业的“三率”及效益提升情况

作物	年度	播种面积（万亩）	亩产（公斤）	亩效益（元）	亩灌水（方）	亩纯施养分（公斤）	亩用工（工日）	单方水产出（公斤/方）	纯养分产出（公斤/公斤）	劳动生产率（公斤/工日）
草莓	2016	0.7	1746	55000	400	—	146	4.4	—	12
	2017	0.7	1853	60000	320	280	140	5.8	6.6	13.2
甘薯	2016	3.4	2020	956	24.1	29.3	6.9	5.4	69.1	293
	2017	2.4	2122	1194	27	29.9	8.9	7.2	71	238
鲜玉米	2016	2.7	843	1345	65	33.3	5.5	1.9	25.4	153.3
	2017	3.0	1250	1505	75	34.0	6.5	2.7	36.8	192.3

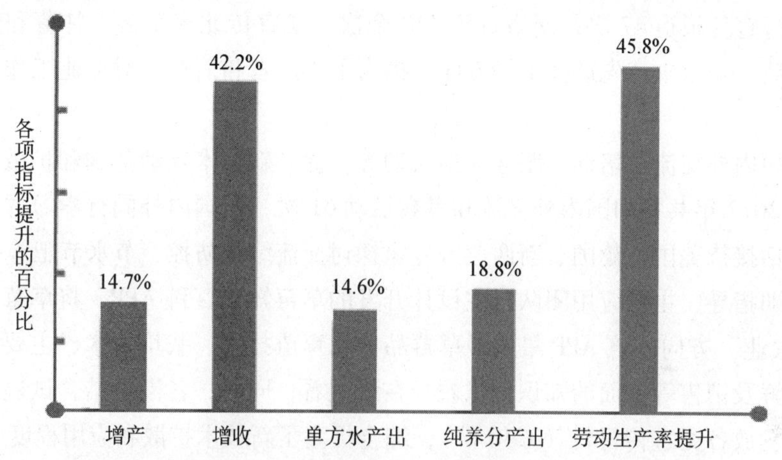

图 9－16　2017 年粮经团队 3225 亩综合技术示范田节本增效成效

（2）技术协同提升综合绿色生态效益。绿色安全生产方面，从全产业链各个环节、各个岗位协同作战，进行综合把控：一是品种和种苗上，通过筛选甘薯和鲜食玉米抗病品种和扩大草莓及甘薯脱毒种苗的应用范围，达到减药。二是栽培和植保上，通过对草莓棚和甘薯田进行土壤消毒、全程绿色防控、选用生物药剂和明确高效低毒农药安全使用间隔期等措施，达到预防为主，减少用药目标；因鲜食玉米具有鲜嫩、高营养等特点，生长过程极易发生病虫害。通过市区两级植保部门的大力推广，赤眼蜂防治玉米螟、种子包衣和拌种等绿色防控技术得到一定范围推广，其中赤眼蜂防治玉米螟技术实施面积最大、社会影响最广泛。三是通过示范草莓套种洋葱、草莓套种水果苤蓝等耕作新技术，达到有效减轻病虫害和提升植保效果；同时，通过水分/养分产出率及劳动生产率等“三率”提升综合技术的应用，也进一步提高了产业发展的生态效益。

（3）多措并举获得更大社会效益。

①线下线上举办宣传活动，提升产业影响力。

线下活动：2017 年，团队成功举办了“北京草莓之星”评选活动、“北京鲜食玉米节”活动和“北京优质甘薯推介会”。全市多家草莓种植园区、甘薯和鲜食玉米生产经营主体前来参加活动。经业内专家和区县代表品评打分，草莓分别评选出五星奖、四星奖、三星奖及优秀园区，甘薯和鲜食玉米分别评选出消费者最喜爱的品种。评奖活动促进了生产者提升种植技术水平和安全优质意识，提高了北京粮经作物在消费者中的知名度。

线上推介：结合线下节庆宣传，对接“密农人家”电商平台，发布团队微商平台+线上微商，同步进行优质品种和优质生产基地的推荐。以“密农人家”引领，在科普宣传、产销对接、薯地认领、网络直播及电商销售等方面促进了休闲采摘，扩大了新品种宣传和优质产品在消费者中的知名度及产业影响力，有利于帮助生产经营者实现优质优价。

②依托多类媒体宣传报道，提高产品知名度。团队岗位专家分别在北京电视台、《农民日报》、《经济日报》、《北京晚报》、《北京农业》、《京郊日报》、北京农业微信公众号等媒体，进行宣传报道47次；网络宣传430余次。在宣传北京草莓、甘薯和鲜食玉米优质品种和产品、安全生产先进技术等方面，提高了生产者和消费者对产业工作的认知度和认可度。

③通过国内外交流、培训、服务大型活动等，提升新技术互动范围和扩散能力。粮经团队成员在2017年共参加国内外交流和考察活动61次，向国内外同行学习并交流最新研究成果。包括接待美国、德国、新西兰等专家探讨交流绿色防控、节水节肥等关键技术。

线上培训指导，主要应用团队自主设计开发的草莓知识百科APP，将草莓种植业推向“互联网+农业”方向。该APP集成了草莓品种及育苗技术、栽培技术、主要病虫害及防治、加工保鲜及销售等方面的知识，供农户在线观看；同时，各岗位结合试验示范、农户培训和组织发放各类宣传材料（3246份），综合提高了新技术扩散和应用程度。

在技术支持和服务农业嘉年华活动中，负责嘉年华内有关温室的运维和技术管理：为北京农业嘉年华提供展示与养护的110个品种（其中草莓优新品系包括“白雪公主”和“粉红公主”等）和5种种植模式，利用生物天敌（捕食螨、异色瓢虫）、基质再利用、绿色防控、精准用药等新技术管理展区景观。

经过发表文章、申请国家发明专利、申请新品种保护权等途径，也扩大了团队知识产权保护和扩散范围。

第三节　团队支撑产业的典型案例及其作用分析

一、建设甘薯产业化生产的专业村

为发挥协同创新优势，2017年粮经团队集中育种、栽培、植保、水肥、农机和产后储藏销售等岗位专家的优势力量，依托密云综合试验站，在密云区高岭镇石匣村合力推进甘薯产业化、专业化典范村的建设。石匣村甘薯种植面积 1050 亩，依托合作社带动种植户 530 户，从业人员 125 余人，受益群众 810 余人。（1）种苗方面，依托密云区甘薯组培脱毒中心，将石匣村建设成脱毒甘薯育苗专业村，实现甘薯脱毒种苗可持续的规模化和专业化生产。2017 年育苗 400 万株，满足了高岭镇近 1000 亩地的高质量脱毒薯苗供应。（2）生产环节，农机农艺密切结合。农机岗在生产前期，引进了集起垄、移栽为一体的链夹式甘薯移栽机，加装给水系统，采取舟底式插秧法，采用福田雷沃慢速拖拉机作为配套动力，综合应用机械化起垄、移栽、铺滴灌带等复式作业技术，将机械起垄移栽与节水灌溉有效结合，解决了浇水带苗、人工摆苗不及时造成移栽成功率不高、人工移栽费时费力效率低等关键问题。在生产中后期，采取了机械化收获期作业，也明显提高了劳动效率，节约了人工成本。（3）积极应用甘薯产后储藏增值技术。技术指导专业村建设容量 200 万公斤的储藏窖，帮助生产者提高产品的销售收入。

案例支撑作用：（1）专业化集中供应脱毒种苗，为减轻甘薯根腐病等典型病虫害的侵袭、减少植保用药、提高产品质量安全等级，实现绿色和节约生产奠定了良好基础。（2）机械起垄、移栽与节水灌溉结合，在保证起垄和薯苗播种质量的前提下，有效提高了劳动生产率并降低了生产成本：机械化起垄移栽与节水灌溉的作业效率 20 亩/天，是人工的 20 倍，各项技术指标达到了甘薯农艺种植要求。甘薯移栽机与人工种植相比，移栽效率每小时可达 1.5 亩，比人工作业效率至少提高 5 倍，每亩节省成本 145 元。机械种植成本为 55 元/亩，包括燃油：300 元/天（栽植机），农机手：200 元/天，操作工：150 元/天 ×4 人，每台机器每天栽植 20 亩，种植成本为 55 元/亩；人工种植包括起垄、苗栽植、浇水，种植成本为 200 元/亩。甘薯移栽机的引进、改进示范，成功解决了甘薯种植人工插秧劳动强度大的问题，为甘薯全程机械化生产迈出了关键一步。（3）去除人工、电费等贮藏成本，是甘薯错开旺季销售，按照至少获得 1.5 元/公斤的销售溢价计算，也能够实现销售增值 300 万元。（4）2017 年石匣村甘薯亩产 1808 公斤，较上年增产 8.9%；每亩纯收入达 1500 元。总产量达 200 万公斤；甘薯贮藏销售总产值约 500 万元。全村甘薯种植户 530 户，从业人员 125 余人，受益群众 810 余人。该村的示范带动效应，提升了农户种植甘薯的积极性。

二、技术集成帮扶低收入村

落实“精准扶贫”精神，提高京郊低收入户收入，实现共同富裕，2017 年，粮经团队依托密云综合试验站，集中甘薯各岗位专家的优势力量，重点从产业扶贫、休闲观光规划等视角，对低收入村——密云新城子镇塔沟村实施帮扶。

塔沟村 112 户 236 口人均为涉农人口，有劳动力 107 人，其中第一产业就业占 38%，第三产业（包括休闲农业与乡村旅游）就业占 52%。第一产业以甘薯为主导，因劳动力不足，多数低收入户的耕地交合作社代耕，甘薯收获后合作社统一收购，优质薯外销，剩余的由合作社深加工。在合作社产后销售和加工的带动下，甘薯为全村增收做出了一定贡献。由于该村距雾灵山和古北水镇等旅游景点较近，全村计划依托甘薯种植而开发特色观光与特色餐饮等服务业，促进本村民俗旅游发展和村民增收。

团队在前期调研的基础上，育种、栽培、植保、水肥、农机等岗位专家通力合作指导，依托综合试验站开展技术培训，在本村刘向国书记的通力协调下，具体实施的甘薯产业扶贫工作包括：（1）推进统一经营和机械化作业。对全村没有劳动能力家庭的土地，由村集体统一承包经营，弥补农户撂荒等地租损失，并便于实现规模化生产和农机起垄、割蔓等环节的机械化作业。（2）对该村免费提供脱毒种苗 85 万株，村集体统一栽植甘薯 180 亩，占全村耕地面积的 40%，其中试验性栽种紫薯 15 亩。（3）由于脱毒种苗质量好，有效预防了以往难以防治的根腐病等病害发生，平均产量达 2000 公斤/亩，总产量达到 36 万公斤，销售鲜薯按平均价格 1.5 元/公斤计算，每亩可实现产值达 3000 元，全村实现总产值可达到 54 万元。（4）指导建成可存储 20 万公斤甘薯的储存窖，通过储藏技术指导，促进甘薯储藏并实施反季节销售，去除人工和电费等贮藏成本，每公斤可获得至少 1.5 元的增值收益，全村甘薯可获得储藏销售溢价 30 万元。由此可见，在增产的基础上，通过储藏销售，全村共获得甘薯产值 84 万元，人均甘薯产值可达 3560 元，有效增加了农户收益，并增强了村集体的资本积累。（5）指导该村建设的农田景观效果初现，实现增收 10 余万元。

可见，在团队提供脱毒种苗、指导应用优质栽培和机械化作业技术、促进甘薯贮藏和产后加工增值、农田景观建设等全方位的帮助下，有效提高了低收入村甘薯产业和休闲旅游收入，进而实现了增收目标。

三、依托“密农人家”促进粮经优质产品的品牌建设

“密农人家”电商平台，作为团队的综合销售试验站，在对接和促进优质产品线上销售的同时，通过生产示范基地建设、休闲农业品牌培育、优质农产品消费者满意度提升等工程，为团队凝练协同创新特色，进行了有益尝试并取得显著绩效。

（一）依托粮经团队技术支撑，建立生产示范基地，打造自有品牌

“密农人家”电商平台跨越了创始之初仅依靠线下收购农产品网上销售的阶段。近年来通过打造自有生产基地并注册新的密云品牌，实现了从生产到销售的产业化和精细化管理：在密云区河南寨镇两河村优选甘薯和鲜食玉米生产基地。从生产端应用团队主推品种、农机农艺等新技术，有效实施产品质量控制，在自有加工车间进行产品初加工和包装，应用 ERP 系统实现产品从采收到包装并对接用户云端的系统化管理，通过“三产共融”将产品品质和电商销售过程做到最优，极大地拓宽了优质农产品的销售渠道和品牌信誉，2017 年红薯销量进入平台农产品销售的前五名，平台为开拓甘薯、鲜食玉米等优质粮

经产品的市场需求做出了积极贡献。

（二）依托粮经团队技术支撑，线上线下互动，树立休闲农业典范

粮经团队联合“密农人家”流转土地 80 余亩，经过挂牌标识、面积分界、代理田间生产、归属产品、享受农耕体验和科普教育等系列营销策划，以土地认领模式开展“农耕体验”“休闲采摘”等活动。2017 年共计推出 1000 余块 30 平方米的试验田供给线上客户认领。生产环节，结合团队各岗位专家提供的技术支撑，在品种选用环节，代理客户引进优质鲜食干薯品种（如普薯 32、心香、冀紫 2 号、烟薯 25 等），选用健康脱毒种苗，增施有机肥，采用绿色防控等植保等技术进行田间管理。休闲活动，依据红薯不同生育阶段的特色，结合薯叶采摘、刨红薯等农事操作体验活动，开办农业科普课堂，打造“休闲 + 科普”品牌。随着这种休闲模式的深入开展，吸引力越来越多的消费者参与其中。这种“团队主推技术示范 + 休闲农业 + 电商”的“三生三产融合”新模式，有效带动了周边农户的生产积极性，促进了新技术扩散与市场认知度的提升。

（三）依托粮经团队技术支撑，供求互动，提升消费者满意度

“密农人家”在河南寨镇两河村甘薯生产基地的品种选用上，依据粮经团队专家数据分析的需求特点，引进推出被称作“甜蜜薯”的系列品种（如“天目山小香薯”“六鳌红薯”等）。该系列品种口感上甜度高、营养上富含胡萝卜素、外观上长相匀称卖相好，深受市场欢迎。虽然产量偏低，但品质和价格较高，且栽培上节水、省工、生长环节很少施肥打药、收获上实现全部机械化，广受种植户偏爱。该系列甘薯新品种已注册了品牌。同时，利用“密农人家”销售平台，持续进行供求互动的“网上直播”宣传和促销，不断提高消费者对该系列甘薯产品的满意度，并提升了优质甘薯品牌信誉度，为优质优价做出了积极贡献。

四、推进错期播种，打造鲜食玉米立体销售模式

由于鲜食玉米对供求对接效率的要求较高，优化产销对接模式就显得特别重要。粮经团队鲜食玉米岗位专家与综合试验站和各类生产示范主体（大户、合作社、基地等）通力合作，结合错期播种技术体系，借助“生产主体 + 批发商 + 电商 + 超市”等多渠道组合销售模式，与新发地批发商、玉米神等线下企业和“密农人家”、净鲜园、小丁家电商合作，带动生产主体实现订单生产或达成促销意愿，进而对生产过程提供全程技术支撑。同时，依托“鲜食玉米节”等线下活动，结合电台、报纸、微信公众号、网络等多种媒体的线上宣传，通力打造了“客户需求引领” + “生产主体精准销售”的立体销售模式。

一是 2017 年在密云河南寨两河村建设法的鲜食玉米春播示范田 554 亩，品种以甜玉米（BM380 等）、甜加糯（密甜糯 1 号、京科糯 2010 等）为主。春播在 4 月 15 日前，全部采用“深 V 覆膜播种技术”抢早播种，4 月 15 日后露地直播：春茬采收期自 6 月下旬持续至 9 月上旬约 70 天，平均单产 992 公斤/亩。销售上，通过成立电商自营店 + 供应其他

电商的方式，打造“种植合作社 + 电商”销售模式，实现 7.6% 产品经电商销售，开拓高端消费市场。平均销价 5 ~ 8 元/公斤，是普通批发价的 2.5 ~ 4 倍。在获取理想收益的同时，为深入开拓高端销售进行了有益探索。

二是房山区琉璃河镇常舍村北京康希水乡种植专业合作社，带动农户种植鲜食玉米达 2700 亩，占全市鲜食玉米种植面积的 9%。两茬错期播种：首茬覆膜生产，3 月 25 日始三天播种一期至 4 月 5 日结束；最早 7 月 3 日上市，产量月 2500 穗/亩，商品穗售价 2.5 ~ 3.5 元/穗。晚茬 7 月 17 日陆续露地播种至 7 月 22 日播种结束，最早 10 月 15 日上市，产量、售价与春播鲜食玉米基本持平。该合作社开拓了“合作社 + 电商 + 超市”等多维销售渠道：电商销给中粮我买网，日均销售 15000 穗左右；超市销售给绿叶等十多家超市 + 天津华联等大型连锁超市。带领社员及周边农户实现订单化生产，取得了较好经济效益，提高了农民种植热情。

三是在“种植户 + 批发商”模式中，促进了通州区 200 亩示范田对接天津鲜果穗批发商，100 亩糯玉米亩产 1180 公斤，销售价 1.6 元/公斤，亩产值 1888 元；100 亩甜玉米亩产 1250 公斤，销售价 2.0 元/公斤，亩产值 2500 元。

第四节　产业发展政策建议

一、产业发展亟待解决的主要问题

（一）品种与种苗

多样化优质品种不足，高质量种子（苗）生产标准及繁育体系尚未建立。

草莓：一是品种相对单一且有退化现象。红颜一直是北京主栽品种，种植面积占全市 80% 以上，种植品种相对单一，无法满足休闲观光产业和多样化市场的需求。且因单一种苗多年连续使用，出现了品种退化，表现出生长势减弱、病虫害加重、畸形果增加等，急需品种更新、丰富与复壮工作。二是种苗质量不稳定。因草莓种苗生产受外界环境影响很大，缺少草莓种苗质量控制标准，年度间市场上种苗数量和质量易出现大幅波动，直接影响草莓生产和产品质量。同时，外地进京种苗因监管不足而存在病虫携带等潜在问题。

甘薯：一是市场上抗逆、优质高产的甘薯新品种无法满足多数种植户的生产需求。二是国家和地方缺乏甘薯种薯（苗）生产标准，种苗繁育体系也基本缺失，缺乏高质量种薯（苗）生产企业，导致种薯（苗）供应质量和来源参差不齐。同时，盲目长途调运种苗容易增加病虫害携带和传播风险，给产业持续发展带来隐患。三是面对甘薯普遍的病毒病，甘薯脱毒种薯（苗）缺乏权威的检测机构和快捷高效的病毒检测方法，因市场上缺乏甘薯脱毒种薯（苗）强制检测措施，导致种苗供应质量良莠不齐，存在以次充好的低价恶意竞争以及劣币驱除良币现象，高质量脱毒种薯（苗）应用率低。北京7.4%的应用率在全国属最高水平。

（二）绿色生产方面

针对粮经作物的植保用药标准和绿色防控技术体系亟待完善，粮经作物产业的植保发展规划缺失。

草莓植保方面，一是化学农药使用缺乏科学指导和用药标准，用药量及施用方式主要依据经验，加剧了农药残留风险。二是缺乏集成的防控技术体系，各种防治措施在方法、时间和空间上相互配合不力。三是生物防治和生态防治措施还未成为主流。

鲜食玉米由于具有鲜嫩、营养价值高等特点，生长过程极易发生病虫害，其中以玉米螟、棉铃虫、甜菜夜蛾等蛀穗害虫的为害最为严重，已成为制约其高产、高效和优质生产的重要因素之一。同时，种植者多数对鲜食玉米的栽培特性及要求了解不够，习惯于以青储玉米和籽粒玉米的生产经验来管理，存在肥水药错用滥用、绿色有机生产意识欠缺等问题，不仅影响产量和质量，还限制了品牌打造和提升。

（三）机械化作业方面

农艺农机融合不到位，是机械化程度和作业质量短期难以提高的主要制约。

总体上，三种粮经作物均属于用工投入较多的劳动密集型产业，在关键作业环节缺乏高效适用机具，京郊已实现农机作业的环节，因其配套农机具作业质量难以满足农艺要求，尚需改进。多个生产环节复杂的农艺要求和种植习惯，不利于发挥农机作业优势，导致农机与农艺的融合难以到位。

草莓因育苗及起苗、移栽与覆膜、疏花疏果及收获等环节，有复杂的农艺操作要求，不利于机械化作业。起垄环节，京郊普遍缺少能够完全满足作业质量要求的专用小型起垄机。

甘薯：因机械化程度低导致种植成本不断上涨。据调查，甘薯生产的劳动力成本已占生产成本的50%，高于肥料和种薯种苗之和；个别地区仅人工采收劳务费高达售价的四分之一。

甘薯不覆膜种植的移栽、收获等环节的机械作业质量尚需提高。移栽上，市场上甘薯移栽机具较少，已在京郊筛选并推广的移栽机，存在浇水带苗的现象，需要改进和优化作业效果。收获上，目前试验的收获机在收获时，因薯皮较薄、薯形及种植深度不均匀、黏性土壤含水率大、机械质量和机手技术水平不高等原因，导致甘薯破皮率稍高。

甘薯覆膜种植专用配套机型短缺。起垄覆膜、移栽、杀秧及收获等诸多环节，有不少机械化作业技术难点有待攻克：起垄覆膜上，京郊已有甘薯起垄覆膜机的压膜和覆土效果差，作业连贯性需改进，需进一步筛选适宜农机具。移栽上，无高效适用机具；京郊农艺种植要求薯苗移栽后在土壤中呈船底形，机械破膜并实现斜插或船底形栽插角度更加困难，成为技术难点。覆膜条件下杀秧和收获作业极易造成地膜缠绕。

鲜食玉米：机械化播种时，因种子形状和大小不均匀，容易产生漏播、重播现象，导致出苗质量差，后期需人工间苗、补苗工作，制约了播种质量提升。建议引进选型高质量的相关机具的同时，对鲜食玉米种子进行分级筛选，从而提高覆膜播种成活率。

（四）产后储藏、加工与销售技术

草莓：一是分级加工少。草莓鲜果销售中缺少明确的分级标准和分级销售意识。多数普通生产者不适应电商分级。二是缺少适宜园区应用的小型加工设备、加工工艺和相应管理办法。三是在草莓餐饮、草莓故事和草莓农事体验等方面开发力度不足，生产者产后缺乏整体包装和品牌意识，营销能力较弱。

二、产业发展的政策建议

（一）加强新品种培育与筛选，尽快建立良种良苗标准化生产及繁育体系

强化新品种的培育与筛选：草莓以适合北京地区环境条件、在品质上与红颜相当、抗逆性强、耐贮运的品种作主要育筛目标；以果色、花色、果形和口感上具有突出特色的优新品种作为补充，如以白果品种吸引市民观光采摘；以盆栽品种发展家庭园艺。甘薯以抗逆、优质品种为主要目标，力争以品种防病实现绿色和优质生产；鲜食玉米以选育和筛选具备优质、早熟、抗逆和适宜机械作业等性状品种作为现有品种的补充，满足生产及消费的多元化的需求。

建立良种良苗标准化生产及繁育体系：（1）建议召集专家、企业、合作社和薯农共同参与制定符合实际、可操控的国家或北京草莓、甘薯种苗质量标准并成立相应的种苗脱毒及检测中心，由中心按照种苗质量标准和企业要求，负责帮助企业将需要推广的品种完成脱毒和检测，然后由企业扩繁脱毒健康种苗，并在供应市场之前进行抽样检测，以判定种苗的合格性。鼓励高校和科研院所的优势科技力量合作参与种苗脱毒及检测中心的工作，以提高一级种苗繁育市场的高质量种苗供给能力。（2）管理上，一是依托权威的脱毒检测机构和快捷高效的病毒检测方法，强化种苗分级标准和质量监管水平；及时发布种苗质量检验信息，依法打击制售假、劣种苗和植物新品种侵权等行为，健全种苗行政执法和质量监督体系。二是建立种苗市场准入制度和质量追溯制度，严格控制种苗生产经营许可、检验检疫、标签、档案等管理环节，为种苗产业发展创造良好的市场环境。三是启用脱毒苗补贴制度，对使用合格脱毒种苗的生产者给予适当补贴，具体补贴对策的内容可用附件补充。

（二）尽快制订粮经产业植保发展规划，推进植保技术推广体系的机制创新

在粮经作物病虫草害发生危害日益严重、防治用药水平参差不齐的背景下，农药合理使用和保障产品质量安全依然是产业发展的重要任务。因此，尽快制订粮经作物产业的植保发展规划，技术上优选生防技术，并在确定精准的施药种类、用药方式和用药时间等技

术标准的基础上，完善系统的绿色防控技术推进措施、实施方案和保障途径措施，达到安全有效地控制病虫害目标，以便顺利推进绿色生产和质量发展战略。

具体做法：一是探索建立甘薯病虫害绿色防控技术物化补贴机制。参照市植保站正在开展的蔬菜绿色防控技术物化补贴机制，将甘薯病虫害绿色防控物化补贴纳入“北京市农药减量使用管理系统”，按照天敌产品90%、生物农药及理化诱控产品50%、高效低毒低残留化学农药30%的补贴比例进行限额补贴，以引导农民科学使用绿色防控产品，减少化学农药使用。二是探索建立甘薯病虫害绿色防控技术政府购买专业化植保服务机制。参照市植保站正在开展的蔬菜病虫害专业防治服务补贴机制，探索将专业化防治服务纳入项目目标，以财政项目的形式大力推进统防统治组织等社会化服务形式在甘薯等经济作物上的推广应用，提高甘薯病虫害防治专业化水平，减少化学农药使用。三是加大对粮经作物绿色防控技术试验示范的支持力度，通过制定科研扶持计划，加快新型、安全、绿色植保技术的开发、推广和应用，有针对性地解决粮经作物绿色防控技术需求的主要问题，通过几年的系统工作，逐步形成系统的全程绿色防控技术解决措施。四是加强对鲜食玉米病虫害发生规律的预测预报，有效整合优化绿色防控措施，结合展览宣传培训等工作，引导农户使用安全有效防治措施。

（三）建议将甘薯农机具纳入农机补贴目录并简化补贴流程，以机械化带动产业适度发展

随着京郊劳动力日趋紧张、劳动成本的大幅上涨，甘薯扦插、中耕、收获的机械化程度直接影响产业发展及薯农增收，需要在小型甘薯机械引进和本地化应用上加大支持力度。具体建议：一是配合精准扶贫战略，发挥甘薯在京较远山区产业扶贫中的优势，增加对甘薯机械化研发的资金投入倾斜、鼓励外来机具本地化应用。二是结合北京特点，将实际应用效果好的甘薯新机具纳入农机补贴目录，出台农民购置甘薯生产机械的补贴政策。三是简化新型农机具补贴流程。针对目前已颁布的《北京市农业机械购置补贴实施指导意见》，对应用效果好的新机具简化补贴流程，加快新型机具进入补贴目录时间。通过推进甘薯产业全程机械化发展进程，带动北京甘薯产业的适度发展。

（四）增加甘薯贮藏和精深加工设施建设的投入

针对京郊主产区种薯和商品薯贮藏条件差、独立薯窖数量不足且通风、除菌和温湿度不易控制的现状，建议增加良种库房和商品薯贮藏设施建设的投入，并配套研发种薯和商品薯安全贮藏关键技术。一方面可减少种薯溃烂，提高种薯质量，确保“农以种为先”；另一方面可确保商品薯鲜甜品质，提高商品价格和生产者收入。

（五）探索鲜食玉米纳入蔬菜类补贴的具体对策

近年来，随着京郊“调转节”政策发力，农户自发转向种植鲜食玉米的意愿有所增强。借鉴粮改菜、露地菜等相应补贴措施，结合良种良法配套和农机农艺结合等示范项目，探索对鲜食玉米生产供给的适当补贴措施，对培养产业发展，引导适度规模经营，打造绿色、环保、健康的鲜食玉米品牌，具有积极意义。

第十章 北京市西甜瓜产业发展报告

西甜瓜产业作为北京市特色农业产业在北京农业发展中占有重要地位，以其特有的生物、生态、经济和社会属性成为北京都市农业的重要组成部分，北京市西甜瓜产业的发展对推进农村第一二三产业融合发展，现代都市农业升级换代，构建现代农业经营体系，促进农业信息化建设，引领京津冀现代农业一体化协调发展，科技示范等方面均起着重要作用。

随着北京农业供给侧结构性改革的深入推进，农业“调转节”步伐的加快，2017 年北京市西甜瓜产业平稳发展。种植面积稳中有降，区域分布略有微调，品种不断适应都市消费需求，先进适用型技术研发推广面积有所增加，品牌建设意识不断增长，流通市场变化不大，消费需求多样，有向中高端发展趋势。本章从 2017 年北京市西甜瓜产业发展现状、西甜瓜产业技术体系北京市创新团队在产业发展中的支撑作用、产业发展中存在的问题和对策建议几个方面进行了描述和分析。

第一节 西甜瓜特色产业发展状况

一、生产情况

（一）基本情况

1. 生产规模。北京市西甜瓜 2017 年种植面积 6.6 万亩，主产区大兴区、顺义区种植面积有所下降、北部延庆地区有所增加。生产主要以设施栽培为主，生产经营单位以农户为主，约占总生产面积 70%；合作社约占 20%；园区、公司及大户生产占 10%。户均生产规模 5.8 亩。采摘销售比例 18%，较 2016 年有所下降。全年西甜瓜总产量 23.2 万吨，总产值 11.2 亿元，亩产销售收入 1.69 万元。

2. 从业人员。西甜瓜生产从业人员有 1.2 万人，以家庭劳动力为主，种植户家庭户均总收入平均为6.84万元，园区平均收入平均为122万元。

3. 区域分布。北京市西甜瓜以大兴区和顺义区为主产区，主要分布在大兴区（庞各庄、魏善庄）及顺义区（李桥、李遂、杨镇北务）等10个乡镇，初步形成了以大兴区庞安路和顺义区龙塘路为主的两个重要的西甜瓜产业带和观光休闲带，占总生产面积的80%。延庆区以西瓜长季节栽培为特色，种植面积逐年增加，昌平区麒麟瓜种植、草莓西瓜套种面积稳定。此外，密云、平谷、房山、通州等区的农业观光采摘园区也有少量种植。根据北京市农业农村局统计，大兴区西瓜播种面积占全市西瓜播种面积的50%左右，西瓜产量占全市西瓜总产量的60%左右，仍是北京市西瓜种植最大地区。

4. 设施类型。北京市西甜瓜生产主要以设施栽培为主，其中设施包括温室、大棚、中小棚。大棚作为主要的种植设施，占西甜瓜设施栽培播种面积的55%，主要种植两个茬口包括春季提早栽培和秋季延后栽培；中小拱棚和露地种植面积分别为23%和10%，而温室种植面积较少，仅占全市总种植面积的12%。北京各区具有不同的种植特色。其中，大兴西瓜种植品种多样，上市时间以5～6月和9～10月为主；顺义以甜瓜和中果型西瓜为主；昌平区则种植以"麒麟"为主的中型瓜居多；延庆区可以实现长季节栽培。

5. 品种结构。北京市西瓜种植品种丰富，小西瓜品种占比超过30%，主要有京颖、超越梦想、L600；中型西瓜主要有华欣类型，甜王类型和早佳类型发展；甜瓜种植面积4000亩，以光皮甜瓜伊丽莎白、京玉为主，哈密瓜（江淮蜜1号）面积有所上升，2017年筛选出优质网纹甜瓜，并进行规模化种植。

6. 栽培方式。中型西瓜全部为地爬栽培，小型西瓜吊蔓栽培和地爬栽培分别占55%和45%。甜瓜全部为吊蔓栽培。节水栽培方式稳步发展，微喷灌溉占40%，滴灌占23.33%，但大水漫灌仍占46.67%；水肥一体化技术开始大面积应用；化肥使用量和施肥次数均有所下降，底肥中有机肥施用比重最大的为鸡粪占69.67%，复合肥比重最大为三元复合肥占85.34%，平均追肥4.9次。

7. 技术扩散。集成小型西瓜规模化生产技术，包括小型西瓜高密度吊蔓栽培、无土栽培、长季节栽培等3套技术；开展生产计划制订、过程管理、职业农民培养等工作，扶持企业外地生产供应北京。北京的栽培技术和栽培模式通过建立基地、技术指导方式开始在河北省、内蒙古自治区、天津市、云南省等地进行示范推广，效果显著。

8. 采后加工。小型西瓜分级技术在大兴区、延庆区应用，通过制定小型西瓜产后分级标准和分级技术流程、建立西甜瓜分拣直销中心等方式，初步实现了西甜瓜无损分级和保鲜运输。2017年上半年销售西瓜71.5万公斤较2016年增长186%，销售单价提高12.9%。引进新型包装箱生产设备，提高包装效率，每小时折叠2500个箱子，包装箱质地钢韧，不易变形，支撑力强，适宜远距离运输。

二、流通情况

（一）流通现状

北京市西瓜种植户的西瓜销售主要以瓜贩子收购和就近市场销售为主，比例约占90%以上（见图10－1）。瓜农的销售价格完全控制在瓜贩子手中，由于西瓜的储存时间短，运输不便，必须尽快销售，因此自身没有价格决定权，大量的西瓜被瓜贩子低价收购。

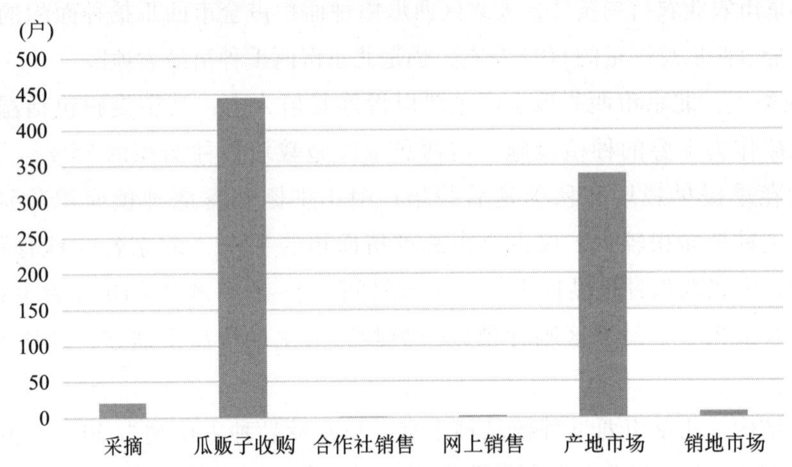

图10－1　销售渠道分布

资料来源：调研数据。

而近年来北京市大力倡导的休闲农业在普通农户中落实的并不乐观，西瓜销售方式中，采摘和网上销售的比例占比很低。随着我国城市化进程的加快，农村剩余劳动力减少，留守农民以老年人为主，而对于新的销售途径的拓展，多数农户都是“心有余而力不足”，因此瓜农的销售渠道仍然以地头收购为主。

（二）流通模式

北京生产的西瓜流通模式以农户为出发点，2017年调研发现，小规模、地区种植优势小的西瓜种植户更偏向于把西瓜卖给瓜贩子（经纪人）；一些距离批发市场近且有运输工具的种植户偏向于把西瓜卖给批发商；而仅有小部分农户根据自身和地区优势，采用零售、采摘、电商的销售方式；而种植大户的销售模式各有特点。甜瓜采摘销售占比明显高于西瓜。

结合调研情况，北京市西瓜流通模式分为四类：“农户＋经纪人”模式、“农户＋市场＋消费者”模式、“农户＋消费者”模式和“种植大户＋经销商＋消费者”模式。而外地供应的西瓜流通模式基本上是以批发市场为中心的流通模式。

三、西瓜消费情况现状

2017年北京市西瓜团队也对北京市的西瓜消费情况进行了实地抽样问卷调查，调查对象包括北京顺义、大兴、通州、昌平、石景山、海淀、朝阳区的西瓜消费者。调查时间为2017年9月份，共发放700份问卷，其中有效问卷有674份，问卷有效率为96.3%。本调查问卷包括两个方面的内容。第一部分是受访者的基本信息，涉及性别、年龄、职业、家庭成员数及家庭年收入5个方面；第二部分是受访者对西瓜的消费情况，包含购买西瓜偏好、购买过程重视因素、购买地点、主要及非主要购买季节、购买频次及购买重量、西瓜支出占水果支出比例等10个问题。

通过对调查问卷数据的统计分析，北京市受访居民中，西瓜购买者性别比例女性略高于男性购买者，其中男性和女性购买者的人数分别为295人和379人，男性占比43.8%，女性占比56.2%，西瓜消费中女性人群偏高可能与女性注重西瓜的美容养颜功能有关。从年龄分布上看，西瓜消费群体主要集中在23~45岁人群，比例为67.9%。其中22岁以下的人群比例最低，大约为5%，这可能与这部分群体主要为在校学生，经济能力弱有关；56岁以上的人群比例为12.3%，原因可能是老年人人群身体弱，西瓜寒性较强有关系。从工作结构来看，其他工作（包括自由职业者、退休待业、学生等）占到了一半以上，整体来看，工作分布较为分散，说明北京市西瓜消费群体基本在各行各业。被调查的消费者家庭年收入多分布于5万~24万元的消费水平。其中，家庭年收入在45万元以上的人群最低，占比为3.4%。从家庭成员数来看，三口之家的消费者人数最多，占比44.1%，这与我国目前的国情和家庭人口结构相符。

由2017年西瓜团队对北京市西瓜消费者的调研结果可知（见图10-2），消费者购买小型西瓜（0.5~3.5公斤）占比44.5%最高，人数为300人；购买中型西瓜（4~6公斤）的人数为166人，占比24.6%，购买大型西瓜（6公斤以上）的人数为123人，占比18.2%。总体可以看出西瓜消费者对于购买西瓜朝着小型瓜的方向发展，随着西瓜型号的增大，选择购买的消费者人数下降，这与小型西瓜易于储藏、含糖量高、口感佳关系密切。

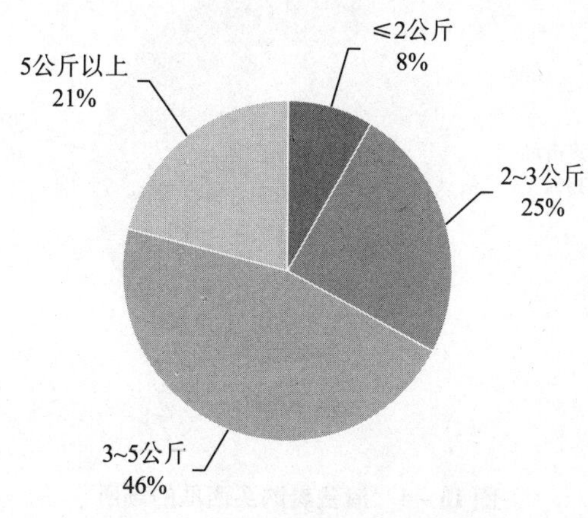

图10-2　消费者购买西瓜的重量

资料来源：调研数据。

受访的西瓜消费者购买西瓜主要集中在夏秋季，比例高达71.4%，春冬季购买者比例仅为0.2%，另外，四季均购买西瓜的人群比例为28.3%。

在主要消费季节西瓜的购买频次多为一周2~4次，占比达到了62.8%，一周5次及以上的占比也达到了13.9%，在非主要消费季节，仅有不到四分之一的人不进行西瓜的购买。可见，西瓜消费仍然以夏秋季为主（见图10-3）。

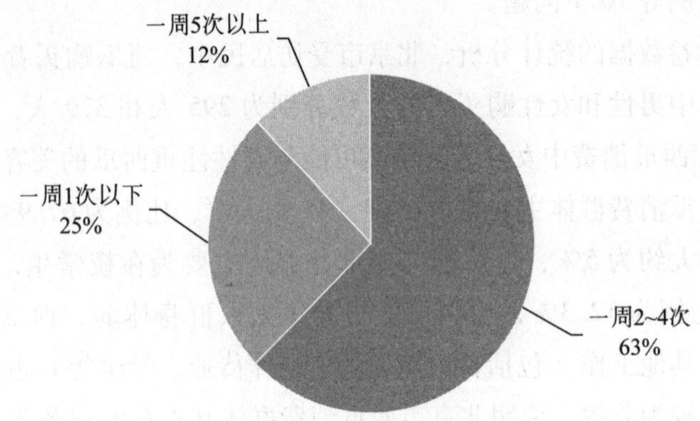

图10-3 消费者购买西瓜的频次

北京市居民购买西瓜的主要场所是农贸市场和超市，分别占比为44.2%和37.5%，其次为社区便利店和流动商贩，占比为6.7%和9.1%，大兴区庞各庄西瓜购买的消费者持小比例，仅占1%。因为西瓜的体积以及运输中易发生损坏以及成本的因素，所以网上购买的消费者仍占较小比例仅占1.3%（见图10-4）。

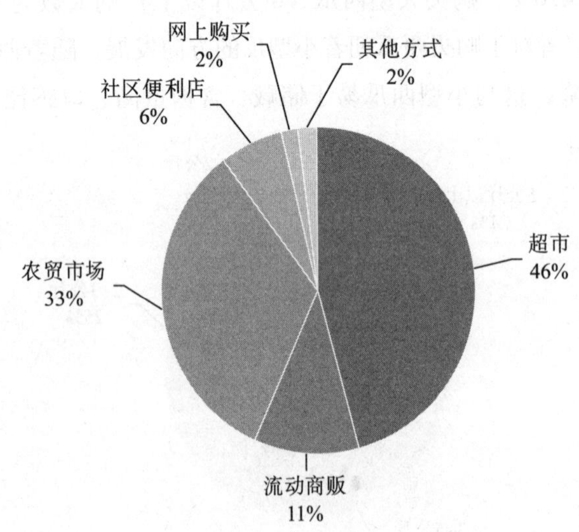

图10-4 消费者购买西瓜的场所

购买西瓜过程中消费者最重视的是口感，占比接近80%，其余的包括西瓜产地、价格、品种、外观、食品安全消费者均有重视，但对于西瓜消费，绝大多数消费者首先考虑的是西瓜的口感（见图 10－5）。

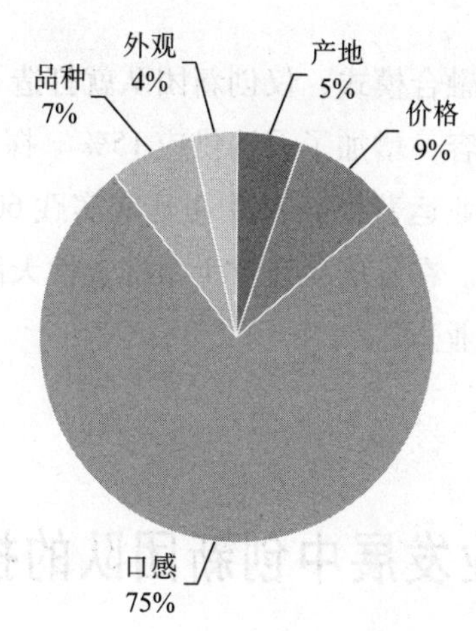

图 10－5　消费者购买西瓜最看重的因素

四、社会化服务与产业效益情况

（一）统筹育种栽培和植保，提高经济效益

2017 年大兴、顺义两区在政府推动下继续推广蜜蜂授粉技术，解决蔬菜瓜果应用激素保花保果影响食品安全问题。实行区种植业服务中心牵头＋市农科院植保所专家指导＋北京农之翼养蜂场等供蜂＋主产镇镇农业部门＋农民专业合作社组织落实模式。围绕都市型农业的发展方向，西甜瓜创新团队集中力量构建六大技术模式：西甜瓜观光采摘种植模式、西瓜高密度种植模式、小果型西瓜长季节种植模式、中西瓜轻简化种植模式、网纹甜瓜生态种植模式、草莓套种种植模式。累计推广应用 13013 亩，产生直接经济效益达 3704.6 万元。

（二）构建技术体系，提高生态效益

通过协同技术创新，深化产业服务，育种、栽培、植保等技术专家协作进行集成示范，在示范点探索产前——产中——产后各环节的集成。应对紧急状况深化产业服务。构建绿色生产、休闲观光、规模化生产三大技术路线，围绕都市型农业的发展方向，集中力量构建“节水、控肥、省工、节能、减药”五大技术体系。以创新团队为例，2017 年较 2016 年节水 28.78 万方，减少化肥用量 15 吨，减少化学农药 17.3%。每亩平均用工节省人工约 3.5 个，节约成本约 1158 万元。

（三）服务京津冀提高社会效益

先进的栽培技术和栽培模式在北京不断推广的同时，也在向北京周边区域扩散，老宋瓜园在河北设立基地基础上，今年又在内蒙古建立了一个基地，将老宋瓜园的模式向冀蒙地区复制，带动周边农户共同致富。世同瓜园在天津市、北京市的延庆区设立基地，辐射

京津冀的小型西瓜规模化生产的技术集成，通过试验基地建设带动低收入村发展，实现产业扶贫。

积极发展第一和第三产业融合模式，仅创新团队就打造了4个观光主题园、5000亩采摘带，丰富了市民休闲采摘内容，增加了采摘供应15%。探索了规模化生产——标准化分级——品牌化销售的组织化产业运营模式，并在延庆实践600亩，带动了贫困村95人就业，提供了产业扶贫的新路径。在延庆新建立1个捕食性天敌繁育基地，培育1家国家级的中关村高新技术天敌昆虫企业。

第二节　产业发展中创新团队的技术支撑作用

2017年西甜瓜创新团队坚持创新、协调、绿色、开放、共享的发展理念，紧紧围绕“调、转、节”，依据北京市当前西甜瓜发展的实际现状而进行的具有现实意义的团队定位，以“质优、境佳、效高、标清”五年规划的总体工作目标为指导，立足于提升农业发展水平和服务首都的能力，确保北京市西甜瓜安全供应，发挥科技创新和示范推广的辐射带动作用。2017年确立了“创新高品质、高抗性的优良品种”和“推进‘一控两减’技术应用，促进西甜瓜生产节水、减肥、减药，提高资源利用率”两条工作主线，并着手启动“集约化育苗技术、省工省力技术、物联网生产技术”等方面的工作，保障北京西甜瓜产业持续稳定发展和瓜农收入持续稳定增长。

一、团队基本情况

（一）制度运行

建立专家执行组，定期召开团队例会，民主决议团队各项重大事务。制定了《人员管理办法》《工作管理办法》《工作任务制定管理办法》《督导工作管理办法》《年度工作总结管理办法》以及《考核评估管理办法》6项管理制度。

（二）督导机制

为了提升了西甜瓜创新团队试验示范的科技水平，开创科技交流平台。在作物生长的关键时期，对成型的成果、试验研究、示范等，继续组织开展科技督导。2017年表现以下特点：

督导范围广：全年组织内部督导28个点次，督导了全体成员的工作，成员也100%参加督导。

督导内容全：督导了试验的科学性，示范的针对性和规范性等内容。

督导效果佳：规范、提升了西甜瓜创新团队试验示范工作和科技水平。

（三）服务机制

首席专家组织建立专家与工作站对接点，2017 年，9 位专家和试验站、田间学校的培训、指导、对接等活动，参加人数总计达到 10137 人次。

（四）协同机制

西甜瓜团队强化内部协调机制，形成以岗位专家、田间学校和综合实验站三层协同机制，育种、栽培、植保及经济岗位专家协作进行集成示范，在示范点探索产前——产中——产后各环节的集成。

育种岗：针对市场需求和栽培条件研发品种。栽培岗：围绕新品种研发配套栽培；针对产业发展问题和发展趋势研发技术模式；产后分级、包装物流探索。植保岗：针对技术模式病虫害发生发展情况组装绿色防控技术。经济岗：品牌化销售探索；栽培技术评价。首席专家：技术试验组织及组织化生产探索。集成的栽培模式：小型西瓜高密度抢早栽培模式，提高商品率和质量；小型西瓜长季节栽培模式，提高劳动生产率、延长供应时间；中型西瓜简约化栽培模式，提高劳动生产率；观光栽培模式，提升休闲观光体验。

（五）交流机制

西甜瓜团队交流协作能力较强。据不完全统计，西甜瓜团队全年对内交流督导 28 个点次，主办观摩交流会 34 次，参与观摩交流会 200 余人次，组织或参加相关技术研讨会 173 次，报送相关信息材料 271 条，每次的团队会议出勤率高，达到 98% 以上；对外坚持“引进来”和“走出去”相结合，北京市西甜瓜创新团队先后组织京沪西甜瓜产业技术体系交流会，举办“京津冀西瓜产业发展论坛暨品牌推介”活动，与河北基地、内蒙古西甜瓜研发示范推广团队进行对接交流。

（六）应急机制

2017 年西甜瓜团队在病虫害防治方面，加大高效绿色防控技术攻关与示范，共计应对处理紧急状况 24 次，指导突发病虫害防治 15 次；指导雹灾与雪灾补救措施 3 次，大雨、大风后排涝减灾 6 次，由综合站站长及技术人员到田间查看苗情并进行灾后技术指导。

（七）考核机制

全年召开总结工作专题会 2 次，组织团队绩效评估 1 次（包括内部评估、外部评估），农业局科教处以及行业专家对团队工作进行了现场评估，内容包括团队运行、团队管理及团队成果等方面的内容。

二、团队工作成效

育成了“锦绣”等西瓜甜瓜新品种 25 个，研发了膜下微喷灌溉等新设备 4 个、种衣剂等新产品 3 个，研究示范了水肥一体化灌溉等 32 项关键技术，研究示范了小型西瓜高密度栽培等 5 项综合技术，明确了造成损失的病虫害原因；并初步研究出防治病虫害的方法。

团队选育的品种成为北京主导品种，覆盖率达到81%，并辐射应用到河北、山东等省市，总面积达到80万亩，提高了含糖量、降低了裂果率。

围绕都市型农业的发展方向，团队集中力量构建六大技术模式：西甜瓜观光采摘种植模式、西瓜高密度种植模式、小果型西瓜长季节种植模式、中西瓜轻简化种植模式、网纹甜瓜生态种植模式、草莓套种种植模式。

1. 实现水、肥、药三连减，与2016年相比，2017年示范田亩用量分别减少12.5%、15%和16.7%。

2. 小型西瓜品种完成更新换代，中心含糖量稳定在13%；中果型西瓜糖度提高1.5个百分点；没有发生农药超标事件。

3. 为2019年世博园提供技术支撑，50%的园区种植了西甜瓜产品，主要产业带采摘销售比例达到30%。

4. 北京模式规模化生产模式超过1万亩，其中延庆达到400亩、异地生产达到1000亩。

三、技术研发与主推技术

（一）团队技术研发情况

1. 育种技术研发。

（1）厚皮甜瓜品种的筛选。通过对甜瓜品种市场的调查及与其他语种企业的交流，选择了40余个优良的畅销品种进行了品种筛选工作，筛选出具有一定特色、品质较高适合北京地区春季保护地栽培的甜瓜品种4个，分别为芳香雅洲蜜、金美丽、甬甜7号、金玉满堂系列（见表10－1）。

表10－1　　2017年筛选甜瓜品种特性

品种名称	品种类型	瓜皮类型	瓜肉类型	可溶性固形物含量	单瓜重（公斤）
芳香雅洲蜜	厚皮甜瓜	墨绿色	黄绿色软肉	17%	1.5～2.5
金美丽	厚皮甜瓜	黄色	白色软肉	18%	0.5～1
甬甜七号	小型哈密瓜	乳白色	桔红脆肉	17%	1.5
金玉满堂	厚皮甜瓜	黄色带白棱沟	白、桔、绿	16%	1.5～2

（2）完成了哈密瓜用砧木品种的筛选试验。2017年开展了哈密瓜用砧木品种的筛选工作，完成了6个砧木品种的比较试验，从中筛选出适合哈密瓜品种京友蜜翠的砧木品种2个，分别为北京育正泰种子有限公司的新银光和北京特菜的砧1704。

2. 栽培技术研发。

（1）西瓜育苗基质研究。2017年开展西瓜育苗基质研究。以常规基质为对照，研究不同椰糠配比对西瓜嫁接苗生长情况的影响，为西瓜产业发展提供栽培技术支持。

（2）不同浓度壮苗药剂对西瓜幼苗的影响研究。通过不同浓度壮苗药剂的施用，研究其对西瓜嫁接砧木质量的促进作用，为西瓜育苗管理提供数据基础。

（3）不同施肥量对哈密瓜生长的影响。随着施肥数量的增加，甜瓜果实纵径、横径、含糖量升高。处理1到处理4的心糖和边糖的含量差异分别达到4.3、6.5、5.8、6.2，植株根粗、单瓜重和亩产量增加。其中处理3的根粗、根条数最大，同时含糖量最大，口感较好，因此建议按照处理3的施肥数量进行田间追肥较为适宜生产。（处理3：每公顷施$N_2$24公斤、$P_2O_5$70公斤、$K_2O_3$71公斤）。

（4）小苗膜下移栽在厚皮甜瓜早春抢早生产中的应用初探。膜下移栽的甜瓜横径、腔纵经、强横径、肉厚、含糖量大于膜上移栽的，甜瓜纵径没有差异。膜下移栽的甜瓜单瓜重和亩产量均大于膜上移栽的。数据表明小苗膜下移栽抢早栽培措施对厚皮甜瓜生长发育有影响，能够较传统生产提早12天定植，早上市7天。

（5）厚皮甜瓜抗衰老技术研究。

①不同生根剂浓度对厚皮甜瓜促根的影响。

生根剂母液配置浓度为10g/L。试验共设置5个处理，分别吸取母液0、3、6、9、12毫升灌根。生根剂灌根能够提高甜瓜果实纵径、横径和含糖量。处理3的心糖含量达到峰值。随着浇灌生根剂溶液数量的增加，根粗、根条数、单瓜重、亩产量呈先升高后降低的变化趋势，处理3的单瓜重和亩产量最大，不施生根剂的各项指标偏低。

②叶面喷施硫酸镁对甜瓜生长的影响。

随着硫酸镁溶液浓度的增加，甜瓜果实纵径增加，横径变化不明显，果形指数加大，肉厚降低，含糖量升高，植株座果节位叶片的叶绿素含量逐渐升高，叶片衰老时间相应延迟，单瓜重和亩产量增加。其中60mmol/L的浓度较为适宜。

③叶面喷施硝酸钙对甜瓜生长的影响。

喷施硝酸钙溶液能够增加甜瓜果实纵径、腔纵经、果形指数、含糖量。30mmol/L硝酸钙溶液处理的果实纵径、横径、含糖量开始下降。喷施硝酸钙溶液能够降低裂瓜率、增加单瓜重和亩产量，叶绿素含量与对照处理的无差异。其中20mmol/L的浓度较为适宜。

（6）优质网纹甜瓜栽培技术研究。

①优质网纹甜瓜品种筛选。

网眼越密外观品质越好，以“阿鲁斯”的网眼数最多，“ARR”次之。“静岗”的中心糖含量最高，口感软香甜多汁，肉质细腻，果肉为橙黄色。结合单瓜重，“ARR”和“静岗”适宜进一步示范种植。

②不同地面覆盖物对网纹甜瓜生长的影响。

覆盖稻壳的中心含糖量最高，达到12℃，单瓜重在1.5公斤以内，装箱销售也比较合，适宜在生产中应用。

（7）建立综合集成关键技术示范点。在张山营镇西五里营村和沈家营镇下花园村建立集成示范点两个，集中展示小型害虫监测和绿色防控技术；白粉病生物防治技术；微生态制剂在西瓜上的应用技术；不同浓度生根剂对小型西瓜长势、产量、和品质的影响；苗期病害及促生作用；蜜蜂授粉技术；小型西瓜集约化栽培技术等。

（8）延庆春季设施网纹甜瓜品种评比试验。

供试品种：新脆、12－1、27－6、京优新脆、甬甜5号、甬甜7号、顺甜蜜瓜、农友天仙、顺甜红帅、嘉帅红尊。

成熟期测产和分析可知：新脆、12－1等10个厚皮甜瓜品种，单瓜重最高的是佳帅虹鳟194克，其次是顺甜黄帅、金优新脆、甬甜7号、甬甜7号，各品种间单瓜重差异性不显著。10个品种间亩产量最高的是12－1、佳帅虹鳟、顺甜黄帅，分别是4575公斤、3708公斤、3373公斤，亩产量最少的是2748公斤，品种间亩产量差异性显著，12－1、金优新脆两品种间差异不显著，其他各品种间差异性显著。

（9）不同生根剂浓度对厚皮甜瓜促根的影响。

供试品种：京蜜18。通过测产可知植株早衰是厚皮甜瓜生产中常见的问题之一，直接影响到果实的产量和品质。造成植株早衰的原因之一就是根系生长不良，影响到对营养物质的吸收。为此本试验通过在植株生长期间浇灌生根剂，观察对植株根系和果实的影响。从以上的数据可以看出，施用生根剂以后，果实纵径、横径和植株根粗、根条数增加，但是随着生根剂浓度的增加，根粗逐渐减少，根条数逐渐增加，但在处理5时根条数又开始下降。施用生根剂后，果实含糖量、单瓜重和亩产量增加，其中心糖含量、单瓜重和亩产量均先升高后降低，处理3的数值最大。综合以上数据分析表明，处理3的生根剂施用量适宜于生产。

（10）不同追肥量对哈密瓜生长的影响。

供试品种：京蜜18。成熟期测产后可知施肥数量的多少直接影响到果实的产量和品质，本试验的数据统计结果表明，随着施肥数量的增加，哈密瓜单瓜重、含糖量都有所升高，其中处理3的根粗、根条数最大，同时含糖量最大，口感较好，因此建议按照处理3的施肥数量进行田间追肥较为适宜生产。

3. 植保技术研发。

（1）开展西瓜的主要小型害虫发生规律监测，探明主要小型害虫发生规律。2017年对大兴区和延庆区主要害虫发生规律进行监测。统计两地不同时期害虫种类、数量等，明确害虫发生为害规律（始发期、盛发期和衰退期），明确其发生特点、种群密度动态变化、害虫之间的交替规律，针对不等气候条件的区域更加准确地确定防控关键时期等指标。

（2）甜瓜白粉病生物防治技术研究。本试验结合室内活性测定与田间效果评价，引进和筛选对白粉病有较高防治效果的生物防制剂，研究其田间应用技术，包括施药技术和施药方法等，建立西甜瓜白粉病生物防治技术。

(3) 构建蓟马的高效绿色防控（减药）技术体系。应用生物农药与天敌配套应用技术防控西瓜蓟马，利用高效生物农药压低虫口基数，释放天敌实现持续控害。试验采用自主研发多杀霉素和东亚小花蝽进行蓟马的高效绿色防控，以陶氏益农生产的乙基多杀菌素作为对照药剂。施药方式为叶大幅减少吡虫啉、啶虫脒等化学农药的使用，全生育期可以减少化学农药使用3~5次；延缓害虫抗药性的产生；降低农药残留超标，保护消费者身体健康与生态环境安全。

(4) 西瓜病害综合立体绿色防控技术。在西瓜育苗、嫁接、定植、生长、发育、成熟等不同阶段会发生多种重要的病害，分为三大类：种传病害、土传病害和气传病害。有些种传病害也可以通过土传或气传，有些土传病害也可以通过种传或气传，但大多数气传病害不能通过种传或土传。合适的种子处理可以有效地防治种传病害，兼治部分土传或气传病害，合理的土壤处理或农业防治措施如嫁接可以高效地控制土传病害、部分地抑制种传病害继续扩展、降低气传病害的初侵染菌量，及时地采用叶面或地上部喷雾可以全面预防气传病害进一步大范围地传播和蔓延。

(5) 甜瓜病害综合立体绿色防控技术。针对甜瓜整个生育期病害发生情况，通过播前种子处理、育苗阶段土壤处理、移栽定植后灌根、叶面或地上部喷雾等多种措施实现从种子健康、幼苗健壮到果实安全生产的整个生育期进行病害的综合防控。将抗病品种（播种前选择）、农业防治（主要是嫁接）、化学防治、生物防治、物理防治（注意通风控制温度和湿度）等多种技术交替轮换使用、综合运用等实现病害防控。

(6) 西瓜砧木种子处理技术。种子处理是预防种传病害的重要措施之一。针对砧木种子开发的处理剂提高种子的发芽率、提高幼苗的出苗率、降低幼苗的死亡率、提高植株的鲜重和叶绿素含量、促进根系发达、综合防治种苗期病害，增加效益；种子处理后不用进行浸种催芽、可直接播种、长期放置（1年以上），省工；这项技术的应用可减少劳动用工、降低劳动强度、减少施药次数、对环境影响小，且方法简单，处理时间段（只需1分钟）。

(7) 北京地区病害监测。开展了西瓜苗期病害、瓜类细菌性果斑病、瓜类黄瓜绿斑驳花叶病监测。

(8) 种子携带重要病原情况检测。瓜类种子携带CGMMV的检测：采用DAS-ELISA方法检测商品种子。2017年共检测商品瓜类种子样品13份，其中CGMMV阳性样品为10份，占样品总数的77%。据以往的研究报道，CGMMV以葫芦种子带毒为主，西瓜很少带毒。今年检测到8份西瓜种子样品为CGMMV阳性，这为CGMMV的防治带来新的问题，必须引起重视。

(9) 重要病害绿色防控关键技术研究。开展了如下三项工作：西甜瓜苗期褐斑病种子带菌情况检测及其防控技术；西甜瓜蔓枯病种子带菌情况的检测及其防控技术；一种引起西瓜苗期新发症状的种传病害的鉴定及其防控技术。其中，一种引起西瓜苗期新发症状的种传病害的防控技术研究，通过多次试验，已经得出一种有效的防治方法，其防效达到99%以上。该方法申请发明专利，已受理；同时完成了该病原种类的鉴定工作。

（10）防控重要种传病害和苗期病害的种子处理技术集成示范。2017年在顺义开展小型西瓜集成技术示范1亩，集成使用3项种子处理技术。达到通过经济、有效、绿色环保的种子处理方法，从源头综合防控重要种传病害和苗期病害的目标。

（11）抗病种质筛选和品种抗病性鉴定。与本团队育种岗位专家合作开展了葫芦砧木材料的白粉病、CGMMV、根腐病、蔓枯病的抗病性鉴定。完成80份葫芦育种材料（F2代）白粉病人工接种鉴定，筛选出50余份具有抗性的材料。完成50份葫芦种质材料CGMMV人工接种鉴定，筛选出3份耐病材料。试验结果表明葫芦种质对CGMMV的抗感性存在着差异，继续扩大筛选范围则有望得到抗病种质。开展葫芦砧木50份材料的“死棵”病菌的人工接种鉴定方法试验。

（二）团队主推技术情况

团队全年组织技术培训150余次，90%以上来源于农民的需求，田间学校培训实地操作62次，培训农民学员2813人次。共推广技术40余项，包括2017年延庆区西甜瓜病虫害防治与栽培技术、西甜瓜高效栽培技术、西甜瓜长季节栽培技术、甜瓜高产高效栽培技术、瓜类细菌性果斑病种子处理技术、西瓜蜜蜂授粉技术、西甜瓜微喷及水肥一体化灌溉技术、西甜瓜种子消毒处理技术、高效嫁接技术、蜜蜂授粉技术、春大棚顶部放风技术、西瓜红蜘蛛绿色防控技术、西甜瓜瓜蚜虫绿色防控技术、小型西瓜减药绿色立体防控技术、小型哈密瓜品种京友蜜翠春温室栽培技术、薄皮甜瓜竹叶青春季保护地早熟栽培技术、西瓜猝倒病立枯病等苗期病害技术、防控西瓜黄瓜绿斑驳花叶病毒病种子处理技术、西甜瓜细菌性果斑病种子处理技术、薄皮甜瓜多果多茬技术、光皮厚皮甜瓜水肥调控技术、哈密瓜/洋香瓜水肥管理和温湿度调控技术、水肥一体化技术、天窗放风技术、绿色防控技术等、草莓套种西瓜甜瓜技术、中型西瓜简约化栽培、小型西瓜长季节生产技术、小型西瓜高密度抢早栽培技术、生态节水、肥、药技术、高产优质栽培技术、西瓜病害综合防控技术、西甜瓜种子处理技术、蓟马的高效绿色防控（减药）技术等；推广产品（品种）50个，推广的规模占行业总规模50%以上。

（三）团队研发成果情况

在这一年的科技合作活动和生产过程中，团队通过引入新思想、新品种、新技术、新方法解决了农民遇到的各种矛盾和问题，提高种植户生产能力的同时也提升了整个西甜瓜产业的生产力。主要的技术成果包括：推广西甜瓜品种50多个，推广新品种8个，示范推广面积达1.5万多亩，完成2个品种的鉴定，获取1项专利，申请3项专利，新品种：地爬小果型西瓜新型肥料试验、小果型无籽西瓜品种比较试验、哈密瓜新优品种筛选试验、厚皮甜瓜、薄皮甜瓜新品种示范、无籽西瓜新品种示范、开展春大棚高品质中果型西瓜示范；集成病虫害的有：西甜瓜新疑难害虫鉴定与小型害虫不同地区发生规律监测、西瓜蓟马的高效绿色防控（减药）技术集成、专业化土壤消毒技术研究、白粉病生物防治技术攻关、微生态制剂在西瓜上应用试验、种子处理防控西瓜细菌性果斑病和砧木黄瓜绿斑驳花叶病毒病技术示范、小型害虫发生规律监测及绿色防控技术示范、西瓜苗期病害及促生作用示范；春秋棚厚皮甜瓜品种比较试验、组织西瓜蜜蜂授粉提质增效关键技术推广、西甜瓜种子消毒处理技术示范、微喷节水与水肥一体化技术示范保护地西甜瓜技术集成综合等。技术研发项目数 18 项，示范推广技术项目数 33 项，发表论文著作 22 篇，完成著作 2 部。

四、技术示范推广效益

（一）技术示范推广经济效益

据不完全统计，2017 年团队在育种、栽培和植保等方面的技术示范与推广中均得到了出色的成绩，经济效益显著。通过西甜瓜新品种、新技术及优质肥料的推广，使西瓜和甜瓜平均产量分别提升了 427 公斤/亩和 147 公斤/亩，按大兴区西瓜总面积 28691 亩，平均 5 元/公斤计算，可提升西瓜销售收入 6126 万元；按大兴区甜瓜总面积 458 亩，平均 7 元/公斤计算，可提升甜瓜销售收入 47 万元。通过蜜蜂授粉技术的推广，每棚可比人工授粉节省 5 个人工，节省投入 600 元，14200 亩共可节省人工 852 万元。并且可有效增加蜂场收入，按每箱蜜蜂净利 20 元计算，全区推广 14200 亩，可增加蜂场收入 28 万元。累计节约成本 852 万元，增加收入 6201 万元。

在栽培技术方面，试验采用“生物有机肥”作为基肥，使得亩投入成本比普通种植方式增加 54 元，产品单价增加 800 元，亩效益增加 750 元，产值达 16 万元。冲施肥筛选试验使得亩投入增加 160 元，亩产量增加 120 公斤、单价增加 0.2 元/公斤，亩效益增加 1000 元，产值达 17 万元。

（二）技术示范推广生态效益

创新团队在技术试验示范与推广以及经营管理等方面产生了较大的生态影响。大兴经过试验及分析，共筛选出小果型优质西瓜品种 1 个、小果型“苹果”西瓜品种 1 个和优质甜瓜品种 4 个，极大地丰富了本地的西甜瓜市场。积累了育苗及生长调节剂相关试验经验。且通过蜜蜂授粉技术的推广，减少了授粉期的人工投入，缓解了社会劳动力的不足，为蜂农和瓜农搭建了交流平台，促进了蜂产业与西甜瓜产业的相互融合，开创了互惠共赢的合作机制。

（三）技术示范推广社会效益

西瓜团队在节水技术方面：在杨镇松各庄村、高各庄村等开展，示范面积 100 亩，示范成效显著，结合水溶肥使用，极大减少了农民追肥用工和劳动强度。以节水效果突出。微喷水肥一体化技术平均节水 80 方/亩，推广面积 600 亩，可节约用水 4.8 万方，且应用水肥一体化灌溉技术可有效提升肥料利用率，避免了农户盲目大量施肥对土壤造成的危害。天窗放风技术的推广，可有效提升放风效率，减少田间病害的发生，明显减少农药的使用。

在蜜蜂授粉技术上：通过蜜蜂授粉技术的推广，可减少“一株一片”吡虫啉缓释药剂的使用，按平均800片/亩计算，共可减少吡虫啉药剂使用1136万片，减少了药剂对土壤的污染。2017年继续推广蜂授粉技术，解决蔬菜瓜果应用激素保花保果影响食品安全问题。实行区种植业服务中心牵头+市农科院植保所专家指导+北京农之翼养蜂场等供蜂+主产镇镇农业部门+农民专业合作社组织落实模式，在顺义北务、杨镇等主产镇开展大棚西瓜蜜蜂授粉技术推广。在马庄、小珠宝、北务村、王辛庄村等完成示范面积2850亩；在北务村、顺沿特菜基地等开展保护地小果型西瓜蜜蜂授粉150亩，取得显著成效。蜜蜂授粉中果型西瓜平均产量达到4400公斤/亩，效益最高达到14080元/亩，低的为12600元/亩；蜜蜂授粉小果型西瓜平均亩产量达到3600公斤/亩，平均效益14400元/亩。2017年全年西瓜应用蜜蜂授粉面积1.75万亩。春季全区保护地西瓜蜂授粉技术应用达到1.7万亩，较2016年应用+6%。蜂授粉应用达到西瓜种植规模的85%，为农民节省人工10.03万个，节省开支1200万元以上。秋季小型西瓜应用蜜蜂授粉500亩，占秋季生产面积42.96%。

通过西甜瓜品种与技术创新，延长西甜瓜季节的栽培，西甜瓜可以从5月中旬陆续采收到10月底，采用长季节栽培技术，提高了西甜瓜种植水平，延长本地西甜瓜的上市时间，释放了大量劳动力，增强了大棚西甜瓜的观光休闲职能。同时，提高劳动效率，降低生产资料投入，增产增效，推动京郊西甜瓜产业的发展，为西甜瓜产业发展向高效简约化发展贡献了一分力量，社会效益显著。

五、团队对产业支撑作用

北京市西甜瓜创新团队自成立以来，充分发挥农业科研、推广团队在现代农业发展中的技术支撑作用，促进北京市农科教、产学研的紧密结合，加快推进农业技术创新与应用。西甜瓜团队以首席专家为核心，以科研与推广人员为主体，围绕支撑主导产业转型升级和新兴产业培育发展，集聚农业科研推广优质资源，优势互补，团结协作，开展农业产业发展应用技术研究、集成、试验和示范，先进适用技术推广与技术服务工作，为进一步促进西甜瓜产业的健康可持续发展提供了支撑作用。

第三节　产业典型案例分析

近十年来，我国先后出台了多个关于发展品牌农产品的政策和指导性意见，倡导和扶持农产品品牌建设，全国各地也相继出台了一系列鼓励和促进农产品品牌建设的政策和措施，因此，我国品牌农产品发展速度较为迅猛。当前，北京市西甜瓜产业已经进入转型发展新阶段，2017 年也在品牌建设方面有了大幅提升。为了进一步促进北京市西甜瓜产业健康持续发展，本部分通过实地调研与访谈相结合的方式，对老宋瓜王、世同瓜园和顺沿特菜三个品牌典型案例进行分析，以期为其发展提供借鉴意义。

一、产业整合构建品牌营销——老宋瓜王科技有限公司

（一）公司基本情况

1994 年，北京老宋瓜王科技发展有限公司总经理宋绍堂投资 20 万元创建西瓜种植基地，2000 年 9 月注册“宋宝森”牌西甜瓜品牌，投资建成“老宋西甜瓜销售中心”，组建自己公司的产销网络，走上品牌经营的道路。2003 年，公司开始扩大特型西瓜种植，搞规模经营，因此牵头成立了北京老宋瓜王农民专业合作经济组织。同时，在各级政府的大力支持下，投资 300 万元成立老宋瓜王科技发展有限公司，并建立老宋瓜园，正式走上产业化发展的道路。

（二）公司品牌建设情况及特点

1. 老宋瓜王品牌打造 1.0——技术为王，夯实一产。提到北京西瓜，就想到大兴西瓜；提到大兴西瓜，不能不提老宋瓜王。老宋瓜王的创始人名叫宋宝森，如今 80 岁高龄的“老瓜王”依旧时常下地种瓜，却对冠军不再像以前那样渴望。到 2016 年，老宋瓜王拿到的大小奖项足有 150 余个。但这所有的荣誉，都是从 1983 年那一亩三分地里开始的。1983 年，得益于土地政策改革，第一代的“瓜王”宋宝森开始种瓜。宋宝森老爷子种西瓜全凭一份匠人之心，整日扎身田地研究的都是“怎样把西瓜种得更大、更甜”。俗话说“西瓜十年不重茬”讲的是不能在一块地里连续种西瓜，否则容易枯萎死亡。种瓜成痴的宋宝森不信邪，经过了四年的钻研和实验，终于在 1987 年成功攻克西瓜不能重茬种植的世界难题，成为行业名人。1997 年开始，老宋瓜王连年参加“中国西甜瓜擂台赛”，蝉联了 13 届瓜王冠军。至此，老宋瓜王成为西瓜种植领域绝对的领跑者。

2. 老宋瓜王品牌打造 2.0——产销结合开启都市观光农业新篇章。如果说宋宝森老爷子开启了老宋瓜王“技术为王”的 1.0 时代，那么宋绍堂先生则将老宋瓜王带领至产销结合的 2.0 时代。1987 年，宋绍堂从无线电行业回归瓜田，与父亲一同种瓜。与瓜农出身的父亲不同，宋绍堂从一开始就致力于让老宋瓜王不再仅局限于一片瓜田。2000 年，老宋瓜王注册“宋宝森”商标，开始走上打造精品农业品牌的道路。一年后，宋绍堂精选 L600、京颖、超越梦想等精品小型西瓜品种作为主打产品，开设精品西瓜专卖店，以礼品包装形式主攻礼品市场，开始探索产销结合。2005 年，宋绍堂打破传统耕作观念，引入果蔬树体栽培技术，开辟都市观光农业，并在 2008 年底投资 680 万元建立国内首家西瓜主题公园。自此，老宋瓜王再次打开了一个完全崭新的局面！

3. 老宋瓜王品牌打造3.0——延伸西瓜产业链改变人们生活方式。老宋瓜王的3.0时代，跳出了西瓜种植的传统市场，通过研发深加工产品、开拓新的细分市场、发展观光休闲农业，将老宋瓜王从单一的生产种植，发展成为如今的第一、第二、第三产业融合的产业化经营新局面。

（三）存在不足

1. 员工的品牌意识和忠诚度有待进一步提高。目前，员工在树立品牌意识方面还保持现在低阶段，要通过培训加强品牌意识和忠诚度。想要提高消费者的品牌忠诚度，其中企业员工能够发挥非常关键的作用，特别是服务于一线的销售人员，他们是企业与消费者直接接触的人，直接代表着企业的形象，他们可为企业赢得更多的顾客，但同时也会使得企业失去一些顾客。

2. 核心品牌种类较少。由于农业企业科技创新具有周期长、高投入、高风险的特点，所以科技推广能力有限，在研发新品种上有欠缺，新品种大都是通过农业农村局、推广站或高校获得。

3. 产品的销售市场狭窄。目前，公司产品的主要销售渠道是礼品团购以及通过电商平台，集中于本地市场，这在一定程度上限制了公司取得更大的发展。

二、突出品质建品牌——世同瓜园合作社

（一）发展现状

世同瓜园迄今成立8年，位于北京市大兴区庞各庄镇庞安路中段，并于2007年10月以世同瓜园为核心种植区成立了北京庞安路西瓜专业合作社，以科技服务为主，试验、观摩、培训、宣传等多种服务功能于一身，带动周边并服务于全镇乃至远郊区共计约3000户瓜农共同发展。

当前世同瓜园的组织形式是以专业合作社为基础，主要负责为合作社成员服务功能；以公司为主要销售主体，主要负责农资与生产资料的采购等功能。世同瓜园内主要以通过不同种植方式生产优质西瓜为特色，走精品、优质西瓜道路。

世同瓜园主要灌溉方式是最新节水型的滴灌设备，当前采用滴灌方式的大棚72个，30个大棚采用沟灌方式，4个大棚采用微喷方式。

（二）品牌发展现状及特色

合作社自成立以来，一直保持以专业合作社为西瓜种植户服务为基本，致力于为北京市西瓜种植户的生产、销售问题服务。伴随着种植西瓜技术不断成熟，园区自身西瓜种植水平也不断提升。因此当前园区为适应消费者的购买需求，以发展精品西瓜为主，2015年采用最新的半有机模式进行栽培，生产有机的精品西瓜。

1. 推行标准化生产，产品质量高水平稳定。合作社2014年完成了无公害产品认证和标准化基地建设，并配有完善的农产品检验检测设备，实行销售产品必检制度，而且合作

社的核心基地已经运用了二维码质量追溯体系。为了推动大兴西瓜产业化发展，合作社不断转变观念，从最初单一的生产销售转变为综合服务，成立了“世同一站式技术服务组织”，为瓜农提供西甜瓜高效种植解决方案和信息化服务，将通过优化产品结构，提高产业链各主体之间的资源配置，节约人力、财力、物力等生产要素，解决农户小生产与大市场之间的矛盾，将科学化管理有效地融入生产和市场中，充分发挥服务优势。合作社的核心区有 200 亩示范基地，同时兼具绿色防控示范基地、增效示范基地、无公害示范基地等技术示范功能。目前合作社有自检环节，区里质检中心还会定期抽检，通过检测，只要不符合标准的产品绝不对外销售。

2. 差异化市场营销，品牌集聚效应明显。据了解，大兴西瓜销售最初是进批发市场，但卖不上好价钱，后来转变为礼品装，打品牌走向高端市场。如今，随着消费结构的变化，采摘销售的份额逐年上升。产品的销售建立了一个区域形象平台，充分起到了扩大区域影响、创造市场需求、树立消费者信心、提升区域内产品品牌形象的作用。世同瓜园目前的销售以采摘为主，采取分级定价，分级包装，保证同级别产品质量、规格一致。也在积极筹备与本来生活、易果生鲜、爱鲜蜂等电商进行合作。每个电商平台都有自己的特色，有的更注重品牌，有的更关注销量，世同针对不同的电商提供不同的产品。合作社首先会对产品进行检测、挑选和分级，有高、中、低三个等级，分别对应不同的电商平台，进行差异化营销，满足市场的多样化需求。

3. 加强宣传推介，打造世同特色。品牌就是差异化的产品与文化的结合，没有文化内涵，品牌就没有灵魂。灵魂在种植者身上，种植者要将心态融入种植里面。维护好“大兴西瓜”的品牌，然后是保护好“庞各庄”这个品牌，最后再做好自己的小品牌。保护好产品的特色就是维护好产品的品牌。对此，张世同提出了自己的见解，他认为恢复庞各庄西瓜的特色还得从基础抓起，首先要统筹规划，分批定植，分批收，保证没有滞留现象，不能一味地追求早上市；其次在品种选择上要恢复过去的品种，控制品种数量，不能一味追求高产。最后要将原始种植方法与绿色防控、物联网技术、水肥一体化等现代技术相结合，用原始方法保护土壤，用现代技术解决种植过程中的难点和问题。

（三）存在问题及挑战

1. 品牌政策扶持力度仍需提升。虽然政府对本地西瓜合作社采取了众多的扶持措施，但是政府在品牌建设中明确品牌建设的主体、帮助企业分析市场供需关系、制定品牌建设战略目标等环节中的扶持力度仍然较弱。

2. 品牌市场营销手段仍需加强。世同瓜园在营销方式上比较传统，不能有效地利用现代化的营销传播工具和高科技手段来树立企业形象，提高品牌知名度，在报纸、电视等媒体广告的投入也几乎是空白。这种宣传方式直接影响了世同瓜园的知名度。

3. 品牌规模化经营程度仍需拓展。世同瓜园的集约化管理、规模化经营、产业化发展仍需加强。应开发更多的西瓜衍生产品，拓展西瓜产业的生态休闲、旅游观光、科普教育等功能，提高市场影响力，把品牌逐渐做大做强。

三、科技引领品牌建设——顺沿特菜基地

（一）发展现状

顺沿特菜种植基地位于北京市顺义区李桥镇，基地于1985年成立，迄今为止已有30余年的历史了。现占地约有三百亩左右，内有温室大棚等各种现代化农业种植设备。基地现状主要种植伊丽莎白、京玉等50余个品种的西甜瓜，特菜50多个品种，大路菜有20多个品种。享誉京郊的伊丽莎白品种就是该基地在早年间引进的，基地在全国的瓜菜生产之中术语技术领先行列。一直以来基地在京郊的瓜菜生产中，也是位居前列的，全国的不少瓜品菜品都是从顺沿特菜基地引进，一步步走向全国的。基地一直以来的工作深受党和国家领导人以及市委市政府领导的重视，在1995年11月6日，时任党和国家领导人江泽民特意来到基地，对基地生产进行了实地考察，并且给予了高度的评价。基地于2001年取得北京市食用农产品安全认证，同时也被顺义区政府授予了“高效农业园”的称号。

（二）品牌建设情况

顺沿特菜一直秉承着品质为品牌竞争力的首要的理念，着力对基地地产品质量进行着严格的把控。基地的领导长期以来十分重视顺沿种植生产的安全以及工艺的流程。在农产品的每个种植环节，基地从员工到领导上上下下都十分的严谨。运用科学的管理技术和模式，对基地内种植的瓜果蔬菜进行质量上的严格把关。保证了投放到市场当中的瓜果蔬菜的安全与质量。同时基地的农产品部分已经纳入到了市产品质量追溯系统，做到了真正的农产品质量有据可查。近几年以来，农业部、北京市农业局、技术监督局等多家相关监督和管理机构来到基地。对于基地的生产流程进行了监督，同时对于出产的食用农产品进行了严格的检测。均未发现产品问题和生产安全问题。为基地产品的安全上市起到了重要的保障。基地在近期也推出了和京东电子商务平台的合作，并在工商部门注册了“泥锅泥碗”的商标，相应地开展了宣传活动。“泥锅泥碗”所倡导的理念即返朴以归真。一直以来，生活在现代都市的我们被污染的空气和水以及各种化学含量超标的食物不断地困扰着。“泥锅泥碗”以健康、绿色、天然为主旨，开发能为人们带来健康的产品，为我们的生活保驾护航。

（三）优点

1. 技术领先对行业整体有带动作用。顺沿特菜一直秉承着生产加工环节的严格把关，种植生产以及品种的选用都最好最先进的技术进行生产，旗下的产品的品质和技术绝对有保障。且基地的种植技术等在全国同行业中居于领先地位。基地领先全国技术水平对于整个行业的发展带动性作用十分显著，作为排头兵企业，其有着打造自身品牌的巨大优势。

2. 服务群体特殊且稳定。基地长期与市海关和政府部门的食堂进行合作。具有相当稳定的销售渠道。同时，基地内部有着十分丰富的经营管理经验，之前基地也与北京电视

台等相关的媒体进行合作，对基地都有过相关培训农学方面高等院校学生的报道和宣传，基地有着相当的知名度和被重视的程度。总体来说其服务的群体相对特殊但稳定，在销售环节有着不可比拟的基础。

3. 之前的消费群体有利于为顺沿特菜带来口碑与宣传。由于长期服务海关和市政府食堂等事业单位，顺沿特菜在不少单位的职工心目中有了良好的形象，对于品牌未来的宣传有着很好的积极作用。近期基地也开始尝试，将农产品和电商相结合的尝试，在品牌建设中迈出了重要的一步。此外，基地背后有镇政府的支持，使得基地可以持续 30 多年的稳定运转运行，为充分打造好农产品品牌做好了充分的基础。

（四）不足

顺沿特菜基地在建设农产品品牌的过程中主要遇到了几大难题。

1. 生产速度和市场需求阶段性不匹配。一是由于基地使用古法种植的产品比较多。相对于市场的供应来说不是十分充分。而且经常会出现不能及时了解市场需求的趋势信息，容易导致阶段性生产和需求不匹配。

2. 缺乏资金人才输送方面的扶持。顺沿特菜相对于一些大的农产品品牌例如顺鑫农业等还是缺乏政府的有效资金和人员及扶持。基地内部的工作人员出现了比较明显的年龄断层情况和相关人才不足的情况。基地整体的职工年龄偏大，对未来长期的发展有不利的因素存在。

3. 缺乏系统性的宣传，知名度比较低。顺沿特菜当前实力偏弱小，品牌尚且处于刚刚建立的初期阶段。在宣传力度上比较欠缺，在北京市场的知名度不高，影响了品牌初创阶段所面向的市场范围。

四、西甜瓜品牌建设措施和建议

第一，加强培训，于日常中建立起品牌意识。针对员工品牌意识不足等情况，要不断加强品牌意识，举办相应的品牌课程培训，制定相应的奖惩机制和规章制度。

第二，政府加大监督引导力度，提供宏观政策支持。政府通过制定相应的法律规范、行业生产经营标准，监督和引导生产者注重产品的品质和内涵，避免出现品质低下、食品安全等问题，毁坏大兴西瓜品牌的知名度。同时，政府应制定相应的保障制度，保护生产者的利益，防止市场上出现品质低的产品破坏品牌形象，使得品牌名誉受损，最终影响产品在消费者心中的地位，进而影响产品的销售。在整个大兴西瓜品牌的建设与推广过程中政府在政策上的支持非常重要，政府通过提供有利的宏观发展环境和相应的法律、技术、资金与管理等方面的服务，加强对品牌的规划、监督和指导，引导品牌朝着正确方向发展，进而提高西瓜生产者的收入，带动大兴区西瓜产业的发展。

第三，给予品牌准确定位，扩大品牌推广渠道，提高知名度。首先，要确定品牌的定位，准确地把握市场脉搏，瞄准目标客户群，避免推广资源的浪费。其次，可以选择在传统的电视、广播、网络等媒体进行推广，突出地域、文化特色，让消费者看到产品的独特之处，吸引消费者进行购买。也可以通过发展该地区西瓜旅游业，既推动第三产业发展，也使得西瓜产品得到消费者的了解和认可，品牌得到有效推广，知名度得以提高。

第四节　产业发展政策与建议

一、产业发展问题及其技术需求

（一）技术问题

1. 西甜瓜种植技术参差不齐。在西甜瓜的品种方面仍然存在多、乱、杂，主栽品种不明显等问题，如中果型西瓜品种的耐裂性差、外品质存在提升空间；设施专用小果型品种西甜瓜缺乏；西甜瓜种子处理技术参差不齐，直接造成西瓜种子质量降低；育苗环节嫁接效率低，嫁接成活率不高；栽培管理粗放，肥水利用率低；新品种和新技术推广力度不足，高效益西瓜比例低，并且地区发展不均衡。

2. 节水灌溉技术发展缓慢。京郊的节水灌溉技术虽已发展多年且投入了大量的资金，但这些资金与节水灌溉发展的要求仍然有较大的差距。由于农业是弱势产业，农民收入水平较低，节水灌溉一次性投入又较大，所以若没有国家扶持，只靠农民投入，则节水灌溉难以快速发展。

除此之外，灌区管理跟不上，没有建立适应灌区节水灌溉的管理办法也是节水灌溉技术发展缓慢重要原因之一。要想发展节水灌溉，必须让农民从节水灌溉中得到实实在在的利益。目前国家节约用水的政策不配套，没有相应的鼓励政策和约束机制，无法调动起农民发展节水灌溉的积极性，且由于农村现行土地经营方式和高新节水灌溉技术在管理体制和运营机制上存在一定的矛盾，高新节水灌溉技术难以大规模发展。

3. 设施生产配套机械少。西甜瓜种植区域多为老瓜田，土壤病害和虫害基数较大且大水大肥的种植方式还比较普遍。同时，过于偏施化肥，采用滴灌、渗灌等节水设施的瓜田还较少，制约了农业标准化生产的有效开展。且受目前技术水平的限制，大型农机具难以应用，专用机械应用效果欠佳。

4. 采后处理与加工技术滞后。西甜瓜采后加工、分级、包装、储藏、保鲜、运输等技术研究与应用较为滞后。在西甜瓜生产中，由于采摘不当、贮藏不善、运输方式和包装落后，或由于生理病害、微生物病害的影响，可导致采后损耗达25%以上，直接影响西甜瓜上市的品质和价值。

5. 技术服务水平有待提高。西甜瓜是劳动与技术密集型产业，需要较高素质的劳动力和新技术新知识的指导。目前，京郊基层农业技术服务网络体系还不健全，农技人员知识老化，大多数技术人员主要从事稻麦生产技术指导，他们的服务能力及水平不能满足西甜瓜产业发展需要。另外，当前农村青壮劳动力少，从事西甜瓜生产的人员素质较低，新技术接受能力不强，实用技术应用到位率不高。

（二）市场问题

1. 市场信息不完全问题。信息不完全，首先体现在农民对市场缺乏了解，对价格信息存在一定盲区，不利于生产者及时调整价格以保证生产利益。当然，最根本的原因就是信息的不对称。供需双方之间的交易是由交易链完成，但是事实上，供需双方不但不存在共同应用的沟通平台，甚至连直接对接的机会都没有。信息不准确造成很多消费者对西瓜并不了解，常常会听信各种谣言，比如“无籽西瓜都是转基因作物”“脆瓤的瓜果没有熟透”等。这些误解不仅会造成农民的经济损失，还会产生“狼来了”的效应，使消费者对真正的食品安全问题缺乏足够的警惕。

2. 销售渠道狭窄不通畅。目前西甜瓜的销售模式主要还是以地头销售为主，销路较为狭窄。虽然，越来越多的现代营销模式逐渐进入人们的视野，如网络营销，但由于受传统观念、农村基础网络设施不健全、农民计算机操作水平较低等因素的影响，现代农产品销售方式在实际操作中仍实施较少。

3. 市场价格变化波动明显。西甜瓜的市场价格随着季节的变化波动明显，2017 年西瓜初上市的价格平均 1 ~1.5 元/公斤，为农民带来较高收益。但进入 6 月末 7 月初后，由于市场上的西瓜集中上市，西瓜价格大幅下跌，平均价格仅 0.5 ~0.8 元/公斤，致使许多农民经济效益亏损。建立西瓜价格合理调控机制迫在眉睫。

4. 西甜瓜观光采摘活动吸引力小。京郊各地区的西甜瓜观光采摘园区过去多以政府为主导，且由政府进行直接采购。但是近年来，随着政府的退出，采摘活动逐渐转变为园区进行自主运营；由此一来，没有了政府补贴的扶持且受相关政策的约束，观光采摘园区的部分拓展业务无法开展，加之西甜瓜采摘产品活动过于单一，吸引消费者的持久力不足等问题，西甜瓜观光采摘园区很难得到进一步的发展。

（三）组织规模化问题

1. 产业组织化程度不高。西甜瓜种植以家庭生产为主，种植规模小，组织化和产业化程度不高，瓜农商品意识和市场营销能力较弱，主要是依靠运销专业户来地头收购。在安排生产时往往带有很大的盲目性，售时又处于比较被动的地位，对自然风险和市场风险的抵御能力较弱。

2. 规模化程度需要进一步提升。北京市的可用种植面积相较于其他省市来说较小，且西甜瓜主要以家庭生产为主，种植规模小，平均每户西瓜种植面积不足 5 亩，甚至有一大部分瓜农生产面积在 5 亩以下。这种小规模的生产方式在一定程度上限制了高新技术的推广，使得节水灌溉等先进生产技术无法普及，进而阻碍了京郊西甜瓜的进一步发展。因此，提高西甜瓜的规模化程度，切实提升全市西甜瓜产品生产供应能力尤为重要。

（四）质量安全问题

1. 西甜瓜病虫危害严重。过去北京地区很少发生的果腐病近年来已经少量发生，需要重视；瓜类白粉病、蚜虫危害进入 5 月下旬后危害有加重趋势。病虫害综合防控技术措施和规模有待提高，干旱、洪涝等灾害性天气频繁出现，再加上部分老产区多年连作，使得西甜瓜病虫害呈加重趋势。而综合防控技术实施规模较小，多数产区病虫害综合防控技术落实不到位，连片型、规模型、有组织型的病虫害防控有待不断提高。

2. 西甜瓜质量安全问题突出。由于瓜农的基本素质较低，为盲目追求经济效益，在种植过程中，用药的随意性强，不当使用植物生长调节剂、农药等现象常有发生，加上生产技术规程等安全生产的制度还不完善，致使西甜瓜安全生产方面问题比较突出。

（五）技术需求

1. 简约化栽培技术。针对当前西甜瓜生产成本逐年加大的相关问题，要以实施新品种、新技术、新模式三大更新工程为抓手，以西甜瓜产业园区为载体，发挥地方资源优势、成果优势，大力推广应用优质高产抗病西甜瓜新品种，大力集成应用西甜瓜简约化栽培技术，解决劳动力紧张和生产成本过高等难题。目前，适合本地推广应用的简约化栽培技术主要包括水肥一体化技术和蜜蜂授粉技术等。

2. 嫁接育苗技术。由于生产技术要求高，风险大，成本高；同时生产季节性过强，且主要集中在冬春季等气候相对恶劣的时段；目前工厂化育苗方式保证西瓜种植的标准化还较少，所以要积极加强育苗技术研制，保证育苗质量。首先要采取合理轮作措施，推广配方施肥、生物农药应用等技术，解决连作障碍问题。一是推广西甜瓜穴盘基质嫁接育苗技术，杜绝土传病害，克服连作障碍。二是强调合理轮作。三是推广生物防治。生物防治主要是利用生物多样性，通过在自然界释放或引进有益生物持续控制植物病虫害。

3. 新品种引进技术。从国内外广泛引进国内外西甜瓜资源和品种，结合不同栽培季节、不同栽培方式下的品种比较研究，筛选出适合在不同栽培季节、不同栽培设施或栽培方式的西甜瓜新品种。同时培育具有自主知识产权的西甜瓜新品种。

二、产业发展趋势

（一）农业劳动力雇佣难度越来越大

随着农业机械化水平的不断提高，用工量正在逐步减少，但西甜瓜产业的不断发展仍需要一定基数的劳动力，且在一些重要岗位上要求其具备熟练的业务技能。但劳动力的雇佣却面临困难，一方面，近年来人工成本不断上涨，大大压缩了西甜瓜种植者的利润空间。另一方面，随着城乡一体化进程的推进，越来越多的农村劳动力在向城市转移，在农村本地就业的劳动力数量在逐步下降。

（二）休闲、旅游农业为产业持续注入活力

最新颁布的中央一号文件中明确提出，实施乡村振兴战略。实施休闲农业和乡村旅游精品工程，建设一批设施完备、功能多样的休闲观光园区、乡村民宿、特色小镇。此利好政策将吸引一大批的投资和从业者，结合西甜瓜产业的发展，西甜瓜种植面积将进一步扩大，与休闲观光农业联系将越来越紧密。西甜瓜产业与观光农业的互惠发展，也会使彼此的影响力不断加强。

（三）科技支撑不断加强

发挥科技人才支撑作用是乡村振兴战略中非常重要的一部分，西甜瓜产业的不断发展，同样需要继续加大科技投入。探索新机制，全面建立高等院校、科研院所等事业单位专业技术人员到乡村和企业挂职、兼职和离岗创新创业制度，发挥好各类农业科技人员的作用。在西甜瓜产业的发展过程中，农科院、农业局、农学院等各相关单位深入协作，针对西甜瓜产业成长中涌现的问题合力解决，加之现有的政策向此方面不断倾斜，西甜瓜产业在选种育种、运输销售、宣传推广等各个节点，均有相应的教授专家团队提供科技支撑。

（四）总种植面积呈下降趋势

随着首都第二机场落户大兴区、棚户区改造工程、各区不定期各类大型会议的举办等诸多因素影响，北京市西甜瓜种植面积逐年缓慢减少，未来一段时间内，我市西甜瓜生产将面临的主要情况为：以大都市都市型农业体系建设为主的生产，西瓜作为主要产品会发生栽培技术的升级，顺应国家质量兴农发展战略，以保障土壤安全、产品安全为主的包括无土栽培技术在内的新技术会渐成主流，相应带来新技术体系形成；设施生产成为主体和载体，承载高效获得和保障市场供应任务；土地资源利用合理化，生态农业得到较快发展。

（五）集约化、规模化种植是未来方向

随着市民消费理念和家庭结构的不断变化，西甜瓜种植基地和园区在种植品种、种植模式、销售手段上都发生了不同程度的变化，随之西甜瓜种苗供应形势相应有了新变化，集约化育苗、小型西瓜份额增加明显。同时，农业在三产中的占比日益降低，实施新型农业经营主体培育工程，培育发展家庭农场、合作社、龙头企业、社会化服务组织和农业产业化联合体，发展多种形式适度规模经营成为趋势。我市以企业、合作社、家庭农场形式为代表的新型西瓜种植组织，正逐步变革传统的种植分散、管理不便的西瓜种植模式，顺应了农业适度规模种植的趋势。未来北京市西甜瓜产业面向突破土地“瓶颈”，创新发展规模化种植的方向上的提升，会更加切合都市型现代农业的发展。

三、具体政策与建议

（一）加大科技创新和示范推广的引领作用

围绕生态、高效、优种、品牌打造西甜瓜产业。立足观光采摘和设施高效生产，构建

了“一控两减”技术体系；形成类型丰富的系列化品种格局，提高了西瓜甜瓜品质。完善品牌建设，重点打造了大兴庞安路和顺义龙塘路等两条西甜瓜产业带以及“老宋瓜园”“御瓜园”“世同瓜园”等观光采摘园区。同时，依托北京企业向外埠复制输出“北京牌”西瓜种植模式，可向全国市场供应北京优质西瓜。加大技术投入，开展观光农业健康发展模式研究应用与推广。提升观光采摘和礼品销售型高端市场西瓜品种的质量和丰富度。

（二）引进良种，加大技术投入

随着劳动力雇佣问题的显现，西甜瓜育苗的集约化、机械化将是重要课题，既要着力培养育苗大户，又要建立完善的育苗管理机制，使育苗集中化、标准化。降低劳动力成本，提高劳动生产率也是现阶段育苗需要考虑的问题。努力提高西甜瓜品质，开展集约、精准、轻简的栽培技术的集成运用。以产业可持续发展为方向，开展西瓜生产风险监测，分析评估市场风险，研发风险管理工具，构建风险管理体系和平台，提高产业抗风险能力。形成产区、品种、品牌的合力优势，使优势区域的规模化生产面积；设施栽培的面积；薄皮甜瓜的栽培面积获得进一步的提升。

（三）加大区域性品牌建设力度

现阶段我市大兴区西甜瓜区域性品牌建设效果显著，延庆区依托地形气候等优势，西甜瓜品质良好，但是区域性品牌建设程度还需提高，增加延庆西瓜在消费者心中的认可度。加强品牌建设，提升品牌价值，提高产品售价，引导农户结合当地资源，生产特色农产品，做好产品质量，提高生产收益，既满足消费者对中高端农产品的需求，也实现农民收入提高。

（四）改造种植设施，稳定农资价格

大规模机械化作业是未来的发展方向，当前的大棚高度与宽度需要进行一定程度上的改造，以适应大规模的机械化作业，机械化水平的提高，也会在相当程度上缓解农业劳动力雇佣困难的问题，同时节省人工劳动力，也会为各企业及合作社提高收益。农资价格的稳定，对生产的平稳运转至关重要。加强市场监管，对农资进行精细化补贴；对市场价格的变动进行合理监测与预警，并积极与瓜农取得联系；努力保障农民自身利益。利用好专业合作社及供销社等组织机构，建立及时有效的沟通机制，强化农产品物流体系，将农民生产所需的产品，切实及时地配送到农民手里，同时，平衡好农资产品的质量与价格，也会极大程度上方便农民生产。

（五）完善技术服务体系建设

相关部门重视农技推广队伍建设，健全基层农业技术服务网络体系。通过技术培训、远程教育等多种形式，提高专业素质和业务水平，培养复合型农技人才，大力开展新型职业农民培训，通过集中培训、田间示范等方式，提高他们的种植水平和接受新技术的能力。

（六）多措并举，推进产业转型升级

把西甜瓜产业作为高效设施园艺的一个重点产业，重点扶持促进发展。一是根据西甜瓜消费市场由追求数量型向质量型转变的态势，通过举办“西瓜”采摘节、休闲农家乐、农产品展览会等多种形式，推动西甜瓜产业发展。二是加快品牌培育，发挥品牌效益，通过品牌占市场、赢效益。三是加大政策支持力度，每年区域内的重点项目资金要向西甜瓜优势特色产区倾斜，加快推进产业转型升级。

第十一章　北京市生猪产业发展报告

《全国生猪生产发展规划（2016～2020 年）》《北京市“十三五”时期都市现代农业发展规划》和《京津冀畜牧业协同发展合作框架》等政策密集出台显示，北京市畜牧业发展的内外部环境面临更加深刻的结构调整，着重突出发展的质量和效益。北京市生猪产业发展处于转型升级关键期，受资源约束趋紧、环境保护高压、养殖效率有待提升、质量安全和疫病隐患凸显等多方因素的综合影响。为进一步摸清北京市生猪产业 2017 年发展状况、探索都市型生猪产业稳定发展途径，特编写《北京市生猪产业发展报告（2017）》。

本章主要依据《中国畜牧兽医年鉴》、《北京统计年鉴》、北京市农业农村局和生猪产业技术体系北京市创新团队的内部资料，从生猪产业发展现状、生猪产业发展中创新团队的支撑作用、生猪产业典型案例分析、生猪产业发展政策建议四方面分析北京市生猪产业发展现状与成效，深入剖析产业发展面临的挑战与趋势，探索都市型生猪产业可持续发展路径。以破解制约生猪产业发展中的难点问题，加快推进生猪养殖业转型升级，促进生猪产业持续健康有序发展。

第一节　生猪产业发展现状

一、生产现状

（一）基本情况

1. 全市总体情况。2017 年，北京市生猪出栏 242.07 万头，比 2016 年、2011 年分别下降 12.09% 和 20.92%；生猪出栏毛重 25.62 万吨，比 2016 年下降 12.20%；平均每头生猪出栏毛重 105.84 公斤，与 2016 年基本持平。2017 年，全市生猪年末存栏 112.18 万头，比 2016 年、2011 年分别下降 32.14% 和 40.14%。其中，能繁母猪存栏 13.18 万头，比 2016 年、2011 年分别下降 33.74% 和 44.88%。2017 年，北京市猪肉产量为 19.22 万吨，比 2016 年、2011 年分别下降 12% 和 19.72%（见图 11－1）。

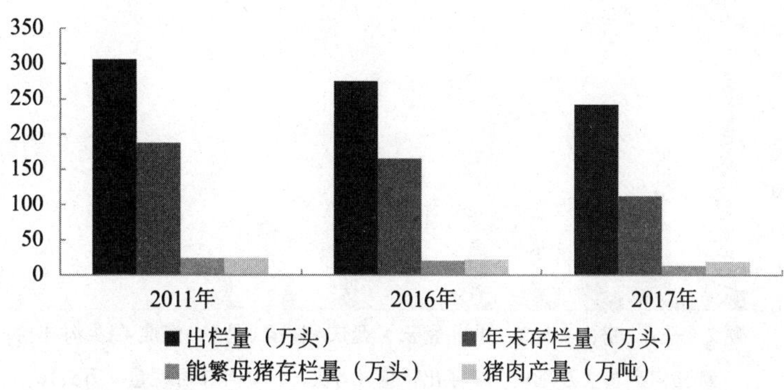

图 11－1　2011 年、2016 年、2017 年北京市生猪生产情况

资料来源：北京市农业农村局和《北京统计年鉴（2012）》。

2. 主产区情况。从全市生猪生产分布看，顺义、平谷、房山、大兴、通州、密云、怀柔、延庆和昌平 9 个区为生猪主产区，这些地区 2017 年生猪出栏量、年末存栏量、猪肉产量分别占全市的 99.20%、99.34% 和 99.18%，比 2016 年分别提高 0.16、0.55 和 0.11 个百分点，形成京北和京南两条生猪产业带。其中，顺义产能最大，生猪出栏量、年末存栏量、猪肉产量分别占全市的 26.23%、32.87%2 和 26.35%，平谷次之，房山和大兴紧随其后（见表 11－1、图 11－2）。

表 11－1　　2017 年北京市各区生猪生产情况

区域		猪肉产量（万吨）	年出栏量（万头）	年末存栏量（万头）
生态涵养保护区	平谷	3.32	41.32	21.61
	怀柔	0.77	9.51	3.84
	密云	1.48	19.13	6.41
	延庆	0.79	10.33	6.71
	门头沟	0.03	0.47	0.27
	合计	6.40	80.76	38.85
城市发展新区	顺义	5.06	63.49	36.87
	房山	2.63	33.94	14.03
	通州	2.09	25.32	11.21
	大兴	2.22	27.93	5.90
	昌平	0.70	9.15	4.86
	合计	12.70	159.84	72.86
城市功能拓展区	丰台	0.01	0.12	0.08
	海淀	0.11	1.35	0.40
	合计	0.12	1.47	0.47

资料来源：北京市畜牧屠宰统计系统（2017 年 12 月 31 日）。

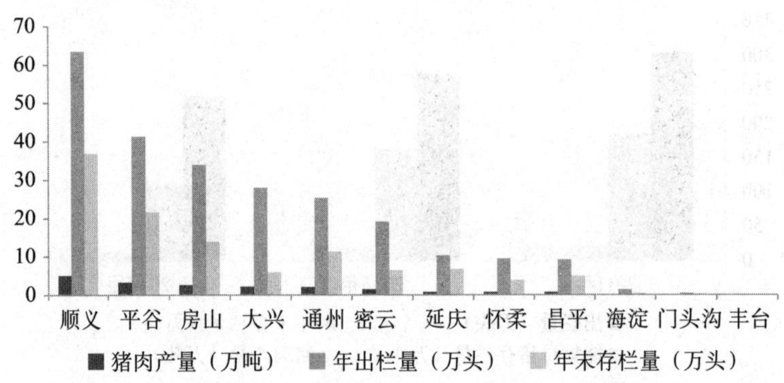

图 11－2　2017 年北京市各区生猪生产情况

资料来源：北京市畜牧屠宰统计系统（2017 年 12 月 31 日）。

（二）产业布局

一是继续优化畜牧养殖业布局。受土地、水、环境等要素制约，2015 年北京市出台“全市不再新建、扩建规模养殖场（籽种、科研、休闲除外）”的政策。截至 2017 年底，北京市登记备案的养殖场（小区）已经减少至 890 个，比 2016 年减少 854 个，比 2011 年减少 1495 个。其中，生猪养殖场（小区）467 个，比 2016 年减少 321 个，比 2011 年减少 671 个①。所有登记备案养殖场（小区）均实现 GPS“定位上图”，明确了基础信息和经纬度，并纳入市农业局信息中心数据库管理。全市规模养殖水平达到 80% 以上。二是积极推进畜牧产业转移。主动与河北、天津签订《京津冀畜牧业协同发展合作框架》，共同推动畜牧产业京津冀协同发展。截至 2016 年年初，北京市畜牧业外埠基地数量达 57 个，其中生猪基地 30 个，年出栏 60 万头②，基本实现了产业疏解和首都市场畜产品安全供应的有机结合，主要“菜篮子”农产品应急保障能力提高 5 ~ 6 个百分点。三是大力推进畜牧养殖结构调整。截至 2017 年年底，全市登记的 467 个生猪养殖场（小区）平均养殖规模为 1944 头，比 2016 年提高 20%。其中，养殖规模在 1000 头以下养殖户占 33.4%，养殖规模在 1000 ~ 5000 头养殖户占 53.54%，养殖规模在 5000 头以上养殖户占 13.06%，分别比 2016 年提高 －12.54%、11.03% 和 1.51%，大型规模户比例明显提高③。

（三）良种繁育

一是种猪联合育种数量稳定增长。2017 年全市新增种猪个体登记头数 23.38 万头，累计达 323.65 万头④。二是群间遗传联系更加紧密，超级核心群已建成。2017 年，38 个大

---

① 根据北京市农业农村局提供的 2011 年、2016 年和 2017 年北京市畜禽养殖场（小区）备案登记表整理。

② 根据《京郊日报》2016 年 1 月 20 日报道《本市畜禽养殖量有序下降》整理，http：//jjrb. bjd. com. cn/html/2016－01/20/content_ 346341. htm。

③ 根据北京市农业农村局提供的 2016 年和 2017 年北京市畜禽养殖场（小区）备案登记表整理。

④ 根据北京市农业农村局种猪遗传评估信息整理，http：//nyj. beijing. gov. cn/nyj/232120/233040/5967980/index. html。

白猪群平均关联率达4.61%；32个长白猪群平均关联率达到3.71%①。三是种猪联合育种效果显著。对38家大白猪场和32家长白猪场开展联合遗传评估，对24家杜洛克猪场开展单场遗传评估，并以遗传评估报告的方式向社会推荐了优秀种猪。四是种猪性能达到较高水平。监测的13家规模种猪场大白猪、长白猪和杜洛克的达100kg体重日龄在157～161天，比全国平均水平减少6天左右，达100千克体重平均背膘厚在9～11毫米；能繁母猪年平均胎次为2.13窝，同比提高0.1窝，平均产仔窝数在9～11头②；仔猪成活率为84.5%；年提供断奶仔猪数（PSY）为21.3头，同比提高1.8头；母猪非生产天数（NPD）为61.12天，同比缩短4天③。五是精液检测指标均达到或高于国家标准。监测的455头份精液样品的测定均值分别为每剂量精子活力78.32%，直线前进运动精子39.16亿，精子畸形率6.92%，有效期活力72.68%，整体合格率为98.24%④。

（四）粪污利用

2017年，规模养殖场畜禽存栏共计1208.17万头只，年产生畜禽粪便160.12万吨、污水267.21万吨。已配套建设设施装备的733家规模养殖场年利用畜禽粪便153.86万吨、污水165.32万吨，粪污处理设施装备配套率为95.94%，粪污综合利用率为74.69%（见表11-2）。

表11-2　规模养殖场粪污资源化利用情况测算

规模养殖场畜禽粪便总产量（万吨）	规模养殖场畜禽粪便总利用量（万吨）	规模养殖场畜禽污水总产量（万吨）	规模养殖场畜禽污水总利用量（万吨）	规模养殖场粪污处理设施装备配套率（%）
160.12	153.86	267.21	165.32	95.94

资料来源：《2017年北京市畜禽养殖废弃物资源化利用考核工作情况汇报》，以733家规模养殖场为基数。

二、加工流通现状

（一）屠宰加工现状

1. 生猪屠宰情况。一是屠宰企业集中度和屠宰能力提高。随着首都发展定位确立、禁限目录出台、屠宰企业分布调整，截至2017年北京市生猪定点屠宰企业9家，比2016年减少1家，年设计屠宰能力均在100万头以上，总屠宰能力可达1500万头，比2016年增加200万头。二是实际屠宰量呈逐年下降趋势。2013～2016年全市实际屠宰量年均增长

① 根据北京市农业农村局种猪遗传评估信息整理，http://nyj.beijing.gov.cn/nyj/232120/233040/5967980/index.html。

② 根据北京市农业农村局种猪遗传评估信息（http://nyj.beijing.gov.cn/nyj/232120/233040/5967980/index.html）和全国种猪遗传评估信息（http://www.cnsge.cn/）整理。

③ 根据北京市农业农村局信息整理，http://www.bjny.gov.cn/nyj/232120/233040/5856493/index.html。

④ 根据北京市农业农村局信息整理，http://nyj.beijing.gov.cn/nyj/232120/233040/5967947/index.html。

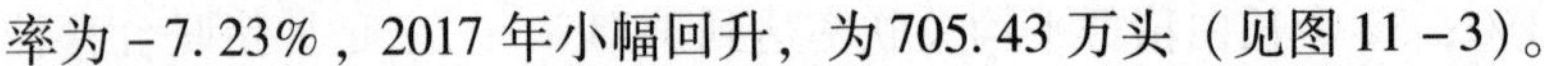
率为 -7.23%，2017 年小幅回升，为 705.43 万头（见图 11-3）。

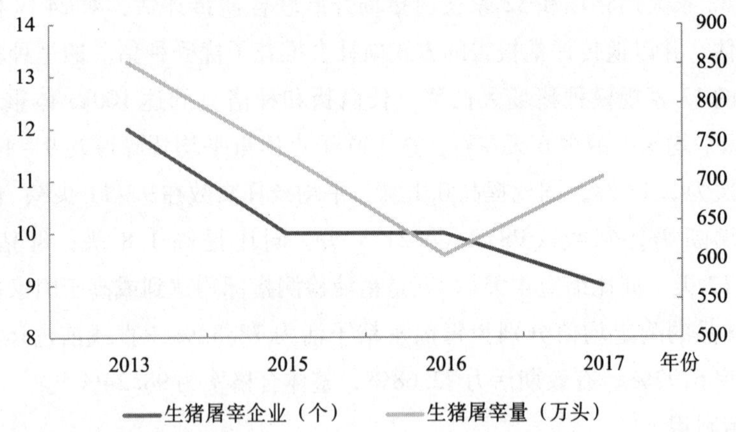

图 11-3　近年来北京市生猪屠宰企业及屠宰量情况

资料来源：《北京市畜禽屠宰行业供给侧改革调研报告》和北京市畜牧屠宰统计系统（2017 年 12 月 31 日）。

2. 屠宰企业经营状况。一是屠宰成本偏高，竞争能力偏弱。受人工成本上升、煤改气、屠宰设施装备与技术工艺升级改造、开工不足设备闲置，远距离运输、北京市及周边近距离猪源供应不足等因素影响，导致生猪屠宰成本偏高，市场竞争力偏弱。二是屠宰能力利用率提高与产能过剩并存。2017 年 9 家生猪定点屠宰企业屠宰能力平均利用率为 48.82%，比 2015 年提高 4 个百分点。除郎中和中瑞 2 家企业以外，其余 7 家企业屠宰能力有所提高，其中大红门和五肉联 2 家企业屠宰能力利用率分别达到 83.17% 和 81.37%，资源屠宰能力利用率提升幅度最大，比 2015 年高出 21.83 个百分点（见表 11-3）。但由于受北京市及周边近距离的猪源供应不足、国外肉食品大量进口和外埠货源进京争夺北京市场的多重挤压，导致北京市屠宰行业开工不足和产能过剩，部分屠宰企业亏损。

表 11-3　　2015 年、2017 年北京市屠宰企业屠宰能力利用率情况

	设计年屠宰量（万头）	2017 年实际屠宰量（万头）	2017 年屠宰能力利用率（%）	2015 年屠宰能力利用率（%）
北京顺鑫农业股份有限公司鹏程食品分公司	300	151	50.33	44
北京市郎中屠宰厂	100	15.74	15.74	23
北京资源亚太食品有限公司	120	66.99	55.83	34
北京中瑞食品有限公司	108	60.55	56.06	60
北京千喜鹤食品有限公司	200	68.03	34.02	26
北京二商大红门肉类食品有限公司	150	125.56	83.71	80
北京宇航肉联加工有限公司	150	26.2	17.47	12
北京市第五肉类联合加工厂	180	146.51	81.39	81
北京燕都立民屠宰有限公司	100	44.85	44.85	43

资料来源：《北京市畜禽屠宰行业供给侧改革调研报告》和北京市畜牧屠宰统计系统（2017 年 12 月 31 日）。

（二）流通格局

1. 生猪流通格局。北京市生猪屠宰企业的自营养殖基地，主要分布在北京市及河北、内蒙古、辽宁等；非自营基地主要分布在河北、河南、内蒙古、辽宁、黑龙江、吉林、山东、天津等。2017 年屠宰的 705.43 万头生猪中 60% 以上来源于养殖场，其中外埠猪源比例占 87.23%，除郎中 1 家屠宰企业本市供应率达到 64.29% 以外，其他 8 家屠宰企业对外埠猪源依赖度都非常高。虽然各屠宰企业猪源渠道各不相同，但对生猪猪源控制力均较强。《北京市畜禽屠宰行业供给侧改革调研报告》显示，截至 2015 年年底，除五肉联和千喜鹤 2 家屠宰企业没有建立自营猪场以外，其余 7 家屠宰企业均建有自营猪场、合作基地，自营供应量占屠宰量的平均比例为 18.67%，其中资源和郎中自营供应量占屠宰量的比例分别达到 55% 和 38%①。

2. 猪肉流通格局。北京市生猪屠宰加工产品主要供应本市居民消费，多数屠宰企业均在超市中设有专柜，并建有自己的专卖店。2015 年销往外埠或出口的比例占 30%，比 2013 年增加 6 个百分点。进入本市的产品中，以批发市场和超市 2 条渠道为主，分别占 28% 和 17%，其次为农贸市场和宾馆饭店。与 2013 年相比，批发市场和农贸市场销售比例明显下降，尤其批发市场销售比例降幅达到 11 个百分点，超市和宾馆饭店销售比例均增加 3 个百分点（见表 11－4）。

表 11－4　北京市定点屠宰企业猪肉流通渠道

渠道		2015 年比例（%）	2013 年比例（%）	2015 年较 2013 年增减（%）
本市	超市	17	14	3
	批发市场	28	39	－11
	农贸市场	12	14	－2
	宾馆饭店	9	6	3
	其他	4	3	1
外埠		30	24	6

资料来源：《北京市畜禽屠宰行业供给侧改革调研报告》。

三、市场消费现状

自 1988 年实施“菜篮子”工程以来，北京市“菜篮子”产品产量稳定增长、品种日益丰富、质量不断提高，市场布局逐步合理、运行日渐规范，基本满足了城乡居民对“菜篮子”产品日益提高的消费需求。一是猪肉需求量逐年增加。2016 年比 2011 年全市猪肉需求量年均增长 4.31 个百分点，2017 年受常住人口负增长影响，猪肉需求略有下降。二是猪肉自给率不断下滑。受畜禽养殖业布局优化和结构调整影响，北京市猪肉自给率由

① 资料来源：《北京市畜禽屠宰行业供给侧改革调研报告》（统计数据为 2015 年情况）。

2011 年的 43% 下降到 2017 年的 32%，年均下降 1.57 个百分点（表 11－5）。三是质量安全水平稳步提高。根据农业部监测结果显示，北京市“菜篮子”生产基地抽检合格率明显高于批发市场、农贸市场、超市以及全国平均水平；从 2005 年起北京市自产畜禽产品瘦肉精等主要药残抽检合格率保持 100%；在全国 37 个被监测城市中，北京市畜禽产品质量安全水平处于全国前列①。

表 11－5　　2011～2017 年北京市猪肉需求量及自给率

年份	2011	2012	2013	2014	2015	2016	2017
年消费量（万吨）	56.53	57.93	59.22	60.26	60.79	60.84	60.78
年生产量（万吨）	24.21	23.94	24.63	24.01	22.48	21.84	19.22
自给率（%）	43	41	42	40	37	36	32

注：“自给率”指本市生产的“菜篮子”产品在市场上的供应量占日常消费需求总量的百分数。年消费量根据北京市农业农村局提供数据（人均消费 28 公斤/年）和北京市国民经济和社会发展统计公报中的常住人口数计算。

四、新型农业经营主体现状

（一）养殖企业（公司）

2017 年登记备案的 467 个生猪养殖场（小区）中，养殖企业（公司）59 个，比 2016 年减少 25 个，养殖企业（公司）占登记备案的生猪养殖场（小区）的比重为 12.63%，比 2016 年增加 2 个百分点，养殖企业（公司）平均养殖规模为 4308 头，比 2016 年下降 19.7%。其中，养殖规模 1000 头以下、1000～5000 头、5000 头以上的企业分别占比 8.47%、71.19% 和 20.34%，分别比 2016 年变化－7.0、0.95 和 6.05 个百分点②，大型规模养殖企业（公司）占比明显提高。

（二）合作社

2017 年登记备案的 467 个生猪养殖场（小区）中，养殖合作社 25 个，比 2016 年减少 14 个，养殖合作社占登记备案生猪养殖场（小区）的比重为 5.35%，比 2016 年略高 0.41 个百分点，平均养殖规模为 1586 头，比 2016 年提高 28.89%。其中，养殖规模 1000 头以下、1000～5000 头、5000 头以上的合作社数量分别占合作社总数的比重为 52%、40% 和 8%，分别比 2016 年提高 5.8、－13.8 和 8 个百分点③。

五、成本收益及其产业支持政策实施效果

（一）成本收益

1. 饲料转化率。受资源环境双重约束，生猪养殖成本快速上涨，尽管饲料转化率还

① 根据《北京市畜禽屠宰行业供给侧改革调研报告》整理。

② 根据 2016 年和 2017 年北京市畜禽养殖场（小区）备案登记表整理。

③ 根据 2016 年和 2017 年北京市畜禽养殖场（小区）备案登记表整理。

有微弱优势，但成本效益劣势地位明显（见图 11－4）。2016 年全市中规模生猪养殖饲料转化率为 2.85，较 2015 年、2011 年分别下降 0.15 和 0.46，低于全国平均水平（3.06）和天津（3.11）及河北（2.86）；大规模生猪养殖饲料转化率为 3.12，较 2015 年上升 0.05、比 2011 年下降 0.37，高于全国平均水平（3.04）和天津（3.11）及河北（2.84）。

2. 成本利润率。2016 年全市中规模生猪成本利润率为 17.58%，较 2015 年上升 6.62 个百分点、比 2011 年下降 7.14 个百分点，分别低于全国平均水平、天津和河北 5.55、3.7 和 3.09 个百分点；大规模生猪养殖成本利润率为 14.26%，较 2015 年上升 11.79 个百分点、比 2011 年下降 2.52 个百分点，分别低于全国平均水平、天津和河北 10.91、5.11 和 11.03 个百分点（见图 11－4）。

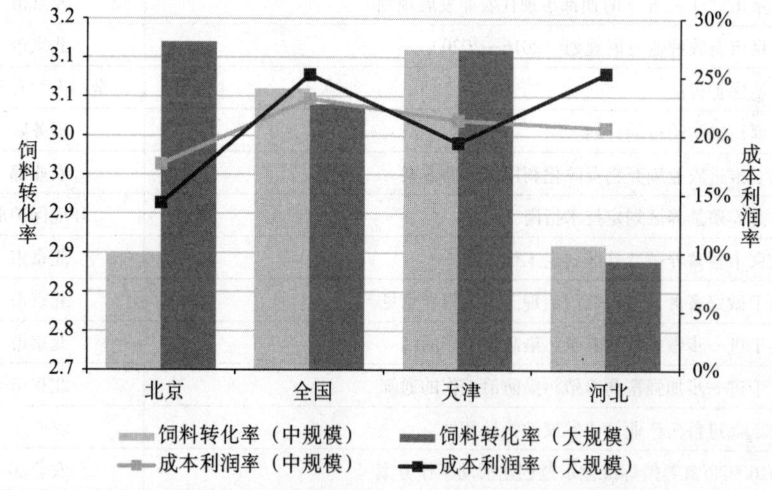

图 11－4　2017 年北京市生猪养殖效率与其他地区之比较

资料来源：《全国农产品成本收益资料汇编（2017）》。

2016 年，北京市饲料工业总产值约 138 亿元，同比增长 16.1%；总营业收入约 145 亿元，同比增长 9.9%。饲料产品总产量约 262 万吨，同比减少 4.1%，配合饲料、浓缩饲料、添加剂预混合饲料产量比为 62:13:25。饲料工业总出口额比 2015 年有所增长，饲料产品出口量增加，饲料添加剂出口量减少①。2016 年度上报信息的 218 家饲料企业职工总数 8631 人，同比减少 1.9%，大专以上学历占比为 51.1%，博士、硕士等高学历人才数量增加明显，特有工种人员占比为 7.8%②。

（二）重点产业政策

截至 2017 年年底，北京市发布的生猪产业政策大体可以分为支持性政策和限制或约束性政策，包括相关法律和法规、规划、措施和手段等。由于产业政策的颁布实施从国

① 根据北京市农业农村局信息整理，http://www.bjny.gov.cn/nyj/231595/611703/616324/5855327/index.html。

② 根据北京市农业农村局信息整理，http://www.bjny.gov.cn/nyj/231595/611703/616324/5855327/index.html。

家、部门、市局到各区乃至行业都有涉及，政策类型多样，有效期限不等，一一列举也难全面，因此本报告结合目前生猪产业发展实际，从综合、资源环境、效率效益、质量安全等四个方面进行总结，主要就2016～2017年国家和北京市层级比较重要的现行生猪产业代表性的政策进行梳理（见表11－6）。

表11－6　代表性生猪产业政策

类别	名称	颁布/实施单位（时间）
综合	全国农业现代化规划（2016—2020）	国务院（2016）
	全国生猪生产发展规划（2016—2020）	农业部（2016）
	畜牧业绿色发展示范县创建	农业部（2016）
	北京市“十三五”时期都市现代农业发展规划	北京市（2016）
	北京市畜牧种业发展规划（2016—2020）	北京市（2016）
资源环境	环境保护税法	全国人大常委会（2016）
	土壤污染防治行动计划	国务院（2016）
	关于推进农业废弃物资源化利用试点的方案	农业部（2016）
	畜禽养殖禁养区划定技术指南	环境保护部（2016）
	北京市畜禽养殖禁养区划定工作方案	北京市（2016）
	关于做好畜禽养殖场粪污治理工作的指导意见	北京市（2017）
	关于进一步做好畜禽养殖污染防治工作的函	北京市（2017）
	关于进一步加强畜禽养殖污染防治工作的通知	北京市（2017）
效率效益	关于促进兽药产业健康发展的指导意见	农业部（2016）
	2016年畜禽养殖标准化示范创建活动工作方案	农业部（2016）
	国家口蹄疫防治计划（2016—2020年）	农业部（2016）
质量安全	关于加快推进农产品质量安全追溯体系建设的意见	农业部（2016）
	农业部办公厅关于印发《2016年生猪屠宰监管“扫雷行动”实施方案》的通知	农业部（2016）
	农业部关于加强2016年农产品质量安全执法监管工作的通知	农业部（2016）
	2016年北京市生猪屠宰监管“扫雷行动”实施方案	北京市（2016）
	北京市加快推进重要产品追溯体系建设实施方案	北京市（2016）
	北京市畜禽产品食品安全监督管理暂行办法	北京市（2016）
	北京市农业局关于下达2017年北京市动物及动物产品兽药残留监控计划的通知	北京市（2017）
	北京市农业局关于下达2017年北京市兽药质量监督抽检计划的通知	北京市（2017）
	北京市创建“国家农产品质量安全市”实施方案	北京市（2017）

资料来源：相关政府部门网站。

（三）社会化服务概况

北京市生猪产业依托生猪产业技术体系北京市创新团队，联合中国农业科学院和北京农林科学院等科研院所、中国农业大学和北京农学院等大专院校的科研人才资源，整合畜牧总站、动物疫病预防控制中心、兽药监察所、饲料监察所、动物卫生监督所、畜牧业环境监测站、家畜繁育改良站、乡镇畜牧兽医站、畜牧技术推广站等畜牧技术机构的技术力量，购买浩邦、中顺景盛、新华保险公司等企业社会化服务以及培育相关合作社、协会等主体，构建起了“政府—院校—企业—协会”多方参与的完整社会化服务平台，有力推动了全产业链上的技术研究与实用技术推广，提升了产业科技创新能力与技术水平。

2016 年全市拥有 1 个市级和 14 个区级畜牧站，在编人员分别为 69 人和 515 人，拥有中高级技术职称的人员比例分别为 71.01%、25.44%，本科及以上学历比例分别为 78.26%、52.04%；128 个乡镇畜牧兽医站中，837 人在编，拥有中高级技术职称的人员比例为 26.76%。与 2015 年情况基本持平，较 2011 年，总体上机构数量和在编人员数量下降，中高级职称比例和本科及以上学历比例上升（见表 11－7）。

表 11－7　　　　北京市畜牧站变化情况

年份	市级畜牧站				区级畜牧站				乡镇畜牧兽医站		
	数量	在编人员	中高级职称比例	本科及以上学历比例	数量	在编人员	中高级职称比例	本科及以上学历比例	数量	在编人员	中高级职称比例
2011	1	99	39.39%	61.62%	15	506	20.16%	39.92%	137	907	22.49%
2015	1	66	69.70%	78.79%	14	507	30.18%	54.24%	128	848	26.30%
2016	1	69	71.01%	78.26%	14	515	25.44%	52.04%	128	837	26.76%

资料来源：《中国畜牧兽医年鉴》（2012～2017 年）。

（四）产业政策效果

1. 综合产业政策效果。一是积极推进生猪产业转移。北京市与天津、河北兽医行政主管部门探索首都畜禽产品质量安全保障机制，联合制定并印发了《京津冀生猪屠宰专项整治行动实施方案》，完善了《京津冀畜禽屠宰监管工作联席会议章程》，初步实现了京津冀“区域互查”“检打联动”“案件协办”。截至 2016 年年初，全市 9 家定点生猪屠宰企业建立外埠猪场 498 个，外埠合作基地 30 个，其中河北成为外埠生猪主要来源，外埠合作基地年出栏 60 万头[①]，有效促进了产业疏解和首都市场畜产品安全供应的有机结合，主要“菜篮子”农产品应急保障能力提高 5～6 个百分点。二是生猪育种水平不断提高。截至 2013 年年底，北京已建成生猪、奶牛、蛋鸡、肉鸡和肉鸭五大畜禽良种繁育体系。其中，种猪场 67 个，饲养成年种猪 5 万头，年供种能力 40 万头，纯种猪供种能力 10.22 万头，占全国市场的 17%[②]。2017 年新增种猪个体登记头数 23.38 万头，累计达 323.65

① 根据《京郊日报》2016 年 1 月 20 日报道《本市畜禽养殖量有序下降》整理：http：//jjrb. bjd. com. cn/html/2016－01/20/content_ 346341. htm。

② 根据《北京市畜牧种业发展规划（2016—2020）》整理。

万头①。

2. 质量安全产业政策效果。一是畜禽产品质量安全稳居较高水平。自“扫雷行动”开展以来，2016 年市区两级共出动执法人员 2319 人次，组织执法活动 795 次，开展联合执法 34 次，排查各类场所 667 个次，共查处案件 27 起，罚没款 46. 63 万元，依法取缔私屠滥宰窝点 18 个，查获违规动物 131 只，动物产品 20 吨，没收和捣毁屠宰工具 550 余件，做到了违法违规行为 100% 查处。全市屠宰环节官方抽检样品 17. 54 万份 52. 62 万项次，监督厂方自检样品 58. 97 万份 176. 91 万项次，全面保障了首都上市畜禽产品瘦肉精等主要药残抽检合格率保持 100%。② 二是畜禽产品追溯体系初步建成。北京市农业局联合北京中瑞食品有限公司和北京燕都利民屠宰有限公司 2 家生猪屠宰企业，在大兴区和房山区 5 个进京公路防检站，与 50 个生猪经纪人，开展从生猪养殖到屠宰全链条备案监管信息系统示范建设项目，利用物联网、云计算、大数据等现代信息化技术，加强从养殖到屠宰各环节风险关键点管控，实现来源可追溯、去向可查证、责任可追究的管理体系。

3. 资源环境产业政策效果。一是基本完成禁养区关停、搬迁工作。2017 年，全市无新建标准化养殖场（小区），完成畜禽养殖禁养区划定、禁养区内养殖场关停、搬迁工作。登记备案的生猪养殖场（小区）减少至 581 个。二是畜禽粪污治理和资源化利用处于全国领先地位。通过政府引导、自筹的方式建设、改造升级粪污收集、贮存、处理、利用配套设施，形成了政府购买服务型、企业主导型、区域自销型 3 种主要畜禽养殖废弃物资源化利用模式。截至 2017 年年底，全市已经实施粪污治理工程的规模养殖场共计 1609 家（见表 11 -8），粪污治理设施装备配套率达到 95. 27%。其中，1260 家规模养殖场由政府引导完成，349 家自行完成，全市还有 58 家规模养殖场未配套粪污处理设施装备（见表 11 -9）。2017 年，完成 100 家规模化养殖场粪便治理和资源化利用，粪污综合利用率为 74. 69%，位居全国前列。

表 11 -8　　2003 ~2016 年全市政府引导规模养殖场粪污治理情况

年份	项目类型	治理数量（家）
2003 ~2008	环保局试验示范和排污费使用项目	83
2007 ~2009	新农村建设和“三起来”工程建设项目	525
2012 ~2014	规模化养殖场（小区）污染治理项目	324
2009 ~2015	北运河流域水系农业面源污染防治项目	128
2016	畜禽养殖废弃物资源化利用项目	100
2017	畜禽养殖废弃物资源化利用项目	100
合计		1260

资料来源：北京市农业农村局提供《北京市畜禽养殖分布及粪污治理情况》。

① 根据北京市农业农村局种猪遗传评估信息整理，http：//nyj. beijing. gov. cn/nyj/232120/233040/5967980/index. html。

② 根据《2016 年度北京市畜禽屠宰工作总结》整理。

表 11-9　　2017 年全市规模养殖场粪污治理设施装备配套情况统计表

区域	规模养殖场数量（家）	已配备粪污治理设施装备规模养殖场数量（家）	未配备粪污治理设施装备规模养殖场数量（家）	粪污治理设施装备配套率（%）
门头沟	9	9	0	100
房　山	143	122	21	85.31
通　州	118	118	0	100
顺　义	105	100	5	95.24
昌　平	46	44	2	95.65
大　兴	66	63	3	95.45
怀　柔	12	12	0	100
平　谷	440	440	0	100
密　云	209	203	6	97.13
延　庆	75	54	21	72
海　淀	3	3	0	100.00
全　市	1226	1168	58	95.27

资料来源：北京市农业农村局提供《北京市畜禽养殖分布及粪污治理情况》。

4. 养殖户视角的产业政策评价。众多的产业政策归根结底要落到养殖者行为上。为全面了解国家生猪产业政策的实施效果，本报告以团队 2018 年完成的 2017 年调研数据为例，从养殖场户这一微观生产主体出发，分析其对产业政策的评价。由表 11-10 显示，听说过强制免疫疫苗、养殖保险、病死猪无害化处理补贴三项政策的养殖场户最多，分别达到 88.16%、84.21%、69.74%。同时，养殖场户接受过最多的产业政策也是强制免疫疫苗、养殖保险、病死猪无害化处理补贴这三项。在接受过政策支持的养殖场户中，对所有政策的满意度都超过 66.67%（比较满意和非常满意之和），其中强制免疫疫苗、养殖保险、目标价格保险补贴的满意度最高，分别达到 94.12%、93.75%、85.71%。面对生猪生产，养殖场户最需要的三项产业政策是养殖保险（90.79%）、病死猪无害化处理补贴（86.84%）、标准化规模养殖场补贴（84.21%）。总体上，养殖场户对生猪产业政策满意度较高、需求度较大，但部分推行较好的产业政策在养殖户层面宣传不够。

表 11-10　　生猪产业政策评价

	听说过	接受过	满意度	需求度
良种精液补贴	34.21%	21.05%	66.67%	13.16%
强制免疫疫苗	88.16%	77.63%	94.12%	60.53%
养殖保险	84.21%	61.84%	93.75%	90.79%
病死猪无害化处理补贴	69.74%	55.26%	68.00%	86.84%
标准化规模养殖场补贴	59.21%	30.26%	73.12%	84.21%
目标价格保险补贴	53.95%	26.32%	85.71%	77.63%

资料来源：团队对平谷、房山、顺义 3 区调研数据整理（76 个样本）。

第二节　生猪产业发展中创新团队的技术支撑作用

一、团队基本情况

（一）创新团队功能定位及其建设任务

1. 功能定位。团队坚持创新、绿色、协调发展理念，以种猪生产为主要创新领域，以环保、高效、安全为目标，研发、筛选、集成、推广节水减排技术、循环低碳技术、提质增效技术、生物安全技术，最终构建可促进生猪产业素质提升的技术支撑体系。发挥科技创新和示范推广的辐射带动作用，分阶段、分层次实现环境友好度高、生产成本低、产品质量佳、盈利水平高的北京生猪生产模式。

2. 建设任务。团队“十三五”规划纲要的主要目标是初步建立可持续促进生猪产业实现环保、高效和安全发展模式的技术支撑体系。团队采取项目型复合组织管理模式，组建环保、高效、安全3个攻关协作组，进一步整合团队力量，目标更加明确。

（1）环保任务。以环境保护与改善为目标，开展节能减排、循环经济等低碳技术筛选、研发、集成、示范、推广。

（2）高效任务。以提高生产效率、经济效益为目标，开展提高母猪年生产力、劳动生产率和饲料转化率等节本增效等技术的筛选、研发、集成、示范、推广。

（3）安全任务。以畜产品安全为目标，开展从农场到餐桌的一系列生产与产品安全保障技术的筛选、研发、集成、示范、推广。

2017年度本团队开展任务书规定的内容共114项。其中，研究项目30项，试验示范72项，推广新技术、新产品19项，覆盖规模达90余万头；共组织开展产业发展与需求调研159次，调研范围涉及产业优势与调整、废弃物治理、养殖效率、可追溯体系、产业政策、发展方向等，涉及人员3744人次，覆盖9个郊区、54个乡镇、120个村、340个养殖场户、430个种植户、8个城区和郊区的632个消费者、4个批发市场的230个猪肉经销商等。整体上，超额完成了任务书所计划的任务。

（二）创新团队组成架构

生猪产业技术体系北京市创新团队组建于2009年4月。团队由3个层级构成，设置功能研究室5个，综合试验站9个，农民田间学校工作站17个，专业涵盖生猪产业链的各个环节。8年多来，团队采取项目型复合组织管理模式，推行用制度管人、管事、管钱。经过团队的协同攻关，圆满完成了任务书规定的各项工作任务，形成了强有力的团队协作精神、优良的团队作风、高效的工作方式。为更好地完成团队“十三五”规划攻关任务和强化团队竞争机制，2017 年，共聘任 45 名团队成员。其中：首席专家 1 名、岗位专家 18 名、综合试验站站长 9 名、农民田间学校工作站站长 17 名，新增岗位专家 2 位、新增综合试验站 3 个。

（三）创新团队作用与交流机制

团队机构健全、分工明确、管理规范，形成一套完整的团队理念。2017 年，团队研发设计一系列物化产品，如专业著作、科普读物、技术产品、宣传材料、示范场牌匾等，凭借 LOGO 基础，彰显团队元素，提升团队形象。团队坚持项目绩效管理理念，利用 PMP 管理办法，针对成员工作开展情况，进行进度绩效（SPI）、成本绩效（CPI）和质量绩效（QPI）三个方面的测算，在保证考核结果客观性、全面性的前提下，拉开了差距，比较真实地反映各位成员的年度工作效果。团队积极参加各领域论坛及峰会，扩大团队影响力；同时，密切关注国外发展动态，时刻掌握国内发展水平，不断加强与国内外沟通交流，扩大团队影响力。

二、技术研发与主推技术

团队聚焦生猪产业“环保、高效、安全”三大攻关方向，围绕 2017 年重点任务要求，全年开展 30 项技术攻关、研发、示范、推广，取得丰硕成果。

（一）团队技术研发情况

第一，聚焦生态环保，开展技术攻关研发。主要包括污水治理关键技术试验研究、节水型饮水器研发、猪场太阳能供暖的可行性及太阳能供暖方案研究、猪舍空气源热泵供暖节能减排效果研究、减排（减氮）饲粮技术在育肥猪群上的研发、生长猪日粮蛋白质水平与大肠微生物代谢互作关系研究等。

第二，围绕高产高效，开展技术攻关研发。主要包括母猪繁殖力的遗传改良研究、分子标记辅助选择育种技术的筛选与验证、母猪定时输精技术研究、种猪自动化测定系统改进完善与定型、母猪群体合理结构的研究、生猪重大疫病（猪瘟、蓝耳病、口蹄疫、伪狂犬病）的净化研究、母猪保健技术提高健仔率研究、植物乳杆菌和苦荞黄酮及其复合物对断奶仔猪生长性能作用研究、猪场饲料检测与配方调整技术研究、枯草菌肽新兽药研究与开发、肠杆菌肽的研究与开发等。

第三，紧盯优质安全，开展技术攻关研发。主要包括酶菌复合制剂对断奶仔猪生长性能影响研究、北京市场肉品亚硝酸盐及微生物超标情况调研、低温乳化肉制品稳定体系的建立与产品开发、亚硝基血红蛋白的开发与应用、低温肉制品腐败微生物研究、黄酮醇类天然防腐剂研究等。

（二）团队主推技术情况

2017 年共开展主推技术培训，新技术培训和职业技能培训等多种形式的各层级培训和观摩121次，培训技术人员4934人次。

第一，聚焦生态环保，开展技术示范推广。主要包括污水治理关键技术试验示范、全自动干清粪技术示范与推广等。

第二，围绕高产高效，开展技术示范推广。主要包括低剂量深部输精结合缩宫素技术示范、种猪性能测定与遗传评估技术推广、仔猪脐带血检测疾病及综合防治技术示范、专用益生菌在育肥猪群的试验示范等。

第三，紧盯优质安全，开展技术示范推广。主要包括生猪养殖减抗技术示范、亚硝基血红蛋白的开发与应用、中国好猪肉平台推广和运营及维护等。

（三）团队研发成果情况

1. 团队研发成果概述。

（1）聚焦生态环保，开展技术攻关研发。第一，污水处理及循环利用关键技术试验示范。通过集成应用黑膜厌氧技术系统和携氧曝气系统，提高净化效果，经处理后COD已降低到200mg/L以下，同时大幅降低猪场污水处理的成本。第二，猪舍饮水系统节水技术研究。研制的碗式饮水器（水位自动控制）在减少用水上较鸭嘴式降低了30.72个百分点，达到理想水位控制效果。第三，全自动干清粪技术研究示范。应用全自动干清粪技术，一个万头规模猪场可通过降低污水途径减少排放COD 0.14～0.17吨、TN 0.005～0.011吨、TP 0.002～0.01吨；较水冲粪方式减排80% BOD5、88% COD、98% SS、79% TP、40% TN。第四，研究应用规模猪场无煤化取暖技术。通过比较太阳能、空气源热泵、地源热泵等取暖技术，发现应用空气源热泵供暖在北京供暖期平均温度为0.1℃时，空气源热泵系统制热能效比（COP）为2.86，相对于直接电供暖，可以节能减排65%。

（2）围绕高产高效，开展技术攻关研发。第一，分子标记辅助选择育种技术的筛选与验证。通过应用全基因组关联分析及基因信息挖掘技术，针对总产仔数性状，共确定BHLHA15、OCM2、IL1B2、GCK及SMAD2等5个重要的功能基因作为与繁殖相关的候选基因；针对产活仔数性状，确定IL1B2、GCK及HABP2等3个基因为产活仔数的候选基因。第二，母猪繁殖力科学评定方法研究。在核心群中应用母猪个体综合繁殖力技术，进行母猪的繁殖能力的科学评定，对母猪繁殖力进行遗传改良，可使母猪年产窝数达到2.14窝。第三，母猪定时输精技术研究。应用经产母猪同期发情定时输精技术，经产母猪断奶7天内的配种率可提高至99%、分娩率提高至94%。第四，专用益生菌在育肥猪群上的试验示范。筛选出优势乳酸菌——猪源植物乳杆菌、副干酪乳杆菌和乳酸片球菌，制备出冻干菌粉和发酵饲料，料重比提高到2.47∶1，猪粪中有害气体（NH_3、H_2S、CO_2）含量减少31%以上。

（3）紧盯优质安全，开展技术攻关研发。第一，生猪养殖减抗技术示范应用。选取不同减抗饲料添加剂，均可以提高早期断奶仔猪的平均日增重和平均日采食量，降低料重比及显著降低仔猪的腹泻率。第二，低温乳化肉制品稳定体系的建立与产品开发。开发风味低油黑猪肉酱系列产品，得到一整套黑猪肉酱的生产工艺流程，并开发出香菇味、豆豉味与香辣味 3 种口味低油黑猪肉酱产品，产品含油量由 25% 降低至 15%。

2. 团队重要技术成果。

（1）猪场粪污处理采用全链条粪污处理利用模式。通过黑膜厌氧发酵、复合携氧曝气及人工湿地处理等过程，使污水达到不同排放的标准（肥水灌溉、达标排放），从而达到粪污的循环综合利用（见图 11－5）。

图 11－5　猪场粪污处理利用模式

（2）种猪自动化测定管理系统迈向新台阶。自主研发的种猪自动化测定管理系统集种猪自动称重、自动计料与自动管理于一身，完成中等规模测试，符合未来畜牧业机械化、自动化和信息化的发展方向，已经基本定型，达到国内领先水平（见图 11－6）。

图 11－6　种猪自动化测定管理系统

（3）新兽药开发取得新进展。“枯草菌肽 Sublancin”和“肠杆菌肽 MccJ25”双双进入国家一类新兽药的评价阶段。其中，前者已通过初评（见图 11－7）。

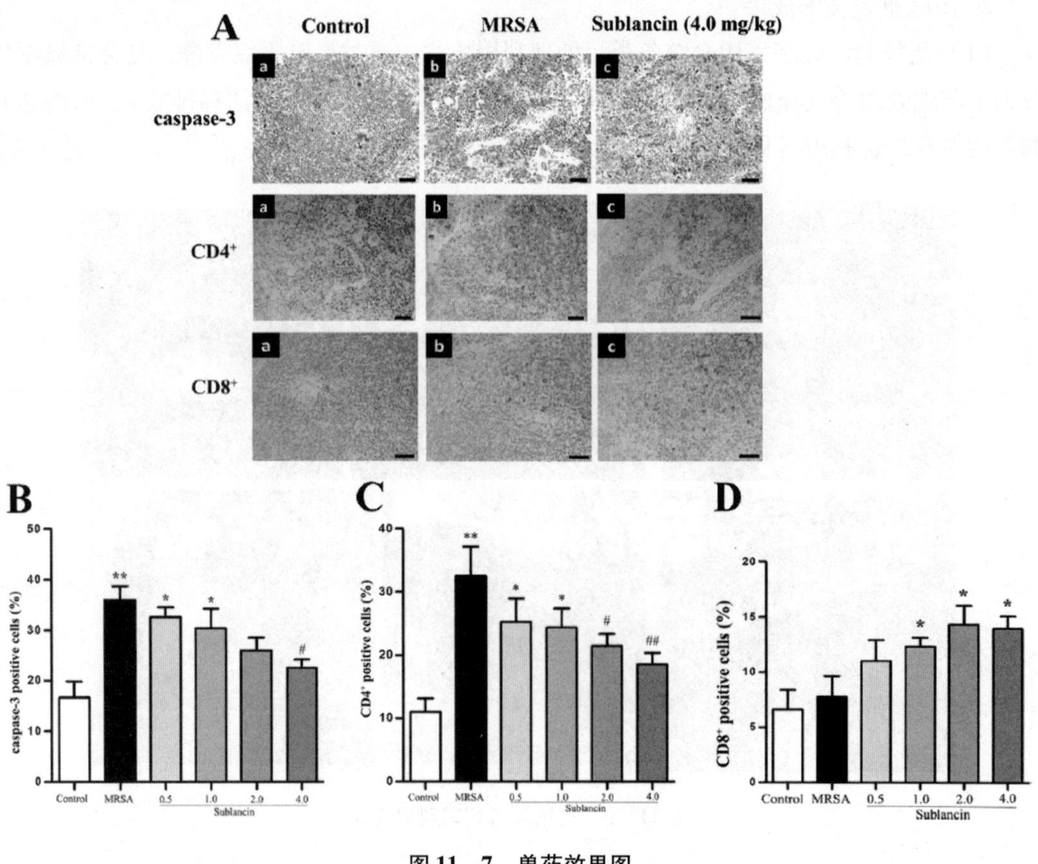

图 11－7　兽药效果图

（4）应用全基因组选择育种新技术。团队采用先进的全基因组选择育种新技术，可以大大减少种猪选育对测定数量的要求，有助于进一步提高选种的准确率，加快世代选育进展，不断提高北京生猪核心种源水平，加快北京种业之都的建设。

三、技术示范推广效益

（一）经济效益

2017 年，团队聚焦生态环保、围绕高产高效、紧盯优质安全，开展各类技术示范与推广工作，包括节水减排、循环低碳技术，提质增效生产技术，生物安全技术的示范与推广工作，推广规模达 90 余万头，实现经济效益 4720.79 万元。团队采用专题座谈、技术观摩、入户指导等多种方式多层面多角度与养殖企业进行技术交流，2017 年积极开展各种培训、观摩等活动 121 次，累计达 4934 人次。团队试验示范点单位产量提升 5% 以上，带动示范点农民年增收 10% 以上。

团队自主研发的种猪自动化测定管理系统完成中等规模测试，基本定型，达到国内领先水平。种猪自动化测定管理系统是集种猪自动称重、自动计料与自动管理于一身，能有效解决制约联合育种的“瓶颈”——测定效率低、测定数据不准确问题，同时能有效降低劳动成本，符合未来畜牧业机械化、自动化和信息化的发展方向，由劳动密集型养猪向技术密集型养猪发展。

（二）生态效益

1. 全链条粪污处理循环利用技术取得新成效。采用“源头减量、过程控制、末端利用”的全链条粪污处理利用模式，通过黑膜厌氧发酵、复合携氧曝气及人工湿地处理等系列技术措施，使处理后的废水 COD 降到 400 mg/L 以下，达到肥水灌溉和场内自用的要求，实现粪污循环综合利用。

2. 节水技术取得新进展。研发示范节水型饮水器，改进保育猪用饮水器，减低饮水器中水位，减少饮水浪费，示范安装 20 套达到理想水位控制效果。以 4 个综合试验站站和 6 个田间学校工作站为依托开展节水专题系列技术指导，培训 300 多人。节水型饮水器能大幅降低“跑冒滴漏”、改善猪舍环境、减少粪污含水量、减轻粪污处理难度。

（三）社会效益

1. 团队影响力和知名度不断提升。一是对外交流活动日益活跃。在国际交流方面，与美、法、日等 6 国养猪行业开展国际技术交流 8 次。在国内交流方面，开展国内外交流 67 次。团队支持成功举办第 11 届全国猪人工授精关键技术研讨会；团队支持的“猪场之旅”活动走遍 27 个省，与 18 个地方生猪创新团队建立良好联系；团队支持协办“2017 年京津冀现代农业产业技术体系生猪创新团队工作交流会”，进一步加深了解、促进交流与合作。二是媒体关注度不断增强。团队组织宣传活动 163 次，被电视台报道 12 次、电台报道 2 次、报纸报道 15 次、网络报道 76 次、自媒体报道 534 次，团队的影响力和知名度得到显著提高。

2. 产业咨询服务得到政府部门的认可。2017 年，团队完成研究报告《基于经济与生态耦合的畜禽养殖废弃物治理行为及机制研究》和政策建议报告《改进我国畜禽养殖废弃物治理行为、机制与政策研究》，提交给农业部办公厅并得到领导认可；完成参政议政提案《改进我国畜禽养殖废弃物治理行为及机制的政策建议》提交给九三学社中央参政议政部。

3. 团队科技成果转化成效显著。2017 年，团队发表论文 63 篇（其中 SCI 论文 14 篇），申报专利 23 项，获得专利 14 项，出版论著 7 部；科技成果转化新产品 19 项（如母猪功能性添加剂、仿生携氧剂、生态调水剂、固态罐发酵豆粕工艺等），对生猪产业乃至畜牧业技术提升起到积极推动作用。

四、团队对产业的支撑作用

团队以产业生态环保、高产高效、优质安全为目标，从以下几个方面对产业发展起到支撑作用。

（一）以需求调研为基础，明确产业发展问题和攻关方向

团队通过调研策划、工作准备、人员培训、产业调查（概查和专题调查）、产业分析汇总等一系列过程，全面调研北京市生猪产业发展需求，对发现产业发展中的问题，立即探讨解决问题方案。

（二）多渠道、多形式开展培训工作，推动科技进步，实现科技兴农

团队统筹部署，开展主推技术、新技术和职业技能等多种形式的培训，各级成员根据产业需求，采用专题座谈、技术观摩、入户指导等多种方式多层面多角度与养殖场户进行技术交流。通过各种类型技术培训，养殖场户的生产经营理念已经发生很大转变。

（三）扩大团队影响力，积极开展对外宣传和国内外交流工作

团队积极参加各领域论坛及峰会，在大会上作专题报告并得到业内外人士的高度认可，扩大团队影响力。团队还以灵活多样的方式开展全方位、多角度、深层次的宣传工作，广泛报道团队试验示范和服务农民的成果。密切关注国内外发展动态，不断加强与国内外沟通交流。

（四）以环保、安全和高效为目标，推进规模化养殖场绿色可持续发展

团队以环保、安全和高效为目标，推进产业品牌化、养殖规模化发展，从饲料营养、饲养环境等方面，使养殖场向节水、节能、节饲料、高效能、低排放的绿色养殖模式转变，减少能源消耗和环境污染，整体提高经济、社会、生态效益。

（五）实行项目型组织管理模式，优化绩效管理评价方式

团队采取项目型复合组织管理模式，组建环保、高效、安全三个攻关协作组，整合团队力量，使得团队工作方向与产业发展目标趋于一致。在实现成本绩效指数（CPI）和进度绩效指数（SPI）评价后，继续深入推进质量绩效指数（QPI）评价，进一步提升了团队绩效管理水平。

第三节　生猪产业典型案例分析

一、北京万全恒瑞牧业有限公司

位于北京市通州区漷县镇北堤寺村的北京万全恒瑞牧业有限公司（以下简称万全恒

瑞)① 建设于1996年7月，是一家主要从事生猪养殖的私营企业。万全恒瑞养殖场占地50亩（猪场20亩、果园和菜园等30亩）。猪场总建筑面积7000平方米（猪舍5500平方米、办公及辅助设施1500平方米），总投资600万元；设计生产能力为日常存栏3000头（基础母猪300头、年出栏商品猪5000头）。万全恒瑞2009年就是北京市生猪产业创新团队的农民田间学校工作站依托单位（见图11－8、图11－9）。

图11－8　北京万全恒瑞牧业有限公司

图11－9　“漷县”猪肉品牌营销设计图

（一）通过田间学校和合作社带动农民提质增效

2006年起万全恒瑞承办北京市农业局生猪农民田间学校项目，培训学员覆盖漷县、永乐店、张家湾、于家务等乡镇20个自然村，累计培训600多学时、6000多人次。2009年起作为北京市生猪产业创新团队生猪农民田间学校工作站依托单位，围绕生猪产业发展需求、农民生产问题等，积极开展新技术和新产品的试验、示范及推广，培养了一批有文化、懂技术、会经营的农村实用人才，对提高受训农民的综合素质和增收能力贡献显著。2007年由万全恒瑞牵头，组建全国第一个以农民田间学校学员为基础的养猪农民专业合作社——北京万全互联生猪专业合作社。合作社成立初期的成员有150余户，饲养母猪1000

① 根据万全恒瑞公司提供资料整理。

多头，年出栏商品猪15000余头，还辐射带动周边200多养猪户。合作社统一组织采购、供应成员所需的生产资料，组织收购、销售成员生产的生猪，带领养殖场户节本增效方面的成效显著。

（二）通过标准化养殖提高经营效益

万全恒瑞2005年获无公害农产品“产地”“产品”认证，2006年被认定为“农业标准化”生产基地，2010年获“花园式单位”荣誉称号，2011年被认定为“北京市菜篮子工程农业标准化”生产基地。万全恒瑞严格按照标准化基地建设要求，不断健全完善各项规章制度，还建立包括生产技术标准、管理标准和工作标准等符合“示范基地”要求的企业标准体系，形成具有较强指导作用、管理制度及相关责任到位的标准体系文件，实现养猪生产全过程标准化。例如：实行六段式饲养工艺，以周为生产节律，实行工厂化流水作业均衡生产和出栏生猪，不仅占地少和猪舍利用率高，也提高了投入产出比；关键饲养阶段采用先进设备，为生猪创造舒适环境条件，包括妊娠母猪的高床网上限喂饲养、泌乳母猪的网上高床产仔、断奶仔猪的高床网上培育，提高了妊娠母猪分娩率和仔猪成活率。万全恒瑞通过实施严格规范的标准化养殖工艺和现代化技术措施，在提高生猪养殖效率的基础上获得经济效益提升。

（三）探索产业化经营延长产业链创新经营模式

2011年万全恒瑞（养殖基地）联合万全互联生猪专业合作社（农民合作组织），成立北京田野牧歌科技发展有限公司，实行“公司+基地+合作社”的组织形式，以及“养、加、销”的产业化发展模式，延长生猪养殖产业链，建立起与现代农业相适应的产业化经营模式，实现农民增收、企业增效。“公司+基地+合作社”的“养、加、销”模式，将基地、合作社成员只管养猪不管生猪及猪肉流通的传统经营方式转变为专业化、标准化、组织化、信息化相结合的新型产业化经营体系，并创建“潮县”品牌猪肉。“潮县”品牌猪肉通过种猪选育、饲料选择、健康养殖等环节的全程品质量化管理等，实现猪肉从牧场到餐桌的全程可追溯。“潮县”品牌猪肉包括精细分割冷冻黑猪肉、原香猪肉等小规格、真空包装系列产品30多个，通过企事业单位直销、联营店（超市）、农社对接（社区会员）、与生鲜电商平台合作、开办微商城等渠道，开发销售终端和会员用户，打造线上、线下相结合的营销模式，年实现销售额1000多万元。万全恒瑞发起和运营的“公司+基地+合作社”的“养、加、销”模式，通过发展京郊特色品牌猪肉适应北京消费者不断增长的差异化需求，突破生猪养殖环节延长产业链经营，在探索中不断成长壮大，是京郊养殖场户发展路径选择的成功尝试。

（四）实施循环农业推进种养结合发展特色生猪养殖

万全恒瑞积极争取政府财政支持应对资源环境约束，已经建设雨水收集系统、粪污无害化处理系统、病死猪无害化处理系统，使所有养殖废弃物全部通过无害化处理后施用在自有果园和菜园等，基本实现种养结合的养猪养殖生产循环经济模式。随着城乡居民生活水平不断提高，尤其大城市居民对猪肉品质、风味的要求越来越高，如果能成功进行黑猪、藏香猪等特色生猪养殖经营，能通过适应市场需求提高养猪的经济效益。因此，万全恒瑞引进特色黑猪和藏香猪饲养经营，特色黑猪和藏香猪的饲养期长、肌间脂肪丰富、肉香独特，上市之后已经受到城乡居民的青睐。

二、北京绿色园野养殖有限公司

位于北京市平谷区兴谷街道中胡家务村的北京绿色园野养殖有限公司（以下简称绿色园野）[①] 建于2008年3月，占地面积80亩，其中猪场占地37亩、果园占地43亩（苹果树600棵、栗子树400棵、桃树500棵、核桃树100棵），周边可用于消纳养殖废弃物的果园和设施菜地等460亩、湿地560平方米。养殖场设计规模为500头基础母猪，受2017年生猪价格低迷影响基础母猪存栏260头，总存栏近3000头。养殖场共有员工18人，其中专业技术人员3人。绿色园野2011年被认定为“生猪标准化生产建设示范场”，2012年被评为“北京市菜篮子工程优级标准化生产基地”，2014年获无公害农产品“产地”认证，2017年被认定为“种养循环示范点”。绿色园野2017年起被选定为北京市生猪产业创新团队、岗位专家秦泽荣博士以及平谷区综合试验站的养殖废弃物治理项目的示范场（见图11－10）。

图11－10　团队成员和前来考察学习者在北京绿色园野养殖有限公司合影留念

（一）支持团队项目研发试验为项目成功奠定基础

绿色园野2017年起成为北京市生猪产业创新团队新增岗位专家秦泽荣博士承担的生猪养殖废弃物无害化处理与资源化利用技术研发、试验、示范和推广的项目基地，绿色园

① 根据团队首席办、秦泽荣博士和北京绿色园野养殖有限公司提供资料整理。

野安排专业技术人员及相关人员积极配合养殖废弃物治理项目的各项具体工作，为项目顺利实施和取得突破性成果奠定基础。2017 年以来随着项目研发、试验、示范的成功和表现出的广泛应用推广价值，使绿色园野受到北京生猪产业界等社会各界的广泛关注。

（二）养殖废弃物治理项目的目标和实施情况

1. 项目实施背景。在北京郊区乃至全国种养业分离的现实背景下，养殖场自身没有足够的废弃物消纳用地，使得经济、可行的种养结合型养殖废弃物资源化利用路径面临巨大挑战。正是在这样的现实需求下北京市生猪产业创新团队在绿色园野实施养殖废弃物治理研发项目得到了快速推进。

2. 项目预期目标。该项目的总目标是利用自主研发专利技术解决养殖场粪污处理技术难题并使其变废为宝，在尽可能降低污水处理成本的同时，还能通过养殖废弃物的资源转化、污水的净化带来一定的经济效益，探索破解生猪养殖过程中对环境所造成的污染难题，推动资源节约型、环境友好型种养结合农业模式的建立。通过该项目的实施，直接的经济效益将表现为污水处理费用显著降低，从而节约养殖场污水处理成本；粪便等资源循环带来的有机肥、湿地处理后的废水及种植的植物都可显著增加经济效益；养殖场臭气会显著减少，废弃物无害化处理，能显著改善养殖场景观。

3. 项目实施原理。该项目以自有专利——生态携氧曝气材料为基础开发出特有的一体化生物倍增携氧曝气污水处理技术。该技术利用同时硝化反硝化原理，通过控制运行方式驯化出所需的高效优势菌种，增加污泥浓度，保持污水中较低溶解氧，创造出同时硝化反硝化微环境，提高污水处理能力和效率，在保证处理程度的同时降低成本，能更好地满足出水水质指标不断提高的技术经济性和少管理、低能耗、投资省、运行可靠、污泥产量少、污泥沉降性能优越的要求。

4. 项目实施情况。该项目中养殖废弃物无害化处理与资源化利用的种养循环关键技术主要包括雨污分离和污水收集、黑膜厌氧发酵、生化曝气、生物湿地等环节。其中，生化曝气应用携氧曝气处理核心技术。猪场污水经过管道进入调节池，通过搅拌，与猪粪混合均匀后，借助真空泵进入黑膜沼气池；在黑膜中经过厌氧发酵后，依靠黑膜自有压力，自动流入携氧曝气一体化池进行处理；依靠具有自主知识产权的携氧曝气材料，以及携氧曝气一体化池的自循环系统，对污水进行高效的有氧发酵；之后将处理的污水导流到植物复合湿地，进行进一步的脱氮和去除悬浮物，最后处理后的污水用于灌溉果园。对猪粪的处理分别是直接发酵生产有机肥、处理后养殖蚯蚓和厌氧发酵生产沼肥 3 种方式。同时，通过益生菌添加技术，在饲料中添加益生菌，提高饲料报酬，提升猪群的健康程度，减少粪便黏性，降低粪便氨氮和猪场臭味，达到从源头减少污染排放的目的。

（三）养殖废弃物治理项目研发试验成功的直接效果

经过 2017 年的研发试验，在绿色园野实施的生猪养殖废弃物无害化处理与资源化利用技术获得令人满意的效果，使绿色园野收获了显著的生态效益、经济效益和社会效益。

生态效益：猪粪和污水的无害化处理和利用，减轻了环境压力，实现了污染的“零排放”；猪场臭气显著减少，生产环境明显改善，降低了环境恶化对猪场带来的潜在影响；蚊蝇滋生减少，改善了猪场员工的生活环境。

经济效益：污水处理费用显著降低，节约了大量资金；粪便等资源化循环带来的有机肥、湿地处理后的废水再利用以及种植的花卉、水果、蔬菜等均显著增加经营收入。

社会效益：该项目研发试验成功之后进入示范展示环节，让绿色园野受到社会各界的广泛关注，2018 年以来前往绿色园野参观考察、学习交流该项目实施成果的国内外各界人士络绎不绝，因而大大提高了绿色园野社会声誉和影响力。

（四）养殖废弃物治理项目研发试验成功的社会影响

随着 2018 年该项目推进研究的携氧材料研究和携氧材料促进植物定植生长研究的继续成功进展，绿色园野的工程设计、施工、调试、验收使项目正式运行，以及预期效果的很好体现（生化池水生植物成活率达到 90%、沼液调节池水生植物成活率达到 80%、提高后处理的可生化性、掩盖臭味、改善现场环境），标志着北京市生猪产业创新团队、岗位专家秦泽荣博士和平谷区综合试验站在绿色园野实施的生猪养殖废弃物无害化处理与资源化利用技术的研发试验成功。

该项目的成功运行为自身没有足够废弃物消纳用地的种养脱离型养殖场，尤其是处于北京郊区乃至北方干旱缺水地区的养殖场，找到了切实可行、经济适用且可模仿的通过种养结合解决养殖废弃物资源化利用的技术路径。因此，在绿色园野研发试验成功的项目受到社会各界的广泛关注，前来参观考察、学习交流、希望模仿建设的国内外各界人士络绎不绝。大大提高了北京市生猪产业创新团队的影响力和社会声望。

2018 年 7 月 4 日，北京市生猪产业创新团队《养殖粪污处理和资源化利用观摩交流会》在绿色园野举行，北京市农业局、北京市畜牧总站以及通州、顺义、房山、平谷农业局的主管领导和部分北京市生猪产业创新团队成员参加观摩（见图 11 - 11）。在秦泽荣博士与综合试验站孙春清站长陪同下，观摩了粪污沉淀池、黑膜厌氧池、粪污处理调节池、曝气池及生态湿地等，秦泽荣博士对项目的设计工艺、运行效果、成本预算等做了详细说明，观摩人员对该项目有了比较深入的了解，并对该项新技术的广泛应用与推广表示了期待。在政府财政资金支持下，2018 年下半年北京市生猪产业创新团队 2 个示范场［北京中农新元素养殖合作社（房山）和北京万全恒瑞牧业有限公司（通州）］、顺义区 3 家种猪场即将模仿建设。

来到绿色园野参观考察、学习交流和希望模仿建设的主要国内外相关人士还有：丹麦驻华大使馆参赞等（见图 11 - 12）；日本东京城市大学环境工程系史中超教授；山东省环境科学研究院重点实验室主任刘勃研究员等；农业农村部畜牧兽医司有关领导等；吉林敦化市白汝奎副市长等；安徽省人大和农委有关领导及重点养殖企业负责人等（见图 11 - 13）。秦泽荣博士还与河北廊坊莲韵苑湿地生态技术研究所达成合作意向，共同开展携氧材料在湿地生态方面的应用；与秦皇岛北戴河区政府达成意向，拟将携氧材料和微生态技术结合应用戴河水生态净化。

图 11－11　北京市农业局和畜牧总站及各区主管领导与团队成员实地观摩

图 11－12　丹麦驻华大使馆参赞等实地考察

图 11－13　安徽省人大和农委有关领导及重点养殖企业负责人实地考察

第四节　生猪产业发展政策建议

一、产业发展问题及其技术需求

（一）产业发展面临的主要问题

1. 环境污染治理与产业发展矛盾突出。2016 年颁布的《北京市“十三五”时期都市现代农业发展规划》要求生猪出栏调减 100 万头左右，并提出通过规模化养殖场粪污治理和健康养殖，使其粪便治理与资源化利用率达 100%，规模化养殖场全部达标排放或零排放的努力目标。随着 2016 年底北京市农村工作委员会等部门联合发布的《北京市畜禽养殖禁养区划定工作方案》出台，2017 年各郊区继续划定禁养区和限养区的同时更多畜禽养殖场被迫关闭和搬迁，畜禽存栏和出栏大幅度下降。尽管生猪养殖业依然是北京畜牧业的重要组成部分，但随着生猪产能大幅度削减，也导致环境保护与产业发展矛盾凸显。

随着消费者对安全、健康、优质、特色畜产品需求空间不断加大，消费者对北京市生猪养殖业也提出了更高的要求。不仅需要提高生猪养殖业的综合生产能力，夯实猪肉产品保障基础；还需要加强治理生猪养殖废弃物以适应生态循环农业发展要求。《全国农业可持续发展规划（2015—2030 年）》《国务院办公厅关于加快推进畜禽养殖废弃物资源化利用的意见》不仅给地方政府带来养殖废弃物治理的硬性规定，也明确了资源化治理思路。相对于其他畜禽，生猪养殖特点受环境规制影响更大。因此，亟须既能实现生态环境、经济和社会效益协调统一，又能适应生态循环农业发展要求的生猪养殖废弃物治理的资源化路径。

2. 生产效率亟待提高。北京市生猪养殖效率高于全国平均水平，但与国际先进水平还有较大差距，与全国科技创新中心的地位不符，不能充分体现引领和示范功能。同时，受日益趋紧的资源环境双重约束，北京市生猪养殖成本快速上涨，养殖效益比较劣势明显，生产效率亟待提高。

2016 年生猪养殖发达国家和地区的 PSY 指标是丹麦 32.1、荷兰 29.8、美国 25.68、欧盟平均水平 25.94，2017 年中国畜牧业协会猪业分会定点监测的规模养殖场的 PSY 低于 23、北京规模养殖场的 PSY 也低于 25。除了 PSY 指标，母猪年提供出栏生猪数量方面也存在较大差距，丹麦、荷兰分别为 30.08 和 28.39 头，美国为 23.42 头，我国全国平均水平仅为 17 头左右，北京为 21.3 头左右。根据《全国农产品成本收益资料汇编》数据计算，2016 年北京市中规模和大规模生猪养殖成本利润率分别为 17.58% 和 14.26%，低于同期全国平均水平 5.55 和 10.91 个百分点。因此，为与全国科技创新中心的地位相匹配，并充分发挥其引领和示范功能，提升产业竞争力和效益，亟须提高北京市生猪产业的生产效率。

3. 猪肉质量安全保障任重道远。北京市猪肉质量安全监管水平在全国一直处于领先地位，但猪肉质量安全隐患仍然客观存在。主要原因是，多数养猪场户自配饲料且缺乏饲料质量安全检测，饲料原料质量无法有效控制，容易诱发疾病而过量用药；为防控疫病和提高养殖效益，养猪场户不规范使用饲料添加剂和抗生素的情况仍然客观存在；生猪流通环节参与主体多，尚未实现对生猪购销和运输过程的有效监管，存在生猪疫病防控和质量安全隐患；生猪屠宰加工企业尚未建立或者尚未严格执行安全猪肉生产 HACCP 体系，猪肉及猪肉加工品存在质量安全隐患；猪肉终端市场尚未实现优质优价和生猪产业链各环节利益分配机制不完善，难以正向激励养猪场户的安全和规范养殖行为。

受生活习惯、饮食偏好的影响，猪肉还将在中国居民肉类消费中占据主导地位，而且随着经济增长和居民收入水平的不断提高，消费者在关注能否买得起和方便买到猪肉的同时，将更加关注猪肉质量安全是否有保障。猪肉质量安全问题不仅会严重损害消费者利益、挫伤消费者信心、扰乱市场秩序，也将使政府形象大打折扣。因此，从中央到地方的政策法规都在持续强调农产品质量安全保障与监管的重要性和紧迫性。

（二）产业发展的技术需求

1. 环保技术需求。只有通过不同环节环保技术集成、全方位研发及推广治理技术模式，才能促进养殖废弃物治理的彻底性和有效性，适应生态循环农业发展要求，促进北京都市现代农业持续健康发展。环保技术需求主要包括以下几方面：

（1）种养结合与循环经济节点技术。一是全程监控减量化投入、无害化处理以及资源化利用三个关键节点，保障肥料化产品质量；二是确立肥料化的农地、水源可承载能力，通过卫星遥感系统等全面了解区域内种养面积、作物品种及数量，理清不同自然环境下种植不同作物所需的肥料数量，控制超载。

（2）废弃物资源化利用技术。积极研发推广肥料化、能源化、基质化等新型资源化技术；推动成本低、利用率高、便于推行的病死猪资源化技术。

（3）节能节水技术。推动煤改电、煤改气、雨污分流、干湿分离、污水无害化处理及资源化利用等技术。

（4）清洁能源应用技术。安全推进沼气工程，选择成熟、便于运行的沼气技术模式，探索适合不同养殖规模的沼气配备运行技术。

（5）微生物系统工程。继续研发推广微生物在环保饲料、兽药研发、养殖废弃物无害化处理环节的应用，形成系统工程项目。

2. 高效技术需求。为提高北京市生猪产业生产效率，降低养殖成本提升产业效益，充分发挥其引领示范作用，亟须开展与提升母猪生产力、饲料转化率和劳动生产率等相关的节本增效技术的筛选、研发、集成、示范与推广。高效技术需求主要包括以下几方面：

（1）母猪生产力提升技术。如提升育种效率的常规和分子育种技术，提升繁殖效率的定时输精技术，以及预防仔猪腹泻、提高仔猪成活率的相关技术等。

（2）饲料转化率提升技术。如促进猪群消化吸收提高饲料利用效率的生物饲料，降低废弃物排放的低排放饲料，以及分阶段精准日粮与精细化管理技术等。

（3）劳动生产率提升技术。如引进成熟的机械化自动化设施设备、物联网大数据云计算管理技术、积极开展养猪从业者技能培训以及设备管护方面的技术培训等。

3. 安全技术需求。为保障北京市猪肉质量安全，维护消费者权益，保证北京市生猪产业健康、有序运行，亟须在生猪养殖和流通过程中、猪肉产品加工过程中开发、应用相关的安全控制技术。安全技术需求主要包括以下几方面：

（1）生产过程安全控制技术。如疫病防控和疫病净化等减少乃至摆脱某些药物添加剂技术等，替代或减少生猪养殖和生猪流通过程中的可能导致猪肉质量安全隐患的添加剂、抗生素等的替代或减量化技术等。

（2）猪肉产品安全控制技术。如控制生猪和猪肉质量安全隐患的 HACCP 体系、追溯技术等，消除或较少亚硝酸盐残留、微生物超标等化学防腐剂和有害微生物等的替代或减量化技术等。

二、产业发展趋势及其亟待解决的技术问题

（一）产业发展趋势

根据北京市农业“调、转、节”有关政策、北京“十三五”纲要、北京市“十三五”时期都市现代农业发展规划和“全国生猪生产发展规划（2016—2020 年）”部署，坚持创新、绿色、协调发展理念，以种猪生产为主要创新领域，以环保、高效、安全为目标，筛选、研发、集成、示范、推广节水减排技术、循环低碳技术、提质增效技术、生物安全技术，最终构建可促进生猪产业素质提升的技术支撑体系。发挥科技创新和示范推广的辐射带动作用，分阶段、分层次实现环境友好度高、生产成本低、产品质量佳、盈利水平高的北京生猪生产模式。

（二）亟待解决的技术问题

1. 聚焦生态环保，开展技术攻关研发。按照减量化、资源化和无害化原则，从过程减排、末端治理和循环利用 3 阶段开展技术研究，先突破单个节点技术，再实现全过程粪污治理技术贯通，粪污废水达到有效治理并实现综合利用，猪舍节能降耗。具体包括：种养结合与循环经济节点技术、废弃物资源化利用技术、节能节水技术、清洁能源应用技术、微生物系统工程技术等。

2. 围绕高产高效，开展技术攻关研发。以提高生产效率、经济效益为目标，开展提高母猪年生产力、劳动生产率和饲料转化率等节本增效技术的筛选、研发、集成、示范、

推广。

3. 紧盯优质安全，开展技术攻关研发。以畜产品安全为目标，开展从农场到餐桌的一系列生产与产品安全保障技术的筛选、研发、集成、示范、推广。具体包括生产过程安全控制技术和猪肉产品安全控制技术。

三、主要政策建议

（一）适应资源环境约束，推动生猪产业可持续发展

面临日益趋紧的资源和环境约束，应主动适应、积极应对，争取环境治理与产业发展的最大主动权。根据种养品种和环境可承载能力优化种养业结构和布局，推动养殖废弃物等农业有机废弃物收集、转化、利用的种养循环发展体系；鼓励不能直接实现种养循环发展的养殖密集区域建立废弃物集中处理中心，扩大有机肥市场需求、鼓励研究推广新技术，进一步推进种养结合的农牧循环养殖模式；在切实贯彻落实禁限养区规定基础上，稳步推进土地流转，保障消纳用地和基础设施配置；根据种养结合程度加强养殖废弃物治理纵向关系，发挥新型经营主体示范作用；建立权威与明确、全面与合理的治理政策体系，提高废弃物经济价值。利用环境治理这一契机，顺势调整优化生猪产业结构，提高可持续发展能力。

（二）进一步提高养猪效率和效益

生猪产业各主体的生产效率和效益的提高，是支撑北京市生猪产业发展的根本。这就要求：进一步稳定和完善生猪养殖业扶持政策；鼓励种猪企业根据自身资源和优势，在种猪生产的选育和扩繁环节通过专业分工和紧密纵向协作，积极参与联合育种，提升北京市种猪产业的整体竞争优势；继续提高规模化养殖比重，鼓励“公司＋合作社＋农户”或“公司＋农户”的经营模式，提高生猪养殖的产业化、组织化水平；扶持龙头企业建立紧密型外埠基地，提高资源使用效率和养殖效益；依托产业技术体系的科研力量，围绕种、料、病、管等关键环节开展攻关研究，转变生猪产业发展方式，形成以科技进步为主的内涵式增长模式，提升生猪产业科技创新能力。

（三）切实保障猪肉质量安全和首都菜篮子供应

安全的猪肉产品才能满足日益增大的市场需求。生猪产业链条上每一环节、每一主体都应高度重视质量安全问题，从投入品管理、生产规范、检验检测、售后反馈等方面实现源头到餐桌的可追溯。应明确政府监管职能，加强相关部门之间的协调与合作；建立多方主体参与的猪肉流通领域质量安全监管体系；发挥批发市场质量安全控制的公益性职能，加强猪肉可追溯体系的宣传力度，提高消费者的溯源意识，推进猪肉质量安全追溯体系的发展。稳步推进畜牧业“菜篮子”工程建设，提高生猪养殖场的规模化、标准化、现代化水平和资源利用水平，促进猪肉产量、品种、质量不断提高，提升首都畜产品的应急供给和质量安全保障水平。

第十二章　北京市家禽产业发展报告

2017年是北京市家禽创新团队二期的第二年，立足于北京市建设“政治中心、文化中心、国际交往中心、科技创新中心”的首都功能定位和北京市农业局“调、转、节”的总体思路，北京市家禽创新团队以农业供给侧改革为主线，加强京津冀协同发展，以“安全、优质、绿色、生态”为目标，以“产业转型升级”为契机，注意团队自身素质的提高，确定了科技支撑与引领产业发展相结合的团队功能定位。

在一期五年（2011～2015年）工作基础上，面对2017年家禽产业面临的新问题，北京市家禽创新团队充分发挥“智库”作用，有效应对产业突发重大事件：部署团队内部防控H7N9工作和及时提出应对欧洲毒鸡蛋事件的对策措施；围绕京津冀家禽产业新形势，深入开展国产蛋鸡品种高效生产技术示范与推广工程，功能性家禽食物研究平台构建、研究与示范工程，北京鸭、北京油鸡地理标志产品开发、管理与推广工程，家禽健康养殖技术研发与示范推广工程和家禽主要疫病监测及综合防控工程“五大工程”联合攻关；加强家禽分子辅助育种平台、功能性食品研发平台、家禽营养工作平台、肉鸽产业综合性平台和地理标志研究“五大综合性平台”的建设；聚焦家禽产业的原味、原产地、原生态、原始品种、原始创新“五原”发展理念，运用知识产权手段，实施产业保护；推广“生态示范＋扶贫”和“地理标志＋扶贫”模式，带动低收入户增收工作中取得新成绩；结合农业部《实施农业竞争力提升科技行动工作方案》及北京市农业局科教处关于农业竞争力提升科技行动的具体部署，通过对内部示范基地的技术集成示范，落实家禽团队内部产业升级科技行动计划。

2017年北京市家禽创新团队以健康高效生产、节水生态养殖为导向，以京津冀家禽产业协同发展、国际化技术交流共赢合作为手段，积极开展科技攻关和技术集成与示范推广工作，全面深化合作对接与技术服务，团队重点攻关任务得到全面落实，既定各项工作目标得到圆满完成，并取得了一系列丰硕成果，全方位支撑并引领京津冀地区家禽产业的升级。

第一节　北京市家禽产业发展概况

一、生产情况

（一）基本情况

1. 家禽产业继续缩减，但仍然是北京市畜牧业的重要组成部分。2017 年，北京市家禽业继续逐年缩减。从家禽存栏和出栏量来看，2017 年北京市家禽年末存栏量 1382.41 万只，比 2015 年的 2128.4 万只减少了 35.05%，较 2016 年的 1838.05 万只减少了 24.79%。2017 年家禽年末出栏量 3115.2 万只，分别比 2015 年的 6688.4 万只、2016 年的 3882.7 万只减少了 53.42% 和 19.77%（见图 12－1）。

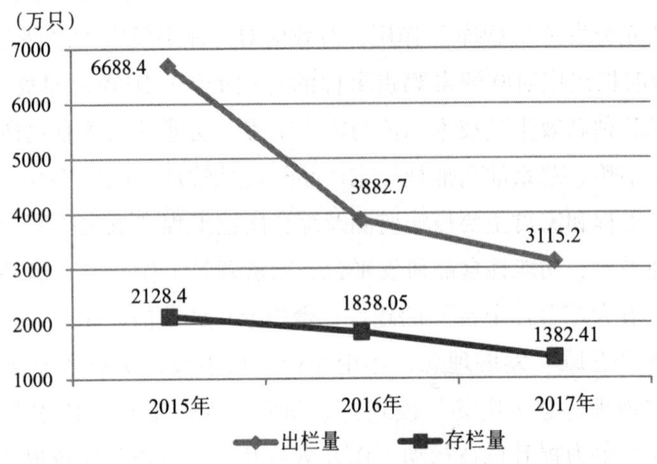

图 12－1　2015～2017 年北京市家禽存栏与出栏量变化图

资料来源：北京市统计局：《北京统计年鉴》。

从养殖场数量来看，截至 2017 年 12 月 31 日，全市登记的 790 个规模畜禽养殖场（小区）中只有 190 个家禽养殖场（小区），比 2016 年的 300 个减少了 110 个。除蛋鸭场（小区）保持 2 个不变外，蛋鸡场（小区）144 个、肉鸡场（小区）30 个、肉鸭场（小区）14 个，分别比 2016 年减少 45 个、48 个和 17 个（见表 12－1）。2017 年登记并备案的家禽养殖场（小区）只有 114 个，比 2016 年的 171 个减少了 57 个。除蛋鸭场（小区）保持 2 个不变外，蛋鸡场（小区）73 个、肉鸡场（小区）27 个、肉鸭场（小区）12 个，分别比 2016 年减少了 36 个、12 个和 9 个。

表 12－1　　2017 年北京市养殖场数量　　单位：个

品种	登记场数			备案场数		
	2017 年	2016 年	同比增加	2017 年	2016 年	同比增加
蛋鸡	144	189	－23.8%	73	109	－33.0%
肉鸡	30	78	－61.5%	27	39	－30.8%
蛋鸭	2	2	0	2	2	0
肉鸭	14	31	－54.8%	12	21	－42.9%
小计	190	300	－36.7%	114	171	－33.3%

资料来源：北京市畜牧总站。

从产值上看，北京市家禽饲养产值 26.37 亿元，分别比 2015 年的 46.33 亿元、2016 年的 33.9 亿元减少了 43.08% 和 22.21%，但仍然占农林牧渔业总产值 308.30 亿元的 8.55%、牧业产值 101.40 亿元的 26.01%（见图 12－2）。

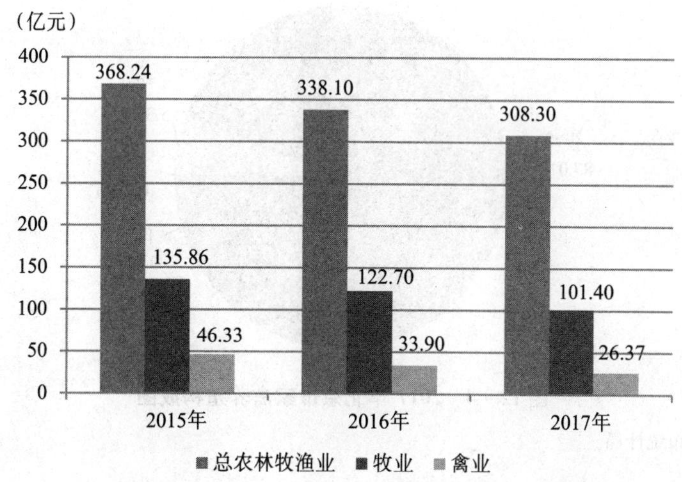

图 12－2　2015～2017 年北京市农林牧渔业、牧业和禽业产值对比图

资料来源：北京市统计局：《北京统计年鉴》。

从禽产品产量来看，2017 年北京市禽肉产量 4.64 万吨，分别比 2015 年的 11.1 万吨、2016 年的 6.3 万吨减少了 58.20% 和 26.35%，占北京市肉类总产量 26.39 万吨的 18%，是仅次于猪肉的第二大肉类。2017 年禽蛋产量 15.7 万吨，分别比 2015 年的 19.6 万吨、2016 年的 18.3 万吨减少了 19.90% 和 14.21%（见图 12－3），但在保证北京市居民禽蛋供应中发挥着不可替代的作用。

2. 蛋鸡在北京市家禽养殖中占有绝对优势。北京市的家禽养殖种类主要是蛋鸡、肉鸡和鸭，从存栏数量上看，蛋鸡占的比重最高。2017 年北京市家禽总存栏 1382.41 万只，其中蛋鸡 1202.79 万只，占存栏总量的 87.01%；肉鸡 101.89 万只、鸭 74.47 万只，分别占家禽存栏总量的 7.37% 和 5.39%（见图 12－4）。

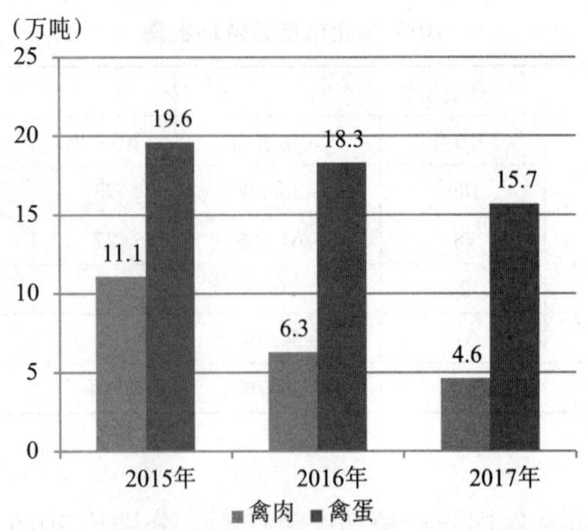

图 12－3　2015～2017 年北京市禽肉、禽蛋产量对比图

资料来源：北京市统计局：《北京统计年鉴》。

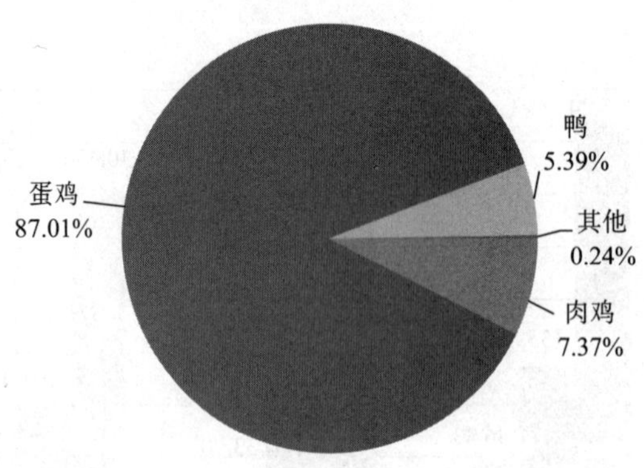

图 12－4　2017 年北京市家禽养殖构成图

资料来源：北京市统计局。

3. 家禽养殖区域集聚特征明显。北京市蛋鸡养殖主要集中在平谷区。2017 年北京市蛋鸡养殖场（小区）共 144 个，其中平谷区有 74 个，占总数的 51.39%。养殖规模在 10 万只以上的蛋鸡养殖场（小区）有 8 个，其中平谷区有 5 个。

北京市肉鸡养殖主要分布在顺义、密云、怀柔、房山区等区。2017 年肉鸡养殖规模大于 10 万只的养殖场（小区）有 4 个，在密云、顺义区各有 2 个。养殖规模在 1 万～10 万只的养殖场（小区）共 24 个，占总数的 80%。

北京市蛋鸭养殖全部在昌平区。2017 年北京市蛋鸭养殖场（小区）有 2 个，均位于昌平区，养殖规模分别为 1 万只、8 万只。

北京市肉鸭养殖在房山、大兴、通州、平谷、延庆等区都有分布。2017 年北京市肉鸭养殖场（小区）共有 14 个，其中房山区数量最多，有 6 个。养殖规模在 10 万只以上的有 2 个，房山区、通州区各有 1 个。

家禽存栏、出栏主要集中在生态涵养区。2016 年北京市生态涵养保护区蛋鸡存栏量为

1117.65 万只，占全市总存栏量的 74.12%。其中，平谷区的蛋鸡存栏量最多，为 606.45 万只，占全市总存栏量的 40.22%，规模化程度也最高。其次是延庆县和密云县，分别为 284.53 万只、195.53 万只，占全市总存栏量的 18.87% 和 12.97%（见图 12－5）。

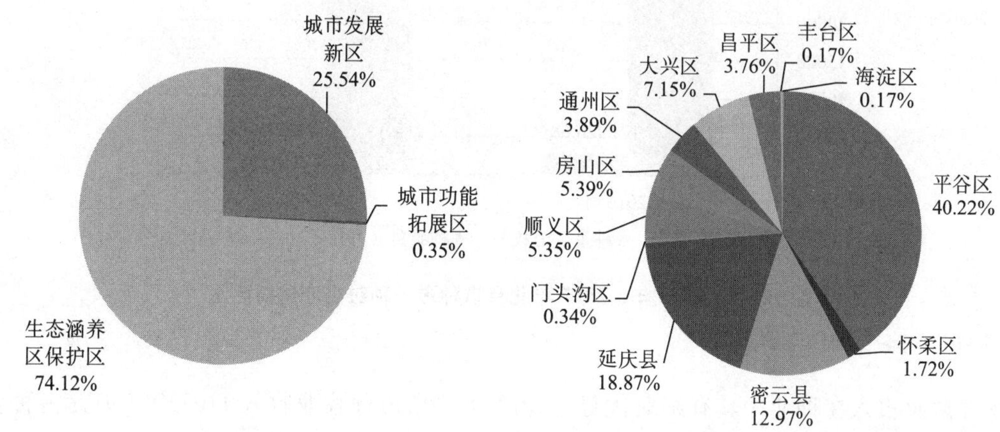

图 12－5　2016 年北京蛋鸡养殖区域分布图

资料来源：《中国畜牧兽医年鉴》。

2016 年全市肉禽总出栏 3882.74 万只。其中，生态涵养保护区、城市发展新区肉禽出栏量分别为 2089.66 万只、1775.33 万只，占全市总出栏量的 53.82% 和 45.72%。以密云区的肉禽出栏量最多，为 764.48 万只，占全市总出栏量的 19.69%；其次是平谷区、大兴区，分别占总出栏量的 17.13%、15.89%（见图 12－6）。

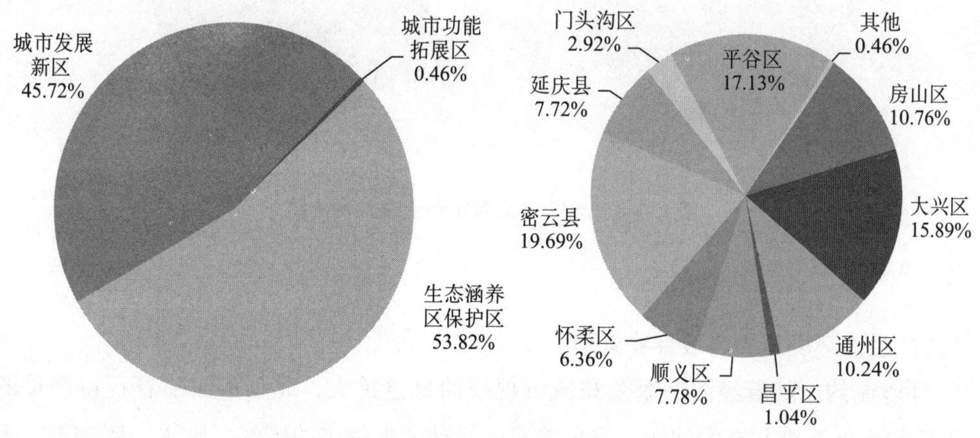

图 12－6　2016 年北京肉禽出栏比重区域分布图

资料来源：《中国畜牧兽医年鉴》。

4. 北京市家禽种业地位稳固。虽然种禽产出量有一定的减少，但北京市作为全国种禽之都的地位日渐稳固。2017 年北京市种蛋产量为 28364.6 万枚，与 2016 年相比，减少了 17.63%；种雏禽产量为 2833.46 万只，与 2016 年相比，减少了 3.19%（见图 12－7）。

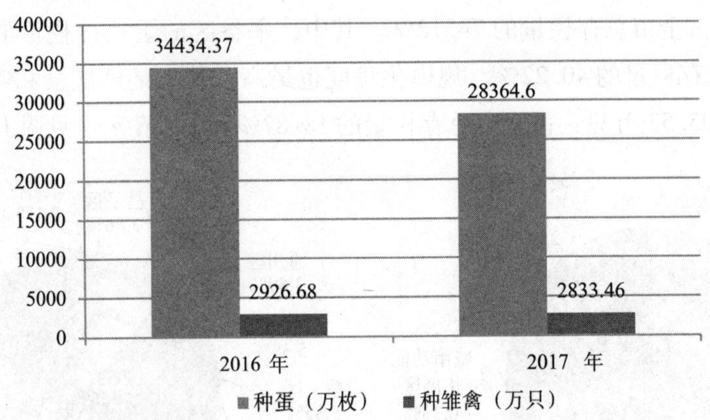

图 12－7　2016 年、2017 年北京市种蛋、种雏禽产量对比图

资料来源：《北京统计年鉴》。

种禽业收入在种业中具有绝对优势。2017 年北京市种牧业收入 110730. 7 万元占种业总收入 127071. 7 万元的 87. 14%。其中，种蛋、种雏禽收入分别为 34268. 4 万元、30869. 9 万元，分别占种牧业收入的 30. 95% 和 27. 88%（见图 12－8）。

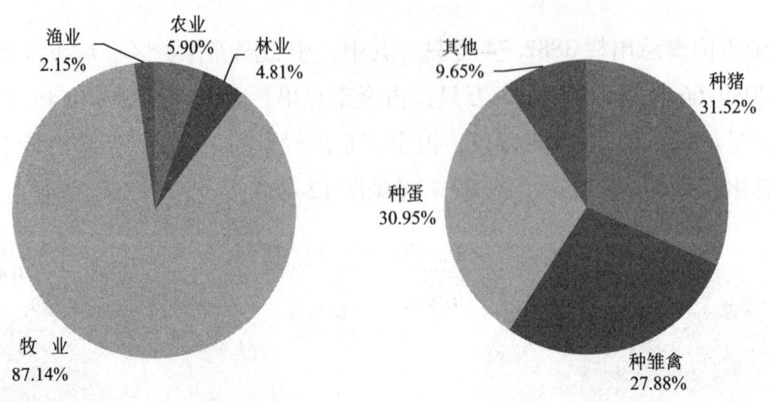

图 12－8　2017 年北京市种业收入构成图

资料来源：《北京统计年鉴》。

（二）生态环境压力与废弃物处理

1. 环境制约。随着经济的繁荣和城市规模的日益扩大，北京市面临着日益严重的水资源短缺与水体污染并存的问题。家禽养殖业活动产生较多的废气、废水、废物等，不断排放到环境中，使环境质量恶化，产生近期或远期效应，使生态平衡失调或破坏。

2016 年 9 月 19 日，农业部、国家发展和改革委员会、财政部、住房和城乡建设部、环境保护部、科学技术部联合发布了《关于推进农业废弃物资源化利用试点的方案》的通知，力争到 2020 年，试点县规模养殖场配套建设粪污处理设施比例达到 80% 左右，畜禽废物污基本资源化利用。12 月 30 日，农业部印发《农业资源与生态环境保护工程规划

(2016—2020)》的通知，明确要加快推进畜禽养殖粪污处理，支持建设规模化养殖场粪便处理利用设施和区域集中收集处理中心。对于规模养殖场可采用污水减量、厌氧发酵、粪便堆肥等单项技术，以种养结合为主体模式处理、利用畜禽粪污；对于分散畜禽养殖密集区，可利用粪污集中处理模式；对于位于禁养区内、必须拆除的异地重建畜禽圈及配套粪污处理设施建设等予以补助。

2. 废弃物处理。2016 年开始，畜牧业供给侧结构性改革有序推进，畜牧业生产顺应市场进行积极的适应性调整，粮改饲、畜禽养殖废弃物资源化利用等政策深入实施，北京市家禽养殖业在废弃物处理方面方式上也有显著改善。

截至 2017 年 12 月 31 日底，北京市的 161 家蛋鸡养殖场（小区）中，有 71 家配备了雨污分流设施，52 家配备了干湿分离设施，其中 48 家两种设施均有配置。147 家采用“干清粪”方式处理粪污，8 家采用“机械刮粪”的方式处理，3 家采用“沼气池”方式处理。粪便的资源化利用方式为：140 家养殖场（小区）对粪便进行干燥处理后作为肥料还田，12 家进行粪便出售，1 家作为发电能源，1 家作为沼气能源。

为推进畜禽养殖废弃物资源化利用，促进畜牧业绿色发展，北京市畜牧总站在全市征集了一批畜禽粪污资源化利用模式，并申报了全国畜禽养殖废弃物资源化利用典型技术模式和全国畜禽养殖废弃物资源化利用示范基地。2017 年 9 月，全国畜牧总站按照《畜禽养殖废弃物资源化利用示范基地和技术推广示范站评选办法》完成了评选和授牌工作，北京德青源农业科技股份有限公司等 5 家单位获得第一批全国畜禽养殖废弃物资源化利用示范基地。其中，4 家单位获得“畜禽养殖废弃物资源化利用种养结合示范基地”称号，1 家单位获得“畜禽养殖废弃物资源化利用集中处理示范基地”称号。通过典型技术模式和利用示范基地建设，将进一步加快北京市畜禽养殖废弃物资源化利用技术的推广和应用。

（三）禽产品质量与安全保障体系日益完善

1. “健康养殖、安全用药”专题培训。为进一步推进家禽产业健康发展，确保禽产品质量安全，家禽创新团队开展“健康养殖、安全用药”的专题培训，围绕“家禽产品质量安全与控制”和“家禽健康养殖技术”，进行详细、全面的介绍，使从业人员进一步清楚了科学合理用药的重要性、药残的危害以及家禽饲料质量安全控制技术。专题培训不仅提高了从业人员对畜禽产品质量安全工作重要性的认识，而且提升了养禽场户“健康养殖、安全用药”的意识，从源头上保障了畜禽产品的质量安全。

2. 切实加强抽检力度，营造安全生产良好环境。家禽创新团队综合试验站同营养与饲料功能研究室对接，对不同饲养模式的蛋鸡和肉大鸡的食槽料和鸡蛋样品进行抽样检测，主要检测微生物类、重金属、抗生素、霉菌毒素、违禁药物等项目。通过定期或不定期对鸡蛋样品和饲料进行抽样检测，不断提高家禽产品质量安全水平，并从源头和使用环节进一步强化安全监管，营造安全生产和健康养殖的良好环境。

3. 积极推进洁蛋生产，保障禽蛋食用安全。近年来，传染性疫病的发生使家禽、饲料等行业遭受重创，同时也危害着社会公共卫生安全，防控形势严峻。禽蛋产出后，其蛋壳表面可能含有大量的致病微生物。如果直接销售，那么禽蛋就成为一个相当大的病菌载体。而洁蛋是经过清洗、干燥、紫外线杀菌、涂油保鲜等多道工序，能彻底清除蛋壳表面污染物，有效杀灭蛋壳表面致病菌，阻断其在流通环节的传播。家禽团队岗位专家带领团队成员前往养殖场，与有关负责人进行了沟通和交流，探讨洁蛋生产的工艺技术、厂房设计和设备配套、经济效益等问题，为企业技术和产品升级计划的开展做好前期准备工作。

4. 2018 北京农业防灾减灾暨北京农业在社区宣传活动。北京市家禽团队高度重视在社区宣传，积极“行动起来，减轻身边的灾害风险”。2018 年 5 月 18 日，由市农业局与房山区农委联合开展的“2018 北京农业防灾减灾暨北京农业在社区宣传活动”在房山长阳举办。北京市家禽团队积极组织养殖技术专家参加活动，为广大市民朋友答疑解惑并积极为广大养殖农户分发技术宣传材料，准备了畜禽防灾减灾、畜牧养殖技术手册等材料300 余册，肉、蛋、奶等畜产品的储存、鉴别、营养价值等宣传页 1000 多张。家禽创新团队发放的《农业防灾减灾实用手册》《散养蛋鸡实用养殖技术》等专业养殖技术材料受到人们的喜爱。通过一系列的活动，进一步强化了市民防灾减灾意识，提高了农业灾害防范与自救能力。

（四）北京市家禽产业的效益水平

针对北京市家禽产业“高效、生态、优质、安全”的发展方向，北京市家禽团队通过科技示范和引领，提高家禽的单产水平与效率。

家禽养殖的总成本主要分为生产成本和土地成本，其中生产成本又分为物质与服务费用（雏鸡费、饲料费等）、人工成本两部分。下面从北京市肉鸡、蛋鸡养殖的成本与收益及其与全国及其他地区的比较来分析北京市家禽产业的成本与收益特征。

1. 肉鸡养殖成本收益情况。北京市大、中规模肉鸡养殖总成本下降明显，生产成本占总成本比重较大。与 2015 年相比，2016 年大规模肉鸡养殖总成本为 2262.05 元/百只，减少了 14.78%。中规模肉鸡的总成本为 2212.30 元/百只，减少了 16.02%。大、中规模肉鸡生产成本占总成本的比重较大，均在 90% 以上（见图 12－9）。

北京市大、中规模肉鸡生产成本下降明显。与 2015 年的相比，2016 年大规模肉鸡养殖生产成本为 2246.21 元/百只，较 2015 年的 2638.93 元/百只减少了 14.88%。中规模肉鸡的生产成本为 2198.47 元/百只，较 2015 年的 2619.58 元/百只减少了 16.08%（见图 12－10）。

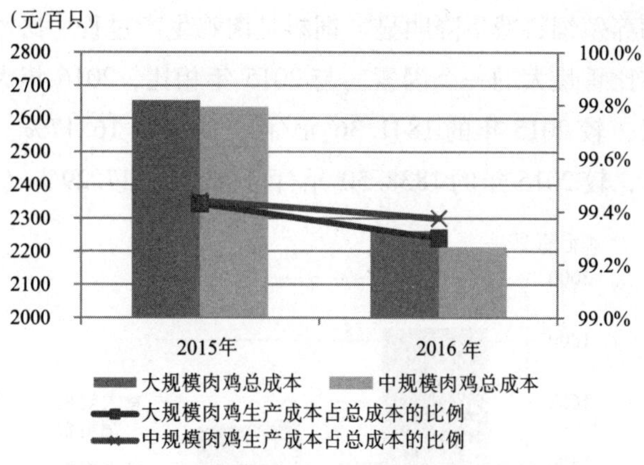

图 12－9　北京市大、中规模肉鸡成本变化图

资料来源：全国农产品成本收益资料汇编。

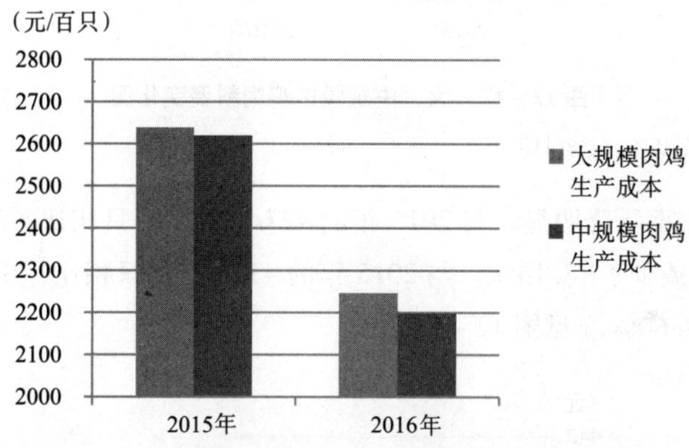

图 12－10　北京市大、中规模肉鸡生产成本变化图

资料来源：全国农产品成本收益资料汇编。

生产成本中物质与服务费用所占比例重大。2016 年北京市大、中规模肉鸡养殖的生产成本中的物质与服务费用分别为 2102. 28 元/百只、2068. 56 元/百只，占各自生产成本的 93%、94%。其中饲料费占各自物质服务费用的 70% 和 69%；雏鸡费都占各自物质与服务费用的 16%（见图 12－11）。人工成本都占各自生产成本的 6%。

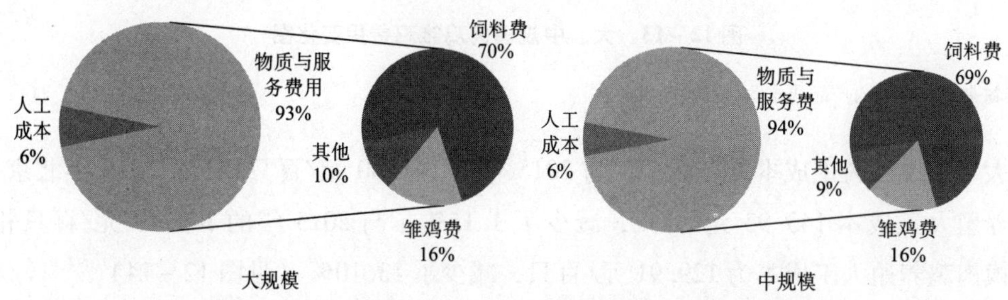

图 12－11　2017 年北京市大、中规模肉鸡生产成本构成图

资料来源：全国农产品成本收益资料汇编。

大、中规模肉鸡养殖饲料费下降明显。饲料是肉鸡生产过程中必不可少的要素，同时又是生产成本中所占比重最大的一个因素。与2015年相比，2016年大规模肉鸡养殖饲料费为1543.6元/百只，较2015年的1841.36元/百只减少了16.17%。中规模肉鸡的总成本为1520.6元/百只，较2015年的1838.50元/百只减少了17.29%（见图12－12）。

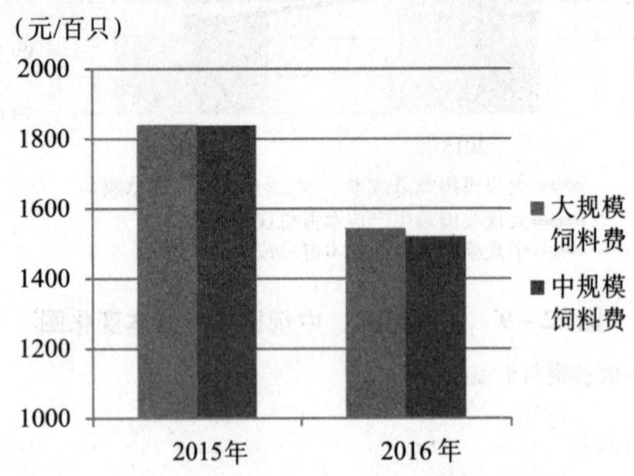

图12－12　大、中规模肉鸡饲料费变化图

资料来源：全国农产品成本收益资料汇编。

大、中规模雏鸡费下降明显。与2015年的427.50元/百只相比，2016年大规模雏鸡费为350元/百只，减少了18.13%。与2015年的430元/百只相比，中规模雏鸡费为350元/百只，减少了18.60%（见图12－13）。

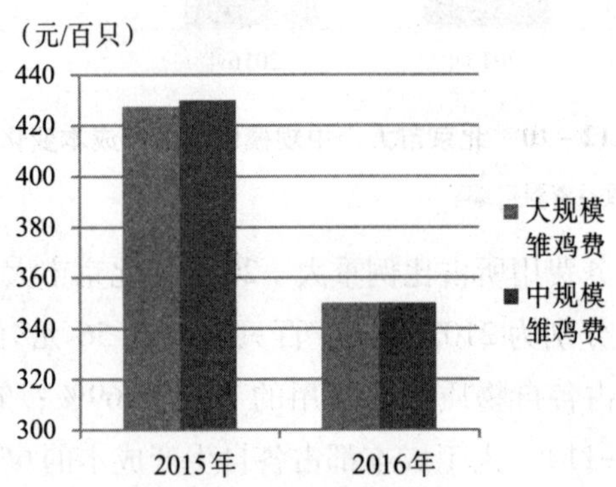

图12－13　大、中规模肉鸡雏鸡费用变化图

资料来源：全国农产品成本收益资料汇编。

大、中规模人工成本均有减少。与2015年的145.60元/百只相比，2016年北京市大规模养殖人工成本143.93元/百只，减少了1.15%。与2015年的149.49元/百只相比，中规模肉鸡养殖人工成本为129.91元/百只，减少了13.10%（见图12－14）。

大规模肉鸡养殖土地成本略有增加，中规模肉鸡养殖土地成本略有减少。与2015年的15.16元/百只相比，2016年北京市大规模肉鸡养殖土地成本15.84元/百只，增加了

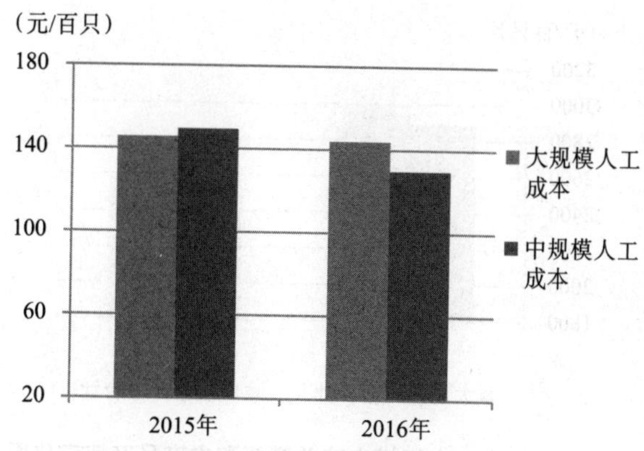

图12－14　大、中规模肉鸡人工成本变化图

资料来源：全国农产品成本收益资料汇编。

4.49%。与2015年的14.73元/百只相比，中规模土地成本为13.83元/百只，减少了6.11%（见图12－15）。

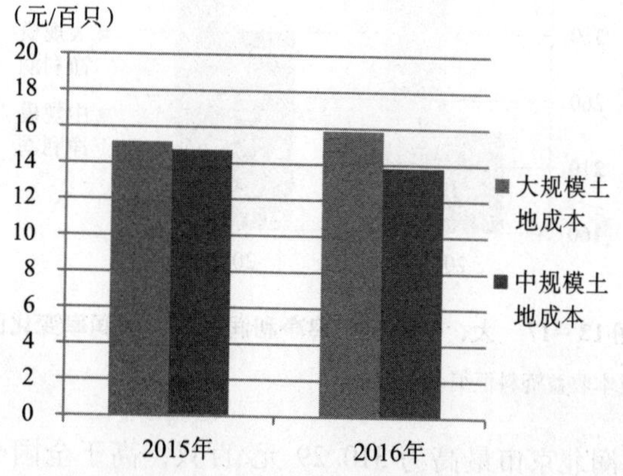

图12－15　大、中规模肉鸡土地成本变化图

资料来源：全国农产品成本收益资料汇编。

大、中规模肉鸡总产值明显减少。2016年北京市大、中规模产值分别为2572.34元/百只、中规模产值为2573.73元/百只，与2015年的2890.88元/百只、2995.90元/百只相比，分别减少了11.02%、14.10%（见图12－16）。

大规模肉鸡养殖净利润增长显著。2016年大、中规模净利润分别为310.29元/百只、362.43元/百只，较2015年的236.79元/百只、361.59元/百只分别增长31.04%、0.23%（见图12－17）。

与全国平均数据以及天津市的数据比较，北京市大、中规模肉鸡养殖净利润最高。

2016年北京市大规模肉鸡生产成本为2246.21元/百只，低于全国平均水平的2475.78元/百只、天津市的2264.87元/百只。其中饲料费比全国平均水平低出222.63元/百只，比天津市低出36.35元/百只；雏鸡费比全国高53.79元/百只，比天津市高

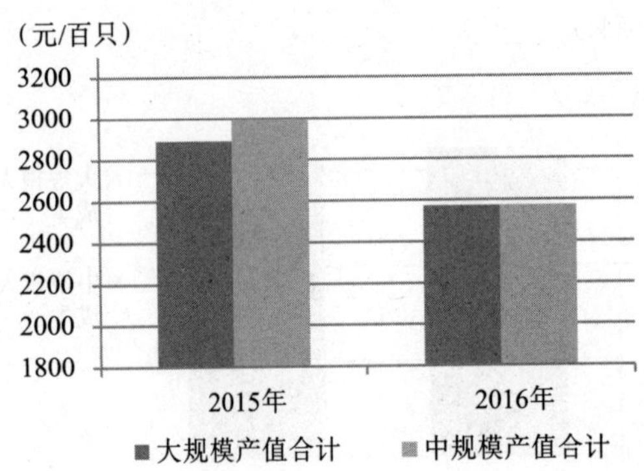

图 12－16　大、中规模肉鸡总产值和主产品产值变化图

资料来源：全国农产品成本收益资料汇编。

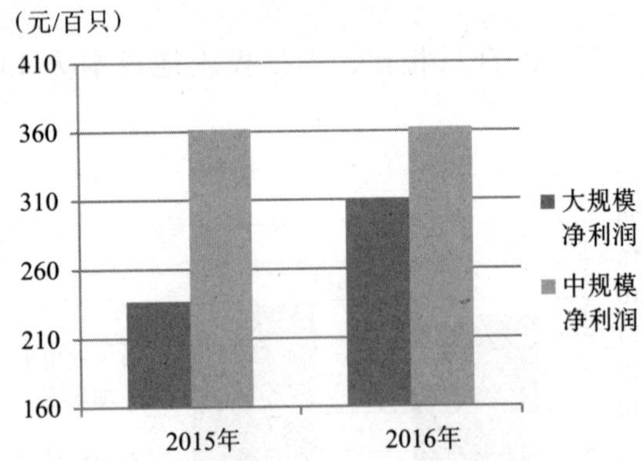

图 12－17　大、中规模肉鸡净利润和成本利润率变化图

资料来源：全国农产品成本收益资料汇编。

103.99 元/百只。净利润北京市最高为 310.29 元/百只，高于全国平均水平的 167.99 元/百只，和天津市的－8.07 元/百只（见图 12－18）。

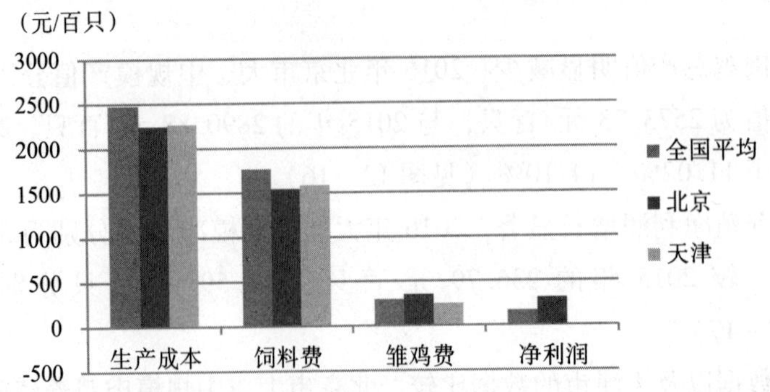

图 12－18　2016 年大规模肉鸡平均生产成本、饲料、雏鸡、净利润对比图

资料来源：全国农产品成本收益资料汇编。

2016 年北京市中规模肉鸡生产成本为 2198.47 元/百只，低于全国平均水平的

2436.55 元/百只，高于天津市的 2013.76 元/百只。北京市中规模肉鸡净利润比全国高 117.17 元/百只，比天津市高 331.56 元/百只（见图 12-19）。

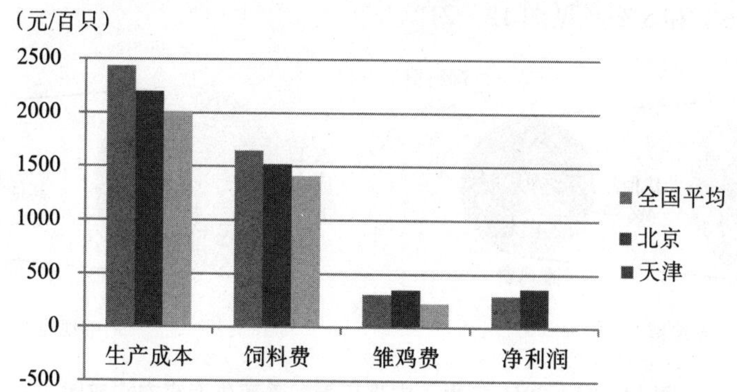

图 12-19　2016 年中规模肉鸡生产成本、饲料、雏鸡、净利润对比图

资料来源：全国农产品成本收益资料汇编。

2. 蛋鸡成本收益情况。北京市中规模蛋鸡养殖总成本下降明显，生产成本占总成本比重较大。与 2015 年的 15339.35 元/百只相比，2016 年中规模蛋鸡养殖总成本为 13884.15 元/百只，减少了 9.49%。大规模蛋鸡的总成本为 15463.52 元/百只，较 2015 年的 15511.39 元/百只相比减少了 0.31%。大、中规模蛋鸡生产成本占总成本的比重较大，均在 99% 以上（见图 12-20）。

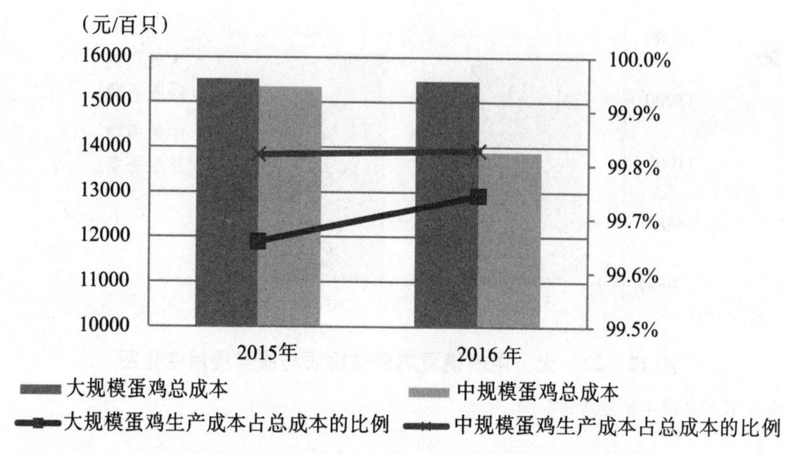

图 12-20　北京市大、中规模蛋鸡养殖成本变化图

资料来源：全国农产品成本收益资料汇编。

生产成本中物质与服务费用所占比重大。2016 年北京市大、中规模蛋鸡养殖的生产成本分别为 15423.89 元/百只、13860.1538 元/百只。其中，物质与服务费用分别为 14463.47 元/百只、12747.66 元/百只，二者都占各自生产成本的 94%、92%。大规模蛋鸡饲料费为 10573.63 元/百只，占物质与服务费用的 69%；雏鸡费为 3200 元/百只，占物质与服务费用的21%。中规模蛋鸡饲料费为9961.67元/百只，占物质服务费用的72%；雏鸡费为2480元/百只，占物质服务费用的18%。大、中规模蛋鸡养殖的人工成本分别占各自生产成本的6%和8%（见图12－21）。

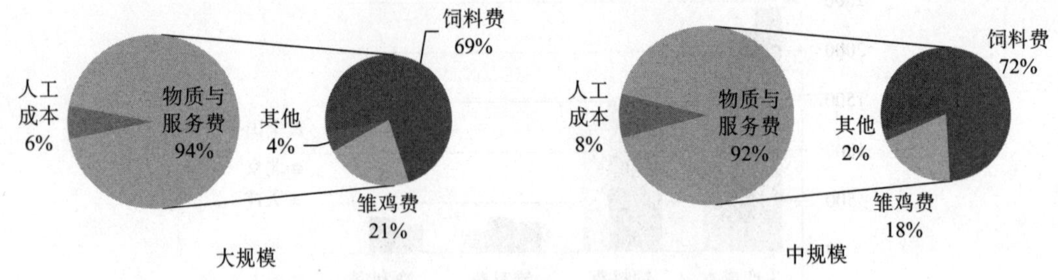

图12－21　2016年大、中规模蛋鸡养殖生产成本构成图

资料来源：全国农产品成本收益资料汇编。

中规模蛋鸡养殖的物质与服务费下降明显。与2015年的14219.68元/百只相比，2016年中规模蛋鸡养殖物质服务费为12747.66元/百只，减少了10.35%。与2015年的14446.75元/百只相比，2016年大规模蛋鸡的物质服务费为14463.47元/百只，增加了0.12%（见图12－22）。

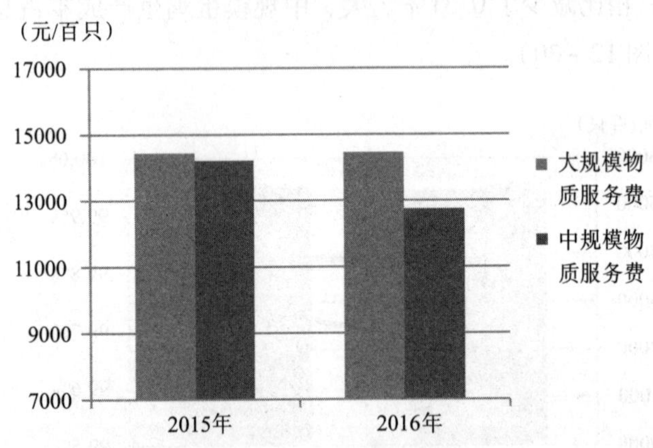

图12－22　大、中规模蛋鸡养殖物质与服务费用变化图

资料来源：全国农产品成本收益资料汇编。

中规模蛋鸡养殖的饲料费明显减少。与2015年的11570.67元/百只相比，2016年中规模蛋鸡养殖饲料费为9961.67元/百只，减少了13.91%。与2015年的10642.17元/百只相比，2016年大规模蛋鸡养殖的饲料费为10573.63元/百只，减少了0.64%（见图12－23）。

大规模蛋鸡养殖的雏鸡费略有减少，中规模雏鸡费略有增加。与2015年的3316.67元/百只相比，2016年大规模蛋鸡养殖的雏鸡费为3200元/百只，减少了3.52%。与2015

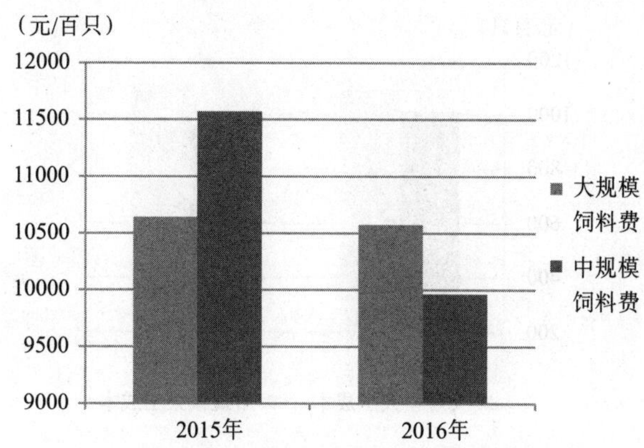

图 12－23　大、中规模蛋鸡养殖饲料费变化对比图

资料来源：全国农产品成本收益资料汇编。

年的 2407.67 元/百只相比，中规模蛋鸡养殖的雏鸡费为 2480 元/百只，增加了 3.00%（见图 12－24）。

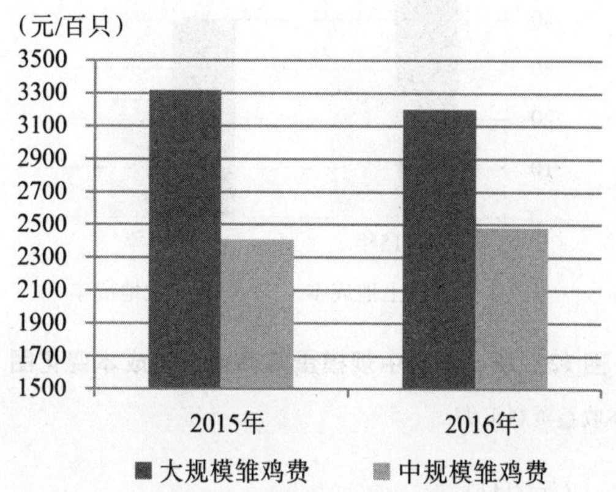

图 12－24　大、中规模蛋鸡养殖雏鸡费变化对比图

资料来源：全国农产品成本收益资料汇编。

大规模蛋鸡养殖的人工成本略有减少，中规模蛋鸡养殖的人工成本略有增加。2016 年大规模人工成本为 960.42 元/百只，较 2015 年的 1011.56 元/百只，减少了 5.06%。中规模蛋鸡的人工成本为 1112.49 元/百只，较 2015 年的 1092 元/百只，增加了 1.88%（见图 12－25）。

大、中规模蛋鸡养殖土地成本均有减少。2016 年北京市大、中规模蛋鸡养殖土地成本分别为 39.63 元/百只、24 元/百只，与 2015 年的 53.08 元/百只、27.67 元/百只相比分别减少了 25.34%、13.27%（见图 12－26）。

大、中规模蛋鸡养殖总产值均减少。2016 年北京市大、中规模蛋鸡养殖总产值分别为 14336 元/百只、14729 元/百只，与 2015 年的 15305.25 元/百只、15957 元/百只相比分别减少了 6.33%、7.70%（见图 12－27）。

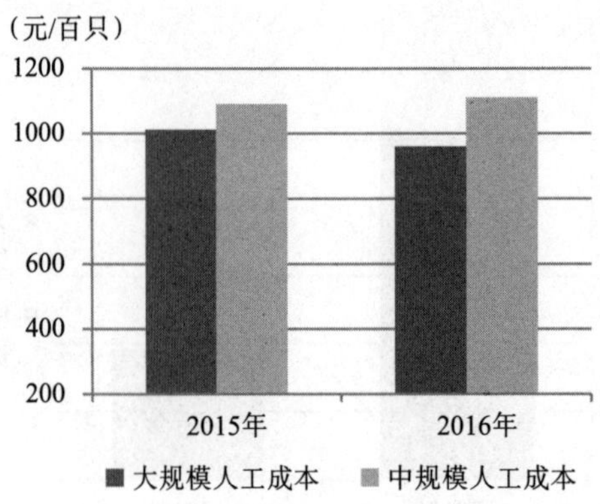

图12－25　大、中规模蛋鸡人工成本变化图

资料来源：全国农产品成本收益资料汇编。

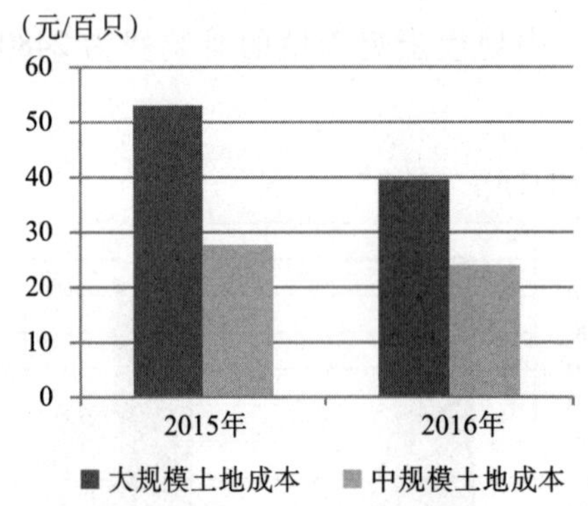

图12－26　大、中规模蛋鸡养殖土地成本变化图

资料来源：全国农产品成本收益资料汇编。

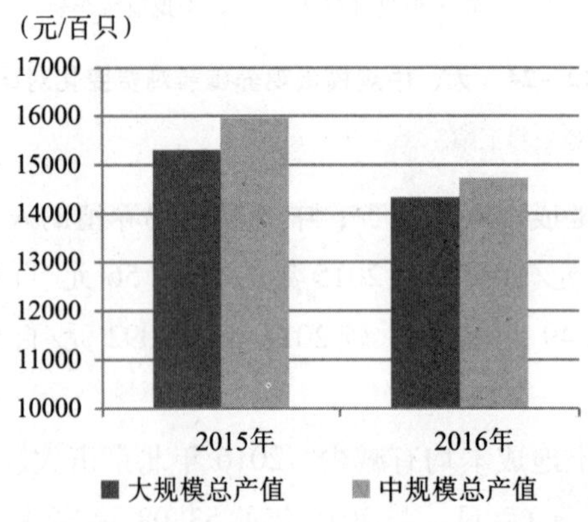

图12－27　规模蛋鸡养殖总产值变化对比图

资料来源：全国农产品成本收益资料汇编。

大规模蛋鸡养殖净利润下降明显，中规模净利润略有增加。2016年北京市大规模蛋鸡养殖净利润为－1127.52元/百只，较2015年的－206.14元/百只减少了446.97%。中规模净利润为844.85元/百只，较2015年的617.65元/百只增加了36.78%（见图12－28）。

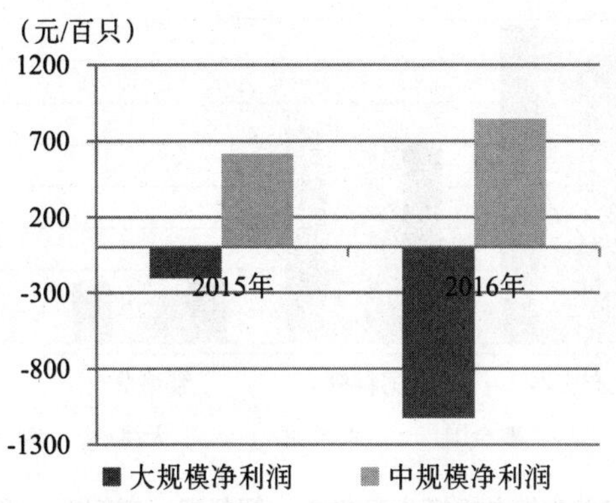

图12－28　规模蛋鸡净利润和利润率变化图

资料来源：全国农产品成本收益资料汇编。

与全国平均数据、天津市数据对比，2016年北京市大规模蛋鸡养殖生产成本略高、净利润较低，其主要原因是饲料费、雏鸡费用较高（见图12－29）。

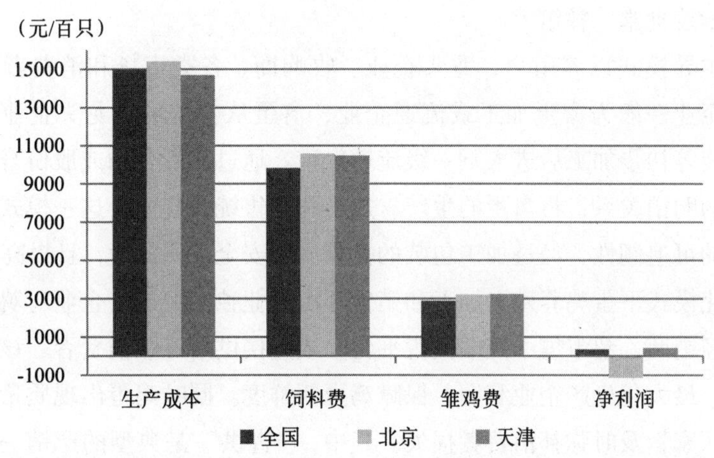

图12－29　2016年大规模生产成本、饲料费、雏鸡费、净利润对比图

资料来源：全国农产品成本收益资料汇编。

与全国平均、天津市、河北省对比，2016年北京市中规模蛋鸡养殖生产成本最低、净利润最高，其主要原因是雏鸡费用低于其他地区（见图12－30）。

二、加工流通现状

（一）流通模式

按照参与主体分类，北京市禽蛋流通主要有：批发市场主导型、龙头企业主导型、产销一体化和电商销售4种模式。

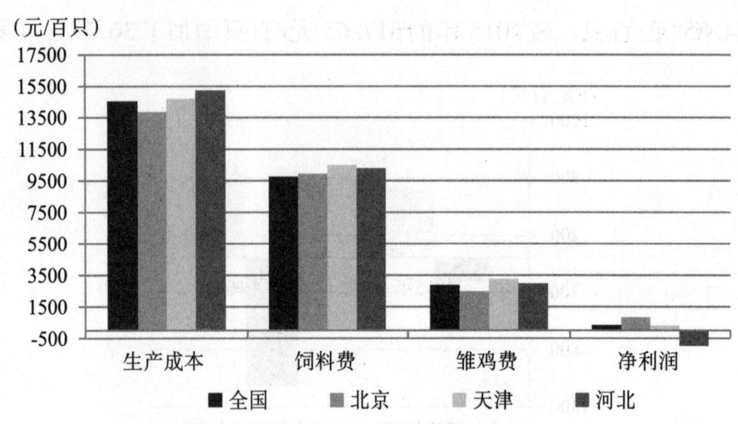

图 12-30　2016 年中规模生产成本、饲料费、雏鸡费、净利润对比图

资料来源：全国农产品成本收益资料汇编。

批发市场主导模式的参与主体包括养殖场、收购商、批发市场、农贸市场、超市和消费者，其中批发市场是该模式的中心环节。该模式下养殖户或经销商将分散的禽蛋集中到批发市场，批发销售给各地农贸市场、超市和零售商等，然后零售给消费者，包括家庭消费者、机关或学校食堂、餐馆等。

龙头企业主导模式以养殖户、龙头企业、收购商、各类市场和消费者为主要参与主体，其中龙头企业一般为禽蛋加工或流通企业，禽蛋从养殖场被龙头企业收购，经过清洗、分级、包装等初步加工后进入下一级流通渠道。通过签订合约或股份合作等方式与养殖户建立稳固的购销关系，将禽蛋的生产、加工和销售统一起来。这一模式一定程度上保证了禽蛋流通的可追溯性，经过加工包装的禽蛋质量安全有所保障，且提高了产品价值。

产销一体化模式下蛋鸡养殖、加工和销售都由企业独立完成，企业对鸡蛋进行加工包装后，销售给经销商、超市等中高端销售平台，或直接供给终端消费者。该模式减少了各种中间商环节，最大化生产企业利润，保障鸡蛋新鲜度。同时鸡蛋出现质量问题时可以直接追溯到生产厂家，及时弥补消费者损失。其中，“直供”是典型的产销一体化模式，直接供给终端消费者，销售对象多为机关、单位食堂等鸡蛋需求量大且需求较稳定的机构。

电商销售模式是近些年新发展起来的销售模式，由养殖户、生产企业或加工商在电商平台发布产品信息，消费者通过电商平台下单后，产品直接邮寄到消费者手中，销售对象多为鸡蛋需求量较小的家庭消费。随着生鲜农产品电子商务的快速发展，部分大型品牌鸡蛋企业已经在京东、天猫、1 号店等电商平台上开店销售，电商模式在未来的禽产品市场中有巨大的发展潜力。

随着科技水平和信息技术的发展，直供和电商销售被公认为是目前重要的两种流通模式，作者重点针对这两种鸡蛋流通模式进行了跟踪调研。

1. 直供模式。

（1）供应链参与者分析。北京市某养殖场和某集团公司签订了鸡蛋购销合同，该养殖场直接为该集团公司提供鸡蛋。该链条有两方参与主体，鸡蛋供应商和终端消费者。养殖场作为鸡蛋供应商进行鸡蛋的生产和包装，公司有专门的鸡蛋运输和配送团队，根据分公司食堂的需求，定时去养殖场装载鸡蛋并配送至食堂。配送团队负责鸡蛋运输和配送，消费终端是公司食堂。

（2）供应链环节分析。在实际调研和访谈的基础上，对直供模式的具体流程进行了分析，该模式下鸡蛋从生产到消费可以分为三个环节（见图 12－31）：生产—运输和配送—消费环节。

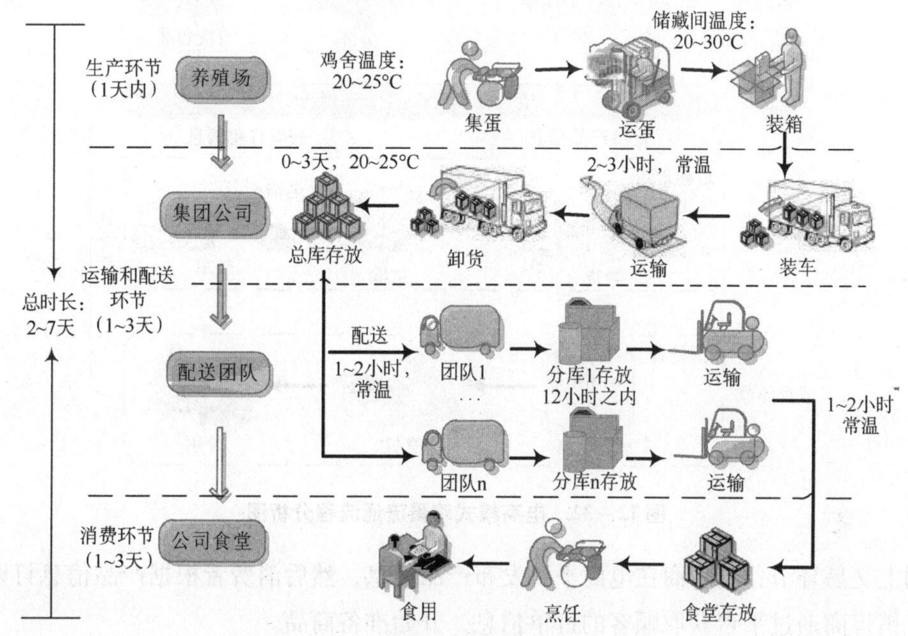

图 12－31　产销一体化模式流程分析图

生产环节：养殖场进行鸡蛋的收集、挑选和装箱。

运输和配送环节：鸡蛋提前一天下午或当天上午收集并装箱，配送团队经过 2～3 个小时将鸡蛋从养殖场运到公司总库房；然后根据各分公司的需要，经过 1～2 小时将鸡蛋配送到各公司食堂，每 3 天左右配送一次。

消费环节：公司食堂每次会收到可食用 2～3 天的鸡蛋，存放在厨房的食材存储间，在当天或者次日，最迟 3 天内食用。

2. 电商模式。

（1）供应链参与者分析。北京某大型禽产品生产加工企业以"网上销售"作为其重要销售渠道。公司在电商平台发布产品信息后，消费者通过电商平台订购鸡蛋，公司生产、包装鸡蛋并委托快递公司将鸡蛋快递给消费者。该链条的三方参与主体分别为鸡蛋供应商、快递公司和消费者。该企业负责鸡蛋的生产、加工和包装，快递公司负责鸡蛋配送，消费者作为终端参与者通过网络购买鸡蛋。

（2）供应链环节分析。通过实际调研，对电商模式的具体流程进行了分析，该模式下鸡蛋从生产到消费可以分为四个环节（见图 12－32）：生产—网上交易—快递—消费环节。

生产环节：养殖企业进行鸡蛋的收集、清洗、杀菌、分级和包装。因消费者订单不固定，有时会出现鸡蛋屯放或延迟发货的情况。

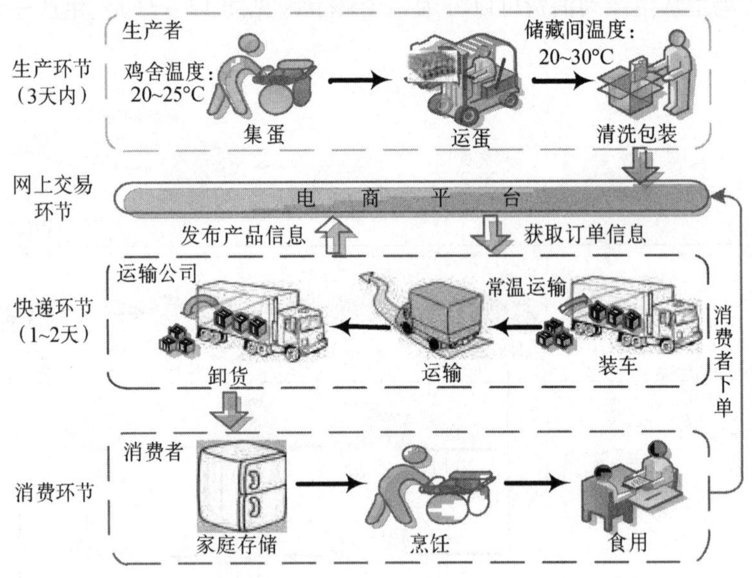

图 12－32　电商模式鸡蛋流通流程分析图

网上交易环节：销售商在电商平台发布产品信息，然后消费者根据产品信息订购所需商品，销售商通过平台获取顾客的订单信息，开始准备商品。

运输环节：通过第三方物流公司将鸡蛋运输到消费者手中，正常情况下，鸡蛋会在下单后第二天到达消费者手中。

消费环节：消费者家庭存储并食用鸡蛋。

（二）鸡蛋价格

2017 年北京市批发市场鸡蛋主要来自辽宁、内蒙古和河北三地，分别占比 36.8%、32.5% 和 27.6%。与 2016 年相比，来自辽宁的比例减少 12.9 个百分点，来自内蒙古鸡蛋的比例同比增加 1.6 个百分点，来自河北鸡蛋的比例同比增加 11.7 个百分点。

2017 年北京市七大批发市场鸡蛋上市量 16.79 万吨，日均上市量 46.00 万公斤，同比减少 9.8%；平均价格为每公斤 6.44 元，同比下跌 8.1%。

2017 年四季度北京市七大批发市场鸡蛋上市量 4.20 万吨，日均上市量 45.68 万公斤，同比减少 9.8%；平均价格为每公斤 8.13 元，同比上涨 20.3%（见图 12－33）。

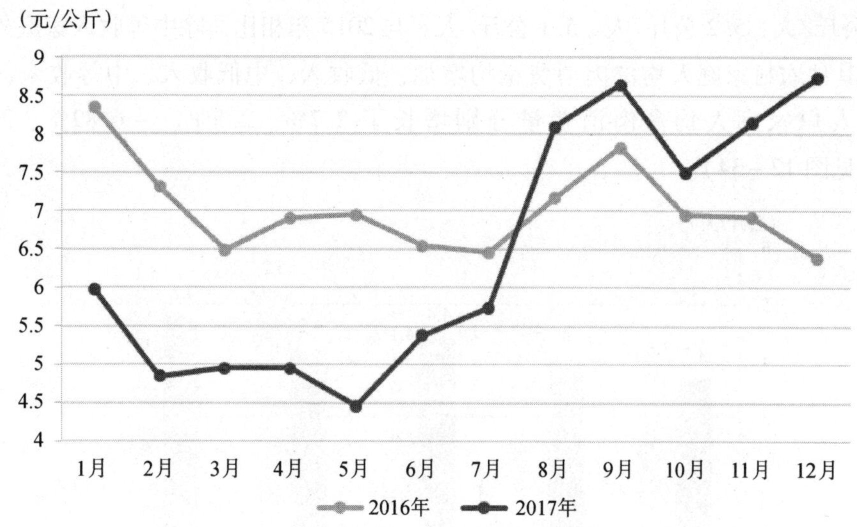

图 12-33　2016 年、2017 年北京市鸡蛋批发价格对比图

资料来源：北京市农业农村局信息中心。

三、市场消费现状

（一）北京市禽肉消费情况

2016 年，北京市城镇居民禽肉消费量为 5.90 公斤/人，农村居民禽肉消费量为 4.41 公斤/人。与 2015 年相比，2016 年北京市城镇居民人均禽肉消费量减少了 6.20%，而农村居民人均禽肉消费量却增长了 5%。

北京市城镇、农村人均禽肉消费量及年增长率不仅远远低于上海市，而且不及全国平均水平。2016 年北京市城镇、农村人均禽肉消费量分别比全国平均水平的 10.17 公斤/人和 7.91 公斤/人分别低 72.3% 和 79.4%；北京市农村人均禽肉消费量仅为全国 7.91 公斤/人、上海市 14.13 公斤/人的一半和三分之一（见表 12-2）。

表 12-2　全国、北京市和上海市人均禽肉消费量

地区	城镇居民			农村居民		
	2015 年（公斤/人）	2016 年（公斤/人）	年增长率（%）	2015 年（公斤/人）	2016 年（公斤/人）	年增长率（%）
全国	9.45	10.17	7.62	7.11	7.91	11.25
北京	6.29	5.90	-6.20	4.20	4.41	5.00
上海	12.0	13.18	9.83	12.85	14.13	9.96

资料来源：《中国统计年鉴》。

北京市农村收入水平高的家庭，人均禽肉消费量也较高。2016 年农村低收入、中低收入、中等收入、中高收入、高收入户家庭人均禽肉消费量分别为 3.8 公斤/人、4.1 公斤/

人、4.1 公斤/人、5.2 公斤/人、5.1 公斤/人。与 2015 年相比，除中等收入家庭外，2016 年北京市其他农村家庭人均禽肉消费量均增加，低收入、中低收入、中等收入、中高收入、高收入户家庭人均禽肉消费量分别增长了 2.7%、2.5%、－6.82%、23.81%、6.25%（见图 12－34）。

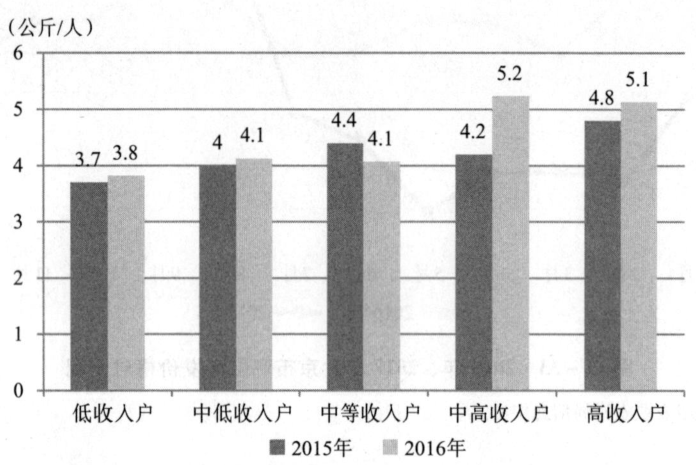

图12－34　2015 年、2016 年北京市农村家庭人均禽肉消费量对比图

资料来源：《北京统计年鉴》。

北京市城镇收入水平高的家庭，人均禽肉消费支出也较高。2016 年北京市城镇低收入、中低收入、中等收入、中高收入、高收入家庭人均禽肉消费支出分别为 121 元/人、145 元/人、163 元/人、175 元/人、178 元/人。与 2015 年相比，2016 年北京市城镇除中高收入家庭外，其他家庭人均禽肉支出均减少。低收入、中低收入、中等收入、中高收入、高收入家庭人均禽肉消费支出增长率分别为－2.42%、－6.45%、－2.98%、7.36%、－3.78%（见图 12－35）。

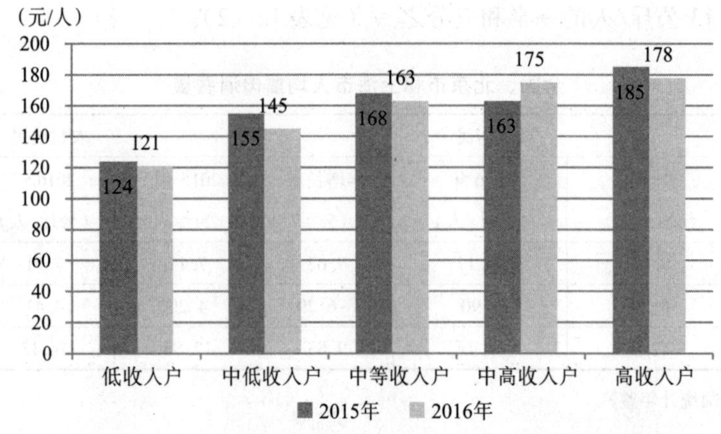

图 12－35　2015 年、2016 年北京市城镇不同收入家庭人均禽肉消费支出对比图

资料来源：《北京统计年鉴》。

（二）北京市禽蛋消费情况

2016 年，北京市城镇居民蛋类消费量为 12.05 公斤/人，农村居民蛋类消费量为 11.83 公斤/人。与 2015 年相比，2016 年北京市城镇居民人均蛋类消费量有所减少，而农村居民人均蛋类消费量略有增长。城镇居民人均蛋类消费量减少了 13.62%，农村居民人均蛋类消费量增长了 0.77%。

北京市城镇、农村人均蛋类消费量较高，不仅高于全国平均水平，而且高于上海市。2016 年北京市城镇、农村蛋类消费量分别比全国的 10.67 公斤/人和 8.48 公斤/人高 12.9% 和 39.5%；比上海市的 11.24 公斤/人和 10.22 公斤/人高 7.2% 和 15.8%。（见表 12－3）。

表 12－3　全国、北京市和上海市蛋类消费量

地区	城镇			农村		
	2015 年（公斤/人）	2016 年（公斤/人）	年增长率（%）	2015 年（公斤/人）	2016 年（公斤/人）	年增长率（%）
全国	10.48	10.67	1.81	8.30	8.48	2.17
北京	13.95	12.05	－13.62	11.74	11.83	0.77
上海	10.47	11.24	7.35	9.97	10.22	2.51

资料来源：《中国统计年鉴》。

北京市农村收入水平高的家庭，人均蛋类消费量也较高。2016 年北京市农村低收入、中低收入、中等收入、中高收入、高收入户家庭人均蛋类消费量分别为 11.7 公斤/人、11.2 公斤/人、11.2 公斤/人、12.8 公斤/人、13 公斤/人（见图 12－36）。

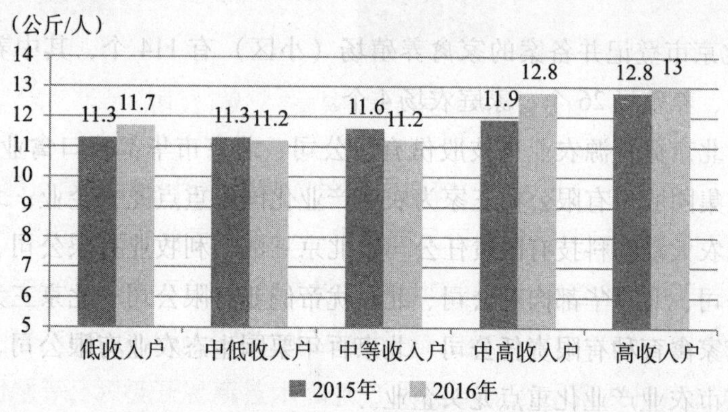

图 12－36　2015 年、2016 年北京市农村家庭人均蛋类消费量对比图

资料来源：《北京统计年鉴》。

北京市城镇收入水平高的家庭，人均蛋类消费支出较高。2016 年北京市城镇低收入、中低收入、中等收入、中高收入、高收入户家庭人均蛋类消费支出分别为 110 元/人、124

元/人、139元/人、154元/人、151元/人（见图12－37）。

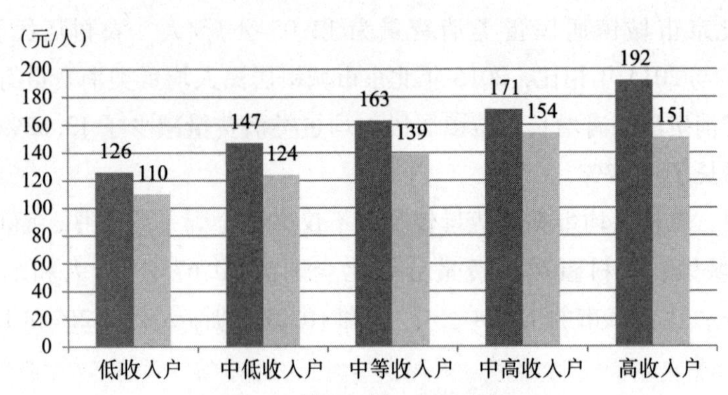

图12－37　2015年、2016年北京市城镇家庭人均蛋类消费支出对比图

资料来源：《北京统计年鉴》。

与2015年相比，北京市城镇各阶层收入家庭蛋类消费支出均有减少。低收入、中低收入、中等收入、中高收入、高收入户家庭人均蛋类消费支出分别减少了12.70%、15.65%、14.72%、9.94%、21.35%。

以上分析表明：北京市城镇人均禽肉和蛋类消费量均呈减少趋势，而农村人均禽肉、蛋类消费量均增加；北京市城镇、农村禽肉消费量均低于全国及上海市水平，蛋类消费量均高于全国及上海市水平；北京市城镇水平较高的家庭，人均禽肉、蛋类消费支出也较高。农村收入水平较高的家庭，人均禽肉、蛋类消费量也较高。

四、新型经营主体现状

2017年，北京市登记并备案的家禽养殖场（小区）有114个，其中养殖企业41个、养殖合作社7个、养殖场26个、家庭农场4个。

养殖企业中北京德青源农业科技股份有限公司、北京市华都峪口禽业有限责任公司、北京大北农科技集团股份有限公司三家为农业产业化国家重点龙头企业；北京正大蛋业有限公司、北京北农大动物科技有限责任公司、北京三江宏利牧业有限公司、北京中农榜样生物科技有限公司、北京华都肉鸡公司、北京优帝鸽业有限公司、北京三元种业科技股份有限公司、北京家禽育种有限责任公司、北京百年栗园生态农业有限公司、北京金星鸭业有限公司为北京市农业产业化重点龙头企业。

2017年登记并备案的家禽养殖场（小区）主要是蛋鸡养殖养殖场（小区），共有73个，其中养殖企业41个、蛋鸡养殖合作社4个、养殖场20个、家庭农场1个；2017年登记并备案的肉鸡养殖养殖场（小区）有27个，其中养殖企业24个、蛋鸡养殖合作社2个、养殖场4个、家庭农场1个；2017年登记并备案的2个蛋鸭养殖养殖场（小区）中，养殖企业1个；2017年登记并备案的有12个肉鸭养殖养殖场（小区），其中养殖合作社1

个、养殖企业 7 个、养殖场 2 个、家庭农场 2 个。

五、产业支持政策实施效果

2016 年 12 月 23 日，中华人民共和国国家卫生和计划生育委员会、国家食品药品监督管理总局共同发布适用于规模以上畜禽屠宰加工企业的《食品安全国家标准畜禽屠宰加工卫生规范》，自分布日起代替《肉类加工厂卫生规范》（GB 12694－1990）、《屠宰和肉类加工厂企业卫生注册管理规范》（GB/T 20094－2006）、《冷却猪肉加工技术要求》（GB/T 22289－2008）。于 2017 年 12 月 23 日起，年屠宰量在 100 万羽以上的北京肉禽屠宰加工企业屠宰加工过程中肉禽验收、屠宰、分割、包装、贮存和运输等环节的场所、设施设备、人员的基本要求和卫生控制操作的管理准则要按新的规范制定。

2017 年 1 月 21 日，住房和城乡建设部与国家质量检查检疫总局共同发布《禽类屠宰与分割车间设计规范》（GB 51219－2017），自 2017 年 7 月 1 日起实施。其中，第 3. 2. 2、4. 1. 2、4. 5. 5、4. 6. 2、4. 7. 3、5. 3. 1、5. 3. 7、6. 4. 3、7. 0. 8、8. 1. 2、9. 3. 3、9. 3. 7、10. 3. 1、11. 1. 2 条为强制性条文，必须严格执行。该规范对新建、扩建和改建的鸡、鸭、鹅等家禽类屠宰与分割车间的设计进行了详细的规定。

随着一系列调转节政策措施和《中华人民共和国环境保护税法》的实施，尤其是北京地区禁养区的划定，北京市家禽养殖场的数量明显减少。

第二节　产业发展中创新团队的技术支撑作用

一、团队基本情况

（一）创新团队功能定位及其建设任务

依据北京市新功能定位和当前家禽发展的实际现状，围绕京津冀家禽产业新形势，现代家禽产业技术体系北京市创新团队（以下简称“北京市家禽创新团队”）按照北京市农业“调、转、节”的总体思路，确定了具有现实依据的团队功能定位：团队致力于发挥科技引领和示范推广的辐射带动作用，“打造高精尖，引领京津冀”，建设“高效、生态、优质、安全”的都市型现代禽业发展模式，以提升农业发展水平和服务首都的能力，确保首都市民菜篮子家禽产品安全供应。

团队以加快转变生产方式为主线，以“科技引领”和“科技示范”为双引擎，确定了国产蛋鸡品种高效生产技术示范与推广工程，功能性家禽食物研究平台构建、研究与示范工程，北京鸭北京油鸡地理标志产品开发、管理与推广工程，家禽健康养殖技术研发与示范推广工程和家禽主要疫病监测及综合防控工程“五大工程”建设任务。

（二）创新团队组成架构

北京市家禽创新团队聘任首席专家1人，岗位专家17人，综合试验站站长5人，农民田间学校工作站站长17人。首席专家依托单位为北京市畜牧总站；岗位专家来自中国科学院、中国农业大学、中国农科院、北京农学院等在京科研院校；综合试验站为区县畜牧技术推广部门和家禽龙头企业；田间学校工作站为乡镇畜牧兽医技术推广单位。

团队体系设置全面合理。家禽团队共设置产业技术研发中心、功能研究室、综合试验站与农民田间学校工作站四个层级。其中产业技术研发中心为首席专家所在单位，首席专家负责整个团队建设、管理、组织运行，具体事项由首席办配合执行；功能研究室包括遗传改良与繁育技术、家禽疫病控制、家禽营养与饲料、家禽健康养殖与环境控制和家禽产品加工与流通5个研究室；综合试验站有平谷综合试验站、房山综合试验站、百年栗园综合试验站、优帝鸽业综合试验站、中农榜样综合试验站5个试验站；农民田间学校工作站由17个工作站组成，涉及大兴区、密云区、延庆区、房山区、昌平区、平谷区共6个区。

（三）创新团队作用与交流机制

1. 团队的作用。通过凝聚全集体智慧和力量，充分发挥成员多学科、多专业合作的系统优势，北京市家禽团队为全面建成北京市现代家禽产业打下具有决定性意义的基础。团队将以联合攻关为主要方式，引进、研发、改进、集成一批切实可行并覆盖全产业链的关键技术与产品；推广一批行之有效的实用技术；建立一批新时期下新模式的家禽产业示范场，培训一批有科技意识的新时代新型经营主体。

家禽团队预计解决的问题均在目标制定中体现，在具体目标制定过程中与现实需求和产业发展匹配程度高，符合国家发展战略和产业发展政策，结合国内外先进理念，紧扣消费者需求，有利于促进北京市家禽产业供给侧结构性改革和首都现代畜牧业的发展，具有很强的社会意义和现实意义。

2. 团队的交流机制。当前已经建立起了由首席专家牵头，各部门分工明确的组织化程度高而且统一协调的团队。

（1）重视团队交流机制建设。加强团队交流效率和效果，建立团队首席专家、执行专家组、技术研发中心、功能研究室、郊区综合试验站和农民田间学校管理协调工作机制。

尤其是执行专家组的设立，对团队总体任务进行把关。为了加强组织化管理，提高团队科学化管理水平，制定了涉及日常管理、绩效考核的各项管理制度，完善了首席办和功能研究室管理流程，成立了执行专家组，主要负责对团队总体任务的论证与考核。

（2）各层级分类指导，任务分层落实。团队注重加强各层级之间的协调配合，充分发挥合力作用。针对各综合试验站和农民田间学校工作站的具体工作内容和规划，分别安排相应的岗位专家与综合试验站对接；岗位专家工作组负责指导综合试验站开展相关技术试验示范和推广，组长分别由5个功能研究室主任担当。

农民田间学校工作站所在郊区如设立有综合试验站，工作内容由综合试验站负责包干指导，岗位专家协助指导。未设立综合试验站的郊区，农民田间学校工作站由相应岗位专家负责包干指导。

功能研究室牵头开展产业关键技术研究和技术集成，根据产业发展趋势开展前瞻性基础技术及策略研究；承担政府主管部门下达的应急性技术任务；指导综合试验站开展相关技术试验示范和推广。

综合试验站组织田间学校工作站在本区域开展需求调研，承担研发中心和功能研究室提供的试验、示范；协助产业研发中心监测生产、疫情、灾情等动态变化；为辖区农民田间学校工作站的建设与运行提供技术支持。

农民田间学校工作站负责示范型田间学校建设，并负责周边2~3所农民田间学校的工作指导，协助综合试验站开展养鸡（鸭）技术及相关需求信息反馈，承担由综合试验站或岗位专家提供的成熟技术的推广任务。

（3）重视团队文化建设。根据北京市农业局有关文件精神，确保家禽创新团队目标的落实和团队的可持续发展，家禽创新团队开展了系列团队文化建设，形成了“求实、和谐、奉献、创新、卓越”的队训，并以团队形式开展了多种活动，包括科技下乡接力站活动、团队拓展训练、团队交流座谈会等。这些活动增强了团队的凝聚力和战斗力，强化了团队成员对团队文化的核心理念、使命、精神和行为准则的认知感和认同感，使团队成员自觉参与到团队文化建设中。

家禽创新团队目前已形成一套完整的团队理念和团队文化，团队成员之间的沟通与默契程度很高，团队凝聚力和执行力很强，可以在既定时间内完成组织和领导布置的相关任务。

（4）严格的考核和奖惩制度。家禽创新团队机构健全、分工明确，严格按照“谁主管，谁负责”的原则，制定考核奖惩制度以及考评测评机制，在每个实施阶段对各项指标实行严格考评，按照工作完成情况和实施结果分阶段进行测评考核、排序和评比，对于先进的个人给予表彰，落后的给予批评，考核不合格的给予变更或取消资格。

（5）完善制度建设，形成系列管理文件和管理办法。为了保障团队工作的顺利运行和规范化管理，团队形成了三级管理文件，首席专家办公室管理文件、综合实验站管理文件、田间学校工作站管理文件。文件涉及会议管理制度、考评办法、专项资金管理办法等各个方面，2017年针对团队绩效考评中存在的问题，形成并强化了“北京市家禽创新团队资金管理信用责任书”“团队考评办法细则”等系列管理文件。

（6）秉承五原发展理念，围绕“五大综合性平台”，团队成员共同进行团队“五大工程”联合攻关，实施团队协调统筹管理的工作模式。团队成员秉承团队“原味、原产地、原生态、原始品种、原始创新”“五原”发展理念，围绕团队家禽分子辅助育种平台、功能性食品研发平台、家禽营养工作平台、肉鸽产业综合性平台和地理标志研究五大综合性平台，合力进行国产蛋鸡品种高效生产技术示范与推广工程，功能性家禽食物研究平台构建、研究与示范工程，北京鸭北京油鸡地理标志产品开发、管理与推广工程，家禽健康养殖技术研发与示范推广工程和家禽主要疫病监测及综合防控工程“五大工程”联合攻关。

二、技术研发与主推技术

2017 年，北京市家禽创新团队围绕“五大工程”开展联合攻关，进行技术研发和主要技术推广。

（一）团队技术研发情况

1. 围绕“国产蛋鸡品种高效生产技术示范与推广”工程，团队集中力量进行新品种培育和现有品种选育提高。

矮小节粮蛋鸡抗病配套系的培育：通过对中农榜样综合试验站“农大 5 号”和“农大 3 号”种鸡的持续选育，使这两个品种具有明显的市场优势，目前已占我国蛋鸡市场的 10% 左右。

绿壳蛋鸡新品系持续选育：通过多年的培育，形成了一个绿壳蛋鸡新品系，该新品系是利用本团队前期研究形成的绿壳蛋色分子育种标记和常规育种方法形成，目前已经形成了一个很好的蛋鸡品系，并根据羽毛颜色进行分群，最终将形成一个产蛋量高、蛋壳颜色为绿色、羽毛颜色为花羽的蛋鸡品系。2016 年完成了对 F6 代公鸡和母鸡的绿壳基因鉴定后，开始对纯合的绿壳蛋鸡进行选配留种。2017 年完成了 F7 代的纯合绿壳留种，并将 F7 代和高产白来航鸡进行杂交，获得高产绿壳 F8 代，目前 F8 代正在进行扩繁（见图 12－38）。

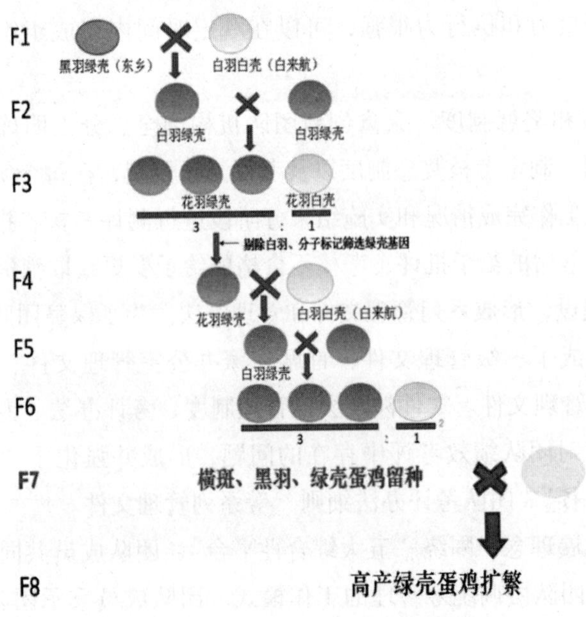

图 12－38　高产绿壳蛋鸡新品系持续选育

“农大3号”“农大5号”“京红京粉系列”“大午金凤”等现有品种的选育提高：提高蛋品质、改善蛋壳颜色、提高后期产蛋率、提高生产性能。

北京油鸡新配套系：针对北京油鸡产蛋率低、饲料报酬低的缺点，北京市畜牧总站积极参与北京油鸡新品种（品系）的选育，培育出拥有自主知识产权的北京油鸡新配套系——栗园油鸡蛋鸡（三系配套），72周产蛋数达到242枚。

2. 围绕“国产蛋鸡品种高效生产技术示范与推广”工程，建立家禽分子辅助育种平台，开启家禽育种新时代。北京市家禽创新团队在家禽分子辅助育种领域开展了多项技术攻关，结合现代分子生物技术，初步搭建了家禽分子辅助育种技术平台。并将先进的育种技术应用于育种实践，开启了家禽育种的新时代。目前已经成功应用4个分子标记，创新性地研发了3个主要的分子标记，包括深棕红羽色标记、绿壳蛋色分子标记、北京油鸡多趾基因分子标记。

“深棕红羽色标记”是培育大午金凤蛋鸡新品种的核心技术，通过该分子标记的应用，大大地缩短了该品种的育种进程，提升了育种效率，“大午金凤”是世界上第一个高产红羽产粉壳的蛋鸡配套系，是分子育种与传统育种技术有机结合，在畜禽育种应用中的成功典范。

通过“鸡蛋鱼腥味分子标记”的应用，成功剔除了“农大3号”“京红京粉”系列蛋鸡纯系中的鱼腥味等位基因，提升了这些品种的鸡蛋品质，为提升这些京产品种的市场占有率提供了重要技术支持。

由于绿壳蛋色是一个由显性基因控制的性状，而公鸡的选择是不能通过表型性状来进行的，因此，通过常规育种很难在短时间内，取得较好的效果。“绿壳蛋色分子标记”的应用，极好的解决了绿壳蛋鸡育种的这些难题。通过该标记的应用，目前正在培育高产、有色羽的绿壳蛋鸡新品系，该标记的应用，促进了该品系的培育进度，对解决北京市乃至我国的绿壳蛋鸡育种问题，提供了有价值的育种素材。

多趾是北京油鸡的一个重要表型特征，然而，仅有部分北京油鸡具有该性状。北京油鸡多趾分子标记的开发成功，为北京油鸡多趾品系的培育提供了可能性。同时，该标记也将为北京油鸡产品的鉴定以及地理标志产品的申请提供了技术支撑。

3. 围绕“功能性家禽产品生产体系研发与示范”工程，搭建功能性禽食物研发平台，开展ω-3功能性禽食物的研发。功能性禽食物是近年来部分发达国家提出的一个新的营养食品概念，核心是基于公众健康和公益而开发的对人体能充分显示身体防御功能、调节生理节律、预防疾病和促进康复等有关功能的禽产品。

团队积极搭建国际交流与研发平台，初步形成了以政府为主导，形成“国外科研机构+国内顶尖功能性食品研究机构+北京市家禽创新团队”三位一体的研究平台，探索建立了“技术引进—消化吸收—自主研发—示范推广”的研发模式。通过功能性食物研发平台的搭建，汇聚全球的科研成果和智力资源，共享功能性禽产品带给人类的健康和安全，相信不远的未来，美味健康的功能性禽产品将会走上人们的餐桌，走进人们的生活，让我们共同逐梦“功能性禽食物”，共享美好的未来。

目前成熟的产品主要以富集 ω-3 功能性禽产品为主。ω-3 人体不可缺少的必需脂肪酸，在人体生理中起着极其重要的作用，不仅能够促进脑、视网膜形成，延缓脑的衰老，还具有降低血脂、预防和治疗心血管疾病、抗炎症等多种生理功能。北京市家禽团队利用现代化的饲料配制技术将富含 ω-3 的原料应用到家禽生产中，调控各种家禽产品中脂肪酸含量及不同脂肪酸之间的比例，满足人们通过日常膳食，使广大市民在不改变自身的膳食结构的基础上能够获取足量安全且容易吸收的 ω-3 脂肪酸。目前已经研发并推广系列 ω-3 功能性禽产品，包括 ω-3 鸡蛋、ω-3 鸡肉、ω-3 北京烤鸭等。

4. 围绕“功能性家禽产品生产体系研发与示范”工程，筛选适合富集 ω-3 不饱和脂肪酸的蛋鸡品种。通过品种筛选发现，“农大 3 号”是 ω-3 不饱和脂肪酸沉积效率最高的品种，其次是“大午金凤”“海兰灰”和“京白 1 号”并列第三；“农大 3 号”“大午金凤”和“海兰灰”是 ALA（α-亚麻酸）沉积效率最高的三个品种，其中“海兰灰”的 ALA 沉积效率高于“农大 3 号”，在现有数据条件下难以确定三个品种之间更明确的大小关系。大午金凤的 DHA 的沉积效率是最高的。综合考虑沉积效率、生产性能和蛋品质等因素，由于“农大 3 号”产蛋率显著降低，所以首先选择“大午金凤”作为生产 ω-3 功能性鸡蛋的蛋鸡品种，其次是“农大 3 号”，再次是“海兰灰”。

5. 围绕“功能性家禽产品生产体系研发与示范”工程，研究并建立 ω-3 鸡蛋品质检测方法。技术检测方面：系统分析了 ω-3 鸡蛋品质储运过程变化机理；确定了储运过程中 ω-3 鸡蛋品质的动态监测、检测方案。方案具体包含了：贮运过程中鸡蛋环境参数的监测；贮运过程中鸡蛋品质检测；贮运过程中鸡蛋感官变化品评；贮运过程中鸡蛋功能性成分变化规律研究。通过各项检测和检测方法的建立，系统性地开展了贮运过程中功能性鸡蛋品质及其功能性成分变化规律研究（见图 12-39）。

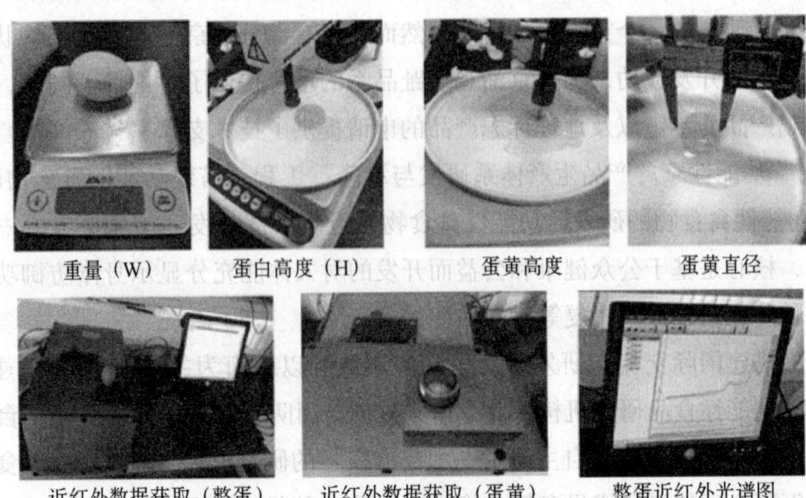

图 12-39　ω-3 鸡蛋品质检测实验

6. 围绕“北京鸭北京油鸡地理标志产品开发、管理与推广”工程，建设北京鸭农产品地理标志管理平台。

北京鸭农产品地理标志管理平台的建设旨在重点开展北京鸭农产品地理标志的申请与认证，监督管理标志使用人规范生产、规范使用标志；提升北京鸭区域品牌影响力。

北京市家禽创新团队在前期技术储备的基础上，对北京鸭和北京油鸡特异性基因进行挖掘（北京油鸡多趾基因、北京鸭分子特征标记研究），以及北京鸭和北京油鸡地理标志保护产业化研究。2017 年 9 月 6 日，农业部发布第 2578 号公告，根据《农产品地理标志管理办法》，对“北京鸭”正式实施国家农产品地理标志登记保护（见图 12－40），这是北京市第 12 个农产品地理标志，也是畜禽产品中目前唯一一个。

中华人民共和国农业部公告

第 2578 号

根据《农产品地理标志管理办法》规定，北京市畜牧总站等单位申请对“北京鸭”等 42 个产品实施国家农产品地理标志登记保护。经过初审、专家评审和公示，符合农产品地理标志登记程序和条件，准予登记，特颁发中华人民共和国农产品地理标志登记证书。

特此公告。

附件：2017 年第三批农产品地理标志登记产品公告信息

农业部

2017 年 9 月 1 日

图 12－40　地理标志等级产品公告

2017 年 9 月 21～24 日，北京鸭农产品地理标志首次在“农交会”上亮相。9 月 22 日举办的“第三节全国农产品地理标志品牌推介会”上，北京市农业绿色食品办公室主任欧阳喜辉向到场的来宾隆重推介了“北京鸭农产品地理标志”。

作为刚刚获得证书的地理标志农产品，“北京鸭”同全国各地的地标农品一同展示宣传，在“农交会”地理标志展区齐放光彩（见图 12－41）。

图 12－41 “农交会”地理标志展区

7. 围绕“北京鸭北京油鸡地理标志产品开发、管理与推广”工程，建设北京鸭北京油鸡研究平台。做好北京鸭地理标志，必须从对北京鸭的基础品质的挖掘入手，从品种差异性、品质特异性、营养与饲料专一性，以及外部形态学研究、特异性基因挖掘、产后加工和疫病防控等多方面入手，全面了解北京鸭的各个基础环节，从而指导北京鸭农产品地理标志的管理。因此，依托北京市家禽创新团队，建立北京鸭农产品地理标志研究平台，旨在全面系统挖掘北京鸭的特异性品质。

8. 围绕“北京鸭北京油鸡地理标志产品开发、管理与推广”工程，开展北京鸭特异性基因挖掘及品质检测，鉴定北京鸭特异分子标记 3 个，并形成专项检测方法，正在申请国家发明专利。

9. 围绕“北京鸭北京油鸡地理标志产品开发、管理与推广”工程，将“北京油鸡多趾分子标记技术”（图 12－42）应用于北京油鸡农产品地理标志保护中。

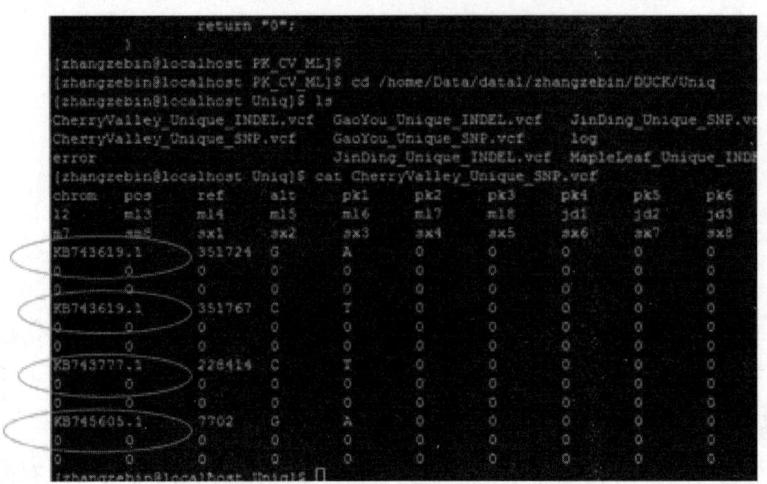

图 12－42 北京鸭特异分子标记技术

多趾作为北京油鸡一个重要的包装性状，是北京油鸡屠宰后屠体的重要标志，家禽团队应用“北京油鸡多趾分子标记技术”，在育种工作中将多趾个体优先保留下来，有利于北京油鸡农产品地理标志保护工作，2017 年开展北京油鸡多趾种群的建立及繁育工作，简化了原有的北京油鸡多趾分子标记检测方法，建立北京油鸡多趾分子标记检测方法 1 套，构建了北京油鸡多趾种群，群体数量 300 只（见图 12－43）。

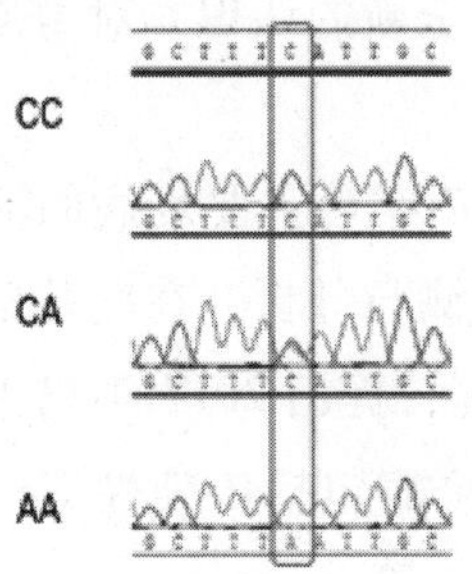

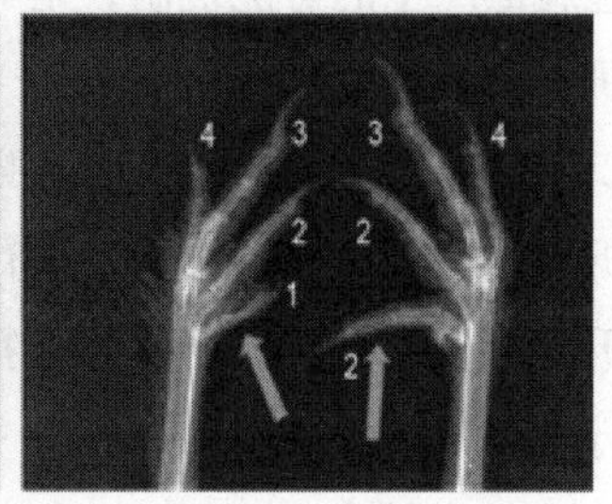

图 12－43　北京油鸡多趾品系图

10. 围绕“家禽主要疫病监测及综合防控”工程，开展鸡新城疫（ND）和低致病性禽流感（H9N2 亚型）二联灭活疫苗研究。新城疫（ND）和 H9N2 亚型禽流感（AI－H9N2）是我国当前主要通过疫苗进行防控的两种重要疫病，根据流行株的变化研发新型疫苗是控制两种疫病的关键。针对当前两种疫病疫苗与流行毒株不匹配导致免疫保护效果不佳的实际情况，利用筛选得到的主要流行毒株进行疫苗研制。在此基础上，进一步补充了采用不同的攻毒途径，基因 VII 型疫苗在免疫保护效果上优于常规 La Sota 疫苗的试验数据和研究结果（见图 12－44）。并且已在不同养禽场完成了二联灭活疫苗临床试验，分析不同鸡群免疫后抗体的消长情况，最终形成新兽药注册材料 1 份，已提交农业部。

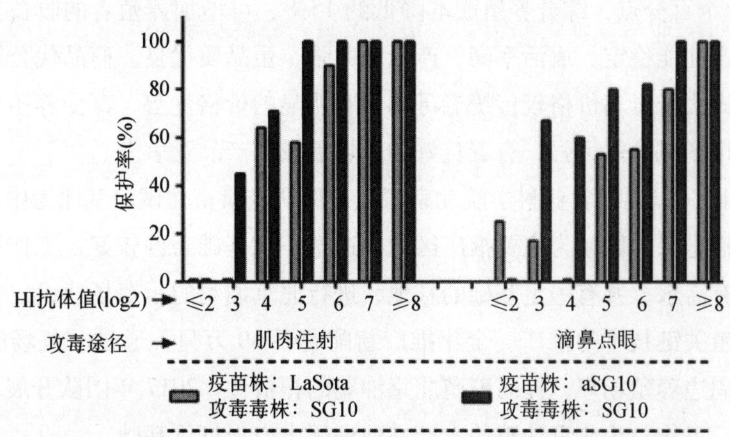

图 12－44　基因 VII 型疫苗与 La Sota 疫苗免疫保护效果比较

11. 围绕“家禽主要疫病监测及综合防控”工程，开展禽流感的快速检测方法研究。在禽流感的监测方面，建立了针对禽流感的快速检测方法，为禽流感的预警提供了必要的技术支撑。研发了禽流感快速检测试纸条，申请了中国发明专利——一种检测禽流感病毒的试纸条及其制备方法（中国发明专利申请号 200810224933.3）。此外还研发了变色囊泡传感器检测技术、免疫磁珠检测技术和 SPR 现场检测仪共 3 项技术 1 个仪器，为家禽重要疫病的现场和实验室检测提供重要平台。

提出了 H7N9 流感病毒产生的“市场”理论假说，从生态学角度揭示了新亚型 H7N9 禽流感病毒产生的可能机制，是对于禽流感的溯源、流行和进化全新的认识，对禽流感的未来研究具有重要意义。

12. 围绕“家禽主要疫病监测及综合防控”工程，开展 2017 年鸡主要疫病的流行动态分析。该项工作内容主要是进行鸡常见主要疫病的流行病学监测与分析，在此基础上通过分析血清学差异、流行毒株的特点和市售疫苗的免疫保护情况，提出 2017 年鸡主要疫病流行动态分析预测报告，供相关从业人员参考，针对的主要疫病包括传染性支气管炎（IB）、鸡传染性鼻炎（IC）、禽流感（AI）、滑液囊支原体（MS）等。

（二）团队主推技术情况

1. 优良蛋鸡品种推广。对 2016 年取得新品种证书的两个蛋鸡品种（配套系）北京油鸡、大午金凤，2017 年加大推广力度。

“大午金凤”由大午种禽公司和北京市家禽创新团队合作培育的羽色自别粉壳蛋鸡配套系，是国内首个红羽粉壳蛋鸡新品种，2016 年通过国家蛋鸡新品种审定。主要特点为：红羽产粉壳蛋、适应性强、啄死淘率低、生产性能好、高峰期维持时间长、蛋壳颜色好、淘汰鸡价格高等。全程产蛋数 318 枚，料蛋比 2.2:1，72 周龄末体重 1850 克以上。通过 2017 年的重点推广，“大午金凤”的年推广量达到 2000 万只，市场反响很好。

“北京油鸡”新配套系商品代蛋鸡具有节粮优势，耗料量减少约 10% ~15%，同时成活率提高 1 ~2 个百分点，综合养殖成本降低约 15%，可增加养殖者的收益。商品代雌雄自别率高、生产性能稳定、成活率高、产蛋能力强、蛋品质优良。商品代公雏可以作为优质鸡苗出售，淘汰老母鸡价格较传统老母鸡具有明显的价格优势，深受养殖户好评，因此本配套系抵御市场风险能力强，有着良好的市场前景和产品竞争力。

2017 年，团队以中国农业科学院北京畜牧兽医研究所畜禽试验基地为中心，以北京油鸡农产品地理标志保护区域为主要推广区域，遴选一批基础条件较好、工作积极性高、对北京油鸡养殖有需求、并有一定基础的基地，进行北京油鸡的示范场建设，实施北京油鸡新配套系及养殖关键技术的推广。全年推广新配套系 30 万只，通过示范场的示范带动作用，辐射推广周边养殖场户，提高养殖北京油鸡的积极性。2017 年团队开展北京油鸡蛋用新配套系的推广工作，为北京油鸡的农产品地理标志申报打下基础。

推广过程中借助油鸡养殖合作社的带动优势，向合作社所在村中的低收入户推广新配套系，帮助低收入农民增收。

2. 推广生态环保微生态制剂成果。在北京周边区县家禽场进行技术推广，覆盖 10 万只肉鸡，提高家禽生产性能，降低发病率，提高营养物质利用率，减少养殖过程中抗生素的使用，减少粪中氮排放，从而减少环境污染。

3. 4号工程以节水、生态技术持续推进家禽健康养殖。2017年，通过引入设备，革新理念和自主研发，在消毒上引入节水型喷雾设备，建立养殖场雨水收集系统，研发节水型饮水器（见图12－45、图12－46），多种技术措施实现节水养殖。2017年累计推广家禽1500余万只，占全市家禽养殖量35%以上，节水27.5万吨技术主要在峪口禽业、正大蛋业有限公司、金星鸭业、绿都峪口兴合养殖有限公司等进行示范推广。

图12－45　新型饮水器

图12－46　雨水收集系统

4. 智能化控制技术与LED光照技术推广应用。昌平、密云、平谷等区开展智能化控制技术与LED光照技术推广应用（见图12－47）。结果表明，可节约劳动力约20%，节约能源（电能）成本近60%，而且禽舍环境还得到了较为明显改善。

5. 继续开展禽舍环境智能化调控技术落地推广。北京市畜牧环境监测站站长吴迪梅、环境控制岗位专家张卓毅与平谷区综合站对接，对规模养禽场进行实地考察，并根据养禽场的需求计划在禽舍环境智能化控制系统增加预警预报功能并与手机相关联，在1个蛋种鸡场、3个规模化蛋鸡场示范推广落地（见图12－48）。

图 12 －47　智能化控制系统

图 12 －48　禽舍环境智能化调控

6. 深入开展禽舍节能光照技术示范推广。2017 年在 1 个肉种鸡场、1 个蛋种鸡场、3 个规模化蛋鸡场继续开展节能光照技术的推广工作。同时对冷阴极荧光灯及 LED 节能灯开展持续的耗电量、光照度、生产性能影响情况的对比监测，评价技术应用效果（见图 12 －49）。

图 12 －49　禽舍节能光照技术推广

7. 开展气雾免疫与人工免疫技术对比试验示范技术。在北京绿都峪口兴合养殖有限公司，使用笼养式喷雾免疫机开展新城疫喷雾免疫试验，并指导养禽场负责人正确使用喷雾机器，喷雾前做好鸡舍消毒降粉尘同时增加湿度达到60% ~70%（见图 12 -50）。可以替代过去的饮水、滴鼻、点眼等免疫方式，提高家禽免疫效果，并节约劳动力。

图 12 -50　笼养式喷雾免疫

（三）团队研发成果情况

家禽团队立足于北京首都功能定位与五大发展理念，以农业供给侧改革为主线，加强京津冀协同发展，以“安全、优质、绿色、生态”为目标，实施成熟技术集成、示范与推广，兼顾前瞻性技术研究，以提高产业科技含量为抓手，加强数量型向质量型转变，打造产业发展“科技支撑”与“科技引领”双引擎，并取得了一系列丰硕成果。

2017 年，团队成员新技术研究 25 项，开展试验研究 47 项；撰写研究报告 33 份，获得奖励 5 项；发表学术论文 72 篇，进入 SCI29 篇；出版著作 4 部；申报专利 17 项，授权专利 13 项；软著授权 3 项，申请 1 项。

开展技术指导 247 次；举行观摩交流 41 次；科技入户 135 场；组织培训 91 次；培训农民 7045 人次；对外交流 102 次；京津冀活动 35 项。

示范推广新技术 43 项；推广新品种 4 个；推广新产品 22 个。

覆盖家禽 1320 余万只，其中蛋鸡 950 万只，占总存栏 80%；肉鸭 230 万只，占总出栏 60%；肉鸽 10 万对，占总存栏 50%。创造的直接经济效益达 5730 万元。

三、技术示范推广效益

（一）技术示范推广经济效益

北京市家禽创新团队通过实施产业升级计划，开展技术研发、示范与推广，在蛋鸡、北京油鸡、北京鸭和肉鸽北京市主要养殖品种上，围绕国产蛋鸡品种高效生产技术示范与推广，功能性家禽食物研究平台构建、研究与示范，北京鸭、北京油鸡地理标志产品开发、管理与推广，家禽健康养殖技术研发与示范推广方面开展了新技术的研发应用，取得了较高的经济效益。

选育与引进筛选新品种 2 个，研发与引进筛选新产品 15 项，开展研发与引进筛选新技术 31 项，并将技术成果示范家禽 1320 万余只，创造的直接经济效益达 5730 万元，有效地提升了农民的收入水平，促进家禽产业提质增效，产生了显著的经济效益。

2017 年，通过团队技术示范推广与培训，实现了高产蛋鸡年产蛋量达到 296 枚，较全市平均水平增产 1.2%，较上一年度增产 0.8%，单产水平达到全国先进水平，按照技术推广 1000 万只蛋鸡，可实现增收 2100 余万元；北京油鸡料肉比 2.72:1，较全市平均水平降低了 30%，较上一年度降低 5%，技术整体水平达到世界先进水平，累计产生经济效益 720 万元；烤制型北京鸭料肉比为 2.9:1，较全市平均水平降低了 6%，较上一年度降低了 2%，达到国内领先水平，实现经济效益 470 万元；通过肉鸽机械化养殖技术支持下，全市 20 万对肉鸽累计带来经济效益 290 万元；在团队项目支持下农大系列蛋鸡累计推广 0.8 亿只，按每只商品鸡增收 0.2 元计算，可产生经济效益 1600 万元；团队研发的种公鸡专用料应用于种鸡 8 万套，按照受精率和孵化率提高 2%，种母鸡平均产蛋率 85%，鸡苗 3 元/只计算，一年可提高经济效益达 150 万元。另外，研发的功能性鸡蛋在市场上的售价为 3 元/枚，按照示范场年生产功能性鸡蛋 200 万枚，每枚鸡蛋的经济效益增加 2 元计算，年可提高经济效益 400 万元。上述累计可带来直接经济效益 5730 万元。

（二）技术示范推广生态效益

北京市家禽创新团队通过科技示范和引领，不断提高家禽养殖生态化水平。2017 年以来，家禽团队围绕“调转节”工作重点，围绕循环养殖、节水生态、抗生素减量、禽产品质量安全等方面进行了大量工作。累计示范推广家禽节能减排技术 4 项、循环利用技术 3 项、生态节水技术 6 项、健康养殖技术 13 项，开发环保型饲料等产品 5 个，实现节水约 35 万吨，示范场节能 60%，氮排放降低 33.95%，磷排放降低 9.15%，初步形成“节水型、生态型、友好型”家禽产业集群。

1. 生态节水与循环利用。在生态养殖技术推广方面，团队针对京郊地区家禽规模化饲养存在环境污染问题，形成综合控配套技术，结果使氮排放降低 33.95%，磷排放降低 9.15%，有效地解决了蛋鸡饲养的环境污染问题，产生了很好的生态效益。

集成推广了 4 项节能技术，累计能够直接减少养殖场的能源消耗，年节省约 10 万度电。

集成示范循环利用技术 3 项，采用密闭式发酵罐技术将禽粪加工成有机肥，年产有机肥 730 吨，实现了禽粪的资源化利用，有助于循环农业模式的推广。

示范应用生态节水技术 6 项，节水技术的应用减少养殖用水量，年节约用水近 1600 吨，节水的同时也间接减少了养殖污水的排放量，减小了养殖场周边的环境压力。

2. 抗生素减量。在减少抗生素用量方面，团队建立了以抗菌肽、中草药、复合微生态制剂等新产品为核心的抗生素减量技术产品，在降低家禽死淘率，保障产蛋量的情况下，可达到节能（提高饲料利用率、改善生产性能）、减排（减少排泄总量、提高排泄物的治理水平、减少饲用抗生素的使用量），最终增效的效果，符合家禽产业绿色和可持续发展的要求。

3. 禽产品质量安全。在家禽产品质量水平安全提升方面，团队在许多方面做了工作。同时团队还在家禽养殖环节安全风险调查分析方面，完成了对20个监测点的禽产品质量安全风险调查与评估，覆盖范围包括微生物类、重金属、抗生素、霉菌毒素、违禁药物等，根据监测分析结果，形成了质量安全风险控制综合措施，并指导实施，为有效防御质量安全风险做出了一定贡献。

加强饲料质量安全评价及预警工作，按季度对北京市36家家禽养殖场（户）采集饲料样品44份，进行了重金属、抗生素、霉菌毒素、有害微生物等安全指标监测，这些预警监测结果对于了解北京地区家禽饲料质量安全现状，加强家禽饲料质量安全监管有重要指导作用。

（三）技术示范推广社会效益

针对北京市家禽产业“高效、生态、优质、安全”的发展方向，北京市家禽创新团队通过科技攻关和交流，通过技术交流对接与合作，同时以北京“国际交往中心”功能定位与国家“京津冀协同发展”战略为指引，加强国际合作纵深推进，加强京津冀家禽产业协同发展，加强产业升级与新型产业培育，社会影响力显著增强，产业社会综合效益不断提升。

团队成员在2017年共计参加各类国内外技术交流120次，作大会报告38个。被中央级新闻媒体报道4次，省市级7次，产生了很大的社会影响。

团队成员专家承担了全市科普惠农兴村、农业技术培训、现场资讯指导等工作，积极参与昌平、密云、延庆、平谷等10个区的各类培训，包括培训79次，举办观摩交流24次，开展技术指导135次，科技入户27场，参与农民超过4500人次。团队积极发现并培养农村乡土专家和科技示范户，有效地推进了科技成果整村转化，很好地辐射带动了周边村镇技术进步，产生了显著的社会效益。

1. 国际交流合作纵深推进。在团队支持下，“第二届国际饲料加工技术研讨会”如期举办，李德发院士、中国农业科学院北京畜牧兽医研究所秦玉昌研究员、挪威生命科学大学 Olav Kraugerud 教授等10多名国内外知名专家学者做报告。此外，团队与加拿大曼尼托巴大学就双方开展ω-3禽蛋、禽肉等功能性食物技术合作进行了研讨，签订技术合作协议，加拿大农业部副部长出席签字仪式。

2. 京津冀家禽产业协同发展。团队多次赴唐山进行家禽产业调研和技术对接，并与唐山市农委和家禽养殖龙头企业代表围绕“科学养殖”进行交流，达成系列合作意向；团队成员与河北省农林科学院专家开展了多项技术合作攻关，并组织参加“京津冀蛋鸡产业峰会”。

3. 产业多元化与优质化水平不断提升。功能性食物研发平台的建设和成果也丰富首都蛋品市场，使广大市民在食用鸡蛋的同时，获得了更多功能性成分，满足了人民对鸡蛋产品多元化和安全健康食品的需求。

项目实施可以提升北京油鸡市场的竞争力，并带动京津冀地区蛋鸡生态养殖，为我市优质特色地方家禽品种的保护与推广；北京鸭地理标志成功申报填补了我市畜牧产品类地理标志的空白。

4. 产品保障能力日益加强。通过技术示范点的建设，实现养殖环境自动化、智能化、信息化调控，同时大大改善养殖场舍内环境质量，降低畜禽发病率，也有利于企业生产管理水平的提升和现代化生产模式的构建，提升了我市禽蛋禽肉产品的质量安全水平。对于稳定市场消费具有积极的作用，社会效益突出。

5. 京郊农民素质稳步提高。在农民素质提升工作方面，团队开展了满足农民技术需求、针对热点问题开展新技术培训、新技术推广及现场观摩工作。通过“首席办策划、综合站组织、岗位专家参与”的培训方法流程，举全团队之力，共同参与培训，实现了培训数量与质量双提升，培训满意度90%以上，培训结果反馈良好，打造了一批养殖能手，同时提升了我市家禽养殖从业人员的整体素质。组织技术经验交流、现代化标准化养殖技术与工艺观摩交流等多形式培训、观摩交流、技术指导和科技入户260余次，共计培训人员4500人次，发放技术材料4680份。

四、团队对产业支撑作用

北京家禽创新团队以“产业转型升级”为契机，注意自身素质提高，实现团队自身升级，调整产业支持模式；充分发挥“智库”作用，有效应对产业突发重大事件；不断加强技术研发与推广，对北京市都市型现代禽业发展起到了重要的支撑作用。

2017年，北京家禽创新团队家禽推进发展环境友好的绿色养殖方式；推进家禽生产各环节技术进步；推进现代设施装备和现代工艺的广泛应用；推进禽产品安全优质化程度；推进家禽产业多元化健康发展；培育新产业，创造新动能，从而实现北京市家禽产业整体上从数量型增长到质量型提高的转变。

（一）实现团队自身升级，调整产业支持模式

以打造“高效、生态、优质、安全”的北京特色家禽产业为目标，北京市家禽创新团队协调统筹管理，注重团队自身建设，从过去对北京家禽产业的科技支撑作用，转为科技支撑与引领产业发展相结合的方向发展。

（二）建立五大综合性平台，全方位支撑并引领北京市乃至京津冀地区家禽产业的升级

家禽分子辅助育种平台、功能性食品研发平台、家禽营养工作平台、肉鸽产业综合性

平台和建立地理标志研究平台五大综合性平台的建设，从全方位支撑并引领北京市乃至京津冀地区家禽产业的升级。

1. 建立家禽分子辅助育种平台，开启家禽育种新时代。“深棕红羽色标记”是培育大午金凤蛋鸡新品种的核心技术。“鸡蛋鱼腥味分子标记”成功剔除了“农大3号”“京红京粉”系列蛋鸡纯系中的鱼腥味等位基因，提升了这些品种的鸡蛋品质。“绿壳蛋色分子标记”“北京油鸡多趾分子标记”等均在应用。

2. 建立功能性食品研发平台，关注人类健康。形成“国外科研机构 + 国内顶尖功能性食品研究机构 + 北京市家禽创新团队”三位一体的研究平台，探索建立了“技术引进—消化吸收—自主研发—示范推广”的研发模式，目前已经研发并推广系列 ω－3 功能性禽产品，包括 ω－3 鸡蛋、ω－3 鸡肉、ω－3 北京烤鸭等。

3. 建立家禽营养工作平台，多角度开展家禽营养研究。营养与繁殖、营养与安全、营养与免疫、营养与健康，岗位专家在种公鸡专用饲料研究、家禽饲料质量安全监测、益生菌与免疫提高、家禽营养与肠道健康研究等领域取得多项成果。

4. 建立肉鸽产业综合性平台，开创特色家禽品种产业开发。2017 年促成“国家鸽业科技创新联盟”，开始以“联盟”的工作形式开展肉鸽产业综合性平台的工作。

5. 建立地理标志研究平台，将北京鸭、北京油鸡的基础研究进行系统化研究。通过对北京鸭、北京油鸡特色品质的挖掘，形成了一系列能够应用于地理标志管理工作的技术手段。

（三）发挥“智库”作用，有效应对产业突发重大事件

为了更好地适用北京市畜牧产业转型升级的需要，北京市家禽创新团队积极转变，实现自身的转型升级，积极应对产业发生的重大事件，发挥“智库”功能。

2017 年家禽产业发生了两个重大安全事件，也是影响家禽产业健康发展的不利事件——H7N9 感染与毒鸡蛋事件。针对民众关切的要点和舆论关注的热点，家禽团队积极做出相应，发挥团队技术优势、信息优势，同时借助团队岗位专家影响力，将事件带来的不利影响和农民损失降到最低。

面对 2017 年严峻的形势，家禽团队通过探索“工作 + 智库”的工作模式，采取了以下措施应对：

1. 全面部署并参与 H7N9 防控工作。2017 年 4 月，北京市开始发生人感染 H7 亚型流感病例，并在患者接触的禽群中检测到 H7N9 核酸阳性。鉴于严峻的防控形势，北京市家禽创新团队为做好 H7 亚型流感开展了一系列的防控工作。

团队成员与督察组开展了 40 多次 H7N9 流感防控工作的督导检查，围绕发病人员饲养禽只及相关环节的禽类采集样品开展实验室检测，共计采集血清学样品 1588 份；团队成员通过管理平台上报防控 H7N9 工作信息 30 余条，开展相关知识培训 5 次，培训 200 余人次；团队成员参加 H7N9 流感的诊断防治技术培训 8 次，共计 460 余人参加培训，提升参培人员的 H7N9 禽流感防控能力和防控意识。

（1）开展宣传、培训及督导工作，正面引导，科学认识。2017 年 4 月 17 日在团队内部发出《北京市家禽创新团队防控 H7N9 亚型流感、应对当前不利行情的通知》，动员团队成员增强防控意识、做好防控工作。

2017 年 4 月 12 日，北京市家禽团队疫病控制岗位专家、中国科学院动物研究所何宏轩研究员就春季传染病防控接受（延庆）电视台采访，通过媒体向公众讲解 H7N9 流感防控知识。

2017 年 4 月 12 日，房山区综合站组织疫病防控培训会，结合 H7N9 流感防控的实际情况，讲解我国 H7N9 流感疫情的流行状况、流行特点、综合防控措施等，对基层人员 H7N9 流感防控基础知识普及具有指导意义。2017 年 4 月 28 日，平谷区综合站召开“防控 H7N9 流感、应对不利行情”专题培训。培训会上，何宏轩研究员做了题为“H7N9 流感防控——一个健康理念的实践”的主题报告。本次培训会让从事禽类养殖的相关人员增加了相关理论知识，增强了防控意识。开展家禽常见疫病诊断程序和诊断关键点技术系统培训，培训 100 余人次。开展“抗击流感、应对不利行情”专题培训，房山、平谷培训共计 200 余人次，其中养殖场户 80 余个。

按照市农业局 H7N9 流感防控部署会议要求，从 2017 年 4 月 24 日开始，疫病控制功能研究室主任刘晓冬参与市级督察组，先后对密云区、怀柔区、海淀区、东城区和西城区开展 H7N9 亚型流感防控工作的督导检查（见图 12－51）。

图 12－51　农业局 H7N9 流感防控部署会议

5 月 4～8 日，按照市重大动植物疫情应急指挥部要求，首席专家陈余参加市级 H7N9 流感专项联合防控督查行动，完成对顺义、平谷等区的工作督导。

（2）按照家禽团队内部通知要求，团队综合试验站和农民田间学校工作站加强了 H7N9 流感的防控和春季防疫工作（见图 12－52）。

设立在推广机构的综合试验站和田间学校工作站组织辖区部门做好 H7N9 防控工作。一是组织做好消毒灭源工作，执行严格的消毒卫生制度；二是排查辖区活禽交易，劝阻养殖户不从无照商贩处购进畜禽；三是加强高致病性禽流感强制免疫，加强监督管理确保所

图 12－52　春季动物防疫工作

有禽只不漏免，对实施免疫后 28 天的禽只进行采血监测抗体。

中农榜样综合站、百年栗园综合站及设立在养殖企业的田间学校工作站，按照有关要求，切实抓好企业内部春季动物防疫工作，确保不发生重大动物疫情。一是抓好基础免疫，确保免疫效果；二是认真落实抗体检测工作，强化免疫效果评价；三是开展重点疫病检疫净化；四是开展畜禽养殖环境综合治理，加强场区消毒；五是开展动物防疫宣传和加强人员队伍技术培训；六是做好防疫物资保障。通过以上几项工作的认真落实，保障生产安全。

（3）制作并发放 H7N9 防控宣传手册，从基础知识、流行机理、临床症状、防控措施等方面向公众宣传，引导公众正确认识，科学防控 H7N9。

（4）家禽团队岗位专家致力于 H7N9 研究，并取得多项研究成果。禽流感的溯源与病毒进化研究家禽团队岗位科学家、中国科学院动物研究所何宏轩研究员，首次建立了全球禽流感毒株的分型和分类的方法，揭示了禽流感病毒系统发育的多样性和基因型的复杂性，为全球禽流感在野生动物和人宿主之间的传播、进化研究奠定基础。

研发了禽流感快速检测方法：禽流感快速检测试纸条、变色囊泡传感器检测技术、免疫磁珠检测技术和 SPR 现场检测仪，为家禽重要疫病的现场和实验室检测提供重要平台，为流感的预警提供了必要的技术支撑。

提出了 H7N9 流感病毒产生的“市场”理论。从生态学角度揭示了新亚型 H7N9 禽流感病毒产生的可能机制，是对于禽流感的溯源、流行和进化全新的认识，对禽流感的未来研究具有重要意义。

2. 针对“毒鸡蛋”事件，及时提出应对方案，家禽创新团队从事件发生的国际背景、社会背景和技术背景进行全面了解，并在分析北京及国内外养殖模式和特点后，提出应对措施。从氟虫腈在鸡体内的代谢途径研究、鸡蛋的追溯技术研究提出应对毒鸡蛋的技术措施，为蛋鸡产业安全健康发展提供技术支撑。

受北京市农业局指派，团队成员参加了由北京市食品药品监督管理局召开的鸡蛋中氟虫腈相关事宜的研讨会，会上提出“由于荷兰和中国养殖方式以及管理方式的不同，所以氟虫腈事件在欧洲产生严重的后果，但是在国内不会出现如此大规模的事件”。此外，还建议在北京市开展相关的摸底工作，确定公众认可的结论，为下一步工作打好基础。

针对欧洲“毒鸡蛋”事件的发生，结合北京市禽场质量安全现状，家禽团队开展了全市范围内的安全风险大调查，主要针对消毒用农药、兽药、未知安全风险因子进行大排查，通过实地调查走访、查看养殖记录、问卷调查、采集样本及检测的方式，对选取的蛋鸡养殖场进行安全风险调查。根据调查结果，了解到潜在安全风险点，就这些风险点，团队岗位专家开展了12次技术指导和服务。

（四）聚焦家禽产业的“五原”模式，运用知识产权手段，实施产业保护

“原味、原产地、原生态、原始品种、原始创新”的“五原”模式是北京市家禽创新团队又一创新性思路。

北京鸭农产品地理标志申报成功，是家禽团队聚焦原产地、原始品种的工作成果，团队将运用好“农产品地理标志”这个知识产权保护手段，使政府资源、企业品牌资源和农户生产地理资源进行优化组合，提高北京鸭的产业化水平，将北京鸭重新塑造成“活长城”，为世界城市的建设、都市型现代农业的发展添彩。

功能性食物开发上更加注重知识产权保护。功能性食物的开发过程中团队更加注重对原始创新的保护，特别强调对知识产权保护的诚信体系建设，从家禽营养工艺、养殖模式、储存加工及产品评测、成果转让等领域全面加强知识产权保护工作，保障专家的研发成果。

由于企业性质的综合试验站数量增多，团队开始尝试用经济手段促进团队原创技术在综合站的应用，具体指：综合试验站预算中用于新技术示范推广的预算不得少于33%（其中至少50%应当采用家禽团队岗位专家主推技术）。

（五）“生态示范+扶贫”和“地理标志+扶贫”推广模式，带动低收入户增收工作中取得新成绩

诚凯成田间学校工作站2017年借助团队力量，成功开展了“生态示范+扶贫”和“地理标志+扶贫”的品种和技术推广模式。诚凯成柴鸡养殖专业合作社为社员及周边低收入户无偿提供北京油鸡鸡雏3万余只，每户养殖油鸡200~300只，并提供技术培训、产品销售等服务，帮助低收入户每年增收2万~3万元，为低收入户增收打下一定的基础。

大营宏光田间学校工作站在2017年产业外迁的过程中，在陕西延川县建立养殖基地，带动当地农民养殖北京鸭，通过技术和品种的推广，带动当地贫困农民脱贫增收。

（六）落实家禽团队内部产业升级科技行动计划，促进示范基地科技水平提升

结合农业部《实施农业竞争力提升科技行动工作方案》及科教处对于农业竞争力提升科技行动的具体部署。北京市家禽团队通过对内部示范基地的技术集成示范，打造高产蛋鸡和三个特色家禽品种（北京鸭、北京油鸡、肉鸽）的6种养殖模式，实现北京市家禽创新团队内部产业升级目标。

“科技行动计划”启动后，对接专家积极开展与示范基地的技术对接，落实团队技术的集成与示范。2017年，团队专家已经在6个示范基地进行30余次对接与技术指导，开展20项技术的集成，正在有力地促进示范基地科技水平提升。

第三节　产业典型案例分析

一、产业发展新业态案例

在北京市调结构、转方式、发展高效节水农业的大背景下，按照“政府引导、企业主体、市场化运行、产学研结合”的模式，“支持畜牧业提升自身综合竞争力，积极挖掘产业内生动力，培育特色品种，满足消费者多元化需求”是北京市家禽产业升级和实现供给侧改革的重要举措。在这一过程中，北京市家禽产业发展的新业态也不断涌现。

“小鸽子大产业”，北京优帝鸽业有限公司在北京市调转节和乡村振兴中发挥了北京市农业产业化龙头企业的引领带动作用，实现三次产业的更好融合落地。

家禽良种产业一直是北京市畜牧业生产发展的基础、根本和优势。北京中农榜样蛋鸡育种有限公司拥有的自主知识产权的特色蛋鸡品种蛋鸡、华都峪口禽业有限责任公司的智慧蛋鸡都是产业升级和转型的典范。

作为最早实施产品全称可追溯的家禽企业，北京金星鸭业有限公司担负着北京鸭保种和良种繁育推广的双重历史使命和神圣职责，现已成为全国最大的北京烤鸭原料生产企业。不仅为中高端北京烤鸭市场提供90%以上的烤鸭原料，还是各种国家大型会议和外事活动不可或缺的中国元素。

二、典型案例分析

（一）北京优帝鸽业有限公司

1. 企业基本情况。北京优帝鸽业有限公司系北京市家禽创新团队肉鸽综合试验站，隶属于野谷健康产业集团，集团位于北京市顺义区，北京优帝鸽业有限公司占地236亩，现存栏优质种鸽10万对，每年可向市场提供优质种鸽20万对，肉鸽180万只。优帝鸽业为北京市农业产业化重点龙头企业，北方最大的肉鸽养殖基地，中国目前唯一最大的硒鸽基地，中国肉鸽行业十大影响力品牌。

2. 延伸肉鸽养殖产业链，做肉鸽健康产业的践行者。以肉鸽育种和养殖为中心，优帝鸽业不断进行产业链的延深，目前已涉及的行业有：养殖、种植、餐饮、食品流通、旅游、科研等多个方面。

2017 年北京优帝鸽业有限公司控股全国首家祖代场深圳市天翔达鸽业有限公司，成为国内最大的祖代场，目前产品为中直特供产品。2017 年优帝鸽业正式控股深圳市天翔达鸽业有限公司，天翔达是中国第一家祖代种鸽场，也将是中国唯一一家通过农业部品种鉴定的原种厂，公司现有 6 个品种、8 个品系，有深王鸽、白王鸽、卡奴鸽（红卡奴、黄卡奴、新白卡）、泰深、银王以及天翔鸽（天翔Ⅰ号、天翔Ⅱ号）等。

3. 不断升级技术和设施，引领行业的自动化和规范化。为提高肉鸽养殖的现代化水平，推动肉鸽行业健康发展，优帝鸽业积极研发并实践着自动喂料、自动清粪功能的实现，并已取得突出成效。2014 年，北京优帝鸽业引进自动喂料设备，并全场推广，提高乳鸽产量和品质，解放劳动力，提高鸽场的经济效益。2014 年 6 月，优帝鸽业和南京厂家合作，共同研发了针对肉鸽的自动化屠宰生产线，现已投入使用，成为中国第一个标准化自动肉鸽屠宰线。同时努力推进行业屠宰标准制定和完善。

4. 实施种养结合新模式，发展生态循环农业。野谷集团用以硒鸽养殖为核心，优帝鸽业的落地粮来饲养生猪和鱼，用鸽粪作为种植基地的有机肥，废弃物排入沼气池进行发酵，产生的沼气发电为园区提供电能，沼渣沼液返还土壤，形成封闭的环保生态链。

5. 重视品牌建设，提升企业竞争力和产业影响力。野谷集团创立“硒游记”品牌，并于 2014 年初，将种植、养殖、餐饮、食品加工、生态旅游等行业进行了品牌的整合与升级，统一使用“硒游记”主打品牌，2017 年公司的肉鸽和鸽蛋“硒全食美”品牌获得中国第十五届中国农产品交易会金奖并将位于北京市核心区的建外 SOHO 和望京 SOHO 两家餐厅，作为品牌推广的窗口，让硒鸽及硒鸽产品得到大众的广泛认知，将肉鸽推上百姓的餐桌，并以此推动肉鸽行业的健康发展。

6. 参与国家扶贫计划，发挥领带动作用，辐射京冀。2018 年与阜平县人民政府共同兴建精准扶贫项目——“中国 · 阜平首家鸽产业富民示范项目”，该项目落户河北省阜平县，将投入 2.1 亿元，打造中国地区最大的鸽产业基地，2019 年 50 万对生态高效硒鸽项目全部投产后，预计将带动阜平当地 1.2 万户农民增收脱贫。

优帝鸽业的扶贫项目将涉及的鸽产业的全部深加工产业链将引入并落户阜平县，更好地实现三次产业的融合，实现阜平县扶贫富民产业全覆盖，发挥北京市农业产业化龙头企业高精尖的引领带动作用。

（二）北京中农榜样蛋鸡育种有限公司

1. 企业基本情况。北京中农榜样蛋鸡育种有限责任公司是北京市家禽创新团队综合试验站，是农业部认定的国内 5 个国家级蛋鸡核心育种场之一，是国内外唯一的农大小型蛋鸡（农大 3 号、农大 5 号）原种和祖代鸡场。蛋种鸡饲养规模 102024 只，年可出栏父母代雏鸡500万只。北京中农榜样蛋鸡育种有限责任公司是北农大科技股份有限公司（以下简称北农大公司）的原种繁育基地，北农大公司创建于1995年4月18日，是一家集生物育种、种鸡生产、饲料加工、蛋品销售为一体的跨行业、跨地区经营的科技型企业，国家高新技术企业、北京市农业产业化龙头企业、公司设有自主研发平台蛋鸡研究院和院士、教授专家工作站。

北农大公司培育出有自主知识产权，品质独特的农大3号小型节粮蛋鸡。

1989年，培育出拥有自主知识产权，品质独特的北农大节粮蛋鸡—“中国好蛋鸡”农大3号小型蛋鸡。一路走来，北农大公司斩获多项殊荣，铸就一段新的传奇。全国农大小型蛋鸡存栏超过8000万羽，成为中国蛋鸡产业的重要组成部分，“种鸡疫病净化好，蛋鸡节粮高产效益好，鸡蛋黄大清浓风味好”的“三好”声誉在养殖户中间口口相传，养殖北农大节粮蛋鸡，饲喂北农大品牌饲料成为华夏大地上又一条致富的新路。

2. 不忘初心，坚持农大小型蛋鸡选育技术。多年来，该公司在品种选育方面积累了丰富的经验，农大小型蛋鸡原种场，2014年9月份被评为首批国家蛋鸡核心育种场。以“高产、节粮、抗病、产品辨识度高”为选育目标，技术路线主要运用现代分子数量遗传育种学有关原理，重点构建专门化快慢羽品系和节粮品系，每一世代的选育过程中利用家系选择法和个体选择法组建留种群，对十多个候选性状指标进行选择，结合分子生物学技术剔除鸡蛋鱼腥味基因，保证每个品系每一世代的遗传优势；通过配合力测定筛选最优的配套组合模式，保证了商品代蛋鸡的高产、节粮、抗病、产品辨识度高等特点，培育出具有我国特色的高效节粮蛋鸡品种。目前公司培育的农大小型蛋鸡为国家填补自主培育高产蛋鸡市场做出重大贡献。

3. 不断创新，提升产业链各环节的关键技术。北农大公司在品种测定、评价和精准推广上进行了深入的研究，形成了一套科学有效的“新品种评价机制”。公司提出了“七阶段饲养模式”、“三度一风光”环控技术、“家系—个体”全阶段测定方法、分子遗传评估等高效品种认知思路和方法。

4. 重视疾病净化与控制。根据现场情况完善了禽白血病、鸡白痢的净化技术方案，形成了相应的净化技术规程：通过对疾病监测和垂直传播疾病净化技术的改进，提高了新雏鸡质量和蛋鸡成活率；禽白血病与鸡白痢的净化达到国家净化标准。

（三）华都峪口禽业有限责任公司

1. 企业基本情况。北京市华都峪口禽业有限责任公司（简称“峪口禽业”）隶属于北京首农食品集团有限公司，始建于20世纪70年代，是世界三大蛋鸡育种公司之一，是农业产业化国家重点龙头企业，是中国畜牧业协会禽业分会会长单位。峪口禽业占地3000亩，总资产10亿元，员工3000人。现有原种7万只、祖代38万套、父母代400万套、18万吨饲料厂3家。在北京、辽宁、河南、山东、湖北、江苏、云南、河北等地拥有16家分公司，实现了以128个标准化单元为经营主体的全国产业布局，销售网络覆盖31个省

（市、自治区）。

2. 构建“智慧蛋鸡”体系，引领产业转型升级。峪口禽业的推出“智慧蛋鸡”是“互联网+”在畜牧养殖产业的创新应用。智慧蛋鸡主要包括智慧育种、智慧平台和智慧服务3个组成部分，它综合运用育种技术、互联网技术、科技服务技术，把与鸡相关的各项资源整合连接起来，建立了一套商业生态系统，实现了行业“智慧”。形成蛋鸡行业“大数据”应用模式，以终端客户需求指导“家禽育种”和“流动蛋鸡超市”工程的实施，实现育种精准化、服务精准化，全面提升蛋鸡产业效率和效益。

作为国内首个“产业+互联网”工程，智慧蛋鸡打通了从蛋鸡育种到种鸡扩繁再到鸡蛋生产、销售全过程的数据流，运行中沉淀出种鸡数据库、蛋鸡数据库和产业数据库，通过对3个数据库的提纯、分析，构建蛋鸡行业“大数据”应用模式，实现了大数据采集、大数据分析、大数据应用的科技闭环，其重要价值正日益凸显。

“智慧蛋鸡”项目是峪口禽业产业转型的战略布局，也是峪口禽业基于蛋鸡行业痛点而量身打造的服务平台，旨在应用云计算、大数据、人工智能等现代信息技术，构建“智慧蛋鸡”，推动蛋鸡全产业链改造升级，解决制约中国蛋鸡产业的品种、效率和效益问题。

（四）北京金星鸭业有限公司

1. 企业基本情况。北京金星鸭业有限公司（原北京金星鸭业中心）隶属于北京首都农业集团，成立于1998年，是一家集北京鸭良种繁育、养殖、屠宰、加工、销售为一体的专业化、产业化国有企业集团。现有员工近1300人，总资产4.8亿元。公司旗下拥有“1个育种中心，3个屠宰加工基地，10个商品鸭养殖场”的产业发展布局。

多年来，金星鸭业一直担负着国家赋予的北京鸭保种和良种繁育推广的双重历史使命和神圣职责，现已成为全国最大的北京烤鸭原料生产企业。公司产品不仅占据了90%以上的中高端北京烤鸭市场，还是各种国家大型会议和外事活动的唯一北京烤鸭指定原料。

2. 实现产品全程可追溯。金星鸭业作为第一个承担质量追溯系统项目建设的单位，不断探索新的管理模式，提出了“统一种雏、统一饲料、统一防疫、统一服务、统一收购”的“五统一”理念，并严格按照相关标准进行生产。目前，公司已经获得通过了ISO9001质量管理体系认证、HACCP认证等，其产品也已经获得绿色产品认证。公司制定了各类规范及标准近百项，全部生产流程设置了120多个关键控制环节，为每一批次北京鸭建立唯一的健康档案，并随生产流程交接记录。

3. 投入品控制是关键。首先就是饲料环节，金星鸭业采用大宗集中采购、统一供料的方式，对使用的饲料、原粮等严格把控质量。在兽药环节，他们采取定点厂制度和统一供药的方式，这些定点兽药厂均为有资质、通过国家GMP认证的企业。同时，每年修正《兽药管理办法》，及时根据国家要求调整用药，并大量使用药物残留远低于西药的中药对鸭群进行健康防疫。

4. 高效管理是手段。在养殖管理环节，他们严格按照标准进行消毒防疫，制定了高于国家标准的企标——《北京鸭防疫标准》。在检验检疫环节，每一次北京鸭转换地点都要做一次严格检验检疫，统一由相关政府部门出具合格检验单。在屠宰加工及配送环节，严格按照 HACCP 认证要求通过关键点控制，严格流程管理。在信息处理环节，建立专门的数据管理维护平台，对北京鸭的健康档案所有记录信息输入农业部专用软件“农垦农产品质量追溯信息采集系统”，供雏单位、各规模养殖基地、屠宰场、配送中心依据需要在关键环节采集数据，按时将内部可追溯信息规范上传至农业部网站，实现可追溯信息查询。

第四节　产业发展政策建议

一、产业发展问题及其技术需求

在落实推进“调转节”和供给侧改革的关键时期，北京市家禽产业既有产业问题，又面临民生问题，同时亟须进一步转型升级，任重道远。

（一）产业发展问题

北京市农业面临着新形势、新任务与新目标，需要紧密围绕农业供给侧结构性改革，以“绿色发展”为主题，以优质农产品供给为重点，加强生态环保技术与优质农产品生产技术的综合性应用。

当前畜牧业已经从“数量型发展”转向“质量型发展”的新阶段，在产业结构调整的背景下，如何盘活现有存量，提高发展质量内涵，是产业面临的新问题。

坚持“政产学研推”的产业发展思路，激发企业和科研机构活力，构建现代家禽产业技术平台，集成绿色生态产业发展模式，应对当前发展矛盾与产业问题。

（二）家禽产业技术需求

在开展常规基础性育种的前提下，迫切需要应用分子育种等先进技术和前沿技术，降低育种成本，提高育种效率。

环境控制技术由于其简便、环保、健康等无可比拟的优点，被广泛应用于现代畜牧生产与管理中，不仅可以减少排放，而且也可影响家禽产品的品质。

此外，以绿色环保饲料、减抗技术、营养调控等为核心的北京油鸡绿色发展关键技术也应该得到广泛关注与应用。

最后，如何建立一整套自主知识产权的地方畜禽特色产品质量评价体系，是应对当前以效率为先、质量层次参差不齐的技术标准的重要抓手。

二、产业发展趋势及其亟待解决的技术问题

（一）家禽产业发展趋势

1. 绿色生态。家禽生态环保养殖是未来产业的发展方向，目标是实现资源的高效利用，抗生素的减量化，养殖模式的福利化、废弃物的减量和资源化等；实现养殖过程中水资源减量使用；实现养殖过程中粪污安全管控，资源化利用；利用智能化和自动化减少养殖过程中能源的消耗。

2. 功能性家禽产品的需求将不断增加。近年来，北京市家禽创新团队与国际健康产业对接和交流的结果表明，消费者对功能性家禽产品的需求将不断增加。借鉴北美功能性食物发展经验，结合中关村“大健康”发展计划，可以预见，在“安全农产品”的基础上，北京市居民对功能性家禽产品的需求将不断增加。

3. 知识产权的保护和开发利用是产业化升级的重要手段和发展趋势。北京地理标志通过知识产权保护可以将北京油鸡和北京鸭所蕴含的历史、文化和地理元素进行有效地固定和展现。地理标志保护作为公益性的管理手段可以有效地提升北京鸭和北京油鸡的产业化水平，促进特色高效家禽产业发展。

（二）家禽产业亟待解决的技术问题

1. 生态环保技术的示范与推广。对于大型养殖场，主要采用厌氧发酵生产沼气（德青源）和好养发酵生产有机肥（平谷正大）两种方式；对于中小养殖场（存栏 10 万只以下），主要采用以下方式：①采用密闭发酵设备处理粪污，生产有机肥，实现粪污在养殖场的原位无害化处理；②肉鸭养殖采用发酵床养殖模式，实现粪污零排放。家禽团队在北京大营宏光肉鸭养殖场进行了 2 年多发酵床养殖示范，取得了良好效果，具有应用推广前景。

2. 规模化家禽养殖场节碳工程技术研究与示范。通过舍内智能光照技术集成与规范化，通过调控和提高家禽健康状况，减少死亡，提高饲料利用率，减少氮、磷排放，通过调控鸡舍内部环境（光、温度、湿度），通过舍内环境气溶胶智能控制集成技术与规范化，示范场碳排放将可以降低 10% 以上，氮排放降低 5%。示范场粪便的综合利用率达到 95% 以上。

3. 规模化家禽养殖场节水工程技术研究与示范。开展饮水水质监控、过滤和消毒技术装备选型；水线清洗及饮水质量管理规范；饮水装备的节水评价及推广；消毒降温技术节水评价及推广。目标是示范应用节水技术，示范场全程平均节水 5% 以上。

4. 家禽饲料减抗环保技术研究与示范。开展家禽无抗饲料配制关键技术研究与示范；开展抗生素替代品联合添加在致病菌胁迫下的应用效果研究；低抗环保饲料开发与示范；研究筛选去除粪便中病原菌的益生菌，减少粪便中有害菌的负载。目标是形成家禽低抗环保饲料产品，肉鸡生产性能改善 5% 以上，蛋鸡产蛋率提高 2% 以上，粪便中主要病原菌

减少5%~10%。

5. 减碳、减氮饲料等产品开发与示范。利用精准日粮配制技术，发挥畜禽生产潜能，科学降低营养物质的投入，减少废弃物排放；通过饲料配方设计、饲料加工过程和加工工艺等全过程进行严格质量监控和全面实施畜禽营养系统调控，提高饲料利用率，减少排放；建立新型微量元素、微生态制剂、酶制剂、植物提取物等添加剂产品的质量评价体系，要求安全、高效、环保、规范，减量增效。

6. 功能性家禽产品研发、生产示范、推广技术体系及其评测体系建设。以“功能性食物”为突破，急需进行功能性家禽产品研发、转化系列功能性家禽产品技术成果的示范、推广，建立功能性家禽产品生产示范基地，并构建功能性家禽产品评测体系，以满足市场对安全营养农产品的需求。

7. 禽产品地理标志保护和开发利用的管理技术和法规建设。地理标志保护是公益性的管理手段，能够有效提升北京鸭和北京油鸡的产业化水平。需要政府和行业专管部门、机构携手进行禽产品地理标志保护和开发利用的管理技术和法规制度建设，以提升北京油鸡和北京鸭（烤制型）的产业竞争力。

三、具体建议

（一）H7N9防控工作放在首要位置

在前期H7N9防控工作基础上，拟进一步开展北京市家禽产业的调研和研讨，以人为本，从生产者和消费者的角度研究H7N9的防控工作。将开展北京市规模以下家禽养殖调研，重点针对疫病防控工作调研规模以下家禽养殖户的从业现状及从业意愿分析，从“三农角度”多维度的认识H7N9防控，并以北京市家禽创新团队的名义提出北京市防控H7N9的意见。

（二）继续落实“产业升级计划”，推进北京市家禽产业转型升级

在“调转节”的前期工作基础上，北京市畜牧业从环保角度已经调减379家规模养殖场，其中家禽养殖场同样缩减很多。为推进本阶段北京市家禽产业转型升级，北京市家禽团队亟须落实“产业升级计划”，在北京市家禽团队内部创建核心示范基地，打造“可看可说可复制，有图有文有数据”的6种家禽产业发展模式，从而促进北京市家禽产业转型升级。

（三）实施北京鸭、北京油鸡地理标志保护工程，推动产业升级

为做好北京鸭农产品地理标志的管理与特性分析，北京市家禽创新团队将围绕北京鸭的基础品质的挖掘，从品种差异性、品质特异性、营养与饲料专一性，以及外部形态学研究、特异性基因挖掘、产后加工和疫病防控等多方面入手，提出北京鸭农产品地理标志“一揽子研究规划”，全面研究北京鸭的各个基础环节，从而指导北京鸭农产品地理标志的管理，促进北京鸭产业升级。

北京油鸡农产品地理标志申报将于年内启动，结合北京油鸡蛋用新配套系的推广，以及北京油鸡的基础特性分析，促进北京油鸡地理标志申报，深入挖掘北京油鸡的特异性品质，为市民提供更多优质的油鸡鸡蛋及油鸡鸡肉，促进北京油鸡的产业发展及转型升级。

（四）推动特色家禽品种的发展

2017 年 2 月 14 日，北京市家禽创新团队首席科学家陈余调研北京优帝鸽业综合站。2017 年 4 月 6 日，北京市家禽创新团队组织“肉鸽产业对接座谈会”，确定了团队专家与优帝鸽业的对接机制与对接意向。上半年，岗位科学家熊波、何宏轩，首席办李复煌等先后赴优帝鸽业开展技术推广。“十三五”期间，北京市家禽团队将针对北京市家禽产业结构调整的现状，重点开展北京市肉鸽规模化、标准化、自动化养殖技术研发、示范推广工作，通过设施设备提升改造、标准化养殖模式构建、肉鸽主要疫病防控技术的研究，实现北京地区肉鸽养殖技术的升级，促进北京肉鸽产业的集群式发展，建立北方地区肉鸽养殖模式。

第十三章　北京市奶牛产业发展报告

奶牛产业是首都重要的民生产业，是三次产业深度融合的创新产业，本章分别从奶牛生产、加工、市场消费、成本收益等方面阐述了北京奶牛产业特色发展情况。近年来奶牛产业取得了可喜成就，其中北京市奶牛创新团队在产业发展中起到巨大的推动作用。根据北京及奶业内外部环境变化等因素的要求，团队“十三五”期间以全面践行“促进奶业优质安全发展”“全国奶业发展规划（2016~2020 年）”“供给侧结构性改革”“调转节”和“京津冀协同发展”等大政方针为指引，以“立足北京、引领津冀、辐射全国”为核心，以“生态环保、高端高效、优质安全、示范引领”为产业发展方向，以研发、集成、示范、推广奶业生产一线急需的高新技术、产品为切入点，在试验研究和示范推广的各个环节实施标准化、机械化和信息化为手段，通过“示范基地建设”“套装主推技术落地”“奶牛保姆行动实施”“奶牛团队进学校、社区、公园”等途径，努力实现“三生”共存、“三率”并举、“三产”融合、“三化”同步的北京市现阶段农业发展目标，以及淘汰落后产能、提供优质和高契合消费者需求的乳产品的产业目标，切实加大高新技术成果转化水平，提高从业人员业务素养，提升产业技术水平，提高消费者对国产牛奶的认知度和信心，促进北京乃至津冀地区奶牛产业的高质量、健康和可持续发展。

第一节　产业发展现状

一、生产现状

（一）总体情况

1. 奶业发展布局。据北京市统计数据显示，近年来北京奶牛存栏量和成乳牛数量总体呈双线下降趋势。截至 2017 年 12 月，北京市奶牛总存栏 84188 头，成乳牛存栏 50607 头。自 2011 年以来，奶牛存栏量和成乳牛存栏量持续下降，2017 年比 2011 年分别下降

44.12%和49.33%；比2016年同比下降25.55%和27.21%（见图13-1）。

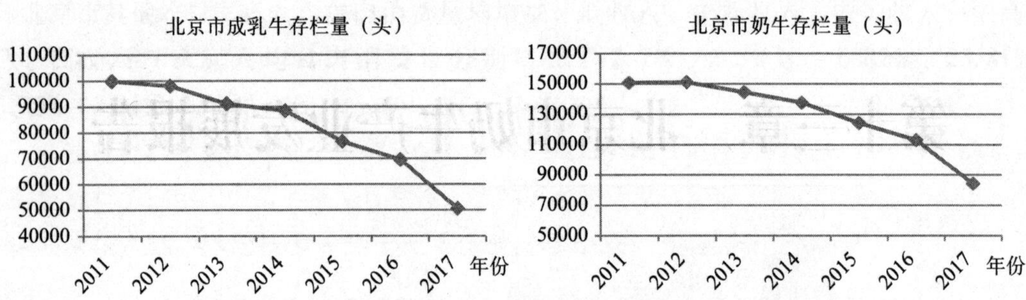

图13-1　2011~2017年北京市奶牛存栏量和成乳牛存栏量

北京市奶牛养殖在13个区均有分布，城市发展新区一直是奶牛养殖集中地，2017年奶牛存栏达到55623头，成乳牛34348头，分别占到北京市总量的66.07%和67.87%。奶牛养殖规模较大的区是通州、顺义、延庆和密云（见表13-1）。

表13-1　2011~2017年北京市各区奶牛存栏情况　单位：头

地区	2011年	2012年	2013年	2014年	2015年	2016年	2017年	2017年比（%）
北京市	150650	151013	144435	137663	124213	111803	84188	100
城市功能拓展区	6789	—	5172	3755	1446	1222	426	0.51
朝阳	3179	164	2520	1911	824	626	152	0.18
丰台	968	564	760	158	39	39	15	0.02
海淀	2642	—	1892	1686	583	557	259	0.31
城市发展新区	90050	72395	93909	88520	79535	74424	55623	66.07
昌平	10938	4524	10821	10459	8740	6776	4564	5.42
房山	10408	10778	14071	11516	11278	9623	8634	10.26
通州	20211	13552	23036	22786	22388	20436	19804	23.52
顺义	18487	19594	17380	16672	16876	17787	14566	17.30
大兴	30006	23947	28601	27087	20253	19802	8055	9.57
生态涵养发展区	53811	—	45767	45388	43232	36157	28139	33.42
门头沟	316	—	30	29	10	10	7	0.01
怀柔	10952	11743	9285	8664	7819	4667	1297	1.54
平谷	1036	1125	760	1042	1080	936	238	0.28
延庆	20443	21749	16855	16839	14850	12180	11421	13.57
密云	22411	22273	18837	18814	19473	18364	15176	18.03

资料来源：《中国奶业年鉴》，“—”代表数据缺失。

2. 牛群结构及生产水平。北京市奶牛饲养品种主要以荷斯坦牛为主，其他品种奶牛有少量存栏。北京44家示范牛场的监测显示，在牛群结构中，成乳牛占总存栏量的

51.61%，育成牛占31.78%，犊牛占16.61%，其中母犊牛占犊牛的89.86%（见图13-2）。

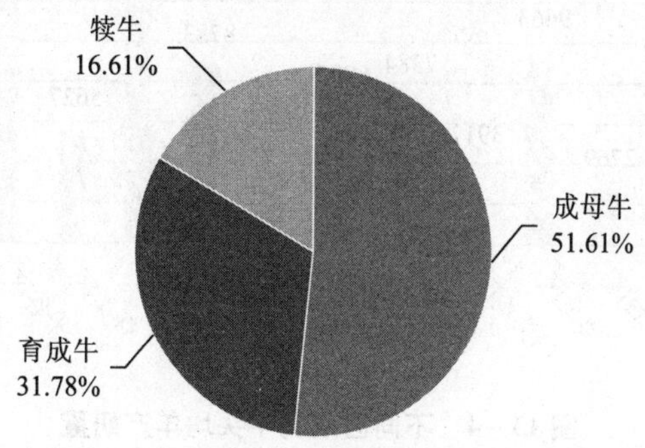

图13-2 北京市示范牛场牛群结构图

北京生鲜乳总产量稳中有降，但单产水平较高。近年来，随着现代奶牛饲养管理实用、新技术的积极推广，北京市成乳牛单产水平整体呈上升趋势，仅于2016年有所下降至6.57吨/头，于2017年又回升至最高点。2017年北京市牛奶产量37.4万吨，比2011年减少了41.54%，主要集中于城市发展新区，占总产量的69.42%；但是成乳牛平均单产7.39吨，比2011年增长了15.36%（见图13-3）。

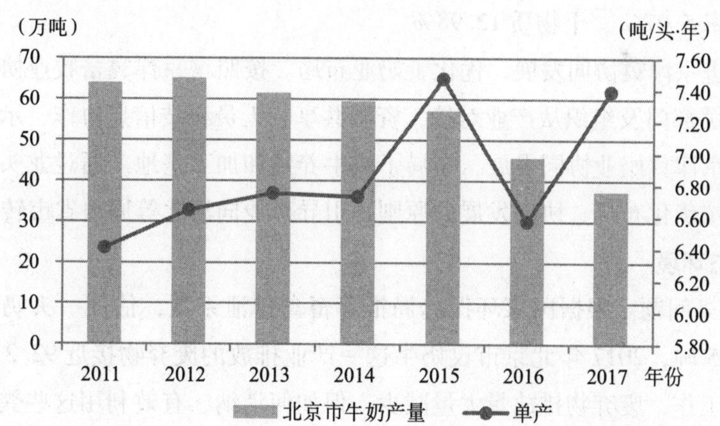

图13-3 2011~2017年北京市牛奶产量及成乳牛单产情况

从区域分布构成来看，海淀区、昌平区、大兴区和平谷区的成乳牛头均年产奶量显著高于北京市总体水平7394公斤；分别为9663公斤、8783公斤、14580公斤和12884公斤；而朝阳区、丰台区和门头沟区均低于北京市总体水平，仅分别为4083公斤、2769公斤和3917公斤（见图13-4）。

3. 奶源基地建设。实施标准化生产，有效推进了首都“菜篮子”生鲜乳保障体系的建设。通过实施畜牧业“菜篮子”系统工程、奶牛标准化规模场改扩建项目等，对北京市奶牛规模养殖场进行标准化改造升级。标准化规模化有力提升了生鲜乳质量安全水平，促

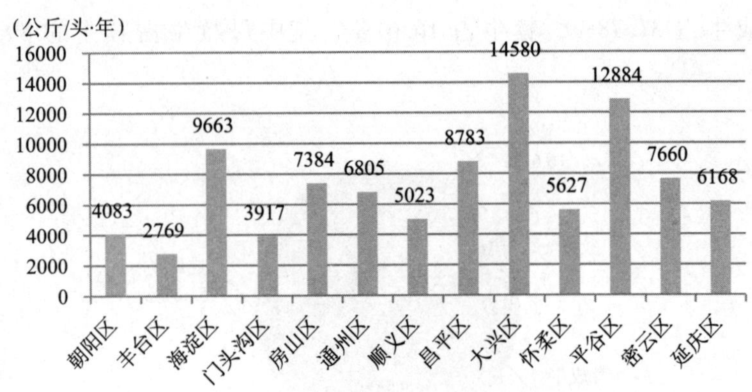

图13－4　不同区成乳牛头均年产奶量

进了产业化发展和生产方式的转变。北京市登记备案的规模奶牛养殖场87家，奶牛良种覆盖率100%，生鲜乳检测合格率100%。

完善良种繁育体系，有效推进了奶牛产业化水平。通过奶牛良种补贴和奶牛生产性能测定等项目，完善奶牛良种繁育体系，推动良种产业发展，进一步提高优质牛奶生产能力和良种供种能力。2017年对73个奶牛场的6.25万头奶牛开展生产性能测定。参测牛场测定305天产奶量为9596.87公斤，体细胞数28.00万/毫升，乳脂率3.83%，乳蛋白率3.34%，乳糖率5.07%，干物质12.98%。

进一步推进京津冀协同发展，优化了奶业布局。按照《京津冀畜牧业协同发展合作框架》协议，相关部门及组织从产业对接，资源共享、人员科技信息协作、示范基地共建等方面积极推动京津冀奶业协同发展，布局了奶牛养殖和加工基地。通过龙头企业外埠基地建设等政策，按优化布局、协同发展的原则，引导产业向河北等周边省市转移。

（二）生态环境

1. 环境污染问题。根据国家环保总局推荐畜禽排泄系数，估计一头奶牛一年排放的粪尿可达10.95吨，2017年北京市仅奶牛这一产业排放的废弃物接近92.2万吨，虽然经过一年的腾退工作，废弃物排放量大量减少，但如何消纳、有效利用这些粪污依然是亟待解决的问题。在粪污处理技术方面，北京市奶牛养殖场的牛粪大部分被周边农户用于农田施肥。

规模化养殖场粪污产生量大，就近就地还田利用难，对环境影响强度也大。一些地区已经采取措施，把规模养殖场建立在耕地面积大，对粪肥的消融能力需求大的地区，当年的粪肥基本上都能让当地的菜农买走，这就有利于粪便的资源化利用和无害化处理。但还是有一些规模较大的饲养场实在无力消纳大量的粪肥。目前北京各区中小型奶牛养殖场对于液体污水基本上采用简单处理，对于固体废污，多是采用人工收集再经过腐熟卖给当地农民。也有一些养殖场自己建立有机肥的生产，提高效益。

2. 奶牛养殖发展空间受限。经过多年规划和发展，奶牛养殖向标准现代化示范场方向发展，向规模化生态养殖和特色养殖发展，基本形成了理念先进，布局合理、品质优良、效益较为显著的都市型现代奶牛产业体系。但随着城市化进程的快速推进，北京市奶牛养殖空间受土地资源减少、城市缺水和降低污染物排放要求等因素制约，及周边省区牲畜养殖规划不规则发展的影响，奶牛场防疫压力加大，养殖空间格局正在从近郊到远郊，从平原到山区，从京内向京外转移。

（三）安全情况

1. 牛疫病防治问题。北京在奶牛口蹄疫、结核病、布病等一些重大疫病防控中做了大量工作，发病率降到了相当低的水平。但是常发病仍然是影响奶牛产业经济效益的制约因素，除了重大疫病，例如奶牛的乳房炎、子宫内膜炎、繁殖障碍等常发病还是时有发生，对奶牛场的经济效益产生影响。在奶牛疫病的防治上还要注意用药的安全，一些药物的过量使用不仅会对奶牛产生不利的影响，也会危害人体的健康。

2. 生鲜乳质量安全状况。北京市生鲜乳平均品质水平处于国内先进水平，与国外相比不相上下。国有大型奶牛养殖企业如首农畜牧生鲜乳质量已经达到或超过国外的先进水平，中小规模养殖场的原料奶质量近年来也显著地提高。北京生鲜乳的乳脂肪率略高于全国平均水平，但乳蛋白率略低于全国平均水平。和2010年颁布实施的《食品安全国家标准——生乳》相比，生鲜乳的乳脂肪率高0.81个百分点；生鲜乳的乳蛋白率高0.5个百分点（见表13－2）。另外，生鲜乳的体细胞数达到了28.00万/毫升，基本与全国水平持平，均达到了优质乳工程中的优级水平。

表13－2　2017年北京及全国生鲜乳品质情况　单位：%

指标	国标	中国	北京
乳脂肪	3.1	3.89	3.83
乳蛋白	2.8	3.35	3.34

资料来源：中国奶业统计摘要（2018年）。

2017年，北京市饲料监察所累计在全市抽检生鲜乳样品687批次，覆盖大兴、顺义、丰台、怀柔、延庆、密云、昌平、通州等8个区，涉及生鲜乳收购站68家次、运输车475辆次、奶牛养殖场144家次。进行了国标指标、非法添加物、毒素、重金属等四大类20个参数的检测。监测结果表明，北京市生鲜乳质量安全水平持续提高，全年未检出非法添加物、毒素类、重金属类不合格样品。

3. 地方标准。截至2016年年底，北京市制定与奶牛产业相关的地方标准共计12项，2017年新立项地方标准1项，对推动本地区奶牛产业规范、健康、有序发展起到积极作用（见表13－3）。

表 13－3　北京市奶牛产业地方标准

标准号	标准中文名称	实施日期
—	全株玉米青贮生产技术规范	—
DB11/T1332－2016	奶牛机械挤奶操作规范	2016/8/1
DB11/T1021－2013	奶牛电子耳标技术规范	2014/2/1
DB11/T902－2012	秸秆复合颗粒饲料制备及质量要求	2013/1/1
DB11/T868－2012	生鲜乳贮运技术规范	2012/9/1
DB11/T708－2010	生鲜乳收购站建设与管理技术规范	2010/8/1
DB11/T631－2009	有机生鲜乳生产技术规范	2009/5/1
DB11/T150.5－2007	奶牛饲养技术规范第5部分：卫生防疫	2007/12/1
DB11/T425－2007	种奶牛场舍区、场区、缓冲区环境质量	2007/3/15
DB11/T150.1－2002	奶牛饲养技术规范第1部分：育种	2002/4/1
DB11/T150.2－2002	奶牛饲养技术规范第2部分：繁殖	2002/4/1
DB11/T150.3－2002	奶牛饲养技术规范第3部分：饲养与饲料	2002/4/1
DB11/T150.4－2002	奶牛饲养技术规范第4部分：卫生保健	2002/4/1

资料来源：北京市畜牧总站。

（四）效益水平

1. 净利润分析。北京市奶牛养殖每头净利润高于全国平均水平，且总体呈现上升趋势。2016 年北京市 50～500 头中规模养殖场每头净利润为 9622 元，相比 2015 年下降了 41.08%，但与 2013 年相比上升了 31.8%；500 头以上大规模养殖场每头净利润为 10767 元，与 2013 年相比上升了 53.1%。但是不论是中规模还是大规模养殖场，每头净利润均高于全国平均水平，分别高出 4044.91 元和 4170.02 元（见图 13－5）。

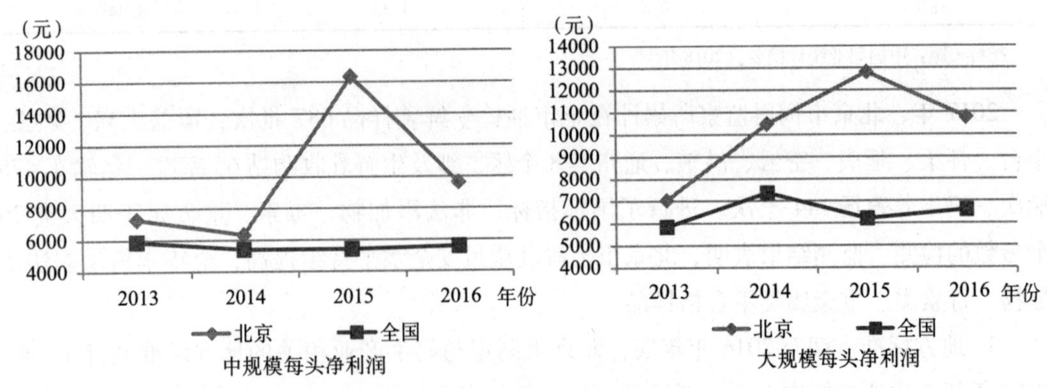

图 13－5　北京和全国净利润比较情况

资料来源：《中国奶业年鉴》（2014～2017 年）。

2. 劳动生产率分析。北京市奶牛养殖业劳动生产率明显高于全国平均水平，且呈明显上升的趋势。2016 年，北京 50～500 头中规模牛场的牛奶的劳动日产量为 813 公斤，相比2015年略微下降32.3公斤；500头以上的大规模牛场牛奶的劳动日产量为798.1公斤，分别比全国水平高出了612.1公斤和547.2公斤，比北京2013年水平分别升高了343.5公斤和181公斤。

从劳动日产值看，北京奶牛养殖业也远高于全国平均水平，除了2014年有所回落外，其他年份呈增长趋势。2016年，北京50~500头中规模牛场的牛奶的劳动日产值为2780.3元，500头以上的大规模牛场牛奶的劳动日产值为3172.4元，分别比全国水平高出了1927.8元和2077.6元（见表13-4）。

表13-4　全国及北京规模化牛场劳动生产率表

年份	劳动日产量（千克/日）				劳动日产值（元/日）			
	全国		北京		全国		北京	
	大规模	中规模	大规模	中规模	大规模	中规模	大规模	中规模
2010	149.7	216	273	360.2	540.5	753.7	998.8	1243.5
2011	154.9	217.3	274.7	629.3	571.9	838.9	1002.6	2412.5
2012	169.6	432.9	341.3	511.7	669.4	1775	1188.8	1919.8
2013	222.8	181.7	617.1	469.5	1006.9	773.8	2622.6	1944.4
2014	247.5	171.4	700.6	252.4	1190.6	769	3327.6	1100.7
2015	235.6	197.1	756.9	845.3	1060.6	836	3063.9	3475.6
2016	250.9	200.9	798.1	813	1094.8	852.5	3172.4	2780.3

资料来源：《中国奶业年鉴》（2011~2017年）。

二、加工流通现状

（一）乳企基本情况

“三聚氰胺”事件后，北京市重新对乳品加工企业的资格进行审查和调整，乳品加工企业分布发生一定改变。具有北京市乳制品及相关乳饮料生产许可证的企业由2010年的36家调整为2017年的27家，主要分布于顺义、昌平和通州等区。其中大型企业主要有三元、蒙牛、伊利、光明、达能5家，除达能以外均为D20企业。三元是北京本土乳企，于2017年获批建立“海外院士专家北京工作站分站”，不仅加速了三元的国际化科研合作步伐，同时也带动北京中小型乳企的国际化发展道路。三元产品涵盖了几乎所有的乳制品种类，北京市乳制品的产品结构以液态乳为主，与其他所有乳制品的产量相当，表现在生产形式上主要是发酵乳、灭菌乳、巴氏杀菌乳和调制乳等液态乳制品。2017年北京乳品加工的乳制品总产量为59.7万吨，其中液态奶产量为56.8万吨，与2016年相比均略微下降。

（二）乳制品产量平稳增长，加工能力不断扩大

截至2017年，北京乳品加工企业从2010年的36家减少至27家，但是北京乳制品产量呈稳定上升趋势，乳品加工企业的规模化和产品多样化水平都有所增加。2010年乳制品总产

量为52.3万吨，至2017年乳制品总产量为59.7万吨，虽然与2016年相比下降了4%，但是相对2010年环比增长了14.15%。北京乳品加工以液态奶为主，历年均占总产量的92%以上，2017年液态奶产量为26.8万吨，相对2010年环比增长13.71%（见图13－6）。

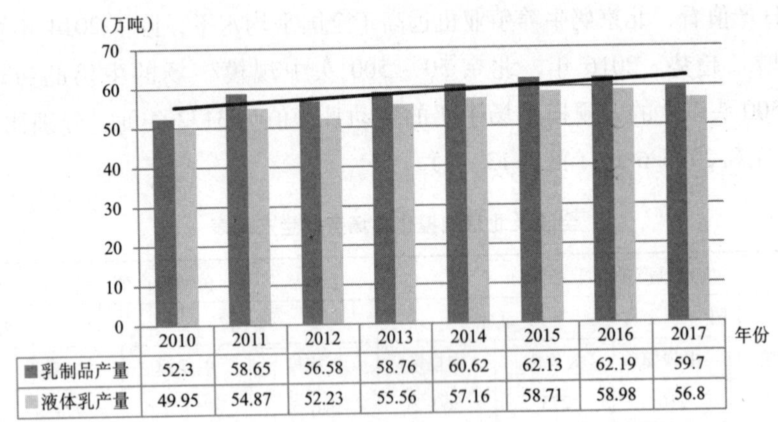

图13－6　北京乳制品和液体乳产量

资料来源：《中国奶业统计年鉴》（2012～2017年）中国奶业统计摘要（2018年）。

（三）乳制品加工企业存在奶源的供应不均衡现象

据调查，一年中奶源的供需均是不平衡的，1～4月份原料奶产量高，但是加工厂奶源需要量全年最低；7月到9月份市场需要量大，但受气候等因素影响原料奶产量却很低，因此造成了供需上的不均衡。

在原料奶供应不平衡的情况下，乳品加工企业就会扩大对牛奶的进口。近年来，北京市乳制品进口量显著上升。从2010年至2017年底，乳制品进口总量从5.1万吨增长至26万吨，年平均增长率为28.1%，其中干乳制品进口量平均年增长率为20.84%，虽然液态奶进口量相对干乳制品较低，但平均增长率高达82.67%（见图13－7）。

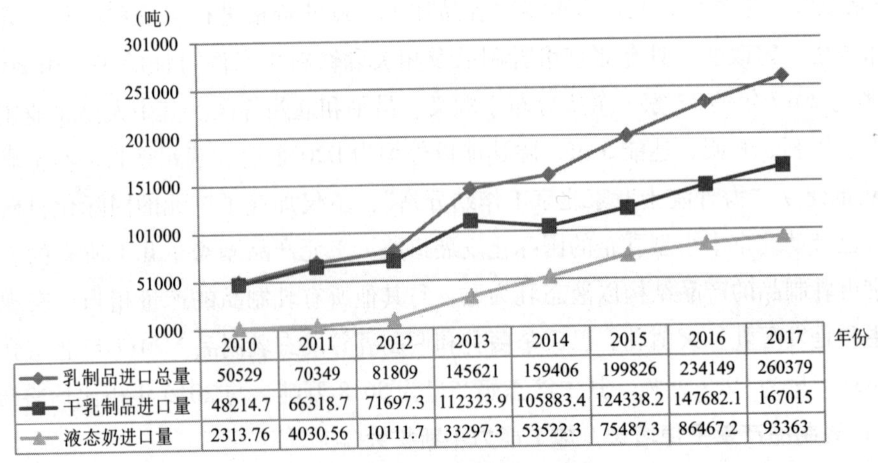

图13－7　北京乳制品进口情况

资料来源：《中国奶业统计年鉴》（2012～2017年），中国奶业统计摘要（2018年）。

三、市场消费现状

（一）北京居民乳制品消费潜力较大

通过对北京 137 名消费者实地调研，对受调研人群购买乳制品的频率进行了了解。发现每周都会购买乳制品的消费者总共占了样本的 78.8%，说明受调研人群已经基本有乳制品消费习惯。但是每周购买 3～4 次的消费者所占比例为 26.3%，所以对于很多家庭乳制品还不是日常品，也说明北京的乳制品消费潜力依然巨大（见表 13－5）。

表 13－5　消费者乳品消费频率

选项	频数（人）	百分比
每周 5 次以上	16	11.7%
每周 3～4 次	20	14.6%
每周 1～2 次	72	52.6%
每周平均不到 1 次	29	21.2%

资料来源：北京农学院实地调研。

（二）北京居民乳制品消费趋于理性

消费者在选择乳制品时趋于理性，更多地关注产品质量安全、新鲜程度和品牌，其次才是口味和价格等其他因素。调研中发现对于购买的乳制品第一关注的是乳制品质量安全方面的消费者占 31.4%。2008 年的“三聚氰胺”事件使得我国乳制品遭遇严重的信任危机，很多消费者减少了购买量，直到现在，消费者的信心也没有完全恢复。很多消费者转而更为信任进口品牌的奶粉。消费者对标签内容的关注也主要集中于生产日期和保质期的问题，其次为营养成分和产品配料表，说明北京现有消费者对乳制品的安全意识也在增强，但对于技术问题的关注度并不高（见表 13－6）。

表 13－6　消费者对标签内容关注情况

选项	频数（人）	百分比
产品名称	54	39.4%
营养成分表	64	46.7%
产品配料表	55	40.1%
生产日期和保质期	121	88.3%
使用说明	18	13.1%

资料来源：北京农学院实地调研。

另外，北京消费者对于提供质量安全信息的主体更倾向于专家，其中有 10.2% 的消费者对于专家提供的安全信息表示非常信任，其次为第三方机构。对于政府、第三方机构和专家比较信任的比例相当，均在 30% 以上（见表 13－7）。

表 13－7　　消费者对提供安全信息主体信任度情况　　单位：%

	政府	媒体	企业	第三方机构	专家
完全不信任	5.1	4.4	4.4	5.1	13.1
不太信任	10.9	21.2	15.3	13.9	8.0
一般	38.7	48.2	61.3	41.6	34.3
比较信任	39.4	22.6	16.8	32.8	34.3
非常信任	5.8	3.6	2.2	6.6	10.2

资料来源：北京农学院实地调研。

（三）北京居民品牌消费意识不断增强

关于乳制品消费品牌的调研，有 72.2% 的消费者有固定的消费品牌。在北京，居民消费的乳制品品牌前三位的是蒙牛、伊利和三元。其中对蒙牛的认识达到了 100%，对于三元的本地情结，消费者的热衷程度在不断提升，而对于外地品牌的认识较低，如天津的海河、辽宁的辉山（见表 13－8）。

表 13－8　　北京居民对乳制品品牌的认知

选项	频数（人）	百分比
伊利	133	97.08%
蒙牛	137	100.00%
光明	107	78.10%
海河	19	13.87%
三元	118	86.13%
君乐宝	100	72.99%
辉山	14	10.22%
其他	5	3.65%

资料来源：北京农学院实地调研。

说明消费者对大品牌的质量具有一定信任度，对于未知的小品牌，处于质量安全及口感的考虑，大部分消费者不愿意尝试。

（四）民族奶业发展仍然面临着国际市场的挑战

现场调研发现，消费者虽对国产乳制品的信心在逐步地提升，但是仍有一部分消费者对进口乳制品情有独钟，表示愿意尝试食用进口乳制品的消费者群体规模仍然较大，民族奶业发展面临着国际市场的持续挑战。

四、成本收益及其产业支持政策实施效果

（一）成本构成分析

北京规模养殖场饲料成本占比较高。北京规模养殖场成本由饲料成本、其他直接成本

（水费、电费、损失费、服务费等）、间接成本（资产折旧、报销费、管理费等）人工成本、土地成本构成。2016年北京中规模养殖场中每头总成本为18181元，饲料成本为每头12500元，占总成本的68.75%，其中精饲料成本占总成本的46.2%，粗饲料成本占22.55%，人工成本占5.5%。大规模养殖场每头总成本为29713元，其中饲料成本为每头18384元，占总成本的61.87%，其中精饲料成本占比34.49%，粗饲料成本占比27.39%，人工成本为每头3201元，占总成本的10.77%。相对中规模养殖场，大规模养殖场总成本中每头具有土地成本35元，占总成本的0.12%。

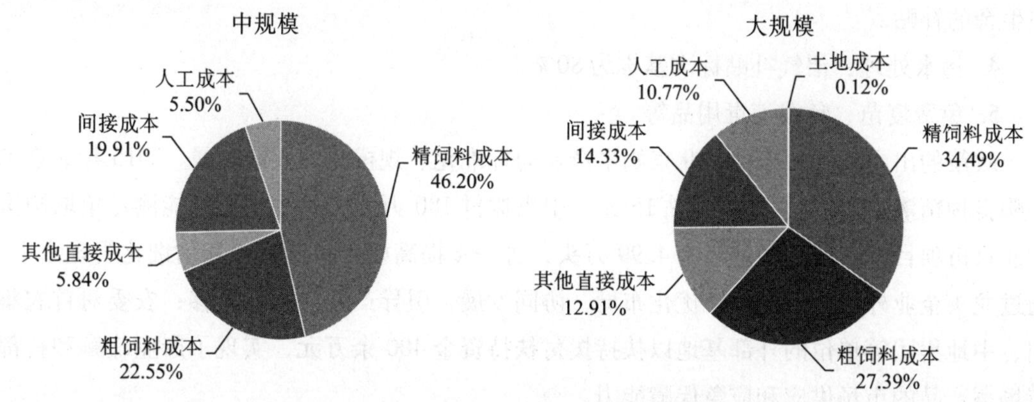

图13-8　2016年北京规模养殖场成本构成情况

资料来源：《中国奶业年鉴（2017年）》。

（二）成本收益率分析

北京规模化牛场成本收益率明显高于全国平均水平。2013年至2016年，北京规模养殖场每头净利润呈不规则变化。2016年，北京中规模养殖场每头净利润为9622元，成本收益率为52.92%，比全国平均水平高出25.3%；大规模养殖场每头净利润为10767元，成本收益率为36.24%，比全国平均水平高10.35%（见表13-9）。

表13-9　全国及北京规模化牛场成本收益率表

年份	净利润（元）				成本收益率（%）			
	全国		北京		全国		北京	
	大规模	中规模	大规模	中规模	大规模	中规模	大规模	中规模
2013	5841	5878	7032	7300	25.04	31.05	27.68	43.94
2014	7363	5412	10469	6340	29.13	26.74	30.59	29.85
2015	6208	5407	12808	16332	24.83	26.8	44.85	83.3
2016	6597	5577	10767	9622	25.89	27.62	36.24	52.92

资料来源：《中国奶业年鉴》（2014~2017年）。

根据对北京44家示范养殖场监测，截至2017年12月底，北京养殖场成本构成主要为饲料成本，其占总成本的74.37%。另外，收益渠道主要有原奶和公牛犊销售，12月份仅两项收入占总收入的98.1%，成本收益率为23.87%。

（三）产业支持政策实施效果

近年来，北京为了推动奶牛产业的发展，出台了一系列鼓励政策，对奶牛产业发展起到了较好的推动作用。主要包括：

1. 生母犊牛补贴每年500元/头，后备牛补贴每年100元/头。

2. 冷冻精液每只国家补贴10～15元，超出自己支付。

3. 旧厂房改造、小区道路地面硬化，给予设备补贴50%，以及挤奶设备、奶罐车，旧牛舍的补贴。

4. 污水处理，沼气补贴标准基本为80%。

5. 免费疫苗、免费消毒用品等。

政策的出台较好的推动了北京奶牛产业向标准化、规模化方向的发展。2015年北京市采购良种精液12万剂，每剂补贴15元，中央拨付180万元；奶牛生产性能测定争取国家和北京市项目补贴资金测定奶牛4.99万头，进一步提高奶牛科学饲养和精细化管理水平；通过龙头企业外埠基地建设，优化布局，协同发展，引导产业向河北转移；农委对首农集团、中地集团等单位的外部基地以扶持拨付扶持资金400余万元，实现了产业疏解和首都市场畜产品的市场供应和应急保障能力。

各区为了本区奶牛产业的发展，也纷纷出台了辅助性政策。如对于资金周转比较困难的养殖场，审批后可以得到免息贷款；优先从村集体中低价享受土地使用权的转让。但在落实产业扶持政策的过程中，有的区或乡镇存在不到位的现象，应进一步加强奶牛产业专项资金的落实机制。

第二节　产业发展中创新团队的技术支撑作用

一、团队基本情况

（一）创新团队功能定位及其建设任务

1. 团队功能定位。根据北京市农业及奶业内外部环境变化等因素的要求，团队“十三五”期间以全面践行“促进奶业优质安全发展”“全国奶业发展规划（2016～2020年）”“供给侧结构性改革”“调转节”和“京津冀协同发展”等大政方针为指引，以“立足北京、引领津冀、辐射全国”为核心，以“生态环保、高端高效、优质安全、示范引领”为产业发展方向，以研发、集成、示范、推广奶业生产一线急需的高新技术、产品为切入点，在试验研究和示范推广的各个环节实施标准化、机械化和信息化为手段，通过“示范基地建设”“套装主推技术落地”“奶牛保姆行动实施”“奶牛团队进学校、社区、公园”等途径，实现“三生”共存、“三率”并举、“三产”融合、“三化”同步的北京市现阶段农业发展目标，以及淘汰落后产能、提供优质和高契合消费者需求的乳产品的产业目标，切实加大高新技术成果转化水平，提高从业人员业务素养，提升产业技术水平，提高消费者对国产牛奶的认知度和信心，促进北京乃至津冀地区奶牛产业的高质量、健康和可持续发展。

2. 团队建设任务。立足北京、引领津冀、辐射全国。淘汰落后产能、提供优质及高契合消费者需求的乳产品，至“十三五”期末实现奶牛产奶量从7.4吨提高至8吨，在生态环保方面做到“可看、可学、可复制”的模型，带动辐射全国奶业发展。切实加大高新技术成果转化水平，提高从业人员业务素养，提升产业技术水平，提高消费者对国产牛奶的认知度和信心，促进北京乃至津冀地区奶牛产业的高质量、健康和可持续发展。

（二）创新团队组成架构

奶牛产业技术创新团队于2012年4月组建，有功能研究室5个，综合试验站8个和农民田间学校工作站12个。49名团队成员分别由来自中国农业大学、中国农业科学院、北京农学院、北京农林科学院、北京农职院等大专院校、科研院所，各级畜牧兽医技术推广机构及首农集团、中地畜牧等企业。团队共设置研发中心、功能研究室、综合试验站和田间学校工作站4个层级，专业涵盖繁殖、育种、饲养、营养、兽医、环境、乳品加工、安全、产业经济等9个领域，可全方位为产业前、中、后各环节健康发展提供技术支撑。

（三）创新团队作用与交流机制

1. 团队作用。北京奶牛创新团队作为北京奶业技术研究、集成与推广应用的重要支撑组织，根据“十三五”发展规划，以“促进奶业优质安全发展”“全国奶业发展规划（2016~2020年）”“供给侧结构性改革”和“京津冀协同发展”为方针，以优质安全为前提，以生态环保为基础，为研发高端高效乳制品为目标，在产业中起到示范引领作用。奶牛创新团队不仅关注行业发展趋势，也为养殖场提供技术需求，大大减少了奶牛疫病的发生，提高了奶牛的健康水平以及生鲜乳的质量水平，提高了产业核心竞争力，不仅支撑了北京奶业的发展，也促进北京乃至津冀地区奶牛产业的高质量、健康和可持续发展。

2. 团队交流机制。一体化管理模式：按照上级单位对团队工作模式的设计，产业一体化管理模式是团队开展工作的主体。奶牛团队从成立伊始就积极践行该管理模式，即首席专家为团队最高管理者，对岗位专家、功能研究室主任、首席专家办公室及其工作成效负主要管理责任；执行专家组负责工作审核，顾问组为主要咨询机构；岗位专家对单个项目负直接管理责任；综合试验站长对所承担的项目负直接管理责任，并联系协调辖区田间学校工作站；田间学校工作站长对所承担的项目负直接管理责任。功能实验室主任负责联系本功能室岗位专家，组织协调研究室内分工；首席专家办公室对综合试验站、农民田间学校工作站实施管理，并协调功能研究室、岗位专家、综合试验站和田间学校工作站之间的工作。通过积极践行这一工作模式，使团队保持了持续、高效的“执行能力”，各种工作均按照5年任务规划和年度工作计划顺利开展。

二、技术研发与主推技术

（一）团队技术研发情况

瞄准“瓶颈”做研发。2017年度，团队成员针对限制产业发展的“瓶颈”问题，开展了试验研究135项，覆盖试验牛群达到167188头次，在诸多方面取得了技术突破和进步。

1. 种公牛培育取得突破性进展。2017年度，共获得待进站公犊73头。按照“全球种源，国际平台，种牛甄选，精准服务”的理念，持续进行了种公牛的培育和优质种质资源推广应用工作，对进口冻精独俏的现状呈现了冲击态势，竞争力显著提升。北京培育的种公牛已通过美国动物育种协会（NAAB）备案，获取认证登记号为“308HO”，北京奶牛中心已注册为美国荷斯坦协会会员，荷斯坦种公牛获得了美国GTPI基因组遗传评估成绩，达到了直接与全球优秀种公牛同场竞技的效果。以“11116669”“11116687”“11116688”“11116686”“11115621”等为代表的新生代青年荷斯坦种公牛，在美国荷斯坦协会基因组遗传评估中，GTPI指数均达到2500以上；11117678的GTPI更是达到了2796，跻身北美排名前列。目前，在群荷斯坦种公牛GTPI>2400的达到了40余头。

2. 研究了早期胚胎自身合成褪黑素及作用，发现了胚胎线粒体合成褪黑素并提高胚胎质量及机制。在胚胎发育过程中是否可以自身合成褪黑素以及其合成后发挥作用的具体生理机制方面取得突破。

（1）胚胎中褪黑素和成限速酶AANAT的表达规律及其亚细胞定位。通过免疫荧光染色我们发现，褪黑素合成酶AANAT在胚胎发育的二细胞、八细胞以及囊胚阶段都有稳定表达，进一步的免疫电镜结果显示，褪黑素合成限速酶AANAT定位在胚胎的线粒体中。

（2）针对AANAT建立RNA干扰模型。使用的AANAT敲降siRNA购自于SANTA CRUZ，在胚胎的原核期进行siRNA的显微注射，结果显示，AANAT mRNA水平在胚胎发育的二细胞和八细胞期间均显著低于对照组，免疫荧光染色显示八细胞时期AANAT蛋白表达量显著低于对照组，且敲降之后，胚胎的八细胞和囊胚体外合成褪黑素的能力显著降低，低水平的褪黑素合成能力一直持续到囊胚期。

（3）敲降AANAT对胚胎发育率及囊胚质量的影响。胚胎期敲降AANAT后，对胚胎发育的二细胞比例并无显著影响，但敲降组胚胎的囊胚率以及孵化囊胚率都显著低于对照组，且囊胚细胞数相比对照组显著降低（$p<0.05$）。褪黑素补偿组都会显著缓解由敲降AANAT带来的损伤。

（4）敲降AANAT对囊胚纺锤体形态及线粒体功能的影响。敲降AANAT后发现胚胎发育的囊胚细胞数显著降低，进一步研究发现，敲降组囊胚的纺锤体形成率以及形态正常比率显著降低（$p<0.05$），这可能是导致囊胚细胞数减少的直接原因。敲降褪黑素和成限速酶 AANAT 导致胚胎发育过程中二细胞和囊胚线粒体异常分布比例升高，线粒体 DNA 拷贝数显著降低，线粒体 DNA 易突变区域的 D - loop 的碱基突变数显著提高，胞内线粒体合成 ATP 水平显著降低，而这些表型都会被外源添加褪黑素所缓解，在此从正反两面验证了褪黑素在胚胎发育过程中的作用。

3. 利用近红外技术构建京津冀地区全株玉米青贮的营养成分参数。利用数学模型、近红外漫反射光谱（NIDRS）快速准确预测京津冀奶牛场全株玉米青贮饲料的品质和消化性能，建立数学模型及近红外分析模型，并对测定结果进行预测准确性评价。能够为京津冀牧场现场快速评价青贮玉米质量提供有效信息，对环北京地区畜牧业发展具有十分重要的意义。

4. 建设现代化的 12 座奶牛气体检测舱。以奶牛甲烷减排为核心，以精细化饲喂为前提，以提质增效和节能环保为总纲，以奶牛自动饲喂系统和大家畜呼吸代谢舱为技术支撑，围绕奶牛蛋白质和能量代谢，建设 12 座现代化的奶牛气体检测仓，全面深入地研究奶牛营养物质代谢机制，为科学调控甲烷等温室气体排放、提高奶牛蛋白质及能量利用率提供理论依据和技术支持，在中国畜牧生产领域为缓解全球气候问题贡献了力量。

5. 奶牛乳房炎系列新兽药研发与产业化。已经向农业部进行了碘甘油混合液（防冻型后药浴）、头孢洛宁原料及制剂产品新兽药的申报，并通过了初审会。

已完成新兽药利福昔明子宫注入剂临床试验审批（批件号：京屠药字〔2017〕353 号）。已完成新兽药碘甘油混合液（前药浴）、硝酸铋乳头封闭剂的临床试验的申请。

6. BVDV DNA 疫苗制备和免疫效果评价。研究发现制备 BVDV E2 真核表达载体 pcDNA3. 1 - E2，并进行转染和体外表达鉴定。同 ISA 61 佐剂混合后制备的 DNA 疫苗和亚单位疫苗免疫小鼠能够激发较高水平的抗体水平，促进 CD4 + IFN - γ + 和 CD8 + IFN - γ + T 细胞的表达，提高血清中 IL - 4 的浓度，可以保护小鼠免受 BVDV 的侵害，攻毒后疫苗组小鼠脾脏、肺脏和肾脏的病理变化明显轻于攻毒对照组。DNA 疫苗免疫可以促进脾脏淋巴细胞增殖。制备的 DNA 疫苗和亚单位疫苗采用 prime boost 的策略免疫小鼠，能够产生较高水平的中和抗体，主要的抗体亚型为 IgG1、IgG2b 和 IgG2a。同时能够激发有效的 CTL 以及 Th1 和 Th2 细胞免疫反应，促进 IL - 4 分泌，有效地保护小鼠抵抗 BVDV 感染。结果表明采用联合免疫 DNA 疫苗和亚单位疫苗及采用 prime boost 免疫策略激发机体免疫反应最为持久和强烈。

7. 新型抗生素菌株筛选及其抗菌活性物质的分离与机制研究取得阶段性重大成果。在前期的抗菌活性化合物筛选过程中，创新团队岗位专家团队从土壤中分离得到一株芽孢杆菌。发现其次级代谢产物中的亲水性组分对革兰氏阳性菌（包括 MRSA）具有很好的抗菌活性。随后的 16s rDNA 分析表明该菌株属于枯草芽孢杆菌，并命名为 B. subtilis

CAU21。之后，经过科学、系统的研究，初步探明了该新型天然活性产物的抑菌效果和安全性等重要基础性特性，对发现新型的抗生素具有重要的理论支撑作用。bacaucin－1与金黄色葡萄球菌（S. aureus）之间分子水平的相互作用等内容仍在持续研究之中。

（二）团队主推技术情况

1. 多措并举稳基地。随着“水十条”“气十条”“禁养限养”等制度的推行，团队示范基地中有近25%养殖场受到了波及，或关停清退，或搬至它地，给团队示范基地建设带来了一定的困难。鉴于示范基地对团队示范推广、试验研究工作的重要性，团队及时开展了示范基地补充和拓展工作，通过内部挖潜和外部拓展，在大兴、密云、河北、天津等地选择示范场，使示范场规模保持在40个以上，有效地支撑了团队相关工作的推行。

2. 实效为先助推广。“套装主推技术”的推出，得到了各方的认可和赞誉，为高新技术的落地提供了思路，开拓了方法。在持续推进业已成熟的套装主推技术的基础上，2017年，团队成员共集成、研发、筛选新技术81项，示范规模达到292176头次，推广规模达到628818头次；示范推广产品52项，示范覆盖牛群117243头次，推广覆盖牛群763900头次；团队筛选出12项技术，作为团队主推技术向社会推广。

主推技术之一：奶牛牛乳“降体细胞针剂”。

主推技术之二：奶牛主要遗传缺陷检测及筛查。

主推技术之三：奶牛基因组遗传评估。

主推技术之四：玉米秸秆饲料菌酶复合发酵技术。

主推技术之五：犊牛早期营养调控技术。

主推技术之六：全株玉米青贮制作技术。

主推技术之七：奶牛全混合日粮（TMR）应用与评价技术。

主推技术之八：奶牛全混合日粮（TMR）精准管理技术。

主推技术之九：规模化奶牛场犊牛健康保健技术。

主推技术之十：规模化养殖场粪污安全化处理关键技术集成及产业化。

主推技术之十一：奶牛牛乳“降体细胞针剂”。

主推技术之十二：奶牛牛用增犊灵。

（三）团队研发成果情况

1. 技术成果。2017年，团队共获得奖励16项，其中国家科技进步二等奖1项，省部级奖励9项；出版专著7部；授权专利36项，其中发明专利10项，实用新型专利26项；申报专利27项，其中发明专利23项，实用新型专利4项；制定农业部行业标准等标准6部；发表标注团队论文114篇，其中核心65篇，SCI 25篇；撰写研究报告19篇。

2. 产品成果。2017年，团队共研发奶牛繁殖管理软件（网络版）、奶牛基因组遗传评估、奶牛主要遗传缺陷检测、庆祝霉菌复合制剂、兽永碳钢修蹄刀等产品21个，分别在本地区及全国推广示范，取得了明显效果。

三、技术示范推广效益

（一）技术示范推广经济效益

2017 年，团队成员继续从全产业各环节入手，提高北京乃至京津冀地区的奶牛产业技术水平，一大批新技术、新产品的落地应用，为“寒冬”中的奶业送去了浓浓的暖意。据不完全统计，单奶牛增产一项，团队辐射牛群的增产金额达到 5300 余万元。

此外，通过 40 余家示范牛场监测，成乳牛单位产量平均年增产 58.1 公斤，成本收益率达到了 23.87%。以 2017 年年底北京市存栏成乳牛 8.42 万头，约有 5.06 万头成乳牛，37.4 万吨牛奶产量核算，奶牛单产为 7.39 吨，增加 0.82 吨。

（二）技术示范推广生态效益

“生态环保”是本团队工作的重要宗旨。在积极推进北京奶业生产效率的同时，团队号召成员时刻关注生态效益。通过饲料与饲养、健康养殖、环境保护等途径，积极践行了“低碳、高效、环保”的理念，取得了显著的生态效益。在饲料转化方面，鼓励饲草与农作物秸秆相结合的粗饲料高效利用模式，不断提高奶牛日粮转化率，降低饲料废弃的二次环境污染；在健康养殖与环境控制方面，构建了北京规模化奶牛场应激环境动态监测系统，推广夏季奶牛环境综合控制技术，较好地改善了牛场的环境污染问题；在乳品加工环节，设计制作处理量为 1 吨/小时 CIP 废酸碱液净化回收设备样机，将为今后提高加工污水有机物质回收提供重要设施支撑；在节水方面，加强养殖场节水培训，节水意识贯穿了奶业链各个环节，奶牛养殖业逐步向节水高效转变。综上可以看出，本团队有效地提升了生态效益。

（三）技术示范推广社会效益

奶牛创新团队的工作，社会效益可用“高、大、新、美、真”5 个字概括。

1. 育种指数跻身世界高端。经过多年的选育，2017 年，北京种公牛育种工作取得突破性进展，北京培育的种公牛已在美国动物育种协会备案，北京种公牛跻身到了世界高端种牛行列。11117678 号荷斯坦公牛的 GTPI 达到了 2796，跻身北美排名前列，迈入高端殿堂。此外，北京奶牛中心所选育的种公牛 GTPI > 2400 有 40 余头，处于世界先进行列。

2. 基础研究获得重大突破。多年的积累，为基础研究取得重大突破奠定了基础，多个基础性研究获得重大突破。丁双阳研究员团队有关“产新型抗生素菌株筛选及其抗菌活性物质的分离与机制研究”取得突破，以此为主要内容的学术论文《基于生物表面活性剂发现的七肽提高对耐甲氧西林金黄色葡萄球菌的特异性杀灭作用》被《德国应用化学》（IF5y, 11.99）以封面插图形式刊出，此文第一作者——丁双阳研究员的博士研究生刘源直接赢得了扬州大学教授 C 岗的任职机会。毛学英教授团队有关乳源蛋白肽的研究成果被《分子营养与食品研究》杂志（IF5y, 4.725）并作为封面推荐文章于 2017 年第 2 期发表。屠焰研究员团队有关《全株玉米及秸秆菌酶联用发酵技术研究与应用》的成果通过专家组评价，被评为达到“国际先进水平”。熊本海研究员与蒋林树共同在延庆北京奶牛中心良种场构建的全球规模最大“12 座奶牛气体检测舱”，为相关基础研究打造了重要基地。

3. 新兽药研发再上新台阶。2017 年，新兽药研发继续保持高效的状态，并取得了再上台阶的佳绩，新兽药研发从以往围绕乳房炎、子宫内膜炎等疾病的治疗领域向综合预防的消毒剂和治疗领域联合发展，“系列化”新兽药梯队逐渐形成。碘甘油混合液（防冻型后浴药）、头孢洛宁原料、头孢洛宁乳房注入剂等 3 种兽药已被主管部门受理，利福昔明子宫注入剂、碘甘油混合液（前药浴）和次硝酸铋乳头封闭剂已获得临床试验批件或正在申请之中。

4. 乳品开发助力美好生活。响应“供给侧结构性改革”的需求，多款适应市场需求的新产品问世，填补了国内空白，得到了市场的认可，满足了消费者对美好生活的需要。集聚了“中国母乳成分数据库研究”最新成果的“蓝标爱力优”，汇聚了全产业链集体智慧与协同创新成就的“A2β－酪蛋白纯牛奶”，为早产、低体重婴儿量身定做的“早产儿/低体重儿童奶粉”，等众多新产品，已成功上市或完成了中试，满足了不同消费人群的需求，助力了美好生活的实现。

5. 整体工作凸现求真务实。2017 年度，团队工作一方面按照解决产业瓶颈问题，服务最急需环节，为产业健康发展提供切实可行的技术支撑等目标，团队各项工作扎实稳步推进，得到了外部评估专家组“真创新、真合作、真推广”的高度评价。另一方面，京津冀协同发展也真真切切地向前迈进了一大步。京津冀三地合作框架协议签署、联合申请项目、联合试验研究、联合申报奖项、联合服务产业、奶牛保姆行动—京津冀精准牧场行活动等，都建立在求真务实的基础上，行动有效，效果真切。

四、团队对产业支撑作用

（一）创新团队对产业支持模式

北京市畜牧技术推广体系随着都市型现代农业发展的进程得到了不断的完善。现行体制下的农技推广形式主要是一种自上而下的主导控制模式，而奶农和牧场技术人员作为一个特殊类群，在心理特征、年龄结构、学识学历、行为规范和获取资源、信息能力等方面都存在着差别。因此，奶业技术推广体系必须按照“用户导向”的模式加以调整，以提高农技服务的实效，确立牧场在技术应用中的主体地位，建立以基层需求为根本取向的农技服务运行机制（见图 13－9）。

（二）创新团队产业支持案例分析

“奶牛保姆行动”再升级。“奶牛保姆行动”作为团队一张靓丽的名片，5 年多来，为技术落地、人员技术水平提高发挥了重要的作用。鉴于产业内、外部形势及产业自身对技术需求的剧烈变化，团队从 2017 年开始对“奶牛保姆行动”进行了换代升级，拓展了服务的外延和内涵。从参与服务的人员方面，扩展了队伍，加入了团队外部人员，要求他们

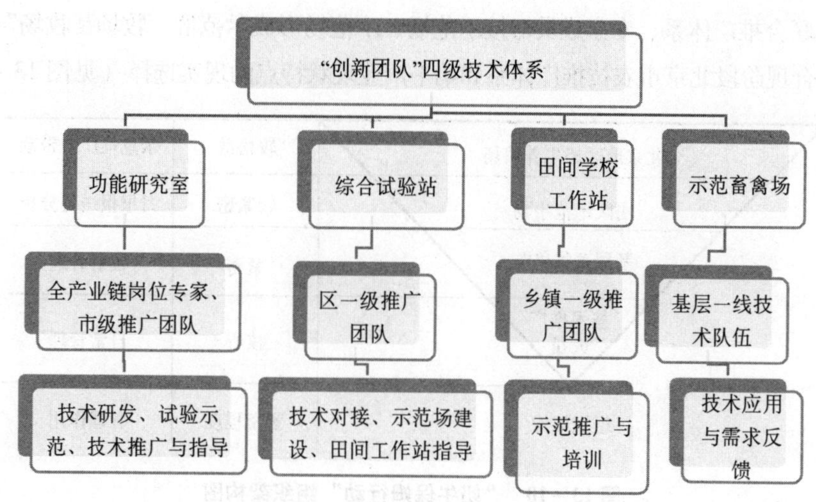

图 13－9　创新团队技术服务体系

以“公益性”纯技术服务的形式参与，得到了多方积极响应。从服务的区域方面，走出了北京，辐射了津冀。从服务内容方面从“应急式服务”转向了“预防为主，应激辅助”的服务方式。从服务领域以养殖环节为主转向了服务全产业链服务。

“奶牛保姆行动”以实用技术、操作技能培训为主要内容。针对北京市奶牛生产一线存在的各类“瓶颈”问题，团队启动以“减少生产经营损失，提高奶牛养殖场（户）相关人员的技术水平，增进团队专家与基层养殖场（户）的联系与技术对接”为目的“奶牛保姆行动”，全体成员通过现场集中“一对多”“一对一”答疑等多种培训形式，开展了一系列有针对性的实用技术操作技能培训，用实际行动担当“奶牛保姆”，为提高北京市奶牛产业生产水平提供技术支持。

1. 管理机制与运行模式。采用团队日常管理为主，服务对象评价反馈为辅的管理服务机制。依托公益性推广体系和北京奶牛创新团队服务体系，构建了一个农科教、产学研相结合的高效社会化公共服务新平台。按照工作模式的总体设计，“产业一体化管理模式”是团队开展工作的主体。运行机制的创新主要体现在考评考核动态管理机制、推广路径调控机制、合作带动协同机制、基层服务保障机制 4 个方面，它们是一个有机整体，各有侧重又相互联系（见图 13－10）。

2. 推广路径调控机制。包括推广体系建设和推广运行调控两方面。奶牛推广体系建设包括：资格准入，定岗定责，按需设岗，竞争上岗，确定工作任务；实施合同责任管理制，各成员签订五年工作规划和年度责任书；制定量化绩效考核办法，建立起人员淘汰、补充和内部流动机制。技术推广运行内容主要包括产业需求调研、技术研发、技术推广（单项技术应用、套装技术应用）、示范场建设、技术入场入户指导、多元化培训（一对一、一对多、多对一、多对多等），专家“一对一”对接服务，科技服务超市、技术产品定制服务、团队文化建设（团队文化建设、交流，知识竞赛等）、信息宣传与普及等。具体采用了“团队联合推广体系、专家成员对接示范场、示范场形成示范群、牧场帮牧场”的推广路径，这是符合现阶段北京市农技推广体系和奶牛产业现状特点的现实选择（见图 13－11）。

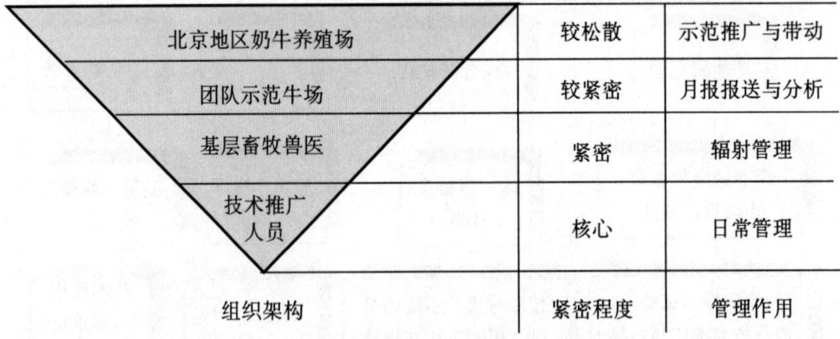

图 13－10　“奶牛保姆行动”组织架构图

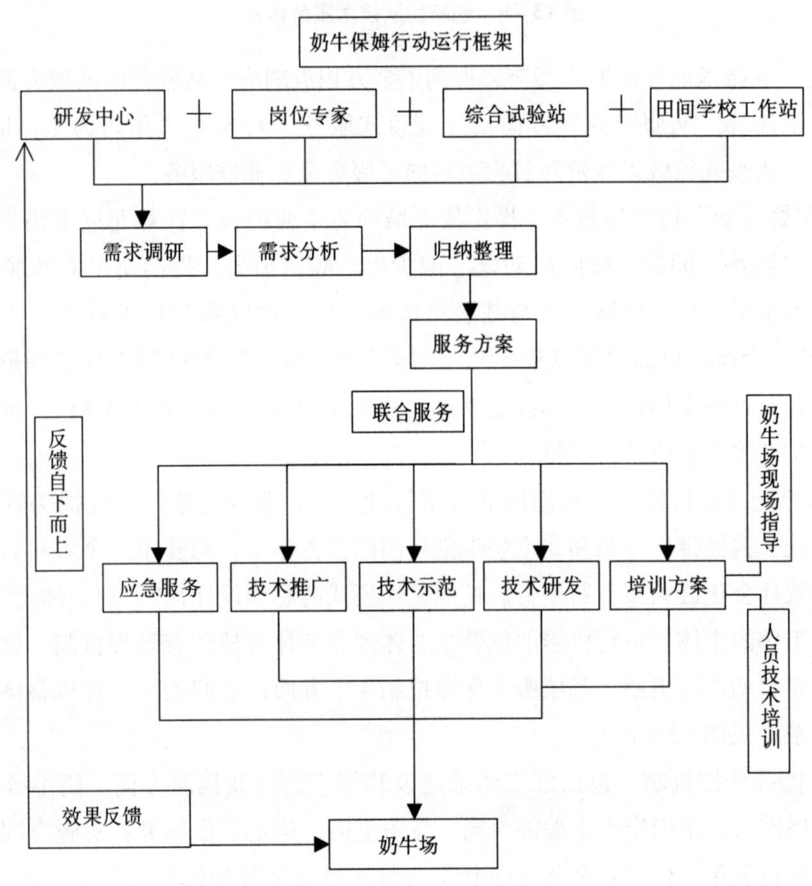

图 13－11　“奶牛保姆行动”运行框架图

3. 主要成效。2017 年，团队共组织观摩 42 次，会议 138 次、培训 158 次，开展农民田间学校活动日 119 次，发放资料 5939 份，“奶牛保姆行动”直接服务 12383 人次。

第三节　产业典型案例分析

一、产业发展新业态——三元 A2β－酪蛋白纯牛奶

践行“调转节”大政方针，举全团队之力，协助三元食品股份有限公司开发和上市了A2β－酪蛋白纯牛奶。

A2β－酪蛋白纯牛奶是一款汇集全产业链优势推出的高端牛奶，是团队多名成员在统一目标指引下，协同创新的代表性成果。

首先，育种岗位专家利用其建立的奶牛血统追溯及基因筛查体系，甄选出血统纯正的A2 型奶牛，生产只含 A2β－酪蛋白的原料乳，从源头实现创新。其次，饲养、营养、疫病防治、环境控制与健康养殖等岗位专家为优质的 A2 型奶牛提供了全程的“保驾护航”，确保其产好奶。第三，乳品加工及生鲜乳安全等岗位专家利用其先进的检测装备和加工工艺，开发出 A2β－酪蛋白检测方法和 A2β－酪蛋白纯牛奶（见图 13－12）。

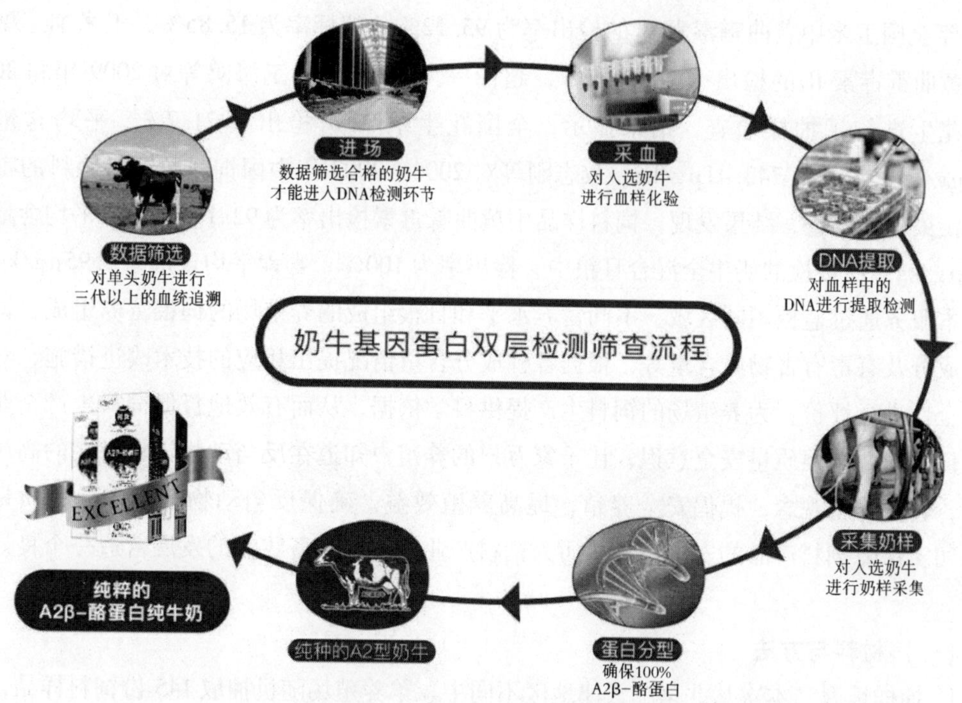

图 13－12　A2 牛奶开发示意图

创新团队专家团队协助首农集团自其自有的8.5万头牛群中，根据地域、年龄、健康等因素，精选了1.6万头进行完整系谱精准追溯，预测β-酪蛋白编码基因基因型遗传可能性，利用自有的高低通量两种检测方案对不同适用样本量的3311头个体进行基因分型检测，遴选β-酪蛋白编码基因A2型纯和个体1300余头，利用高效液相色谱技术对个体进行原奶检测二次确认，最终组群泌乳牛600余头，集中饲养管理，开展精准饲喂与健康养殖，最终达成特色乳品上市的效果。

该产品具有明显优势，一是A2β-酪蛋白成分和母乳中的β-酪蛋白分子结构更为接近，更易于人体消化和吸收。二是A2β-酪蛋白在消化过程中不会生成β-酪啡肽-7（BCM-7），不刺激肠胃产生不良反应，对一些特需人群，例如婴幼儿、老人等更加合适。

二、京津冀饲料安全预警监测服务

近年来，随着畜产品安全事故的频发和绿色有机食品的提出，特别是随着生活水平和消费能力的进一步提高，人们对食品的健康和安全更为关注。而动物性食品在人类食物构成中有着举足轻重的作用，饲料作为饲料—饲养动物—人类这条食物链上最基础最重要的一环，其安全性是影响动物性食品健康和安全最直接、最主要的因素。在饲料原料、配合饲料和副产品原料中霉菌毒素污染比较严重。DDGS、花生、玉米、麦麸、棉籽、青贮料等饲料中以及牛奶制品的水分含量在17%～18%时易使黄曲霉生长繁殖。刘凤芝等报道，2014年全国玉米中黄曲霉毒素B_1的检出率为95.12%，超标率为15.85%，玉米加工副产物中黄曲霉毒素B_1的检出率为84.50%，超标率为33.80%。王海鸥等对2009年和2010年的花生进行了抽样检查，结果显示，全国花生中AFB_1检出率21.7%，平均含量为6.82μg/kg，最大值743.41μg/kg。敖志刚等对2006～2007年中国饲料及饲料原料的霉菌毒素污染做了调查，结果发现，饲料样品中黄曲霉毒素检出率为92.1%，毒素平均含量为8.15μg/kg。在被检的奶牛全混合日粮中，检出率为100%，毒素平均含量为5.95μg/kg。

本服务通过监控不同区域、不同营养水平和日粮组成的养殖场的饲粮营养组成、饲料营养成分及有毒有害物质含量等，根据各种成分含量情况提出相应的技术改进措施，对饲料安全性进行评价，为养殖场的饲料生产提供科学依据，从而有效地督促饲料生产企业加强责任意识，增强质量安全意识，让千家万户的养殖户知道在反刍动物饲料潜在的高风险因子，转变养殖观念，提倡安全养殖，提高养殖效益，确保反刍动物饲料产品的质量安全，切实保障饲料产品的安全性，从而为饲料产业乃至整个畜牧业的发展营造一个良好的环境。

（一）材料与方法

1. 抽样情况。本次从北京、天津地区不同牛、羊养殖场随机抽取145份饲料样品，涵盖北京密云、昌平、大兴、延庆，天津，河北石家庄、承德、秦皇岛、衡水、邢台、定州等地区的23家养殖场，包括各饲养阶段精料、干草、青贮、其他单一原料，其中，能量饲料29份，蛋白质饲料原料13份，粗饲料42份，精料补充料34份，浓缩料3份，全混合日粮（TMR）4份，青贮饲料20份。样品按《GB/T 14699.1－2005 饲料 采样》进行抽样，每个样品抽取三份，每份500克，其中一份留企业用于复核，两份由采样人员带回，一份用于检测，一份备份，用于复核。青贮采集时选取除去表层约10cm以后的青贮饲料，将青贮样品放冰盒带回实验室进行处理。详细记录样品的采集时间和地点，以保证抽样的公正性和可追溯性。饲料样品的保存，一般样品按常温或低温保存，青贮样品采用低温保存的方法，以保证饲料样品的有效性和检测结果的可靠性。

2. 检测指标与方法。根据京津冀牛羊饲料高风险因子安全预警研究项目实施方案要求，对饲料样品的营养成分：干物质（DM）、粗蛋白（CP）、粗灰分（Ash）、粗脂肪（EE）、中性洗涤纤维（NDF）、酸性洗涤纤维（ADF）、总能（GE）、钙（Ca）、磷（P），微量元素：铅（Pb）、砷（As）、汞（Hg）、铜（Cu）、锰（Mn），霉菌毒素：黄曲霉毒素B1（AFB1）、呕吐毒素（DON）、玉米赤霉烯酮（F－2）的含量以及青贮的pH值进行了检测，详细信息见表13－10。

表13－10　检测项目与方法

检测项目	检测指标	检测方法	仪器设备
饲料营养成分	DM	烘箱干燥	烘箱
	EE	残余法	XT151 脂肪测定仪
	CP	凯氏定氮法	KDY－9830 凯氏定氮仪
	Ash	灰化法	SGM－M10 马弗炉
	NDF	范式中性洗涤法	纤维消煮器
	ADF	范式酸性洗涤法	纤维消煮器
	GE	燃烧法	A1435DDEE 能量仪
	Ca	原子吸收法	原子吸收仪
	P	原子吸收法	紫外分光光度计
微量元素	Pb	原子吸收法	原子吸收仪
	As	原子吸收法	原子吸收仪
	Hg	原子吸收法	原子吸收仪
	Cu	原子吸收法	原子吸收仪
	Mn	原子吸收法	原子吸收仪
霉菌毒素	AFB1	ELISA	韦德维拉试剂盒
	DON	ELISA	韦德维拉试剂盒
	F－2	ELISA	韦德维拉试剂盒
青贮酸度值	pH	pH 计测定	TESTO 206PH2 PH 测试仪

其中，微量元素铅、砷、汞、铜、锰在饲料中的含量，正在检测中。

（二）检测结果与分析

1. 营养成分检测情况。

（1）能量饲料检测结果。由表 13 - 11、表 13 - 12 可见，检测的 8 个玉米样中，根据饲料用玉米的国家标准（GB10363 - 1989）判定，其中，有 3 个达到了一级标准，4 个达到了二级标准，1 个达到了三级标准。

表 13 - 11　　玉米营养成分检测结果（干物质基础）

样品名	样品数	DM（%）	CP（%）	Ash（%）	EE（%）	NDF（%）	ADF(%)	GE(%)	Ca(%)	P(%)
玉米颗粒	1	86. 10	9. 26	1. 46	—	8. 78	3. 08	—	0. 15	0. 26
玉米颗粒	1	88. 35	8. 79	1. 58	—	11. 50	4. 43	—	0. 27	0. 26
玉米颗粒	1	86. 24	9. 20	1. 01	—	10. 44	4. 65	—	0. 13	0. 21
玉米颗粒	1	87. 07	9. 72	1. 29	—	8. 14	2. 97	—	0. 14	0. 28
玉米颗粒	1	88. 20	8. 77	2. 00	4. 85	22. 27	2. 66	18. 50	0. 35	0. 33
玉米颗粒	1	88. 72	9. 25	1. 82	5. 18	15. 40	3. 13	18. 55	0. 33	0. 27
玉米面	1	90. 46	8. 51	1. 31	2. 62	15. 64	3. 31	18. 04	0. 16	0. 26
玉米面	1	87. 49	7. 71	1. 36	1. 42	57. 47	2. 16	18. 09	0. 31	0. 17

表 13 - 12　　能量饲料营养成分检测结果（干物质基础）

样品名	样品数	DM%（风干物质基础）	CP（%）	Ash（%）	EE（%）	NDF（%）	ADF（%）	GE（%）	Ca（%）	P（%）
压片玉米	5	88. 79 ±0. 98	8. 51 ±1. 04	0. 87 ±0. 56	3. 26 ±1. 89	8. 22 ±0. 91	3. 99 ±0. 93	18. 48 ±0. 42	0. 24 ±0. 11	0. 21 ±0. 06
玉米面	8	87. 83 ±1. 43	8. 90 ±0. 61	0. 68 ±0. 72	3. 52 ±1. 80	5. 01 ±5. 13	1. 91 ±2. 09	18. 30 ±0. 27	0. 23 ±0. 10	0. 25 ±0. 05
喷浆玉米	1	91. 37	—	5. 70	3. 15	58. 22	14. 69	18. 40	—	9. 40
玉米带轴	1	84. 44	8. 83	1. 03	—	—	—	—	0. 12	0. 23
玉米皮	1	91. 16	20. 73	0. 05	2. 50	0. 56	0. 14	18. 50	0. 34	0. 79
麸皮	6	88. 38 ±1. 23	17. 35 ±1. 66	5. 26 ±2. 71	2. 70 ±0	40. 74 ±23. 10	13. 77 ±9. 50	18. 61 ±0	0. 31 ±0. 16	1. 08 ±0. 12
甜菜丝	1	91. 26	10. 62	0. 06	0. 65	0. 48	0. 26	17. 27	1. 24	0. 07
甜菜粕	1	91. 78	10. 55	4. 65	1. 68	43. 66	22. 98	17. 37	—	0. 03
甜菜颗粒	1	88. 51	8. 86	3. 99	—	44. 67	25. 55	17. 98	0. 55	0. 08
胚芽饼	1	94. 10	6. 68	7. 13	—	64. 06	42. 50	—	0. 20	0. 09
苹果粕	1	91. 71	6. 34	1. 56	—	49. 20	38. 38	—	0. 27	0. 10
苹果渣	1	89. 30	7. 65	1. 44	—	—	—	—	0. 27	0. 11
次粉	1	87. 58	15. 83	2. 56	—	—	—	—	0. 15	0. 47

（2）蛋白原料饲料检测结果（见表 13 - 13、表 13 - 14）。

表 13 - 13　　蛋白原料营养成分检测结果（干物质基础）

样品名	样品数	DM（%）（风干物质基础）	CP（%）	Ash（%）	EE（%）	NDF（%）	ADF（%）	GE（%）	Ca（%）	P（%）
棉籽粕	1	92. 12	45. 74	6. 38	0. 36	34. 26	21. 94	19. 13	—	11. 22
棉籽	4	91. 93 ±1. 34	24. 95 ±1. 89	3. 99 ±0. 26	16. 65 ±1. 17	48. 36 ±3. 57	36. 62 ±7. 12	21. 60 ± 0. 23	0. 39 ±0. 17	0. 54 ±0. 10

续表

样品名	样品数	DM（%）（风干物质基础）	CP（%）	Ash（%）	EE（%）	NDF（%）	ADF（%）	GE（%）	Ca（%）	P（%）
豆粕	6	89.18±1.39	47.69±3.53	6.59±0.47	1.48±0.04	13.98±0.81	9.63±1.16	19.33±0.09	0.96±0.93	0.65±0.04
沙棘粕	1	90.12	31.61	3.78	1.11	54.27	27.00	20.07	0.51	0.40
花生饼	1	93.35	49.34	5.31	—	—	—	—	0.33	0.80

由表13－13可见，检测的6个豆粕中，按照饲料用大豆粕标准（GB 10380－89）判定，其中5个达到了国家2级标准，1个低于三级，为等外品。

表13－14　豆粕营养成分检测结果（干物质基础）

样品名	样品数	DM（%）（风干物质基础）	CP（%）	Ash（%）	EE(%)	NDF(%)	ADF(%)	GE(%)	Ca(%)	P(%)
豆粕	1	88.53	51.20	6.89	—	13.46	10.73	—	0.71	0.67
豆粕	1	87.66	48.09	6.35	—	12.85	10.18	—	0.43	0.68
豆粕	1	89.22	40.99	—	—	14.79	10.52	—	2.82	0.59
豆粕	1	91.37	49.87	7.17	1.51	13.74	8.37	19.27	0.64	0.66
豆粕	1	90.19	48.25	6.95	1.45	56.99	30.84	19.39	0.73	0.63
豆粕	1	88.14	47.75	6.49	—	13.75	8.34	—	0.41	0.68

（3）粗饲料检测结果（见表13－15）。

表13－15　粗饲料营养成分检测结果（干物质基础）

样品名	样品数	DM（%）（风干物质基础）	CP（%）	Ash（%）	EE（%）	NDF（%）	ADF（%）	GE（%）	Ca（%）	P（%）
苜蓿	8	91.06±2.14	14.05±2.53	8.66±1.45	2.32±0.87	53.20±8.02	40.80±7.01	18.11±0.16	1.38±0.47	0.35±0.42
苜蓿颗粒	1	90.42	16.60	13.12	—	45.00	34.18	17.33	2.36	0.25
燕麦	9	91.85±1.73	6.96±1.66	8.28±3.63	2.19±0.17	65.53±7.48	40.09±6.79	17.65±1.00	0.40±0.11	0.36±0.51
谷草	4	93.00±1.23	6.46±2.43	7.10±2.74	1.15±1.21	72.82±10.45	48.34±9.61	17.80±0.41	0.69±0.10	0.15±0.13
混合干草	1	88.06	10.19	13.50	—	61.17	44.69	—	1.06	0.22
青干草	1	91.96	7.38	6.12	—	—	—	—	0.36	0.09
羊草	2	91.94	4.80	5.45	2.15	73.32	41.63	18.38	0.37	0.07
梯牧草	1	92.41	3.73	5.93	—	—	—	—	0.31	0.04
草籽、麸皮、麦尖	1	91.84	11.06	25.82	—	48.79	35.49	—	0.70	0.25
麦壳	1	92.31	6.81	13.57	—	67.23	42.52	—	0.51	0.12

续表

样品名	样品数	DM（%）（风干物质基础）	CP（%）	Ash（%）	EE（%）	NDF（%）	ADF（%）	GE（%）	Ca（%）	P（%）
黄贮（玉米秸秆）	1	37.94	21.98	23.88	—	151.32	103.00	—	2.11	0.55
玉米秧	2	92.85	6.54	3.80	1.03	71.13	14.42	15.45	0.85	0.10
花生秧	3	91.25±4.17	8.10±0.76	11.23±3.21	—	53.32±0.74	48.47±4.01	16.30±0	1.60±0.37	0.14±0.01
谷子秸秆	1	95.34	7.85	12.30	—	—	—	—	0.66	0.09
玉米皮粉	1	87.79	29.49	5.05	—	39.51	17.48	—	0.15	0.95
大豆皮	2	90.67	10.10	17.78	2.41	67.04	46.58	17.67	1.07	0.10
啤酒槽	2	92.28	28.29	4.58	7.57	50.28	9.75	20.89	0.53	6.47

（4）精料补充料检测结果（见表13-16）。

表13-16　精料补充料营养成分检测结果（干物质基础）

类别	样品名	样品数	DM（%）（风干物质基础）	CP（%）	Ash（%）	EE（%）	NDF（%）	ADF（%）	GE（%）	Ca（%）	P（%）
奶牛用精饲料	牛精料补充料	1	91.04	22.98	8.27	9.16	29.02	8.47	17.37	—	6.39
	牛精料	1	89.01	19.82	6.84	—	—	—	—	1.06	0.52
	犊牛料	3	89.64	19.59	4.93	4.71	12.00	5.86	16.38	1.37	0.49
	育成牛料	4	89.52	27.15	8.87	3.78	26.29	11.90	18.57	1.30	0.72
	青年牛料	3	91.49	29.28	7.63	3.86	22.25	11.75	16.60	1.43	7.29
	泌乳期牛料	4	90.47	22.91	3.12	1.50	6.62	2.85	15.91	1.30	3.30
	牛产奶中期精料	1	89.45	21.92	9.37	3.81	33.34	9.47	15.61	—	0.55
	牛低产料	1	88.74	19.73	8.90	—	—	—	—	1.06	0.57
	牛高产料	2	88.53	17.02	7.55	—	19.33	9.58	—	0.84	0.57
	围产期牛料	1	91.63	35.85	8.45	5.43	30.62	16.24	18.10	—	9.07
	牛干奶期料	3	91.03	28.38	11.62	2.11	29.46	15.95	16.31	1.66	3.53
	牛产奶大补料	1	92.47	32.81	7.30	—	9.09	8.77	—	1.74	0.63
	牛料概况	25	90.20±1.38	27.43±7.25	9.77±2.18	3.02±2.77	26.54±11.05	11.35±5.49	14.73±7.65	1.37±0.47	3.01±4.31
山羊用精饲料	公羊精料补充料	1	89.43	20.61	5.64	—	14.53	6.76	—	1.05	0.54
	基础母羊料	1	88.74	16.54	6.29	16.21	20.20	10.19	—	0.96	0.49
	哺乳母羊料	1	89.20	17.06	7.26	16.07	19.01	8.52	—	1.44	0.44
	繁殖肉羊料	1	90.41	16.49	7.92	—	31.77	11.76	—	1.49	0.56
	羔羊料	5	88.92	18.21	7.40	—	17.29	7.59	16.6	1.14	0.54
	羊料范围	9	89.15±0.09	20.16±1.88	7.99±1.05	—	21.61±7.59	9.45±2.06	18.24±0.22	1.33±0.26	0.59±0.06

由表13－16可知，奶牛场所检测的25份精饲料中，根据我国奶牛用精饲料营养成分指标行业标准（NY/T 1245－2006）判定，其中，5份磷超标，2份粗灰分高于行业标准，2份粗蛋白含量低于行业标准。根据我国山羊用精饲料行业标准（NY/T 1344－2007）判定，所检测的9份羊精饲料中，1份灰分含量超标，2份钙含量超标。

（5）浓缩料检测结果（见表13－17）。

表13－17　浓缩料营养成分检测结果（干物质基础）

样品名	样品数	DM（%）（风干物质基础）	CP（%）	Ash（%）	EE（%）	NDF（%）	ADF（%）	GE（%）	Ca（%）	P（%）
肉牛浓缩料	1	91.41	36.59	15.73	3.81	30.21	0.11	17.01	2.23	0.77
羔羊浓缩料	1	88.14	37.11	15.87	—	17.27	10.00	—	3.06	0.62
母羊浓缩料	1	90.14	34.86	18.79	—	23.83	11.62	—	2.12	0.65

（6）TMR检测结果（见表13－18）。

表13－18　TMR营养成分检测结果（干物质基础）

样品名	样品数	DM%（风干物质基础）	CP（%）	Ash（%）	EE（%）	NDF（%）	ADF（%）	GE（%）	Ca（%）	P（%）
羊TMR	1	34.53	29.34	35.68	—	151.32	92.33	—	1.94	0.64
公羊TMR	1	55.91	15.79	18.10	—	83.58	71.94	28.38	2.66	0.41
空怀母羊TMR	1	53.08	13.02	18.26	—	95.44	78.24	30.18	2.94	0.30
怀孕母羊TMR	1	51.78	18.68	20.74	—	82.33	67.42	30.03	2.80	0.44

（7）青贮饲料检测结果（见表13－19）。

表13－19　青贮饲料营养成分检测结果（干物质基础）

样品名	样品数	PH值	DM（%）（风干物质基础）	CP（%）	Ash（%）	EE（%）	NDF（%）	ADF（%）	GE（%）	Ca（%）	P（%）
羊青贮	3	—	27.54±3.23	25.75±3.84	18.84±13.08	—	199.34±73.74	121.86±45.22	53.14±0	2.03±0.33	0.54±0.06
牛青贮	17	3.62±0.17	92.69±0.53	8.17±2.14	4.97±1.20	4.95±2.05	67.85±10.65	26.04±7.37	19.67±5.31	—	1.42±1.50

（8）霉菌毒素检测情况（见表13－20、表13－21）。

（三）讨论与分析

1. 饲料营养成分差异大。饲料质量的好坏直接关系到动物养殖业的发展，关系到动物产品的质量和安全。解决动物性食品安全的核心是应用安全的饲料，并且需要不断地加以改进和创新，进一步开发和研制新饲料产品和新技术。研究我国饲料质量和安全因素，探讨保证饲料安全对策，对促进我国饲料产品质量和安全水平的提高，保证我国饲料产业

表 13-20　　霉菌毒素饲料含量标准

霉菌种类	饲料类别	允许量	参考标准
黄曲霉毒素 B1	奶牛精料补充料	≤10ppb	GB/T 17480 或 GB/T 8381
	肉牛精料补充料	≤50ppb	
	玉米、花生饼（粕）、棉籽饼（粕）、菜籽饼（粕）	≤50ppb	
	豆粕	≤30ppb	
呕吐毒素	犊牛/泌乳期动物配合饲料	≤1ppm	GB13078.3-2007
	牛配合饲料	≤5ppm	
玉米赤霉烯酮	配合饲料/玉米	≤500ppb	GB13048.2-2006

表 13-21　　霉菌毒素检测结果

霉菌种类	检测数	最小值	最大值	允许量	超标数	超标率
呕吐毒素	60	12.39	>4860	<1ppm	21	35%
玉米赤霉烯酮	60	1.72	1620	<500ppb	3	5%
黄曲霉毒素	60	7.33	37.28	<50ppb	0	0%

的健康发展，动物养殖生产的高效安全，保障人类及动物生存环境不受污染，动物产品的质量和安全，人体健康和社会安定，具有十分重要的意义。但目前除大型的养殖企业和条件较好的养殖专业合作社外，多数养殖场自配饲料的生产条件较差，加工设备简陋，检验意识缺乏，再加上监管力度不足，造成反刍动物饲料存在各种安全隐患。本书研究表明，不同养殖场所用原料营养成分差异都很大，导致配合饲料营养成分存在较大差异，最终导致牛羊生产中营养供给不能满足需要或营养供给过多引起动物生产性能变差和饲料资源浪费，这种现状与现代养殖业中追求效益最大、成本最低、生态最优的目标不符。

2. 饲料霉菌污染问题严重。霉菌不仅可使饲料变质，降低饲料的营养价值，更重要的是使动物发生霉菌病和霉菌毒素（如黄曲霉毒素）中毒病，动物摄入含有霉菌毒素的饲料后，具有很强的毒性和致癌性，并且可以通过乳汁等其他产品转移到人体，造成危害。黄曲霉、呕吐毒素、玉米赤霉烯酮属于常见霉菌，广泛存在于自然界温暖潮湿的环境中，附着于各种发霉的植物和食物上。DDGS、花生、玉米、麦麸、棉籽、青贮料等饲料中以及牛奶制品在储藏期不适宜的温湿度均可造成黄曲霉的生长，致使 AFB_1 污染严重。饲料原料和配合饲料中多种霉菌毒素同时存在，在副产品原料中霉菌毒素污染比较严重。一般认为反刍动物对黄曲霉毒素耐受性较强，自然条件下发生的慢性中毒持续时间则较长，乳牛和肉牛通常出现饲料转化效率降低、免疫抑制、繁殖力下降等症状，牛的急性黄曲霉毒素中毒症临床症状有采食量下降、泌乳量骤降、体重减轻和肝脏损害。呕吐毒素主要在田间污染谷物类原料作物和油籽类原料作物。在刚收获后的谷物呕吐毒素污染较为严重，对我国谷物类原料的污染相当普遍，其次是油籽类原料，呕吐毒素的污染程度存在地区和年份的区别。由于温度、湿度等的差别，不同地区、同一季节收获的玉米所带菌属有较大差别，同一地区、不同季节、不同年份的玉米所带菌属也不一样。玉米赤霉烯酮主要污染玉米、小麦、大米、大麦、小米和燕麦等谷物。其中玉米的阳性检出率为45%，最高含毒量可达到2909mg/kg；小麦的检出率为20%，含毒量为0.36~11.05mg/kg。玉米赤霉烯酮的耐热性较强，110℃下处理1小时才被完全破坏。所以，及时对饲料中霉菌毒素进行定量检测，是目前最大限度地降低黄曲霉毒素危害的最好措施。

（四）结论

京津冀牛羊养殖场配合饲料和原料的营养成分差异很大，需根据牛羊营养需要调整配方，以保证动物健康成长，减少饲料浪费，此外，养殖场还应加强对不同原料霉菌毒素的检测和防控，针对实际霉菌毒素污染状况采取相应预防措施。

第四节　产业发展政策建议

一、产业发展问题及其技术需求

（一）产业发展问题

1. 产业发展空间受限。近年来，随着北京地区人们对雾霾和环境污染的持续关注，奶牛养殖场受到环保政策的限制，2017年北京各区开始奶牛养殖场腾退工作，因此近年来，北京奶牛养殖场数量以及奶牛存栏量均有下降。另外，由于北京没有足够的土地，造成了饲料的供给严重不足，需要其他地区来供应，同时劳动力成本也相对较高，增加了奶牛养殖场的饲料成本，这些因素均限制了北京大幅度发展奶牛养殖业。

2. 消费者对国产乳制品认识不清。虽然距2008年的“三聚氰胺”事件已近十年，国产乳制品质量已经大大提升，但消费者对国产乳制品的安全信心依然不足。通过对北京消费者调研发现，消费者对国外进口乳制品的青睐度相对国产奶较高，但是经过行业专家的十年共同努力，国产乳制品质量有了质的飞跃，可是消费者依然对“三聚氰胺”事件惊魂未定。企业及政府对乳制品安全的宣传并未起到决定性作用，消费者对国产乳制品质量认识不清，使得对进口乳制品存在盲目追从，严重制约了乳制品行业的发展空间。

3. 进口影响加剧。我国乳制品进口关税低，进口乳制品完税价格也低于国内生产成本，导致了乳制品进口量激增。而作为我国的首都北京是国内外奶业的必争之地，受到冲击非常大。从2010~2017年，北京乳制品进口量呈直线上升趋势，近年来北京液态奶的进口量呈指数上涨，对乳品市场价格易造成波动，对北京地区奶牛养殖场和乳品企业均是挥之不去的问题。

（二）产业技术需求

对奶牛产业的技术需求主要分为繁殖技术、疫病防控技术、检测技术和产品研发技术四类。

1. 养殖技术。养殖技术可以分为繁育技术和健康饲养技术。

繁育技术有：（1）奶牛同期发情、诱导卵泡发育、高效胚胎生产方法（超排、胚胎冷冻—解冻方法等）等发情排卵调控相关技术。（2）奶牛 XY 精子分离技术和性控胚胎生产技术。（3）奶牛冷冻精液高效生产技术、低精子数牛冷冻精液生产及人工授精技术。

健康饲养技术有：（1）奶牛热应激福利设施及调控技术；（2）牛舍改造技术；（3）奶牛生产工艺；（4）奶牛健康监测技术；（5）健康养殖技术；（6）低成本奶牛粪便处理技术；（7）粪污资源化利用技术。

2. 疾病防控技术。疫病是影响奶农收益的重要因素之一，因此疫病防控不仅是团队亟须解决的关键技术，也是奶农需求的技术。其中主要有：（1）口蹄疫、布鲁氏菌病和结核病综合防控技术。（2）针对奶牛病毒性腹泻、传染性鼻气管炎和副结核的特异性快捷诊断技术。（3）奶牛乳房炎、子宫内膜炎、肢蹄病等常发病的防治技术。（4）奶牛疫苗、兽药使用技术。

3. 检测技术。乳品加工技术有：生鲜乳兽药及真菌毒素残留的检测技术。

生鲜乳及乳制品安全技术有：（1）生鲜乳及乳制品质量安全快速检测技术。（2）生鲜乳药物残留和污染物监控技术。（3）生鲜乳细菌耐药性监控技术。

4. 产品研发技术。关于饲料与营养需求的主要技术有：（1）研究饲料质量快捷检测技术，制定北京市奶牛饲料数据库及成分表。（2）筛选制定北京市典型奶牛饲料配方模型，开发精细饲养的信息管理系统。（3）研究不同饲养模式下粗饲料调制技术，探索精粗饲料高效利用模式。（4）建立青贮质量评价体系，改进青贮方式，提高青贮营养价值。

5. 研究示范后备牛科学培育及饲喂技术，全面改善奶牛的利用年限。乳品加工技术：（1）脱盐乳清粉、WPC、WPI 等乳清系列产品的膜技术制备技术。（2）乳制品加工厂清洁生产技术。（3）采用专用膜组件，原位清洗（CIP）的酸碱清洗废液回收技术。

二、产业发展趋势

结合北京市环境资源承载能力、北京畜牧业生产实际和市场需求，按照“一核五区”的北京市畜牧业发展空间布局规划，北京奶牛产业的产业定位为，持续打造“三大基地”，即立足北京、引领津冀、辐射全国的奶牛优秀种质资源供应基地；高新技术、成果落地应用的现代都市奶业技术集成示范基地；生态环保、适度规模、优质高效的奶源生产与乳品加工基地。具体表现于提高优秀种牛冷冻精液、胚胎（包括性控）的生产效率建成全国最大、遗传水平最高的奶牛良种仔猪繁育体系及供种基地，提高种质资源及饲料资源的利用效率，提升生鲜乳品质，依托首都优势，实现人才、技术、设备等资源共享。通过“三大基地”的建设，全面践行北京市畜牧业“十三五”规划，提升北京奶牛产业的核心竞争力和服务能力、牛奶自给率和市场控制力。

三、具体建议

（一）调整产业结构，实现数量发展型向质量提高型的转变

随着北京市建设国际化大都市进程加快，使农用土地面积不断减少，再加上一些区的转型发展，使原有的一些区的奶牛养殖面临场地和饲料供应的困难。由于农用土地减少，给奶牛粗饲料、青饲料生产带来了较大的影响。为此调整北京市奶牛养殖的方针从数量发展型转为质量提高型将成为北京奶业发展的重中之重。这不仅将会降低养殖场的成本，还会抵御过多的进口乳制品带来的消极影响，进而提升奶业国际竞争力。

（二）完善产业扶持机制，推动奶业升级和健康持续发展

1. 加大产业设施的补贴力度，缓解奶农的资金压力。调研中，养殖场户普遍反映，随着原料奶质量要求的不断提高，生产的基础设施和仪器设备，尤其是污水处理设备的要求也越来越高，这成为目前养殖企业运营的重要资金压力。希望政府扩大良种补贴的范围，提高补贴费用；提供先进检测仪器与全混合日粮机（配制饲料的机器），并有机械设备30%～50%补贴（如挤奶机，搅拌机、自动饮水设备、铡草机、揉碎机等）。牛棚改造，希望得到50%的扶持资金；免费提供兽药、疫苗。

2. 完善原料奶价格形成机制和收购程序，解决奶农的市场之忧。北京目前还存在一定数量的小规模农户，各级部门应重视这批奶农的生存与发展，保护他们的生产积极性。调查中，多数规模化牛场希望政府提供保护价格（稳定奶价，降低饲料价格），规范生鲜乳收购价格的形成机制，稳定生鲜乳的收购程序。建议采用“配额制”等政策鼓励在京的大型乳品加工企业（如三元、蒙牛、伊利、光明等）积极带动奶农发展，建立公司+农户的产业经营模式。借此也可以进一步提升合同牛场的经营管理水平，助推北京奶业的规模化、标准化和规范化的进程。针对调研中养殖场户普遍反映的收购标准不统一问题，国家应统一制定质量安全监测标准，也可以尝试推行第三方检测。

3. 鼓励奶牛合作社的发展，增强奶农市场谈判能力。成立奶农合作组织可以降低个体奶农的饲养成本，通过集中批量采购饲料、药品来压低采购价格，降低奶农的养殖成本。奶农合作组织还可向奶农提供市场信息，培训信息，联合首都高校专业技术人员组织专题讲座和现场指导，提高中小型奶牛场的养殖技术。在奶牛的养殖上，鼓励更多的养殖户加入奶牛合作社，进入养殖小区，进行统一管理。既提高了效率，又保证了质量，同时也降低了市场风险和自然风险。在对牛奶的销售和加工方面也形成产业化，增加奶制品加工厂产品的种类和多样性，以龙头企业为依托，发展奶制品加工。

（三）采用国储和外埠生产基地形式，缓解原料奶供需不平衡问题

针对目前原料奶需求和供给不均衡的现象，建议采用西方配额制，客户需要多少奶，

就生产多少奶，换句话说，就是不需要奶就少生产奶，需要奶就多生产奶。为了实现这一目标，将以彻底推进乳品企业与养殖场捆绑共建模式，实现生鲜乳供应与价格形成一体化机制。国外是国储奶粉（正向选择），国内无国储，而是靠进口作为调剂池，这属于逆向调剂，降低价格，价格就越来越低。因而国内也可以通过采用国储的形式来解决供需不平衡。

同时，为了规避北京土地资源紧张，产业结构转型的压力，要积极鼓励本市奶业龙头企业到外埠建立标准高、可控性强的奶牛生产基地，缓解北京奶源的供需不均问题。

（四）加强乳品消费文化宣传，共推北京乳业健康发展

奶牛文化产业也是一个新兴产业。在瑞士，一些人在山区牧场租奶牛，在劳作中度过假期，而且这种度假方式在瑞士城市居民中也日趋流行。人们通过饲养租来的奶牛和亲手挤奶来体验牧场的生活。在我国也有奶牛文化，将奶牛场与奶牛文化结合，将参观、娱乐和亲身体验结合。在北京开拓发展奶牛文化产业，产业链将更加拓宽。

第十四章　北京市观赏鱼产业发展报告

近年来，顺应北京市发展都市型现代农业的潮流，北京以养殖生产为主的传统渔业开始向集生态、生活、生产功能为一体的都市型现代渔业转变。观赏鱼产业凭借自身优势，依托并服务于城市建设，逐步发展成为北京都市型现代渔业建设中的一个亮点。

第一节　产业发展现状

一、生产现状

2017 年度，北京市观赏鱼养殖主要集中在通州、顺义、朝阳、大兴、房山等 5 个区，形成龙形产业带，总体特点是产业区域化、区域特色化、特色规模化。面积约为 8360 亩，比 2016 年（8719.11 亩）降低了 359.11 亩。其中，金鱼、草金鱼约占 60%，锦鲤约占 30%，其他（热带鱼、水生观赏动物）约占 10%。金鱼、草金鱼养殖面积约占全国的 25%，锦鲤养殖面积约占全国的 8%。金鱼包括龙睛、珍珠、王字虎头、鹅头红、蓝鹅、蓝虎头、水泡和草金等 10 个品种，锦鲤包括红白、墨底三色、白底三色、黄金、丹顶、浅黄、秋翠等 30 余个品种。养殖模式逐渐向工厂化、生态节水方向发展，占比养殖面积达到 30%。

1. 通州区 6213 亩，11 个乡镇均有农户养殖观赏鱼，重点分布在京沈高速公路、六环路的台湖、张家湾、西集、潞城、马驹桥、梨园等乡镇，已经初步形成了区域化产业特色的发展形式，并建成一条观赏鱼产业观光带，主要养殖品种包括金鱼、锦鲤和热带观赏鱼，与 2016 年相比无变化。

2. 顺义区 1325 亩，主要集中在北小营镇、北务镇、李遂镇、后沙峪镇，形成了金鱼特色品种文化品牌，例如“顺民义友”，但是较 2016 年的 1465 亩，下降了 140 亩，主要原因是渔场地租到期，续租成本高，转向其他行业。

3. 朝阳区 340 亩，养殖面积比 2016 年（559.11 亩）降低了 219.11 亩，主要是城市化建设和养殖户转行。

4. 房山区 326 亩，与 2016 年相比无变化，以大路广翼水产研究中心为主，形成了以观赏龟为特色的休闲渔业基地。

5. 大兴区 156 亩，养殖面积虽然较通州、顺义区少，但形成了锦鲤特色品牌，例如“雅仕”锦鲤，与 2016 年相比无变化。

北京市各区中，观赏鱼养殖面积最大的是通州区，2016 年及 2017 年通州区观赏鱼养殖面积基本没有变化，虽然伴随着通州区城市副中心的建设，但由于副中心的建设主要在潞城地区，而潞城地区原本就没有观赏鱼养殖户，所以城市副中心的建设并没有对通州区的观赏鱼养殖面积造成影响。北京市各区中养殖面积较大的其次是顺义区和朝阳区，朝阳区观赏鱼养殖面积 2017 年较 2016 年减少了 219.11 亩，减少了近 39.19%，变化最大，朝阳区主要集中在批发市场和观赏鱼集散地的变化，随着北京市城市功能疏解，观赏鱼批发市场和集散中心随之迁移甚至解散。养殖承包土地到期，地租价格大幅度提高，也是养殖面积和养殖数量少量减少的原因之一。

二、加工流通现状

（一）北京市观赏鱼市场基本情况

在经营面积上，北京市小鲁店批发市场经销商集养殖、中转和销售于一体，商户经营面积普遍较大，部分批发商面积达到 300 平方米，批发市场中经营商户受制于租金约束，经营面积相对较小，本次调研 106 家经销商中，面积最小的仅为 10 平方米，更多的经销商其经营面积在 35 ~ 50 平方米。2017 年调研结果显示，过去观赏鱼相对集中的批发市场，经销商数量近三年不断减少，仍在经营的经销商或者是规模很小的经销商，如面积仅在 20 平方米以下的，或者是规模较大的经销商，如集观赏鱼与水族器材于一体，经销面积在 60 平方米以上的经销商。经营面积在 200 平方米以上的批发商中，也有部分批发商其有效使用面积也在不断缩减，比如：小鲁店部分批发商，尽管 8 个大棚养殖池，但其真正投入使用的仅仅 2 个。

在本次调研的 106 家经销或批发商中，从事本行业年限达到 10 年的商户有 6 家，且多数集中在黑庄户和小鲁店，通厦花卉等综合批发市场的观赏鱼经销商从事年限相对较短，平均年限 5 年，最长的达到 12 年，且辗转多家市场，最短的不足 1 年，刚刚涉足该行业，该类经销商占本次调研对象的 10% 左右，更多的经销商从事本行业年限在 5 ~ 6 年，该类经销商占比达到了 60%。由此可见，一年来北京市观赏鱼经销商发生了一定变化，过去经营年限较长的商户随着市场遣散逐渐退出该行业，但也有部分新增商户补充到该行业，所以，经销商虽有一定的销售经验，但对消费者需求并不真正了解，对消费者需求存在一定误区。

（二）观赏鱼供货分析

1. 进货渠道。北京市市场所销售的观赏鱼主要来自北京和天津，其次是海南和广州。由于北京市观赏鱼养殖业因城市功能疏解而受到影响，部分经销商进货渠道由原来京郊观赏鱼养殖户转向天津。选择北京本地观赏鱼的经销商2017年占调研对象的58.49%，从天津进货的经销商比例约为61.32%。

同时，由于热带观赏鱼色彩艳丽、多姿多彩，较传统的宫廷金鱼和锦鲤在北京市场欢迎度不断提高，选择从海南进货的经销商达到调研对象的32.08%，从广州进货的经销商的比例约为28.30%（见图14－1）。

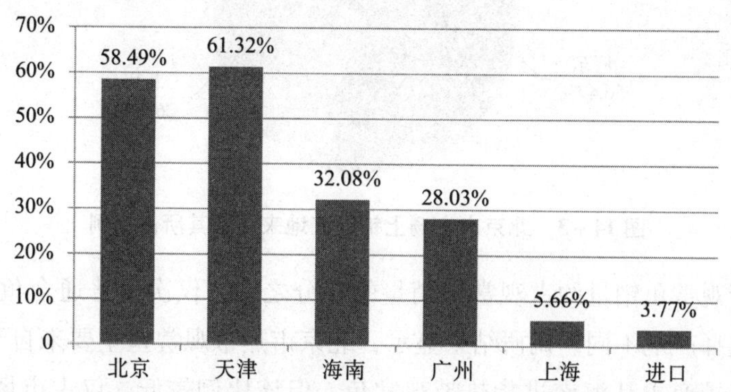

图14－1　北京市观赏鱼经销商进货渠道选择

2. 产地选择。北京市观赏鱼市场品种繁多，对于不同的鱼种，经销商所选择的产地也有较大差别。2017年北京市市场上的金鱼半数以上来自北京本地和天津，分别占比为28.44%和26.83%。由于北京金鱼主产区通州和朝阳随着城市功能疏解，拆迁等诸多原因，部分养殖户养殖转型，2017年本地所产金鱼所占比例呈进一步下降趋势。比较而言，天津所产金鱼比例相对比较稳定，南京和福州所产金鱼在北京市市场所占比例相当，分别占总销量的15%左右，特别是福州所产金鱼所占比例近4年呈小幅增长趋势（见图14－2）。

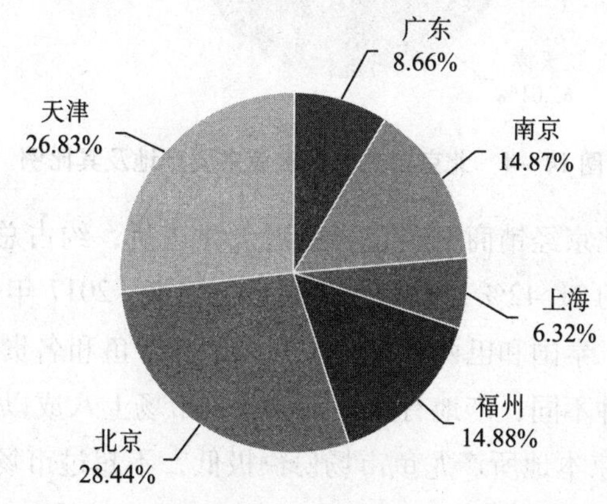

图14－2　北京市市场上金鱼产地来源及其所占比例

目前，红白、大正三色、昭和三色 3 个锦鲤品系占北京市锦鲤总量的 80% 左右。与其他观赏鱼相似，锦鲤的长度、品种和品相直接影响其价格、销量和利润率。调研结果显示，北京市锦鲤主要来自广东、北京和天津，其中广东所占比例最高（见图 14－3）。

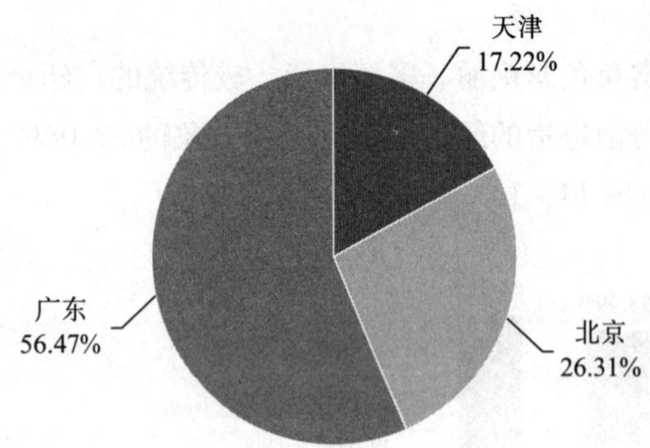

图 14－3　北京市市场上锦鲤产地来源及其所占比例

北京市热带观赏鱼销量约占观赏鱼销量的三分之一，仅次于普通金鱼的市场占有量，根据大小不一选择产地不同。调研结果显示，北京市热带观赏鱼主要来自天津、广东和国外进口，部分经销商也从海南进货热带观赏鱼，但该比例较低，仅占市场 9.36%（见图 14－4）。

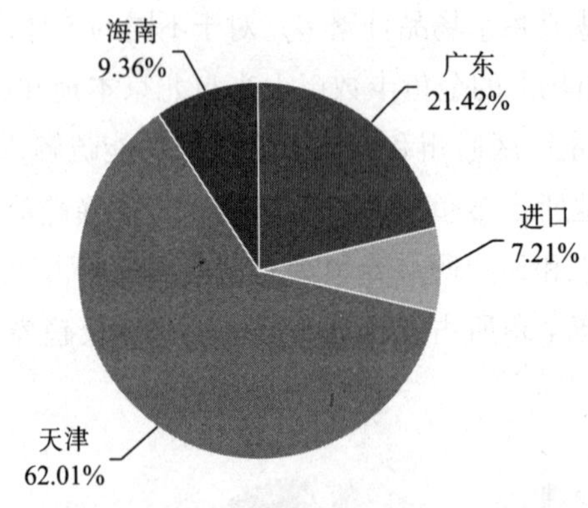

图 14－4　北京市热带观赏鱼主要产地及其比例

对于小型热带鱼，北京经销商更多选择就近天津进货，约占总销量的 62.01%；其次是广东，约占市场销量的 21.42%；进口热带观赏鱼较少，2017 年仅占 7.21%，主要来自马来西亚、印度尼西亚、泰国和巴西，其中主要大型热带鱼和名贵热带鱼销量的增加，大型热带观赏鱼，根据鱼种不同，产地有所差别，北京市场上八成以上的龙鱼来自广东，进口龙鱼占 15% 左右，北京本地所产龙鱼市场份额极低，不超过市场份额的 2%；与龙鱼相似，北京市场的地图、花罗汉等热带观赏鱼七成以上来自广东，天津和鞍山共占三成左右，血鹦鹉则主要来自海南和天津，分别占市场份额的 80% 和 20%。

3. 进货量与销售额。由于进货渠道、供货商类型以及鱼种不同，商家的进货周期从一天至两个月不等，其中六成以上的经销商（约61.32%）进货周期在一周以下，该类经销商的所经销观赏鱼主要是北京本地养殖户和销地批发商，由于进货方便，为降低售卖过程中所造成的损耗，往往尽可能缩短进货周期，甚至要求供货商2～3天甚至每天进货一次；周期在一个月及以上的经销商约占调研样本的28.30%，平均进货周期为16天，该类经销商所销售观赏鱼多是易养殖性较高的鱼类，且以产地批发商为主。同时，调研也发现部分经销商采取订购形式，根据客户需求，有针对性地采购进货，且进货与出货同时进行，该方法销售的鱼种多是价值较高或者稀缺鱼种。

在每次进货价值上，单次进货最少的在500～700元，以本地所产草金鱼为主或饲料型金鱼为主，此类经销商往往很小，经营面积约在10平方米左右，最高的达到35万元左右，该类经销商规模较大，经营鱼种也相对比较丰富，单次进货价值在万元以上的商家占被调研对象的半数左右，平均单次进货价值约18521元，低于2016年的21014元，由于市场需求变化和市场遣散，部分经销商在不断缩减单次进货价值，新进入该行业的经销商更为谨慎，但总体上单次进货价值高，进货周期短是北京市观赏鱼销售的特点。

在每年的销售额上，经销商之间差别很大，本次调研的106家经销商中，年销售额超过100万元的商户有10家，约占调研对象的9.43%，该类经销商有两类，一是专做观赏鱼批发的，另一类则是综合性质的，水族器材也是其销售额重要组成部分之一；年销售在40万元以下的经销商有28家，占到本次调研对象的26.42%；年销售额在40万～80万元的占调研对象的半数左右，本次调研对象中年销售额最高的达到186万元，最小的仅为25万元，平均销售额为65.6万元。略高于2016年同类型数据。总之，与北京市观赏鱼消费市场相比较，北京市观赏鱼经销商呈现出规模大小不一，鱼种广泛，但主打品种单一，且年销售额差别大的特点。

4. 关注重点。与消费市场调研结果相同，观赏鱼经销商认为观赏鱼的品相直接影响其家庭装饰效果和观赏鱼价值。因此，为迎合消费者需求，经销商在观赏鱼采购过程中，品相是经销商关注的重点，八成左右经销商采购关注鱼的品相，同时，根据鱼的易养殖性和消费需求，品种也是关注重点，例如：近两年消费者对鹦鹉鱼、燕子鱼的消费较过去有一定增长，部分经销商也会因此调整进货鱼种。经销商认为观赏鱼的鱼种和品相是决定其价格的主要因素。因此，在确定鱼种和品相的基础上才关注价格，特别是对一些稀缺性的观赏鱼或者品相极高的观赏鱼，客户并不特别关注价格，因此经销商对价格的关注要少于对品相和鱼种的关注（见图14－5）。

（三）观赏鱼的销售分析

1. 销售渠道。消费者为提高观赏鱼的成活率，在养殖观赏鱼过程中，对经销商往往具有很强的依赖性，如：饵料选择、鱼病防治等产品选择，甚至包括清洗鱼缸等服务，无论是大型批发商还是终端零售商，多数经销商都有自己固定的销售客户，比例达到85.85%，

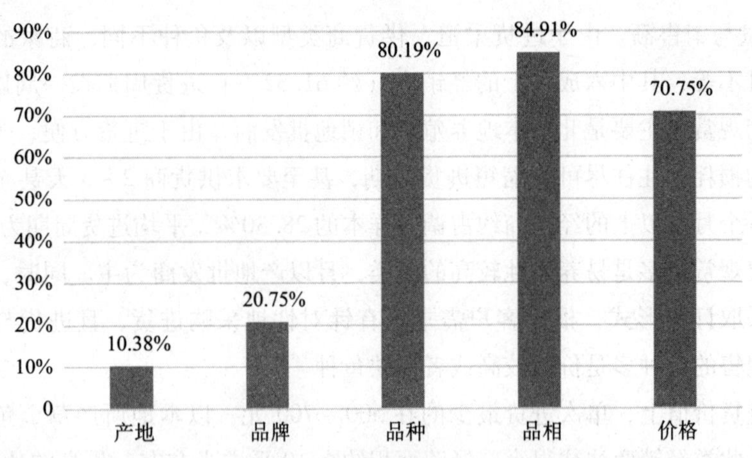

图 14-5　经销商采购过程中关注的重点

特别是年销售额在 50 万元以上的中大型经销商，更是有自己忠实的客户，当然，每一经销商往往都有多个类型的客户，比如：下一级零售商、集团等。因此，在销售渠道上，下一级批发商和零售商所占比例略高，对于年销售额少于 40 万元的经销商，其主要客户是普通消费者。

北京市观赏鱼销售渠道相对比较广泛，多种渠道销售在某种程度上促进了北京市观赏鱼产业的发展，但是，无形当中也增加了观赏鱼的流通环节，比如，从养殖户—产地供货商—经销商—观赏鱼专卖店或者下游经销商—终端消费者，共经历了 5 个环节，流通环节的增加将直接导致终端价格的提高，降低消费者的消费信心和消费能力，同时也增加了流通过程中的损耗。

由于北京市观赏鱼消费市场相对比较稳定，迫于竞争压力和利益追求，部分经销商也在不断积极拓展京外市场，对于本次调研的经销商中，对于年销售额超过 40 万的经销商都有自己京外客户，特别是对于部分批发商，其销往外地观赏鱼比例最高达到经销商总销售额的七成左右。对于小型的经销商，其主要客户则是本地的普通消费者，所调研的 56 家中大型经销商或批发商，其外地销售占其总销量的平均比例约为 31.86%，可见外地市场也逐渐成为北京市观赏鱼经销商市场的重要组成部分。

2. 配套产品销售。观赏鱼养殖配套产品不仅是提升观赏鱼养殖乐趣、观赏性、装饰性和成活率的重要手段和方式，更是经销商提升投资利润率的重要途径。调研结果显示九成以上的经销商均销售鱼食、鱼药和水质稳定剂，分别达到了调研对象的 94.34%、92.45% 和 95.28%，批发商配套产品销售低于一般经销商，中大型经销商水族器材销售比例比较高，特别是水族箱等大型产品，小型经销商多经销水草、鱼食等产品（见图 14-6）。同时，多数经销商承认自己的固定客户均会接受相关配套产品的推荐。

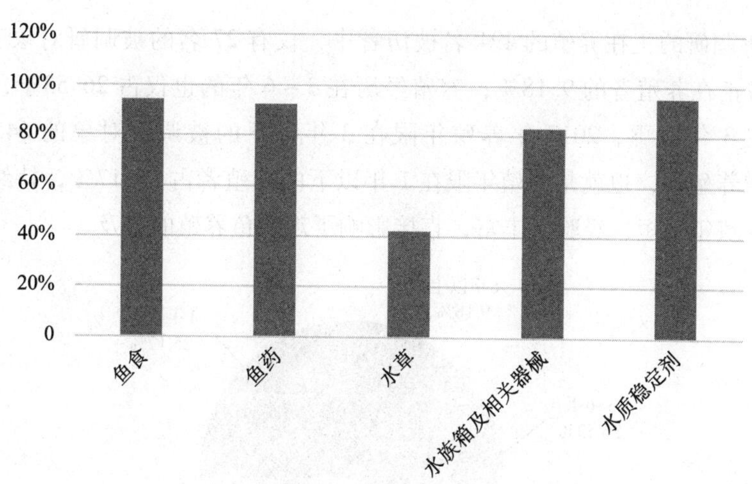

图 14－6　经销商推销附属产品类型及比例

通过调研总结：建议提供个性化服务，提高观赏鱼消费便捷性。建立行会组织，避免产业内不合理竞争。依靠科技支撑，不断提高观赏鱼品质。改善从业者素质，加强行业内交流学习。

三、市场消费现状

（一）总体养殖情况

对于观赏鱼养殖，本次调研的 806 名消费者中有 36.48% 的被调研对象正在养殖观赏鱼，从未养过或者未打算养殖的比例占本次调研对象的 25.68%（见图 14－7）。可见观赏鱼团队近几年举办的各类论坛、培训、进城入园、入社区、入公园等活动的宣传成效显著，同时"互联网＋观赏鱼"促进了观赏鱼养殖、销售和消费等信息传播。

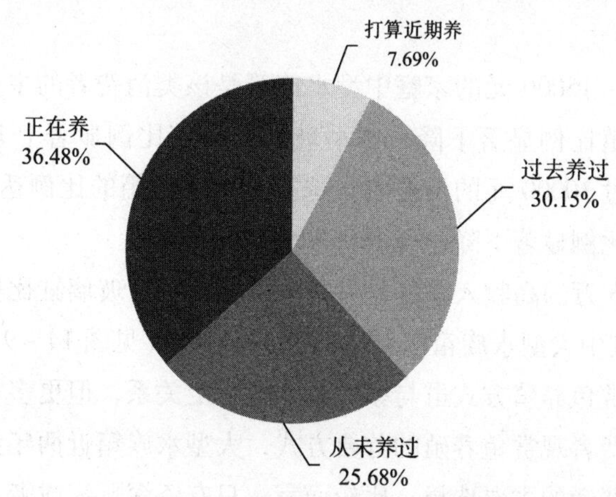

图 14－7　调研样本观赏鱼养殖情况

北京市普通居民观赏鱼养殖平均年限却并不长，养殖具有 6 年以上经历者所占比例很少，2017 年所调研的正在养殖的 294 名被访者中，仅有 27 名的被调研对象养殖时间在 6 年以上，仅占正在养殖者的 9. 18%；养殖经历在 3 ~ 6 年的也仅占 26. 53%，更多的被访者养殖年限在 3 年以下，2017 年养殖年限在 3 年以下的被调研对象的 64. 29%（见图 14 - 8）。新增养殖者，也就是养殖年限在 1 年以下的养殖者占 25. 17%，持续养殖者比例仍比较低，养殖年限短，经验不丰富，直接影响了观赏鱼养殖的普及。

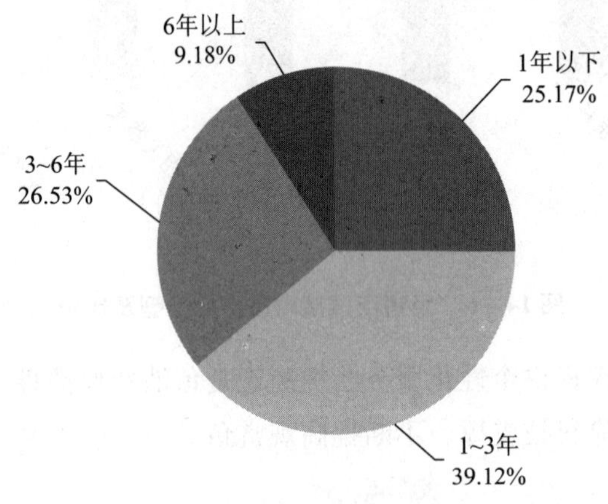

图 14 - 8　正在养殖观赏鱼消费者的养殖年限

（二）养殖方式

通过对消费者收入与养殖方式交叉分析，总体上是低收入家庭更多选择小型水族箱或者小型玻璃缸，而高收入家庭选择大型水族箱或者中型玻璃缸的比例较高，对于大陶缸或草缸则收入相关性并不明显。

对于家庭收入在 5000 元至 8000 元的消费者选择小型水族箱养殖的比例最高，其次是小型玻璃缸，选择大型水族箱和大陶瓷缸的比例虽然很低，但其大瓷缸养殖比例高于其他收入较高的家庭。

对于收入在 8000 ~ 15000 元的家庭中型水族箱是该类消费者的主要养殖方式，小型水族箱和小型玻璃缸养殖比例显著下降，中型玻璃缸养殖比例显著上升，特别是大型水族箱，对于家庭收入超过 10000 元的消费者，选择大型水族箱的比例达到了 33. 94%，但选择大陶瓷缸和草缸的比例显著下降，仅占 0. 92%。

对于收入超过 1. 5 万的高收入家庭，大型水族箱和中型玻璃缸比例较高，二者占到该类人群的 61. 79%，其中大型水族箱比例达到了 41. 57%（见图 14 - 9）。

从总体上看，观赏鱼养殖方式虽与家庭收入有一定关系，但更多与消费喜好、消费目的有关。水族箱是消费者观赏鱼养殖的首要方式，大型水族箱近两年虽得到一定推广，但中型水族箱是多数消费者的主要选择，比较而言，只有资深玩家或者高收入家庭才会选择各类陶瓷缸或者草缸养殖观赏鱼。

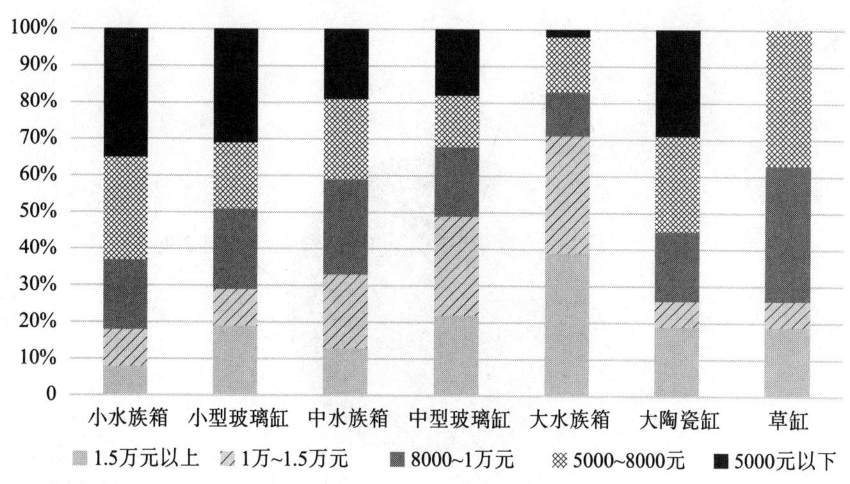

图 14－9　不同收入人群观赏鱼养殖方式选择

从家庭结构来看，单身消费者偏爱于小型水族箱，观赏鱼选择也相对比较低端，超过四成的单身消费者选择小型水族箱，当然也有单身消费者选择大中型水族箱，甚至大陶瓷缸或者草缸，而且该比例并不一定低于其他家庭结构类型的消费者。

两口或三口家庭选择小型水族箱或小型玻璃缸比例相当，且比例在两类人群中该养殖方式选择比例最高，分别占两类消费者的三分之一和五分之一左右，三口家庭选择中型玻璃缸的比例高于两口之家，而两口之家选择大型水族箱和大陶缸的比例却高于三口之家。

与父母一起生活的多口家庭，中型水族箱和中型玻璃缸养殖比例显著提高，且大陶瓷缸和草缸比例也较其他家庭结构比例有所提高（见表 14－1）。

表 14－1　　不同年龄段消费者观赏鱼养殖方式选择

	小水族箱	小型玻璃缸	中水族箱	中型玻璃缸	大水族箱	大陶瓷缸	草缸
单身	41.12%	14.23%	16.21%	8.12%	13.10%	5.47%	1.75%
两口	32.43%	21.86%	17.55%	11.10%	13.10%	2.10%	1.86%
三口	31.45%	20.30%	23.56%	12.95%	8.30%	0.40%	4.30%
夫妻和父母	17.76%	14.47%	36.32%	15.42%	13.79%	0.58%	1.66%
五口	9.42%	11.11%	28.32%	21.32%	17.79%	5.41%	6.63%

（三）鱼种选择

尽管目前北京市观赏鱼市场鱼种繁多，但从调研数据来看，普通金鱼仍是北京消费者消费的主要鱼种，其次是热带鱼（见图 14－10）。

由于北京气候、养殖方式限制和从养殖成本角度考虑，北京消费者养殖海水观赏鱼和名贵观赏鱼的成本极高，尽管该鱼种有助于提高家庭装饰效果和彰显养殖的品位，但选择两类鱼种的消费者比例均呈下降趋势比较而言，热带观赏鱼以其独特的形态、色泽和易养殖性赢得了消费者的青睐，但普通金鱼作为京城传统养殖品种主要消费人群集中养殖新手和资深玩家。

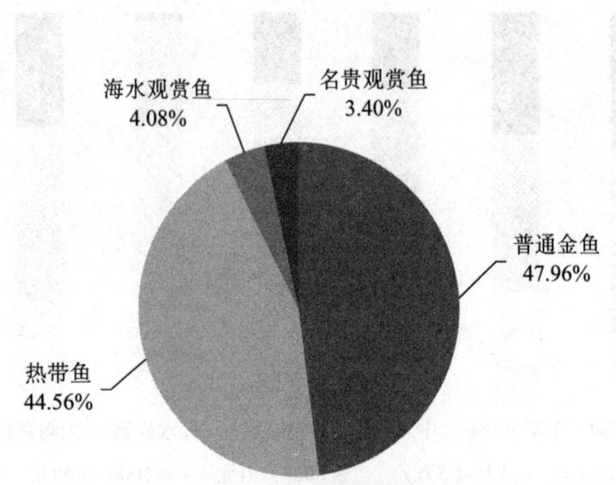

图 14－10　消费者观赏鱼鱼种选择

（四）购买支出行为

本次调研的 294 名正在养殖观赏鱼的消费者，半数左右的消费者年养殖费用不会超过 500 元，年支出在 500～1001 元的消费者比例约占正在养殖消费者的三分之一，年支出在 2000 元以上的消费者比例仅为 5.06%。由此可见，北京观赏鱼消费市场仍存在巨大的发展空间，但如何激励消费支出，不仅要考虑消费者承受能力，更要注意如何留住正在养殖的消费者。

对消费者收入与其观赏鱼养殖年支出交叉分析，结果均显示，消费者的收入与其年支出有直接关系，总体上是低收入家庭在观赏鱼养殖年支出上控制比较严格，年支出相对于高收入家庭支出较少，但中等收入家庭年支出未必高于低收入家庭（见图 14－11）。

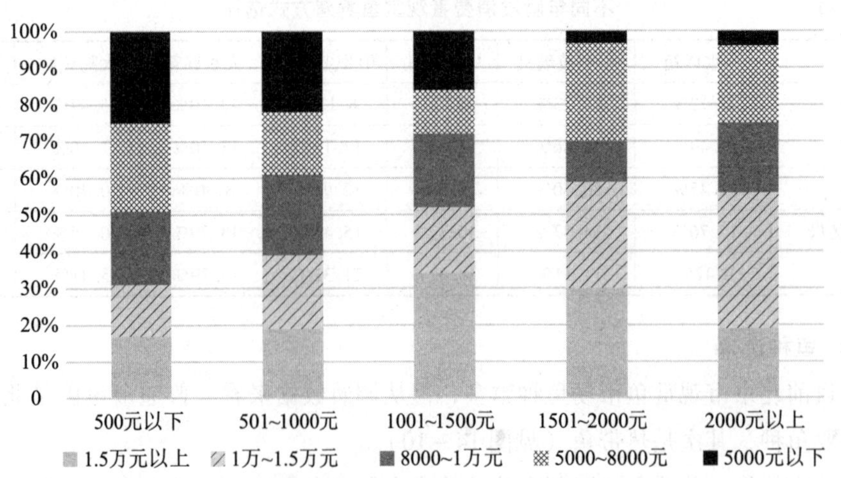

图 14－11　不同收入水平消费者观赏鱼养殖年支出情况

（五）消费者购买观赏鱼的影响因素

观赏鱼养殖作为家庭装饰和休闲娱乐的一种方式，观赏鱼外观成为消费者最为关注的因素。尽管养殖难易程度和品种关注度有一定变化，但仍是消费者关注重要因素，分别有53.98%和49.02%的消费者表示关注所购买观赏鱼的养殖难易程度和品种；养殖难易程度直接影响消费者对观赏鱼养殖兴趣、投入等，而不同品种观赏鱼有其不同寓意，更涉及观赏性和装饰效果，必然受到消费者重点关注（见图14－12）。比较而言，消费者对鱼的产地关注度并不高，所以对于北京市观赏鱼养殖户或者批发商而言，首先要不断提升观赏鱼品质、提高观赏鱼外观的装饰性，并不断引进新的鱼种以满足消费者对鱼种和鱼的品质需求，而对于经销商首先要做的是提高鱼的易养殖性，做好观赏鱼养殖技术传输和传授桥梁。

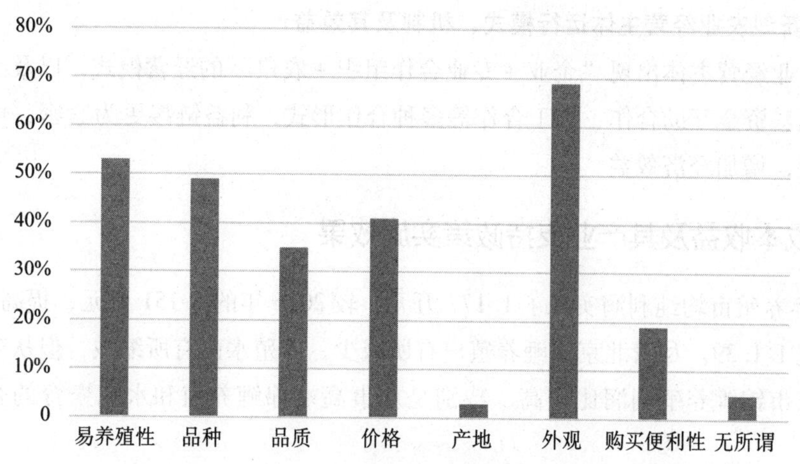

图14－12　影响消费者观赏鱼消费的因素分析

总体来看，北京市观赏鱼消费需求呈现出总体需求扩大化、消费需求个性化、品种价格差异化的特征。针对以上特征，提出发展对策建议：第一，加大产业宣传，提升产业认知水平。第二，推动示范养殖，刺激个体消费需求。第三，完善技术服务，提升消费者认知水平。第四，普及养殖技术，提升消费者养殖信心。第五，丰富品种品质，满足消费者品质需求。第六，提升服务意识，满足个性化服务需求。第七，构建系统平台，加快相关信息传播速度。第八，政府引导，推动北京市观赏鱼休闲娱乐产业升级，成为北京市休闲农业的抓手。

四、新型经营主体现状

（一）新型农业经营主体现状

2017年北京市经营观赏鱼业务的进出口公司上百个，拥有不同规模和不同性质观赏鱼养殖企业约495家，全市拥有华声天桥、官园鱼市、十里河鱼市、莱太等展销市场50余个。

规模经营以龙头企业、合作社、养殖大户为载体，经营范围金鱼、锦鲤、草金鱼和热带鱼，通过发展规模经营，加快了土地逐步向产业基地集中，有效发挥了专业合作社推动土地流转的辐射效应，推动传统观赏鱼养殖向都市渔业的发展和转变。

（二）新型农业经营主体从业人员现状

新型农业经营主体绝大多数受教育程度较低，为初中程度，年龄多数在40岁以上。北京市观赏鱼创新团队通过建立“首席专家为领军、岗位专家为主导、综合试验站为纽带、田间学校工作站为示范、养殖场（户）为对象”的科技服务平台，以服务为本，秉承“找得着、用得起、有保障”的原则，对全市范围内的养殖企业、养殖大户等新型农业经营主体进行培训和服务，服务满意度达到了97%以上，保障新型农业经营主体的切身利益。

（三）新型农业经营主体运行模式、机制及其效益

新型农业经营主体出现“企业+专业合作组织+农户”的经营模式，以及土地股份合作、联合社、资金互助合作、加工合作等多种合作形式，利益链接更为紧密，可有效地降低养殖风险，增加经济效益。

五、成本收益及其产业支持政策实施效果

2017年养殖亩均纯利润实现了1.177万元，较2016年的1.151万元，提高了2.26%，投入产出比1∶1.39。尽管北京锦鲤养殖户有所减少，养殖水面有所缩减，但从养殖收益上分析，北京市锦鲤养殖利润比较高，特别是从事高端锦鲤养殖和水花繁育的企业，效益可观。

（一）养殖损失

锦鲤水花至鱼苗阶段也是养殖损失最大的阶段，最高损失高达55%，最低的也达到了40%。成鱼相对于鱼苗养殖，若无重大疫情或鱼病传染，死亡率很低，损失率不足10%。

（二）养殖成本构成

饲料成本达到总成本的41.16%，其次是人员成本，雇佣人员成本达到25%左右。所调研的锦鲤养殖多是20世纪90年代承包土地，土地成本较养殖成本很低，最低的土地租赁成本仅占其养殖成本的0.2%，一般土地租赁成本平均占总成本的6.41%。

（三）销售形式

以挑选形式销售，根据鱼品质和品相不同，价格也有较大差异，从100～5000元不等，甚至更高。对于体长超过30厘米的企业留养锦鲤，多是精品锦鲤，养殖投入较高，按条售卖为主，若整塘售卖，则最终也按条售卖，最高可售价10万余元，效益显著（见表14－2）。

表14－2　成品锦鲤销售形式与折合单价

规格	销售形式	折合单条单价
<15厘米	整网或整塘按斤售卖	6元/条
	挑选按条售卖	100～5000元/条

续表

规格	销售形式	折合单条单价
15~20厘米	整网或整塘按斤售卖	8元/条
	挑选按条售卖	200~10000元/条
21~25厘米	整网或整塘按斤售卖	15元/条
	挑选按条售卖	300~10000元/条
26~30厘米	整网或整塘按斤售卖	25元/条
	整网或整塘按条售卖	100元/条
	挑选按条售卖	300~20000元/条
31~35厘米	整网或整塘按条售卖	300元/条
	整网或整塘按条售卖	500元/条
	挑选按条售卖	800~5000元/条
36厘米以上	整网或整塘按条售卖	1000元/条
	挑选按条售卖	3000元/条

（四）养殖利润

根据损失分析和成本分析，在忽略灾害损失和鱼药费用的基础上，对不同规格锦鲤养殖投入和利润进行分析。2017年度，体长小于15厘米锦鲤单条利润为1.5元，体长15~20厘米锦鲤单条利润为2.7元，体长21~25厘米锦鲤单条利润为7元，从不同规格锦鲤单条利润来看，规格的增加，尽管养殖成本有所提高，但单条利润随之增加（见表14-3）。

表14-3　15~25厘米锦鲤养殖利润分析

规格	单条养殖投入	单条售价	单条利润
<15厘米	饲料2.5元，电费0.5元，地租：0.025元，人工：0.45元，维护：0.5元，合计4.5元	6元/条	1.5元
15~20厘米	饲料3.2元，电费0.8元，地租：0.04元，人工：0.8元，维护：0.5元，合计5.3元	8元/条	2.7元
21~25厘米	饲料4.5元，电费1.5元，地租：0.06元，人工：1.5元，维护：0.5元，合计8.0元	15元/条	7.0元

通过调研总结：北京市锦鲤养殖效益可观，但由于分工与合作不足，养殖效益仍有较大提高空间，因此，建议北京市观赏鱼需发展多层次联合养殖、转型休闲渔业，并进一步促进三产融合发展。

第二节　产业发展中创新团队的技术支撑作用

观赏鱼创新团队的工作围绕观赏鱼产业在品种结构和区域布局，进一步优化目标，建立区域品牌；加强观赏鱼文化与休闲创意工作的结合；加大新型职业农民的培养力度；注重观赏鱼产业的节水技术和生态技术推广。做到农民增收、致富，为北京市观赏鱼产业发展注入新的活力。

但是，根据产业发展需求，2016 年末观赏鱼团队为贯彻落实北京市农业“调、转、节”政策，紧扣观赏鱼产业转型升级主题，突出可持续发展，以市场为导向、以创新为动力，以“高效、节水、怡情、乐享”为目标，发展观赏鱼养殖、观赏鱼饲料、水族器材、观赏鱼文化等要素为一体的综合性产业。“十三五”期间观赏鱼产业的定位为：研发新技术，开发新产品，提高从业者技术水平，提高产业链条各环节的生产效率和效益；加强宣传引导，提高市民养殖观赏鱼的技术水平，使观赏鱼走进千家万户，从而实现产业的可持续发展。

第三节　产业发展政策建议

一、市场流通方面

针对以上调研分析结果，为满足消费者需求，促进北京市观赏鱼市场快速、健康发展，提出以下建议：

（一）注重品牌培育，拓展京外市场

目前，北京市观赏鱼养殖至销售还没有形成完整的产业链，无论是养殖户还是经销商，均在小范围内进行恶性竞争，还没有形成品牌效应，更谈不上品牌，无论是在北京市场还是周边省份，不仅降低了鱼的价值，削弱了养殖户和经销商的利润率，同时还制约了观赏鱼在京内和京外市场占有率。所以无论是养殖户还是经销商，均需联合起来，建立起一个良好的信息沟通渠道，拓展养殖技术获取渠道，在加强品种培育的基础上，树立产业品牌意识，拓展京内外市场占有率。

（二）建立行会组织，避免恶性竞争

尽快建立和健全行业组织，达成行业共识和行业保护。通过行业协会合理规范观赏鱼市场生产、销售各环节秩序，协调发展观赏鱼相关产业，使销售者和养殖者获得合理利益，相互支持，相互促进，从而避免行业内恶性竞争。观赏鱼研究会、协会等团体组织要充分发挥其指导和带动作用，提供包括品种、技术、信息等广泛服务促进地区观赏鱼进一步发展，同时取得巨大经济效益。

（三）加强行业交流，提升行业水平

提升行业水平，既要管理者重视基层人员的思想工作建设，随时掌握观赏鱼从业者的动向，又要观赏鱼经销商由上至下联合开展促进观赏鱼行业协会和专业合作组织的发展的活动，还要建立权威的观赏鱼专业网站，使观赏鱼水族店的从业人员可以随时与养殖户及专业研究人员进行交流，及时处理问题。在此基础上，进一步为从业者开设专业性强的观赏鱼管理课程，提升管理水平，规范市场行为，对他们进行鼓励与扶持，促进从业者的技术水平和管理水平同时得到提高。

（四）拓展信息渠道，提高消费信心

北京市观赏鱼市场经销商的市场信息主要来源市场管理部门，信息渠道比较单一和狭窄。一方面致使经销商对市场信息了解不充分，造成进货与销售信息错位；另一方面影响了养殖品种选择和养殖收益。因此，拓展信息渠道，通过多种形式向经销商推广市场信息和养殖信息，比如：构建统一的观赏鱼信息平台，并免费向养殖户、经销商、批发商和消费者开放，一方面加强经销商与养殖户的信息共享，另一方面积极提高经销商养殖技术和养殖能力，并通过经销商向消费者传递养殖技术，提高消费者消费信息。

二、市场需求方面

针对消费需求特征，北京市观赏鱼产业发展继续做好以下方面：

（一）推动示范养殖，刺激个体消费需求

消费者养殖观赏鱼的目的决定了其消费观念，目前北京市消费者将观赏鱼养殖多出于家庭装饰和休闲娱乐，然而，在都市生活和工作压力下，由于时间有限，众多消费者反而将观赏鱼养殖视作一种负担，并未切实认识到养殖过程中所感受到的精神慰藉、压力缓解等作用，特别是对孩子的耐心、爱心等培养的意义并未得到认可和重视，许多消费者也因此而放弃了养殖念头。因此，可以考虑加大观赏鱼在精深慰藉、爱心培养方面的宣传，加深消费者对观赏鱼功能的了解，甚至可以将观赏鱼在学校、医院等单位进行普及和推广。

（二）完善技术服务，提升消费者认知水平

由于缺乏家庭养殖配套技术，没有完善的消费者技术服务体系，消费者将观赏鱼购置回家后，无法养活，降低了对饲养观赏鱼的热情。此外，多年来在观赏鱼文化方面宣传力度不够，消费者对观赏鱼的认知度和鉴赏水平较低，影响了观赏鱼产业的持续发展。因此，结合不同收入、不同家庭结构人群养殖观赏鱼的目的，针对性地向消费者介绍观赏鱼养殖的意义和作用至关重要，让消费者真实了解养殖观赏鱼的意义。

（三）普及养殖技术，提升消费者养殖信心

易养殖性是消费者最为关注的问题，消费者之所以放弃养殖，很大程度上是由于养殖过程中鱼的死亡，鱼的死亡不仅给消费者带了精神打击，部分消费者甚至视之不吉利，所以如何提高观赏鱼的易养殖性是积极推广观赏鱼养殖的前提，也是提升消费者养殖信心的关键，所以，可以考虑从鱼的抗病性和饲料的营养性等方面着手，提高鱼的易养殖性，此外，宣传观赏鱼养殖技术、普及养殖知识对推动观赏鱼消费也有积极的作用。

（四）提升服务意识，满足个性化服务需求

由于不同收入的消费者对观赏鱼消费目的、承受能力等有较大差别，所以，明确消费者消费定位，指导消费者选择合理的养殖方式、鱼种及相关附属品是经销商的首要责任，培育自身的服务意识，同时，经销商是消费者的第一接触者，通过经销商普及观赏鱼养殖技术是最直接、最有效的途径。

三、养殖方面

结合北京市观赏鱼养殖现状和北京市都市农业发展政策，为进一步促进北京市观赏鱼产业发展，提出以下建议：

（一）发展多层次联合养殖

北京市观赏鱼产业的发展，不仅需要龙头企业在发展战略和技术上的扶持和把控，更需从产业分工角度，走联合分层养殖模式，即根据不同养殖户的养殖规模、养殖技术和养殖特点进行专业化的分层养殖。观赏鱼龙头企业要采用现代的管理理念，在提高本企业科学管理水平和经营管理效率同时，要对分层养殖户的经营管理者进行管理创新思维培训，并对其进行科技研发和应用推广，加强与高校、科研院所以及技术推广部门的合作，在互惠互利的基础上建立长期稳定的技术协作关系，走产、学、研相结合的道路，达到优势互补，充分提高观赏鱼品质，不断增强龙头企业的市场开拓能力。

（二）大力发展休闲观赏渔业

为响应都市型渔业政策，凸显北京市观赏鱼产业的技术研发与示范功能、科普教育与体验功能，休闲渔业模式是北京市观赏鱼产业发展重要模式之一。通过建立设施渔业休闲度假区、仿生养殖观光区等将科技养殖、生态保护与将旅游观光、休闲娱乐等相结合，同时，将食用鱼养殖与观赏鱼养殖相结合，将食用鱼休闲垂钓、餐饮、娱乐与观赏鱼文化传承、赏析相结合，发展凸显北京市观赏鱼科技示范、科普教育等特色的休闲渔业模式。

（三）促进三产融合发展

北京市观赏鱼产业需进一步深化结构战略性调整，加快三次产业的相互渗透和融合，实现科技化选育、集约化养殖、规模化经营、产业化开发，不断延长观赏鱼产业链，既满足本地市民消费需求，又能实现区域产品覆盖、全国技术辐射。同时，对观赏鱼的技术研发、生态化生产、产业化开发等功能进行综合开发，提高综合效益，形成都市观赏渔业经济的重要增长点。

第十五章　北京市鲟鱼、鲑鳟鱼产业发展报告

鲟鱼、鲑鳟鱼产业是北京都市型现代农业的重要组成部分，北京市鲟鱼、鲑鳟鱼种业在全国具有举足轻重的地位。近年来，受农业“调结构、转方式”及水生态环境治理等因素的影响，养殖面积和产量下降较快。但鲟鱼种业、休闲渔业仍保持稳步增长，京津冀冷水鱼产业协同发展的趋势更加明显，基本形成集苗种繁育、商品鱼养殖、产品加工、销售、休闲、餐饮于一体的全产业链体系，成为引领京津冀、影响全国的都市型现代农业特色产业。

第一节　产业发展现状

一、生产情况

（一）养殖体量逐年下降，养殖效益保持稳定

受北京市水环境整治的影响，近年来北京市水产品养殖面积和产量逐年下降，2017 年北京市水产品养殖面积 482000 亩，比上年减少 7%；水产品产量 4.5 万吨，比上年减少 16.7%。鲟鱼、鲑鳟鱼养殖主要分布在房山、怀柔、密云、延庆和平谷 5 个区。2017 年全市鲟鱼、鲑鳟鱼养殖面积约 1808.1 亩，包括流水养殖模式 885 亩，工厂化循环水养殖 28 万三次方米，生态池塘养殖约 503.1 亩（其中朝阳、大兴、通州等区约 100 多亩）。与 2012 年相比，养殖总面积总量增加了 37.1 亩（主要是增加了工厂化和生态池塘养殖面积）。鲟鱼、鲑鳟鱼养殖户约 270 户，养殖企业 21 家（见表 15－1）。

表 15－1　　2017 年北京市鲟鱼、鲑鳟鱼养殖情况

区县	乡镇（个）	村（个）	养殖户（户）	养殖水面（亩）	池塘（亩）
房山	8	15	23	429	151

续表

区县	乡镇（个）	村（个）	养殖户（户）	养殖水面（亩）	池塘（亩）
怀柔	6	24	80	572.1	
延庆	2	3	3	30	
通州	1	1	1		8.5
密云	6	12	18	85	
平谷	1	3	3	28.5	
朝阳	1	1	1	60	
大兴	1	1	1		4.5
合计	26	60	130	1167.1	224

资料来源：各区水产技术推广部门入户统计。

鲟鱼、鲑鳟鱼是北京冷水鱼养殖的主要品种，从2013年开始，鲟鱼、鲑鳟鱼养殖产量呈下降趋势，到2017年降到最低。主要原因是由于病害原因，养殖户积极性不高，产量下降较明显，鲟商品鱼销售价格从2014年开始，一直徘徊在30元/千克。具体见表15-2。

表15-2　2012~2017年北京市鲟鱼、鲑鳟鱼养殖产量和产值变化情况表

		2012年	2013年	2014年	2015年	2016年	2017年
鲟鱼	产量（吨）	3088	3335	3457	3132	2968	2552
	产值（万元）	11116.8	12006	12445.2	11275.2	8904	7656
鲑鳟	产量（吨）	1606	1735	2089	2044	2075	1465
	产值（万元）	6424	6940	8356	8176	7470	5274

资料来源：产量数据来自2012~2017年《中国渔业统计年鉴》；价格数据来自北京市养殖企业，2011~2014年鲟鱼平均36元/千克，鲑鳟鱼40元/千克；2015~2017年鲟鱼平均30元/千克，鲑鳟鱼36元/千克。

鲟鱼、鲑鳟鱼产业的产值主要包括商品鱼、苗种和休闲渔业三大部分，在商品鱼产量下降的情况下，鲟鱼种业、休闲渔业持续增长，保障了鲟鱼、鲑鳟鱼产业的稳步发展。2017年产值为25323万元，比2012的23605万元增长了1718万元。按照2017年总产值25323万元计算，占北京农林牧渔业总产值的0.75%，占北京渔业产值的28%。按照养殖面积1808.1亩，土地产出率为14万元/亩，远远高于北京农业土地产出率水平。在水、环境等政策的引导和简易工厂化养殖鲟鱼技术、微生态制剂应用技术、中草药防治技术等技术的推广应用，节水型、生态型冷水鱼产业稳步发展，加之特有的生理循环系统，对区域生态环境影响极小，水资源利用率达到90%以上。

（二）养殖品种持续优化，品种资源优势突出

为改善养殖结构，近年来北京市不断选育和引进优良品种。为优化鲟鱼种类，2012年从欧洲引进欧洲鳇（Huso huso）200尾，闪光鲟（Acipenser stellatus）原种600尾，在团队示范基地国家级名优鱼类良种场北京北水华通鲟鱼繁育有限责任公司养殖；以西伯利亚

鲟（A. baerii）、施氏鲟（A. schrenckii）、小体鲟（A. ruthenus）、俄罗斯鲟（A. gueldenstaedtii）为母本与达氏鳇（Huso dauricus）父本杂交以及以施氏鲟、俄罗斯鲟为母本与西伯利亚鲟父本杂交获得6种杂交鲟；通过对6种养殖杂交鲟的形态特征、生长速度、性腺发育情况、倍性和肉质成分的比较分析，认为西鳇杂交鲟、小鳇杂交鲟和俄鳇杂交鲟这三个品种是比较适合北京地区养殖条件的具有优良性状的国产杂交鲟品种，特别是小鳇杂交鲟，是一个具有较大开发潜力的杂交鲟品种。持续开展达氏鳇和匙吻鲟的人工繁殖和苗种培育。引进了白点鲑、硬头鳟、金鳟、溪红点鲑、大西洋鲑等，以及国产鲑科鱼类细鳞鲑（Brachymystax lenok）、哲罗鲑（Hucho taimen）、乌苏大马哈鱼（Oncorhynchus masou Brerart）等品种10余个，开展了人工繁殖和苗种培育技术研究，为北京市冷水鱼养殖储备了新品种。

北京市利用区域品种资源优势，加快新品种选育工作。北京市房山区有1家国家级鲟鱼原种场和1家国家级良种场，以及具有鲟鱼繁殖能力的龙头企业北京中科天利水产科技有限公司。结合现代繁育技术，采取传统选育和BLUP复合育种技术及系统设计理念加快新品种选育工作，尤其是区域主导品牌鲟鱼的品种选育工作。目前，位于房山区的国家级施氏鲟原种场北京渔夫水产技术开发中心不但建立了选育核心群体，为鲟鳇鱼的良种选育打下了坚实的科研基础，而且进行了鲟鳇鱼的群体杂交育种，获得了生长性能和抗病性能良好的新品种杂交鲟“鲟龙1号”。延庆区综合试验站培育出了杂交金鳟，生长速度较纯种金鳟提高20%；配合鲑鳟鱼繁育岗位专家开展乌苏大马哈鱼人工繁殖、细鳞鲑、哲罗鲑人工繁殖技术试验示范，亲鱼催产率从40%提高到95%，亲鱼产后成活率达到95%，人工繁殖技术整体处于国内先进水平，在怀柔区渤海镇2家养殖场开展养殖试验示范。同时，引进了雅鱼、裸鲤、河鲈等冷水鱼苗10000余尾，在北京利康万茂种养殖有限公司和渤海镇田仙峪的养殖场进行养殖试验，2017年成功繁育出河鲈苗10万尾。

（三）加大环境保护力度，推动养殖方式转变

由于北京市对水资源环境保护的力度逐年加强，自然养殖资源缩减，2017年北京市淡水养殖总面积有所下降，约为51840亩，但由于工厂化和生态池塘养殖面积的增加，养殖总面积总量增加了37.1亩。在“调结构，转方式”总体要求下，由粗放型向集约化精养型发展，增加名特优品种，创新养殖技术，改进渔业设施，大力发展节水、节地、节能、生态、高端、高效、安全的现代养殖方式，初步形成了“三节二高”鲟鱼工厂化养殖模式、山区流水鲟鱼（鲑鳟）养殖模式、平原池塘鲟鱼养殖模式，以及高密度苗种培育模式，使得不同养殖模式下单产水产和效益得到提高。通过推广液氧技术，在工厂化养殖、温室微流水养殖和山区流水养殖模的单产水平得到大幅度提高。2017年，工厂化鲟鱼养殖单产水平为37千克/平方米，温室微流水单产水平为16.38千克/平方米，山区流水单产水平为32千克/平方米。（见表15－3）。

表 15-3　不同养殖模式的鲟鱼养殖年单产水平情况表

养殖模式	工厂化（千克/平方米）	温室微流水（千克/平方米）	山区流水（千克/平方米）
2012 年	30	11	10
2017 年	37	16.38	32

资料来源：岗位专家试验。

（四）标准化迈上新台阶、品牌建设卓有成效

围绕生态、节能、高端、高效为重点，积极推广使用先进渔业装备，大力推进渔业高产高效基地建设，建成市级高水平的鲟鱼、鲑鳟鱼标准化养殖基地 21 家，占地规模 1928 亩。其中，房山区 8 家，怀柔区 10 家，密云区 2 家，延庆区 1 家。依托这些标准化示范基地，塑造了以“北水”牌、“中科天利”为代表的一批高附加值的自主品牌鲟鱼加工产品，其中，“北水定制”鲟鱼子酱已经两次进入了国家特殊服务保障活动贵宾餐食供应。同时，在伴随休闲渔业的发展，也形成了以密云区山水野泉缘农庄、怀柔区鲟香来和房山区鲟鱼食府等为代表的鲟鱼特色餐饮品牌，备受消费者青睐。

以科技研发为支撑，以消费者市场为导向，以调整产品结构为突破口，以企业为龙头，大力优化鲟鱼、鲑鳟鱼产品结构，大大丰富了市民的餐桌。打造精品名牌，提高产品竞争力。入世后，国外各种水产品长驱直入，而我国的水产品出口受到各种壁垒的阻隔，应采取切实措施增强我国水产品的对外竞争力。鲟鱼、鲑鳟鱼作为国际认可的水产品种，鲟鱼、鲑鳟鱼养殖企业要抓紧实施品牌战略，着力打造精品名牌。强化个性宣传，针对不同的市场环境、水产品、消费群体、广告受众等特点，充分考虑品牌定位、品牌形象、品牌策略、品牌文化等内容，在保护品牌、开发品牌、拓展品牌上做足文章。

由鲟鱼、鲑鳟鱼创新团队专家与北水食品公司开发的“北水定制”精品名牌鲟鱼子酱、7 个口味的风味鱼片、鲟鱼软骨丸等产品已经形成成熟的产业化和市场化，受到消费者高度认可。2017 年，房山区中科天利水产科技有限公司在鲟鱼深加工技术上实现突破，购置了鱼子酱、鱼肉加工设备，建立自动化程度较高的鱼子酱加工生产线，创建国内鱼子酱的自主高端知名品牌“中科天利”。另外，建立了鲟鱼加工自动化生产线，生产冰鲜鲟鱼、速冻鲟鱼片、即食鲟鱼片、鲟鱼酱、糍粑鲟鱼、鲟鱼鱼丸、熏烤鲟鱼等产品，以及即食软包装产品和罐头产品，大大提高鲟鱼的价值。

（五）种业发展全国领先，休闲渔业成为亮点

随着“种业之都”建设推进，北京鲟鱼苗种产业蓬勃发展，目前约占全国苗种产量的 70% 以上。北京生产苗种的 20% 左右即可满足本地区生产需要，70% ~80% 销往山东、河北、山西、四川、云南、贵州等 20 多个省份和台湾地区，以及邻国越南、韩国等国家。从苗种产量看，2013 ~2017 年，共生产鲟鱼苗种 39426 万尾，总产值 19713 万元。其中春季苗种为 20461 万尾，夏、冬季（即反季节）苗种为 18965 万尾。反季节苗种生产量呈逐年增加趋势，到 2014 年后，与春季苗种生产量基本持平。夏季生产的苗种数量较少，仅

有个别科研单位做研究试验。2017 年苗种产量 10220 万尾，产值 5110 万元。具体见表 15－4。

表 15－4　　北京地区 2013～2017 年鲟苗种产量情况（万尾）

年/季	2013 年		2014 年		2015 年		2016 年		2017 年	
	春季	反季节	春季	反季节	春季	反季节	春季	反季节	春季	反季节
怀柔	1820	2385	1955	2410	1820	2385	1955	3040	1820	6680
房山	1120	880	1450	1050	1120	880	1450	950	1335	665
密云	330	90	480	120	330	90	480	120	450	50
延庆	200	50	150	100	200	50	150	100	120	30
朝阳	0	0	94	0	0	0	94	0	94	0
通州	0	0	6	0	0	0	6	0	0	0
合计	3470	3405	4135	3680	3470	3405	4135	4210	3819	7425
合计（万尾）	6875		7815		8896		10220		11244	
产值（万元）	3437.5		3907.5		4448		5110		5622	

备注：鱼苗按平均 0.5 元/尾。

资料来源：各区水产技术推广人员入户统计。

随着北京都市型现代农业的发展，传统的养殖模式日益突显出产量低、污染环境的劣势。引导有条件的养殖场（户）把旅游观光、娱乐与现代渔业有机结合起来，打造集观景、垂钓、娱乐、餐饮、科教于一体的休闲渔业，形成了以房山区十渡镇、青龙湖镇为代表的鲟鱼休闲产业带和怀柔区不夜谷、夜渤海两条鲑鳟鱼休闲产业带。2017 年怀柔、房山、密云、平谷 4 个区经营鲟鱼、鲑鳟鱼休闲渔业的大约有 67 家，占地面积达到 1439 亩，休闲渔业产值约达 6225 万元，与 2011 年相比，增加了 4425 万元。具体见表 15－5。

表 15－5　　2012～2017 年北京市鲟鱼、鲑鳟鱼休闲渔业产值变化情况表

年度	2012	2013	2014	2015	2016	2017
休闲渔业（万元）	1800	2863	4357.5	5360	6225	6225

资料来源：各区水产技术推广人员入户统计。

二、加工流通情况

（一）挖掘精深加工潜力，产品开发取得突破

鲟鱼全身都是“宝”，出肉率高，肉质紧密；鲑鳟鱼头小、肉厚、骨头少、肉中无肌间刺、出肉率也非常高，都属于适合加工的鱼类。随着鲟鱼、鲑鳟鱼养殖业的迅速发展，市场供给量将会迅速增加。按照不同消费需求，采用多渠道、多样化的供给方式，将是发展这一产业的有效途径。

开展鲟鱼骨系列精深加工产品鲟鱼硫酸软骨素高纯度提取方法、胶囊制备技术和鲟鱼

骨汁乳液制备技术研发，提取鲟鱼脊骨和头骨中的硫酸软骨素，纯度均达到95%左右。利用鲟鱼软骨为原料开发了发酵骨汁乳饮料、鲟鱼软骨咀嚼片、胶囊等深加工保健品种。并且包装具有防潮、剂量科学、便于口服和贮藏的优点。

（二）“互联网＋”助推发展，区域协同格局形成

目前，基本形成商超、“互联网＋”、就地餐饮、批发市场等新型营销模式和传统流通模式并存。2017年，通过与“京东商城”、著名网络电商沱沱工社的合作，以及走进实体连锁店“华普超市”开辟推广新渠道。以生产加工企业为主体，流通形式以商超、“互联网＋”为主；以北水食品为例，与著名网络电商沱沱工社合作，利用其有着众多高端消费人群的平台推广“北水定制”鲟鱼子酱；同时，利用北水食品销售平台，进社区、开展会等，对风味鱼片产品与鱼糜制品进行市场推广，销售了5万个包装产品。

近年来，通过扶持北京水产企业在津冀地区开展水产养殖，协调津冀地区在政策、土地等方面为北京企业提供优惠政策。积极推进农超对接、农企对接、农校对接，鼓励津冀大型水产养殖企业在京建立直营店、直销点和专柜，共同出资打造20个水产品农超对接基地，统一标记，为北京市民提供优质水产品。建立三地渔业部门协作沟通机制，协调京津冀地区水产养殖苗种供应，扶持河北、天津的冷水鱼养殖。建立京津冀重要水域的水生生物资源保护和增殖放流协调投入机制，设立增殖放流专项资金，协同开展水生生物资源保护和增殖放流活动。协调建立京津冀渔业一体化信息管理网络，为三地渔业管理部门、企业、市场等提供信息，促进三地渔业发展。

三、市场消费情况

（一）消费需求变化较大，倒逼产业转型升级

消费者对鲟鱼、鲑鳟鱼产品的需求逐渐增加。冷水鱼是公认的优质名贵鱼类，被中国营养协会评为“向全国人民推荐的最佳健脑食品”。有资料显示，全球冷水鱼年需求量约500万吨，年产量约100万吨；国内冷水鱼年需求量约13万吨，而年产量约1万吨；随着国民经济的快速发展和人民生活水平的不断提高，预计每年对冷水鱼的需求量会以35%～40%的速度递增。目前，受人们消费习惯的影响，由于北方有吃全鱼的习惯，主要销售规格为0.75千克/尾，而鲟鱼是大型经济鱼类，从营养学角度说，最佳销售规格应该在10千克以上，虽然目前也有10～15千克/尾的大规格鲟鱼出售，销量非常少。因此，多年来，以创新团队带头，不断加大各种形式的宣传，鲟鱼鲑鳟鱼产品市场逐渐向好。目前，受消费者喜欢的有“北水”的黑胡椒风味、泰式咖喱风味、新奥尔良风味的鱼片和鲟鱼软骨丸，2017年，怀柔特色“鲜活鲟鱼礼包”走俏市场，广大市民不出家门，就可以享用地道的鲟鱼美食。因此，从国际国内市场需求来看，在人们追求健康消费方式的趋势推动下，只要改进产品形态或是销售方式，冷水鱼产业定是一个市场前景广阔的健康产业，与新常态下的健康消费需求高度契合。

（二）假三文鱼事件发酵，产业机遇挑战并存

近期央视财经报道称：“青藏高原很早以前就开始养殖三文鱼，目前已经占据了国内三文鱼三分之一的市场。”然而，对许多人来说，说起三文鱼首先想到还是来自挪威、日本、新西兰、加拿大等地的“正宗”三文鱼。央视财经的报道传出后，一些网上“大V”和网友围绕三文鱼的“身份问题”展开了讨论，认为龙羊峡养殖场中的是“虹鳟”，并非三文鱼。而有人指出“淡水虹鳟体内含寄生虫，生吃存在风险”。随即，部分自媒体号称要“辟谣”，用“假三文鱼”“生吃要出人命”等字眼讽刺原报道“指鹿为马”，有的甚至还直呼“奸商文字游戏”“谋财害命”等。

一则看似再“规矩”不过的新闻消息，却在短时间内迅速发酵引起舆论哗然。《科技日报》对行业专家进行了采访，对就“假冒三文鱼”事件进行科普。该报道认为，从1995年挪威对中国出口以来，中国人吃到的都是进口养殖三文鱼，很多消费者普遍存在认识误区，认为野生的就是天然的，一定比养殖的好，其实并不尽然。中国水产流通与加工协会牵头的《生食三文鱼》团体标准出台，将虹鳟鱼归为三文鱼，引发舆论高度关注。

四、新型农业经营主体现状

（一）新型主体发展壮大，龙头企业实力较强

以产业转型升级和市场机制优胜劣汰的推动下，北京鲟鱼、鲑鳟鱼产业的经营主体呈现以企业为龙头、合作社、专业养殖户为主体的格局。龙头企业以北京渔夫水产技术开发中心、北京中科天利水产科技有限公司、北京鲟龙种业有限公司、北京利康万茂种养殖有限公司、北京鹏娜水产养殖场等龙头企业为代表，共有21家企业，多数企业集种苗繁育、科技研发、产品开发、市场开拓于一体，企业领导者的专业水平和管理素质较高，企业员工的年龄结构、学识结构也相对合理。合作社和专业养殖户分布于5个主要的鲟鱼、鲑鳟鱼养殖区，经营形式多是养殖、养殖和休闲餐饮结合两种方式，经营主体年龄在50岁以上，文化水平较低但养殖经验丰富，随着休闲渔业的发展，也有一些年轻人投身到京郊渔业的发展中。

（二）经营模式不断创新，农民利益得到保障

“龙头企业+农户”是主要的经营模式，以北京渔夫水产技术开发中心为代表，以低于市场价供应苗种，统一回收订单，保护农民利益，带动全国养殖户200多家，产品销售辐射到全国各地。“龙头企业+专业合作社+农户”模式，以河北阜平淡水鱼养殖专业合作社为代表，以东庄子鲟鱼养殖场为龙头，以合作社为纽带，以农户为主体，为成员提供生产、经营、销售等服务，成员之间互相合作，共同维护，有力地保护了农户的切身利益。伴随休闲渔业发展，多数合作社、专业养殖户主要通过养殖、休闲观光、餐饮等方式，成为带动山区农民致富的重要途径，以怀柔区为例，虹鳟鱼一条沟、鱼师傅等产业就业人数近万人；以密云区的山水野泉缘农庄为例，凭借地理优势，联合民俗旅游合作社，

开展“农游对接”，通过养殖与餐饮结合，产品销售与旅游结合等方式，打造泉水鲟鱼品牌，生产的鲟鱼馅饺子倍受欢迎。

五、产业支持政策及其效果评价

（一）环境政策更加严格，倒逼产业转型升级

市委市政府出台的《关于调结构转方式、发展高效节水农业的意见》要求，“畜牧水产业控制新增规模，疏解现有总量，提高养殖水平”，“水产养殖面积稳定在5万亩左右，推广工厂化、温室循环、标准化的节水池塘养殖和生态养殖”。北京市政府发布《北京市水污染防治工作方案》（北京版的“水十条”）要求“全市禁止在水源保护区、自然保护区及其他环境敏感区域新建水产养殖场。限制使用抗生素等化学药品，推广生态健康养殖新模式。充分发挥养殖水面的湿地生态作用。”，近年来，围绕相关环境政策的实施，北京市鲟鱼、鲑鳟鱼养殖生态化、节水化水平明显提升。以水生植物种养模式或鱼类混养模式为例，利用生态控制使鱼类生长速度增快15%左右，成活率提高4%～5%，节约成本10%左右，亩增产鲟鱼3500千克左右，收益增加2.1万元左右，获得套养鱼100千克左右，增加收入1600元。以北京怀柔顺通虹鳟渔场、密云的潮河水产良种场、北京渔夫水产技术开发中心、北京北水华通鲟鱼繁育有限责任公司等半封闭式工厂化、简易工厂化养殖模式示范区为例，放养密度增加100%～150%，生长速度增快15%左右，成活提高8%左右。每亩年产商品鱼60～80吨，产值144万～192万元，净利润在18万～24万元，实现节能、节水、节地、增产、增效。

（二）种业支持力度加大，发展环境持续改善

《“十三五”国家科技创新规划》将种业自主创新列为九项重大工程之首。国务院印发的《北京加强全国科技创新中心建设总体方案》（国发〔2016〕52号），把现代种业列为技术创新重点领域之一。北京是我国鲟鱼的重要繁育基地，鲟鳇鱼种苗的年产量占全国产量的60%以上。鲟鱼、鲑鳟鱼种业作为其中的重要领域，得到了政府和有关部门的资金、人才、政策支持，同时也支持建立了南繁基地，推动北京鲟鱼种业持续发展。近年来，北京市启动建设国家水产种质资源库和质量安全研究中心，收集保存经济、珍稀水生生物资源。改造升级鲟鳇鱼原良种示范场，逐步健全亲鱼家系档案。通过互换良种配子等方法建立育种协作机制，建立鲟鱼冷冻精子库，进一步完善鲟鱼人工繁殖技术体系，筛选具有优良性状的品种建立家系，进行抗病、生长、抗逆性等优良品种选育。

（三）乡村振兴持续推进，释放产业发展活力

党的十九大报告中提出乡村振兴战略，产业振兴是乡村振兴的重中之重。鲟鱼、鲑鳟鱼产业具有单位面积产值高、三次产业高度融合、带动农民增收见效快的农村产业，在乡村振兴战略的实施过程中，北京市水产业确立了初步的目标，在全市大力推行生态化养殖模式、逐步美化环境、提升接待能力和服务水平，建设一批环境美、服务优、有品位、品

质佳的现代美丽渔庄（园），为首都市民提供优质的休闲场所，体验现代田园风光。大力推广池塘微循环、湿地生态净水和工厂化循环水养殖技术推广。广池塘复合生态种养、鱼菜共生、生态工程化循环水、立体混养、鱼虾结合、生态位分割强化、序批式等生态化养殖模式，充分利用生态位，提高养殖生态效率。因地制宜，建设以宣传渔文化为主的文化传播设施，以“声光电”等多种形式宣传渔文化。同时，建设可让市民参与渔事活动的设施，体验渔业生产活动。

第二节　产业发展中创新团队的技术支撑作用

一、团队基本情况

（一）功能定位及建设任务

团队紧扣北京都市型现代农业应急保障、生态休闲、科技示范三大功能，以市场需求为导向，以北京鲟鱼、鲑鳟鱼产业供给侧结构性改革为动力，以市场为导向，充分发挥人才聚集、专业融合的团队优势，构建集繁殖与育种、饲料营养与安全、养殖与病害防控、产品加工流通于一体的科技创新链。种业引领，做强良种繁育体系；厚植优势，做精科技研发体系；市场驱动，做活市场流通体系；服务为本，做实支撑保障体系。立足北京、服务京津冀、辐射全国，构建集研发试验、推广应用、技术培训于一体的科技服务链，带动农民增收致富，全面打造“生态、环保、安全、高效”的新型鲟鱼、鲑鳟鱼产业体系。

团队的主要任务是瞄准发展鲟鱼、鲑鳟鱼籽种渔业、生态渔业、休闲渔业、精品渔业，建立可持续的促进鲟鱼、鲑鳟鱼产业实现节水、节地、节能、高端、高效、安全发展模式的产业技术支撑体系，形成人员配备精干、研究成果领先、转化效果明显、服务范围广泛、带动能力显著的鲟鱼鲑鳟鱼科技创新与服务体系，形成布局合理、生态友好、产业高效、业态丰富、产品精致、服务一流、特色鲜明的鲟鱼鲑鳟鱼产业体系；形成企业龙头带动、农民主体壮大、联结机制完善的经营体系；将鲟鱼鲑鳟鱼产业打造成致富农民、幸福市民的特色高效产业。重点围绕做强良种繁育体系、做精科技研发体系、做活市场流通体系以及做实支撑保障体系等主要任务展开工作。

（二）团队架构

团队整合中央科研院校、市级科研机构和高等院校、国企、区县渔业管理部门，由北京市水产技术推广站牵头，成立 4 个功能研究室、5 个综合试验站、12 所农民田间学校工作站。团队有首席专家 1 名：张黎（北京市水产技术推广站），岗位专家 12 人，其中 8 名研究员，4 名高级工程师，分布在 2 个中央科研院校，4 个市级科研究机构和院校、国企；综合试验站站长 4 人，其中 2 名高级工程师，1 名工程师，主要分布在鲟鱼、鲑鳟鱼养殖业占 95% 的房山、怀柔、通州、延庆 4 个区。田间学校工作站站长：7 人涉及 3 个区，7 个乡镇。

二、团队工作成效

北京市鲟鱼、鲑鳟鱼创新团队整合首都渔业科技资源，凝聚各方渔业科技力量，构建了有利于都市渔业发展的重要平台。6 年来，北京市鲟鱼、鲑鳟鱼创新团队充分发挥“生产、生活、生态”三大功能，建设从产地到餐桌、从生产到消费、从研发到市场各个环节紧密衔接、环环相扣的冷水鱼产业技术体系。在团队全体人员的共同努力下，鲟鱼、鲑鳟鱼产业取得新成效，科技创新取得一批新成果，服务“三农”能力得到新提升。6 年来，北京市鲟鱼鲑鳟鱼团队围绕农业产业全产业链条，上下联动，协作推进，组织技术创新与示范推广，选育与引进筛选新品种 10 多个，研发与引进筛选新产品 16 个（其中鲟鱼肉系列特色加工产品 11 种，鲟鱼骨系列精深加工产品 2 种，饲料品种 2 个，添加剂 1 个），开展研发与引进筛选新技术 35 项。技术成果示范应用 1800 多亩，覆盖率达 80% 以上，产生经济效益达 5 亿多元，经济、社会和生态效益明显。

2017 年，团队组织修订了团队管理制度和“十三五”规划。细化团队的管理细则，明确“十三五”期间工作总体方案。严格考评制度的落实。对经费管理、网络平台、宣传工作制定了严格的考核办法。完成 2016 年度经费审计，2018 年度经费预算申报、网络管理平台工作会和培训会。规范管理平台的填报工作。督促农业局管理平台的填报，使得平台资料填工作比较顺利进行。

三、技术研发与主推技术

（一）团队技术研发情况

2017 年，团队围绕人工繁育技术研发与示范推广，重点研发技术 7 项。包括鲟鱼 (4 项)：完善鲟鱼全年人工繁殖技术、鲟鱼精子冷冻技术示范及应用、建立鲟鱼家系、开展鲟鱼基因敲除实验；鲑鳟鱼（3 项）：引进推广适合北京养殖的优良品种、开展鲑鳟鱼多倍体育种试验、使用组合激素催产哲罗鲑试验。建立鲟鱼家系 7 个：建立西伯利亚鲟家系 1 个、小体鲟家系 4 个、利用雌雄同体鱼催产后自交，建立 2 个小体鲟自交系，开展小体鲟性别分化与性腺发育技术研究。

围绕节水、环保和节能减排方面，开展技术研发攻关，研发技术 6 项：开展鲟鱼工厂化循环水养殖水体生物过滤技术研究、开展鲟鱼养殖的新型循环流水养殖系统的改进试验、开展一种典型鱼类养殖池循环水流态特性研究、低鱼粉沉性膨化饲料加工技术研究试验、鲟鱼低鱼粉高效膨化沉性饲料养殖技术试验、开展诺氟沙星在鲟鱼体内代谢规律研究。

围绕提高养殖生产效率开展技术研究：开展工厂化条件下不同养殖密度对杂交鲟苗种生长的影响试验、开展提高鲟鱼亲鱼营养强化饲料的实验示范、、开展相同条件下不同食性鲟鱼肠道菌群的结构和发展趋势研究、研究脂肪肝条件下史氏鲟的脂肪代谢应答机制。

围绕鱼类病害防治技术研发技术 6 项：开展鲟鱼、鲑鳟鱼疾病病原诊断监测及其流行病原调查、开展抗菌药物对鲟鱼免疫力影响的研究、开展 IHNV 灭活疫苗的研究、开展鲟鱼、虹鳟鱼综合防控技术推广、开展木糖苷酶的分泌机制的研究、AIO6 和 AI96 的黏附力改造及其功能研究。

围绕产品开发及相关技术研发技术 6 项：开展鲟鱼骨发酵乳酸菌的筛选研究、开展鲟鱼骨硫酸软骨素抗肿瘤功效研究、发酵骨汁乳饮料的制备方法、发酵鲟鱼软骨咀嚼片的制备、3 种海鲜味鱼糜制品加工工艺、催产取卵替代杀鱼取卵技术试验。

（二）团队主推技术情况

1. 优质品种繁育。通过鲟鱼种质鉴定技术、冷冻精液技术应用、产前营养优化强化培育、养殖水质自动监控系统的技术集成，实现鲟鱼繁育过程的全人工控制，能耗降低 30% 以上，孵化率提高 50% 以上，出苗率达到 90% 以上。通过生态调控、营养强化和药物催产等手段，突破国产鲑科鱼类细鳞鲑、哲罗鲑、乌苏大马哈鱼的人工繁殖技术。土著鲑鳟品种哲罗鲑、细鳞鲑、乌苏大马哈鱼在北京人工繁殖成功，受精率、孵化率均达到 90% 以上；上浮率达到 35% ~40%（国内为 20% ~30%）；亲鱼产后成活率达到 90%（国内平均为 60%）。2017 年鲟鱼人工繁殖苗种产量达到 9000 万尾以上，产值为 3000 多万元，约占全国产量的 70%，优质苗种推广辐射到全国 25 个省市和地区。鲑鳟鱼苗产量约为 2000 万尾，产值为约 1500 万元。

2. 高效节水技术。从工厂化养殖模式、池塘养殖模式和环保饲料研究三个方面开展节水技术研发。构建了一套鲟鱼工厂化循环水养殖生物集污排污新装置；形成一套鲟鱼池塘循环流水养殖系统集污装置一套。集污率达到 80% 以上，养殖过程达到零排放。按 1.2 米水深计，则每亩每年节约用水 9000 吨，推广水处理技术应用水面 60000 平方米。构建低鱼粉沉性膨化饲料加工关键参数及容重模型，每吨饲料降低成本 200 ~300 元，降低养殖过程中氮排放 10%，磷排放 20%，节约水交换量 10%，每亩年节约用水 5000 吨，2017 年示范环保饲料 15 吨。以上累计示范点节约成本 100 多万元。

3. 生态健康养殖技术。一是鲟鱼微流水池塘综合养殖技术。采用水生植物种养、鱼类混养模式，结合液氧增氧技术，放养密度增加 100% ~150%，养殖产量达到 16.38 千克/三次方米，产值达到 491.4 元/三次方米，比传统养殖提高 15% 以上，节约用水量 10% ~15%。二是鲟鱼工厂化生态养殖技术集成与应用。将智能化控制水体溶氧量、水质生态处理和养殖废弃物回收技术集成应用，放养密度增加 100% ~150%，生长速度增快 15% 左右，成活率提高 8% 左右，养殖产量可以达到 40 千克/三次方米，产值达到 1110

元/三次方米。三是鲟鱼山区流水养殖技术集成与应用。将智能化控制水体溶氧量、生态湿地除污技术集成应用，放养密度增加100%～150%，养殖产量可以达到32千克/三次方米，产值达到960元/三次方米。四是池塘循环流水养殖系统应用。开展鲟鱼养殖所产生的经济效益。以北京中科天利鲟鱼养殖基地为例，试验池塘面积约15亩，利用设施并配套生物浮床养殖俄罗斯鲟鱼，总产值24.12万元，总成本15.57万元，总经济效益为8.55万元，每三次方米经济效益为425元。

4. 优质饲料。鲟鱼低排放饲料的价格平均可控制在每吨7500元，饲料系数为1.1～1.2；而鲟鱼商用饲料的价格差异较大，价格从每吨7200～8500元，而饲料系数则非常不稳定，市场价格在7200元的低价饲料，饲料系数达到1.5以上。综合饲料价格和养殖成本，按一个养殖场一年用100吨饲料计，其中一半用该实验料，则每年可节约养殖饲料成本10万元/户。目前市场上鲟鱼亲鱼专用饲料和养成期饲料营养价值没有太大区别，少数品牌的专用饲料价格偏高，每吨可达到1.2万～2万元，而本项目开发的亲鱼营养强化饲料可在此价格范围内，达到更加专业水平，有效提升鲟鱼亲本质量，按目前鲟鱼亲鱼养殖场的平均产量250万尾水花计，通过本项目的实施，可以使鲟鱼亲鱼怀卵量提高10%，受精率提高10%，仔稚鱼成活率提高20%，至少可能增加50万尾水花，按每尾鱼苗0.5元计，可使养殖户增收25万元/户。

5. 疫病防控及产品质量安全技术。一是率先在国内攻破鲑鳟鱼IHNV（传染性造血器官坏死病）综合防控技术。国际上对发病鱼场通常采用全场扑灭和消毒、停止养殖数年后再逐渐恢复生产的方式进行防控。建立IHNV免疫荧光和ELISA检测技术，免疫荧光检测时间与传统方法比缩短3～4天。示范点室外池虹鳟鱼苗种成活率达到50%～70%，孵化池苗种成活率达到95%以上。二是促生长用抗生素替代及药用抗生素减量研究具有国际原创性。自主研发的抗生素替代品淬灭酶（防治细菌病）和几丁质降解酶（防治寄生虫病及促进生长）稳定性更好，酶的损失率均不超过10%。

6. 产后加工流通技术。主要开展鲟鱼硫酸软骨素的相关技术研发。筛选了一种产酸能力更强、发酵液的残糖量最低、发酵上清液中的钙离子含量最高的菌种组（A1）；开展鲟鱼骨硫酸软骨素抗肿瘤功效研究，发现硫酸软骨素对三种结肠癌细胞有抑制作用，最高抑制率达90%，最低达58%。完善和丰富鱼糜制品种类，进行3种口味鲟鱼糜制品的试验，研发了鲟鱼中端产品鲟鱼馅饺子约出售8000千克。

（三）团队研发成果情况

截至2017年底，研发课题30项，发表论文23篇，出版专著1本，申报专利5个，推广新技术30项，推广新品种16个，推广新产品16个，应用面积1800亩，繁育苗种9000万尾。

四、技术示范推广效益

（一）经济效益

2017 年团队推广了先进的繁殖技术、生态健康养殖技术、病害防治技术，研发环保饲料和安全、节水高效的水处理技术等共 16 项技术的示范推广，推广良种 3000 万尾，技术推广面积 1400 多亩（全市共有鲟鱼鲑鳟鱼养殖面积 1800 亩），占总面积的 78%。通过与“京东商城”、著名网络电商沱沱工社的合作，以及走进实体连锁店“华普超市”开辟推广新渠道合作模式。截至 2017 年底，鲟鱼人工繁殖苗种产量已达到 9000 万尾以上，产值约为 3000 多万元，苗种产量约占全国的 70%，优质苗种推广辐射到全国 25 个省市和地区。鲑鳟鱼苗产量约为 2000 万尾，产值为约 1500 万元。鲟商品鱼产量约 2000 吨（2016 年 2552 吨），产值约 5000 万元；生产商品鲑鳟鱼约 1000 吨（2016 年 1465 吨），产值约 4000 万元。养殖区经济产值约为 1.2 亿元，与上年比降低 5000 万元。据统计，2017 年从事休闲渔业的企业数量、客流量和消费水平基本不变，初步估算产量约为 6225 万元。销售北水定制品牌鱼子酱 500 多套（1200 元/套），产值 60 万元，鲟鱼骨丸 4500 千克（60 元/千克），产值 27 万元，鲟鱼馅饺子约 8000 千克（123 元/千克），98.4 万元，获得经济产值 185.4 万元。以上合计，共获得经济产值约 1.8 亿元，总产值与 2016 年基本持平。

（二）生态效益

1. 低氮饲料应用，减少了氮、磷的排放。本岗位创建以来，分别在鲟鱼亲鱼营养、仔稚鱼营养、鱼粉蛋白源替代、鲟鱼和鲑鳟鱼投喂频率等方面开展了大量的研究工作，研究成功取得了显著的经济、社会和生态效益。鲟鱼亲鱼和仔稚鱼专用饲料的开发，有效解决了实际生产中“油包卵”的问题，显著提高了亲鱼的怀卵量、产卵率和受精率等繁殖性能及仔稚鱼的成活率；提高了仔稚鱼的开口率、成活率，促进后期的生长发育，有效解决了育苗期间依赖天然饵料或进口开口饲料的问题，提高了养殖户的经济效益。通过对鱼粉蛋白源的替代和投喂策略的研究，有效降低了养殖过程中的饲料成本，提高饲料的利用率，降低投入产出比，提高养殖户的经济效益；构建低鱼粉沉性膨化饲料加工关键参数及容重模型，每吨饲料降低成本 200～300 元，降低养殖过程中氮排放 10%，磷排放 20%，节约水交换量 10%。达到“节水渔业”的目的，具有明显的社会和生态效益。

2. 安全岗位。安全岗位近年来围绕北京市鲟鱼和鲑鳟鱼类养殖的安全问题开展了如下几个方面的工作，取得了显著的生态效益。（1）开展了山区流水养殖模式水净化技术研究，通过“源头净化—过程消减—尾水深度处理”的流水养殖水体综合养护系统进行尾水处理，对环境没有污染，下游可直接利用，节水率达到 100%。（2）开展了鲟鱼工厂化循环水养殖高效水处理系统的研发，初步集成了一套综合养殖池塘和循环系统优化、高效物理过滤、高效生物净化等技术为一体的工厂化循环水高效处理的养殖系统。通过技术应用，提高了提高水资源利用率，初步构建了适合北京地区的安全、高效、低廉的水质净化模式每天少换水3%，按1.2米水深计，则每亩每年节约用水9000吨。(3) 对北京市鲟鱼、鲑鳟鱼养殖场和主要批发市场的鲟鱼和鲑鳟鱼产品进行抽样药物残留检测，根据鱼体内药物残留情况，开展了主要残留物氧氟沙星和诺氟沙星等在鲟鱼体内的代谢规律研究，为相关药物的规范使用提供了技术支撑。(4) 开发出长效运行的人工生态浮床技术，养殖废水中有机物、氨氮去除率达到80%，总磷去除提高到60%以上。

3. 养殖岗位。岗位专家结合调研和北京市水资源短缺现状和经济发展趋势，展开针对节水、减排的研究工作，重点研究了提高溶解氧的鲟鱼微流水水质调控技术和利用水生植物（水葫芦）调控杂交鲟水质的试验，均在一定程度上有利于改善水质，减少养殖排污和换水量，适应生态水产养殖的发展趋势。开展工厂化鲟鱼、鲑鳟鱼循环水模式下的人工养殖：通过水质调控，每亩节水7200吨/年，每三次方米鱼产量可达40公斤。

4. 病害岗位。本岗位创建以来，建立了多种冷水鱼病检测技术，可大幅降低检测时间，能够满足冷水鱼苗种产地检疫的大量快速检测的要求，可以作为苗种产地检疫的主要手段、方法的推广应用，有效降低疫病流行传播风险；本岗位创建以来，建立了冷水鱼疾病诊断检测平台，为北京市以及黑龙江、吉林、辽宁、河北、陕西、青海、甘肃等省提供检测技术服务，为上述各省准确、及时地掌握各地冷水鱼养殖业病害情况，分析发病现状、流行态势、风险因子，提出综合防控措施，保障冷水鱼类养殖产业的健康发展提供了有效技术支撑。(1) 初步攻克鲑鳟鱼类传染性造血器官坏死病防治技术：通过注射自主研制的IHNV细胞灭活疫苗、投喂添加酵母的饲料，提高鱼类免疫能力，有效降低疫病流行风险。(2) 鲟鱼细菌性疾病综合防控技术：指导养殖户科学用药和通过投喂免疫增强剂、物理方法（加盖遮阳棚）降低水温等措施，降低鲟鱼病害发生率60%以上。(3) 淬灭酶应用技术：通过改善水产动物肠道菌群，提高免疫力，实现防治细菌性疾病。发病率可下降60%，大幅度降低抗生素的使用。

5. 育种与繁育岗位。细鳞鱼是濒危水生动物，也是唯一国家二级保护鱼类，为了保护好这一珍稀水生动物，创新团队育种岗位在细鳞鱼原分布水系白河和北部山区小型水库进行了细鳞鲑增殖放流，三年来累计放流鱼苗数量达到20万尾，阔别30年细鳞鱼重回潮白河成为新闻热点受到社会各界广泛关注，这是北京自然水域生态修复的巨大成功，是生态渔业的重要组成部分，具有重要意义。新华网、中国渔业政务网、北京电视台、《北京日报》等20多家媒体相继报道和转载。

6. 食品加工岗位。鲟鱼发酵肠的生产可以利用传统发酵制品的生产线，引入成本低。另外产品发酵时间短，生产易于控制。另外，鲟鱼发酵肠可以利用鲟鱼子，鲟鱼块等加工品的边角料进行生产，成本低，具有良好的生态效益。

该产品对原料鲟鱼的需求，将带动鲟鱼产业的发展，提升鲟鱼的附加值，增加养殖、加工及销售企业的利润。另外新型鲟鱼发酵肠的开发，将刺激研究与生产企业增加对新产品的开发力度。

此外，本团队开发出鲟鱼硫酸软骨素的提取方法，成功地从鲟鱼头骨和脊骨中分离提取出硫酸软骨素，为其工业化生产提供理论指导。不仅可以提高鲟鱼的经济价值、延伸鲟鱼产业链，而且高质量的硫酸软骨素对提高人民的身体健康水平也具有重大的意义。

（三）社会效益

2017 年，团队开展科技下乡、现场会和培训活动 220 次，培训人数 2320 人次，发放材料 4500 余份；编印简讯 6 期 132 篇，发放 360 份；媒体宣传 310 次（网络宣传 283 次；报纸杂志 19 篇；电视宣传 8 次）；国内外行业交流 73 次。主要是与国内天津、河北、甘肃、云南、浙江等 10 多个省市高校、学术团体和国内渔业主管部门进行技术交流与合作，团队专家多次受美国、加拿大、澳大利亚、比利时、荷兰、匈牙利等 10 多个国家的邀请参加国际学术会议并做报告。

1. 走村访户，调研需求，确定田间学校培训重点。新型农民培养是一个长期的工程，我们充分利用现有的科技入户项目的组织系统进行管理和运行。通过现场调研和分析，最终选择了鲟鱼、鲑鳟鱼养殖相对较集中的区作为北京市冷水鱼水产农民田间学校的开办地。

团队采用走访、座谈和发放问卷三种方式了解养殖户家庭基本情况、生产情况及经济情况，本着农民自愿的原则，选择了文化程度在初、高中水平的，能自觉学习的养殖户作为培训对象。调研发现农民养殖经验比较丰富，但缺乏创新意识，仍然停留在以前的养殖模式，养殖品种上，急需调整养殖品种结构，提高名优品种养殖力度，普及新型养殖技术。通过详细的调研，分析整理得出报告，为培训的目标提供了切实依据。

2. 培训形式新颖独特，培训内容丰富多彩。2017 年，农民田间学校共开展教学培训活动 116 次，其中包括 18 次实际操作培训，98 次农民试验研究、采用现场示范、经验交流、专题讨论、科学试验、外出参观、知识竞赛等多种辅导手段开展培训，内容涉及鲟鱼鲑鳟鱼健康养殖技术、渔业市场化和商品化、生态养殖、病害诊断与防治以及新品种新技术的培训。田间学校贴近实际需求，解决生产问题，受到学员的欢迎。这种与农民面对面座谈、实地观摩、实际操作培训形式，使农民能更直观、更快捷地接受新的技术。

3. 农民田间学校深受农民的欢迎。通过田间学校这种参与式、启发式、互动式的培训方式，同样深受当地农民的欢迎。学员积极地参与讨论水产生产中的问题和解决办法，共享水产养殖经验。2017 年团队共培训农民 2335 人次，影响带动养殖户 500 多户，辐射面积 1800 亩，农民的协作意识得到增强，对生产中出现问题的识别能力、分析判断能力得到了明显提高。房山海墨威养殖场场长谈了自己的感受："培训前在苗种放养、生产管理上都是凭自己的经验，尤其是鱼病治疗上，认为没看到死鱼就没有发生鱼病，就算有一两条死鱼也只是简单地用生石灰、漂白粉泼一下，没事泼药乱花钱不划算。等到大批出现死鱼时再找技术人员治疗已经无法控制了，那个损失可不是省几个药钱能弥补的。通过这几次的培训，我明白了合理放养、科学管理的重要性，通过学习病害综合防治技术，做到了积极预防、生态用药，到现在鱼病一次也没有发生过。”吉羊村养殖场的李晓东也谈了自己的看法：“以前搞生产总是跟在别人后面走，看别人养什么鱼自己也就养什么，只有几个常规的品种，没有一点自己的特色，推广部门给我介绍的新品种自己总不敢尝试，害怕养出来没有销路砸在手里。而自己的经验和技术也没有别人那么好，所以效益也就少了很多。几次培训后，观念发生了很大转变，通过专家们的市场分析，结合自身特点，大胆地调整了养殖结构，现在我的养殖场名优品种养殖的比例已经占到60%了。”其他学员也都各抒己见，认为以往的培训实用性不强，理论多而枯燥，往往与生产实际不符。而这种方式新颖灵活，实效性强，尤其是团队活动的进行加强了团结协作，促进了交流，增进了友谊。

五、对产业支撑作用

（一）推动产业高端化发展

为提高鲟鱼种质水平，团队针对鲟鱼繁育中亲鱼种质背景混乱、盲目存留杂交鲟、反季节人工繁殖效率低等制约产业发展的重大问题展开持续研究。制定了北京市地方标准《鲟鱼种质鉴定技术规范》（DB11/T 987 - 2013）和《西伯利亚鲟全人工繁殖技术规范》（DB11/T 1220 - 2015），不断完善鲟鱼反季节人工繁殖技术。这两项标准推广应用到北京市乃至全国的鲟鱼繁育企业。研发推广亲本营养调控、仔稚期营养规划专用饲料，提高繁殖率和苗种成活率。通过对多种杂交鲟的多年跟踪研究，从生物学特征、生长速度、繁殖性状、肉质分析等多方面考量杂交种的优势性状，选育了具有优良性状的杂交鲟（西杂和施杂），并开始规模化苗种生产和技术试验、示范和推广。除此之外，为了产业健康持续发展，开展了鲟鱼性别调控育种、影响亲鱼繁殖力的基因筛选及多态性分析、鲟鱼基因编辑平台构建等一些前瞻性研究，进一步储备我们的育种技术，提升苗种质量。

（二）推动产业生态化发展

一是团队研发的生态环保型投入品和技术的使用，引导行业向健康、环保、安全的模式发展。如团队研发成果“鲟鱼低氮磷排放环保型膨化饲料”，氮排放降低14.9%，总磷排放降低40.5%，节水率可提高10%以上；“鲟鱼、鲑鳟鱼投喂策略”的推广，能精准饲料投喂量，减少残饵对水质的污染；使用淬灭酶、几丁质酶，通过改善水产动物肠道菌群，提高免疫力，实现防治细菌性疾病，发病率可下降60%，大幅度降低抗生素的使用。二是生态净水技术的应用，节水降耗作用显著。在微流水鲟鱼养殖水质调控、工厂化循环水养殖上采取了鱼—菜共生模式、鱼—鱼共生模式、加注液氧养殖模式，达到了生态、节水、高效的现代养殖模式，这些模式在北京及周边逐渐推广应用，取得了很好的效果。三是工厂化循环水利用技术应用，节水、高效、生态模式促进产业持续发展。团队专家对鲟鱼工厂化循环水养殖生物过滤技术研究，初步构建了鲟鱼工厂化循环水养殖生物过滤系统；并引导北水华通鲟鱼繁育有限公司、海墨威养殖场等企业进行生态、节水养殖系统改造，通过改造，养殖水循环使用，定期排除污水，水体利用率达到90%以上；初步开展池塘养殖废弃物收集技术的研究，设计并制作一套废弃物处理设施，排污效果达到80%以上。

（三）推动产业园区化发展

积极推进渔业高产高效基地建设。围绕生态、节能，发展高端、高效为重点，积极推广使用先进渔业装备，建成市级高水平的鲟鱼、鲑鳟鱼标准化养殖基地21家，占地规模1928亩。其中，房山区8家，怀柔区10家，密云区2家，延庆区1家。

结合基地建设，积极促进新品种和新技术落地。房山区利用两个国家级水产原（良）种场北京渔夫水产技术开发中心和北京水华通水产有限公司基地，以及中科天利水产科技有限公司利用其室外养殖池、工厂化养殖和储运车间、鲟鱼人工繁殖、产品加工等生产基地，结合团队的技术研发成果，开展了鲟鱼新品种试验、鲟鱼反季节苗种生产、液氧技术应用、新型饲料试验、新型水处理技术和设备应用、产品加工技术的试验示范。

位于延庆的泉通鲑鳟鱼养殖有限责任公司（市水产所玉渡山基地），与繁育岗位、综合试验站共同开展细鳞鲑、哲罗鲑繁殖和虹鳟鱼三倍体育种等技术应用试验；病害防治岗位专家在怀柔的顺通虹鳟鱼养殖场开展了虹鳟鱼IHNV病害防治试验示范，初步攻克了该病害的防治技术。

（四）推动产业聚集化发展

鲟鱼休闲产业带：房山区主要是十渡镇和青龙湖镇。对非规模养殖场（户）引导向休闲渔业转型，把旅游观光、娱乐与现代渔业有机结合起来，打造集观景、垂钓、娱乐、餐饮、科教于一体的休闲渔业。目前主要经营鲟鱼休闲渔业的共有11家，垂钓面积达到60亩。

密云区的山水野泉缘农庄，凭借地理优势，联合民俗旅游合作社，开展“农游对接”，打造泉水鲟鱼品牌。通过养殖与餐饮结合，产品销售与旅游结合等方式，生产的鲟鱼馅饺子倍受欢迎。

鲟鱼特色餐饮业发展，给鲟鱼休闲产业增色添彩。怀柔的鲟香来和房山的鲟鱼食府，是有代表性的鲟鱼特色餐饮企业，通过一鱼多吃、鲟鱼七吃等烹饪方法，诠释了鲟鱼的美食魅力。

鲑鳟鱼休闲产业带：怀柔鲑鳟鱼产业经过30多年的建设与发展，成为怀柔农业四大主导产业之一，创新发展了首都观光休闲渔业新模式，形成了一批休闲渔业健康产业，建成了以鲑鳟鱼产业为基础的不夜谷、夜渤海两条国内知名的休闲度假沟域。

（五）推动产业品牌化发展

房山区中科天利水产科技有限公司在鲟鱼深加工技术上实现突破，购置了鱼子酱、鱼肉加工设备，建立自动化程度较高的鱼子酱加工生产线，创建国内鱼子酱的自主高端知名品牌“中科天利”。另外，建立了鲟鱼加工自动化生产线，生产冰鲜鲟鱼、速冻鲟鱼片、即食鲟鱼片、鲟鱼酱、糍粑鲟鱼、鲟鱼鱼丸、熏烤鲟鱼等产品，以及即食软包装产品和罐头产品，提高鲟鱼的价值。

第三节　产业典型案例分析

一、中科天利“两头在内，中间在外”新举措

北京中科天利水产科技有限公司（北京现代渔业创新园），成立于2013年，位于北京市房山区石楼镇吉羊村，是一家集渔业仔种、健康鱼品储运、加工、科普休闲为一体的三次产业融合的新型高新技术企业，占地418亩，投资5000万元，以“生态、循环、高效”为生产理念，建设高标准养殖设施220亩，形成22万方的高效养殖水体，可年养殖名特优鱼品100万千克，可年储运750万千克，为北京最大的淡水安全鱼品养殖、流通基地。公司秉承“生态、优质、安全、高效”的现代渔业经营理念，采取“储运基地+中央厨房+客户终端”的商业模式，突破了传统水产养殖业经营模式，致力于发展成为集仔种生产、安全鱼品养殖与储运、鱼品加工、科普休闲为一体的现代渔业创新示范园区。

以北京市鲟鱼、鲑鳟鱼创新团队为依托，以“两头在内，中间在外”模式进行经营：通过公司+农户的养殖模式，公司负责生产提供优质苗种和销售，农户负责将苗种养成成鱼，公司进行回收并销售。作为鲟鱼产业的龙头，先后攻克了全封闭工厂化养殖水质人工调控技术、低龄鲟鱼雌雄鉴别、活体取卵等领域的主要核心技术，实现了苗种周年全人工繁育，全生态水处理模式实现全场养殖水循环利用；已经形成了包括良种选育、全人工繁育、生态健康养殖、净化储运、鱼肉及鱼籽酱深加工和鱼籽酱出口在内的全产业技术体系，部分技术达到国际先进水平。截至目前，生产鲟商品鱼251吨，分割鲟鱼肉30吨，生产鱼籽酱1.7吨。鲟鱼全产业链的形成，带动了全区渔业的发展，为下一步实行“两头在外，中间在内”订单式生产提供了典型范例。

经过不断完善，中科天利成为我国北方淡水经济鱼类种业繁育基地，北京安全绿色水产品供应基地，北京都市现代渔业示范基地，和北京精品休闲渔业示范基地，为传统农业产业改造升级、加速推进创新农业现代化建设添砖加瓦。

中科天利安全鱼经营模式见图15-1。

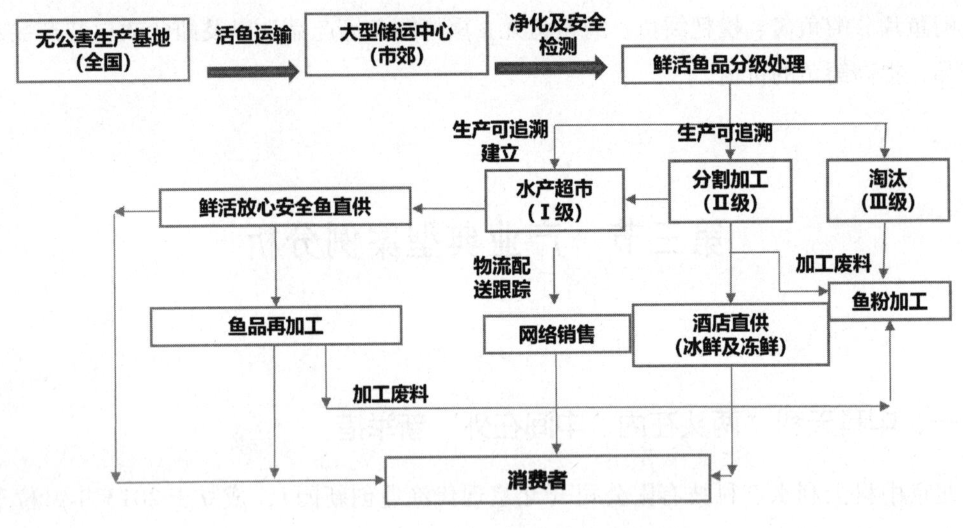

图 15－1　中科天利安全鱼经营模式

二、房山渔业三次产业融合

2011 年以前，房山区渔业养殖规模虽稳中有增，但是重点产业不突出，运作模式单一，没有形成真正影响力。结合北京市鲟鱼、鲑鳟鱼创新团队的建立，房山区确定了以鲟鱼为重点产业，借助驻地科研院所的科技优势，引导企业发展籽种和产品深加工为重点方向，抓住了鲟鱼产业的核心环节，在此基础上，推行“两头在内，中间在外”，“订单式生产”全产业链发展。同时大力发展休闲渔业，着力推进垂钓服务、餐饮服务、戏鱼项目开发等，已经由单纯的垂钓经营模式发展成为集休闲观光、垂钓、餐饮、住宿、科普于一体的综合性产业。

三、金福湿地鱼汇——休闲渔业大放异彩

通州台湖金福湿地鱼汇位于台湖镇金福艺农番茄联合国西南角 1 公里处，紧邻胡家垡村，这是京城首家鱼主题公园。该公园建有工厂化养殖车间，是国内设备最先进的养鱼基地，主要养殖的中华鲟、宝石龙、鸭嘴鱼等。公园占地 680 亩，分为景观鱼池、鱼道馆（能吃的博物馆）、庆礼堂、工厂化养鱼车间、生态湿地、垂钓烧烤车间等功能区。鱼汇环境优美，水生花草丰盛，候鸟争相栖息；湿地中木桥栈道结合室外池塘将整个园区环绕成一个体现人、水、动植物完美结合的“大自然之肾”生态湿地。洗尽铅华，返璞归真，尽现人与自然的高度和谐。7 个景观鱼池遥相呼应共同组成集观赏与垂钓为一体的景观群，在这里游客可享受休闲垂钓。鱼道餐厅传承了极精致，极正式的中国鱼文化理念，每一个房间都有一个鱼的文化故事，每一种鱼都能衍生出一个美丽故事，人们在这里享受美味的同时，还将受到中国深厚鱼文化的熏陶，感受“能吃的博物馆”。庆礼堂与户外教堂、草地及湿地融为一体。不仅为恋人们准备了中式婚礼场所，还有欧美风格的西式教堂。户外可分别举行水上婚礼和草坪婚礼等独具魅力的庆礼仪式。

第四节　产业发展政策与建议

一、产业发展问题及技术需求

（一）养殖规模不断下降

受自然资源、政策制约，与其他省市相比，北京冷水鱼生产规模较小，以怀柔为例，2015 年养殖面积 1535 亩，有 106 个养殖户，其中，养殖面积在 100 亩以上的有 3 家，养殖面积在 100 亩以下 50 亩以上的有 7 家，养殖面积在 50 亩以下 30 亩以上的 2 家，养殖面积在 30 亩以下的 94 家。2017 年，为了尽可能减少河道污染物排放，流经“雁栖不夜谷”的雁栖河以及怀沙河、怀九河，河道养鱼今年也全部关停，养殖面积大幅下滑。因此，北京冷水鱼产业应该发挥科技优势，发展种业渔业、科技渔业。

（二）市场行情波动较大

从近几年的价格来看，“产量增加，价格下降”这一现象是种鱼和商品鲟鱼市场的真实写照。鲟鱼种苗由前几年的 1.2～1.3 元/尾，下降为 0.5 元/尾左右，鲟鱼价格由去年的 30 元/千克下降为 28 元/千克，虹鳟鱼价格由去年的 32/千克下降为 30 元/千克，且虹鳟鱼价格受民俗旅游季节性变化波动比较大，每年 10 月涨到最高价 9 元/千克，10 月底之后降为 13 元左右，1 月份至 5 月份之间市场冷清。这些价格现象的背后事实上是整个冷水鱼市场体系建设不完善的表现，流通链条低端、流通渠道单一、市场信息不畅通直接导致产业的不稳定性。

（三）流通体系有待健全

调研显示，鲟鱼产量呈现上升趋势，作为鲜活农产品，短距离销售是合理高效的，也是生产者的优先选择，但由于北京消费者不易接受大型鲟鱼，从市场调研情况看，仅有 10% 进入北京市场，多数由小贩子批发出售到京深，并通过京深销往东北、内蒙古及国外市场。因此，立足相对充足的鲟鱼产量，必须延长鲟鱼的深加工产业链，拓展鲟鱼的市场化产品种类，建立信息化、网络化、高端化的市场体系，推动鲟鱼产业高效发展。

（四）高端品牌亟待开发

大多冷水鱼养殖企业处于低端养殖，品牌创建重视度不够。只注重卖鱼，未形成品牌；且拥有品牌的一般为加工企业，以养殖为主的公司，一般以养殖品种为宣传重点，基本上没有自己的品牌。由于品牌缺失，在市场上没有话语权，而是由中间商对产品进行定价、收购，显然养殖户处于被动接受地位，为抵御风险通常做出低价销售，不仅造成市场秩序混乱等现象，也降低了生产经营利润。从本质上讲，建立品牌是解决市场问题的第一步。

二、产业发展趋势及其亟待解决的技术问题

（一）发展趋势

1. 冷水鱼产业是生态产业，与北京农业生态化发展高度契合。冷水鱼一般生长在冰冷而纯净的水域里，水温不高于20℃，因其特有的生理循环系统，养殖投饵少，排放物少，生长缓慢等特点，对区域生态环境影响极小，而且多数水域面积大的区域都是通过养殖冷水鱼来改善水生态环境，因此，冷水鱼是典型的生态产业。近年来，通过简易工厂化养殖鲟鱼技术、微生态制剂应用技术、中草药防治技术等技术的推广应用，节水型、生态型、优质冷水鱼产业稳步发展。

2. 冷水鱼产业是健康产业，与新常态下的健康消费需求高度契合。冷水鱼是公认的优质名贵鱼类，被中国营养协会评为“向全国人民推荐的最佳健脑食品”。有资料显示，全球冷水鱼年需求量约500万吨，年产量约100万吨；国内冷水鱼年需求量约13万吨，而年产量约1万吨；随着国民经济的快速发展和人民生活水平的不断提高，预计每年对冷水鱼的需求量会以35%～40%的速度递增。因此，从国际国内市场需求来看，在人们追求健康消费方式的趋势推动下，只要改进产品形态或是销售方式，冷水鱼产业定是一个市场前景广阔的产业。

3. 冷水鱼产业是战略产业，与京津冀协同发展、首都功能定位高度契合。北京作为首都，科技优势可以说到了“举国无双”的程度，以种业、信息化为重点，打造农业科技创新高地是北京在京津冀农业协同发展中的战略定位；大力发展冷水鱼种业不仅是发挥首都科技和人才优势的优势产业，而且是加快提升“种业之都”建设，引领京津冀农业协同发展的战略性产业。

4. 冷水鱼产业是民生产业，与山区发展致富高度契合。山水资源是山区发展的珍稀资源，多年来，困扰京郊山区发展的重要难题则是如何处理好生态涵养、水源保护与山区脱贫致富的关系；如今，冷水鱼养殖已经被实践证明是可以实现山区产业生态化和生态产业化的重要产业。“一条小小的虹鳟鱼，游出了整个北京怀柔地区蓬勃的餐饮旅游产业”，北京怀柔虹鳟鱼餐饮旅游产业经过了30年左右的发展已经初具产业规模，拉动了当地农业经济和旅游经济的发展，也使“虹鳟鱼”成了北京怀柔地区旅游的一张名片。在经济结构转型升级的过程中，大力推动冷水鱼产业发展，不仅是转变山区发展方式，促进山区致富的重要途径，而且是当地居民、北京市民的利益诉求。

5. 冷水鱼产业是休闲产业，与消费者休闲需求高度契合。随着北京非首都功能疏解工作的有序推进，北京冷水鱼产业发展至今，已经不仅仅是资源型农业产业，更是一种融合型休闲产业，越来越多地承载了满足市民休闲需求、满足和谐城市建设需求、满足生态

文明建设需求等方面的内容。因此，立足北京四大中心功能定位，紧扣京津冀协同发展提出的“打造京津市民1日休闲农业圈”，要着力实现冷水鱼产业向有档次、有品位的休闲产业跃升。

（二）亟待解决的技术问题

1. 产业快速发展对良种选育提出迫切需求。面对国际市场和鲟鱼、鲑鳟鱼产业快速发展，良种选育“瓶颈”问题愈加突出。一是优质亲鱼缺乏成为影响鲟鱼生产效率及国际竞争力的突出问题。现存的大多数鲟亲鱼是养殖场早期滞销的商品鱼，几乎没有经过选育，品质良莠不齐，雌鱼怀卵量、催产率、繁殖周期以及产出苗种的抗逆性、生长速率等生产性状差异很大，生产效率很低；随着产业快速发展，鲟鱼人工养殖群体的增加，亲鱼质量对产业发展的不利影响将越来越严重。目前，鲟鱼产业的发展已经凸显出对优良品种的迫切需求，良种选育是产业发展的必然趋势。鲟鱼性成熟晚，即使养殖条件下性成熟年龄缩短一半，也要7龄以上，育种周期长是限制鲟鱼良种选育的最大障碍。因此，如何缩短良种选育的周期，实现良种快速产业化应用，是鲟鱼产业发展面临的急需解决的问题。国际上鲑科鱼类的养殖产量和产值一直稳步上升，养殖种类或品种相对比较稳定，大西洋鲑占养殖总产量60%以上，虹鳟养殖产量排名第二，占产量的近30%。中国鲑科养殖种类多达13种以上，但主要产量是虹鳟，占总产量的91%。长期品种的单一化，对突发性疾病的抵抗存在巨大风险。国产土著鱼类开发没有形成规模。具有世界养殖发展趋势的全雌三倍体制种技术还不能应用到规模化生产。因此，要实现鲑鳟鱼产业的快速发展，必须突破良种选育和新技术推广这个“瓶颈”。

2. 消费市场对产业发展提出新方向。目前国内的水产品消费市场已经从数量的满足向质量的满足转变，要求养殖的水产品安全系数高、食用品质高、营养价值高，我们养殖的水产品要好看（外观指标、形体指标）、好吃（味道好、口感好），更要安全（无药物残留、重金属残留、致病微生物）。而国际市场对养殖水产品的质量要求更高。而我们养殖的水产品因为质量不稳定导致价格低，养殖效益低，很难参与国际市场的竞争。这种形势要得到改变，只有从提升养殖水产品质量入手，改变养殖方式和养殖模式，全面提升养殖水产品的质量，参与全球化的水产品市场竞争，满足已经改变了的国内、国际水产品市场需求。

3. 多元化需求为加工产品提供巨大市场空间。鲟鱼、鲑鳟鱼加工企业的技术创新能力匮乏，精深加工滞后，加工产品种类少。鲟鱼、鲑鳟鱼营养丰富、肉质鲜嫩、无腥味、无须刮鳞，是非常适宜加工的鱼类，可开发出多种加工产品。但目前加工形式单一，加工品种少，产量有限，直接导致消费者对此类商品选择性小，消费需求受限，不利于品牌建立和扩大消费市场。主要是由于企业在研发方面投入不足，没有建立独立的企业研发机构，研发人员较少，学历层次不高，制约着企业的技术创新。同时，互联网下市场的消费行为发生了巨大的变化。从提升深加工的能力，改变单一的加工方式入手，全面提升深加工产品的质量，开发功能性的系列产品，通过科技创新延长产品的保质期，开发旅游便携礼品，满足国内外消费者日益增长的美味健康需求，将为鲟鱼、鲑鳟鱼找到更多的产品出口，带动产业的快速发展。

4. 渔业供给侧结构性改革对关键技术环节提出新要求。一是水产饲料产品要适应对养殖水产品质量的需求。水产饲料原来的职能主要是使养殖的水产动物生长速度快，饲料转化效率高，养殖水产品的饲料成本低。但围绕着要养殖出更多“好看、好吃、安全且营养价值更平衡的鱼”的目标，水产饲料需要适应新形势下的新要求。二是加工环节安全控制体系亟须完善。企业一般采用冷杀菌、二次杀菌的方法来控制产品有害微生物的生长，产品安全控制手段单一，产品保质期短（一个月左右）。而烟熏虹鳟鱼、冷熏三文鱼等产品因不能经高温杀菌而在贮藏期后期极易出现微生物腐败问题。因此，根据产品特点及加工工艺要求，开发出新型生物防腐剂，并结合现代食品安全控制新技术，是企业保障产品安全，提高产品质量，减少资源浪费和提高经济效益的根本措施。三是鲟鱼、鲑鳟鱼加工下脚料及废弃物利用率低，需要研发鲟鱼不同部位的加工工艺。四是需要不断提升渔业设备设施、提高企业生产经营能力、提高养殖户整体素质。

三、具体政策与建议

（一）完善产业技术体系，助推乡村产业振兴

完善鲟鱼鲑鳟鱼七大体系：一是建立完善的鲟鱼、鲑鳟鱼产业体系。建立以种业为引领，以生态渔业为基础，以加工渔业为支撑，以休闲渔业为特色的现代化、高效渔业产业体系。二是建立高效、稳定的鲟鱼、鲑鳟鱼良种选育体系。优良品种是农业产业发展的基础，建立高效、稳定的鲟鱼良种体系是鲟鱼产业健康发展的基石。持续开展鲟鱼选育关键技术的研究，建立鲟鱼亲鱼综合选育技术，通过常规育种和生物技术手段培育优质虹鳟品种。三是建立和完善鲟鱼、鲑鳟鱼产品安全控制体系。水产品产业健康有序发展的过程中，保证产品的质量安全是最重要的基础之一。尽快推动水产品相关标准与制度的建设，完善鲟鱼、鲑鳟鱼特定产品的安全控制方法，有利于规范产品质量，有利于树立行业规范，有利于提升消费者信心，进而推动水产品行业的发展。四是建立完善的鲟鱼、鲑鳟鱼加工体系。北京发展鲟鱼、鲑鳟鱼加工产业的条件优越，内容丰富，潜力巨大，市场前景十分广阔。丰富鲟鱼、鲑鳟鱼基本加工产品种类，开发鲟鱼、鲑鳟鱼精、深加工产品，加强鲟鱼、鲑鳟鱼加工废弃物利用。五是建立营养导向型的新型水产饲料产业化体系。调控鱼肉品质营养与饲料配制技术是保证质量型水产品的重要手段之一。研究不同蛋白源饲料对鲟鱼和鲑鳟鱼肉质的影响及调控作用，通过物理评价和化学分析相结合的方法，制定鱼肉品质标准，提升并稳定产品价值对促进鲑鳟鱼和鲟鱼养殖业良性发展具有重要作用。六是建立完善的鲟鱼、鲑鳟鱼组织体系。加强领导，规范生产企业生产标准；提高组织化程度，逐步引导一些具有一定的养殖经验、有一定的经济实力、有意愿提升品种多样化的养

殖户进行新品种的养殖和推广；加强科技成果转化；加强产业联系，发展鲟鱼产业链，在养殖、休闲渔业、加工产业等方面协同发展，形成完整的产业链，才能使之达到可持续发展。七是建立完善的鲟鱼、鲑鳟鱼品牌体系。在全球经济时代，国外各种水产品长驱直入，北京冷水鱼产业必须实施品牌战略，实现品牌打造倒逼产业规范和产业升级，塑造产业信誉，提高产品品质，规避规模发展劣势，走“高精尖”之路。

（二）着力发展籽种产业，助力科技创新中心建设

着力发展籽种产业，以打造“种业之都”为目标，强化种业大区地位，以国家级和市级水产原良种场为重点，提高市场占有率，打造全国，乃至全世界的优势品牌，全力推进籽种产业发展。充分发挥首都聚集科技人才的优势，理清院地、院企合作机制，在鲟鱼、鲑鳟鱼人工繁殖、苗种培育方面取得新突破，以种质的鉴别、设备的更新引进、新品种引进为重点，加大对鲟鱼、鲑鳟鱼种业的提升改造，积极引进节水型品种。启动配套资金，支持企业搞基础设施改造、亲本培育和培养专业技术人员。重点培育水产苗种企业，采取“两头在内，中间在外”的模式，示范和引领全国水产养殖。借助北京科技资源优势、山区的自然条件优势，苗种繁育和市场在京内，亲鱼培育、养殖和选育在外，建立完整种业产业链条和技术链条。同时，在成鱼养殖、饲料配方、冷藏保鲜、活鱼运输等技术方面加大研发、推广和应用，全面提升产业的科技支撑水平。

优良品种是农业产业发展的基础，建立高效、稳定的鲟鱼良种体系是鲟鱼产业健康发展的基石。围绕国家农科城良种创制中心建设，充分发挥首都鲟鱼苗种产业的科技与良种优势，依托课题支持，开展鲟鱼选育关键技术的研究，建立鲟鱼亲鱼综合选育技术，缩短育种周期，为苗种产业化发展提供技术支撑。通过鲟鱼优良性状亲鱼选育，以及开发鲟鱼基因组数据，建立基于基因组数据基础上的分子标记辅助育种，再结合雌核发育技术等构件鲟鱼综合育种技术，培育具有高效、稳定遗传效率的优质后备亲鱼，同时在北京地区乃至全国的鲟鱼良种场和规模化繁育场快速产业化应用，最大限度地缩短育种周期，提高鲟鱼苗种繁育及养殖生产效率，为鲟鱼产业的发展提供技术和品种支撑。

通过常规育种和生物技术手段培育优质虹鳟品种。加快对引进种的选育工作，如大西洋鲑、硬头鳟、银鲑、红点鲑等。开展土著冷水鱼的养殖、选育，如哲罗鲑、细鳞鲑、乌苏大马哈鱼等。加快三倍体、全雌三倍体等育种技术的研究，将新技术应用于规模化生产。培育冷水鱼新品种，建立国家级鲑鳟鱼良种场。

（三）强化生态环境保护，推动生态节水渔业发展

推广节水、节能、生态、高效的品种和健康养殖技术。如，匙吻鲟对药物较为敏感，在与其他养殖品种进行套养时，可以减少药物投入和换水，对净化水质、节水、保证水产品质量安全具有重要意义。细鳞鲑对生存水域条件要求很高，通过山区水库大水面增殖，既可以警示渔业水域生态环境优劣，又可以提高渔业产品的附加值，对发展北京都市型冷水鱼生态渔业具有引领作用。

在基础设施上，继续做好鲟鱼、鲑鳟鱼高产、高效生产基地建设，推广循环水处理设备和数字信息化设备的使用范围，以高标准设施和现代化装备提高产业生产效能，推进产业向生态节水方向转变。

（四）开发个性化高端产品，培育知名品牌

市场调研表明，北京鲟鱼养殖技术趋于成熟、鲟鱼产量不断增加，目前开发鲟鱼深加工产品的时机已经成熟，必须改变以原始产品形式进入水产批发市场和餐馆这种传统方式向鲟鱼产品的深加工开发转变。瞄准国际国内两大市场，培育和扶持鲟鱼加工龙头企业，开发精深加工产品，发展功能性、休闲性食品和药物产品；瞄准消费者，了解不同层次的社会需求，满足群众消费，拉开产品档次，生产不同类型的鲟鱼产品，让产品为社会各层次所接受，产生良好的经济效益和社会效益；同时重视产品的贸易，不断开拓沿海与内地消费市场。鲟鱼深加工可优先选择鲟鱼肉制品（半成品、成品、方便食品）、鱼籽酱，适当发展药用保健品、化妆品、工业用骨胶、鱼体各部位分割制品等。开发新的鲟鱼饮食方式，比如引入延年益寿、健康美食、营养保健品的概念等等，研发市场上广为接受的产品形式，比如旅游小吃、鲟鱼药膳、鲟鱼片火锅、美容药片、营养口服液、鲟鱼软骨胶囊，等等。

在全球经济时代，国外各种水产品长驱直入，北京冷水鱼产业必须实施品牌战略，实现品牌打造倒逼产业规范和产业升级，塑造产业信誉，提高产品品质，规避规模发展劣势，走“高精尖”之路。严格按无公害操作规程要求进行生产和加工，加大养殖区域水质、环境改善，打造无公害食品品牌；强化个性宣传，针对不同的消费群体，打造鲟鱼及其制品的营养保健品牌；从优质产品、商标注册、广告宣传、产品包装到经营策略进行全方位品牌建设，不断提升冷水鱼的竞争力和附加值，实现以品质求发展，以品牌求发展的良性循环。借鉴浙江千岛湖鲟龙科技、湖北天峡、广东先步、江苏淮安水产科学研究所等品牌建设经验，加强各种方式的宣传，积极宣传冷水鱼的好处，举办各种品尝促销活动，想方设法扩大消费市场，逐步扩大消费群体，提高冷水鱼的知名度。

随着城市化和城乡居民收入水平的不断提高，居民消费正由生存型消费向发展型消费提升，广阔的消费需求正在转变为巨大的现实购买力，为鲟鱼、鲑鳟鱼加工产业提供了足够的市场空间、客源市场。鲟鱼、鲑鳟鱼系列产品的研制不仅为消费者提供了丰富多彩的食品，而且为开发各类农业科技示范园区及观光农业旅游提供了优越的基础条件。可以说，北京发展鲟鱼、鲑鳟鱼加工产业的条件优越，内容丰富，潜力巨大，市场前景十分广阔。

1. 丰富鲟鱼、鲑鳟鱼基本加工产品种类。打造精品名牌，提高产品竞争力。我国加入 WTO 后，国外各种水产品长驱直入，而我国的水产品出口受到各种壁垒的阻隔，应采取切实措施增强我国水产品的对外竞争力。鲟鱼、鲑鳟鱼作为国际认可的水产品种，鲟鱼、鲑鳟鱼养殖企业要抓紧实施品牌战略，因为品牌代表形象、信誉和产品的品质档次，着力打造精品名牌。强化个性宣传，针对不同的市场环境、水产品、消费群体、广告受众等特点，充分考虑品牌定位、品牌形象、品牌策略、品牌文化等内容，在保护品牌、开发品牌、拓展品牌上做足文章。

细化产品特征，丰富品牌内容。每个品牌要有具体的内容支撑，根据产品的不同特点，建立不同的品种。例如：从各养殖区域水质优异、环境优雅的角度出发，创造“无公害食品”品牌；从鲟鱼、鲑鳟鱼及其制品功能卓越的角度出发，创造“营养保健”品牌；从产品量大、加工方式多的角度出发，创造“适应消费潮流”品牌，等等。鲟鱼养殖除了向市场提供小规格杂交鲟活体消费外，对于纯种鲟类，则鼓励以 3 ~ 5 千克规格的鱼为原料，加工冰鲜、冷冻等粗加工的产品供应市场。同时，借鉴其它淡水鱼产品加工方法，研发市场上广为接受的产品形式，比如鱼丁、鱼片等生食产品，熘鱼片、生拌鱼丝、炸鱼干等菜肴。

2. 开发鲟鱼、鲑鳟鱼精、深加工产品。鲟鱼全身都是“宝”，出肉率高，肉质紧密；鲑鳟鱼头小、肉厚、骨头少、肉中无肌间刺、出肉率也非常高，都属于适合加工的鱼类。随着鲟鱼、鲑鳟鱼养殖业的迅速发展，市场供给量将会迅速增加。按照不同消费需求，采用多渠道、多样化的供给方式，将是发展这一产业的有效途径。

鲟鱼深加工可考虑的选择有：鲟鱼肉制品（半成品、成品、熏制品）、鱼籽酱（创品牌，高端市场）、鲟鱼硫酸软骨素等药用和保健品的开发。鲑鳟鱼深加工可以考虑的选择有：鲑鳟鱼油及高不饱和脂肪酸 EPA、EHA、DHA 提取物药用保健品的开发。鲟鱼、鲑鳟鱼深加工产品一旦上市，不仅可抢占市场先机，同时将会带来可观的经济效益。一方面使鲜鱼资源得到充分、合理利用，增加了产品的科技含量，提升产品档次和附加值，为企业创造更大经济效益，同时也可丰富水产品市场的内涵，满足人们生活的追求与奢望。另一方面，鲟鱼、鲑鳟鱼产品多样化，市场需求量增加，必然带动鲟鱼、鲑鳟鱼养殖业的进一步兴旺和发展。同时鲟鱼、鲑鳟鱼产品的深加工在出口创汇方面也可发挥重要作用。

（五）推动休闲渔业发展，促进第一、第二、第三产业融合

随着周末游、生态游、农村游、文化游、养生游等城市休闲需求不断增加，以冷水鱼为特色的农家乐、虹鳟鱼一条沟等休闲农业必须升级提档以满足消费者多元化、高端化、文化型消费需求。京郊休闲农业与民俗旅游的盈利点不再是简单的吃农家饭、住农家屋，需要深入挖掘优美景观、自然环境的生态价值，挖掘农村文化、历史资源的文化价值，建设一批首都特色、国际水平的休闲农业新产业、新形态是大势所趋。持续举办冷水鱼文化节，鼓励引进社会资本建设冷水鱼博物馆，挖掘、传承冷水鱼文化，推动冷水鱼产业、都市农业、旅游业、文化产业深度融合。

（六）加强监督管理，保证产品质量安全

在水产品产业健康有序发展的过程中，保证产品的质量安全是最重要的基础之一。调研发现，一方面我国水产品的相关标准不健全，滞后于行业的发展速度，出现产品在进入

市场时，缺少相关产品标准的情况，对加工企业“SC”认证的过程带来一定的难度。另一方面，企业缺乏鲟鱼、鲑鳟鱼特定产品的安全控制方法，产品货架期难以保障，导致产品流通贮藏方式受限，消费者对产品信心不足，从而导致销售市场无法打开。因此，尽快推动水产品相关标准与制度的建设，完善鲟鱼、鲑鳟鱼特定产品的安全控制方法，有利于规范产品质量，有利于树立行业规范，有利于提升消费者信心，进而推动水产品行业的发展。

参考文献

[1] 江晶，史亚军. 北京都市型现代农业发展的现状、问题及对策 [J]. 农业现代化研究，2015，36（02）：168－173.

[2] 何忠伟，曹暕. 北京休闲农业发展现状、问题及政策建议 [J]. 中国乡镇企业，2014（01）：78－81.

[3] 赵海燕，桂琳，刘芳，何忠伟. 北京会展农业的发展特点探析 [J]. 北京农学院学报，2013，28（03）：41－45.

[4] 何忠伟，王有年，李华. 基于CVM方法的京北水资源涵养区建设研究 [J]. 农业经济问题，2007（08）：76－80.

[5] 向雁，屈宝香，侯艳林. 北京休闲农业发展现状特征及对策建议 [J]. 中国农业资源与区划，2017，38（04）：214－222.

[6] 何忠伟，朱聪，刘芳. 中国种业安全及其发展路径选择 [J]. 中国种业，2013（09）：1－4.

[7] 单军，唐丽，林万光. 北京市设施农业节水现状与问题分析 [J]. 节水灌溉，2009（09）：27－29.

[8] 何忠伟，罗丽，刘芳. 养殖户畜禽疫病防控水平及其影响因素分析 [J]. 湖南农业大学学报（社会科学版），2016，17（01）：22－25.

[9] 张龙，栗卫清，何忠伟，刘芳. 北京农业社会化服务体系发展趋势探析 [J]. 农业展望，2017，13（06）：84－88.

[10] 彭建，赵士权，田璐，刘焱序，刘志聪. 北京都市农业多功能性动态 [J]. 中国农业资源与区划，2016，37（05）：152－158.

[11] 郭韶晔. 新常态下北京“三新”农业统计建言 [J]. 中国统计，2017（09）：50－52.

[12] 李卫芳. 北京都市型现代农业发展评价及对策研究 [D]. 北京林业大学，2012.

[13] 冯学会. 北京农业职业教育人才培养的主要问题及改进建议 [J]. 中国职业技术教育，2017（36）：109－111.

[14] 刘学瑜. 北京都市型现代农业发展水平评价研究 [D]. 中国农业科学

院，2015.

［15］李瑾，冯献，韩瑞娟，郭美荣．设施农业发展的科技需求及对策研究——基于北京地区的调研［J］．江苏农业科学，2017，45（11）：301－306.

［16］彭源超，史亚军．北京都市型现代农业供给侧结构性改革进展及推进思路［J］．农业展望，2017，13（11）：88－92＋114.

［17］孟蕊，李春乔，许萍，郑金龙，赵海燕．新时期北京农业龙头企业竞争力现状及提升对策［J］．农业展望，2017，13（11）：115－118.

［18］张晋京．供给侧结构性改革背景下北京都市型现代农业展望［J］．农业展望，2017，13（11）：82－87.

［19］北京农业籽种设施完成“煤改清洁能源”改造［J］．农业工程技术，2017，37（34）：74.

［20］苗润莲，张红，胥彦玲，张敏．京津冀现代农业区域一体化的功能定位及关键问题研究［J］．江苏农业科学，2015，43（10）：520－523.

［21］何临，李华，杨碧波，郭蓓，高伟．北京休闲农业众筹融资现状与发展探析［J］．农业展望，2017，13（08）：18－24.

［22］刘学瑜．北京都市型现代农业发展水平评价研究［D］．中国农业科学院，2015.

［23］邓正华，杨新荣，张俊飚．政府主导下环境导向型农业技术扩散研究［J］．中国农业科技导报，2012（6）：6－11.

［24］董莹，穆月英．基于PSM－SFA两阶段模型的农业生产创新——来自北京市示范户与非示范户的实证［N］．北京理工大学学报（社会科学版），2016（6）：106－113.

［25］满明俊，李同昇，李树奎，李普峰．技术环境对西北传统农区农户采用新技术的影响分析——基于三种不同属性农业技术的调查研究［J］．地理科学，2010（1）：66－74.

［26］穆月英．北京市蔬菜产业经济研究［M］．北京：中国农业出版社，2013.

［27］阮荣平，曹冰雪，周佩，郑风田．新型农业经营主体辐射带动能力及影响因素分析——基于全国2615家新型农业经营主体的调查数据［J］．中国农村经济，2017（11）：17－32.

［28］王绍飞．北京市农产品消费市场特性分析［J］．商场现代化，2017（16）：6－7.

［29］辛岭．小农户科技园：现代农业技术推广模式探索——基于内蒙古和林格尔县的案例分析［J］．农业经济问题，2011（5）：33－38.

［30］张标，张领先，傅泽田，王洁琼，唐晓林，顾东岳．基于消费购买视角的北京自产蔬菜竞争力研究［J］．北方农业学报，2017（2）：113－118.

［31］张董敏，齐振宏，李欣蕊，唐素云，邬兰娅，田云．传统农户与科技示范户两

型农业行为差异分析 [N]. 中国农业大学学报，2014（5）：227－235.

[32] 钟真，谭玥琳，穆娜娜. 新型农业经营主体的社会话服务功能研究——基于京郊农村的调查 [J]. 中国软科学，2014（8）：38－48.

[33] 殷成文，宫桂芬，等. 中国猪业发展报告（2017） [D]. 中国畜牧业协会，2017（4）.

[34] 北京市农业局（吴宝新）. 北京市农业供给侧结构性改革调研报告（征求意见稿）[D]. 2016（12）.

[35] 北京市生猪产业创新团队. 现代农业产业技术体系北京市生猪创新团队五年任务规划（2016—2020 年）[D]. 2016（12）.

[36] 北京市生猪产业创新团队. 生猪产业技术体系北京市创新团队 2017 年工作总结 [D]. 2017（12）.

[37] 北京市生猪产业创新团队. 现代农业产业技术体系北京市生猪创新团队内部评估报告（2017 年）[D]. 2017（11）.

[38] 乔娟，王慧敏. 基于质量安全的猪肉流通主体行为与监管体系研究 [M]. 北京：中国农业出版社，2013.

[39] 乔娟，宁攸凉. 生猪产业链主体纵向协作行为研究 [M]. 北京：中国农业出版社，2013.

[40] 乔娟，张振. 中国直辖市居民猪肉消费行为研究 [M]. 北京：中国农业出版社，2014.

[41] 乔娟，崔小年. 城郊生猪养殖业发展研究 [M]. 北京：中国农业出版社，2015.

[42] 吴学兵著. 基于质量安全的生猪产业链纵向关系研究 [M]. 北京：中国农业出版社，2016.

[43] 张玉梅，乔娟. 基于循环经济的生猪养殖模式研究 [M]. 北京：中国农业出版社，2016.

[44] 乔娟，刘增金. 基于质量安全的中国猪肉可追溯体系运行机制研究 [M]. 北京：中国农业出版社，2017.

[45] 舒畅. 基于经济与生态耦合的畜禽养殖废弃物治理行为及机制研究 [D]. 中国农业大学博士学位论文（导师乔娟教授），2017.

[46] 季柯辛. 中国生猪良种繁育体系组织模式研究 [D]. 中国农业大学博士学位论文（导师乔娟教授），2017（6）.